Heidenreich | Neitzel (Hrsg.)

MEDIEN IM NATIONALSOZIALISMUS

Bernd Heidenreich | Sönke Neitzel (Hrsg.)

MEDIEN IM NATIONALSOZIALISMUS

Ferdinand Schöningh | Wilhelm Fink

Umschlagabbildung:
Bundesarchiv, Plak 003-022-025

Bibliografische Information der Deutschen Nationalbibliothek

Die Deutsche Nationalbibliothek verzeichnet diese Publikation in der Deutschen Nationalbibliografie; detaillierte bibliografische Daten sind im Internet über http://dnb.d-nb.de abrufbar.

Alle Rechte, auch die des auszugsweisen Nachdrucks, der fotomechanischen Wiedergabe und der Übersetzung, vorbehalten. Dies betrifft auch die Vervielfältigung und Übertragung einzelner Textabschnitte, Zeichnungen oder Bilder durch alle Verfahren wie Speicherung und Übertragung auf Papier, Transparente, Filme, Bänder, Platten und andere Medien, soweit es nicht §§ 53 und 54 UrhG ausdrücklich gestatten.

© 2010 Ferdinand Schöningh, Paderborn
(Verlag Ferdinand Schöningh GmbH & Co. KG, Jühenplatz 1, D-33098 Paderborn)

Internet: www.schoeningh.de
Internet: www.fink.de

Einband: Evelyn Ziegler, München
Printed in Germany.
Herstellung: Ferdinand Schöningh GmbH & Co. KG, Paderborn

Ferdinand Schöningh   Wilhelm Fink
ISBN 978-3-506-76710-3   ISBN 978-3-7705-4919-1

Inhaltsverzeichnis

Vorwort 7

Medien und NS-Diktatur – Eine Einführung
Von Joachim-Felix Leonhard 13

I. Biographische Perspektiven

Joseph Goebbels: Außen- und Innenansichten eines Propagandisten
Von Karl-Günter Zelle 31

Goebbels' Propagandisten in Hessen. Das Reichspropagandaamt
Hessen-Nassau und seine Mitarbeiter
Von Mathias Friedel 53

Heinrich George
Von Kurt Fricke 83

Fragezeichen und Lesarten. Anmerkungen zu Heinz Rühmanns
Rolle und Rollen im Dritten Reich
Von Torsten Körner 109

II. Film

Nationalsozialismus und Film
Von Rainer Rother 125

»Feuertaufe« – Der »Blitzkrieg« als Erlebniskino und die
Maschinisierung des Sehens
Von Gerhard Paul 145

Zwischen Anspruch und Wirklichkeit: Die Wochenschau als
Propagandainstrument im Dritten Reich
Von Ulrike Bartels 161

III. Hörfunk

»Nur nicht langweilig werden...« Das Radio im Dienst der
nationalsozialistischen Propaganda
Von Hans Sarkowicz 205

Olympia im Zeichen der Propaganda – Wie das NS-Regime 1936
die ersten Medienspiele inszenierte
Von Frank Eckhardt... 235

Das NS-Wunschkonzert
Von Jörg Koch.. 253

IV. Presse

Presse im Nationalsozialismus
Von Rudolf Stöber 275

Die Frankfurter Zeitung im Dritten Reich
Von Günther Gillessen... 295

Die Wochenzeitung *Das Reich* – Offenbarungseid oder
Herrschaftsinstrument?
Von Victoria Plank.. 309

Verleger, Tradition und Konkurrenz: Lokalpresse und
Nationalsozialismus in Bensheim
Von Mathias Friedel... 329

V. Ausblick

Kontinuitäten und Diskontinuitäten – Medien im
Nachkriegsdeutschland
Von Wolfgang Mühl-Benninghaus................................... 351

Verzeichnis der Autorinnen und Autoren........................... 371

Vorwort

Die Propaganda war eine der prägnantesten und langlebigsten Erscheinungsformen des »Dritten Reiches«. Joseph Goebbels dürfte neben Hitler der bekannteste NS-Politiker sein. Seine Sportpalastrede im Februar 1943 ist zweifellos eine der bekanntesten Reden des 20. Jahrhunderts. Die Bilder, die sein Propagandaapparat hervorbrachte sind noch heute allgegenwärtig: in Fernsehdokumentationen, Büchern und Zeitschriften. Unglückliche Vergleiche mit Goebbels, die schon manchen Politiker der Bundesrepublik in Erklärungsnöte brachten, zeugen davon, wie sehr die Propaganda des »Dritten Reiches« im öffentlichen Raum als Maßstab einer umfassenden Medienbeeinflussung fungiert. Die perfide NS-Propaganda gilt vielfach als perfekt, umfassend und effizient.

Diese Perfektion mag für die organisatorische Ebene – insbesondere im Vergleich zum Ersten Weltkrieg – weitgehend zutreffend gewesen sein, im Hinblick auf die Folgen fällt der Befund jedoch differenzierter aus. So zeigt die neuere Forschung, dass die Nationalsozialisten die Wirkung der Medien überschätzten. Die Publizistikwissenschaft hat in zahlreichen Studien nachgewiesen, dass der Kontakt mit einer Medienbotschaft noch nichts darüber aussagt, wie ihr Inhalt wirksam wird. Eine Kommunikationsaussage ist lediglich ein Stimulus, der vom Empfänger selektiv verarbeitet und elaboriert wird[1]. Entscheidend für die Medienwirkungen ist die Interpretation der Inhalte in ihrem internen Kontext – etwa durch Vorwissen und bestimmte Einstellungen – sowie in ihrem externen Kontext, etwa durch soziale und situative Rahmenbedingungen. Im »Dritten Reich« verlief die Interpretation der Medieninhalte nicht immer so, wie es sich Goebbels vorgestellt hatte. So wurde die politische Berichterstattung der NS-Medien aufgrund der thematischen und inhaltlichen Gleichschaltung immer unbeliebter. Das Propagandaministerium reagierte insbesondere im Hörfunk und im Film mit einer Steigerung des Unterhaltungsangebotes. So konnten die Rezipienten an die Medien gebunden und gleichzeitig sichergestellt werden, dass die politisch-inhaltlichen Sendeformate überhaupt das Publikum erreichten. Deren Wirkung war zumindest in der zweiten Kriegshälfte begrenzt, da die Kluft zwischen den Propagandameldungen und den Alltagserfahrungen der deutschen Bevölkerung zu groß wurde.

Die Wirkungen der Medien auf die Zuschauer sind für die NS-Zeit mangels zeitgenössischer empirischer Forschungen freilich nur schwer fassbar. Dieser Band wird – wenn immer möglich – auf diesen wichtigen Aspekt eingehen, sodann vor allem darstellen, wie die Nationalsozialisten die Massenmedien beeinflusst und geformt haben. Drei Überblicksbeiträge widmen sich den Bereichen Film, Hörfunk und Presse im Nationalsozialismus. Fallstudien und

---

[1] Vgl. z.B. Früh, Werner: Medienwirkungen: Das Dynamisch-Transaktionale Modell, Opladen 1991. Zum Forschungsüberblick Schenk, Michael: Medienwirkungsforschung Tübingen ³2007, hier S. 49.

mehrere Beiträge über prominente Medienakteure leuchten die Komplexität des Themas weiter aus.

Joachim-Felix Leonhard öffnet in seinem einleitenden Beitrag vor allem den Blick für die Mehrdimensionalität der NS-Medien. Neben der Analyse von Strukturen und Inhalten regt er im Sinne des »visual« und »linguistic turn« an, Bild und Ton als Quelle sui generis zu begreifen und etwa die Sakralität der Inszenierungen, die Intonation der Sprecherstimmen im Radio sowie Mimik und Gestik prominenter NS-Redner in die Analyse mit einzubeziehen. Es war insbesondere dieser eigene, höchst suggestive Stil der NS-Propaganda, der eine starke Wirkung entfaltete, die bis weit in die Nachkriegszeit reichte.

Anhand von vier unterschiedlich gelagerten Fallbeispielen porträtiert der Band anschließend einzelne Medienakteure. *Karl-Günter Zelle* beschreibt in seinem Beitrag über Joseph Goebbels einen Propagandaminister voller Widersprüche, der zwischen Zuversicht und Zweifeln oszillierte. Goebbels lebte in ein eigenartig geteilten Welt: obwohl er im Alltag eine vergleichsweise realistische Sicht der Dinge vertrat, tauchte er dennoch immer wieder in die illusionistische Welt Hitlers ein. Im persönlichen Gespräch mit dem »Führer« wurde der kritische Verstand ausgeschaltet und »die Batterien wieder aufgeladen«, so Goebbels in seinem Tagebuch. Nach der Rückkehr zur Arbeit kehrten die Zweifel jedoch bald zurück. Er war also hinter der Fassade seiner ausgefeilten Propagandarhetorik keinesfalls so bruchlos, wie es manche Darstellung in der Forschung suggeriert.

Mathias Friedel widmet sich in seinem struktur- und sozialgeschichtlichen Beitrag dem Reichspropagandaamt Hessen-Nassau und seinen Mitarbeitern. Er arbeitet heraus, dass der Einfluss des scheinbar allmächtigen Joseph Goebbels auf Gauebene begrenzt war. Letztlich waren die Gauleiter die entscheidenden Figuren der Medienpolitik in der Provinz. Ihr Spielraum insbesondere in der Pressepolitik war nicht unerheblich und sie hatten mit der regionalen Personalpolitik einen Hebel in der Hand, um gewichtigen Einfluss auf die Medien auszuüben.

Das Plädoyer Karl-Günter Zelles, Medienakteure des »Dritten Reichs« als komplexe und widersprüchliche Persönlichkeiten darzustellen, nehmen *Kurt Fricke* und *Torsten Körner* in ihren Beiträgen über Heinrich George und Heinz Rühmanns auf. Beide Schauspieler waren feste Größen des NS-Medienbetriebes. Heinrich George kann aber nicht auf seine Funktion in prominenten Propagandafilmen reduziert werden. Auch der der zögernde, zweifelnde George, der vielen bedrängten Freunden und Kollegen half, gehört zu dem präzisen Portrait, das Fricke hier skizziert.

Torsten Körner behandelt zwei besonders kritisch diskutierte Aspekte im Leben des berühmten Schauspielers Heinz Rühmanns: die Scheidung von seiner ersten Frau 1938 und die Entstehungsgeschichte seines Films »Die Feuerzangenbowle«. In beiden Fällen nimmt der Verfasser eine differenzierte Position ein, hinterfragt gängige Interpretationen, die Rühmann im ersten Fall Opportunismus – seine erste Frau war Jüdin – und im zweiten Fall die Mitwirkung an einem raffiniert inszenierten NS-Propagandafilm vorwerfen. Körner erscheint beides fraglich, ohne damit Rühmanns Rolle im Nationalsozialismus zu beschönigen und aus ihm gleichsam einen Widerstandskämpfer machen zu wollen.

Rainer Rother skizziert in seinem Überblicksbeitrag den Prozess der Homogenisierung, Konzentration und Kontrolle der Filmindustrie, der sehr rasch dazu führte, dass sich die deutschen Produktionen zumindest nicht mehr im Widerspruch zur NS-Ideologie und Politik befanden. Später gelang es dann, jedwede Subversion völlig auszuschalten. Trotzdem war das Kino im Nationalsozialismus nie einheitlich, wenngleich es durchgängig von denselben Produktionsbedingungen beeinflusst war. Genuin nationalsozialistische Filme stellten allerdings die Ausnahme dar. Sie sind typisch für die erste Phase des Krieges, als man sich auf die aktuellen Erfolge der Wehrmacht bezog und die Situation günstig war, auch den Alltag im nationalsozialistischen Deutschland zu thematisieren. In der zweiten Kriegshälfte war dies kaum mehr möglich. Indem sich die militärische Lage verschlechterte, ging man vermehrt dazu über, vor allem Unterhaltungsfilme zu produzieren.

Mit dem Film »Feuertaufe« analysiert *Gerhard Paul* »den ersten klassischen NS-Kriegsfilm. Im Mittelpunkt der Handlung steht der Luftwaffeneinsatz in Polen 1939. An Originalschauplätzen gedreht, wurden die Filmaufnahmen so zu einer fiktiven Handlung zusammengeschnitten, dass der Zuschauer das Gefühl vermittelt bekam, inmitten der Schlacht zu sein, ohne vom eigentlichen Geschehen wirklich etwas zu sehen. Erfolg hatte diese Art des Propagandafilms trotz der für damalige Verhältnisse überaus modernen Machart jedoch nur in der Phase der Blitzsiege, als sich Filmbilder und Kriegserfahrung einigermaßen deckten. Den eigentlichen »Triumph« erlebten diese Bilder, so Paul, freilich in der Bundesrepublik. Nach 1945 wurden abgeklammerte Filmschnipsel aus der »Feuertaufe« ohne Herkunftsnachweis leichtfertig in Spielfilmen oder Dokumentationen eingeschnitten. Sicher trifft dies in noch höherem Maße auf die Bilder der Wochenschauen zu, wobei offen bleiben muss, welche Wirkung diese in der Nachkriegszeit tatsächlich entfalteten, als sie in einem völlig veränderten politischen und gesellschaftlichen Kontext gezeigt wurden.

Ulrike Bartels behandelt die Wochenschau als ein zentrales Medium der NS-Propaganda, das bei Goebbels und Hitler höchste Priorität genoss. Durch die Vermittlung langfristig angelegter ideologischer Aussagen sollte sie einen Beitrag zur Stabilisierung des Systems leisten. Dabei wendete sich die Wochenschau an ein Publikum, das bereits durch Presse und Radio informiert war. Seit September 1939 dominierte eine ganz auf den Krieg abgestellte Berichterstattung, deren Akzeptanz freilich, wie auch Rother und Paul in ihren Beiträgen zeigen, stark vom militärischen Geschehen abhing.

Die Rolle des Hörfunks im Nationalsozialismus ist im Vergleich zum Film oder zur Presse erst vergleichsweise wenig aufgearbeitet worden, wie *Hans Sarkowicz* betont. Insbesondere zum Hörverhalten und zur Wahrnehmung von Radiosendungen liegen kaum Erkenntnisse vor. Gut untersucht ist hingegen die Rundfunkpolitik der Nationalsozialisten, um die es in diesem Beitrag vor allem geht.

Da sich die privaten Rundfunkgesellschaften bereits 1925 zu einer staatlich kontrollierten Gesellschaft hatten zusammenschließen müssen, gelang es Goebbels, das Radio bereits unmittelbar nach der Machtübernahme für sich nutzbar zu machen. Schon am Abend des 30. Januar 1933 konnte eine Live-Reportage über den Fackelzug der SA in Berlin über alle Sender ausgestrahlt werden. Anders als Film oder Presse war der Rundfunk inhaltlich wesentlich homogener. Ab dem 9. Juni 1940 wurde in Deutschland sogar ein Einheitsprogramm gesendet. Auslandssender waren daher die einzige echte Medienalternative. Obgleich unter Strafe gestellt, hörten zahlreiche Deutsche etwa den Deutschen Dienst der BBC oder Radio Moskau, die bald zu einer wichtigen Konkurrenz des deutschen Programms avancierten. Dennoch blieb der Rundfunk eine wichtige Stütze des Regimes. Beispielhaft steht hierfür der 20. Juli 1944, als der Reichsrundfunk bereits um 18.30 Uhr die Nachricht vom Scheitern des Attentats vom sendete und noch in der Nacht eine zehnminütige Hitler-Rede ausstrahlte.

Frank Eckardt und *Jörg Koch* behandeln mit der Olympiaberichterstattung und dem Wunschkonzert zwei besonders prominente Beispiele erfolgreicher NS-Radioformate: Die Olympischen Spiele 1936 waren die ersten »Medienspiele«. Die Wettkampfberichterstattung wurde live im Radio in zahlreiche Länder der Erde übertragen und trug so zum großen außenpolitischen Erfolg wesentlich bei. Noch stärker, so Eckardt, dürfte aber der innenpolitische Prestigeerfolg gewesen sein.

Das Wunschkonzert war die bekannteste Radiosendung ihrer Zeit, die zwischen Winter 1936/37 und Mai 1941 immer im Winterhalbjahr jeden Sonntagnachmittag ausgestrahlt wurde. Die bunte Mischung aus Unterhaltungsmusik, gesprochenen Einlagen, Sketchen, Ansagen militärischer oder privater Natur und dem Auftritt prominenter Gäste war ein überaus erfolgreiches Konzept, das noch lange nach dem Krieg weiterlebte, ebenso wie die Schlager jener Zeit. Derartige Unterhaltungsformate hatten ihren festen Platz im NS-Rundfunkprogramm, wobei die Schlager selber nicht genuin nationalsozialistisch waren. Die Programmgestaltung war es aber sehr wohl: es wurde kein Swing gesendet, jüdische Komponisten, Interpreten und Kritiker wurden systematisch ausgeschlossen. So dienten auch diese Form der Unterhaltung und diese Formate dem Nationalsozialismus. Insbesondere im Krieg als der »optimistische Schlager« und das Wunschkonzert als Brücke zwischen Front und Heimat wichtiger denn je geworden waren.

Die Presselandschaft stellte sich im Vergleich zu Rundfunk und Film sehr viel heterogener dar. Ihre Vereinheitlichung dauerte wesentlich länger und war lange Zeit auch nicht so erkennbar. Freilich wurde, wie *Rudolf Stöber* betont, aus der Presse im Nationalsozialismus langsam eine Presse des Nationalsozialismus. Da es keine Vorzensur gab, verfügten die Zeitungen stets über gewisse Spielräume, die Goebbels bewusst zu erhalten gedachte, um nicht zu sehr an Qualität einzubüßen und die Presselandschaft nicht zu monoton erscheinen zu lassen. Damit stellt sich die Frage, ob es so etwas wie einen journalistischen Widerstand gegeben hat? Anders gewendet: Gab es Zeitungen, die ihren Handlungsspielraum so ausnutzten, dass sie kritische Kommentare zu Politik und Kriegsverlauf »zwischen den Zeilen« versteckten? Und wie ist deren Wirkung zu beurteilen? Stöber zeigt, dass es derartige Versuche zweifellos gab und dass ein besonders kritisches und sensibilisiertes Publikum solche Botschaften auch entschlüsseln konnte. Dieselben Botschaften konnten aber auch ganz anders, nämlich im Sinne des Systems verstanden werden, wenn die komplexe Entschlüsselungsleistung nicht gelang. Stöber plädiert aus diesem Grund dafür, die Wirkung des Schreibens »zwischen den Zeilen« nicht zu überschätzen.

Seit den 1980er Jahren führen vor allem Günther Gillessen und Bernd Sösemann eine Debatte über kritische Presseorgane in der NS-Zeit. Im Zentrum steht hierbei die Rolle der Frankfurter Zeitung (FZ). Sösemann betonte immer wieder[2], dass die FZ trotz ihrer insgesamt eher zurückhaltenden und kritischen Berichterstattung eine stützende Funktion im NS-System hatte. *Günther Gillessen* hingegen streicht in seinem Beitrag heraus, dass die Frankfurter Zeitung keinesfalls als Teil des NS-Systems betrachtet werden kann, sondern aufgrund ihrer kritischen Berichterstattung als Teil eines »anderen Deutschland« gesehen werden sollte.

Auch die Wochenzeitung »Das Reich« nahm in der NS-Presselandschaft eine Sonderrolle ein. 1940 als Organ von hoher journalistischer Qualität gegründet, war sie vor allem für das Ausland und für das heimische Bildungsbürgertum bestimmt. *Victoria Plank* setzt zu einer Neubewertung der Zeitung an: War sie ein geschickt genutztes Herrschaftsinstrument oder ein Rückzugsort der Liberalität, also eine Schwachstelle im Regime? Sie kommt zu dem Schluss, dass es dem Initiator Rolf Rienhardt nicht gelang, ein von staatlicher Lenkung freies Organ zu schaffen, sondern die Zeitung vor allem eine wichtige propagandistische Aufgabe im In- und Ausland erfüllte. Sie war ein Feigenblatt der Diktatur: eine Zeitung, in der kritische Journalisten eine vom System gewollte Nische fanden und dem Regime so am meisten nützten. Dies schließt nicht aus, das ein Teil der Leserschaft die kritischen Kommentare »zwischen den Zeilen« zu lesen verstand.

Der Abschnitt über die Presse im »Dritten Reich« wird abgerundet durch einen Blick auf die Provinz. *Mathias Friedel* zeigt am Beispiel der Presse in Bensheim an der Bergstrasse, wie Zeitungen die Zeichen der Zeit bewusst nutzten, um u.a. zu ihrem wirtschaftlichen Vorteil frühzeitig auf die Seite des Nationalsozialismus umschwenkten. So entwickelte sich das »Bergsträßer Anzeigenblatt« kurz nach der Machtergreifung in vorauseilendem Gehorsam zu einem quasi-Parteiblatt. Mit dieser Kehrtwendung zielte die Redaktion nicht zuletzt darauf ab, die journalistische Konkurrenz, den katholisch ausgerichteten »Starkenburger Boten«, loszuwerden. Dieser wurde Anfang 1936 in der Tat eingestellt. Dennoch gelang es dem »Bergsträßer Anzeigenblatt« nicht – trotz Profilierungsversuchen durch massiven Antisemitismus – seinen lukrativen Status als Amtsblatt zu behalten, den 1938 der »Volksgenosse« aus dem benachbarten Heppenheim erhielt.

Abgerundet wird der Band von einem Ausblick auf die Nachwirkungen der NS-Politik auf die Medien in der Bundesrepublik und der DDR aus der Feder

---

[2] Zuletzt: Bernd Sösemann, Journalismus im Griff der Diktatur. Die »Frankfurter Zeitung« in der nationalsozialistischen Pressepolitik, in: Christoph Studt (Hrsg.), »Diener des Staates« oder »Widerstand zwischen den Zeilen«. Die Rolle der Presse im »Dritten Reich«, Berlin 2007, S. 11-38.

von *Wolfgang Mühl-Benninghaus*. Er stellt neben den unterschiedlichen Konzepten der Medienpolitik in West und Ost heraus, dass sich die inhaltlichen Kontinuitäten vor allem im Bereich der Unterhaltung finden lassen. So lehnten sich Sendeformate im Rundfunk an das erfolgreiche Konzept des »Wunschkonzertes« an. Da neue Filmproduktionen rar waren, wurde in West- und Ostdeutschland gerne auf Archivgut zurückgegriffen, so dass Kultur- und Unterhaltungsfilme aus der NS-Zeit bis weit in die Nachkriegszeit hinein in den Kinos zu sehen waren.

Der Wirkung der neuen politischen Inhalte waren vor allem im Hinblick auf die Reeducation enge Grenzen gesetzt, da die deutsche Bevölkerung in West und Ost diese gleichermaßen kaum schätzte. Nachdem beispielsweise die Aufklärungsfilme vom Publikum nicht angenommen wurden, wandten die Behörden im US-Sektor Berlins ähnliche Methoden wie das NS-Propagandaministerium an: durch Unterhaltungsfilme sollte eine Zuschauerbindung erreicht werden, um gewissermaßen nebenbei auch Reeducationproduktionen auszustrahlen. Der Erfolg dieser Maßnahmen blieb begrenzt. Eine ähnliche Entwicklung zeigte sich im Osten Berlins. Als dort ab 1947 im Rundfunk die politischen Attacken auf den Westen zunahmen, avancierte binnen kurzem der RIAS zum beliebtesten Sender in Berlin, weil dort vor allem Unterhaltungsformate gesendet wurden.

Die Geschichte von Rundfunk, Film und Presse im Nationalsozialismus ist ein besonders prominentes Beispiel für die Instrumentalisierung moderner Massenmedien in einer totalitären Diktatur. Daher hat die Hessische Landeszentrale für Politische Bildung dieses zentrale Thema der Mediengeschichte zum Gegenstand einer Publikation gemacht, für die zahlreiche prominente Kommunikationswissenschaftler, Historiker und Journalisten gewonnen werden konnten. Sie wendet sich mit diesem Buch, das die Rolle der Medien im Nationalsozialismus überblicksartig darstellen und zugleich etliche neue Aspekte und Perspektiven herausarbeiten will, gleichermaßen an ein wissenschaftliches Publikum wie auch an die breitere Öffentlichkeit.

Dieser Sammelband geht zurück auf eine Tagung, die die Hessische Landeszentrale für Politische Bildung in Zusammenarbeit mit dem Hessischen Rundfunk am 24./25. September 2007 in Frankfurt am Main durchgeführt hat. An dieser Stelle danken die Herausgeber insbesondere Hans Sarkowicz für die Kooperation bei der Veranstaltung der Konferenz und Mathias Friedel für die Unterstützung bei der Herausgabe dieses Buches. Unser herzlicher Dank gilt zudem allen Beitragenden für ihr Engagement und ihre Mitwirkung an dieser Publikation.

Bernd Heidenreich *Sönke Neitzel*

Medien und NS-Diktatur

Einführende Überlegungen[1]

von

JOACHIM-FELIX LEONHARD

Kurz vor dem 11. Mai 1945 – und damit zugleich wenige Zeit nach der Kapitulation vom 8. Mai – erhielt der Sprecher jener berühmten Rundfunkrede Besuch von Tontechnikern in seinem Haus im kalifornischen Santa Monica: Er sprach seine Worte in ein Mikrophon, dann wurde die Rede auf einer Schellackplatte gespeichert, die anschließend mit einem Flugzeug an die amerikanische Ostküste verbracht, in das Atlantikkabel nach London eingespeist und deren Inhalt dann von der BBC nach Deutschland ausgestrahlt wurde – zum Empfang über Radiogeräte, die *Volks*empfänger hießen und bislang Sendungen übermittelten, deren Inhalt eher dem »Wörterbuch des Unmenschen« entstammten. »Deutsche Hörer«, so begann Thomas Mann, »wie bitter ist es, wenn der Jubel der Welt der Niederlage, der tiefsten Demütigung des eigenen Landes gilt«. Er fährt fort, wie sehr sich Deutschland, »das Land unserer Väter und Meister«, von der gesitteten Welt entfernt habe und schließt mit der Feststellung, dass »Deutschland von dem Fluch wenigstens befreit ist, das Land Hitlers zu heißen.« Schon sieben Tage zuvor, am 4. Mai, 10.00 Uhr morgens,

---

[1] Allgemein vgl. Zimmermann, Clemens: Medien im Nationalsozialismus. Deutschland 1933 – 1945, Italien 1922 – 1943, Spanien 1936 – 1951, Wien, Köln und Weimar 2007; zur Geschichte des Rundfunks vgl. Dussel, Konrad: Deutsche Rundfunkgeschichte. Eine Einführung, Konstanz 1999; ders.: Quellen zur Programmgeschichte des deutschen Hörfunks und Fernsehens, Göttingen 1999 (Quellensammlung zur Kulturgeschichte 24) sowie für den Überblick Bausch, Hans (Hrsg.): Rundfunk in Deutschland, 5 Einzelbände, München 1980, hier bes.: Diller, Ansgar: Rundfunkpolitik im Dritten Reich (=Band 2); Leonhard, Joachim-Felix (Hrsg.): Programmgeschichte des Hörfunks in der Weimarer Republik, 2 Bände, München 1997; ders.: Der Rundfunk der DDR wird Geschichte und Kulturerbe, in: Schwarzkopf, Dietrich (Hrsg.): Rundfunkpolitik in Deutschland. Wettbewerb und Öffentlichkeit, 2 Bände, München 1999, S. 927 – 977; zur Geschichte des Fernsehens vgl. Hickethier, Knut: Geschichte des deutschen Fernsehens. Unter Mitarbeit von Peter Hoff, Stuttgart 1998. – Die rundfunkhistorischen Quellen finden sich im wesentlichen in der Stiftung Deutsches Rundfunkarchiv Frankfurt am Main – Potsdam-Babelsberg; zum Deutschen Rundfunkarchiv und seinen Beständen vgl. www.dra.de sowie Leonhard, Joachim-Felix (Hrsg.): Deutsches Rundfunkarchiv Babelsberg. Der Neubau des Ostdeutschen Rundfunks Brandenburg für die Stiftung Deutsches Rundfunkarchiv Frankfurt am Main – Potsdam-Babelsberg, Frankfurt am Main 2000. – Zur Geschichte des Films in der Zeit des Dritten Reiches vgl. Wulf, Joseph (Hrsg.): Theater und Film im Dritten Reich. Eine Dokumentation, Frankfurt am Main, Berlin und Wien 1983; Segeberg, Harro (Hrsg.): Mediale Mobilmachung I: Das Dritte Reich und der Film, München 2004. – Die historischen Filmbestände befinden sich hauptsächlich in der Abteilung Filmarchiv des Bundesarchivs; zu diesen Beständen vgl. www.Bundesarchiv.de und für Bestände an anderen Orten (Friedrich-Wilhelm-Murnau-Stiftung, Wiesbaden; Stiftung Deutsche Kinemathek, Berlin und Deutsches Filminstitut und Deutsches Museum, Frankfurt am Main) und für weitere Fragestellungen vgl. www.filmportal.de.

war in Norddeutschland über die gleichen *Volks*empfänger aus dem Hamburger Funkhaus die Ansage zu vernehmen: »This is Radio Hamburg, a station of the Allied Military Government.«, und von Frankfurt, nein: von einem improvisierten Studio in Bad Nauheim aus, weil die Wehrmacht in den letzten Kriegstagen das Funkhaus in Frankfurt gesprengt hatte, sorgte ab dem 4. Juni 1945 ein »Psychological Warfare Team« dafür, dass einerseits Informationen an die deutsche Bevölkerung gegeben werden konnten und dass andererseits die sog. *Re-education* zur Demokratie und Freiheit rechtzeitig und so früh wie möglich beginnen konnte.

Obwohl die nationalsozialistische Schreckensherrschaft »nur« zwölf Jahre währte, so hatte doch ein in sich geschlossenes System medialer Vermittlung dafür den Boden bereitet, dass sowohl aus einem freiheitlich-demokratischen Rundfunk der Weimarer Republik als auch aus der freien Produktion von Filmen und einem offenen Literaturbetrieb ein Medienapparat entstehen konnte, der stringenter Lenkung unterworfen war und der auf raffinierte Weise direkt und frontal, aber auch mit indirekten und subtilen Formen und Stilmitteln die ideologische Durchdringung eines ganzen Landes beförderte. Bemerkenswert dabei ist, dass sich im Osten des im Jahre 1990 wieder vereinigten Landes eine ähnliche Entwicklung abspielte, und es gehört schon zu den großen Errungenschaften der deutschen Demokratie nach dem Zweiten Weltkrieg, dass diese sich der Aufarbeitung von Geschichte, wenn auch anfangs zögerlich, so doch mit aller Konsequenz annahm, um über Erinnerungspolitik mit Blick auf gleich zwei deutsche Diktaturen unterschiedlicher Prägung und Gewichtung zur Festigung der politischen Bildung und damit zur Entwicklung freiheitlich-demokratischer Grundgedanken beizutragen. Interessant wäre in diesem Zusammenhang, intensiver die Mechanismen der medialen Instrumentalisierung im Sinne der Massenbeeinflussung komparatistisch zwischen den beiden deutschen Diktaturen und auch im Vergleich zu den anderen totalitären Systemen Europas im 20. Jahrhundert zu untersuchen, um dem Phänomen der Massenbeeinflussung in unterschiedlichen Ländern bei der Diversität von Kulturen und Mentalitäten näher zu kommen, ja die psychologische Deutung von Entwicklungen anhand der Choreographie, der Gestik, Mimik, Intonation und Visualisierung vorzunehmen. Dies kann jedoch hier nur als Frage und Anregung verstanden werden, sich bestimmten Phänomenen der Deutschen und Europäischen Zeitgeschichte des 20. Jahrhunderts als einer Medien- und Kommunikationsgeschichte der Moderne mehr zuzuwenden, als dies in der zeitgeschichtlichen Forschung bislang der Fall war und ist.

Zu erinnern daran, auf welche Weise wir in Deutschland diese Freiheit *wieder*gewonnen haben, heißt auch, an die Grundlagen unserer Verfassung und die davor getroffenen Regelungen der Alliierten zu denken. Als General Lucius D. Clay als US Army Military Governor einen Erlass vom 21. November 1947 unterzeichnete, der in Satz 1 »die grundlegende Politik der US-Militärregierung« regelte, »dass die Kontrolle über die Mittel der öffentlichen Meinung wie Presse und Rundfunk verteilt und von der Beherrschung durch die Regierung freigehalten werden müsse«, war damit das Prinzip der Rundfunkfreiheit und Staatsferne sowie der Dezentralisierung dieser Medien so vorbestimmt, wie es später im Grundgesetz der Bundesrepublik Deutschland im Art. 5 formuliert und in den Urteilen des Bundesverfassungsgerichtes präzisiert sowie, viele Jahre später, im Einigungsvertrag in Art. 36 definiert wurde – als das die Demokratie in einem föderalen Staat stabilisierende Element, das auf dem Prinzip sowohl der Teilung als auch der *Verteilung* von Gewalten im Staat ausgerichtet war und ist. Damit eben nicht mehr so intensiv *Staatsgewalt* auch gleich *Staatsgestalt* annehmen könne, wie dies nun einmal in besonderer Weise von der Zeit des Nationalsozialismus gesagt werden kann.

Dabei ging dieser Wechsel von totalitärer Indoktrination zu Öffnung der Kommunikationsformen und -inhalte rasch vonstatten: Dies war 1989/90 so, und ähnlich vollzog sich dies im Jahre 1945, denn noch am 30. April 1945 hatte der Sender Flensburg, der als einziger noch zur Ausstrahlung fähig war, nicht etwa die Katastrophe in ihrer Eindeutigkeit beschrieben, sondern beschönigend gemeldet, »dass die Wehrmacht den aussichtslos gewordenen Kampf eingestellt habe: […] die deutsche Wehrmacht sei am Ende einer gewaltigen Übermacht ehrenvoll unterlegen«. Auch hier, in eindeutig ausweglose Lage, wurden also Desinformation und gelenkte Information vermittelt, wurde Kommentar statt Nachricht geboten, als ob die Menschen in den zerbombten Stätten nicht schon längst erfahren hätten, wie sich die Wirklichkeit selbst darstellte. Ja, mancher mochte sich noch einer Rede erinnern, die nur sechs Wochen zurücklag und deren Funktion symptomatisch für die Lenkung der Medien im NS-Staat stehen mag: Als nämlich Joseph Goebbels am 11. März 1945, also gerade einmal sieben Wochen vor dem endgültigen Zusammenbruch und der Kapitulation von Karlshorst, nach Görlitz kam, war ihm nicht nur der Zweck seiner Reise bewusst: Nein, er wusste wohl, was er, vor allem, *wen* er vor sich hatte. Der Propagandaminister war in die Stadt an der Neiße gefahren, um vor Soldaten der Ostfront zu sprechen und damit zu Soldaten, die in den vergangenen Zeiten zunächst das Vorrücken nach Osten und dann das Rückdrängen der Ostfront nach Westen erfahren hatten. Was aber sollte der sagen, der die Massen stets demagogisch aufgeheizt hatte, gleich, ob dies im Berliner Sportpalast geschah, gleich, ob dessen Tiraden in den Wohnzimmern zwischen Flensburg und Konstanz über den Volksempfänger zu hören waren, gleich, ob das System in Filmen wie »Kolberg« zum Durchhalten anheizte oder in der »Feuerzangenbowle« Normalität angesichts der Bombardierungen deutscher Städte inszenieren ließ und gleich, ob Autoren, Theaterleute, Künstler erst der Zensur unterlagen, dann verfolgt und schließlich vernichtet und ermordet wurden?

Oft genug hatte der Propagandaminister Inszenierung von Sprache und Rhetorik praktiziert und wie in ein Gefäß die ideologischen Inhalte des Terrorstaates gegossen. Im März 1945 verband Goebbels in teuflischer Weise Inhalt *und* Form miteinander durch Inszenierung, Gestaltung und Vorstellung von Herrschaft, Ideologie und Terror. An diesem Tage weckte er, wo den Zuhörern von der Ostfront eigentlich die Aussichtslosigkeit bewusst war, *sakrale* Stimmung, lenkte er, nicht zum ersten, aber bald zum letzten Male, ab von Ratio und Realität und setzte rhetorisch-demagogisch einzig auf den emotional-sakralen Appell: »die Divisionen«, so schreit er in die Mikrophone, »werden in diesen Kampf hineingehen *wie in einen Gottesdienst*«. Und weiter: »ja,

1 | Inszenierte Pseudoreligiosität des Nationalsozialismus: Lichtdom auf dem Reichsparteitag der NSDAP in Nürnberg (8. September 1936)
Bundesarchiv, Bild 183-1982-1130-502, Fotografie: Scherl

der Feind sei zu schlagen, der Übermacht seines Materials sei die Übermacht unserer Moral entgegenzusetzen« und gegen Schluss der Rede: »der Führer werde auch diese Krise bewältigen«.

Gottesdienst, Glaube, Moral, Führer – der Propagandaminister adressierte in seiner Rede einzelne Phänomene von Kult, Charisma und Herrschaft, inszenierte Sakralität von Ideologie und Terror. Und da die Rede und ihre Gedanken für Wochenschau und Rundfunkübertragungen gedacht und vorbereitet waren, bot er gleichsam audio-visuell in eben der Weise die Choreographie von Herrschaft auf, wie sie allen Diktaturen der Neuzeit im Sinne von Sakralität und Herrschaft in audio-visueller Vermittlung von Ideologie eigen war und ist.

Goebbels ist gewiss keine Ausnahme, wenngleich seine demagogische Rhetorik die Zeitgenossen schon deshalb in besonderer Weise angesprochen hat, weil er früh die Wirkung von kultischer Inszenierung von Inhalten bei Parteitagen, Aufmärschen, Fackelzügen, die Prozessionen liturgisch ähneln und opernhafter Dramaturgie folgen sollten, ebenso erkannt hatte, wie er die Kommunikation von Inhalten über Film, Funk und Fernsehen sowie, nicht zu vergessen, Zeitungen, Zeitschriften, Plakate, Bücher und Architektur, initiierte – und, wo vorhanden, kanalisierte und verstärkte. Dabei kam es weniger darauf an, *was* Goebbels, Hitler u. a. sprachen oder von sich gaben, sondern *wie* sie wirkten: in der *Intonation der Stimme* am Radiogerät, in der Mimik und *Gestik* vor Ort – in der Wochenschau, in Pressephotos, in Zeitungsberichten und vielem mehr. Und stets hatten die Menschen später – als Hörer an den Rundfunkgeräten – eher noch die Stimme im Ohr, wo sie den Inhalt längst vergessen hatten. Eine Erfahrung, die Jahrzehnte später auch in der Erinnerung an die SED-Diktatur zu machen war und ist, als sich die Menschen kaum der Inhalte der zum Teil stundenlangen Parteitagsreden Walter Ulbrichts erinnerten, wohl aber der hohen Fistelstimme, mit der die Worte über den Äther kamen. Niemand hat dies für die Zeit des Nationalsozialismus besser analysiert als Charles Chaplin in seiner Persiflage des »Großen Diktators«, dessen großen Gesten stets unverständliches Wortgestammel unterlegt wird. Sie waren darin nicht unähnlich Mussolini und seine theatralischen Auftritten, Stalin, Chrustschow, Breshnew und ihren jeweiligen Inszenierungen am 1. Mai oder 17. Oktober am Roten Platz in Moskau, nicht unähnlich Ceaucescu in Bukarest und auch der eher spröden SED-Diktatur, als diese *Staats*gewalt durch *Staats*gestalt ausübte, indem sie Öffentlichkeit mit Paraden und anderen Effekten organisierte.

Sozialgeschichte und politische Geschichte, nicht nur der Diktaturen des 20. Jahrhunderts, sind, so gesehen, vehement eine Geschichte der *Medialisierung* von Gesellschaften, initiiert durch direkt und assoziativ in das Unterbewusstsein dringende und damit subtil wirkende Kommunikationsformen und Kulturtechniken, die mit dem Eintritt in das digitale Zeitalter neuerlich eine qualitative Veränderung und einen Sprung erlebt, doch in welche Richtung? Wenn das 20. Jahrhundert als eine Zeit der Ausbildung von Massengesellschaften im universell-globalen Verständnis zu bezeichnen ist, dann haben daran sicher die Medien einen gehörigen Anteil: indem sie das Verhältnis von Sender und Empfänger, Produzent und Rezipient deutlich verändert haben.

Und doch hat sich die zeithistorische Forschung der Annahme, dass Zeitgeschichte eben *auch* und *intensiv* als Kommunikations- und Kulturgeschichte des audiovisuellen Medienverhaltens zu betrachten ist, weitgehend verweigert: Sieht man von wenigen Ausnahmen ab, gilt letztendlich nach wie vor Hans Rothfels' Diktum und Präferenz des Prinzips der Schriftlichkeit von Quellenüberlieferung, »veritas in actis«, aber: Darf eine solch' überkommene Sichtweise weiter wie bisher gelten, die sich im (Fast-)Fehlen von audiovisuellen Quellenkunden und methodologischen Grundüberlegungen von Hilfswissenschaften der Moderne ebenso dokumentiert, wie in der eher stiefmütterlichen Behandlung von Film- und Rundfunkgeschichte, Medien- und Buchgeschichte an den Universitäten – und nicht zuletzt im Fehlen einer Hörfunk- und Fernsehgeschichte umfassenden *Deutschen Mediathek*, die wichtige audiovisuelle Zeugnisse für Bildung, Erziehung und Unterricht so aufbereitet wie beispielsweise die *Inatheque de France* in Paris? Kann man zeitgeschichtlichen Phänomenen methodisch näherkommen, indem man sich – »veritas in actis« – fast ausschließlich durch Kilometer von Aktenbeständen und Bibliotheken arbeitet und gleichsam so tut, als handele es sich um eine Zeit, die durch zeitliche und örtliche Distanz so entfernt wie etwa die Reformationszeit ist – und doch vehement in Tönen und Bildern in unserem subjektiven und kollektiven Gedächtnis archiviert ist? Dies gilt im großen und ganzen nach wie vor, auch wenn es mittlerweile und erfreulicherweise erste methodologische Ansätze zu einer historischen Bildwissenschaft gibt.

Ob in der Kulturgeschichte, der Geschichte des Sports, der Frage der historischen Sozialisation, der Erfahrung von Mentalität und Alltagsgeschichte, die auch Mode und Geschmacksempfinden einbezieht – viel, sehr viel wurde über bewegte Bilder und Töne, über Zeitschriften und Fotos vermittelt, audiovisuell, also medial, und nicht selten, vielleicht überraschend für das säkulare und profane Umfeld, *sakral*: Die Massengesellschaften des 20. und 21. Jahrhunderts sind im Wandel zu kommunikationstechnologisch sich entwickelnden Mediengesellschaften, ihre Erforschung bedeutet die methodische Orientierung auf eine bei weitem breitere Basis von Quellen: Dies heißt nicht zuletzt Nutzung und Bewertung audiovisueller Quellen, bedeutet daher insbesondere Zeitgeschichte im Spiegel der Radio- und Fernsehgeschichte, Film- und Buchgeschichte und der Geschichte der Presse zu sehen.

Es lohnt sich daher, einen kurzen Blick auf die Entwicklung von Rundfunk und Film als den sog. Neuen Medien der Weimarer Republik zu werfen, um auch den Kontrast zwischen den Anfängen in den Zwanziger Jahren und der Pervertierung und Manipulation ab dem Jahr 1933 klarer bewerten zu können. Hörfunk und Fernsehen und ihre technischen Vorläufer Schallplatte und Film haben die Gesellschaften bis heute geprägt und geformt. Und früh setzten auch die Bemühungen ein, durch Archivierung nicht nur den Inhalt einer Rede, eines Berichtes oder eines Liedes, die ja auch in schriftlicher Form überliefert werden konnten, sondern auch die authentische Form selbst zu überliefern. Dabei konnte es sogar zu gewissermaßen skurrilen *Nach*sprechungen kommen, wie sie etwa Wilhelm II. vier Jahre später mit seiner Rede zum Kriegsausbruch 1914 und Philipp Scheidemann mit seiner Ansprache zur Ausrufung der Republik Jahre später, d.h. also nach dem eigentlichen Ereignis, vornahmen.

Es hat sich wahrlich viel geändert, als Nachrichten und Inhalte, Informationen und Impressionen seit den Zwanziger Jahren nun nicht mehr »nur« in den gewohnten Medien Buch, Zeitschrift und Zeitung, Flugblatt und Plakat und natürlich auch über sogenannte »Mund zu Mund-Propaganda« und Gespräch ausgetauscht, sondern gleichsam immateriell zu den Menschen gelangten und damit eine weitaus direktere, weil zeitgleiche Kommunikation erreicht wurde. So kamen ab dem 29. Oktober 1923 Inhalte per Rundfunk über den Äther, ohne dass die Worte in den Wind gesprochen waren. Auch trat mit den Sendungen eine neue Qualität gesellschaftlichen Verhaltens ein, indem man ja – wir würden heute sagen »live« – jemanden sprechen und singen hörte, ohne dass das Gegenüber zu sehen war. In gewisser Weise war dieser Radioempfang ein weiterer Ausdruck der Emanzipation von Raum und Zeit einer sich herausbildenden Massengesellschaft, und folgerichtig bedienten die in der Weimarer Republik agierenden, im übrigen privaten Sendegesellschaften in Information, Kultur und Unterhaltung breite Interessen, meist im übrigen in dem bis in die fünfziger Jahre üblichen Gemeinschaftsempfang vor dem Radio und später vor dem Fernsehapparat. Albert Einstein hat die Freiheit und das krea-

tiv-spielerische Element dieses Rundfunks in seiner berühmten Rede zur Eröffnung der Funkausstellung am 22. August 1930 treffend beschrieben[2].
Wer freilich annimmt, der Rundfunk der Weimarer Republik sei frei von Einflussnahme durch Herrschaftsstrukturen gewesen, geht fehl, und insofern hatte Joseph Goebbels sogar recht, als er 1933 feststellte, dass der Rundfunk ein vorzügliches Instrument der Lenkung der Masse sei, eine Idee, die die Parteien der Weimarer Republik den Nationalsozialisten vorgemacht hätten. Goebbels hat freilich dann diese Massenmedien in einer bis dahin nicht gekannten Weise so instrumentalisiert, wie er alle Formen kultureller Vermittlung in Reichskammern gleichschaltete und mit kommunikativen, ja gewissermaßen *kultischen* Formen sakral eine *Volks*gemeinschaft von *Volks*genossen vorbereitete: der *Volks*empfänger als Radiogerät für die Propaganda, der *Volks*wagen für die Mobilität. Goebbels hat an dieser Aufgabe des Rundfunks, nämlich die Menschen »zu hämmern und zu meißeln, bis sie ihm verfallen sind«, keinen Zweifel gelassen und bereits am 24. April 1933 in einer öffentlichen Rede deutlich gemacht, als er den ersten Parteigenossen in das Amt eines Intendanten (in Köln) einführte[3].
Rasch war die Freiheit, mit welcher der Rundfunk bis dahin agiert hatte, verflogen: Sendungen wie Bertolt Brechts Hörspiel »Die Heilige Johanna der

---

[2] Stiftung Deutsches Rundfunkarchiv Frankfurt am Main – Potsdam-Babelsberg, Standort Frankfurt am Main, Archivnummer 2590015 (vgl. Roller, Walter: Bearb.): Tondokumente zur Kultur- und Zeitgeschichte 1888 bis 1932. Ein Verzeichnis, Berlin 1999 (Veröffentlichungen des Deutschen Rundfunkarchivs 15), Nr. 946: »Verehrte An- und Abwesende! Wenn Ihr den Rundfunk hört, so denkt auch daran, wie die Menschen in den Besitz dieses wunderbaren Werkzeuges der Mitteilung gekommen sind. Der Urquell aller technischen Errungenschaften ist die göttliche Neugier und der Spieltrieb des bastelnden und grübelnden Forschers und nicht minder die konstruktive Phantasie des technischen Erfinders. Denkt an Oersted, der zuerst die magnetische Wirkung elektrischer Ströme bemerkte, an Reis, der diese Wirkung zuerst benutzte, um auf elektromagnetischem Wege Schall zu erzeugen, an Bell, der unter Benutzung empfindlicher Kontakte mit seinem Mikrophon zuerst Schallschwingungen in variable elektrische Ströme verwandelte. Denkt auch an Maxwell, der die Existenz elektrischer Wellen auf mathematischem Wege aufzeigte, an Hertz, der sie zuerst mit Hilfe des Funkens erzeugte und nachwies. Gedenket besonders auch Liebens, der in der elektrischen Ventilröhre ein unvergleichliches Spürorgan für elektrische Schwingungen erdachte, das sich zugleich als ideal einfaches Instrument zur Erzeugung elektrischer Schwingungen herausstellte. Gedenket dankbar des Heeres namenloser Techniker, welche die Instrumente des Radio-Verkehrs so vereinfachten und der Massenproduktion anpassten, dass sie jedermann zugänglich geworden sind. Sollen sich auch alle schämen, die gedankenlos sich der Wunder der Wissenschaft und Technik bedienen und nicht mehr davon geistig erfasst haben als die Kuh von der Botanik der Pflanzen, die sie mit Wohlbehagen frisst.« Vgl. auch Doppel-CD Einstein, Albert: »Verehrte An- und Abwesende!«. Originaltonaufnahmen 1921-1951, Supposé, Köln 2003.

[3] Stiftung Deutsches Rundfunkarchiv Frankfurt am Main – Potsdam-Babelsberg, Standort Frankfurt am Main, Archivnummer 2632036: (ab 30'00) Hauptaufgabe des Rundfunks sei es »die Menschen so lange zu hämmern und zu meißeln, bis sie uns verfallen sind.« Es folgt das Bekenntnis zur Tendenz im Rundfunk und der Anspruch auf Vollendung des deutschen Nationalstaates durch den Nationalsozialismus, in der eine besondere Aufgabe dem Rundfunk zufalle für die Gleichschaltung zwischen Regierung und Volk; Teiledition als Tondokument Nr. 6 auf der CD »Was wird aus dem Wort durch den Ton?« Begleit-CD zum Katalog zur Ausstellung »Rückkehr in die Fremde? Remigranten und Rundfunk 1945 bis 1955. Eine Dokumentation zu einem Thema der deutschen Nachkriegsgeschichte, zusammengetragen von Hans-Ulrich Wagner, Berlin, Bonn und Frankfurt am Main 2000.

> Verordnung des Reichspräsidenten
>
> zum Schutz von Volk und Staat
>
> vom 28. Februar 1933.
>
> Auf Grund des Artikels 48 Abs. 2 der Reichsverfassung wird zur Abwehr kommunistischer staatsgefährdender Gewaltakte folgendes verordnet:
>
> § 1
>
> Die Artikel 114, 115, 117, 118, 123, 124 und 153 der Verfassung des Deutschen Reiches werden bis auf weiteres ausser Kraft gesetzt. Es sind daher Beschränkungen der persönlichen Freiheit, des Rechts der freien Meinungsäusserung, einschliesslich der Pressefreiheit, des Vereins- und Versammlungsrechts, Eingriffe in das Brief-, Post-, Telegraphen- und Fernsprechgeheimnis, Anordnungen von Haussuchungen und von Beschlagnahmen, sowie Beschränkungen des Eigentums auch ausserhalb der sonst hierfür bestimmten gesetzlichen Grenzen zulässig.
>
> § 2
>
> Werden in einem Lande die zur Wiederherstellung der öffentlichen Sicherheit und Ordnung nötigen Massnahmen nicht getroffen, so kann die Reichsregierung insoweit die Befugnisse der obersten Landesbehörde vorübergehend wahrnehmen.

2 | Ende der Meinungs- und Pressefreiheit in Deutschland: die Verordnung zum »Schutz von Volk und Staat« (28. Februar 1933)
Rühle, Gerd, Das Dritte Reich. Das erste Jahr 1933, Berlin [1934], S. 372f.

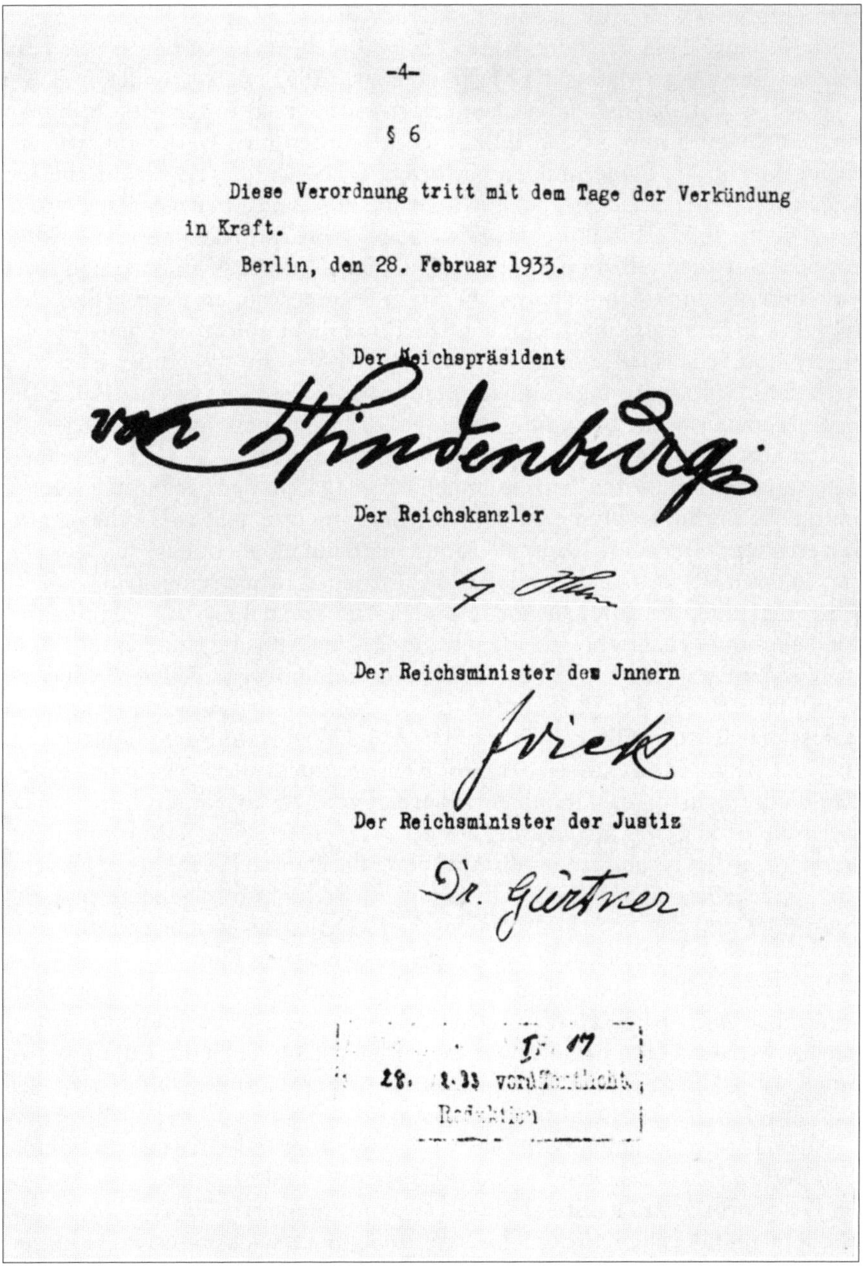

-4-

§ 6

Diese Verordnung tritt mit dem Tage der Verkündung in Kraft.

Berlin, den 28. Februar 1933.

Der Reichspräsident

von Hindenburg

Der Reichskanzler

Adolf Hitler

Der Reichsminister des Jnnern

Frick

Der Reichsminister der Justiz

Dr. Gürtner

17

28. 2.33 veröffentlicht

Redaktion

Schlachthöfe«, Walter Benjamins Kinderhörspiel »Radau um Kasperl«, beide noch im Jahre 1932 gesendet, waren ab 1933 nicht mehr zu hören, wie Paul Hindemiths Oper »Mathis der Maler«, die zwar 1933 noch gesendet, im Jahre 1934 jedoch mit einem Sendeverbot belegt wurde. Bald waren diese Stimmen nicht mehr zu hören, in den Bibliotheken wurden ihre Werke entfernt, ins Feuer oder in die Papiermühlen geworfen. Dass sich dies nicht nur auf den Rundfunk bezog, sondern auch die Bereiche Film und Buch umfasste, wurde rasch deutlich: Die Filmkunst der Zwanziger Jahre mit Klassikern wie »Metropolis« oder dem »Blauen Engel«, mit Regisseuren wie Fritz Lang und Josef von Sternberg, mit Produzenten wie Erich Pommer, der als Produktionschef im Jahre 1923 die *ufa* übernommen hatte, und nicht zuletzt mit Schauspielerinnen und Schauspielern wie Marlene Dietrich und Emil Jannings fand bald nach der Machtergreifung durch die Nationalsozialisten ein rasches Ende: Die nationalsozialistische Bewegung werde »in die Wirtschaft und in die allgemeinen kulturellen Fragen, also auch in den Film, eingreifen«, erklärte Goebbels den Vertretern des Films bereits am 28. März 1933 in der berühmten Kaiserhofrede in Berlin, und fügte hinzu, dass »der Film nunmehr völkische Konturen erhalten solle« und »Kunst allerdings nur dann möglich sein [dürfe], wenn sie mit ihren Wurzeln in das nationalsozialistische Erdreich eingedrungen sei«. Eine Metapher, die durchaus ihre Parallele zur Vorstellung des »Hämmerns, Meißelns und Feilens« hat, das dem Rundfunk als Aufgabe zufallen sollte und die weitere Parallelen hatte in den Bücherverbrennungen in deutschen Städten vom Mai 1933, in der Einrichtung der »Liste(n) des schädlichen und unerwünschten Schrifttums« vom Jahre 1935, in der Verformung der Hochschulen, in denen bald Parteigenossen der NSDAP gemäß dem allerorten umzusetzenden Führerprinzip das Regiment übernahmen. Reichsschrifttumskammer, Reichskulturkammer, Reichsfilmkammer wurden errichtet, Filmformen und Verlage wurden zusammengeführt und unter die Kontrolle der Partei gebracht, um konzentriert einem Ziel zu dienen, nämlich der nun folgenden Inszenierung einer sakralen Schicksalsgemeinschaft »Deutsches Reich« mit den Vorzeichen nationalsozialistischer Ideologie. Daran haben Filme wie »Jud Süß«, »Hitlerjunge Quex«, vor allem mit sublimer Ideologie wirkenden Unterhaltungsfilme wie »Altes Herz wird wieder jung« und Revuen ebenso Anteil gehabt wie die Dokumentationen Leni Riefenstahls über die Olympischen Spiele 1936, die Präsentation von Parteitagsveranstaltungen bis hin zu den Sakralbauten der Architektur Albert Speers.

Allem lag ein Gesamtentwurf einer Ideologie zugrunde, die sich im Führer*kult* personifizierte, zentrierte und sakralisierte – und obendrein, wie es z. B. im Geleitwort zum Handbuch der Reichskulturkammer von 1937 hieß »den Schöpfer und Präsidenten der Reichskulturkammer, Reichsminister Dr. Joseph Goebbels, zum Treuhänder des Führers und Reichskanzlers für das Kunst- und Kulturleben im neuen Deutschland« machte. Und doch war dieser *Sakral*effekt am Anfang schwieriger zu gestalten, als es den Protagonisten in Goebbels' Ministerium für Volksaufklärung und Propaganda lieb bzw. angenehm sein mochte: Maßgeblich und merkwürdigerweise lag die Schwierigkeit beim Bemühen, den Führer nicht etwa »nur« – wie in den Herrschaftsszenarien früherer Zeiten – an *einer* Stelle, bei einer Veranstaltung zu präsentieren, sondern ihn über das Radio überall sprechen zu lassen, in der Person des eigentlich Handelnden selbst begründet: Ja, Hitler hatte anfangs große Bedenken und Mühe, sich vor ein Mikrophon in einem abgeschlossenen Studio gleichsam virtuell in Szene zu setzen, da er, wie sonst bei Massenveranstaltungen, die Zuhörer ja nicht vor sich sah, also nicht direkt mit den Zuhörern kommunizierte. Es bedurfte, wie man heute weiß, nicht wenigen Zuredens und einiger Übungen, bis die Brüllstimme des Diktators in eben der »Qualität« über den Äther ging, wie sie die Teilnehmer an Massenveranstaltungen gewohnt waren.

Ganz anders, professionell und gewissermaßen in der »Liturgie« der Massenveranstaltung, präsentierte sich Hitler dagegen vor dem jeweiligen Publikum und, da derlei Veranstaltungen meist im Rundfunk übertragen und für die Wochenschau aufbereitet wurden, damit auch vor einem ungleich vergrößerten Kreis von Hörern und Sehern. Hatte Goebbels selbst in der unmittelbar der Machtergreifung folgenden Zeit einige Male selbst als Reporter am Mikrophon gestanden, so übernahm er am 10. Februar 1933 bei einer Veranstaltung im Berliner Sportpalast eine Rolle, die eine Mischung aus Herold, der ankündigt, und Einpeitscher, der emotionalisiert, nichts anderem diente als der Vorbereitung des dann auch folgenden Auftritts Hitlers. Eines Auftritts freilich, dessen Passagen, in denen lange 36 Sekunden nichts gesagt wird und in denen die zuvor emotionalisierten Besucher des Sportpalasts zu vollständiger Ruhe kommen, ja gebracht werden, den heutigen Betrachter weniger beeindrucken als bedrücken mögen[4].

Wie schwer sich die Propaganda dann wenige Jahre später, also um 1935/1936 mit der Nutzung eines neuen Mediums, nämlich des von Paul Nipkow begonnenen und von anderen Entwicklern wie z. B. Manfred von Ardenne dann rechtzeitig zu den Olympischen Spielen 1936 (weiter)entwickelten Fernsehens, tat, ist auf den ersten Blick überraschend – und war es doch nicht: Ein wesentlicher Grund dafür war, dass sich die sakralen Präsentationsformen von Herrschaft eben nicht so einstellten, wie sie erhofft worden waren: Wie die Nationalsozialisten das Radio einsetzten zur Dokumentation von Ubiquität und Omnipotenz des Führers und den Führerkult also gleichsam an das Ohr des Hörers beförderten, so hätte es nahegelegen, nunmehr über das Fernsehen den

---

[4] Das macht ein frühes Filmdokument vom 10. Februar 1933 deutlich. In ihm wird der Auftritt Hitlers im Sportpalast inszeniert und mit choreographischen Mitteln eingeläutet und durchgeführt. Goebbels kündigt Hitler gleichsam wie ein Herold an, wobei Hitler dann aus der Menge heraus durch die enthusiasmierte Masse zur Rednerbühne vorschreitet und dort erst einmal 36 Sekunden schweigend verharrt. Dabei wird die Aufmerksamkeit in wenigen Augenblicken der Stille auf den Redner konzentriert, der schließlich mit allen Mitteln der Demagogie die Atmosphäre anheizt. (Vgl. Bundesarchiv, Filmarchiv bzw. die Sendung des Bayerischen Rundfunks vom 18.10.1983 »Machtergreifung. Machterhalt. Machtverfall. Propaganda durch Rhetorik. Deutsche Volksgenossen und Volksgenossinnen« mit Kommentar von Franz Schneider, Archivnummer 37672). Die Kundgebung wurde auch im Rundfunk übertragen und ist als historisches Tondokument überliefert (Stiftung Deutsches Rundfunkarchiv Frankfurt am Main – Potsdam-Babelsberg, Standort Frankfurt am Main, Archivnummer 2590201; vgl. Roller, Walter: Bearb.): Tondokumente zur Kultur- und Zeitgeschichte 1933-1935. Ein Verzeichnis, Potsdam, Nr. 30 und 31 (Veröffentlichungen des Deutschen Rundfunkarchivs Bd. 16).

Führer visuell so zu präsentieren, wie dies die Diktaturen in der zweiten Hälfte des 20. Jahrhunderts zwecks Erzeugung eigener Sakralitäten taten, ob sie nun Mao Zedong oder Leonid Breshnew hießen oder sich wie Fidel Castro oder afrikanische Diktatoren permanent über den Bildschirm präsentierten. Im Jahre 1936 nun übertrug man zwar Fernsehbilder in Fernsehstuben, doch war auf den Schwarzweißbildern, zudem mit Flimmern und elektronischem Schneegeriesel, der Führer als eine vergleichsweise »kleine Figur« – und dann auch noch undeutlich – zu sehen. Grund genug also, die Fernsehentwicklung *nicht* zu forcieren und Abstand zu nehmen von der Absicht, den Führer nicht nur *auditiv* über das Radio zu einer als »*Volks*genossen« bezeichneten Bevölkerung zu bringen, sondern auch *visuell* gleichsam mit televisionärer Ubiquität. Die Technik war – damals – für diese Zwecke einfach noch nicht reif. Stattdessen setzte man in der Folgezeit auf die erprobten Verfahren und präsentierte Hitler dann weiterhin vehement in öffentlichen Auftritten, im Radio und über die Wochenschauen im Kino.

Das Programm im Rundfunk, nicht zuletzt die Musik, aber auch die Wortsendungen, waren vielleicht zu Anfang eher von dumpfer Propaganda geprägt, nicht unähnlich den propagandistisch strukturierten Filmproduktionen und der Literatur der Dreißiger Jahre. Zunehmend, vor allem nach dem Kriegsbeginn im Jahre 1939, wurde die Unterhaltung als Propagandamittel eingesetzt, und zwar in allen Sparten: Unterhaltung in Literatur, Film und Rundfunk sollte *besänftigen* und vor allem, als die ersten Kriegsverluste und Schäden sich einstellten, *ablenken* von einer Wirklichkeit, die schließlich in der Katastrophe endete. All' dem lag ein intensives Bemühen um gezielte Desinformation und emotionalisierte Lenkung von Affekten zugrunde: Täuschung und Vernebelung der immer wahrer werdenden Tatsachen.

Dies bezeugt eine Sendung in der Reichsrundfunkgesellschaft, zu der die vormals eigenständigen Sendeanstalten früh zusammengeschlossen worden waren, im Jahre 1942, bei der die Inszenierung von Wirklichkeit und die Erzeugung einer emotionalen Stimmung zusammenkamen: Gemeint ist die Weihnachtsringsendung am Heiligabend, also an einem ohnehin nicht emotionsarmen Tag, dessen Affektorientierung noch dadurch gesteigert wurde, als sich diese Sendung mit einer Ringschaltung zu den Kriegsschauplätzen von Lappland, Kreta, vom Golf von Biskaya bis Stalingrad (wo sich Ehemänner, Väter, Brüder und Enkel als Soldaten befanden!) an die daheimgebliebenen Ehefrauen und Kinder, Brüder, Schwestern und Großeltern wandte: Nicht von ungefähr stimmten schließlich raue Männerkehlen nach den Abrufen der jeweiligen Kriegsschauplätze nacheinander in das bei den Deutschen ohnehin emotional hochstehende »Stille Nacht, heilige Nacht« ein, und es ist anzunehmen, dass die Daheimgebliebenen in der Wohnstube vor dem Volksempfänger nicht ohne Emotionen den globalen Chor ergänzten[5].

---

5   Stiftung Deutsches Rundfunkarchiv Frankfurt am Main – Potsdam-Babelsberg, Standort Frankfurt am Main, Archivnummer 2570043: »Achtung! An alle! Noch einmal sollen sich nun unter dem Eindruck dieser Stunden, die wir zusammen erlebten, alle Kameraden an den entferntesten Übertragungsstellen melden und Zeugnis ablegen durch ihren Ruf von dem umfassenden Erlebnis dieser unserer Ringsendung. Achtung! Ich rufe den Eismeer-Hafen ...« (unverständlich)

Was sie freilich nicht wussten: Die Sendung war eine geschickte Zusammenstellung von Drehbuch und Regie, unterlegt mit Hall- und Krächzgeräuschen vermeintlicher Authentizität, in Szene gesetzt in den Studios der Reichsrundfunkgesellschaft in der Masurenallee am Berliner Funkturm und mitnichten »live« von den angekündigten Plätzen: Die Betrüger inszenierten durch sakrale Formen »Ferne« – und saßen in der Nähe. Das war am Weihnachtsabend 1942, gedacht als Täuschung, als Mittel zur Steigerung des Durchhaltevermögens der Bevölkerung.

Durchhaltevermögen und Ablenkung bestimmten hinfort das Programm, auch im Programm der Deutschen Welle, denn auch im Ausland sollte Unterhaltungsmusik ablenken, sollte Leichtigkeit über die Schwere der Situation hinwegtäuschen: Nicht mehr sollte, so hatte Hitler selbst im Jahre 1941 angeordnet, durch den Deutschen Auslandsrundfunk wie bisher schwere Marschmusik über den Äther gehen, sondern englische und damit für die vermeintlichen Hörer auf der Insel gewohnte, jedoch mit neuen Texten unterlegte Titel. Mitten in Berlin spielte ungeachtet des allgemeinen Jazzverbots Charlie's Orchestra jazzige Titel, die etwa Winston Churchill persiflierten[6].

Natürlich nahm die Unterhaltung auch einen breiten Rahmen in der Filmproduktion Anfang der 40er Jahre ein: »Der Film«, so meinte Goebbels, »müsse gerade im Kriege seine erzieherische Wirkung entfalten«, was sich dann nicht nur in Dokumentarfilmen, Wochenschauen, Kultur- und Kurzfilmen äußerte, sondern auch in fiktional-dramaturgischen Produktionen mit zum Teil historischem Hintergrund. Dass sich dabei auch Querverbindungen anhand des gleichen propagandistischen Zieles, Anfang der 40er Jahre konkret der Vorbereitungen des Kampfes gegen England, zeigten, macht die Parallelität des Films »Ohm Krüger« und des Hörspiels »Rebellion in der Goldstadt« von Günther Eich aus der gleichen Zeit deutlich. Beide spielen in Südafrika, beide beschreiben die britische Kolonialherrschaft, die es gleichsam schon immer zu bekämpfen galt.

Besondere Bedeutung hatten freilich Unterhaltungsfilme, denn »auch die Unterhaltung«, so hatte Goebbels am 8. Februar 1942 in seinem Tagebuch

---

[...] Nach jedem Ruf meldet sich die angerufene Stelle mit den Worten: »Hier ist ...« Von der Krim wird für alle »Stille Nacht« gesungen, alle aufgerufenen Stellen fallen mit ein.

[6] Stiftung Deutsches Rundfunkarchiv Frankfurt am Main – Potsdam-Babelsberg, Standort Frankfurt am Main, Archivnummer 5014108: »Goody goody. / So you met someone who set you back on your heels – / goody, goody! / So you met someone and now you know how it feels – / goody, goody! / So you gave him your heart too, / just I gave mine to you; / and he broke it into little pieces – / now, how do you do? / So lie awake just singing the blues all night – / goody, goody! / So you think that love's a barrel of dynamite – / hooray and hallelujah! / You had it coming to ya, / Goody, goody for him, / goody, goody for me; / and I hope you're satisfied, you rascal you! / Who is that guy who set you back on your heels? / Winnie Churchill! / Who never fought in France and doesn't know how it feels? / Winnie Churchill! / Not a word he said come true: / He is always teasing you. / He breaks the Empire into little pieces – / what are you going to do? / Who lies awake, just dreaming of revenge all night? / Winnie Churchill! / He would like to put the whole world on a barrel of dynamite. / Hooray and hallelujah! / Winnie – You had it coming to ya! / You declared this war / and you will be licked like never before! / Now I hope you're satisfied, you rascal you!«; zu Charlie's Orchestra vgl. Bergmeier, Horst J.P. u. Lotz, Rainer: Hitler's Airwaves. The Inside Story of the Nazi Radio Broadcasting and Propaganda Swing, New Haven 1997.

notiert, »sei heute staatspolitisch wichtig, wenn nicht sogar kriegsentscheidend«. Demzufolge wurde eine beispiellose Produktion in Gang gesetzt. Auch eine heute noch als Kultfilm im Fernsehen regelmäßig und oft ausgestrahlte Produktion wie »Die Feuerzangenbowle«[7] aus dem Jahre 1943 hatte ihre propagandistische Aufgabe zu erfüllen, nämlich Normalität und Idyll zu inszenieren und neue Ziele zu verkünden, wobei sich letztere vornehmlich in der Rolle des Lehrers Brett als einem Vertreter der sog. »neuen Zeit« verkörperten. Bretts pädagogische Ansicht, geäußert im Gespräch mit dem aus dem Rheinland stammenden und solchermaßen typisierten Vertreter der »alten Zeit«, drückt sich in der ideologisch auch sonst gebrauchten Metapher aus, dass die jungen Menschen so erzogen werden müssten, dass sie, wie junge Bäume gebunden, gerade wachsen und nicht nach allen Seiten ausschlagen: nicht unähnlich der Metapher der *Verwurzelung*, von der Goebbels im März 1933 vor Vertretern des Films gesprochen hatte.

In ähnlicher Weise unterhaltend und emotionalisierend zugleich wirkte der Film »Das große Spiel«[8], ein Fußballfilm von 1941/42, in dem es um die Rivalität zweier Spieler einer Mannschaft um die Tochter eines Präsidiumsmitglieds des Vereins geht. Beide liefern sich sogar auf dem Spielfeld Auseinandersetzungen, reißen sich dann aber zusammen, die Mannschaft wird am Ende Meister, und zur Musik von Michael Jary und Statisten aus der von Sepp Herberger trainierten Nationalmannschaft und bemerkenswerten Spiel mit Schwarz-weiß und plötzlichem Umschalten auf Farbe spielen Gustav Knuth, Rene Deltgen, Heinz Engelmann und Hilde Jansen die Hauptrollen. Bemerkenswert auch, dass in den Film Originalaufnahmen mit vollen Zuschauerrängen des Olympiastadions vom Endspiel des Jahres 1942 um die Deutsche Fußballmeisterschaft zwischen FC Schalke 04 und First Vienna FC [Wien] montiert wurden.

Die Visualisierung in Spielfilm und Wochenschau diente weniger der Vermittlung von Informationen denn von Stimmungen – sie sollte vor allem einen Effekt erreichen, wie ihn die Nationalsozialisten auch in anderer Visualisierung, nämlich in der Inszenierung im öffentlichen Raum, mit Hilfe der Architektur anstrebten: gemeint ist damit nicht nur die Planung und Ausführung von Bauten als Ausdruck der Ideologie, was sich in Albert Speers Entwürfen für die neue Hauptstadt »Germania« ebenso manifestierte wie in den großflächigen Aufmarschforen in Nürnberg bis hin zum plump-pompösen KdF-Monument in Prora auf Rügen; Adressat der Aktionen war stets die Masse als Gemeinschaft, und in gewisser Weise sollten Monument und Dokument, physischer Bau und virtuelle Inszenierung, Inhalt und Form eine Art *unio mystica* eingehen. Sie sollten eine Sakralform erreichen, die ihren besonderen Ausdruck in der Vermischung von Formen christlich-abendländischer Religiosität und Präsentation der sog. neuen »*Volks*gemeinschaft« in den Licht*domen* fand, die Albert Speer mit Hilfe von geometrisch genau positionierten Flakscheinwerfern an den abendlichen Berliner Himmel zeichnete mit Brechungen des Lichts,

---

[7] Als DVD zugänglich: Kinowelt Home Entertainment 2006; vgl. auch www.filmportal.de.
[8] Als DVD zugänglich: Universum Film, 2004; vgl. auch www.filmportal.de

die nicht mehr und nicht weniger den frühmorgendlichen Lichteinfall in gotischen Kathedralen assoziieren sollten: Choreographie der Macht im öffentlichen Raum, sakral, schon nicht mehr auf der Erde, sondern geradezu mystifiziert-transzendent.

Wie sakral dieser Führerkult in der medialen Vermittlung wirken sollte, macht die raffinierte Inszenierung von Authentizität und Gegenwart nach dem misslungenen Attentat des Obersten von Stauffenberg am 20. Juli 1944 deutlich: Die Rundfunkleute reagierten schnell, legten eine Verbindung zur Wolfsschanze, und prompt war der Führer nachts um 1.00 Uhr über den Äther, bei zwar schlechter Tonqualität, so doch authentisch zu hören: Gleichsam die Inszenierung einer Auferstehung, wo die Gerüchte vom vermeintlich erfolgreichen Ausgang des Attentats bereits den Tod Hitlers verkündeten. Es war dann natürlich nicht mehr verwunderlich, dass der solchermaßen inszenierte »Auferstandene« sich selbst als völlig unverletzt beschreibt, obgleich die Stimme bzw. die Stimmlage anderes, nämlich den nachwirkenden Schock dokumentiert. Vollends sakralisiert wird die vorangegangene Nachrichtensendung bzw. die Rede im Radio durch den Hinweis an die Zuhörer, dass nichts anderes als die »Vorsehung« ihn – den Führer – und damit auch das ihm unterstellte Volk vor dem Verderben bewahrt habe[9].

Folgerichtig im Sinne der ideologischen Verlogenheit war denn auch die am 1. Mai 1945 gesendete Meldung vom Tode Hitlers und die im Anschluss zur Nachrichtensendung folgenden Ansprache des Großadmirals Dönitz als Hitlers Nachfolger: Nicht, dass Hitler Selbstmord begangen habe, wird gemeldet, sondern dass er »heute Nachmittag in seinem Befehlsstand in der Reichskanzlei, bis zum letzten Atemzug gegen den Bolschewismus kämpfend, für Deutschland *gefallen* sei«[10].

Dies mag wohl zum letzten Male aktive Propaganda durch die Medien der NS-Diktatur gewesen sein, da die Aktiven wie Hitler und Goebbels sich zwar aus der Situation und der Verantwortung gestohlen hatten und doch einige Protagonisten nach wie vor diesem System aus ideologischem Lug' und Trug' anhingen. Erst, als die bisherigen Subjekte der Diktatur in Nürnberg als Objekte der Anklage vor der Kamera saßen und ihr trotziges »Nicht schuldig!«

---

[9] Stiftung Deutsches Rundfunkarchiv Frankfurt am Main – Potsdam-Babelsberg, Frankfurt am Main, Archivnummer 2623118:
»Eine ganz kleine Clique ehrgeiziger, gewissenloser und zugleich verbrecherischer, dummer Offiziere hat ein Komplott geschmiedet, um mich zu beseitigen/Die Bombe, die Graf von Stauffenberg gelegt hat, hat eine Reihe mir sehr teurer Mitarbeiter sehr schwer verletzt, einer ist gestorben/Ich selbst bin völlig unverletzt/Ich fasse es als eine Bestätigung des Auftrages der Vorsehung auf, mein Lebensziel weiterzuverfolgen/Himmler wurde zum Befehlshaber des Heimatheers ernannt/Diesmal wird nun so abgerechnet, wie wir das als Nationalsozialisten gewohnt sind/Jeder Deutsche hat die Pflicht, diesen Elementen rücksichtslos entgegenzutreten, wenn sie Widerstand leisten, sie ohne weiteres niederzumachen/Es ist ein Fingerzeig der Vorsehung, dass ich mein Werk weiter fortführen muss.«

[10] Stiftung Deutsches Rundfunkarchiv Frankfurt am Main – Potsdam-Babelsberg, Standort Frankfurt am Main, Archivnummer 45.502, vgl. Tondokumente zur deutschen Rundfunkgeschichte 1924 -1945, zusammengestellt von Irmgard von Broich-Oppert, Walter Roller und H. Joachim Schaus, Frankfurt am Main 1972, Nr. 113 (Bild- und Tonträger-Verzeichnisse, hrsg. vom Deutschen Rundfunkarchiv, Nr. 1).

3 | Propagandisten auf der Anklagebank der Nürnberger Prozesse: Hans Fritzsche, Leiter der Presseabteilung im Propagandaministerium, dann Hauptkommentator des Deutschen Rundfunks und Julius Streicher, Herausgeber des antisemitischen Hetzblattes »Der Stürmer« (letzte Reihe, erster von rechts: Fritzsche; darunter, nach vorne gebeugt: Streicher; 1946)
Bundesarchiv, Bild 183-V01057-3, Fotograf unbekannt

in die Mikrophone sprachen, erst, als in den 60er Jahren jeden Abend nach der Tagesschau über den Eichmann-Prozess berichtet und in Frankfurt vor laufenden Tonbändern und Kameras die Opfer von Auschwitz erstmals Gelegenheit hatten, über Medien die Öffentlichkeit über die Gräuel zu informieren, erst da wurde so recht klar, wie sehr die zwölf Jahre nationalsozialistischer Diktatur eine Tätergeschichte darstellen und welchen Beitrag Medien und Ideologie als Propaganda*gemisch* geleistet haben.

I.
BIOGRAPHISCHE PERSPEKTIVEN

Joseph Goebbels

Außen- und Innenansichten eines Propagandisten

von

Karl-Günter Zelle

1. Einleitung

Man versetze sich zurück in den Juli 1937 und vergegenwärtige sich einen Tagesablauf im Leben eines Angestellten, er sei Herr Müller genannt: Morgens als erstes stellt er sein Radio an, einen Volksempfänger mit zwei Röhren, es erklingt eine volkstümliche Musik. Ausgesucht wurde diese in Joseph Goebbels' Propagandaministerium, das den Rundfunk bis in alle Verästelungen hinein steuert. Dann kommt eine Ansage, der Sprecher gehört natürlich der *Reichsrundfunkkammer* an, jüdische Ahnen hat er wohl kaum. Diese Kammer ist Teil der *Reichskulturkammer*, deren Präsident wiederum Goebbels ist. In der Straßenbahn schlägt Herr Müller die Zeitung auf, die Schlagzeile folgt den Direktiven, die der Staatssekretär am Vortag auf der Pressekonferenz im Propagandaministerium ausgegeben hat, selbstverständlich war diese mit Goebbels abgestimmt. Herr Müller liest über ein Fußballspiel, der Redakteur gehört natürlich der *Reichspressekammer* an, sonst hätte er nicht schreiben dürfen. Auf dem Weg ins Büro fällt Herrn Müller ein großes Plakat ins Auge: Die *Reichskammer für Bildende Kunst* lädt ein zur *Großen Deutsche Kunstausstellung* in München. Gleichzeitig läuft dort eine zweite Ausstellung, genannt *Entartete Kunst*. Nach einem anstrengenden Arbeitstag geht Herr Müller abends mit seiner Frau ins Kino, der Film wurde von einer staatlichen Produktionsgesellschaft, gesteuert vom Propagandaministerium, hergestellt und alle Personen, die im Abspann aufgeführt werden, selbst die Beleuchter und Maskenbildner, gehören natürlich der *Reichsfilmkammer* an. Vor dem Schlafengehen liest er noch ein wenig in einem Kriminalroman, natürlich hat dieser die Zensur im Propagandaministerium passiert, und nicht nur der Autor, auch der Verleger und der Buchhändler, bei dem er das Buch gekauft hat, sind Mitglieder in der *Reichsschriftumkammer*.

Kurz, was immer Herr Müller an diesem Tag gehört, gelesen, angeschaut hat – der Apparat von Joseph Goebbels hat dafür gesorgt, daß nichts den Zielen des Dritten Reiches entgegenstand.[1]

---

[1] Aus der umfangreichen Literatur zur Propaganda im Dritten Reich seien zunächst neuere Werke genannt: Zimmermann, Clemens: Medien im Nationalsozialismus. Deutschland 1933-1945, Italien 1922-1943, Spanien 1936-1951, Wien u.a. 2007; Wilke, Jürgen: Presseanweisungen im zwanzigsten Jahrhundert: Erster Weltkrieg – Drittes Reich – DDR, Köln u. a. 2007; Moeller, Felix: Der Filmminister: Goebbels und der Film im Dritten Reich, Berlin 1998. Ältere Gesamtdarstellungen: Bramsted, Ernest K.: Goebbels and national socialist propaganda: 1925 – 1945,

1 | In kämpferischer Rednerpose auf dem 2. Märkertag der NSDAP in Bernau bei Berlin, 10. März 1928
Bayerische Staatsbibliothek München / Hoffmann, Bild-Nr. hoff-6816

Im folgenden soll zunächst ein Überblick über Goebbels' Machtbereich gegeben werden – nur ein Überblick, denn Presse, Rundfunk und Film werden in diesem Band in eigenen Beiträgen behandelt. Dann aber soll auf Goebbels' komplexe und widersprüchliche Persönlichkeit und dessen zwiespältiges Verhältnis zu Hitler eingegangen werden.[2]

2. Der lückenlose Zugriff

Joseph Goebbels, der Herr der Medien, war ein äußerst fähiger Organisator. Im September 1933 bereits stand die lückenlose Organisation, mit der er diese fortan beherrschen sollte. Seine Macht beruhte auf drei Säulen:

1. Bereits seit April 1930 war er Reichspropagandaleiter der NSDAP.[3]
2. Seit März 1933 war er Reichsminister für Volksaufklärung und Propaganda, ein neues und nie dagewesenes Amt.
3. Im September desselben Jahres wurde er Präsident der Reichskulturkammer.[4]

Für jedes der Medien – Presse, Rundfunk, Film, Theater, Schrifttum, also Literatur jeder Art, Bildende Kunst, Musik gab es eine Abteilung im Propagan-

---

London 1965. [Dt.: Goebbels und die nationalsozialistische Propaganda: 1925 – 1945, Frankfurt am Main 1971]; Baird, Jay W.: The mythical world of Nazi war propaganda, 1939 – 1945, Minneapolis 1974. Quellen: Wulf, Joseph (Hrsg.): Kultur im Dritten Reich, 5 Bde., Frankfurt am Main 1989.

[2] In größerem Zusammenhang wird dies dargestellt in der Monographie: Zelle, Karl-Günter: Hitlers zweifelnde Elite: Goebbels – Göring – Himmler – Speer, Paderborn 2010.

[3] Er übernahm dieses Amt von Adolf Hitler selbst, bis 1927 hatte es Gregor Strasser innegehabt. Goebbels, Joseph: Die Tagebücher von Joseph Goebbels, hg. v. Elke Fröhlich, München u. a. 1993-2004, Teil 1. Aufzeichnungen 1923 – 1941, 9 Bde.; Teil 2. Diktate 1941 – 1945, 15 Bde. Goebbels: Aufzeichnungen 2.1, 28.4.30, S. 145; Reuth, Ralf Georg: Goebbels, München u.a.[2] 1991, S. 165.

[4] Reuth: Goebbels, S. 270, 302-3; Bramsted: Goebbels, S. 52; Müller, Georg Wilhelm: Das Reichsministerium für Volksaufklärung und Propaganda, Berlin 1940.

daministerium⁵. Mit einer gewissen Vereinfachung kann man sagen, dass das Propagandaministerium sich um die Inhalte kümmerte: was die Zeitungen schreiben sollten, welche Filme gedreht wurden, wie diese bewertet wurden und zu fördern waren, welche Theaterstücke auf den Spielplan gelangten, der mit einem Vorlauf von vierzehn Tagen zur Genehmigung vorzulegen war, usw.⁶

Die Reichskulturkammer war gleichartig organisiert, für jede der Sparten gab es eine Unterkammer. Propagandaministerium und Kulturkammern arbeiteten eng zusammen, dabei hatte das Propagandaministerium die führende Rolle. Die Kammern überwachten und kontrollierten die Personen: Alle Zeitungsleute waren in der Reichspressekammer, wer ausgeschlossen wurde, hatte damit ein Berufsverbot. Die Reichsschrifttumskammer beispielsweise erfasste nicht nur die Autoren, sondern auch Verleger und Buchhändler, die Reichsrundfunkkammer nicht nur den gesamten Programmbereich, sondern auch Hersteller von Radiogeräten und Händler.⁷

Besonders hautnah war der Zugriff auf Rundfunk und Film. Der gesamte Rundfunk, nicht nur die Programmerstellung, sondern auch die Technik, lag beim Propagandaministerium, während die Reichsrundfunkkammer sich darum kümmerte, dass in den Familien auch Radio gehört werden konnte: Sie kurbelte die Produktion der Volksempfänger an. Es gab auch die Funktion der Rundfunkwarte, die zu berichten hatten über die Hörgewohnheiten und wie das Programm bei den Zuhörern ankam.⁸

Dem Film galt Goebbels' besonderes Interesse, besonders den Inhalten und der propagandistischen Ausrichtung. Ihm wurde auch nachgesagt, dass er auf eine sehr persönliche Weise Einfluss auf die Besetzung der weiblichen Rollen nahm: In Potsdam-Babelsberg lagen die riesigen Studios der UFA, und Goebbels hatte den Spitznamen der *Bock von Babelsberg*.⁹

An seiner Macht über die Medien konnte er sich berauschen: Im März 1937 notierte er: »[...] Wenn wir heute die UFA kaufen, sind wir der größte Film-, Presse-, Theater- und Rundfunkkonzern der Welt. Damit werde ich arbeiten für das Wohl des deutschen Volkes. Welch eine Aufgabe!« Joseph Goebbels war also ein *Medienzar*, der – wenigstens in der Theorie – einhundert Prozent der gesamten deutschen Medienproduktion beherrschte.¹⁰

3. Ziele der Propaganda

Goebbels' Propaganda diente stets den Zielen Hitlers. Beide waren sich recht einig darin, wie Propaganda zu gestalten sei: »Das Volk ist in seiner überwiegenden Mehrheit so feminin veranlagt und eingestellt, daß weniger nüchterne Übelegung als vielmehr gefühlsmäßige Empfindung sein Denken und Handeln be-

---

[5] Siehe auch den Beitrag von Matthias Friedel in diesem Band.
[6] Müller, wie Anm, 4, S. 16-17, 22-31; Bramsted: Goebbels, S. 61-71.
[7] Bramsted: Goebbels, S. 76-87.
[8] Müller, wie Anm.4, S. 34-35; Bramsted: Goebbels, S. 63-65.
[9] Reuth: Goebbels, S. 397-9; Bramsted: Goebbels, S. 65-68.
[10] Goebbels: Aufzeichnungen 4, 17.3.34, S. 54.

stimmt. Diese Empfindung aber ist nicht kompliziert, sondern sehr einfach und geschlossen. Sie gibt hierbei nicht viel Differenzierungen, sondern ein Positiv oder ein Negativ, Liebe oder Haß, Recht oder Unrecht, Wahrheit oder Lüge, niemals aber halb so und halb so oder teilweise usw.« So Hitler in *Mein Kampf*.[11] Goebbels sah es kaum anders: »Die Masse ist eine breite, faule, feige Mehrheit von Menschen. Die breiten Massen gewinnt man nie ganz. Ihre besten Teile müsen so in Form gebracht werden, daß sie zum Schluß ihren Siegeslauf antreten.« Im Grunde verachteten also beide ihre Anhänger. Und ebenso wie Hitler ging es auch Goebbels nicht um Aufklärung und Wahrhaftigkeit, sondern nur um den Zweck: »Es kann also keiner sagen, eure Propaganda ist zu roh, zu gemein oder zu brutal, oder sie ist nicht anständig genug, [...]. Sie soll gar nicht anständig sein, sie soll auch nicht weich oder demütig sein, sie soll zum Erfolg führen.«[12]

Sich selbst sah Goebbels als den geborenen Propagandisten: »Propaganda kann man oder man kann sie nicht. Propaganda ist eine Kunst [...].« So müsse man nach einer Grundausbildung dem Violinschüler erklären: »Was jetzt noch zu lernen ist, das kann nur ein Genie. [...]. Man ist entweder Propagandist oder man ist es nicht. [...].«[13]

Die Ziele von Goebbels' Propaganda wechselten mit der Situation: Als Gauleiter von Berlin ging es ihm zunächst darum, Aufmerksamkeit zu erregen, Straßenkämpfe und Saalschlachten waren hierfür ein geeignetes Mittel. Und wenn hierbei ein SA-Mann umkam, so war ihm auch das recht: Nun hatte er einen Märtyrer, mit dem er die Anhänger an die Bewegung binden konnte. Zu einer nationalen Symbolfigur machte er den SA-Mann Horst Wessel; dass dieser aus Eifersucht und keineswegs aus politischen Gründen ermordet worden war, konnte er geschickt vertuschen.[14]

Als der Nationalsozialismus dann an der Macht war, ging es Goebbels darum, diesen im Volk fest zu verankern. Seinen Erfolg ablesen konnte er an den Ergebnissen der Voksabstimmungen, die Hitler nach großen außenpolitischen Erfolgen ansetzte, so etwa nach der Annexion Österreichs.[15] Im Krieg sah Goebbels es dann als seine Hauptaufgabe, den Kampfeswillen im Volk zu erhalten. Kurz vor Kriegsausbruch schrieb er: »Göring glaubt fest an unsere wirtschaftliche und militärische Unbesiegbarkeit. Aber er weiß nicht, ob das Volk halten wird. Dafür werde ich sorgen.«[16]

Hierfür hatte er einen Maßstab: die *Meldungen aus dem Reich* über die Stimmung im Volk, die sogenannten SD-Berichte, erstellt vom Sicherheits-

---

[11] Hitler, Adolf: Mein Kampf, München ²⁶1933, S. 201.
[12] Goebbels, Joseph: Signale der neuen Zeit: 25 ausgewählte Reden von Joseph Goebbels, München 1934, Rede vom 28.1.1928: Erkenntnis und Propaganda, S. 29, 51.
[13] Wie Anm. 12.
[14] Reuth: Goebbels, S. 138-162; Baird, Jay W: Goebbels, Horst Wessel and the myth of resurrection and return, Journal of Contemporary History 17 (1982), S. 633-650.
[15] Goebbels: Aufzeichnungen, 5, 10.4.38, S. 254-5; 11.4.38, S. 256-7.
[16] Goebbels: Aufzeichnungen 4, 4.9.39, S. 92.
Aus Hitlers Sicht war es nicht die Propaganda allein, die das Volk den Krieg aushalten ließ. Im April 1944 sagte er zu Goebbels: »Die Haltung des deutschen Volkes ist vorbildlich, und hinter jedem Defaitisten steht zudem das Richtschwert.« (Goebbels: Diktate, 12, 18.4.44, S. 139).

2 | Selbstinszenierung im Zentrum der Macht: Goebbels mit seiner Frau Magda und den Kindern Helga, Hilde und Helmut bei Hitler auf dem Obersalzberg (um 1938)
Bundesarchiv, Bild 183-1987-0724-502, Fotograf: Heinrich Hoffmann

dienst der SS.[17] Sorgfältig vermerkte er, wenn die Stimmung sich verschlechterte, so etwa im Juni 1942: »Politische Witze fangen an, eine etwas gemeine und hinterhältige Tendenz aufzuweisen.« Umgekehrt ließ er sich aber von ihnen auch bestärken: Nach der Niederlage von Stalingrad glaubte er herauslesen zu können, dass das Volk den Totalen Krieg wünschte. Nachdem sein erster Anlauf hierzu an Hitlers Zögern gescheitert war, war es ihm nur recht, dass in den SD-Berichten Unmut darüber laut wurde. Aber eine ständige negative Tendenz hielt er nicht aus: Im Dezember 1942 wollte er »die zuständigen Herren zu einer objektiveren und sachlichen Berichterstattung anhalten.« Die Stimmung im Volk besserte sich dadurch aber nicht, im Juni 1943 setzte er durch, dass dieser Dienst eingeschränkt und vor allem der Verteiler stark gekürzt wurde, anscheinend blieben die Berichte nur noch den betroffenen Ressorts zugänglich.[18]

Wichtigster Gradmesser seines Erfolges war aber Hitlers Lob. Dies wurde ihm während seiner ganzen Laufbahn reichlich zuteil, und anscheinend hielt er das stets in seinem Tagebuch fest. Beglückt notierte er im April 1926: »Hitler umarmt mich, als er mich sieht. Er sagt mir viel Lob. Ich glaube, er hat mich wie keinen ins Herz geschlossen.« Oder nach den *Wahlen* im März 1936, als sich beide an einem Ergebnis von 98,79% berauschten: »Der Führer ist ganz still und schweigsam. Er legt mir nur die Hände auf die Schultern. Seine Augen sind ganz naß.« Und nach den verheerenden Bombenangriffen

---

17   Boberach, Heinz (Hrsg.): Meldungen aus dem Reich: 1938 – 1945: die geheimen Lageberichte des Sicherheitsdienstes der SS, vollständige Texte aus dem Bestand des Bundesarchivs Koblenz, 17 Bde., Herrsching 1984.

18   Goebbels: Diktate 4, 27.6.42, S. 630; 6, 12.12.1942, S. 432; 7, 28.1.43, S. 228; 5.2.43, S. 266; 22.2.43, S. 394, 25.2.43, S. 413; Boberach, wie Anm. 17, Einführung des Hrsg., Bd. 1, S, 36-38; Stokes, Lawrence D.: Otto Ohlendorf, the Sicherheitsdienst and public opinion in Nazi Germany. In: Mosse, George L. (Hrsg.): Police forces in history, London u. a. 1975, S. 231-262, hier S. 253-4; Kittermann, David: Otto Ohlendorf: »Gralshüter des Nationalsozialismus«. In: Smelser, Ronald; Syring, Enrico (Hrsg.): Die SS: Elite unter dem Totenkopf: 30 Lebensläufe, Paderborn u. a. 2000, S. 379-393, hier S. 387-8.
Im Sommer 1944 wurde auf Betreiben Bormanns die regelmäßige Berichterstattung eingestellt, danach wurde nur noch unregelmäßig über Einzelfragen berichtet.

auf Berlin im Jahre 1943 äußerte sich Hitler nicht etwa bedrückt, sondern er war äußerst zufrieden mit der »geradezu bewundernswerten« Haltung der Berliner und lobte Goebbels für seine »jahrelange Erziehungsarbeit an der Reichshauptstadt«, welche dieses »wunderbare Ergebnis gezeitigt« hätte.[19]

Aufmerksam registrierte Goebbels auch, wie beim Gegner seine Propaganda eingeschätzt wurde. Im März 1945, wenige Wochen vor dem Ende des Dritten Reiches, diktierte er für sein Tagebuch: »Meine Kriegspropaganda wird jetzt in London unverhohlen gerühmt. Man sagt, sie stellt das Vorbildlichste dar, was heute in den Kriegsanstrengungen überhaupt noch zu verzeichnen sei.«[20]

4. Glaubte Goebbels an seine eigene Propaganda?

Wenn man Goebbels lediglich anhand seiner öffentlichen Tätigkeit bewertet, erscheint er als willenloses Sprachrohr seines Führers, der mitschafft am Aufbau des Führermythos, der dessen Machtziele sich zu eigen macht, der einen großen Krieg nicht scheut, der während dieses Krieges auch in allen Niederlagen unverändert auf Sieg und schließlich auf ein Auseinanderbrechen der gegnerischen Koalition setzt – also ein Illusionist ohne eigene Meinung. War Goebbels das wirklich? Seine Tagebücher zeigen ein ganz anderes Bild, voller Widersprüche und jäher Umschwünge, einen Goebbels voller Begeisterung für Hitlers vermeintliches politisches und militärisches Genie und unmittelbar darauf einen Goebbels, der an eben diesem Genie zweifelt, und der fähig ist zu einer realistischen Einschätzung der Lage.

Derartige Krisen im Verhältnis zu Hitler gab es zahlreiche: die Programmkrise des Februar 1926, als Goebbels feststellen musste, dass Hitler kein Sozialist war und dass er den zukünftigen Lebensraum der Deutschen im Osten sah, auf dem Boden des von Goebbels so schwärmerisch geliebten »heiligen Rußland«. Es folgte eine während der Jahre 1929 und 1930 immer wieder aufflackernde Zeitungskrise, als Hitler ihm nicht eine Berliner Tageszeitung finanzieren wollte. Im Herbst 1938 war es die Sudetenkrise, ein Jahr später die Polenkrise – Goebbels jedenfalls fürchtete den großen Krieg. Es folgte die Winterkrise des Jahres 1941, dann im Herbst 1942 das Scheitern des Kaukasus-Feldzuges und schließlich, im Frühjahr 1943, die große Enttäuschung, dass Hitler zwar in Worten Goebbels *Totalen Krieg* unterstützte, aber nur halbherzige Maßnahmen zuließ.

Immer wieder war es aber die persönliche Begegnung mit Hitler, die Auszeichnung eines vertraulichen Gespräches, das Goebbels alle seine Kritik vergessen ließ und ihn zu gläubiger Verehrung zurückführte.

---

[19] Goebbels: Aufzeichnungen 1.2, 19.4.26, S. 77; 3.2, 31.3.36, S. 52; Goebbels: Diktate 10, 20.12.43, S. 513.
[20] Goebbels: Diktate 15, 23.3.45, S. 577.

5. »... mit einer somnambulen Sicherheit ...«

Wie Goebbels zwischen diesen gegensätzlichen Handlungen hin und her pendelte, soll beispielhaft anhand der Sudetenkrise im September 1938 dargestellt werden.

Hitler ging es um die »Zerschlagung« der Tschechoslowakei und um die Annexion von deren tschechischem Teil. In der Propaganda und damit der öffentlichen Wahrnehmung handelte es sich jedoch lediglich um den Schutz der deutschen Minderheit vor angeblicher tschechischer Willkür. Dass in München mit der Übergabe des Sudetenlandes an das Deutsche Reich schließlich eine Lösung der Krise erreicht wurde, sah Hitler keineswegs als Erfolg an, sondern als eine verpasste Gelegenheit.[21]

Goebbels' wechselnde Distanz zu Hitlers riskanter Politik lässt sich aus den Tagebüchern – und nur aus diesen – erschließen: Deren Interpretation wird leichter, wenn zunächst die Eintragungen nach der Krise betrachtet werden: Am 2. Oktober unterhielt sich Goebbels lange mit Göring, der auch »mutig« für die »Sache des Friedens« gekämpft habe. Auch der frühere Außenminister Konstantin von Neurath[22] habe sich »ein großes Verdienst um die Wendung der Dinge« erworben. Und schließlich, als Steigerung, kommt Goebbels auf seinen eigenen Beitrag: »Dann habe ich in der entscheidenden Stunde dem Führer die Dinge dargelegt, wie sie sich in Tatsache verhielten. Der Vorbeimarsch der motorisierten Division am Abend des Dienstag hat ein Übriges dazu getan, um Klarheit zu schaffen über die Stimmung im Volk. Und die war nicht für Krieg.« Hitler hatte als Demonstration am 27. September eine motorisierte Division durch Berlin rollen lassen, die erwartete Begeisterung der Bevölkerung war jedoch ausgeblieben.[23]

Goebbels wollte in seinem Tagebuch seine Rolle indessen anders sehen als die der Warner aus Kabinett und Wehrmacht: »Die werden nun fliegen. Mit Recht. In solchen Krisen muß sich alles hart und bedingungslos hinter den Führer stellen. Sonst ist eine große und riskante Politik ganz unmöglich. Sorgen kann jeder haben. Auch in geeigneter Weise vortragen. Aber über

---

[21] Zur Sudetenkrise s. Weinberg, Gerhard L.: The foreign policy of Hitler's Germany, Chicago u. a., 2 Bde. 1980, 2, S. 313-464; Hildebrand, Klaus: Deutsche Außenpolitik 1933-1945: Kalkül oder Dogma? Stuttgart ⁴1980, S. 69-77.

[22] Konstantin Freiherr von Neurath (1873-1956) war Berufsdiplomat, gehörte in der Weimarer Republik zu den Vertrauten Hindenburgs und wurde im Juni 1932 Außenminister im Kabinett von Papen und behielt dieses Amt zunächst auch im Dritten Reich. Im Februar 1938 wurde er durch von Ribbentrop abgelöst, weil er Hitlers Kriegspläne nicht unterstützte. Von 1939 bis 1941 war er Reichsprotektor von Böhmen und Mähren. In Nürnberg zu 15 Jahren Haft verurteilt, wegen seiner schlechten Gesundheit 1954 entlassen.

[23] Goebbels: Aufzeichnungen 6, 2.10.38, S. 124-5; 29.9.38, S. 117.
Goebbels' Intervention wird bestätigt durch den Staatssekretär im Auswärtigen Amt, Ernst von Weizsäcker (1882-1951), s. Hill, Leonidas E. (Hrsg.): Die Weizsäcker-Papiere: 1933-1950, Frankfurt am Main u. a. 1974, S. 145; Below, Nicolaus von: Als Hitlers Adjutant 1937-1945, Mainz 1980, S. 127; Schmidt, Paul: Statist auf diplomatischer Bühne, Frankfurt am Main u. a. ⁹1961, S. 410. Shirer, William L.: Berlin Diary: The journal of a foreign correspondent 1934-1941, New York 1940, S.117; Henderson, Sir Neville: The Failure of a Mission: Berlin 1937-1939, London 1940, deutsch: Fehlschlag einer Mission: Berlin 1937 – 1939, Zürich o. J., S. 161.

allem steht die Disziplin.« Goebbels hatte die Politik Hitlers also Sorgen gemacht; diese auszuhalten, hatte Disziplin erfordert. Und offensichtlich war besonders er, Goebbels, in der Lage, die geeignete Gelegenheit und den geeigneten Ton zu finden, um Hitler auf die Risiken seiner Politik hinzuweisen. Die anderen, die vielleicht keinen Zugang zu Hitler hatten, sollten sich einfach hart und bedingungslos hinter den Führer stellen. Goebbels berichtete weiter, dass auch jetzt Hitler noch davon überzeugt war, dass London und Paris nicht gehandelt hätten. Das jedoch glaubte Goebbels unverändert nicht. Was aber die politischen Ziele anging, stimmte er wieder völlig mit denen Hitlers überein: Hitler würde seinen unerschütterlichen Entschluß verwirklichen, die »Tschechei« zu vernichten. Und für die nächste Krise wollte Goebbels besser vorbereitet sein: »Wir sind alle auf einem dünnen Drahtseil über einen schwindelnden Abgrund gegangen. [...] Jetzt sind wir wirklich wieder eine Weltmacht. Jetzt heißt es: rüsten, rüsten, rüsten!« Beim letzten Satz meint man, Hitler zu hören.[24]

Nachdem jetzt deutlich ist, wie er die Gefahr eines großen Krieges einschätzte, soll jetzt der Ablauf der Sudetenkrise verfolgt werden, wie sie sich in seinen Tagebüchern niederschlägt: Am 19. Juli vermerkte er: »Gestern [...] ein Gespräch mit [Karl] Hanke« – seinem Staatssekretär – »über Kriegsaussichten. [...] Wir sind im Augenblick alle etwas befangen. Aber unsere Presse macht auch Fehler. Sie gebraucht die scharfe Waffe des Angriffs zu oft. Sie wird dann schartig. Im Übrigen weiß der Führer, was er will. Er hat immer noch den richtigen Augenblick erfaßt.« Goebbels befürchtete also einen Krieg, sah sich mit einer von ihm selbst inszenierten Pressekampagne nicht ganz unschuldig daran, überdeckte aber sofort seine Furcht mit einer Vertrauenskundgebung für den Führer. Völlig verunsichert und ratlos zeigte er sich sieben Wochen später, am 28. August: »Im Lande herrscht schwere Beunruhigung wegen der Lage. Alles spricht vom Krieg. Ich bekomme aus Schlesien ein sehr dringendes Fernschreiben, in dem um Rat und Hilfe dagegen ersucht wird. Aber was soll ich dagegen machen? Man kann ja im Augenblick gar nichts sagen, weder nach der positiven, noch nach der negativen Seite.« Und beim Mittagessen mit zwei engen Mitarbeitern: »Einziges Thema: Krieg und Prag. Diese Fragen lasten auf allen. Da muß bald eine Lösung gefunden werden.« Drei Tage später, angesichts wachsender »Kriegspsychose« sperrte er offensichtlich die Weitergabe von ausländischen Presseberichten an das Auswärtige Amt, »damit die Wilhelmstraße nicht weich in den Knien wird.«[25]

Wiederum drei Tage später war er auf dem Obersalzberg, hörte dort unterschiedliche Einschätzungen von dem auf Krieg eingestellten Adjutanten Gö-

---

[24] Goebbels: Aufzeichnungen 6, 2.10.38, S. 127-8; 1.10.38, S. 122.
[25] Goebbels: Aufzeichnungen 5, 19.7.38, S. 385; Goebbels: Aufzeichnungen 6, 28.8.38, S. 61-2; 31.8.38, S. 65.
Karl Hanke (1903-1945) war Gewerbelehrer, trat 1928 in die NSDAP ein, 1933 Adjutant von Goebbels, 1938-1941 Staatssekretär im Propagandaministerium und Vizepräsident der Reichskulturkammer. 1941-1945 Gauleiter und Oberpräsident von Niederschlesien.

rings, Karl-Heinrich Bodenschatz,[26] und einem düsteren Reichspressechef Dr. Otto Dietrich[27] und konnte nicht einmal von Hitler überzeugt werden: »Er glaubt nicht, daß London eingreift und ist fest zum Handeln entschlossen. [...] Eine dumpfe Stimmung liegt über dem Lande. Alles wartet, was kommt.« Nach einem weiteren Tag voller Zweifel ließ er sich dann plötzlich von Hitler aufrichten: »Er ist von einem unerschütterlichen Optimismus erfüllt. Und den überträgt er auf uns alle. So ein Mann ist eine ganze Nation wert. Er wird niemals kapitulieren. Das kann uns allen ein Trost und ein Ansporn sein.« Als dann am 8. September die *Times* eine Volksabstimmung im Sudetenland vorschlug, reichte ihm das nicht mehr: »Wir müssen Prag haben.« Aber seine Unsicherheit verstärkte sich, als die britische Regierung den Vorschlag der *Times* wiederholte bei gleichzeitiger Warnung vor einem militärischen Vorgehen: »Nur eine Frage beschäftigt mich Tag und Nacht: die Frage Krieg oder Frieden! [...] London wird immer drohender. Blufft es oder will es ernst machen?« Ungeduldig wartete er auf die große Rede Hitlers auf dem Nürnberger Reichsparteitag: »Der Führer brütet an seinen Entschlüssen und macht seine Rede fertig. Er hält nun unser aller Schicksal in seiner Hand.« Diese Rede war dann voller Kriegsdrohungen, vermied jedoch ein Ultimatum. Aber, wie Goebbels notierte: Die »Zuhörer rasen« und sind »hingerissen« und Goebbels war es mit ihnen; jetzt war auch er bereit, einen großen Krieg zu beginnen: »Nun hat die Welt das Wort. Aber sie muß reden. Sonst reden wir.«[28]

In den Folgetagen war Goebbels damit beschäftigt, seine Umgebung »aufzurichten« und »Mut, Nerven und Ausdauer« zu fordern: den Berliner Polizeipräsidenten von Wolf-Heinrich Graf von Helldorf, die deutschen Chefredakteure, alle Mitarbeiter seines Ministeriums: »Zu Mut und Tapferkeit ermahnt. Ich reiße alle hoch. Der Gau Berlin ist nun in Ordnung.«[29] Eine hektische Serie von Aktivitäten, die vielleicht vor allem einen beruhigen sollte: ihn selbst.[30]

Am 17. September, unmittelbar nach dem Besuch des britischen Premierministers Arthur Neville Chamberlain, forderte Hitler Goebbels auf, zu ihm auf den Obersalzberg zu kommen. Schließlich gingen zwei Tage später London und Paris auf Hitlers Forderungen ein. Goebbels schrieb: »Der Führer ist ganz glücklich. Er schreit laut vor Triumph und Freude. [...] Er ist wunderbar gelöst

---

26 Karl-Heinrich Bodenschatz (1890-1979), im 1. Weltkrieg Adjutant Manfred von Richthofens, dann Görings. 1933 wiederum Adjutant Görings. 1938 Chef des Ministeramts im Reichsministerium der Luftfahrt. Verbindungsoffizier Görings zu Hitler. 1941 General der Flieger.
27 Dr. Otto Dietrich (1897-1952), Journalist, trat 1929 in die NSDAP ein, ab 1931 deren Reichspressechef, war ständig in Hitlers Nähe. 1934 Vizepräsident der Reichspressekammer. 1937 Staatssekretär im Propagandaministerium. Ab 1940 gab er die *Tagesparole* für die Presse heraus. Goebbels sah ihn als Gegner.
28 Goebbels: Aufzeichnungen 6, 1.9.38, S. 67-8; 3.9.38, S. 70; 8.9.38, S. 78; 9.9.38, S: 79; 10.9.38, S. 80; 11.9.38, S. 82-4; 13.9.38, S. 88; Domarus, Max: Hitler: Reden und Proklamationen: 1932-1945. Kommentiert von einem deutschen Zeitgenossen, Würzburg, 2 Bde. 1962-1963, 1, S. 897-906.
29 Übrigens findet man häufig, dass Goebbels meinte, ein Problem sei bereits dann erledigt, wenn er nur seinen Standpunkt in einer Rede oder einem Artikel verdeutlicht hätte.
30 Goebbels: Aufzeichnungen 6, 14.9.38, S. 89: 15.9.38, S. 91; 16.9.38, S. 92; 17.9.38, S. 95.

und befreit. Über uns hängt ein klarer, sternenübersäter Himmel. Ich bin so glücklich und dankbar. Er schwärmt von der großen, großen Zukunft. Welch ein Tag! Welch ein Abend! Ich lebe wie im Traum. [...] Ich kann kaum schlafen. Vor Freude und Erregung. [...] Der Führer ist ein Genie. Man braucht ihm nur zu folgen, und man geht richtig.« Auch in den Folgetagen und beim Treffen zwischen Hitler und Chamberlain in Bad Godesberg hielt sich Goebbels in Hitlers Umgebung auf, die Tagebucheintragungen spiegeln denn auch nur Hitlers Auffassungen wieder: So sollten in Böhmen eine Million »wertvolle Elemente« eingeschmolzen, also zu Deutschen gemacht, der Rest »abgedrückt« – deportiert – werden. Hitler »glaubt, Benesch werde nicht nachgeben. Aber dann trifft ihn ein furchtbares Strafgericht.« Ein warnender Brief des Finanzministers Schwerin von Krosigk[31] und Denkschriften mehrerer Generäle wurden nicht beachtet. Als die ausländische Presse enthüllte, dass Hitler bei dem Godesberger Treffen zusätzliche und schwer erfüllbare Forderungen gestellt hatte, ließ Goebbels die Memoranden beider Treffen wenigstens für die Inlandspresse »gleichstellen«, also schlicht fälschen. Schließlich wurde der Propagandakampf durch eine Großveranstaltung im Sportpalast mit Reden Hitlers und Goebbels am 26. September zu einem Höhepunkt gebracht.[32]

Auch am nächsten Tag war Goebbels anscheinend völlig im Bann seines Führers: »Der Führer spricht ausführlich über die Kraft des Glaubens, der nicht durch Waffen oder Zahlen ersetzt werden kann. Er glaubt mit einer somnambulen Sicherheit an seine Mission. Seine Hand zittert nicht einen Augenblick. Ein großes Genie mitten unter uns. [...] Man muß ihm mit tiefer Gläubigkeit dienen. Er ist klarer, einfacher, weitsichtiger als je ein deutscher Staatsmann gewesen ist.« Aber Goebbels' tiefe Gläubigkeit schwand rasch wieder: »Die Panik nimmt stündlich groteskere Formen an. Also wappne ich mich mit Geduld und einem starken Herzen.« Am Folgetag wies die Marine die deutschen Handelsschiffe an, neutrale Häfen anzulaufen; als so unmittelbar sah man dort die Kriegsgefahr. Als dann am gleichen Tag Mussolinis Brief mit dem Vorschlag einer Viermächtekonferenz sowie britische und französische Kompromißvorschläge eingingen, war Goebbels ebenso wie Göring und von Neurath für die Annahme: »Man kann nicht einen Weltkrieg [...] um Modalitäten führen.« Goebbels Kriegsbereitschaft war plötzlich wieder verschwunden.[33]

Wollte man Goebbels nur aus seinen öffentlichen Handlungen, seinen Reden und Aufsätzen deuten, so hätte man ein sehr einfaches und eindeutiges Bild: In allen Zweifeln, und vielleicht gerade während der Zweifel, gab es eine öf-

---

[31] Lutz Graf Schwerin von Krosigk (1887-1977) war Jurist im preußischen Staatsdienst, ab 1920 im Reichsfinanzministerium, 1932-1945 Reichsfinanzminister. Verbindung zum Widerstand. Im Wilhelmstraßenprozeß 1949 zu 10 Jahren Haft verurteilt, 1951 entlassen.

[32] Goebbels: Aufzeichnungen 6, 18.9.38, S. 96; 20.9.39, S. 101-2; 22.9.38, S. 106; 26.9.38, S. 113; 27.9.38, S. 114.

[33] Goebbels: Aufzeichnungen 6, 28.9.38, S. 117-8, 29.9.38, S. 119; Bohrmann, Hans/Toepser-Ziegert, Gabriele (Hrsg.): NS-Presseanweisungen der Vorkriegszeit: Edition und Dokumentation, Bd. 6.3.1938: Quellentexte September bis Dezember, München 1999, Dok. 2707, 28.9.38, S. 901.

fentliche Fassade, hinter der die Anfechtungen verborgen blieben. Er instruierte seine Mitarbeiter, die Presse, den Polizeipräsidenten Berlins, schrieb Artikel, hielt Reden, alles völlig auf Hitlers Linie – und Hitler war immer, diesen Eindruck erwecken jedenfalls die Tagebücher, sehr zufrieden mit ihm und seiner Arbeit.

Die Tagebücher zeigen indessen Schwankungen und Widersprüche. Goebbels war glücklich und erleichtert, dass ein Krieg abgewandt worden war und Deutschland das Sudetenland mit dreieinhalb Millionen Menschen hinzu gewonnen hatte. Das bedeutete aber auch den Verzicht auf Hitlers große Lösung, nämlich die Annexion der »Tschechei«. Trotzdem sah Goebbels diese unverändert als ein unbedingt zu realisierendes Ziel an. Konnte er annehmen, dass dies ohne Krieg möglich war, nachdem allein schon Hitlers Zusatzforderungen diesen schon fast ausgelöst hatten? Logisch jedenfalls erscheint ein derartiger Standpunkt nicht.

Goebbels tiefe Bindung an Hitler wurde bestätigt und gefestigt durch die Vieraugengespräche. In der Nacht lange unter klarem Sternenhimmel in Gesprächen auf und ab zu gehen, war einerseits eine Auszeichnung, die von Goebbels selbst und von Hitlers Umgebung sorgsam registriert wurde. Später, in den Kriegsjahren wurde dieses vertrauliche nächtliche Gespräch jedesmal der Höhepunkt von Goebbels' Besuchen in Hitlers Hauptquartier. Er brauchte diese regelmäßig, etwa monatlich. Mit welcher Skepsis auch immer er hinfuhr, auf der Rückfahrt war er getröstet und wieder aufgerichtet. »Alle Akkumulatoren sind nun aufgeladen« – so diktierte er immer wieder für sein Tagebuch.[34] Also waren sie zuvor entladen gewesen, und kurz danach würden sie es wieder sein. Seine Propaganda blieb von diesen Stimmungsumschwüngen unberührt, seine Umgebung bemerkte sie nicht, nur aus den Tagebüchern sind sie zu erschließen.

6. »Nun Volk steh auf, nun Sturm brich los«

Goebbels' Vertrauen zu Hitler wurde durch die Niederlage von Stalingrad im Januar 1943 tief erschüttert. Nicht etwa, dass er fand, dass Hitler als Oberbefehlshaber der Wehrmacht versagt hätte, vielmehr machte er die Generäle, zumal den Generalstab verantwortlich.[35] Aber er warf Hitler eine verfehlte und verderbliche Innenpolitik vor. In einer Reihe von Anläufen versuchte er, zwei Dinge zu erreichen: zum einen, dass die Kriegsanstrengungen in der Heimat auf ein ganz anderes Niveau gebracht würden – er benutzte hierfür den Begriff des *Totalen Krieges* – und zum anderen, dass er selbst umfassende innenpolitische Vollmachten erhielt, um diesen herbeizuführen. Im September 1942 führte er ein mehrstündiges Gespräch mit dem Rüstungsminister Albert Speer und klagte: »Immer fehlt es uns an 10 oder 15 Prozent, um zu einem ganz großen Sieg zu kommen.« Tatsächlich war die längerfristige deutsche Unter-

---

[34] Goebbels: Diktate 2, 13.12.41, S. 500; 3, 20.1.42, S. 157; 20.3.42, S. 512; 24.6.42, S. 610; 9, 10.8.43, S. 260; 11, 25.1.44, S. 170; 12, 18.4.44, S. 141.
[35] Goebbels: Diktate 7, 23.1.43, S. 180.

legenheit viel dramatischer: Die Panzerproduktion allein der Sowjetunion betrug 1942 mehr als das Zweieinhalbfache der deutschen, und die alliierte Flugzeugproduktion mehr als das Vierfache der kombinierten deutschen und japanischen. Er hatte zwar derartige Informationen früher einmal zur Kenntnis genommen, jetzt aber spielten sie in seinen Überlegungen keine Rolle. Vielmehr beklagte er es, dass vor zwei Jahren sein Vorschlag, eine Arbeitspflicht für Frauen einzuführen, nicht befolgt worden war. Wenn man die »Sowjetunion zu Boden schlagen« wolle, müsse man eine »ähnliche Totalisierung der Ausschöpfung unserer nationalen Kraft vornehmen.« Goebbels hatte zwar damals von Hitler die Erlaubnis, eine »Durchkämmung« der, wie es scheint, zivilen Reichsbehörden in Berlin erhalten, die später auf das ganze Reich ausgedehnt werden sollte. Dies scheint ergebnislos gewesen zu sein, denn Ende Dezember 1942 beauftragte Hitler Martin Bormann[36], mit Goebbels die »Frage der totalen Kriegführung in jeder Beziehung« durchzusprechen. Goebbels empfand dies als einen »Triumph«, da er derartige »Gedanken und Wünsche« seit anderthalb Jahren gehegt hatte. Ihm schwebte ein Dreierausschuß vor mit »diktatorischen Vollmachten«, bestehend aus ihm selbst, Bormann und dem Chef der Reichskanzlei, Staatssekretär Hans Heinrich Lammers.[37] Er war sich dieser Entwicklung so sicher, dass er diese Anfang Januar schon einmal auf seiner »Ministerkonferenz« verkündete, seiner täglichen Sprachregelung für die Presse, bei der etwa 50 Personen verschiedener Ressorts anwesend waren. In zwei weiteren Besprechungsrunden mit Speer und anderen wurde dann ein Vorschlag für Hitler ausgearbeitet, den Hitler mit »geringen Korrekturen« unterschrieb: Es wurde zwar ein Dreierausschuss eingesetzt, aber Goebbels selbst gehörte diesem nicht an, statt dessen Generalfeldmarschall Wilhelm Keitel[38] neben Bormann und Lammers. Lediglich sollten alle Maßnahmen in »engsten Einvernehmen« mit ihm, Goebbels, getroffen werden. Wenige Tage später glaubte er bei Bormann erreicht zu haben, daß seine Position im Verhältnis zum Dreierausschuss mit »dem größten Einfluß ausgestattet« werden würde.[39]

War Goebbels enttäuscht? In dieser Zeit wohl nicht so sehr, denn jetzt er hatte in seiner Propaganda »wieder festen Boden unter den Füßen und« stellte

---

[36] Martin Bormann (1900-1945), Leiter der Kanzlei der NSDAP, kontrollierte ab Mai 1941 zunehmend den Zugang zu Hitler – freilich konnte er Goebbels, Himmler oder Speer nicht von diesem fernhalten. Er prüfte gemeinsam mit Lammers und Keitel Vorlagen an Hitler vor, s. Longerich, Peter: Hitlers Stellvertreter: Führung der Partei und Kontrolle des Staatsapparates durch den Stab Heß und die Parteikanzlei Bormann, München u. a. 1992, S. 157-166.

[37] Hans Heinrich Lammers (1879-1962), Jurist, war ab 1921 im Reichsministerium des Inneren tätig. 1932 Eintritt in die NSDAP. Mit Machtantritt Hitlers dessen Chef der Reichskanzlei, Staatssekretär. Im Wilhelmstraßenprozeß 1949 zu 20 Jahren Gefängnis verurteilt, 1951 entlassen.

[38] Wilhelm Keitel (1882-1946), nach dem 1. Weltkrieg in die Reichswehr, ab 1935 Chef des Wehrmachtsamtes im Reichskriegsministerium, 1938 Chef des Oberkommandos der Wehrmacht, 1940 Generalfeldmarschall. In Nürnberg zum Tode verurteilt.

[39] Goebbels: Diktate 5, 17.9.42, S. 517; 6, 4.10.42, S. 64; 29.12.42, S. 518; 7, 5.1.43, S. 51; 9.1.43, S. 73; 15.1.43. S. 120; 18.1.43, S. 136; 8, 25.5.43, S. 364; Boelcke, Willi A. (Hrsg.): Wollt ihr den totalen Krieg? Die geheimen Goebbels-Konferenzen 1939 – 1945, Stuttgart 1967, S. 7; 5.1.43, S. 318; Overy, Richard J.: War and economy in the Third Reich, Oxford 1994, App. S. 331; Speer, Albert: Erinnerungen, Frankfurt am Main 1969, S. 267.

diese jetzt völlig auf den *Totalen Krieg* ein. Dies zeigen seine Leitartikel in der Wochenzeitung *Das Reich*: Am 3. Januar 1943 war es nur eine »ganz kleine Schicht von vaterlandslosen Gesellen«, die endlich in die Kriegsanstrengungen einbezogen werden sollte. Eine Woche später ging es wiederum nur um einen »gewissen kleinen Teil unseres Volkes.« In der folgenden Ausgabe verkündete er die Schließung von »Bars, Schlemmerlokalen« und von »Läden, in denen es ohnehin nichts zu kaufen gibt. Erst der Leitartikel vom 31. Januar 1943 machte deutlich, dass der breiten Bevölkerung mehr an Anstrengungen zugemutet werden sollte: Jetzt behandelte er die inzwischen beschlossene Arbeitspflicht für Männer zwischen 16 und 65, für Frauen zwischen 17 und 45 Jahren. Ob er von dem Erfolg derartiger Maßnahmen überzeugt war? Einer seiner Artikel schloss pathetisch: »So laßt uns also total Krieg führen, um total zu siegen. [...] Wir müssen schon über uns selber steigen, hinan, hinauf, bis wir auch unsere Sterne noch unter uns haben.« Die Sterne zu übersteigen – war das ein realistischer Plan?[40]

Zunächst schien Goebbels die Arbeit im Dreierausschuss, den er in seinem Tagebuch in diesen Wochen »Viererausschuß« nannte, erfolgversprechend, obwohl sofort unerwartete Probleme aufbrachen. In einer Besprechung am 20. Januar 1943 stellte Keitel den Bedarf der Wehrmacht viel dramatischer dar als bisher gedacht: Es fehlten nicht eine halbe Million Soldaten, vielmehr zwei Millionen. Die zum Ersatz benötigten Arbeitskräfte wollte der Generalbevollmächtigte für den Arbeitseinsatz, Fritz Sauckel[41], nicht im Inland, sondern aus den besetzten Gebieten herbeischaffen – das würde die Mobilisierung im Inland weniger dringend machen. Auch die Frauenarbeitspflicht wurde weniger radikal formuliert als zunächst geplant, auch wenn Goebbels hier, wie er meinte, verschärfen konnte. Zwei Tage später war er bei Hitler, fand hier volle Unterstützung und auch eine Sprachregelung, warum er nicht in den Dreierausschuss berufen worden war: Hitler hatte ihn nicht durch Verwaltungsaufgaben seiner Hauptaufgabe, der Propaganda, entfremden wollen. Goebbels glaubte sich trotzdem mit umfassenden Vollmachten ausgestattet. Er war durch die Gespräche mit einer derartigen Zuversicht erfüllt, dass er meinte, jetzt den »Kriegsvorbereitungen eine entscheidende geschichtliche Wendung« geben zu können.[42]

Unmittelbar danach folgten die Enttäuschungen: Bei Bormann beschwerte er sich, dass »alles viel zu langsam« ginge; zur Auflösung von Geschäften leg-

---

Wenn auch widerwillig, so nahm Goebbels durchaus Informationen zu den gegnerischen Produktionskapazitäten zur Kenntnis, auch wenn er dieses Wissen wieder verdrängen konnte, s, Goebbels: Diktate 6, 6.12.42, S. 399; 19.12.42, S. 471; 7, 18.1.43, S. 134; 24.3.43, S. 634.

[40] Das Reich, #1, 3. 1. 43: Die Heimat im Kriege; #3, 17.1.43: Der totale Krieg; #4, 24.1.24: Die Optik des Krieges; #5, 31.1.43: Der Blick nach vorne; #7, 14.2.43: Die Winterkrise und der totale Krieg; Boelcke: Krieg, 5.-21.1.43, S. 318-325

[41] Fritz Sauckel (1894-1946), Ingenieur, trat 1922 in die NSDAP ein, 1927 Gauleiter von Thüringen. 1932 Ministerpräident und und Innenminister von Thüringen, ab 1933 Reichsstatthalter. 1942 Generalbevollmächtigter für den Arbeitseinsatz und verantwortlich für die Deportation von Millionen von Zwangsarbeitern. 1946 in Nürnberg zum Tode verurteilt.

[42] Goebbels: Diktate 7, 21.1.43, S. 152; 23.1.43, S. 163-182; Boelcke, Willi A.: Goebbels und die Kundgebung im Berliner Sportpalast vom 18. Februar 1943: Vorgeschichte und Verlauf, Jahrbuch für die Geschichte Mittel- und Ostdeutschlands 19 (1970), S. 234-255.

te der Reichswirtschaftsminister Walther Funk[43] einen Entwurf vor, den Goebbels als »viel zu lahm und zu schlapp« empfand. Bormann bremste hier seinerseits und berief sich auf Weisungen Hitlers. Goebbels wusste offensichtlich nicht, dass es Bormann war, der sich als den Hauptverantwortlichen sah.[44]

Von allen Seiten wurden Ausnahmen für die Frauenarbeitspflicht gefordert, und Lammers schlug in diese beim Vortrag vor Hitler gar »eine Bresche« – damit war Lammers zu »einem absoluten Krebsschaden« für den Totalen Krieg geworden, nach Goebbels betrachtete er diesen von der »bürgerlich-gemütlichen Seite.« Um sich durchzusetzen, suchte Goebbels die Öffentlichkeit: Bei der Kundgebung im Berliner Sportpalast am 30. Januar 1943 zum »Zehnjahrestag der Machtübernahme durch den Führer« rief er seine Zuhörer zu einem »Volksaufstand der nationalen Kraftanstrengung« auf, Partei und Staat würden bei der Vorbereitung des Totalen Krieges beispielhaft vorangehen. Das war allerdings genau das Gegenteil dessen, was er bisher beobachtet hatte. Aber damit wollte Goebbels dennoch sein Ziel erreichen. Hitler jedenfalls war von der Rede begeistert, er rief nachts Goebbels an und billigte den »totalen Kurs.«[45]

Während einer Gauleitertagung in Posen am 6. Februar 1943 ließ er in Berlin die Luxusrestaurants schließen, auch das von Göring frequentierte *Horcher*, für dessen Erhalt sich dieser massiv eingesetzt hatte. Anschließend begaben sich die Gauleiter ins Führerhauptquartier, wo Hitler die Gauleiter ermahnte, »alkoholische, insbesondere Sektgelage […] rigoros« abzustellen. Auch er forderte die Schließung der »Freßrestaurants« und zu Goebbels' Genugtuung erwähnte er ausdrücklich Horcher. Nach Abreise der Gauleiter hatte Goebbels noch ein Gespräch »unter vier Augen« mit Hitler. Er war »tief beglückt«, sah seine Arbeit »vom Volk getragen und vom Führer gebilligt. Was will man nun noch mehr!«[46]

---

[43] Walther Funk (1890 – 1960), Jurist und Wirtschaftsjournalist, 1922-1930 Chefredakteur der *Berliner Börsenzeitung*. 1931 zur NSDAP, Wirtschaftsberater Hitlers. 1933 – 1938 Staatssekretär im Propagandaministerium, dann Reichswirtschaftsminister. 1939 Präsident der Reichsbank. In Nürnberg zu lebenslänglicher Haft verurteilt, 1957 aus Gesundheitsgründen entlassen.

[44] Goebbels: Diktate 7, 24.1.43, S. 187; 26.1.43, S. 199; Longerich, Peter: Hitlers Stellvertreter, S. 188.

[45] Goebbels: Diktate 7, 27.1.43, S. 206; 31.1.43, S. 230; Heiber, Helmut: Goebbels-Reden, 2 Bde., Düsseldorf 1971-1972, 2., S. 158-171, hier S. 160, 166.

[46] Goebbels: Diktate 7, 2.2.43, S. 245; 7.2.43, S. 280, 8.2.43, S. 290, 297, 299.
Zu Horcher s. auch Speer, Erinnerungen: S. 270, Semmler, R. [Semler]: Goebbels: The man next to Hitler, London 1947, 18.3.43, S. 77-78. Oven, Wilfred von: Mit Goebbels bis zum Ende, 2 Bde., Buenos Aires 1949, 1, 23.10.43 [!], S. 132 berichtet, das Restaurant Horcher sei nicht geschlossen worden. Die Familie Horcher zog indessen 1943 nach Madrid um und eröffnete hier ein neues Restaurant unter gleichem Namen (s. http://www.restaurantehorcher.com/).
Boelcke, Willi A.: Goebbels und die Kundgebung im Berliner Sportpalast vom 18. Februar 1943: Vorgeschichte und Verlauf, Jahrbuch für die Geschichte Mittel- und Ostdeutschlands 19 (1970), S. 234-255, hier S. 244, ist der Ansicht, Goebbels sei in Posen »gebremst worden«. Er schließt dies aus einem Hinweis für die Presse vom 7.2.43 (Boelcke, Krieg, S. 334), nach welchem Goebbels sich die »publizistische Behandlung« des Themas vorbehielt und ein »klassenkämpferisches Fahrwasser« vermieden werden sollte. Dass Goebbels sich damit nicht mehr der »Planung und Vorbereitung von Maßnahmen für die Kriegführung« widmen dürfe, geht jedoch aus dem zitierten Hinweis nicht hervor. Reuth: Goebbels, S. 516, stellt fest, dass Goebbels seinen Einfluss nicht ausbauen konnte. Das erscheint korrekt.

Indessen war er mit dem Fortgang der Rationalisierungen in der Verwaltung beschäftigt. Er meinte, im »Viererausschuß« in kürzester Zeit eine Vereinfachung der Lohnsteuer, der Beamtenbeförderung und der Gemeindefinanzen auf den Weg gebracht zu haben. Die Kompetenzabgrenzung der Ministerien erwies sich allerdings als schwierig. Unzufrieden war er auch, weil die anderen Gauleiter sich nicht auf den Totalen Krieg einzustellen schienen. Hierüber beklagte er sich am 12. Februar 1943 gegenüber Speer und Ley. Um die Gauleiter »unter dem Druck der öffentlichen Meinung« zu veranlassen, das bisher Versäumte nachzuholen, plante er eine Massenversammlung im Sportpalast, die über alle Sender übertragen werden sollte. Der Unterstützung Hitlers war er sich unverändert sicher: »Der Führer ist viel radikaler, als man allgemein annimmt, wenn wir es nur verhindern können, daß die Halbstarken sich immer wieder Zugang zu ihm verschaffen und ihn nach der flauen Richtung hin zu beeinflussen versuchen.«[47]

Diese Rede – ein Meisterwerk der propagandistischen Inszenierung vor einem ausgewählten Publikum – brachte Goebbels eine begeisterte und fanatische Zustimmung für den Totalen Krieg. Er selbst war überzeugt, eine »totale geistige Mobilmachung« erreicht zu haben und sah sogar »eine Art von stillem Staatsstreich.« Hitler las diese Rede einige Tage später, sie machte auf ihn »einen außerordentlich tiefen Eindruck«, so jedenfalls hielt es Goebbels fest. Aber Goebbels Euphorie verflog rasch: Er sah die Gauleiter immer noch nicht auf den Totalen Krieg eingestimmt, sie frönten statt dessen ihrer »Jagdpassion.« Nur sechs Tage nach der Rede suchte er mit Speer, Funk und Ley nach einer neuen Lösung: Die Diskussion war freimütig: Goebbels wünschte eine »innerpolitische Führung«, um »die Partei, den Staat und die allgemeine Verwaltung in Ordnung zu bringen und auch einen entsprechenden Einfluß auf das Ersatzheer[48] in der Heimat auszuüben.«[49]

Kershaw, Ian: Hitler, 2 Bde., London u. a. 1998-2000, 2, S. 562, stellt fest, Goebbels hätte in einer Art Volksabstimmung ein *Ja* zur Selbstvernichtung erlangt. Nun war das ausgesuchte Publikum keinesfalls das *Volk* und Goebbels vermochte es, in diesem die Überzeugung bestärken, daß durch einen verstärkten Einsatz der Krieg doch noch gewonnen werden könnte. Es wurde nicht durch das Volk und nicht über die Herbeiführung der Katastrophe abgestimmt, auch wenn diese hierdurch befördert wurde.

47 Goebbels: Diktate 7, 11.2.43, S. 319-320; 13.2.43, S. 336; Sereny, Gitta: Albert Speer und das deutsche Trauma, München 2001, S. 433.
48 Das Ersatzheer war im Reich stationiert und umfaßte Soldaten in Ausbildung, Urlaub und Genesung sowie das Heeresamt und das Heereswaffenamt.
49 Redetext: Heiber: Goebbels-Reden, 2., S. 172-208; Goebbels: Diktate 7, 19.2.43, S. 373, 375; 23.2.43, S. 401; 27.2.43, S. 428; Speer: Erinnerungen, S. 270-1; Moltmann, Gunter: Goebbels' Rede zum Totalen Krieg am 18. Februar 1943. In: VfZ 12 (1964), S.13-43.
Nach Speers Darstellung äußerte sich Goebbels noch krasser: »Wir haben nicht nur eine ›Führungskrise‹, sondern strenggenommen eine ›Führerkrise‹«. Möglicherweise hat Speers Gedächtnis ihm einen Streich gespielt, denn dies ist fast wörtlich ein Zitat aus Goebbels' Tagebucheintrag, allerdings zwei Jahre später, vom März 1945: »[...] nicht nur eine Führungs-, sondern eine ausgesprochene Führer-Krise« (Goebbels, Diktate 15, 15.3.45, S. 599).
Speer: Erinnerungen, behauptet auf S. 553, Anm. 5, dass in Goebbels' Tagebüchern »jede Kritik an Hitler« an Hitler unterdrückt worden sei. Dies ist durchaus nicht der Fall, auch wenn Goebbels vor krassen Formulierungen meist zurückschreckte.

Die Runde suchte nach institutionellen Lösungen und verfiel darauf, den »Ministerrat für die Reichsverteidigung« in einer veränderten Zusammensetzung wieder zu aktivieren. Diesen hatte Hitler vor dem Polenfeldzug »zur einheitlichen Leitung von Verwaltung und Wirtschaft« eingesetzt, jedoch hatte der Vorsitzende Göring dieses Gremium nach nur wenigen Sitzungen einschlafen lassen. Trotzdem glaubte man auf die »Autorität« Görings nicht verzichten zu können, obwohl dieser »in letzter Zeit etwas inaktiv und resigniert geworden« war, aber in Goebbels sollte er einen »geeigneten Stellvertreter« erhalten, denn einer müsse »in der Heimat ausreichend Vollmachten« bekommen. Das Gremium sollte einen »Kreis von etwa zehn Männern« umfassen, »kapitalen Figuren«; mit denen wollte Goebbels dann regieren. Speer sollte Göring für diesen Plan gewinnen; Goebbels war überzeugt, sich dann »tadellos beim Führer durchsetzen zu können.«[50]

Schon zwei Tage später, am 28. Februar 1943, wurde Speer von Göring empfangen. Dieser verbrachte einen längeren Urlaub in seinem Sommerhaus am Obersalzberg, verärgert über heftige Kritik Hitlers an seiner Führung der Luftwaffe. Auf den Totalen Krieg war Göring nicht eingestimmt; er war geschminkt, trug einen grünen Samtschlafrock mit einer »übergroßen Rubinbrosche« und spielte gelegentlich mit Edelsteinen. Er war aber erfreut, dass man an ihn gedacht hatte und war, trotz der Auseinandersetzung mit Goebbels wegen des Restaurants Horcher, auch bereit, mit diesem zu sprechen. Goebbels gelang es dann auch, in Göring neue Tatenlust zu wecken. Mit dem neuen »Treuebund für den Führer« sollte um diesen ein »fester Wall« gebildet werden. Damit würde der Dreierausschuss entmachtet werden. Man war sich einig, dass man diesen nicht frontal bekämpfen dürfe, sondern »langsam kaltstellen« müsse. Goebbels war nach dieser Besprechung von neuer Zuversicht erfüllt und erwartete, mit der neuen innenpolitischen Führungsstruktur dem Krieg »in verhältnismäßig kurzer Zeit eine grundlegende Wendung geben« zu können.[51]

Um Hitlers Zustimmung zur Wiederbelebung des Ministerrats für die Reichsverteidigung zu erlangen, begaben sich Goebbels und Speer am 8. März 1943 zum Führerhauptquartier in Winniza in der Ukraine. Unerwartet zeigte Hitler eine »Granatenwut« auf Göring, und als er zudem in der Nacht von einem Bombenangriff auf Nürnberg, der Stadt der Reichsparteitage, erfuhr, geriet er in einen so heftigen Zornesausbruch auf Göring und die Luftwaffe, dass Goebbels und Speer ihn kaum beruhigen konnten. Unter diesen Umständen hielten es beide nicht für ratsam, ihren Vorschlag vorzubringen. Damit waren Goebbels' Bemühungen um den Totalen Krieg, so wie er ihn verstand, für längere Zeit, nämlich bis zum Juli 1944, gescheitert. Auch im übrigen gab

---

[50] Goebbels: Diktate 7, 27.2.43, S. 430-1 28.2.43, S. 439; Rebentisch, Dieter: Führerstaat und Verwaltung im Zweiten Weltkrieg: Verfassungsentwicklung u. Verwaltungspolitik 1939 – 1945 Stuttgart 1989, S. 117-8, 494-5.
Dem Reichsverteidigungsrat gehörten an: Göring, Heß als Stellvertreter Hitlers in der Parteiorganisation, Frick als Reichsbevollmächtigter für die Reichsverwaltung, Funk als Generalbevollmächtigter für die Wirtschaft, Lammers als Chef der Reichskanzlei und Keitel als Chef des Oberkommandos der Wehrmacht.

[51] Speer: Erinnerungen, S. 272-3; Goebbels: Diktate 7, 1.3.42, S. 444; 2.3.42, S. 450-7.

es an diesem Tag schlechte Nachrichten für ihn: Speer informierte ihn über die alliierte Panzerproduktion, welche die deutsche in beängstigender Weise übertraf. Und Hitler erwartete nicht, dass die Sowjetunion in absehbarer Zeit zusammenbrechen würde. Auch Goebbels' schon lange verfolgtes weiteres Ziel, den Völkern im Osten eine politische Perspektive zu bieten, fand bei Hitler kein Gehör.

Aber voller Bewunderung war Hitler für Goebbels' Propagandaarbeit. Und zum Abschluß folgte eine »lange intime Aussprache« bis drei Uhr nachts. Hitler zeigte sich »sehr aufgeschlossen« und von einer seltenen »Offenherzigkeit.« Beim Abschied war er »sehr gerührt.« Goebbels hatte »wieder eine Unmenge von Kraft gesammelt« und war mit seinem Besuch »außerordentlich zufrieden.« Hitlers überschwengliches Lob und das vertrauliche Beisammensein ließen ihn das Scheitern seiner mit so großem Eifer verfolgten Vorhaben und die düsteren Kriegsaussichten vergessen. Speer berichtet, an diesem Abend hätte Goebbels anscheinend sein »altes Vertrauen zu Hitler zurückgewonnen«, so dass er nicht mehr von einer »Führerkrise« sprach. Vielleicht gelangte Speer zu dieser Einschätzung, weil er selbst nicht mehr von Goebbels zu Hilfe gerufen wurde. Jedoch erscheint diese Sichtweise zu einfach: Goebbels Einstellung zu Hitler blieb auch in der Folgezeit sehr schwankend; es wechselten Phasen des Vertrauens mit tiefer Skepsis ab: Alle ihn bedrängenden Probleme, der Totale Krieg, die innenpolitische Führungsschwäche, Hitlers Scheu vor öffentlichen Auftritten, die verfehlte Besatzungspolitik im Osten, die ausbleibenden Friedensbemühungen verfolgten Goebbels während des gesamten weiteren Kriegsverlaufs.[52]

War denn der Totale Krieg im Jahr 1943 der Mißerfolg, als den Goebbels ihn begriff? Teilweise wurde die ständige Intensivierung der Kriegsanstrengungen auch im vierten Kriegsjahr sehr wirksam vorangetrieben, nicht erst beginnend mit der Katastrophe von Stalingrad. Die deutsche Volkswirtschaft wurde während des Krieges von nahezu der Hälfte der männlichen Beschäftigten entblößt, die der Wehrmacht zugeführt wurden. Deren Platz wurde von Kriegsgefangenen und vor allem von zivilen ausländischen Arbeitskräften eingenommen, überwiegend Zwangsarbeitern und -arbeiterinnen. Es gelang jedoch nicht, die Anzahl der weiblichen deutschen Arbeitskräfte nennenswert zu erhöhen, letztlich aufgrund von Hitlers Entscheidungen.[53] Schon bei einem früheren Vorstoß Goebbels' im August 1941 hatte Hitler es abgelehnt, die Frauenarbeit auszuweiten: Er warnte vor den »moralischen Folgen«, wenn Frauen und Mädchen in »Industriestätten« versetzt würden und verwies auf das Beispiel aus dem Ersten Weltkrieg.[54]

---

[52] Speer: Erinnerungen, 274-6, Goebbels: Diktate 7, 9.3.43, S. 500-517; Overy, Richard: Why the allies won, New York 1995, App., S. 331: Im Jahr 1942 produzierten die Alliierten mehr als das 6-fache, im Jahr 1943 immerhin noch mehr als das 3,5-fache an Panzern wie das Deutsche Reich.
[53] Kroener, Bernhard R.: Menschenbewirtschaftung, Bevölkerungsverteilung und personelle Rüstung in der zweiten Kriegshälfte (1942-1944). In: DRZW = Militärgeschichtliches Forschungsamt (Hrsg.): Das Deutsche Reich und der Zweite Weltkrieg, 9 Bde., Stuttgart 1979 – 2007), 5.2. S. 777-1002, hier Tabelle hinter S. 854.
[54] Goebbels: Diktate 1, 19.8.41, S. 265.
Als Mißerfolg erscheint der Totale Krieg bei Boelcke, Sportpalast, der Goebbels' Wertung übernahm, ebenso bei Rebentisch, Führerstaat, S. 475. Differenziert und zahlengestützt dagegen

7. Der Führer redet nicht

In seinen Anstrengungen, das deutsche Volk kriegswillig zu erhalten, sah sich Goebbels zwar von Hitler häufig gelobt, aber nicht hinreichend unterstützt. Wieder und wieder forderte er Hitler in kritischen Lagen auf, das Wort zu ergreifen und zum Volk zu sprechen. Schon im September 1941, als sich abzeichnete, dass die Sowjetunion nicht wie ein Kartenhaus zusammenfallen würde, verweigerte sich Hitler. Churchill und das englische Kabinett jedenfalls absolvierten das Zehnfache an Reden, wie Goebbels enttäuscht vermerkte. Auch in Krisen des Jahres 1943 wollte Hitler nicht vor das Volk treten: Im Juli 1943 meldeten die Reichspropagandaämter einen »Stimmungseinbruch in der Bevölkerung«, verständlich nach der alliierten Invasion Siziliens und den fortdauernden Rückschlägen im Osten. Hierdurch wurde auch Goebbels' eigene Propaganda in Zweifel gezogen, die immer wieder betont hatte, wie »außerordentlich stark [...] die Achsenkräfte« einer Invasion würden begegnen können. Goebbels sah sich im Stich gelassen: »Ganz mit der linken Hand kann man die innere Lage des Reiches nicht behandeln.« Um so wichtiger war es für Goebbels, dass jetzt Hitler »vor der Öffentlichkeit reden« sollte. Nach der Entmachtung Mussolinis am 25. Juli 1943 und den verheerenden Bombenangriffen auf Hamburg wurde dieser »Ruf [...] immer stürmischer«; Hitler lehnte jedoch angesichts der noch ungeklärten Situation ab. Goebbels wollte aber gar nicht, dass Hitler »Erfolge auftischt, sondern daß er überhaupt ein Wort der Ermunterung spricht.« Denn angesichts der »Unruhe in den breiten Massen« konnte »nur ein Wort des Führers selbst wieder Klarheit schaffen.«[55]

Nachdem Italien am 3. September 1943 einen Waffenstillstand mit den Alliierten geschlossen hatte und damit die »Achse« zerbrochen war, versuchte Goebbels, von Göring unterstützt, Hitler zu überreden, jetzt endlich eine Rede zu halten. Aus der Heimat und von der Ostfront erhöbe sich »ein einziger Schrei nach der Führerrede«, diese wäre »augenblicklich zehn Divisionen wert«, so Goebbels im Tagebuch. Wiederum zögerte Hitler aufgrund der noch unüberschaubaren Situation in Italien. Nach einigem Hin und Her gelang es dann endlich Goebbels, Hitler zu einer Rundfunkansprache am 10. September 1943 zu bewegen und vermerkte erleichtert: »Damit hätte ich also den Führer endlich wieder seit dem Heldengedenktag im März vor das Mikrophon gebracht.« Jetzt konnte Hitler endlich auf einen Erfolg verweisen, der es ihm ermöglichte, in die Öffentlichkeit zu gehen: die Besetzung Italiens durch die Wehrmacht, bei aller Anspannung im Osten eine bemerkenswerte

---

Hancock, Eleanor: The National Socialist leadership and total war 1941-5, New York 1991, S. 75; vgl. Herbst, Ludolf: Der Totale Krieg und die Ordnung der Wirtschaft: die Kriegswirtschaft im Spannungsfeld von Politik, Ideologie und Propaganda 1939-1945, Stuttgart 1982, S. 210-3. Longerich findet Goebbels' Angriffe auf den Dreierausschuß erfolgreich, denn dieser habe seine Tätigkeit im Sommer 1943 eingestellt und im Sommer 1944 sei dann Goebbels selbst mit den gewünschten umfangreichen Vollmachten ausgestattet worden (Longerich, Hitlers Stellvertreter, S. 169). Aber die Umsetzung von Goebbels' Vorstellungen zur Intensivierung des Kriegseinsatzes wurde dennoch um mehr als ein Jahr verzögert.

[55] Goebbels: Diktate 1, 16.9.41, S. 429; 24.9.41, S. 484; 9, 23.7.43, S. 148; 28.7.43, S. 186; 6.8.43, S. 229.

3 | Dokumentierte Nähe zum »Führer«: eine Aufnahme für den »Völkischen Beobachter«: (Rastenburg, 24./25. Juli 1944; in der Mitte: Hitlers Adjutant Heinz Linge)
Bayerische Staatsbibliothek München / Hoffmann, Bild-Nr. hoff-53875

militärische Leistung. Nach der Rede zeigte sich Goebbels hochzufrieden. Er wusste, dass deren Wirkung »auf die deutsche Öffentlichkeit [...] enorm gewesen« war, der »Stimmung einen starken neuen Impuls gegeben« und »die Autorität des Führers [...] in allen Teilen des Volkes« wieder »unumstritten« gemacht hatte. Zuvor »war die Situation so zum Reißen gespannt« gewesen, »daß unbedingt das erlösende Wort fallen mußte.« Im Nachhinein stellte Goebbels die Situation als so dramatisch dar, wie er sie offensichtlich empfunden hatte.[56]

Ähnliche Situationen kehrten immer wieder. Selbst noch Ende März 1945, als die Amerikaner Aschaffenburg erreicht hatten und die Rote Armee kurz vor der Oder stand, forderte Goebbels wiederholt, Hitler solle das Wort ergreifen, dann werde die Truppe auch wieder kämpfen und die Bevölkerung nicht mehr den Amerikanern mit weißen Fahnen entgegenziehen. Hitler lehnte dies ab, weil er »im Augenblick nichts Positives vorbringen« könnte. Goebbels verwies auf die neuen Jagdflugzeuge, auf die Hitler starke Hoffnungen setzte. Eine Rede Hitlers war für Goebbels »jetzt so notwendig wie das tägliche

---

[56] Goebbels: Diktate 9, 10.9.43, S. 468, 473 475; 11.9.43, S. 483, 485-6; 13.9.43, S. 499.

Brot«, diese würde das »Volk« wieder in »Reih und Glied« bringen und sich »die Lage an der Front [...] auch schnell wieder festigen«.⁵⁷

Aber Hitler mochte offensichtlich nicht als Erfolgloser vor das Volk treten. Anscheinend war ihm deutlich, dass dieses schwerer mit bloßen Hoffnungen aufzurichten war als etwa seine Gauleiter oder gar Goebbels. Dieser hingegen projizierte seine eigenen Erwartungen an eine Führerrede auf das Volk; dieses musste nach einer Führerrede genau so aufs neue gestärkt und getröstet sein, wie er selbst.

8. Ein Cannae von unvorstellbaren Ausmaßen

Ende 1944 war Goebbels wechselnd von Siegeshoffnungen und tiefem Pessimismus erfüllt: Er rechnete kaum damit, im Frühjahr 1946 »noch auf den Beinen zu stehen«, er war verzweifelt über die Zerstörung der deutschen Städte und der Rüstungsindustrie, er musste eine »Vertrauenskrise« in der Bevölkerung, auch gegenüber dem »Führer«, feststellen.⁵⁸

Als er am Nachmittag des 1. Dezember Hitler in der halbzerstörten Reichskanzlei gegenübertrat, konstatierte er dessen »großartige körperliche, seelische und geistige Verfassung.« Hitler begann mit der Eröffnung, dass er im Westen »einen großen Offensivschlag« – später als *Ardennen-Offensive* bezeichnet – durchführen würde mit einem Umfang an Panzern, Jägern und Artillerie, »von dem der Feind überhaupt keine Vorstellung haben kann.« Goebbels war begeistert, den »Führer so aufgekratzt und optimistisch« wie seit langem nicht mehr zu sehen; er hatte die »tiefste Freude«, festzustellen, dass der »Führer seine alte Form« wieder erreicht hatte. Es störte Goebbels auch nicht, dass die Offensive angesichts der alliierten Luftüberlegenheit auf schlechtes Wetter angewiesen und dass »eine sehr große Beute« an Munition und Benzinvorräten als Voraussetzung für das Gelingen einkalkuliert worden war.⁵⁹ – Schließlich »überschüttete« Hitler Goebbels' Arbeit mit »Lob« und beendete zunächst die Besprechung. Um Mitternacht wurde sie dann fortgesetzt und dauerte bis halb sechs Uhr morgens, für Goebbels eine der »interessantesten und beruhigendsten« seines Lebens. Er stellte eine »Kongruenz der Auffassungen« fest, die »manchmal direkt verwunderlich« wirkte.

---

⁵⁷ Goebbels: Diktate 15, 27.3.45, S. 606; 28.3.45, S. 617-8; 30.3.45, S. 631.
⁵⁸ Goebbels: Diktate 14, 29.11.44, S. 295; 1.12.44, S. 309-310.
⁵⁹ Zum Ablauf der Ardennen-Offensive s. Vogel, Detlef: Deutsche und alliierte Kriegführung im Westen. In: DRZW 7, 2001, S. 619-634.
Beim Frankreich-Feldzug im Juni 1940 hatte die Wehrmacht in der Tat riesige Vorräte an Benzin und Munition erbeutet, s. Tooze, Adam: The wages of destruction: the making and breaking of the Nazi economy, London u. a. 2006, S. 385; Jacobsen, Hans-Adolf (Hrsg.): Dokumente zum Westfeldzug 1940, Göttingen u. a. 1960, S. 61. Offensichtlich erwartete Hitler eine Wiederholung.
Wie sich die Luftüberlegenheit der Alliierten auf die geplante Offensive auswirken würde, wurde in den vorbereitenden Studien der Wehrmacht nicht betrachtet; auch die Generalfeldmarschälle Gerd von Rundstedt, Oberbefehlshaber West, und Walter Model, Oberbefehlshaber der Heeresgruppe B, zeigten sich optimistisch (Vogel, wie oben., S. 623).

Zunächst erläuterte Hitler die Einzelheiten der bevorstehenden Offensive. In zehn Tagen sollte Antwerpen erreicht und dabei der »nördliche Teil der feindlichen Front« abgeschnitten werden. Für Goebbels war es »beruhigend«, dass Hitler die Offensive persönlich bis in alle Einzelheiten vorbereitet hatte und sie selbst leiten wollte. Der »Führer« zeigte ihm anhand einer Karte, wie er »die gesamte feindliche Streitmacht«, erst im Norden, dann im Süden, zerschlagen wollte. Schließlich sollte London »in der massivsten Weise angegriffen« werden. Goebbels wollte nach diesen Darlegungen »mit guten Gründen annehmen, daß die Operation gelingen« würde. »Es wäre dann ein Cannae von unvorstellbaren Ausmaßen fällig.«

Schließlich sprach Hitler über seine Nachkriegspläne, dann über Göring und Speer, die Überlegenheit der deutschen Waffen mit Ausnahme der Luftwaffe, Fragen des Kulturlebens, den neuen *Kolberg-Film*, den Wiederaufbau der Städte und schließlich Goebbels' Familie. Goebbels las einen Aufsatz seines neunjährigen Sohnes über den *9. November* vor, über den beide Tränen lachten. Dann tauschten sie alte Erinnerungen an die Kampfzeit aus. Goebbels schließt seinen Bericht mit den Worten: »Es ist schon Morgen, als ich mich vom Führer verabschiede. Aber die Unterredung mit ihm hat mich innerlich so gepackt und angegriffen, daß ich stundenlang nicht einschlafen kann. Ich hoffe, daß ich in den nächsten Tagen und Wochen noch häufiger beim Führer zu Besuch sein werde.«[60]

Diese Beispiele zeigen, wie Goebbels aus seiner Alltagswelt und einer doch überwiegend realistischen Sicht der Dinge übergangslos eintauchte in Hitlers illusionistische Welt und von dieser gefangen genommen wurde. Sein kritischer Verstand erschien in diesen Stunden ausgeschaltet, er ließ das »Genie« Hitler sprechen. Das vertrauliche nächtliche Gespräch vermittelte ihm immer wieder ein tiefes Glücksempfinden. Jedenfalls erscheint es schwer vorstellbar, wie er ohne dieses regelmäßige »Aufladen« seine offizielle Rolle der Siegeszuversicht und des Durchhaltens hätte aufrecht erhalten können, ohne unter der Last der Probleme zusammenzubrechen.

Der offizielle Goebbels der Reden und Leitartikel gibt bruchlos Ansichten wieder, wie sie Hitler auch äußerte oder hätte äußern können. Dieser Übereinstimmung entspringt das ständige Lob Hitlers. Die Tagebücher zeigen, wie Goebbels sich immer wieder auf Hitler einstimmen ließ. Auf der anderen

---

[60] Goebbels: Diktate 14, 2.12.44, S. 317-334.
Dass überhaupt das Potential für eine derartige Kraftanstrengung zur Verfügung stand, rechnete sich Goebbels selbst zu einem beachtlichen Teil als Verdienst an, hatte er doch mit seinen Maßnahmen zum *Totalen Krieg* noch einmal Reserven mobilisiert, s. Semmler: Goebbels, S. 167.
Der äußerst aufwendige Kolberg-Film stellte dar, wie sich die pommersche Stadt Kolberg 1806 gegen eine Übermacht napoleonischer Truppen verteidigte, als Beispiel für erfolgreiches Durchhalten in verzweifelter Lage. Sechs Wochen, nachdem der Film am 30. Januar 1945 in die Kinos gekommen war, wurde Kolberg von der Roten Armee erobert.

Seite enthüllen die Tagebücher aber auch seine ständigen Zweifel, die überhaupt nicht zu seiner bruchlosen Rhetorik passen wollen, so als ob es sich um zwei verschiedene Menschen handelte.[61]

---

[61] Ältere Biographien konnten zu dieser differenzierten Sicht nicht gelangen, da die Tagebücher nur in Fragmenten bekannt waren, und kamen damit zu einer einseitigen Darstellung von Goebbels Persönlichkeit. Dies gilt auch für Fest, der Goebbels in einer früheren Schrift recht eindimensional als einen machtgierigen Opportunisten zeichnete und die hypnotische Wirkung Hitlers ignorierte. Auch in einem neueren Aufsatz wird dieses Goebbels-Bild zwar differenziert, aber in den Grundzügen nicht verändert (Fest, Joachim C.: Joseph Goebbels oder »Canaille Mensch«. In: ders.: Das Gesicht des Dritten Reiches: Profile einer totalitären Herrschaft, Frankfurt am Main u. a. 1969, S. 101-117; Fest, Joachim: Joseph Goebbels. Eine Porträtskizze: In: VfZ, 43 (1995), S. 565-580). Die neueste Biographie von Reuth wertet zwar die inzwischen veröffentlichten Tagebücher aus, begnügt sich aber weitgehend mit einer chronologischen Nacherzählung: Es ist eine Ereignisbiographie, die kaum Analysen anstellt und eher weniger über die Persönlichkeit Goebbels mitteilt als die Tagebücher selbst.

Goebbels' Propagandisten in Hessen

Das Reichspropagandaamt Hessen-Nassau und seine Mitarbeiter

von

MATHIAS FRIEDEL

1. Einleitung

»Organisationen an sich bedeuten ja nicht viel, wenn man an die entscheidenden Stellen nicht entscheidende Menschen zu setzen weiß«, meinte Joseph Goebbels im April 1933.[1] Und in der Tat bemühte sich der Propagandaminister, möglichst viele junge Akademiker mit ausgewiesenen Parteikarrieren und früher Bindung an die NSDAP in sein Ministerium zu holen – freilich ohne auf ältere, erfahrene Verwaltungsbeamte verzichten zu können. Doch wer waren Goebbels' Mitarbeiter in den Gauen? Seit Sommer 1933 installierte das Propagandaministerium seine ›Filialen‹ – die späteren Reichspropagandaämter (RPÄ) – im ganzen Reichsgebiet. Den Leitern und Referenten dieser Dependancen des Goebbels-Ministeriums oblagen wichtige Funktionen in der Medienlenkung auf Landes- bzw. Gauebene. Sie hatten die Presseanweisungen des Propagandaministeriums gegenüber der Regional- und Lokalpresse durchzusetzen, die berufsständischen Lenkungsmechanismen der Reichskulturkammer zu überwachen sowie Stimmungs- und Wirkungsanalysen zu liefern. – Diese Darstellung wird Einblicke in die Formierung des ministeriellen Unterbaus (Kap. 2), in die Aufgaben, Organisation und Konstruktion des Reichspropagandaamtes (RPA) Hessen-Nassau[2] mit Sitz in Frankfurt geben

---

[1] Die Tagebücher von Joseph Goebbels, Sämtliche Fragmente, hg. v. Elke Fröhlich [...], Teil I: Aufzeichnungen 1924–1941, Bd. 2, München [u.a.] 1987, 5.4.1933, S. 402. Vgl. zum Folgenden Krings, Stefan: Das Propagandaministerium. Joseph Goebbels und seine Spezialisten, in: Das Goebbels-Experiment. Propaganda und Politik, hg. v. Lutz Hachmeister u. Michael Kloft, Stuttgart 2005, S. 29–48, hier S. 34, 37; Krings analysiert 48 Führungskräfte des Goebbels-Ministeriums.

[2] Vorliegende Darstellung fußt auf den wenigen in den NS-Beständen (Abt. 483) des Hauptstaatsarchivs Wiesbaden (HHStAW) verwahrten Restunterlagen des RPA Hessen-Nassau (vgl. ferner Kohlmann-Viand, Doris: NS-Pressepolitik im zweiten Weltkrieg, München [u.a.] 1991 u. Schültke, Bettina: Theater oder Propaganda? Die Städtischen Bühnen Frankfurt am Main 1933–1945, Frankfurt a.M. 1997 = Studien zur Frankfurter Geschichte 40, S. 37–40). Im Gegensatz dazu ist eine Restüberlieferung des RPA Kurhessen (Kassel) im HHStAW nicht vorhanden, ebenso wenig Personalunterlagen über dessen Leiter, nämlich 1933 bis Oktober 1934 Karl Gerland (*14.7.1905 – †April 1945), der spätere Gauleiter bzw. Oberpräsident Kurhessens (1943–45), und danach Heinrich Gernand (*5.12.1907). Zu Gerland vgl. Höffkes, Karl: Hitlers politische Generale. Die Gauleiter des 3. Reiches. Ein biographisches Nachschlagewerk, Tübingen 1997, S. 83–86; Der Deutsche Reichstag, [Bd.:] 1938, Berlin 1938, S. 216 u. zu Gernand die Hinweise bei Stockhorst, Erich: 5000 Köpfe. Wer war was im 3. Reich, 3. Aufl., Kiel 1998, S. 153; Rademacher, Michael: Handbuch der NSDAP-Gaue 1928–1945 [...], Vechta 2000, S. 109 u. Wulf, Joseph: Theater und Film im Dritten Reich. Eine Dokumentation, Gütersloh 1964, S. 288.

und erörtern, wie es im Machtgefüge des NS-Staates zwischen dem Propagandaministerium, Parteieinrichtungen und dem Gauleiter aufgestellt war (Kap. 3). Besonderes Augenmerk jedoch liegt auf der Frage, ob am Beispiel des RPA Hessen-Nassau tatsächlich jene »entscheidenden Menschen« an den »entscheidenden Stellen« saßen, derer sich der machtbewusste Propagandaminister zu bedienen gedachte. Hierfür ist es unerlässlich, die Lebenswege und die Karrieren von Goebbels' Propagandisten in Hessen aufzuzeigen – der Leiter und Referenten des RPA Hessen-Nassau (Kap. 4).

2. Das Propagandaministerium und seine »Filialen« in den Gauen

Am 13. März 1933 wurde das Reichsministerium für Volksaufklärung und Propaganda (RMVP) begründet und der Berliner Gauleiter und Reichspropagandaleiter der NSDAP Josef Goebbels zum Minister ernannt.[3] Im Juni des Jahres regelte eine Verordnung die umfassenden Zuständigkeiten des Ministeriums in den Bereichen Medien und Kultur. Es sollte fortan verantwortlich zeichnen

> »für alle Aufgaben der geistigen Einwirkung auf die Nation, der Werbung für Staat, Kultur und Wirtschaft, der Unterrichtung der in- und ausländischen Öffentlichkeit über sie und der Verwaltung aller diesen Zwecken dienenden Einrichtungen.«

Dem Goebbels-Ministerium wurden somit zahlreiche Zuständigkeiten aus dem Geschäftsbereich anderer Reichsministerien zugeschlagen, darunter die allgemeine »innenpolitische Aufklärung« sowie Kunst-, Literatur-, Presse- und Rundfunkangelegenheiten, Landschafts- und Denkmalpflege, Vereinswesen, Feiertage nebst relevanter Facheinrichtungen (aus dem Reichsministerium des Innern), Wirtschaftswerbung inklusive Ausstellungs- und Messewesen (aus dem Reichswirtschafts- und dem Reichslandwirtschaftsministerium), Fremdenverkehrswerbung (Reichspost- sowie Reichsverkehrsministerium), Rundfunktechnik und -organisation (Reichspostministerium).

Von besonderer Bedeutung war, neben vereinzelten Kompetenzen auf dem Gebiet der Auslandspropaganda, die Übernahme der Vereinigten Presseabteilung des Auswärtigen Amtes und der Reichskanzlei aus dem Geschäftsbereich des Auswärtigen Amtes. Diese bildete, als das Ministerium 1933 in zunächst sieben Abteilungen mit anfangs rund 350 Mitarbeitern errichtet wurde, den

---

- Vgl. für die Tätigkeit im Detail und Spielräume der RPÄ, somit Themen, die hier nur am Rande erörtert werden können, auch Schmidt, Christoph: Nationalsozialistische Kulturpolitik im Gau Westfalen-Nord. Regionale Strukturen und lokale Milieus (1933–1945), Paderborn [u.a.] 2006 = Forschungen zur Regionalgeschichte 54, v.a. S. 71–79, am Beispiel des Gaues Westfalen-Nord.

[3] Vgl. Mühlenfeld, Daniel: Vom Kommissariat zum Ministerium. Zur Gründungsgeschichte des Reichsministeriums für Volksaufklärung und Propaganda, in: Hitlers Kommissare. Sondergewalten in der nationalsozialistischen Diktatur, hg. v. Rüdiger Hachtmann [u.a.], Göttingen 2006 = Beiträge z. Geschichte d. Nationalsozialismus 22, S. 72–92. Goebbels' Ernennung: Reichsgesetzblatt [RGBl] Teil I, Jg. 1933, hg. v. Reichsministerium des Innern, Berlin 1933, S. 104. Die im Folgenden zitierte Verordnung v. 30.6.1933 in: ebd., S. 449.

Kern der Presseabteilung (Abt. IV) des Propagandaministeriums, das nun auch für die gesamte Pressearbeit der Reichsregierung zuständig wurde.[4] Der Pressechef der Reichsregierung, bis 1938 Walther Funk, wurde Anfang April 1933 gleichzeitig Staatssekretär im RMVP. Eine neue Lage mit gehörigem Konfliktpotential entstand, als aus Hitlers unmittelbarer Entourage Otto Dietrich[5] im Januar 1938 als Pressechef der Reichsregierung und somit Staatssekretär im Propagandaministerium platziert, in dieser Funktion Goebbels unterstellt wurde, nicht jedoch in Dietrichs ebenso prominenter Position als Reichspressechef der NSDAP, in der er als Reichsleiter Goebbels gleichgestellt war. Dietrich, der geradezu die Funktion eines »persönlichen Pressesekretärs Hitlers« einnahm, konnte somit innerhalb des Goebbels-Ministeriums einen erheblichen Einfluss auf die Pressepolitik im Reichsgebiet aufbauen. Seit 1940, mit der von Dietrich verantworteten Herausgabe von Tagesparolen für die Presse, kam ein wesentliches inhaltliches Lenkungsinstrument überdies in seine Hände.

Neben der Presseabteilung umfasste das RMVP 1933 ferner[6] Abteilungen für die Lenkung der übrigen Massenmedien Rundfunk (III) mit Reichsrundfunkgesellschaft, Film (V) und Theater (VI) sowie für die eigentliche (Aktiv-) Propaganda (II). Nach Bildung der Reichskulturkammer (RKK) im September 1933 zeichneten die entsprechenden Fachabteilungen auch verantwortlich für die sieben Einzelkammern der RKK. 1936 traten zu den sechs vorgenannten Abteilungen des RMVP noch die Auslands- (VII) und Schrifttumsabteilung sowie die Abteilungen Bildende Kunst (IX) und Musik (X). Wesentliche Änderungen der Geschäftsverteilung erfolgten erst im November 1942, als – das Personal in der Zentrale war nunmehr auf rund 1500 Mitarbeiter angewachsen – die Verwaltungsabteilung reorganisiert und den bestehenden Ab-

---

[4] Die Mitarbeiterzahl: Krings, Propagandaministerium, S. 35. Vgl. Boelcke, Willi [A.]: Presseabteilungen und Pressearchive des Auswärtigen Amts 1871–1945, in: Archivmitteilungen 9, 1959, H. 2, S. 43–48.

[5] Zu Dietrich vgl. Kohlmann-Viand: NS-Pressepolitik, S. 100–108; das Zitat (»Pressesekretärs«): Boelcke, Willi A.: Volksaufklärung und Propaganda, in: Deutsche Verwaltungsgeschichte, [...] hg. v. Kurt G. A. Jeserich [u.a.], Bd. 4: Das Reich als Republik und in der Zeit des Nationalsozialismus, Stuttgart 1985, S. 951–958, hier S. 952.

[6] Neben der Verwaltungsabteilung (I) und der zeitweilig aus der Reichspropagandaleitung der NSDAP übernommenen Abteilung Lügenabwehr im In- und Ausland. Vgl. zur Organisation des RMVP: Boelcke: Volksaufklärung (u. ebd. S. 954 zu den Staatssekretären), sowie die organisationsgeschichtliche Einleitung zu der Edition Kriegspropaganda 1939–1941. Geheime Ministerkonferenzen im Reichspropagandaministerium, hg. u. eingel. v. Willi A. Boelcke, Stuttgart 1966, die Einführung in das Repertorium von Werner, Wolfram: Reichsministerium für Volksaufklärung und Propaganda. Bestand R 55 (in Koblenz gebildete Überlieferung), Koblenz 1996 = Findbücher z. Beständen d. Bundesarchivs 15, sowie das in der Erstausgabe der Goebbels-Biographie von Heiber, Helmut: Joseph Goebbels, Berlin 1962, in der Umschlaginnenseite gedruckte Organigramm. Ein vollständiger Geschäftsverteilungsplan für das Jahr 1936 bis hinunter auf Referatsebene ist in der Mikrofiche-Edition Akten der Partei-Kanzlei der NSDAP. Rekonstruktion eines verlorengegangenen Bestandes [...], hg. v. Institut f. Zeitgeschichte, Mikrofiches [Teil 1–2], München 1983, Fiche 103 01418 ff., erschlossen. In Teilen auch heute noch nützlich ist der knappe zeitgenössische Überblick des RMVP-Mitarbeiters Müller, Georg Wilhelm: Das Reichsministerium für Volksaufklärung und Propaganda, Berlin 1940 (vgl. zu diesem Kap. 4.b, 4.d).

teilungen[7] eine eigene Abteilung Fremdenverkehr (FV) sowie die Abteilung Reichsverteidigung (RV) angefügt wurde. Diese verwaltete nach Kriegsausbruch in erster Linie die Propagandakompanien und war aus dem bis 1937 ausgebauten Referat Reichsverteidigung unter Alfred von Wrochem hervorgegangen. Die Presseabteilung unter Dietrich wurde in die Unterabteilungen Deutsche Presse (DP), Auslands- (AP) und Zeitschriftenpresse (ZP) aufgespalten.

Der ministerielle Unterbau des RMVP in den Ländern bzw. Gauen wurde seit Sommer 1933 gebildet. Zunächst an den regionalen Zuständigkeiten der Landesarbeitsämter orientiert, wurden am 11. Juli 1933 13 Landesstellen des RMVP im Reichsgebiet errichtet und deren Sprengel wiederum auf 18 unterstellte Reichspropagandastellen unterteilt. Gleichzeitig wurden die Länder angewiesen, etwaige Kompetenzen in den Bereichen Medien und Kultur und vorhandene staatliche Pressestellen an das Propagandaministerium abzutreten. Diese Konstruktion wurde bereits am 16. Mai 1934 wieder aufgegeben, indem die Propagandastellen in Landesstellen umgewandelt und somit jeweils auf Gauebene eine Dependance des Propagandaministeriums existierte – insgesamt 29 Landesstellen darunter die Landesstellen Hessen-Nassau in Frankfurt und Kurhessen in Kassel.[8]

Die bisherigen Landesstellen wurden wiederum am 9. September 1937 zu Reichsbehörden aufgewertet und fortan als Reichspropagandaämter (RPÄ) bezeichnet.[9] Bis Juli 1938 war aufgrund der Eingliederung des Saarlandes (1935) und der Neubildung von NSDAP-Gauen (Mainfranken, Kurmark) die Zahl der RPÄ bereits auf 31 angestiegen. Nach dem Anschluss Österreichs sowie des Sudetengebietes 1938 und der Bildung der neuen sogenannten Reichsgaue kamen weitere acht RPÄ hinzu.[10] Mit dem Kriegsausbruch 1939 wurden auf ehemals polnischem Territorium die RPÄ Warthegau und Danzig errichtet. Einflusslos blieb das im September 1940 geschaffene RPA Ausland des RMVP, das somit in Konkurrenz zur Auslandsorganisation der NSDAP[11] trat. Zum 1. November 1940 unterstanden dem Propagandaministerium im Reich sowie auf polnischem Gebiet insgesamt 42 RPÄ.[12] Hingegen waren in

---

[7] Also Propaganda (Pro), Presse (P), Rundfunk (RfK), Film (F), Theater (T), Ausland (A), Schrifttum (S), Bildende Kunst (BK) und Musik (M). Die Verwaltungsabteilung wurde in die Abteilungen Haushalt (H), Personal (Pers), Recht und Organisation (R) aufgegliedert. – Vgl. zum Referat bzw. zur Abteilung Reichsverteidigung und zu Wrochem unten Anm. 36.

[8] Vgl. HHStAW Abt. 483 / 10120, Verzeichnis der Landesstellen des Reichsministeriums für Volksaufklärung und Propaganda, o.D. [1934] (exklusive Berlin). Vgl. ausführlich zu den RPÄ Kohlmann-Viand: NS-Pressepolitik, S. 76–88.

[9] Durch Führererlass v. 9.9.1937: RGBl. I 1937, S. 1009.

[10] Nämlich für die Gaue Salzburg, Oberdonau, Niederdonau, Wien, Steiermark, Kärnten, Tirol sowie Sudetengau. Eine Liste der RPÄ im Reichsgebiet auf dem Stand von Juli 1938, hier bezogen auf die Landeskulturwalter, ist abgedr. bei Wulf: Theater, S. 288.

[11] Die unter ihrem »Gauleiter Ausland« Ernst Wilhelm Bohle beim Auswärtigen Amt ressortierte. Bohle war zugleich Staatssekretär im Auswärtigen Amt, welches Goebbels' RPA Ausland tatsächlich nie anerkannte. Vgl. Longerich, Peter: Propagandisten im Krieg. Die Presseabteilung des Auswärtigen Amtes unter Ribbentrop, München 1987 = Studien z. Zeitgeschichte 33, S. 144 u. dort Anm. 73.

[12] Vgl. Kohlmann-Viand: NS-Pressepolitik, S. 77. Mit RPA Ausland. Durch die Teilung des Gaues Schlesien in die Gaue Nieder-/Oberschlesien wurden es im Folgejahr 43.

den zivilverwalteten ehemals sowjetischen Gebieten, den seit Juli 1941 aufgebauten Reichskommissariaten Ostland und Ukraine, propagandistische Aktivitäten nur unter Oberhoheit des Ostministeriums möglich, das Goebbels' Intimfeind Rosenberg inne hatte. Erst im August 1943 obsiegte Goebbels und konnte per Führerbefehl auch die Ostpropaganda an sich reißen. Somit wurden ab Herbst 1943 die Landespropagandaämter Ostland und Ukraine des RMVP mit insgesamt neun nachgeordneten Propagandaämtern aufgebaut.[13] – In den militärverwalteten eroberten Territorien des Westens wie Frankreich installierte das RMVP keine Reichspropagandaämter, sondern musste sich mit Bevollmächtigten bei den zuständigen militärischen Stellen begnügen. In den zivilverwalteten, jedoch scheinautonomen Reichskommissariaten des Nordens – von Norwegen wird noch ausführlicher die Rede sein (vgl. Kap. 4.d) – wurden anstelle der RPÄ bei den Reichskommissaren Propagandaabteilungen eingerichtet.

3. Die Landesstelle/das Reichspropagandaamt Hessen-Nassau

a) Zwischen Goebbels, Dietrich und Sprenger

Die Zuständigkeit der Landesstelle Hessen-Nassau des RMVP bezog sich, nachdem diese seit Juli 1933 sukzessive aufgebaut und im Mai 1934 auch formal an die Gaugrenzen gebunden wurde, auf das Gebiet des Gaues Hessen-Nassau der NSDAP unter Gauleiter Jakob Sprenger und somit auf ein Gebiet, in dem die Staats- bzw. Verwaltungsgrenzen nicht mit dem Parteigau übereinstimmten. Erst kurz vor der NS-Machtübernahme, im Dezember 1932, hatte Jakob Sprenger, derzeit noch Gauleiter des Gaus Hessen-Nassau Süd (Frankfurt), den Gau Hessen(-Darmstadt) unter Karl Lenz vereinnahmt und zum Gau Hessen-Nassau mit Sitz in Frankfurt fusioniert. Der so entstandene Gau umfasste damit den ehemaligen Volksstaat Hessen mit den Provinzen Rheinhessen, Starkenburg und Oberhessen, den Regierungsbezirk Wiesbaden und Teile des Regierungsbezirks Kassel, nämlich die Kreise Hanau, Gelnhausen und Schlüchtern. Nach dieser – zeitgenössisch als »Frankfurter Invasion« bezeichneten – Machtausdehnung Sprengers verblieb im Norden noch der Gau Hessen-Nassau Nord (1934 in Gau Kurhessen umbenannt) mit Sitz in Kassel unter Sprengers Kontrahenten Gauleiter Karl Weinrich.[14]

Hingegen beschränkte sich die staatliche Macht Sprengers – seit dem 5. Mai 1933 war er in Darmstadt als Reichsstatthalter in Hessen und seit Januar 1935 zugleich als Führer der Landesregierung eingesetzt – auf den ehemaligen Volksstaat Hessen. Der Gau, auf dessen Territorium sich die Zuständigkeit der Landesstelle des RMVP bezog, umfasste hingegen Teile der Preußischen Provinz

---

[13] Vgl. Buchbender, Ortwin: Das tönende Erz. Deutsche Propaganda gegen die Rote Armee im Zweiten Weltkrieg, Stuttgart 1978, S. 202f. (dort auch Abdr. des Führererlasses) sowie die Liste der Propagandaämter des RMVP ebd. S. 364, Anm. 265.

[14] Rebentisch, Dieter: Der Gau Hessen-Nassau und die nationalsozialistische Reichsreform, in: Nassauische Annalen 98, 1978, S. 128–162, hier S. 129; dort ausführlich zur Geschichte der hessischen Gaue.

Hessen-Nassau, nämlich den Regierungsbezirk Wiesbaden und die genannten südlichen Kreise des Regierungsbezirks Kassel.[15] Diese konfliktträchtige Konstruktion konnte erst im Juli 1944 aufgegeben werden, als der in Ungnade gefallene Gauleiter Weinrich abgesetzt[16] und die Provinzen Nassau und Kurhessen neu gebildet wurden. Sprenger erhielt zusätzlich das Amt des Oberpräsidenten in Wiesbaden, und die Gaugrenzen waren nun identisch mit den Staatsgrenzen.

Bereits die regionale Zuständigkeit dokumentiert die enge Anbindung der Landesstellen/RPÄ an den Parteigau und den Gauleiter. Diese Verschränkung setzte sich auf personeller Ebene fort. Denn bei den Landesstellenleitern verquickten sich Parteiämter mit Funktionen für das Propagandaministerium und mit berufsständischen Aufgaben innerhalb der Reichskulturkammer. Eine Dienstordnung der Landesstelle Hessen-Nassau aus dem Juni 1937 illustriert diese Personalunion[17]:

> »So wie der Reichspropagandaleiter der NSDAP, der Reichsminister für Volksaufklärung und Propaganda und der Präsident der Reichskulturkammer durch Personalunion miteinander verbunden sind (Dr. Goebbels), ist im Gau Hessen-Nassau das Amt des Gaupropagandaleiters der NSDAP, des Leiters der Landesstelle Hessen-Nassau des Reichsministeriums für Volksaufklärung und Propaganda und des Landeskulturwalters in einer Person vereinigt.«

Nach Errichtung der in sieben Einzelkammern organisierten Reichskulturkammer (RKK) im September 1933 nahmen im Folgejahr die Leiter der Landesstellen zugleich als Landeskulturwalter die Aufsichtsaufgaben im Unterbau der RKK wahr, sollten also, zumindest theoretisch, eine zentrale Kontrollfunktion über die Arbeit der regionalen Einzelkammern bzw. ihrer Landesleiter ausüben. Offenbar zur Stärkung dieser berufsständischen Befugnisse dienten auch hier Personalunionen, indem die Landesstellen- bzw. RPA-Leiter neben dem Amt des Landeskulturwalters zugleich als Landesleiter von Einzelkammern, so in Hessen-Nassau der Reichsfilmkammer (überdies das Parteiamt Gaufilmstellenleiter), fungierten und auch einzelne Referenten Landesleiterpositionen der RKK inne hatten.[18]

Um Goebbels' zweites ›Standbein‹, die Reichspropagandaleitung der NSDAP, regional zu festigen, wurden die Gaupropagandaleiter der NSDAP

---

[15] Nicht umsonst verfolgte Sprenger Strukturmaßnahmen, die auf die preußische Provinz übergriffen. Vgl. Anm. 14, S. 136f.; Zibell, Stephanie: Jakob Sprenger (1884–1945). NS-Gauleiter und Reichsstatthalter in Hessen, Darmstadt 1999 = Quellen u. Forschungen z. hessischen Geschichte 121, S. 240–248, 306–322.

[16] Grund waren die schweren Bombenangriffe auf Kassel im Oktober 1943, die Goebbels als Bevollmächtigter für den totalen Kriegseinsatz dem in der Umgebung Hitlers ohnehin als Versager geltenden Weinrich anlastete. Zu den Vorgängen: Rebentisch, Dieter: Persönlichkeitsprofil und Karriereverlauf der nationalsozialistischen Führungskader in Hessen 1928–1945, in: Hessisches Jahrbuch für Landesgeschichte 33, 1983, S. 293–331, hier S. 299. Zu Weinrichs Nachfolger Gerland vgl. oben Anm. 2.

[17] HHStAW Abt. 483 / 10902, Aufgaben und Dienstordnung der Gaupropagandaleitung, der Landesstelle Hessen-Nassau des Reichsministeriums für Volksaufklärung und Propaganda und des Landeskulturwalters, 22.6.1937 [nebst beigefügten Mitarbeiterverzeichnissen].

[18] Vgl. Wulf: Theater, S. 288; Kohlmann-Viand: NS-Pressepolitik, S. 199 sowie unten Anm. 31.

1 | Das Gauhaus der NSDAP in der Gutleutestraße, Frankfurt: Sitz der Landesstelle Hessen-Nassau des Reichsministeriums für Volksaufklärung und Propaganda (Aufnahme vom 23. September 1933)
Institut für Stadtgeschichte Frankfurt a.M., Zeitbilder, S7Z1933 / 140.102, Fotografin: Hannah Reeck

1933 zugleich als Leiter der Landesstellen des RMVP eingesetzt, freilich auch, um deren Aufbau zügig zu bewerkstelligen. So geschah es auch im Gau Hessen-Nassau (vgl. Kap. 4.a). Die Gaupropagandaleiter waren der Reichspropagandaleitung zugehörig, jedoch disziplinarisch den jeweiligen Gauleitern unterstellt. Nicht umsonst residierte die Landesstelle des RMVP in Frankfurt im gleichen Gebäude wie die Gauleitung bzw. die Gaupropagandaleitung.[19] Durch diese Konstruktion waren Loyalitätskonflikte der Leiter der RPÄ bzw. Gaupropagandaleiter zwischen Goebbels und ihren jeweiligen Gauleitern vorprogrammiert. Vollends zwischen den Stühlen saßen die Leiter der RPÄ, wenn Goebbels und einzelne Gauleiter ihre Kämpfe ausfochten. In Hessen-Nassau blieb das Konfliktpotential allerdings niedrig, da Jakob Sprenger zu jenen Gauleitern gehörte, die Goebbels' und im Übrigen auch Hitlers Wertschätzung genossen.[20] Es mochte umgekehrt Sprengers starker Position zuzuschreiben sein, dass besagte Dienstordnung der Landesstelle Hessen-Nassau ausdrücklich regelte: »Selbstverständlich gelten alle Wünsche des Gauleiters der Presse gegenüber als vordringlich und werden sofort berücksichtigt.«

Der Einfluss des Gauleiters ist unübersehbar. Und schon die Erhebung der Landesstellen zu Reichsbehörden im September 1937 war wesentlich dadurch motiviert, dass Goebbels in verschiedenen Gauen feststellen musste, der »Behördencharakter« seiner Landesstellen werde in Zweifel gezogen.[21] Im Übrigen musste Goebbels, verstärkt seit Kriegsausbruch, immer wieder seinen Reichspropagandaämtern gegen kulturpolitische Alleingänge der Gauleiter den Rücken stärken.[22] Es ist für die Stellung zwischen Gauleiter und Propagandaministerium überaus charakteristisch, dass der Landesstellenleiter Hessen-Nassau, *Müller-Scheld (vgl. Kap. 4.a)*, das RMVP im Oktober 1936 um Klärung der

---

[19] Gutleutestraße 8–12. Zu den Gaupropagandaleitungen vgl. ebd., S. 77; Organisationsbuch der NSDAP, Hrsg.: Der Reichsorganisationsleiter der NSDAP, München, 6. Aufl., 1940, S. 297; Höffkes: Generale, S. 398f., 402. Daher wurden die Landesstellenleiter regelmäßig zu Arbeitstagungen nach Berlin berufen, um, neben ideologischen und informatorischen Zielsetzungen, auch die Bindung an das Goebbels-Ministerium zu stärken.

[20] Zum Verhältnis Goebbels–Sprenger: Rebentisch: Persönlichkeitsprofil, S. 313; Zibell: Sprenger, S. 424f.; Schültke: Theater, S. 36. Daher wäre eine Untersuchung über das RPA Kurhessen angesichts der Spannungen zwischen Goebbels und Weinrich von Interesse. Die Dienstordnung: wie oben Anm. 17.

[21] Goebbels an Reichskanzlei, 3.6.1937 (zit. bei Kohlmann-Viand: NS-Pressepolitik, S. 77).

[22] Den Gauleitern des Altreiches, die immer öfter eigene Kulturinstitutionen schufen, musste das Reichsinnenministerium (RMdI) im März 1942 in Erinnerung rufen, dass die Kompetenz in allen Kulturangelegenheiten ausschließlich beim RMVP liege. Staatssekretär Gutterer legte nach und wies die Gauleiter wiederum auf die fachliche Verantwortung der RPÄ hin. Und im März 1944 wurde in einem Runderlass des RMdI und RMVP angewiesen, dass auch die kommunalen Zuständigkeiten der RPÄ zu beachten seien. Vgl. Dahm, Volker: Kulturpolitischer Zentralismus und landschaftlich-lokale Kulturpflege im Dritten Reich, in: Nationalsozialismus in der Region. Beiträge zur regionalen und lokalen Forschung und zum internationalen Vergleich, hg. v. Horst Möller [u.a.], München, 1996 = Schriftenr. d. Vierteljahrshefte f. Zeitgesch., S. 123–160, hier S. 129 u. S. 130, am Beispiel der Gauliteraturpreise, bei denen sich Goebbels mit Hilfe seiner RPÄ im August 1937 die Entscheidungsbefugnis zu sichern versuchte.

»grundsätzliche[n] Frage« ersuchen musste, unter welcher Bezeichnung er eigentlich offiziell auftreten solle[23]:

> »Ich bin Landesstellenleiter und als solcher Reichsangestellter, gleichzeitig Gaupropagandaleiter und als solcher dem Gauleiter verantwortlich für das gesamte öffentliche Inerscheinungtreten der NSDAP in Hessen-Nassau; ferner bin ich Landeskulturwalter, Mitglied des Reichskultursenats und Präsidialrat der Reichstheaterkammer. Die Partei erklärt: Das wichtigste Amt ist natürlich der Gaupropagandaleiter.
> Um in dieser Frage ein für allemal klar zu sehen, bitte ich zu entscheiden, welche Berufsbezeichnung in den oben erwähnten Fällen anzugeben ist.«

Diese Verquickung von Aufgaben in der Landesstelle und in der Partei setzte sich auch auf der unteren Mitarbeiterebene der RPÄ fort. Denn zumeist übten die Pressereferenten der RPÄ zugleich in Personalunion die Leitung des Gaupresseamtes der Gauleitung aus, eine Funktion, die auch mit der Schriftleitung von Parteizeitungen und Pressediensten – in Hessen-Nassau des 1935 begründeten NS-Gaudienstes – verbunden war.[24] Zur Verkomplizierung dieser ganzen Konstruktion trug bei, dass die Gaupresseamtsleiter wiederum dem Zugriff des Reichspressechefs der NSDAP unterlagen, nämlich Goebbels' Kontrahenten Otto Dietrich. Anfang 1934 pochte dieser darauf, dass die Gaupresseamtsleiter dem »Gauleiter direkt unterstehen«, jedoch »die pressepolitischen Anweisungen des Führers unmittelbar durch die Reichspressestelle der NSDAP erhalten.«[25] In Hessen-Nassau wurde das Gaupresseamt erst im September 1935 durch den damaligen Pressereferenten der Landesstelle des RMVP, Georg Wilhelm Müller (vgl. Kap. 4.b), in Personalunion übernommen. Immerhin wurde 1937 für den Gau die Übereinkunft getroffen[26], dass

> »alle Pressebesprechungen von der Landesstelle und von dem Gaupresseamt gemeinsam einberufen werden. Ebenso wird das Gaupresseamt den Landesstellenleiter zu allen Partei-Pressebesprechungen als Gast laden.«

Jahre später, Anfang 1943, kam es schon einer Okkupation der Pressepolitik gleich, indem Sprenger verfügte, dass der Gaupresseamtsleiter die »parteiamtliche *und* staatliche Presseführung im Gau Hessen-Nassau« wahrnehme und

---

[23] HHStAW Abt. 483 / 10120, Landesstelle Hessen-Nassau, Müller-Scheld, an RMVP, 12.10.1936. Die Antwort des Personalverantwortlichen im RMVP Hans Rüdiger (ebd., Schreiben v. 20.10.1936) sorgte kaum für Entwirrung: Grundsätzlich solle Müller-Scheld in seiner hauptamtlichen Tätigkeit als Landesstellenleiter öffentlich auftreten (nicht jedoch bei Auslandsreisen), hingegen zähle bei reinen Parteianlässen das Parteiamt und im Privaten sei es ihm selbst überlassen. – Alleine aufgrund der Verschränkung von RPA und Gaupropagandaleitung konnten Rüdigers Klärungsversuche nicht fruchten.

[24] Vgl. Kriegspropaganda, S. 152; Koch, Fritz: »Die Artillerie des Nationalsozialismus«. Die NS-Gau-Presse vom »Frankfurter Beobachter« zur »Rhein-Mainischen Zeitung« 1927–1945, in: Archiv für Frankfurts Geschichte und Kunst 65, 1999, S. 9–52 u. Zibell: Sprenger, S. 158–170.

[25] HHStAW Abt. 1129 / 11, Rundschreiben Nr. 1/34 des Reichspressechefs der NSDAP, Dietrich, an alle Schriftleitungen der deutschen Presse nebst Rundschreiben des Gaupresseamtes Hessen-Nassau, Woweries, 8.1.1934 (Druck). Zu Woweries: unten Anm. 50.

[26] Wie oben Anm. 17. Die folgende, als Presseanweisung ausgegebene Verfügung Sprengers v. 16.2.1943 nach Kohlmann-Viand: NS-Pressepolitik, S. 131. Eigene Hervorhebung.

sich hierzu »der Funktionen des Pressereferates beim Reichspropagandaamt« bediene.

Auch die Referenten der Landesstelle besetzten Doppelfunktionen in der Gaupropagandaleitung, etwa die Rundfunkreferenten als Gaufunkwarte der NSDAP. Wie umfassend diese Tätigkeiten waren, zeigt, dass die Landesstelle Hessen-Nassau im Dezember 1936 angab, insgesamt 12 ihrer Mitarbeiter hätten »ehrenamtlich für die Gaupropagandaleitung« gearbeitet, denn diese verfüge »ja nur über einen ganz kleinen Hauptamtsleiterstab«.[27] Endlich wurde im Frühjahr 1942 durch das Propagandaministerium offiziell angeregt, analoge Arbeitsgebiete der RPÄ und der Gaupropagandaleitungen grundsätzlich in Personalunion wahrnehmen zu lassen, da diese ohnehin längst bestehe.

b) Aufgaben und Organisation

Die wichtigste Funktion der Landesstellen/RPÄ bestand darin, die *inhaltliche Medienlenkung* nach den Weisungen des Propagandaministeriums auf Gauebene umzusetzen. Die bereits angeführte Dienstordnung von 1937 definierte somit[28]:

> »Die Landesstelle ist als eine Abteilung des Reichsministeriums in der Provinz zu betrachten [...]. Die Landesstelle hat die den Gau Hessen-Nassau betreffenden Angelegenheiten des Ministeriums zu bearbeiten [...]. Aufgabe Nr. 1 aber ist es, den Minister in der Ausübung der Pressehoheit zu vertreten. Die gesamte Presse untersteht in ihrer politischen, kulturellen usw. usw. Führung dem Reichsminister für Volksaufklärung und Propaganda.«

Während die großen überregionalen Zeitungen auf den Berliner Pressekonferenzen des RMVP eingewiesen wurden, erhielten all die kleineren regionalen und lokalen Zeitungen in den Gauen ihre Anweisungen durch die Landesstellen des RMVP. Die in Berlin in der Presseabteilung des RMVP, also seit 1938 im Machtbereich Otto Dietrichs, erarbeiteten Presseanweisungen wurden (seit November 1940 zusammen mit den Tagesparolen) täglich per Fernschreiben an die Pressereferenten der Landesstellen weitergeleitet und mit spezifischen Presseanweisungen aus den RPÄ selbst an die Hauptschriftleiter der Zeitungen versandt. In Frankfurt, am Sitz der Landesstelle, fanden nach dem Vorbild der Berliner Pressekonferenz mindestens monatliche, gemeinsam von der Landesstelle und dem Gaupresseamt (seit 1943 federführend) veranstaltete Pressekonferenzen für die Hauptschriftleiter der hessischen Zeitungen statt. Die just auf den Frankfurter Konferenzen gegebenen oder schriftlich zugestellten Presseanweisungen für den Gau Hessen-Nassau haben sich in einer einzigartigen Sammlung erhalten. Denn der Journalist Theo Oberheitmann, Hauptschriftleiter des Weilburger Tageblatts, bewahrte diese amtlichen Presseanweisungen (»Vertrauliche Informationen«) auf, statt sie – wie vorgeschrieben – zu vernich-

---

[27] HHStAW Abt. 483 / 10120, Landesstelle Hessen-Nassau, [Krafft], an Gauschatzmeister, 15.12.1936. Zum Folgenden: Kohlmann-Viand: NS-Pressepolitik, S. 80 u. 165, Anm. 73.
[28] Wie oben Anm. 17. Vgl. im Folgenden Kohlmann-Viand: NS-Pressepolitik, S. 79–82.

Frankfurt a.Main, den 22.Juni 1937.

Aufgaben und Dienstordnung der Gaupropagandaleitung,

der Landesstelle Hessen-Nassau des Reichsministeriums für Volksaufklärung u.Propaganda

und des Landeskulturwalters.

—.—.—.—.—.—

So wie der Reichspropagandaleiter der NSDAP, der Reichsminister für Volksaufklärung und Propaganda und der Präsident der Reichskulturkammer durch Personalunion miteinander verbunden sind (Dr.Goebbels), ist im Gau Hessen-Nassau das Amt des Gaupropagandaleiters der NSDAP, des Leiters der Landesstelle Hessen-Nassau des Reichsministeriums für Volksaufklärung und Propaganda und des Landeskulturwalters in einer Person vereinigt.

—.—.—.—.—.—

2 | Dienstordnung der Gaupropagandaleitung, der Landesstelle des Propagandaministeriums und des Landeskulturwalters im Gau Hessen-Nassau, 22. Juni 1937
Hessisches Hauptstaatsarchiv Wiesbaden, Abt. 483 / 10902

ten.²⁹ – Außerdem oblag den Landesstellen/RPÄ die laufende Prüfung und Archivierung der Presseberichterstattung (»Lektorat«) und nach Kriegsausbruch die militärische Zensur.

Im berufsständischen System der Reichskulturkammer (RKK) sollten die Landesstellen/RPÄ daneben die personellen wie inhaltlichen Lenkungsmechanismen der RKK überwachen. Auch waren sämtliche Personalsachen der Presse des Gaugebietes, in erster Linie Einstellungen und Entlassungen von Redakteuren, dem RPA zu melden, und freilich wirkte das RPA bzw. Gaupresseamt auch an Zeitungsverboten mit, so 1943 am Verbot der lange geduldeten Frankfurter Zeitung.³⁰ Jedoch erwies sich gerade die zentralistische Konstruktion des Landeskulturwalters, der als Aufsichtsorgan über die regionalen Einzelkammern der RKK wirken sollte, als relativ schwach. Zumindest konnten dessen Ambitionen mit divergierenden Interessen und Loyalitäten der Landesleiter der Einzelkammern³¹ aber auch anderer auf kulturellem Gebiet agierender NS-Funktionäre kollidieren. So blieben in Hessen-Nassau insbesondere die Personalpolitik und die Spielpläne der Städtischen Bühnen Frankfurts ein ständiger Zankapfel des Frankfurter RPA, das hier mehrfach an seine Handlungsgrenzen gelangte und offenbar nur dort Durchsetzungskraft entfaltete, wo die Unterstützung des Gauleiters Sprenger als sicher galt.³²

---

29 Diesen im Bundesarchiv Koblenz verwahrten Fundus (ZSg. 109: Sammlung Oberheitmann) wertet D. Kohlmann-Viand: NS-Pressepolitik, in ihrer qualitativen Studie aus. Demgegenüber sind die Mitschriften von den Berliner Pressekonferenzen ediert: NS-Presseanweisungen der Vorkriegszeit. Edition und Dokumentation, hg. v. Hans Bohrmann [...], bearb. v. Gabriele Toepser-Ziegert, 7 Bde., München [u.a.] 1984–2001.

30 Zur Beteiligung des Gaupresseamtsleiters Uckermann (vgl. Kap. 4.b): Gillessen, Günther: Auf verlorenem Posten. Die Frankfurter Zeitung im Dritten Reich, Berlin 1986, S. 341f, 470, 497f. u. HHStAW Abt. 483 / 10891, Telegramm Uckermann an RMVP, 10.12.1943 (Berufsverbot des Redakteurs der Frankfurter Zeitung Dr. Max Brück). – Dies hieß nicht, dass der Arm des RPA bzw. des Gaupresseamtes auch auf Lokalebene hinunterreichte – hier konnten die NSDAP-Kreis- und Ortsgruppen oder Parteigliederungen ein Eigenleben in der Gleichschaltung der Provinzpresse entwickeln. Vgl. am Beispiel Bensheims den Beitrag des Verfassers »Verleger, Tradition und Konkurrenz« in diesem Band.

31 Neben der Landesleitung der Reichsfilmkammer, die zumindest ab 1937 der RPA-Leiter selbst übernahm, sowie der Reichsrundfunkkammer, die der Rundfunkreferent im RPA wahrnahm, stand der Schrifttumskammer der Chefdramaturg der Frankfurter Bühnen Friedrich Bethge vor. Die Theaterkammer leitete Franz Xaver Wartenberg, ab 1941 Arthur Simon, während der Reichskammer der bildenden Künste der Sprenger-Adlatus Karl Lieser vorstand. Die wichtigste Schaltstelle der Reichspressekammer in Hessen-Nassau, den Landesverband Rhein-Main des Reichsverbandes der Deutschen Presse, hatte in Personalunion der Gaupresseamtsleiter Woweries (vgl. unten Anm. 50) und dann der Parteijournalist Gustav Staebe inne. Zu den Vorgenannten: Schültke: Theater, S. 121–133; Stockhorst: 5000 Köpfe, S. 407; Klee, Ernst: Das Kulturlexikon zum Dritten Reich. Wer war was vor und nach 1945, Frankfurt a.M. 2007, S. 367f.

32 Schültke: Theater, S. 39 f., gibt in ihrer umfassenden Darstellung über die Städtischen Bühnen Beispiele für Konflikte der Landesstellenleiter mit dem Chefdramaturgen Friedrich Bethge und dem Frankfurter Oberbürgermeister Krebs. – Es nimmt nicht Wunder, dass die erwähnte Dienstordnung des RPA von 1937 (wie oben Anm. 17) in Bezug auf die »Stellung des Landeskulturwalters« sogar ausdrücklich zugab, diese sei »noch nicht eindeutig geklärt«, zugleich jedoch demonstrativ feststellte, der Landeskulturwalter könne sich »selbstverständlich auch in die Programmgestaltung« der Theater »miteinschalten«. Diese weitergehenden, aber auch in der Folgezeit nicht immer praxistauglichen Befugnisse wurden zu einer Zeit fixiert, als der ambitionierte Willi Stöhr (vgl. Kap. 4.a) gerade als Leiter des RPA Hessen-Nassau debütierte. Der

Neben der Medienlenkung bestand eine weitere wichtige Aufgabe der RPÄ im Berichtswesen für die Berliner Zentrale. Auch hier verschränken sich die Aufgaben der Landesstellen/RPÄ mit den Gaupropagandaleitungen der NSDAP. Ausgestattet mit wenig Personal, waren sie für das Berichtswesen auf das Meldesystem der NSDAP angewiesen. Diesen Zugriff boten die Kreis- und Ortsgruppenpropagandaleitungen der NSDAP. Ihnen oblag es, laufend die Stimmung in der Bevölkerung aber auch die Wirkung propagandistischer Maßnahmen zu erfassen und an die vorgesetzte Gaupropagandaleitung in Frankfurt weiterzugeben, die ihrerseits der Landesstellenleiter des RMVP in Personalunion führte. Inhalt und Form der Berichte bestimmte in letzter Instanz das Propagandaministerium.[33] – Auf die Gau-, Kreis- und Ortsgruppenpropagandaleitungen sollten die RPÄ auch hinsichtlich der eigentlichen Aktivpropaganda zurückgreifen. Erst 1941 wies das RMVP seinen RPÄ überhaupt zusätzliche Finanzmittel für Propagandaaktionen zu.

Diese Aufgabenverteilung spiegelt sich in der Organisation der Landesstelle/des RPA Hessen-Nassau wieder, die in erster Linie eine permanente Rückkopplung mit den Fachabteilungen des RMVP leisten musste. Somit finden sich die Arbeitsgebiete des RMVP (vgl. Kap. 2) im Prinzip auch in der hessischen Dependance wieder. Das RMVP war ein ausgesprochenes Lenkungsministerium, das vielfältige Aufgaben auf nachgeordnete, teils halbamtliche Organisationen verlagerte[34], und dementsprechend waren auch die Landesstellen/RPÄ in ihrer Verschränkung mit dem Parteiapparat als kleine Arbeitseinheiten mit geringem Personalstand konzipiert. Im Juli 1933 sprach die Reichsfinanzverwaltung allen Landesstellen jeweils einen Leiter, zwei Referenten und zwei Bürokräfte zu. Daneben wurde, zunächst nur stundenweise, ein Verwaltungsbeamter des mittleren Dienstes zur Verfügung gestellt, der den verwaltungs-

---

hochrangige Parteimann und bisherige Sprenger-Adjutant Stöhr suchte unmittelbar nach seinem Amtsantritt die Auseinandersetzung mit dem Frankfurter Intendanten Hans Meißner (zu diesem auch unten Anm. 64), doch Stöhr tat dies bezeichnenderweise in seiner Eigenschaft als Gaupropagandaleiter und mit sorgsam eingeholter Rückendeckung Sprengers. Stöhr, dem Meißner als ehemaliges SPD-Mitglied ohnehin suspekt erschien, entzündete den Konflikt an dem vom Meißner protegierten Schauspieler Joachim Gottschalk. Meißner hatte ihn, da mit einer Jüdin verheiratet, per Sonderauftrittserlaubnis des RMVP im Februar 1934 an die Frankfurter Bühnen geholt. Stöhr setzte letztlich im Dezember 1937 die Entlassung Gottschalks durch. Vgl. zum tragischen Lebensweg Gottschalks, der am 6. November 1941 mit seiner Frau Meta und seinem Sohn in den Selbstmord getrieben wurde: Liebe, Ulrich: Verehrt, verfolgt, vergessen. Schauspieler als Naziopfer, Weinheim/Berlin 1995, S. 62–95, hier S. 77.

[33] Vgl. die in HHStAW Abt. 483 / 10891 überlieferten und wie folgt gegliederten Berichte: eigene Tätigkeit (z.T. nach Medien wie Film usw.), allgemeiner Lagebericht, Stimmung der Bevölkerung, Gerüchte, Aktivierung der Partei (Veranstaltungen usw.). Die Berichte gingen i.d.R. an die Abteilung Propaganda des RMVP sowie an die Reichspropagandaleitung der NSDAP. Vgl. zum Berichtswesen der RPÄ Kohlmann-Viand: NS-Pressepolitik, S. 82–85. – Somit standen diese Berichte in direkter Konkurrenz zu den Meldungen des Sicherheitsdienstes der SS, die Goebbels zu unterbinden suchte.

[34] Zum nachgeordneten Bereich: Kriegspropaganda, S. 139–143; vgl. als Beispiel für eine halbamtliche Propagandaeinrichtung, die Antikomintern, Friedel, Mathias: Der Volksbund für Frieden und Freiheit (VFF). Eine Teiluntersuchung über westdeutsche antikommunistische Propaganda im Kalten Krieg und deren Wurzeln im Nationalsozialismus, St. Augustin 2001 = Publizistik im Gardez 3, S. 15–41.

mäßig unerfahrenen Mitarbeitern der ersten Stunde bei der Organisation der Behörde behilflich sein sollte.[35] In Frankfurt war dies Christian Krafft. Die Dependance des Propagandaministeriums begann in Hessen somit nur mit dem Leiter Müller-Scheld, gefolgt von Willi Stöhr, dann Wilhelm Weinheimer, sowie zwei Referenten mit den Hauptarbeitsgebieten Presse (bis 1936: Georg Wilhelm Müller) und Rundfunk (Otto Wamboldt, seit Januar 1934: Wilhelm Lehr).

In der zweiten Jahreshälfte 1934 (Übersicht 1.a) erfolgte eine Reorganisation und Vergrößerung der Landesstelle Hessen-Nassau: Der Leiter übernahm nun zugleich als Referent I die Kerngebiete Theater und Kunst sowie Veranstaltungen, im Pressereferat (II) ressortierten die weitaus meisten Arbeitsgebiete, darunter Film und ›Gegnerbekämpfung‹ (Marxismus usw.) Das Referat III bearbeitete im Kern Rundfunkfragen und Vereine/Verbände. Von kurzer Dauer war das Referat für Agrarpolitik und Verkehr sowie Foto-/Bilderdienst. Selbst Büroleiter Krafft firmierte in dieser Geschäftsverteilung als Referent (IV).

Übersicht 1: *Organisation der Landesstelle/des RPA Hessen-Nassau*

a) 1934	b) 1937
Abt. I / Leiter (*Müller-Scheld*) zugl. *Gaupropagandaleiter u. Landeskulturwalter* (1) Feiertage – (2) Kundgebungen und Veranstaltungen – (3) Kitsch – (4) Versailler Vertrag – (5) Theater und Kunst	Leiter (*Stöhr*) zugl. *Gaupropagandaleiter u. Landeskulturwalter* (1) Feiertage – (2) Kundgebungen und Veranstaltungen – (3) Ausland – (4) Versailler Vertrag Büroleiter (*Krafft*)
Abt. II (*G.W. Müller*) zugl. *Leiter des Gaupresseamts* (1) Presse – (2) Broschüren, Plakate, Flugblätter – (3) Literatur, Verlage, Bibliotheken – (4) Marxismus, politische Umtriebe, Zentrum, Liberalismus – (5) Jugend – (6) Leibesübungen, Wehrsport – (7) Arbeitsdienst – (8) Arbeitsbeschaffung – (9) Film – (10) Ausland	Abt. I (*Lehr*), zugl. *Gaufunkwart* (1) »v. Wrochem 100« [*Reichsverteidigung*][36] – (2) Rundfunk – (3) Schulungsfragen

---

[35] Vgl. HHStAW Abt. 483 / 10120, Rundschreiben des Reichsfinanzministeriums, 18.7.1933. Die Organisation der Landesstelle wurde, neben den Plänen in Übersicht 1, aus Vertretungsplänen (ebd.) und einer vorläufigen Geschäftsordnung (ebd. / 10902) rekonstruiert.

[36] Das von Alfred v. Wrochem geleitete Referat [später: Abteilung] Reichsverteidigung im RMVP bereitete die deutsche Kriegspropaganda bzw. die Aufstellung von Propagandakompanien bei der Wehrmacht vor. Den Landesstellen oblagen hierbei u.a. Angelegenheiten des Luftschutzes und des Ausbaus leistungsfähiger Drahtfunksender mit 100 Kilowatt – daher möglicherweise der Deckname »v. Wrochem 100«. Vgl. Buchbender: Das tönende Erz, S. 16–22; Die Tagebücher von Joseph Goebbels, hg. v. Elke Fröhlich [...], Teil I: Aufzeichnungen 1924–1941, Bd. 3,2, München [u.a.] 2001, 12.6.1936, S. 104f.; ebd., 4.12.1936, S. 276.

Abt. III (*Lehr*), zugl. *Gaufunkwart* (1) Rundfunk – (2) Schulungsfragen – (3) Volkswohlfahrt, Volksgesundheit – (4) Vereine und Verbände – (5) Ostfragen	Abt. II (*Uckermann*), zugl. *Gaupresseamtsleiter* (1) Presse – (2) Broschüren, Plakate, Flugblätter – (3) Literatur, Verlage, Bibliotheken – (4) Marxismus, politische Umtriebe, Zentrum – (5) Liberalismus – (6) Leibesübungen und Wehrsport – (7) Agrarpolitik – (8) Verkehrspolitik
Abt. IV (*Krafft*) [mit Etat, Wirtschaft usw.]	Abt. III (*Rotter*) (1) Theater und Kunst – (2) Film – (3) Foto- und Bilderdienst
Abt. V (*Beckmann*) (1) Agrarpolitik – (2) Verkehrspolitik – (3) Foto- und Bilderdienst	Abt. IV (*Moser*) (1) Volkswohlfahrt und Volksgesundheit – (2) Arbeitsdienst – (3) Arbeitsbeschaffung – (4) Jugend – (5) Kitsch – (6) Vereine und Verbände – (7) Ostfragen

Quelle: a) HHStAW Abt. 483 / 10902, Dienstanweisung [undat.]; b) Wie oben Anm. 17.

Diese ausufernde Struktur wurde bereits zur Jahreswende 1934/35 wieder aufgegeben und die Zahl der Referate erneut auf zwei reduziert, nämlich Presse (Müller) und Rundfunk (Lehr), und im Frühjahr 1936 erneut um ein drittes Referat erweitert, das Wilhelm Rotter wahrnahm. Schließlich bewilligte die Personalabteilung des RMVP erst zum Haushaltsjahr 1937 die Einstellung eines vierten Referenten[37] (Johann Moser). Insgesamt hatte sich der Personalbestand durch die Bewilligung weiterer Bürokräfte oder Lektoren von 5 (1933) Mitarbeitern auf 13 (1936), 15 (1937) und 16 (1938/39) erhöht. Mitte 1937 wurde die Landesstelle reorganisiert (Übersicht 1.b), indem die Arbeitsgebiete neu verteilt, aber auch um Aufgaben der Reichsverteidigung ergänzt wurden. Die Landesstelle bestand weiterhin aus ausgesprochenen Sammelreferaten. Sie sollte und konnte mit ihren wenigen Mitarbeitern nur Lenkungs- und Kontrollaufgaben wahrnehmen und keine ›Detailarbeiten‹.

4. Die Mitarbeiter

a) Die Leiter

Wilhelm Müller-Scheld (*31.7.1895 in Grebenroth/Taunus – ?), war vom 6. Juli 1933 bis zum 30. Juni 1937 (erster) Leiter der Landesstelle Hessen-Nassau[38]

---

[37] Vgl. HHStAW Abt. 483 / 10120, RMVP, Rüdiger, an Landesstelle Hessen-Nassau, 11.3.1936. Die Mitarbeiterzahlen sind mehreren Schreiben der Landesstelle an das RMVP (8.1.1937, 6.1.1938) bzw. den Rückschreiben (14.4.1937, 15.4.1939) entnommen (ebd.). Die Leiter und Referenten der Landesstelle waren Angestellte, es sei denn, sie waren bereits verbeamtet.
[38] Folgende Angaben nach der Personalakte Müller-Schelds (HHStAW Abt. 483 / 10908); zur Dienstzeit im RPA: ebd., RPA an RMVP, 28.5.1937 u. zum Kriegsdienst ebd., Militär- und Dienstzeitbescheinigung, 14.11.1935. Der NSDAP-Eintritt (Nr. 583 476): ebd. / 10120, Lan-

und zugleich Gaupropagandaleiter der NSDAP. Nach kaufmännischer Lehre war Müller-Scheld von Herbst 1914 bis zum Zusammenbruch 1918 Frontsoldat in zahlreichen Kriegsverwendungen und wurde, mehrmals verwundet, hierfür hoch dekoriert. Nach Dienstentlassung im Januar 1919, zuletzt als Leutnant der Reserve, studierte Müller-Scheld Zeitungs- und Theaterwissenschaft in Leipzig, Gießen und München. 1924 ließ er sich als freier Schriftsteller in Idstein/Taunus nieder und veröffentlichte dort Bühnenstücke aber vor allem sogenannte Studien, die mit der »Systemzeit« abrechnen sollten. Denn Müller-Scheld hatte sich, wenn auch relativ spät, seit dem 1.7.1931 der NSDAP angeschlossen. In den knapp gehaltenen »Studien«, die Müller-Scheld im Idsteiner Grandpierre-Verlag veröffentlichte, griff er in erster Linie die Kulturwelt der Weimarer Republik an. Diese Verdienste als freier Schriftsteller in der »Kampfzeit« versuchte sich Müller-Scheld im Mai 1935 auf sein Dienstvergütungsalter anrechnen zu lassen und hob in diesem Sinne hervor[39], in seinen ›Werken‹ Maximilian Harden als »einen der bedeutendsten jüdischen Scharlatane bloßgestellt«, Remarque und seinem Buch »Im Westen nichts Neues« die »innere Verlogenheit« nachgewiesen und zudem »die ganze Verlogenheit der marxistischen Erziehungstheorie« belegt zu haben. – Ab 1931 konnte Müller-Scheld das Freiberuflerdasein aufgeben und sich ganz der Parteikarriere widmen; im Folgejahr avancierte er zu Sprengers Gaupropagandaleiter. In Wiesbaden wirkte er in der Ortsgruppe des Kampfbundes für deutsche Kultur, und für die NSDAP-Ortsgruppe Idstein organisierte Müller-Scheld Kundgebungen, in denen er seinem Sujet treu blieb und, so im November 1931, über »Deutsche Kultur und Judentum« referierte.[40] An öffentlichen Aktionen der NSDAP und der SA – die Müller-Scheld in Idstein aufgebaut haben soll – mitwirkend, wurde er 1937 gar als der »geistige Führer« der Idsteiner NS-Bewegung gepriesen.

Als Müller-Scheld im Juli 1933, 38-jährig, die Leitung der Landesstelle Hessen-Nassau übernahm, war er ein altgedienter Parteimann. Offenbar besonders durch seine schriftstellerische Tätigkeit qualifiziert, übernahm er nach 1933 nicht nur die obligatorische Aufgabe des Landeskulturwalters der Reichskulturkammer (RKK), sondern zog darüber hinaus im Jahr 1935 in den Reichskultursenat[41] und den Präsidialrat der Reichstheaterkammer ein. Derart eng mit der RKK verzahnt, konnte Müller-Scheld nun auch die eigenen Bühnenstücke, deren Aufführung durch die vor 1933 »herrschenden geistigen Kräfte« verhindert worden sei, wie er meinte, auf die Spielpläne setzen.[42] Müller-Scheld

---

desstelle Hessen-Nassau, [Krafft], an RMVP, 19.11.1934. Vgl. ferner Klee: Kulturlexikon, S. 423; Drewniak, Boguslaw: Das Theater im NS-Staat. Szenarium deutscher Zeitgeschichte, Düsseldorf 1983, S. 29; Schültke: Theater, S. 37, 42; Zibell: Sprenger, S. 155.

[39] Auch im Folgenden HHStAW Abt. 483 / 10908, M[üller]-Sch[eld], an RMVP, 15.5.1935.

[40] Vgl. Idstein, 650 Jahre Stadt, hg. v. d. Stadt Idstein unter Mitarb. v. Max Ziemer, Idstein 1937, S. 27 u. das Zitat (»geistige Führer«) S. 28.

[41] Vgl. Wulf: Theater, S. 37. Dieses Gremium der RKK – eigentlich als Goebbels' kulturpolitischer Ratgeber gedacht – blieb ein reines Repräsentativorgan, in dem auch andere ›Parteisoldaten‹ wie Frankfurts Oberbürgermeister Friedrich Krebs versorgt wurden.

[42] HHStAW Abt. 483 / 10908, M[üller]-Sch[eld], an RMVP, 15.5.1935, S. 2. Darunter wurden Müller-Schelds Dramen »Anna Maria« am 13.1.1935 sowie »Ein Deutscher Namens Stein« 1936

machte, als er im Juni 1937 aus dem RPA ausschied, weitere Karriere im Geschäftsbereich des RMVP (vgl. Kap. 4.d).

Nachfolger Müller-Schelds als Leiter des RPA Hessen-Nassau wurde Willi Stöhr[43] (*6.11.1903 zu Wuppertal-Elberfeld – ?). Stöhr hatte, mehr noch als sein Vorgänger, eine steil verlaufende Parteikarriere hinter sich, als er zum 1. Juli 1937 Leiter des RPA Hessen-Nassau und zugleich Gaupropagandaleiter der NSDAP wurde. In seiner Heimatstadt Wuppertal gehörte Stöhr, gerade einmal 19-jährig, seit 1922 zu den NS-Aktivisten, trat der Partei auch 1923 bei. Während der Verbotszeit blieb er in den NSDAP-Ersatzorganisationen tätig und trat schließlich zum 1. März 1930 erneut in die Partei ein. Während Stöhr in Köln und seit 1931 in Frankfurt Volkswirtschaft und Staatswissenschaft studierte – er brach seine Studien 1932 ab –, wurde er auch in mehreren Parteigliederungen aktiv, zuerst in der SA (seit 1929), dann als Mitglied und Redner des NS-Studentenbundes (seit 1930) und von August 1930 bis September 1933 als HJ-Führer, zuletzt Oberbannführer im Stab der Gebietsführung XIII Hessen-Nassau. Stöhrs Parteikarriere, der sich nebenbei mit kaufmännischen Tätigkeiten verdingte, nahm nach der Machtergreifung 1933 weiteren Aufschwung. Zunächst zog er am 12. März 1933 als Stadtverordneter in den Frankfurter Stadtrat ein. Vom 1. Oktober 1933 bis zum 30. Juni 1937 avancierte Stöhr zum Adjutanten Sprengers. In der NSDAP übte er das Amt des Gauinspekteurs aus. Im Jahr 1935 wurde Stöhr darüber hinaus als Provinzialrat der preußischen Provinz Hessen-Nassau und schließlich ab Februar mit einem (in der NS-Zeit freilich nur dekorativen) Reichstagsmandat versorgt. Der 34-jährige Stöhr hatte, als er im Juli 1937 die Leitung des RPA, zugleich Gaupropagandaleiter, Landeskulturwalter und Landesleiter der Reichsfilmkammer, übernahm, also eine überaus erfolgreiche Parteikarriere hinter sich, zuletzt in der Entourage Sprengers. Stöhr blieb – unterbrochen durch dessen Teilnahme am Westfeldzug 1940 als Mitglied einer Propagandakompanie – bis zum 1. Januar 1944 RPA-Leiter und schaffte es kurz vor Kriegsende noch zum Gauleiter (vgl. Kap. 4.d).

Der letzte Leiter des RPA, Wilhelm Weinheimer[44] (*17.3.1906), verkörperte bereits einen Funktionärstypus, der ununterbrochen in der Frankfurter Gaupropagandaleitung, wo er seit Februar 1936 die Hauptstelle für Aktive Propaganda leitete, tätig war. In dieser Funktion – zudem stellvertretender Gaupropagandaleiter – verblieb der gelernte Architekt und frühe Parteiaktivist

---

in Frankfurt a.M. uraufgeführt und danach an anderen Theatern gezeigt. Vgl. hierzu ausführlich Schültke: Theater, S. 141, 166, 322, 346–351, 392–399.

[43] Vgl. ebd., S. 43; Lilla, Joachim, Die Stellvertretenden Gauleiter und die Vertretung der Gauleiter der NSDAP im »Dritten Reich«, Koblenz 2003 = Materialien aus dem Bundesarchiv 13, S. 92f.; Reichstagshandbuch, Bd.: 1933, IX. Wahlperiode 1933, Berlin, 1933, S. 20; Der Deutsche Reichstag, [Bd.:] 1936, Berlin, 1936, S. 323; [Bd.:] 1938, Berlin, 1938, S. 418, 544; Rademacher, Handbuch, S. 81; Zibell, Sprenger, S. 127; Tüffers, Bettina, Der Braune Magistrat. Personalstruktur und Machtverhältnisse in der Frankfurter Stadtregierung 1933–1945, Frankfurt a.M., 2004, S. 30, Anm. 37 sowie HHStAW Abt. 483 / 10915 [Personalbogen Stöhr] (ebd. auch das von den Reichstagshandbüchern abweichende Parteiwiedereintrittsdatum 1.3.1930).

[44] Das Wenige über den letzten RPA-Leiter (vgl. Fernschreiben an das RMVP, 17.3.1944: ebd. / 10894) nach seinem Personalblatt (ebd. / 10444) u. der Dienstordnung (wie oben Anm. 17).

(NSDAP-Eintritt am 23.8.1930) Weinheimer rund acht Jahre, bis er Stöhr zum 1.1.1944 nachfolgte.

b) Die Referenten

Auf Ebene der Referenten der Landesstelle bzw. des RPA Hessen-Nassau gehört Georg Wilhelm Müller[45] zu den schillerndsten Gestalten. Müller war faktisch von Anfang Juli 1933 – offiziell ab dem 1. August – bis zum 31.1.1937 Pressereferent der Landesstelle Hessen-Nassau des RMVP und zugleich Stellvertreter des Landesstellenleiters Müller-Scheld. G.W. Müller hatte also die »Gelegenheit«, so bescheinigte ihm sein damaliger Vorgesetzter Jahre später, »bei dem Aufbau einer ganz neuen Dienststelle vom ersten Tag an tätig zu sein«.

Müller wurde am 29.12.1909 in Königshütte/Oberschlesien geboren (gestorben 30.4.1989) und verbrachte seine Jugendzeit in Frankfurt a.M. Gerade einmal 18-jährig trat er am 29.12.1927 der NSDAP bei – die SA, in der er angeblich seit seinem 16. Lebensjahr aktiv war, verließ Müller jedoch Ende 1930 zugunsten der SS. Nach dem Abitur in Frankfurt verhinderte seine Tätigkeit für die NS-Bewegung bereits die angestrebte soldatische Laufbahn, so dass Müller seit 1929 an den Universitäten Rostock, Marburg, Kiel und seit 1930 Frankfurt a.M. Jura studierte. Dorthin zurückgekehrt, wirkte G.W. Müller bald als eines der aktivsten Mitglieder innerhalb des Nationalsozialistischen Deutschen Studentenbundes (NSDStB), zuletzt seit Februar 1933 als Hochschulgruppenführer. Der radikale Nationalsozialist, SS-Mann und Antisemit Müller tat sich nicht nur als Redner und Propagandist der NS-Bewegung hervor, sondern auch überall dort, wo Störungen von Universitätsveranstaltungen, Hetze gegen jüdische und sogenannte marxistische Professoren und Druck auf die Studentenschaft seinem Ziel dienten, die »verjudete und liberale« Universität Frankfurt rigoros zu säubern.[46] Im Mai 1933 organisierte Müller Aktionen gegen jüdische Anwälte am Oberlandesgericht Frankfurt, wo er selbst nach bestandenem ersten juristischen Staatsexamen seit dem 16.6.1933 als Rechtsreferendar beschäftigt war. Tatsächlich ließ sich Müller zweimal vom Referendariat beurlauben, da er, offiziell zum 1.8.1933, längst als Pressereferent in der Landesstelle Hessen-Nassau und als rechte Hand des Landesstellenleiters und NSDAP-Gaupropagandaleiters Müller-Scheld arbeitete. Diesem war der jugendlich-radikale G.W. Müller früh aufgefallen, da er sich »als einer der unerschrockensten Draufgänger bewährte. Wo irgendetwas

---

[45] Zu Müller liegt eine Studie von Bonavita, Petra, Die Karriere des Frankfurter NS-Studentenführers Georg-Wilhelm Müller, in: Nassauische Annalen 115, 2004, S. 441–460, vor, hier ergänzt um dessen Personalakte im HHStAW Abt. 483 / 10907, darin v.a. der undatierte Zeugnisentwurf aus der Feder Müller-Schelds (dort das Zitat [»Gelegenheit«]) sowie ebd., Schreiben Müller-Schelds an das RMVP, 10.10.1935. Das Datum von Müllers Parteieintritt (Mitglieds-Nr. 74 380; Goldenes Ehrenzeichen) nach ebd. / 10120, Landesstelle Hessen-Nassau, [Krafft], an RMVP, 19.11.1934, abweichend von der Datierung in den Akten der Parteikanzlei (Fiche 103 23803 – 103 23805, Personalbogen G.W. Müllers) auf den 29.11.1927. Müllers Eintritt in die SS am 29.12.1930 (SS-Nr. 3554) nach Bonavita, Karriere, S. 442 u. Klee, Kulturlexikon, S. 420.

[46] G.W. Müller im Frankfurter Volksblatt v. 12.5.1933; zit. nach Bonavita, Karriere, S. 446.

los war, wurde zuerst Müller herbeigeholt.« Deswegen, so Müller-Scheld im Dezember 1934, »warb ich ihn« als Referenten.[47] Erst Anfang 1935 wurde G.W. Müller in der Landesstelle ordentlich angestellt und – unter Umgehung bestehender Dienstaltersvorschriften – mit 26 Jahren als Regierungsrat verbeamtet. Müller-Scheld versäumte gegenüber dem Propagandaministerium nicht den Hinweis darauf, dass auch Gauleiter Sprenger, »der Müllers ganze Entwicklung kennt, diesen Vorschlag gutheißt.«[48] In der Tat darf Müller als Adlatus Sprengers gelten, der sogar zu Müllers Heirat im Juli 1935 als Trauzeuge erschien.[49] Sprengers Wertschätzung für Müller wird auch dadurch deutlich, dass er diesem im September 1935 in Personalunion das Gaupresseamt der NSDAP übertrug, das bis dahin von Franz Woweries geleitet wurde.[50] Auf einer Tagung der NSDAP-Presseamtsleiter in Frankfurt führte Gauleiter Sprenger selbst G.W. Müller in sein Amt ein. Er habe es, so Sprenger, »bewußt einem Manne« anvertraut, der »von frühester Jugend an Kämpfer Adolf Hitlers gewesen sei«, denn: »Nur wer den Kampf unserer Bewegung in allen seinen Phasen miterlebt hat, kann ein solches Amt leiten«.[51] – Müllers Eignung im nationalsozialistischen Sinne fiel nicht nur Sprenger, sondern auch Goebbels auf, der ihm schon Ende 1936 zu einer steilen Karriere in seinem Ministerium verhalf (vgl. Kap. 4.d).

Ebenso wie Gauleiter Sprenger kam der erste Rundfunkreferent der Landesstelle Otto Wamboldt[52] (*29.5.1884 Darmstadt – †Ende März 1945; Suizid) aus dem Frankfurter Postdienst und gehörte somit zu jenen alten Parteisoldaten (NSDAP seit 1925, Nr. 30 242), über die Zeitgenossen gerne witzelten, sie hätten vor 1933 mit Sprenger »Schalter an Schalter« gekämpft. Seit 1928 in Parteiämtern tätig, war Wamboldt seit 1931 Gaufunkwart, zugleich 1932–34 Stadtrat in Frankfurt, bis ihn Sprenger Ende Januar 1934 zum Oberbürgermeister Darmstadts berief.

Der nachfolgende Rundfunkreferent Wilhelm Lehr[53], geboren am 30.3.1905 zu Bergen-Enkheim, hatte seine Laufbahn ebenfalls in der NSDAP begonnen.

---

[47] HHStAW Abt. 483 / 10907, Landesstelle Hessen-Nassau, [Müller-Scheld], Vorschlag für die Ernennung Müllers zum Regierungsrat, an RMVP, 13.12.1934. – Die Angaben zum Referendariat: ebd., Oberlandesgerichtspräsident Frankfurt a.M. an G.W. Müller, 25.8.1933.

[48] Schreiben Müller-Schelds (wie oben Anm. 47). Das Mindestalter bei Beförderungen zu umgehen, war im RMVP allerdings durchaus üblich. Vgl. Krings, Propagandaministerium, S. 41.

[49] Vgl. HHStAW Abt. 483 / 10907, Abschrift der Heiratsurkunde, Frankfurt a.M., 25.7.1935.

[50] Woweries (*22.6.1908 – †14.12.1948), 1927 NSDAP, im Gau Hessen-Nassau Süd bzw. Hessen-Nassau u.a. 1931 Gaupropagandaleiter, 1931/1933–35 Gaupresseamtsleiter u. Hauptschriftleiter des »Frankfurter Volksblatts«, 1932 Gauschulungsleiter, 1934–45 Mitglied des Reichstages, seit Oktober 1935 in der Reichsorganisationsleitung der NSDAP (Hauptschriftleiter der NS-Schulungsbriefe), 1943 Landrat des Oberlahnkreises. Vgl. Klee, Kulturlexikon, S. 675; Der Deutsche Reichstag 1938, S. 457f.; Nachlass: HHStAW Abt. 1129.

[51] Frankfurter Volksblatt v. 21.10.1935, S. 2 (in: ebd. / 1).

[52] Vgl. Tüffers, Magistrat, S. 122, 130, 150, 156; Stockhorst, 5000 Köpfe, S. 437; das Zitat: Rebentisch, Persönlichkeitsprofil, S. 329.

[53] Die biographischen Angaben auch zu den im Folgenden genannten Referenten des RPA sind den im HHStAW verwahrten Personalbögen (Abt. 483 / 10915) und dem Personalverzeichnis des RPA vom 22.6.1937 (ebd. / 10902) entnommen. – Das Datum von Lehrs NSDAP-Eintritt (Mitglieds-Nr. 890 024): ebd. / 10120, Landesstelle Hessen-Nassau, [Krafft], an RMVP, 19.11.1934; sein Amt als Hauptstellenleiter: ebd. / 10899, Anschriften der Hauptstel-

Parteimitglied war der damals 27-jährige seit dem 1.2.1932. Eine Mitgliedschaft in Parteigliederungen ist nicht bekannt. Doch fungierte Lehr unmittelbar nach seinem NSDAP-Eintritt als Funkwart der NS-Ortsgruppe Frankfurt-Fechenheim. Studiert hatte Lehr Jura, wahrscheinlich jedoch ohne Abschluss. Offenbar durch die Tätigkeit als Funkwart qualifiziert, wurde der damals 29-jährige Lehr im Januar 1934 zum Rundfunkreferenten der Landesstelle Hessen-Nassau und zugleich zum Landesleiter der Reichsrundfunkkammer berufen. In der Gaupropagandaleitung der NSDAP leitete Lehr parallel die Hauptstelle Rundfunk. Lehr, der unter Willi Stöhr zum ständigen Vertreter des Leiters aufstieg, verblieb im RPA, bis er im April 1941 nach Berlin in die Goebbels unterstehende Reichspropagandaleitung der NSDAP wechselte und dort weiterhin Rundfunkfragen bearbeitete.

Auch Johann (Hans) Moser (* 27.2.1909 zu Frankfurt a.M. – †1969) war über eine typische Parteikarriere in das RPA Hessen-Nassau gelangt. Erst 28-jährig wurde Moser im Mai 1937 als Referent für Volkswohlfahrt und Volksgesundheit, Arbeitsdienst, Arbeitsbeschaffung, Jugend, Kitsch, Vereine und Verbände und Ostfragen zuständig. Seit dem 1.12.1930 Parteimitglied, wenn auch keiner Parteigliederung angehörig, fungierte er bis zu seiner Berufung in das RPA vom 1.1.1936 bis zum 30.4.1937 als Schriftleiter beim NS-Gaudienst des Gaupresseamtes Hessen-Nassau in Frankfurt. Eine Berufsausbildung hatte Moser offenbar nicht abgeschlossen. Moser gehörte somit zwischen Januar und Dezember 1936 zu den Mitarbeitern G.W. Müllers im Gaupresseamt, bevor dieser ins Propagandaministerium wechselte. 1940 kreuzten sich die Wege beider erneut (vgl. Kap. 4.d).

Karl Uckermann, seit Februar 1937 Pressereferent des RPA Hessen-Nassau und somit G.W. Müllers Nachfolger, hatte seine Parteikarriere außerhalb Hessens begonnen. Geboren wurde er am 18.9.1911 zu Aachen. Der SA trat er, gerade einmal 18-jährig, am 1.10.1929 in Berlin bei. Kurz darauf, am 1.1.1930 folgte auch der Eintritt in die NSDAP. Wann es Uckermann nach Hessen zog, ist nicht bekannt, doch wurde er, wohnhaft in Oberursel, Schriftleiter parteiamtlicher Blätter der Gauleitung in Frankfurt – Schriftleiter gab Uckermann 1937 dem RPA auch als erlernten Beruf an. ls Pressereferent im RPA war er zugleich Leiter des Gaupresseamtes. In dieser Funktion, die er offenbar bis Kriegsende ausübte, gab er den NS-Gaudienst heraus und nach Kriegsausbruch die Frontzeitung Vom Gau zur Front[54].

Über den Referenten Karl Lemster (*2.11.1914 zu Schlüchtern), der zeitweilig im Frankfurter Stadtdienst arbeitete, ist wenig bekannt. NSDAP-Mitglied wurde der damals 19-jährige am 15.2.1933. Zudem war er Mitglied der SS und der Deutschen Arbeitsfront. Lemsters Parteitätigkeit begann wohl in der HJ,

---

len Rundfunk aller Kreise der NSDAP im Deutschen Reich [1938]; als ständiger Vertreter: ebd. / 10120, Zahlungsanweisung des RPA, 18.5.1938; Lehrs Wechsel nach Berlin: ebd. / 10444 [Karteikarte].

[54] Erschienen seit 1940 u. seit 1944 u.d.T. Rhein-Mainische Landser-Post. Zu Uckermann: oben Anm. 30 sowie NS-Gaudienst Jg. 8, Nr. 296/43, 19.11.1943 (HHStAW Abt. 483 / 10891).

der er seit 1931 angehörte. Im RPA Hessen-Nassau wurde er zunächst als Lektor beschäftigt, prüfte also die Presseberichterstattung, und um 1939 als Referent (Ressort unbekannt).

Wilhelm Rotter, geboren am 15.7.1908 in Frankfurt a.M., war seit dem 1.3.1936 (Kultur-)Referent für Theater, Kunst und Film. Zuvor war er, seit Januar 1935, Lektor im RPA, stieg also wie Karl Lemster innerhalb des Apparates zum Referenten auf. NSDAP-Mitglied wurde der damals 25-jährige am 15.1.1933, also relativ spät. Eine Mitgliedschaft in einer Parteigliederung ist nicht bekannt. Auffallend an der Biographie Rotters ist, dass er angab, Geschichte studiert zu haben. Eine – möglicherweise nie abgeschlossene – Ausbildung, die ihn offenbar für Theater-, Kunst- und Filmfragen qualifizierte. Er blieb, unterbrochen von seinem Kriegsdienst ab September 1939[55], in dieser Funktion.

Als erfahrener Verwaltungsbeamter, der die Organisation des RPA Hessen-Nassau verantwortete, hatte der langjährige Büroleiter Christian Krafft[56] einen gänzlich anderen Werdegang als die übrigen Referenten. Der am 14.6.1885 geborene Krafft war der weitaus älteste Mitarbeiter, als er im Sommer 1933 den Aufbau der Landesstelle betreute und seit Juni 1934 die Stelle als Verwaltungschef auch hauptamtlich antrat. In die NSDAP trat Krafft am 1.2.1932 ein – eine Mitgliedschaft auch in einer Parteigliederung ist nicht bekannt. Von Beruf war Krafft ursprünglich Offizier. 1933, als die Landesstelle Hessen-Nassau aufgebaut wurde, war er Reichsfinanzbeamter, zuletzt Obersteuerinspektor (1939), und als solcher nach dem Weggang G.W. Müllers der einzige Beamte im RPA. Krafft blieb rund fünf Jahre lang Büroleiter des RPA Hessen-Nassau, bis er mit dem Kriegsausbruch im September 1939 zum Wehrdienst eingezogen wurde. Bezeichnend für die Position der Verwaltungsleiter in den RPÄ ist, dass Krafft im Juli 1938 für sechs Wochen nach Österreich abgeordnet wurde, um mit anderen Büroleitern aus dem Reichsgebiet die sieben österreichischen RPÄ aufzubauen.

c) Personalstruktur und Einstellungskriterien

Gerade die Referenten weisen eine ähnliche Sozialstruktur auf: Ihr Alter lag beim Dienstantritt zwischen Mitte/Ende 20 – der jüngste war G.W. Müller mit 24 Jahren. Freilich waren die Leiter beim Eintritt in das RPA älter: 38- bzw. 34-jährig. Einzig Christian Krafft, der erfahrene Verwaltungsbeamte, war mit 49 Jahren bei seinem Eintritt ältester Mitarbeiter des RPA (neben dem kurzzeitigen Referenten Wamboldt). Die Referenten wurden überwiegend früh Parteimitglieder, am frühesten G.W. Müller mit 18 Jahren. Demgegenüber konnten die NSDAP-Eintritte der Leiter kaum unterschiedlicher sein: Stöhr

---

55 Vgl. ebd. / 10120, Aufstellung des RPA über Einberufungen zum Wehrdienst, 23.9.1939.
56 Das NSDAP-Eintrittsdatum (Mitglieds-Nr. 925 771) aus: ebd. / 10120, Landesstelle Hessen-Nassau, [Krafft], an RMVP, 19.11.1934; zu seinem Beamtenstatus: ebd., Verzeichnis der bei der Landesstelle beschäftigten Beamten, 1.8.1935; die Einberufung zum Wehrdienst: wie oben Anm. 55. Zur Abordnung Kraffts nach Österreich 1938 vgl. ebd., Fernschreiben RPA, Stöhr, an RMVP, 25.7.1938 u. RMVP an mehrere RPÄ, 7.6.1938.

war seit 1923 NS-Aktivist (1930 Widereintritt); Müller-Scheld trat erst 36-jährig (1931) ein. Insgesamt lag bei den RPA-Mitarbeitern der Hauptteil der Parteieintritte vor 1933. In der Tat waren es keine »Märzgefallenen«: spätere Parteieintritte lagen eher am jugendlichen Alter zur Zeit der NS-Machtübernahme. Darüber hinaus ist eine starke Bindung vieler RPA-Mitarbeiter auch an die Parteigliederungen zu erkennen.

Übersicht 2: *Mitarbeiterstruktur des RPA Hessen-Nassau (1933–1939)*

Funktion	Name	Dienstantritt	Jahrgang	Parteieintritt	Parteigliederung
Leiter	Müller-Scheld	1933 (38-jährig)	1895	1931 (36-jährig)	
	Stöhr	1937 (34)	1903	1923/1930 (27)	SA, HJ, NSDStB
	Weinheimer	1944 (38)	1906	1930 (24)	
Referenten	Wamboldt	1933 (49)	1884	1925 (41)	
	G.W. Müller	1933 (24)	1909	1927 (18)	SS, NSDStB
	Lehr	1934 (29)	1905	1932 (27)	
	Krafft	1934 (49)	1885	1932 (47)	
	Rotter	1935 (27)	1908	1933 (25)	
	Uckermann	1937 (26)	1911	1930 (19)	SA (Berlin)
	Moser	1937 (28)	1909	1930 (21)	
	Lemster	[1939 ?]	1914	1933 (19)	HJ, SS, DAF
Bürokräfte	N.N. (m)	1933 (33)	1900	1930 (30)	
	N.N. (m)	1934 (27)	1907	1932 (25)	
	N.N. (m)	1935 (25)	1910	1932 (22)	SA
	N.N. (w)	1937 (20)	1917	1932 (15)	BDM
	N.N. (w)	1937 (20)	1917	1937 (20)	BDM
	N.N. (w)	1938 (28)	1910	1932 (22)	
	N.N. (w)	1938 (21)	1917	–	BDM
	N.N. (w)	1938 (18)	1920	–	BDM
	N.N. (m)	1939 (39)	1900	1932 (32)	NSKK

Quelle: HHStAW Abt. 483 / 10915 u. 10902 (wie oben Anm. 53). Bürokräfte wurden anonymisiert. Zu dem Referenten Beckmann (vgl. Übersicht 1) konnten keine Angaben ermittelt werden.

Die Leiter als auch die Referenten des RPA hatten stets eine verschieden weit gediehene Parteikarriere hinter sich. Diese gab offenkundig auch den Ausschlag für die Verwendung im RPA. Denn von der Berufsausbildung her hatten die wenigsten Mitarbeiter eine fachliche Eignung im eigentlichen Sinne. Es waren gerade unter den Referenten häufig junge Akademiker, oft mit zugunsten der Parteiarbeit abgebrochenen Studiengängen. Die Leiter Müller-Scheld, Stöhr und Weinheimer hatten Zeitungs-, Staatswissenschaft und Architektur studiert; G.W. Müller war Jurist, Lehr hatte Jura studiert, Rotter Geschichte. Uckermann und Moser bezeichneten sich als Schriftleiter, waren für die Redaktion von Parteiorganen zuständig, während der Büroleiter Krafft von Beruf eigentlich Offizier war. Der hohe Stellenwert von Parteiqualifikationen wird auch dadurch unterstrichen, dass als Wirkungsort der meisten RPA-Mitarbeiter in der NSDAP eindeutig Frankfurt a.M. dominierte, also die Machtzentrale Sprengers.[57] Auffällig ist im übrigen, dass die Mitarbeiter des RPA offenbar nicht zwingend die Bodenständigkeit eines ›Geburtshessen‹ mitbringen mussten.[58] – Selbst auf der untersten Ebene der RPA-Mitarbeiter, den Bürokräften, also Stenotypisten, Lektoren, Krafftfahrern, Boten und Schreibkräften, findet sich eine ähnliche Sozialstruktur. Die von den 7 Mitarbeitern auf unterer Ebene zu ermittelnden Parteieintritte erfolgten im Schnitt im Alter von 24 Jahren. Ihr Eintrittsalter in das RPA lag im Schnitt bei 26 Jahren. Ebenfalls auffällig ist die Häufung von Mitgliedschaften in den Parteigliederungen: Alleine von den 5 Mitarbeiterinnen waren 4 im Bund Deutscher Mädel (BDM).

Bei den Referenten Lemster und Rotter kann nachgewiesen werden, dass diese zuvor als Lektoren im RPA gearbeitet hatten. In der Regel wurden neue Mitarbeiter jedoch von außen rekrutiert, und dort ausschließlich aus der Partei oder ihren Gliederungen. Neben dem bereits besprochenen Lebenslauf G.W. Müllers (vgl. Kap. 4.b) geben zwei weitere Beispiele Einblick in die Rekrutierungspraxis: Im Juni 1935 benannte Müller-Scheld dem RMVP Heinrich v. Wantoch-Rekowski[59] (*13.2.1901 in Berlin) als Kandidaten für den Posten des Kulturreferenten (Abt. III) in der Landesstelle. Wantoch war wiederum kein gebürtiger Hesse und brachte ausschließlich Parteiqualifikationen mit, denn vor 1933 hatte er im kaufmännischen Bereich gearbeitet, war gelernter Bankkaufmann – zwar hatte er Abitur, jedoch nicht studiert. Mit 29 Jahren in die NSDAP eingetreten (24.2.1930), war Wantoch wiederum in Frankfurt seit 1930/31 ausschließlich in Parteiämtern tätig, nämlich als Gaupropagandawalter der Deutschen Arbeitsfront (DAF) und als Gauwalter der NS-Gemeinschaft Kraft durch Freude (KdF). In diesen Funktionen an der Redaktion von Parteiorganen mitwirkend, gab Wantoch-Rekowski als Beruf »Schriftleiter« an. Aus Sicht Müller-Schelds bestand der maßgebliche ›Pluspunkt‹ seines Kandidaten darin, dass er in der DAF Einfluss auf die »entscheidende Masse der Bevölkerung meines Gebietes« ausüben und die KdF zu einem »machtvollen Kulturinstrument ausgebaut werden« könne. – Selbst auf unterster Ebene setz-

---

[57] Dies gilt für die Referenten G.W. Müller (NSDStB), Lehr (Funkwart in Frankfurt-Fechenheim), Moser (NS-Gaudienst), Wamboldt (Gaufunkwart) und die Leiter Stöhr (u.a. NSDStB), Müller-Scheld (Gaupropagandaleiter) und Weinheimer (Gaupropagandaleitung).
[58] Keine Geburtshessen waren Stöhr, G.W. Müller und Uckermann.
[59] Die folgenden Angaben zu Wantoch, der offenbar nie als Referent in der Landesstelle eingestellt wurde (jedoch mit den KdF-/DAF-Ämtern der Gaupropagandaleitung angehörte), nach dem Lebenslauf v. 1.5.1935 in HHStAW Abt. 483 / 10918. Die Zitate (»entscheidende Masse«): ebd., Landesstelle Hessen-Nassau, Müller-Scheld an RMVP 14.6.1935.

ten sich die Parteiprioritäten fort: Im Juni 1934 wurde für die Einstellung einer Hilfskraft in der Landesstelle ein junger Frankfurter SS-Mann in Vorschlag gebracht, den G.W. Müller aus Studententagen an der Universität Frankfurt kannte und daher empfahl. Einziger Nachteil des Kandidaten sei, so schrieb Müller-Scheld an das Propagandaministerium, dass dieser aufgrund seines jugendlichen Alters »erst im Februar [1934] in die Partei eingetreten ist«.[60]

d) Filmakademie, Norwegen, Gauleitung: Weitere Karriereverläufe

Als Wilhelm Müller-Scheld im Juni 1937 als Landesstellenleiter ausschied, bescheinigte ihm die Personalabteilung des RMVP, die Landesstelle Hessen-Nassau zu einer »gut und erfolgreich arbeitenden Außendienststelle des Ministeriums gemacht« und seine »propagandistischen Fähigkeiten« unter Beweis gestellt zu haben.[61] Tatsächlich setzte Goebbels Müller-Scheld für die Reorganisation des gerade dem RMVP einverleibten Filmkonzerns UFA ein. Es dauerte nicht lange, da war der Propagandaminister anderer Meinung: »Typischer Versager!«, notierte er. Dennoch avancierte Müller-Scheld zum Chef eines anderen Goebbels-Projektes, der Deutschen Filmakademie. Diese auf dem Gelände der Babelsberger UFA am 4. März 1938 durch Goebbels eröffnete Einrichtung sollte als staatliche Ausbildungsstätte für Filmkünstler den Nachwuchs an nationalsozialistischen Schauspielern befördern. Präsident wurde Müller-Scheld.[62] Seine alte Position als Goebbels' Lenker und Kontrolleur in Hessen mag ein Übriges dazu getan haben, dass dieser einem Film erst dann »die Note ›nationalsozialistisch‹« zugestehen wollte, wenn er »schaut und geordnet wurde von einer nationalsozialistischen Persönlichkeit, der die Gesetze und Ziele der Bewegung bereits zur zweiten Natur geworden sind.« Jedoch bemühte sich Müller-Scheld vergeblich, Goebbels' Vorstellungen gerecht zu werden. Schon im November 1938, kurz nach Aufnahme des Lehrbetriebes der Filmakademie, meinte Goebbels, »was Müller-Scheld sich da als Nachwuchs ausgesucht hat, ist mehr Ausschuß.«[63] Nicht einmal zwei Jahre später verlor der Propagandaminister die Geduld: »Filmakademie hat zu wenig Schüler und kostet zuviel. Wird stillgelegt. Müller-Scheld hat auch offenbar seine Aufgabe nicht verstanden.« Nachdem die Akademie im Frühjahr 1940 stillschweigend eingestellt wurde, entsandte das RMVP Müller-Scheld nach Norwegen, um in der Hauptabteilung für Volksaufklärung und Propaganda beim dortigen Reichskommissar Dienst zu tun – und zwar unter einem alten Bekannten aus Hessen: G.W. Müller.[64]

---

60 Ebd. / 10120, Landesstelle Hessen-Nassau, Müller-Scheld, an RMVP, 15.6.1934.
61 Ebd. / 10908, Zeugnis des RMVP, Goebbels, für Müller-Scheld, 30.6.1937. Vgl. für das Folgende Tagebücher T. I, Bd. 4, München [u.a.], 2000, 17.4.1937, S. 98; das Zitat (»Versager«) ebd., S. 314.
62 Vgl. zur Filmakademie Wulf, Theater, S. 302–304. Im Folgenden: Müller-Schelds Aufsatz aus dem April 1939 »Was ist nun ein nationalsozialistischer Film?« (in: ebd., S. 386).
63 Tagebücher T. I, Bd. 6, München [u.a.], 1998, 15.11.1938, S. 188 u. das folgende Zitat ebd. T. I, Bd. 7, München [u.a.], 1998, 23.2.1940, S. 320.
64 Einen Bruch mit dem Nationalsozialismus hat Müller-Scheld nach Kriegsende – er wurde im Spruchkammerverfahren zu Arbeitslager bzw. einer Geldbuße verurteilt (vgl. Schültke, Theater,

3 | Wilhelm Müller-Scheld als Leiter von Goebbels' Filmakademie (1939)
Filmwoche, 12. April 1939, S. 453

Die weitere Karriere des zweiten Leiters des RPA Hessen-Nassau, Willi Stöhr, verlief gänzlich anders, nämlich als steile Parteikarriere. Im Januar 1944 wechselte Stöhr vom RPA Hessen-Nassau in die Parteikanzlei der NSDAP nach München und bewährte sich dort offenkundig. Jedenfalls wurde er im September 1944 in den Gau Westmark (Saarpfalz) entsandt, um den Ausbau der Militäranlagen zu forcieren und überdies als Aufpasser des bei Hitler in Ungnade gefallenen Gauleiters Josef Bürckel im Sinne der Parteikanzlei zu wirken. Seit Ende September 1944, nach dem Selbstmord Bürckels, fungierte Stöhr als kommissarischer Gauleiter, kurz darauf auch als Reichsverteidigungskommissar. Mit der Gauleitung des Gaues Westmark wurde Stöhr noch 1945, am 31. Januar, betraut.[65]

Unter den ehemaligen Referenten des RPA Hessen-Nassau verlief die Karriere Georg Wilhelm Müllers am steilsten und zwar in der engsten Umgebung von Joseph Goebbels, nämlich zum 1.12.1936 als Adjutant in dessen Ministerbüro.[66] Das sei, verkündete die hessische NS-Presse, »die höchste Anerken-

S. 131) – nie vollzogen. Als 1955 über die NS-Vergangenheit des ehemaligen Intendanten der Städtischen Bühnen Frankfurts, Hans Meißner, diskutiert wurde, da dieser nun in Augsburg Intendant werden sollte, meldete sich Müller-Scheld per Leserbrief (*Die Zeit* Nr. 47 v. 24.11.1955, S. 22) zu Wort und echauffierte sich darüber, dass noch »zehn Jahre nach Kriegsschluß« solche Diskussionen geführt würden: »Die Schicht unserer Kulturträger ist viel zu dünn, als daß wir es uns leisten könnten, ausgeprägte Künstlerpersönlichkeiten [...] mit solchen Mitteln vor der Öffentlichkeit herabsetzen zu wollen. Die ungeheure Bedrohung, in der wir uns politisch zwischen den beiden Kolossen Sowjetunion und USA befinden, sollte uns dazu bringen, Unwesentliches zu vergessen und jede Kraft ungestört dort wirken zu lassen, wo sie von Nutzen sein kann.« »Unwesentliches« – also die NS-Zeit (!) – zu vergessen, diente auch Müller-Schelds späteres Engagement für das Deutsche Kulturwerk Europäischen Geistes (vgl. Handbuch Deutscher Rechtsextremismus, hg. v. Jens Mecklenburg, Berlin, 1996, S. 253–255), ein 1950 begründeter neofaschistischer Verein, der auf die Stärkung des ›völkischen‹ Kulturlebens abzielte. In dessen Verbandsorgan gab Müller-Scheld noch 1964 »Anregungen zu einer zukünftigen deutschen Geschichtsschreibung« (in: Klüter-Blätter. Deutsche Sammlung aus europäischem Geiste 15, 1964, H. 11/12, S. 1–13).

65 Vor den vorrückenden alliierten Verbänden flüchtete *Stöhr* im März 1945 nach Süddeutschland, tauchte dort unter und lebte seither unter einem Decknamen. 1978 wanderte er nach Kanada aus. Dort lebte Stöhr nach verschiedenen Angaben noch Anfang der 1980er Jahre oder 1994. Zu Stöhr: wie oben Anm. 43.

66 Vgl. zum Ministerbüro den Geschäftsverteilungsplan v. 10.2.1936 in: Akten der Parteikanzlei, Fiche 103 01418. »Heißt zwar Müller, aber macht einen guten Eindruck«, notierte Goebbels im

nung des Kämpferlebens und der Lebensarbeit von G.W. Müller«. Angelangt im Zentrum der Macht, organisierte Müller die Tages- und Terminplanung, Dienstreisen und Korrespondenz des Ministers, war freilich auf höchster Ebene in die propagandistischen und politischen Belange des Ministeriums eingeschaltet, darunter als Berichterstatter über die Judenpogrome im November 1938. Daneben durfte er Goebbels' »Aufsätze aus der Kampfzeit« herausgeben und eine Abhandlung über »Das Reichsministerium für Volksaufklärung und Propaganda« veröffentlichen. Müllers Nähe zu Goebbels konnte kaum größer sein: Man traf sich auf Goebbels' privatem Anwesen am Bogensee, ging spazieren, aß und musizierte zusammen, und Goebbels zählte darauf, dass seine Mitarbeiter im Ministerbüro die Rendezvous mit Damen aus der Showbranche tunlichst unter der Decke hielten. – Goebbels, zufrieden mit seinem Adjutanten Müller, ließ diesen, erneut unter Umgehung der Dienstaltersvorschriften, schon im Frühjahr 1938 zum Oberregierungsrat befördern.[67]

Der nächste Karrieresprung bot sich Müller durch die deutsche Besetzung Norwegens (9.4.1940). Dort sollte, da zu den ›germanischen Staaten‹ zählend, die deutsche Besatzungsherrschaft mit einem scheinautonomen Anstrich versehen werden. So sah Goebbels allerlei Handlungsbedarf, die faschistische Bewegung Norwegens Nasjonal Samling unter ihrem rückhaltslosen Führer Vidkun Quisling propagandistisch zu flankieren. Die deutsche Zivilverwaltung wurde bereits am 24. April 1940 in Form des Reichskommissariats für die besetzten norwegischen Gebiete unter dem Gauleiter Josef Terboven eingerichtet. Bereits Ende April entstand beim Reichskommissar eine Abteilung Volksaufklärung und Propaganda, die kurz darauf zur Hauptabteilung (HAVP) erhoben wurde.[68] Deren Leitung übernahm Georg Wilhelm Müller, unterdessen wiederum vorzeitig zum Ministerialrat befördert. Die Entsendung Müllers darf indessen als Ausdruck der Wertschätzung durch Goebbels interpretiert werden.[69] Im Übrigen entsandte Goebbels einen weiteren von ihm hochge-

---

November 1936 in sein Tagebuch. Müllers Vorgänger war Goebbels »zu schwerfällig« und hatte »einen so guten Charakter« (!). Tagebücher T. I, Bd. 3,2, München [u.a.], 2001, 27.11.1936, S. 266. Im Folgenden: Frankfurter Volksblatt v. 15.2.1937; zit. nach Bonavita, Karriere, S. 451.

[67] Vgl. im Einzelnen Tagebücher T. I, Bd. 6, München [u.a.], 1998, 11.11.1938, S. 182 (Pogromnacht); ebd., 4.8.1938, S. 33 (Aufsätze aus der Kampfzeit); zu privaten Treffen mit Goebbels ebd. T. I, Bd. 4, München [u.a.], 2000, 2.4.1937, S. 76 u. T. I, Bd. 3,2, München [u.a.], 2001, 19.1.1937, S. 333. Zu den Rendezvous des Ministers: Reuth, Ralf Georg, Goebbels, München/Zürich, 3. Aufl., 1995, S. 309. Müllers Beförderung: Akten der Parteikanzlei, Fiche 103 23800, Schreiben Hankes v. 2.4.1938.

[68] Die HAVP wurde nach dem Vorbild des RMVP in die Abteilungen Propaganda, Presse, Rundfunk, Kultur sowie Schul- und Bildungswesen gegliedert. Ihr Personal zählte bis Mitte 1942 rund 130 Mitarbeiter. Vgl. Moll, Martin, Die deutsche Propaganda in den besetzten »germanischen Staaten« Norwegen, Dänemark und Niederlande 1940–1945. Institutionen. Themen. Forschungsprobleme, in: Die deutsche Herrschaft in den »germanischen« Ländern 1940–1945, hg. v. Robert Bohn, Stuttgart 1997 = Historische Mitteilungen 26, S. 209–245, hier S. 212 f.; Skodvin, M[agne]: La presse norvégienne sous l'occupation allemande, in: Revue d'histoire de la deuxième guerre mondiale 20, 1970, H. 80, S. 69–86, hier S. 75.

[69] »Es fehlt an einem guten Propagandisten bei Quisling. Der Führer würde mich gerne schicken, [...] aber das fiele zu sehr auf«, meinte er. Tagebücher T. I, Bd. 8, München [u.a.] 1998, 13.4.1940, S. 51f. Über Terboven: »Ich gebe ihm Müller als meinen Vertreter mit. Der freut sich sehr.« ebd., 21.4.1940, S. 66. Vgl. auch Schmitt, Peter F.: Widerstand zwischen den Zeilen? Faschistische

schätzten Mitarbeiter seines Ministeriums nach Norwegen, Eberhard Taubert, der sich in erster Linie um die Quisling-Bewegung bekümmern sollte und zudem bis Februar 1941 als stellvertretender Leiter der HAVP amtierte.

Müller rekrutierte seine Mitarbeiter vorwiegend aus dem RMVP selbst und aus den RPÄ. Beachtlicherweise übernahm Wilhelm Müller-Scheld, also G.W. Müllers ehemaliger Vorgesetzter im RPA Hessen-Nassau, nach dem vorangegangenen Debakel der Babelsberger Filmakademie noch 1940 unter seinem ehemaligen Pressereferenten die Leitung der für Film und Theater zuständigen Kulturabteilung in der HAVP. Und auch ein weiterer ehemaliger Kollege G.W. Müllers aus dem RPA Hessen-Nassau bzw. dem Gaupresseamt wurde im Juli 1940 nach Norwegen berufen: Johann (Hans) Moser. Dieser übernahm – zunächst stellvertretend, dann von Februar 1941 bis Kriegsende als Leiter – die Presseabteilung der HAVP. Die ihm hier übertragenen Aufgaben ähnelten im Grunde den pressepolitischen Lenkungsmaßnahmen der RPÄ: Moser oblag die allgemeine Presseüberwachung, gegebenenfalls die Durchführung von Sanktionsmaßnahmen, die Ausgabe von Presseanweisungen und die Leitung von Pressekonferenzen.[70]

Müller erfüllte seine Aufgaben in Norwegen offenbar derart zur Zufriedenheit des Propagandaministers, dass ihn dieser, selbst als er im September 1942 auf seine Versetzung ins Reich drängte, nicht gehen ließ.[71] 1943 zum SS-Oberführer und im RMVP zum Ministerialdirigenten aufgestiegen, wurde G.W. Müller endlich im März 1945 aus Norwegen abkommandiert und als Goebbels' Vertreter in den Stab des Oberbefehlshabers West (Kesselring) mit »ausgiebige[n] Vollmachten« entsandt, um die »abgesunkene Moral unserer Truppen im Westen wieder zu heben und dafür alle Propagandamittel und Möglichkeiten zum Ansatz zu bringen« – »Ich halte Müller«, notierte Goebbels, »für den Mann, der diese Aufgabe mit Energie und Initiative lösen kann.« Wieder in den Frankfurter Raum zurückgekehrt, berichtete Müller seinem Minister noch Ende März 1945 von der Kriegsmüdigkeit in Hessen, zur gleichen Zeit, als Müllers damaliger Gönner Jakob Sprenger seine Machtzentrale Frankfurt vor der vorrückenden US-Armee räumte.[72]

Okkupation und Presselenkung in Norwegen 1940 bis 1945, Köln 1985 = Hochschulschriften 183, S. 11f. – Zu Taubert: Friedel: Volksbund.

[70] Vgl. zu Moser u. zur Presseabteilung: Skodvin: presse norvégienne, S. 76, 79–81; Schmitt: Widerstand, S. 153; zur Rekrutierungspraxis ebd., S. 129; Longerich: Propagandisten, S. 213; zu Müller-Scheld in Norwegen: Drewniak: Theater, S. 29; Sørenssen, Bjørn: From Will to Reality – Norwegian Film during the Nazi Occupation, 1940–45, in: Cinema and the Swastika. The International Expansion of Third Reich Cinema, ed. by Roel Vande Winkel a. David Welch, Basingstoke [u.a.] 2007, S. 220–230, hier S. 221f.

[71] Vgl. auch zu Müllers Verstrickung in deutsche Gewaltmaßnahmen in Norwegen Bonavita: Karriere, S. 456–458. Zwischenzeitlich gelang es Müller, seit 1941 bei der Waffen-SS, im Mai 1941 zu dem ersehnten Kriegseinsatz in Finnland zu kommen, von dem er nach Verwundung auf den Posten in Norwegen zurückkehrte. Vgl. ebd. sowie Klee: Kulturlexikon, S. 420.

[72] Die Zitate: Die Tagebücher von Joseph Goebbels, hg. v. Elke Fröhlich [...], Teil II: Diktate 1941–1945, Bd. 15, München [u.a.] 1995, 21.3.1945, S. 558; vgl. ebd., 27.3.1945, S. 606. Sprenger verließ Frankfurt nach Zibell: Sprenger, S. 414, am 25./26. März. – Nach Kriegsende (vgl. Bonavita: Karriere, S. 459f.; Schmitt: Widerstand, S. 182, Anm. 40, S. 247) wurde Müller nach Norwegen ausgeliefert, interniert und dort im Juni 1945 unter dem Vorwurf der persönlichen

5. Fazit

Die Leiter und Referenten des RPA Hessen-Nassau waren, wie der Blick auf ihre Lebenswege zeigt, in erster Linie Parteifunktionäre, die aus den Strukturen der NSDAP hervorgegangen waren, mit diesen verbunden blieben und in dieser Vernetzung die »Filialen« des Propagandaministeriums in den Gauen besetzten.

Es existierte – neben der obligatorischen Parteitätigkeit – keine berufs- oder ausbildungsspezifische Charakteristik, die zur Mitarbeit im RPA qualifizierte. Die Leiter wie die Referenten hatten sich in verschiedenen Funktionen für die NSDAP bewährt und gegebenenfalls zuvor in einem der Parteipropagandaapparate gewirkt. Einzig der erste Leiter des RPA, Müller-Scheld, weicht durch seine Ausbildung (Theater- und Zeitungswissenschaft) und seine künstlerischen Ambitionen zum Teil von diesem Schema ab. Dementsprechend finden sich auch auf Ebene der Referenten ausnahmslos junge NS-Aktivisten, teils ohne Berufs- oder Studienabschluss, jedoch umso mehr qualifiziert durch frühe Parteieintritte und aktiven Einsatz für die NS-Bewegung im Sprengel des Gauleiters Sprenger.

Unübersehbar ist die Dominanz der Partei bzw. der Gauleitung, wenn es um die Personalstruktur und -politik des hessen-nassauischen RPA geht. Dies mag freilich nicht verwundern, da die Reichspropagandaämter bei ihrem Aufbau 1933 auf die Strukturen der NSDAP in den Gauen zurückgriffen und zurückgreifen mussten und somit die jeweiligen Gaupropagandaleiter in Personalunion als Leiter der Landesstellen des RMVP eingesetzt wurden. Doch diese enge Anbindung an die Gauleitung blieb nicht nur über 1933 hinaus bestehen, sie festigte sich auch: So gelangte Müller-Schelds Nachfolger Stöhr aus der engsten Umgebung Sprengers auf den Posten des RPA-Leiters, und der letzte Leiter Weinheimer ging bereits aus der ausschließlichen Arbeit für die Frankfurter Gaupropagandaleitung hervor. Auch die Referenten kamen zumeist aus verschiedenen Dienststellen oder Gliederungen der NSDAP des Raumes Frankfurt und damit aus Sprengers Einflusssphäre. Deutlich weist auch der Lebenslauf G.W. Müllers, des ersten Pressereferenten des RPA, auf eine Protektion durch Sprenger hin. Überdies bestätigt die skizzierte Praxis der Personalrekrutierung durch das RPA selbst die strikte Parteipriorität.

Angesichts dieser engen Anbindung an die Strukturen des NS-Gaues und den Gauleiter selbst ist es nicht verwunderlich, dass etwa Berufungen von Mitarbeitern der Berliner Zentrale in das RPA Hessen-Nassau nicht vorkamen. Umgekehrt jedoch, so zeigen die weiteren Karriereverläufe der hessischen RPA-Mitarbeiter, qualifizierte die Tätigkeit im RPA offenbar sowohl für eine weitere Karriere in den Strukturen des Propagandaministeriums als auch der Partei. So nahmen nach ihrem Weggang aus dem RPA der Leiter Müller-Scheld und die Referenten G.W. Müller und Moser an-

---

Bereicherung vor Gericht gestellt, jedoch nicht verurteilt. Die Haft in Norwegen wurde Müller, zurück in Deutschland, im folgenden Entnazifizierungsverfahren angerechnet. Er wurde im August 1948 entlassen. Georg Wilhelm Müller verstarb am 30.4.1989 in Hamburg.

dere Funktionen im Geschäftsbereich des Propagandaministeriums bzw. in den besetzten Ländern wahr; der Rundfunkreferent Lehr wechselte in die ebenfalls Goebbels unterstehende Reichspropagandaleitung der NSDAP. Hingegen machte der RPA-Leiter Stöhr eine ausgesprochene Parteikarriere, zunächst in der Münchener Parteikanzlei, dann zuletzt als (stellvertretender) Gauleiter.

Diese durchaus flexible Verwendbarkeit war kein auf den Gau Hessen-Nassau beschränktes Phänomen, sondern auch die Leiter und Mitarbeiter anderer Reichspropagandaämter[73] waren offenbar sowohl für Verwendungen im Partei- als auch im Goebbelsschen Propagandaapparat geeignet. Als Beispiele seien der Leiter des RPA Württemberg Hohenzollern Friedrich Schmidt genannt, der nach seiner Dienstzeit (1933–1937) weitere Karriere innerhalb der Partei, darunter im Hauptschulungsamt der NSDAP, machte. Dessen Nachfolger (1937–1943) Adolf Mauer wurde, ähnlich wie Stöhr, 1943 von seinem Posten als RPA-Leiter in die Münchener Parteikanzlei abkommandiert, um auf die Geschäfte eines stellvertretenden Gauleiters vorbereitet zu werden. Auch der Leiter des RPA Westfalen-Nord (1934–1938), Fritz Schmidt, machte im Stab des Stellvertreters des Führers weitere Parteikarriere. Im Sprengel des Propagandaministeriums wurde umgekehrt Dr. Toni Winkelnkemper, bis 1937 Leiter des RPA Köln-Aachen, zum Direktor des Reichssenders Köln und ab 1941 gar zum Auslandsdirektor des Großdeutschen Rundfunks befördert. In Goebbels' Machtbereich reüssierte ferner Kuno Popp, ab 1934 Leiter des RPA Pommern, als Chef des dortigen Landesverkehrsverbandes (seit 1937). Der von Goebbels geschätzte Joachim Paltzow, 1933 bis 1939 Leiter des RPA Ostpreußen, wurde vielfach im Dienst des Propagandaministeriums eingesetzt, unter anderem ab 1942 – ähnlich der Verwendung G.W. Müllers – auch in den besetzten Gebieten, so als Chef des Propagandaamtes Ukraine. – Und auch der Aufstieg innerhalb der Strukturen eines RPA, wie es für Hessen-Nassau belegt werden konnte, war nicht ungewöhnlich: Der Leiter des RPA Baden (seit 1934) Adolf Schmid etwa war in seiner Behörde zuvor Pressereferent gewesen. Und Albert Urmes war Gaupresseamtsleiter, bevor er 1937 zum Chef des RPA Koblenz-Trier ernannt wurde.

Freilich weisen alleine jene beispielhaft genannten RPA-Leiter anderer Gaue auch ähnliche Sozialstrukturen auf, die mit den Ergebnissen für Hessen-Nassau korrespondieren: Es handelt sich um relativ junge NS-Aktivisten, vor allem Angehörige der Generation um 1900, mit einschlägigen Parteikarrieren und (sehr) frühen Parteieintritten. Und ebenso wenig wie in Hessen-Nassau ist bei den genannten RPA-Leitern anderer Gaue ein berufs- oder ausbildungsspezifisches Muster außerhalb der Parteiarbeit zu erkennen, ja die berufliche Her-

---

[73] Vgl. auch zu den im Folgenden genannten RPA-Leitern anderer Gaue Stockhorst: 5000 Köpfe, S. 385 f. (Friedrich Schmidt), 288 (Mauer), 449 (Winkelnkemper), 328 (Popp), 316 (Paltzow), 384 (Schmid), 429 (Urmes) sowie Klee: Kulturlexikon, S. 398 (Mauer), 529 (Fritz Schmidt), 667 (Winkelnkemper), 448 (Paltzow). – Friedrich Schmidt: *1902, Pg. 1925; Mauer: *1899, Pg. 1923 (?), Fritz Schmidt: *1903, Pg. 1929 (?), Winkelnkemper: *1905, Pg. 1930; Popp: *1893, Pg. 1929; Paltzow: *1912, Pg. 1930; Adolf Schmid: *1905, Pg. 1923; Urmes: *1910, Pg. 1928.

kunft könnte kaum unterschiedlicher sein: der RPA-Leiter Friedrich Schmidt war ursprünglich Lehrer, Mauer Mechaniker, Fritz Schmidt Photograph, Winkelnkemper Jurist und Popp Kunsthändler. Gemeinsam war ihnen die ausgewiesene Parteikarriere.

In summa boten die Reichspropagandaämter ein Personalreservoir, auf das das RMVP gleichermaßen zugreifen konnte wie Parteieinrichtungen. Die in den Gauleitungen oder Gaupropagandaleitungen gewonnene Praxis der RPA-Mitarbeiter taugte offenbar dazu, um sowohl in Führungseinrichtungen der NSDAP als auch in denjenigen anderer Gaue Verwendung zu finden. Und die Erfahrungen, die die RPA-Mitarbeiter in der Durchsetzung der NS-Lenkungsmechanismen im gesamten Medienbereich sammelten, qualifizierten auch für andere Arbeitsbereiche des RMVP und nicht zuletzt für eine den Aufgaben der RPÄ ähnelnde Funktion, nämlich der Mitarbeit in den aufzubauenden Propagandaapparaten der besetzen Gebiete. Aber offenbar entschieden sich die RPA-Mitarbeiter entweder für den Goebbels-Apparat oder für die Partei; ein wiederholtes Wechseln, eine echte Durchlässigkeit innerhalb der Strukturen, schien nicht zu bestehen.

Die Herkunft der Leiter und Referenten der Reichspropagandaämter aus dem Parteiapparat und die Verschränkung mit der Gaupropagandaleitung weist vor allem darauf hin, dass der lange Arm des Berliner Propagandaministeriums jedenfalls nur bedingt auf Gauebene hinunter reichte, zumindest waren dort kulturelle und propagandistische Eigeninitiativen im Rahmen der – im allgemeinen zweifellos funktionierenden – NS-Medienlenkung und Kulturpolitik in Rechnung zu stellen. Dieser Umstand – und auch die Ämterhäufung der RPA-Leiter zugleich als Gaupropagandaleiter und Landeskulturwalter (Reichskulturkammer) – ist freilich charakteristisch für das polykratische Kompetenzchaos des NS-Staates insgesamt. Es ist bezeichnend, wenn Müller-Scheld dem RMVP, das er im Oktober 1936 um Klärung der simplen Frage ersuchte, in welcher Amtsfunktion er eigentlich öffentlich auftreten solle, sogleich mitteilte, die Frankfurter Gauleitung habe ihrerseits bekundet, das »wichtigste Amt ist natürlich der Gaupropagandaleiter«.[74]

Auf Gauebene fand der Nimbus des allmächtigen Propagandaministeriums zumindest seine Grenzen; sie waren definiert durch die jeweilige Machtfülle, die Durchsetzungskraft und den Gestaltungswillen der Gauleiter. Das Beispiel Hessen-Nassau jedenfalls zeigt, um zu dem eingangs gebrachten Goebbels-Zitat zurückzukehren, dass es doch eher die Domäne der Gauleitung war, jene »entscheidenden Menschen« an die »entscheidenden Stellen« zu setzen. Goebbels' Propagandisten in Hessen – die Leiter und Mitarbeiter des RPA – waren vorrangig Parteisoldaten, die sich kaum von den sonstigen NS-Funktionären der Gaustellen oder der NS-Gaugliederungen unterschieden, jedoch im Gegensatz zu diesen Diener zweier Herren.

---

[74] Wie oben Anm. 23.

Heinrich George

von

Kurt Fricke

Kurz nach Heinrich Georges Tod am 25. September 1946 im sowjetischen Speziallager 7, dem ehemaligen KZ Sachsenhausen, veröffentlicht sein alter Freund und künstlerischer Weggefährte, der Theaterregisseur Jürgen Fehling, im »Kurier« einen Nachruf. Hierin charakterisiert er den Schauspieler und Theaterintendanten George – von dem er im selben Atemzug sagt: »Ich habe ihn geliebt wie keinen der lebenden Schauspieler deutscher Zunge« – u. a. als »zum Schluß blind vor den Nazigötzen Harfe spielend, ein armer Elefant mit altem Rüssel«.[1] Die Reaktionen auf diesen Nachruf sind symptomatisch für die bis heute überwiegend kritische Sicht auf George in den deutschen Medien. Der damalige Intendant des Deutschen Theaters, Wolfgang Langhoff, bricht nach der Veröffentlichung des Artikels seine Verhandlungen mit Fehling über dessen Engagement ab. In der Presse heißt es über Fehling: »In diesem Nachruf hat er einen Mann in den überschwänglichsten Ausdrücken als den größten deutschen Schauspieler gelobt, der bekanntermaßen ein aktiver Nationalsozialist und Kriegsverbrecher war und deshalb auch interniert wurde.«[2] Ein zentraler Punkt der Vorwürfe lautet: »Fehling hat nun mit keinem Wort auf den schmählichen Verrat Georges (George sympathisierte bis 1933 mit der Linken) [...] hingewiesen [...]«.[3]

1 | Charakterdarsteller George als »Götz von Berlichingen« (1930er Jahre)
Gregor, Joseph; Meister deutscher Schauspielkunst. Krauß, Klöpfer, Jannings, George, Bremen/Wien 1939, Fotografie: Elite, Berlin

---

[1] Fehling, Jürgen: Die Wilde Kraft, in: Kurier vom 12.11.1946.
[2] Das Deutsche Theater bricht die Verhandlungen mit Jürgen Fehling ab, in: Theaterdienst vom 18.11.1946.
[3] Ebd. Zu Georges angeblicher Mitgliedschaft in kommunistischen Organisationen vgl. Fricke, Kurt: Spiel am Abgrund. Heinrich George. Eine politische Biographie, Halle 2000, S. 27–34.

Diese überaus kritische Sicht auf George[4] – seine Verstrickung in den NS-Kulturbetrieb und seine (vorgebliche) politische Wendung nach 1933 – beruht zum Großteil auf dessen Erscheinungsbild in den Massenmedien während der NS-Zeit.[5]

1. Politik in den Printmedien

Zwei Beiträge im »Völkischen Beobachter«, die unter Georges Namen firmieren, klammern dessen Wirken in der NS-Zeit und die spätere Sicht darauf geradezu ein.[6] Am 3. November 1933 erscheinen unter der Überschrift »Kundgebungen deutscher Künstler für Adolf Hitler« einige Zeilen von George. Am Ende steht 1945 sein Aufruf »Die Taten entscheiden«. Diese Stellungnahmen entsprachen dezidiert einer Forderung von Joseph Goebbels, der im Mai 1933 in einer Rede formuliert hatte: »Wenn Politik alles erschüttert, alles umwirft, alles neu baut, dann darf der Künstler nicht hinterherlaufen, sondern er muß die Fahne erfassen und voranschreiten.«[7]

George, der in der Weimarer Republik sehr viel im damals progressiven Theateraufführungen überwiegend linksgerichteter Autoren und Regisseure zu sehen war, sich 1922 im Berliner Schauspielerstreik hervortat und einige Male zugunsten der Roten Hilfe, einer kommunistischen Hilfsorganisation, aufgetreten war, wird schon früh von ehemaligen (künstlerischen) Weggefährten als Verräter stigmatisiert. In dem emphatisch gehaltenen Beitrag vom November 1933 wird George mit den an Reichsminister Goebbels gerichteten Worten zitiert: »Ich muß, verzeihen Sie die Kühnheit, Ihnen sagen, daß ich, wie von einem Alp befreit, aufgeatmet habe, als unser Führer, unser großer Volkskanzler und seine Regierung, der Welt wieder einmal in klarer, göttlicher Eindeutigkeit die Antwort auf scheinbar Unlösbares gegeben hat und somit den ersten Spatenstich in die Herzen von Millionen unerweckter Volksgenossen diesseits und jenseits der Meere tat.« Im Jahr darauf erscheint in der Schweiz eine Dokumentation. Zu George heißt es dort: »Apropos Gesinnungslosigkeit! 2. November 1933 Treuekundgebungen aus Bühnenkreisen zur Politik des

---

[4] Bis heute greift gerade diese Kritik auf unsichere Quellen, erwiesenermaßen falsche Behauptungen etc. zurück. Vgl. dazu ausführlich Fricke, Kurt: »Sie lassen uns spielen, wie uns noch niemals jemand hat spielen lassen.« Heinrich George – eine politische Biographie, Diss. Univ. Halle-Wittenberg 1999, S. 1–6.

[5] Die folgenden Ausführungen basieren grundsätzlich auf Fricke: Spiel am Abgrund sowie ders.: Sie lassen uns spielen. Dort auch ausführliche Literaturhinweise. Zuletzt erschien zum Thema: Knopp, Guido/Sporn, Mario: Heinrich George, in: Knopp, Guido: Hitlers nützliche Idole. Wie Medienstars sich in den Dienst der NS-Propaganda stellten, München 2008, S. 152–2007, das überwiegend auf »Spiel am Abgrund« zurückgreift.

[6] Inwieweit diese Beiträge tatsächlich im vollen Wortlaut auf die jeweiligen Autoren zurückzuführen sind, ist noch nicht hinreichend erforscht. Vgl. Fricke: Spiel am Abgrund, S. 260 f.

[7] Dr. Goebbels in seiner zweiten Kaiserhof-Rede über Kunst und Volk, in: Filmkurier vom 9.5.1933.

Führers [...] Heinrich George an den Reichsminister Dr. Goebbels [...] Heinrich George, der ehemalige Kommunist.«[8]

Im April 1945, einen Monat vor Kriegsende in Deutschland, kommt der erwähnte letzte Beitrag Georges in die Presse: »Wir klagen an! Wir rufen auf! <u>Wir kämpfen!</u> Heinrich George: Die Taten entscheiden! Mag die barbarische Zerstörungswut unserer Feinde die Denkmäler unserer vaterländischen Geschichte brandschatzen und vernichten, sie werden im Gedächtnis der Nation nur desto fester und unzerstörbarer fortbestehen. Unsere Zeit ist keine Zeit der Klage, sie ist von einer eisernen Männlichkeit. Wo sich im Kampf der Fronten und im Einsatz der Heimat die männlichen Charakterwerte der Tapferkeit, des Durchstehens bis zum äußersten und einer stündlichen Todesbereitschaft bewähren, da muß ein jeder eine kernfeste Männlichkeit besitzen, wenn er der Forderung entsprechen soll. Wir stecken alle nur im Stiefel unserer harten Pflicht. Jeder Kothurn ist abgeschnallt und große pathetische Worte haben heute keinen Klang mehr. Die Taten entscheiden!«[9] Die Durchhalteparolen, die auch anderen Kunstschaffenden entlockt werden, retten das »Tausendjährige Reich« nicht mehr. Am 8. Mai 1945 kapituliert Deutschland.

Über kaum einen anderen Künstler wird in Deutschland während der Herrschaft der Nationalsozialisten soviel geschrieben wie über Heinrich George. Reporter suchen ihn zu Hause auf,[10] begleiten ihn bei Gastspielen, im Filmatelier und bei öffentlichen Veranstaltungen.[11] Der Theaterkritiker Herbert Ihering urteilt 1942 über ihn: »Er ist ein Genießer und ein Fanatiker zugleich [...] Ein Mann der ausschweifenden Eingebung und der zähesten Widerstandskraft, der verschwenderischen Laune und der pedantischen Genauigkeit.«[12]

---

[8] Die braune Kultur. Ein Dokumentenspiegel, hg. v. Cassie Michaelis, Heinz Michaelis und W. O. Somin, Zürich 1934, S. 184 f.

[9] George, Heinrich: Die Taten entscheiden, in: Völkischer Beobachter (Berliner Ausgabe) vom 7.4.1945. Der Aufruf erscheint am 8.4.1945 in der Deutschen Allgemeinen Zeitung; am 17. April in der Münchner Ausgabe des Völkischen Beobachters. – Der Kothurn ist ein Bühnenschuh der Schauspieler mit hoher Sohle, der im antiken Trauerspiel zum Einsatz kam. Kothurn ist auch Synonym für eine erhabenen, pathetischen Stil.

[10] »Wie ein Stück Theatergeschichte wirkt dieser große Arbeitsraum Georges, es wird einem die Zeit nicht lang, wenn man hier auf ihn wartet, so viel gibt es dort zu sehen [...] überlebensgroße Ölgemälde des Künstlers sieht man hier inmitten unzähliger Photographien großer lebender und verstorbener Künstler. Aus ihren Widmungen ist zu erkennen, wie sehr sie den Künstler – und den Menschen George schätzen.« Serda, Charlott: Prominente »privat«. Das erste Farbphotobuch aus dem Leben bekannter Schauspieler, Berlin-Schöneberg 1940, S. 35 f.

[11] Neben Artikeln über George bzw. Interviews mit ihm in Tageszeitungen und Illustrierten erscheinen in der NS-Zeit verschiedene Schauspieler-Bücher, in denen er vertreten ist. Dazu zählen: Gregor, Joseph: Meister deutscher Schauspielkunst. Krauss – Klöpfer – Jannings – George, Bremen/Wien 1939; Stemplinger, Eduard: Von berühmten Schauspielern, München 1939; Ihering, Herbert: Von Josef Kainz bis Paula Wessely, Heidelberg/Berlin, Leipzig 1942; Biedrzynski, Richard: Schauspieler, Regisseure, Intendanten, Heidelberg/Berlin/Leipzig 1944. Zu seinem 25. Bühnenjubiläum bringt das Schiller-Theater eine Festschrift heraus: Heinrich George. 25 Jahre Schauspieler, hg. v. Kurt Raeck, Berlin-Charlottenburg 1937. Zudem erscheint ein Heft: Koch, Heinrich: Heinrich George. Ein Mann von echtem Schrot und Korn, Berlin 1940. Selbst zu Wort kommt Heinrich George in dem Band: Weinschenk, Harry E.: Schauspieler erzählen, Berlin 1938.

[12] Ihering: Von Josef Kainz bis Paula Wessely, S. 165.

George ist aber nicht nur als Künstler populär, er ist auch ein Politikum. 1939 schreibt Joseph Gregor in der Einleitung seines Buches über Werner Krauß, Eugen Klöpfer, Emil Jannings und Heinrich George: »Vier deutsche Schauspieler sind Gegenstand dieses Buches. Keineswegs vier zufällig gewählte: es sind vier Namen, von denen wir heute mit die stärkste Kraft unserer Schauspielkunst ausstrahlen sehen, zugleich jene, die vor der Nation die stärkste Verantwortung für unser Theater zu tragen haben [...] jeder greift auch noch über Theater und Film weit hinaus zu einer wichtigen und weithin angesehenen Funktion in der Öffentlichkeit, zu den Aufgaben des Theaters im gewaltigen Neuaufbau unseres Vaterlandes.«[13] Über den Intendanten George schreibt Hans-Ottmar Fiedler 1943 im Berliner Lokalanzeiger: »Neben den rein künstlerischen Aufgaben stehen auch Verwaltungspflichten. Doch George hat einen Zaun um seine Welt errichtet, der jeder Bürokratie den Zutritt verwehrt. Schon sein Intendantenzimmer mit den in Anlehnung an die Holzkunst des heimatlichen Pommerns entstandenen schweren Möbeln offenbart es. [...] Dies aber ist das Gesetz des von praller Lebensfülle schwingenden Mannes: Tätig sein, heute, auf seines Lebens Höhepunkt, wie in all den aufgabenreichen Zeiten, die ihn auf den Gipfel führten.«[14]

George selbst meldet sich ebenfalls oft zu Wort, um dabei auch ins Politische abzugleiten. Ohne Zweifel lässt sich aus seinen Artikeln eine gewisse Verehrung für Adolf Hitler ablesen, den er wie die meisten Deutschen für den Erretter Deutschlands aus der Knebelung des Versailler Vertrages hält und in dem er auch einen großen Förderer der deutschen Kunst, insbesondere des Schauspiels, erblickt.[15] Dabei spielt wohl auch eine Rolle, dass Hitler, der George als Schauspieler schätzt, sich wiederholt persönlich für diesen eingesetzt hat – ohne dass George darum gebeten hätte.[16] Immer wieder geht er deshalb in seinen Äußerungen auf seine Dankbarkeit gegenüber dem Reichskanzler ein. Der bereits zitierte Artikel im Völkischen Beobachter vom November 1933 bildet den Anfangspunkt in einer Reihe öffentlicher Äußerungen in diesem Sinne. Während eines Erholungsaufenthaltes in der Nähe von Kolberg im Jahr 1937 nimmt George an einem Kameradschaftsabend mit Mitgliedern des Kolberger Stadttheaters im Ratskeller der Stadt teil. »Heinrich George dankte für die herzliche Begrüßung. Es sei eine Selbstverständlichkeit, mit seinen hiesigen Kameraden zusammenzusein [...] und wenn in manchem seiner Kolberger Kameraden der Zug in die weite Welt lebe, so wolle er in dieser Stunde daran

---

[13] Gregor: Meister deutscher Schauspielkunst, S. 5.
[14] Fiedler, Hans-Ottmar: Er führt die Herzen empor. Gespräch mit Heinrich George, dem Fünfziger, in: Berliner Lokalanzeiger vom 8.10.1943.
[15] »Im Erker steht ein breiter behäbiger Schreibtisch [...] Hier steht auch ein Bild des Führers im Silberrahmen, mit einer persönlichen Widmung versehen.« Krünes, Erik: Bei Georges am Wannsee, in: Weite Welt vom 24.7.1938.
[16] Wilhelm Fraenger, langjähriger Freund von George, von den Nationalsozialisten im März 1933 als Bibliotheksdirektor in Mannheim entlassen, schreibt im Februar 1934 an den Dichter Hans Schiebelhuth: »Es wird daher schwer halten, was zu unternehmen, zumal Heinrich George sich schwer zu wehren hatte, dass man ihm selbst nicht an den Wagen fuhr. Nur nach Hitlers persönlicher Intervention kamen die Quertreibereien gegen ihn halbwegs zur Ruhe.« Brief vom 3.2.1934. Wilhelm-Fraenger-Archiv.

erinnern, daß nur große Politiker den Sehnsuchtsmenschen, den Künstlern, die zwischen Himmel und Erde schweben, das verwirklichen können, was sie ersehnen. Dieser große Politiker sei nun gekommen. Und wenn man heute hier im Ratskeller versammelt sei zu einem Kameradschaftsabend und er nach 25 Jahren wieder einmal im Kreise seiner Kameraden weilen könne, so danke man das Adolf Hitler, dem Förderer der Kunst, dem Führer des neuen Deutschlands, dem als Gruß ein dreifaches Sieg-Heil gelte.«[17]

In der Festausgabe des »Berliner Lokalanzeigers« zum 50. Geburtstag von Adolf Hitler erscheint ein von George verfasster Artikel »Wenn der Führer ins Theater kommt«, in dem er über persönliche Begegnungen berichtet. Der Schriftleiter des Blattes bedankt sich dafür: »Sehr geehrter Herr Intendant, es war mir eine besondere Freude, in der Festausgabe des Berliner Lokal-Anzeigers zum 50. Geburtstag des Führers auch einen Beitrag aus Ihrer Feder bringen zu dürfen. Für die liebenswürdige Bereitwilligkeit, mit der Sie meiner Bitte um einen solchen in so volkstümlicher Weise entsprachen, möchte ich Ihnen hiermit noch persönlich meinen herzlichen Dank sagen.«[18]

1937 ist George mit Hitler in der Presse zu sehen, wie er in der Kostümierung des Götz von Berlichingen für das Winterhilfswerk sammelt. Gisela Uhlen, damals am Schiller-Theater engagiert, erinnert sich: »Wir Schauspieler wurden dazu verpflichtet, für die ›Winterhilfe‹ sammeln zu gehen. Damals glaubten wir noch an die gute Tat. Unsere Sammeltätigkeit wurde halbstündig davon unterbrochen, daß Heinrich George in Rüstung, mit der Eisernen Faust bewaffnet, auf den Balkon trat und zu wohltätigen Zwecken Goetz von Berlichingens berüchtigtes Zitat über die Menge schmetterte.«[19] Wie »ernst« man diese Art der Spendensammlung nimmt, zeigt ein Brief von Fraenger an George: »Lieber Heinrich! Laß Dich [...] durch einliegendes Presseblatt etwas erheitern, wo Du mit eiserner Faust die Belange der ›Volksgemeinschaft‹ kräftiglich befördern hilfst.«[20]

Als Intendant des Schiller-Theaters hat George Gelegenheit, in den Drucksachen des Theaters, insbesondere den Programmen, an die Öffentlichkeit zu treten. So schreibt er einen Bericht über die Europatournee des Ensembles 1938 im Programmheft zu Calderons »Der Richter von Zalamea«. Da die Reise mit dem Anschluss Österreichs an das Deutsche Reich zusammenfiel, war der Bericht entsprechend euphorisch. Unter anderem heißt es darin: »Nachts in Schneidemühl, am 10. März nach der Vorstellung, drangen beim Abendessen Gerüchte an unser Ohr: deutsche Truppen hätten die österreichische Grenze überschritten. Wir dachten, jetzt gibts Krieg! Wie groß waren unser Erstaunen und unsere Freude, als wir dann in Danzig über Radio Wien den Jubel und die Begeisterung über die Einverleibung Österreichs in das

---

[17] Frohe Stunden mit Heinrich George, Kolberger Zeitung?, 1937. Originalzeitungsausschnitt im Heinrich-George-Nachlass (im Folgenden HGN), der inzwischen bei der Berliner Akademie der Künste liegt.
[18] Schreiben vom 29.4.1939, HGN.
[19] Uhlen, Gisela: Mein Glashaus, Frankfurt am Main/Berlin 1991, S. 43.
[20] Brief vom 23.2.1937. Kopie im Wilhelm-Fraenger-Archiv.

Altreich hörten!«[21] Im Rundfunk berichtet er am 22. Juni 1938 in der Reihe »Erlebt – erzählt« des Reichssenders Berlin ebenfalls über die Gastspielreise.[22]

Während des Krieges engagiert sich George dann häufig für die Betreuung der Soldaten, deren harten Dienst er aus eigenem Erleben kennt. Aus einem Gespräch mit einem Journalisten über Georges Erfahrungen im Ersten Weltkrieg entsteht die Idee zu einem Brief an die Wehrmachtssoldaten. In den »Münchner Neuesten Nachrichten« vom 10. Oktober 1943 wird der Brief abgedruckt. »Liebe Kameraden von Front und Heimat! […] Wenn mir bei dem Gedanken an den Bretter- und Balkentrupp[23] auch heute noch die Schultern schwellen, so war ich doch mit Leib und Seele Soldat, genau so, wie ich mit Leib und Seele Schauspieler bin. Gelernt ist gelernt! […] Es war für mich ein beglückendes Gefühl und bewies mir die große kameradschaftliche Verbundenheit, als man mir heute mitteilte, daß ein fünfzehn Kilometer langes Panzerhindernis, von Pionier- und Baubataillonen geschaffen, meinen Namen trägt. Ich bleibe meiner Waffe treu und werde alle Zeit bemüht sein, wenigstens als Kulturpionier mit an der Spitze zu marschieren, Wege zu bahnen, zerstörte Brücken aufzubauen von Welt zu Volk, aber auch Panzerstellungen wie Ihr da draußen zu errichten, die unser heiligstes Kulturgut schützen. Und somit viel Soldatenglück! Euer Heinrich George.«[24] Vielfach lässt er Honorare von Lesungen und Gastspielen an Soldatenheime oder Einrichtungen des Roten Kreuzes überweisen.

Nach dem Attentat vom 20. Juli 1944 bemüht sich Propagandaminister Goebbels um Ergebenheitsadressen aus prominenten Kreisen. Hans Daiber schreibt: »Goebbels aber wollte seinem Führer Treuebekenntnisse überreichen. Hinkel hatte die Aktion angeregt und überwachte den Effekt. Es wurden 365 Aufforderungen verschickt. Bis zum 1. Dezember waren rund hundert Antworten eingegangen, darunter allerdings auch Zwischenbescheide. Die Prominenz zierte sich […] Hinkel führte Buch, hakte nach. Furtwängler und Sauerbruch winkten ab. Nach anderer Darstellung wurde George mit Furtwängler geködert. Das war wohl nur Bluff. Gründgens ließ wissen, er sei Soldat, nichts weiter, also betreffe ihn die Aktion gar nicht. Werner Egk will sich ambivalent geäußert haben: ›So tief der Führer dem Wahren, Guten, Schönen verbunden ist, so tief sind die deutschen Künstler ihm auch verbunden.‹ Paul Wegener formulierte bündiger und listiger: ›Ich glaube an den Führer, wie ich an den

---

[21] George, Heinrich: Unser Auslands-Gastspiel, in: Fraenger, Wilhelm (Schriftleitung): Schiller-Theater der Reichshauptstadt. Calderon: Der Richter von Zalamea, Berlin (1938), o. S. (S. 10). Vgl. zur Tournee ausführlich Fricke: Spiel am Abgrund, S. 82–87.

[22] Vgl. Vorschau in: N.S. Funk (Berliner Ausgabe), Folge 25 vom 19.06.1938, S. 37: »Die Hörer werden dieses Gastspiel nacherleben und erfahren, welch tiefe Eindrücke die Berliner Künstler im Ausland hinterlassen haben.« Im selben Heft ist ein Bericht »Kleines Gespräch mit Heinrich George« abgedruckt. Ebd., S. 8. Das Interview liegt z. T. im Deutschen Rundfunkarchiv Wiesbaden vor (DRA Wiesbaden B003643591). Vgl. auch (http://www.dra.de/online/hinweisdienste/wort/2006/september25.html, 18.08.2008)

[23] Gemeint sind die Pioniereinheiten.

[24] Mr: Heinrich George schreibt den Soldaten. Eine Unterredung und ein Brief, in: Münchener Neueste Nachrichten, München 10.10.1943.

Endsieg glaube.«²⁵ Die angeführten Zitate sind allerdings mit Vorsicht zu genießen, da die Zuschriften nicht veröffentlicht werden, sondern ausschließlich für Hitlers »privaten Gebrauch« bestimmt sind. Die späteren Presseveröffentlichungen, die in diesem Zusammenhang angeführt werden, haben dagegen mit den »Führerbekenntnissen« nichts zu tun. Daibers Behauptung »Der Völkische Beobachter [...] und andere Zeitungen begannen, eine günstige Auswahl aus den abgenötigten Gelöbnissen zu veröffentlichen [...] Heinrich George griff in die Harfe«²⁶ ist deshalb zurückzuweisen. Tatsächlich weiß bis heute niemand genau, welche Personen Bekenntnisse geschrieben haben und welchen Inhalts diese Schreiben waren. Georges Kollegin Anneliese Uhlig schreibt: »Das sogenannte ›Bekenntnis zum Führer‹ behielt jeder für sich. Georges Bekenntnis soll, nach Flüsterumlauf, gelautet haben: ›Dem Führer zu danken, verbietet mir meine Bescheidenheit‹ Dies konnte, wenn wahr, so oder so ausgelegt werden und hätte während und nach der Nazizeit sein Leben retten können. Leider tat es das nicht.«²⁷

2. Filmpropaganda für das »Dritte Reich«

George, der spätestens seit seiner Rolle als Werkmeister in Fritz Langs »Metropolis« (1927) auch zu den deutschen Filmstars zählt, ist Anfang 1933 mit zwei Filmen in den Kinos zu erleben. Am 23. Februar hat »Das Meer ruft!« Premiere und am 19. April gelangt Georges erste Regiearbeit »Schleppzug M 17« zur Uraufführung. Wesentlich für seine Karriere und seinen späteren Lebensweg ist jedoch ein Film, der am 11. September 1933 in München unter Anwesenheit der gesamten NS-Führungsriege feierlich uraufgeführt wird: »Hitlerjunge Quex«.²⁸ Der Film, der den Märtyrertod eines HJ-Jungen in der Weimarer Republik zum Inhalt hat, ist die Morgengabe der UFA an die neuen Machthaber. George spielt einen arbeitslosen Vater, der kommunistischen Idealen nachhängt, während sein Sohn sich zur Hitlerjugend hingezogen fühlt. In ziemlicher Schwarzweißzeichnung wird die »hehre, reine« Hitlerjugend einer sittlich verrohten kommunistischen Jugend gegenübergestellt.²⁹ Nach dem Tod des Sohnes wird schließlich dessen Vater von den neuen Idealen des

---

25 Daiber, Hans: Schaufenster der Diktatur. Theater im Machtbereich Hitlers, Stuttgart 1995, S. 356.
26 Ebd., S. 358. Hans Hinkel, Mitglied der SS, hatte im Propagandaministerium verschiedene Positionen inne, 1944 war er Leiter der Filmabteilung und Reichsfilmintendant.
27 Schriftliche Auskunft vom 16.9.1997.
28 Im Rahmen dieses Aufsatzes werden ausschließlich die Filme näher betrachtet, die als Propaganda für das »Dritte Reich« zählen können.
29 »Eine wilde Horde trifft sich auf dem Bahnhof [...] Draußen am Wannsee im Nachtlager wird der reine Junge durch das zuchtlose Wesen der roten Genossen angewidert. Er zieht sich in die Nacht des Waldes zurück. Da wird er durch Gesang und Musik angelockt, und schleicht nach dem Schall der Töne. Durch Gebüsch gedeckt, erblickt er ein herrliches Schauspiel. Auf einem großen freien Platz hält die Hitlerjugend, geschart um ein großes Feuer, ihre Sonnenwende ab. Ordnung, Gesittung und Manneszucht fesseln den Jungen, den sein Herz zieht zu diesen ihm Gleichgearteten.« Petzold, Paul Erich: Hitler-Junge Quex. Was unsere Kamera beim Verfilmen sah, 1933, Bundesfilmarchiv, Mappe »Hitlerjunge Quex«.

2 | Heinrich George und Hermann Speelmanns in »Hitlerjunge Quex« (1933)
Gregor, Joseph: Meister deutscher Schauspielkunst. Krauß, Klöpfer, Jannings, George, Bremen/Wien 1939, Fotografie: UFA

Nationalsozialismus überzeugt. Als Mutter des Jungen agiert Berta Drews, Georges Lebensgefährtin.

Neben dem erwähnten Artikel im »Völkischen Beobachter« von November 1933 ist Georges Mitwirken in dem »Quex«-Film für viele ehemalige Kollegen, Freunde und Bekannte ein eindeutiges Zeichen für dessen Loyalität zum NS-Regime. Und es fehlt nicht an Stimmen, die gerade George dafür Konsequenzen androhen. Bereits 1934 hat sein ehemaliger Freund, der Autor Friedrich Wolf, aus dem Moskauer Exil erklärt: »Einzig die ›Alpenfee‹ Leni Riefenstahl und der geisterhafte Heinrich George bleiben im Dritten Reich. Wirklich, wir beneiden sie nicht um ihre Arbeit und ihre filmischen Aufgaben. Alle diese Namen, mit ihren gegenwärtigen Beziehungen und Funktionen werden von uns in zukünftigen Tagen nicht vergessen werden.«[30]

Für George, der nach dem Machtantritt der Nationalsozialisten nicht unbedingt hofiert wurde, scheinen nun wieder bessere Zeiten anzubrechen. Im

---

[30] »Only the ›Alpenfee‹ Leni Riefenstahl and the Ghost-like Typ, Heinrich George, remain in the Third Empire. Truly, we do not envy them in their work and their film tasks. All of these names, with their present associations and functions will not be forgotten by us in future days.« Wolf, Friedrich: Hitler's Films, in: International Literature, H. 1, Moskau 1934, S. 138.

3 | Mit Hitler-Portrait zu Hause beim Rollenstudium: Aufnahme für das amtliche Organ der Reichsrundfunkkammer (1938)
N.S. Funk, Berliner Ausgabe, 19. Juni 1938, S. 8, Fotograf: A. Bankhardt

August 1933 erhält er einen Jahresvertrag am Hermann Göring, dem preußischen Ministerpräsidenten, unterstellten Staatstheater, dessen neuer Intendant Dr. Franz Ulbrich – zusammen mit dem Dramatiker Hanns Johst – für Linientreue sorgen soll.[31] Doch bald gibt es Querelen mit Ulbrich und auch nach dem Wechsel der Intendanten, Gustav Gründgens übernimmt nach einer Verfügung Görings vom 24. April 1934 das Ruder, findet George am Staatstheater keinen rechten Stand. Waren es zunächst politische Unstimmigkeiten, so passt es nun künstlerisch nicht. George scheidet aus dem Ensemble aus und spielt in der Folgezeit an verschiedenen Berliner Bühnen. Dazwischen dreht er weiter Filme. Seiner schauspielerischen Karriere schadet die wechselnde Theatermitgliedschaft jedoch nicht. 1936, er spielt gerade am Saarlandtheater, wird George erstmals für den Titel »Staatsschauspieler« vorgeschlagen. Am 31. Januar 1937,

---

[31] »Der preußische Ministerpräsident Hermann Göring hat dem Staatsschauspiel die verlorenen Güter wiedergegeben, als er sich selbst an seine Spitze stellte. Er betraute Hanns Johst und Dr. Franz Ulbrich mit der Umwandlung des republikanischen Staatstheaters in das ›nationale Theater‹ des Staates.« von Naso, Eckart: Köpfe und Gestalten aus der Geschichte des Schauspielhauses, in: 150 Jahre Schauspielhaus am Gendarmenmarkt, hg. von der Intendanz der Staatlichen Schauspiele Berlin, Berlin 1936, S. 51.

George ist inzwischen am Schiller-Theater engagiert, erfolgt schließlich die Ernennung durch Reichskanzler Hitler.

1937 ist George nach verschiedenen Filmprojekten wieder in einem Film zu sehen, der eindeutig nationalsozialistische Interessen verfolgt. Am 7. September kommt »Unternehmen Michael« heraus, dessen Handlung im Ersten Weltkrieg angesiedelt ist. Er steht in Zusammenhang mit weiteren Filmen, die parallel zur deutschen Rüstungsforcierung das heldenhafte Soldatentum in den Mittelpunkt stellen und so die Bevölkerung mental auf das Bevorstehende vorbereiten sollen. Die Presse meldet: »Verfilmtes Weltkriegsgeschehen zeigen die Filme ›Unternehmen Michael‹ und ›Freibeuter‹. Der erste Film wird soldatisches Heldentum an der Westfront darstellen [...] Schon nach diesem kurzen Vorausblick ist zu hoffen, daß diese im Sinne unserer heutigen Weltanschauung geplanten Filme zweifellos mit beitragen werden, die Erkenntnisse unserer Zeit in der breiten Masse zu verankern.«[32]

Ein halbes Jahr nach der Filmpremiere beginnt in Berlin der Umbau des städtischen Schiller-Theaters. Hitler hat sich persönlich dafür eingesetzt, er will Heinrich George mit der Intendanz des Hauses betrauen. Bereits Ende 1937 ist George darüber im Bilde und beginnt seine Vorstellungen für die Leitung auszuarbeiten.[33] Offiziell wird George am 1. März 1938 durch Reichsminister Goebbels zum Intendanten berufen.

Die neue Stellung erlaubt George auch, verschiedenen Kollegen und Freunden zu helfen, die aus politischen oder rassischen Gründen bedroht sind.[34] Gleichzeitig ist er damit jedoch den NS-Kulturfunktionären verpflichtet, die – an der Spitze Propagandaminister Goebbels – entsprechende Loyalitätsbeweise einfordern. Damit bleibt George auch seine wohl bitterste künstlerische Erfahrung nicht erspart – die Mitwirkung an dem antijüdischen Hetzfilm »Jud Süß«. Ein Jahr bevor Reichsmarschall Göring den Chef der Sicherheitspolizei und des SD, Reinhard Heydrich, mit der Vorbereitung der »Endlösung der Judenfrage« beauftragt, gelangen drei Filme in die Kinos, die als dezidiert antisemitisch zu bezeichnen sind. Am 17. Juli 1940 hat zunächst »Die Rothschilds« Premiere, am 5. September dann »Jud Süß« und schließlich am 28. November der vorgebliche Dokumentarfilm »Der ewige Jude«.

Was von dem bei der Terra angesiedelten Film »Jud Süß« zu erwarten ist, zeigt eine Information der Filmfirma: »Der Jude Süß Oppenheimer war der Finanzberater des Herzogs Karl Alexander von Württemberg, und in dieser Eigenschaft entpuppte er sämtliche Instinkte seiner Rasse. Er plünderte die Bauern und Bürger aus, er bereicherte sich und seine Artgenossen [...] Bis die

---

[32] Filmkampf gegen den Bolschewismus. Die weltanschauliche Ausrüstung des deutschen Films, in: Neue Abendzeitung, Saarbrücken 19.11.1936.

[33] Am 13. November 1937 notiert Goebbels in seinem Tagebuch: »Funk war bei Heinrich George, der krank ist. Aber er wälzt große Pläne mit dem Schillertheater. Ich werde mich seiner annehmen.«, Die Tagebücher von Joseph Goebbels. Sämtliche Fragmente, hg. von Elke Fröhlich, 4 Bde., München u. a. 1987, Teil I, Bd. 3, S. 333.

[34] Vgl. dazu ausführlich das Kapitel »Nische Theater«, in: Fricke: Spiel am Abgrund, S. 116–161.

geplagten Württemberger sich nicht nur mehr kratzten, sondern das Ungeziefer totschlugen.«[35]

Das Interesse an der Mitarbeit an diesem Film ist denkbar gering. Schon bei der Regiebesetzung gibt es erste Schwierigkeiten. Zunächst soll der Stoff von Peter Paul Brauer verfilmt werden. Der damalige Regisseur und spätere Theaterintendant Boleslaw Barlog schreibt später: »Jud Süß sollte von Dr. Brauer verfilmt werden, der mich als Assistenten ausersehen hatte [...] Wie glücklich waren wir, als auch Goebbels sich gegen Brauer entschied und dem gar nicht glücklichen Veit Harlan die Regie aufzwang.«[36] Propagandaminister Goebbels entscheidet sich schließlich für den aufstrebenden Regisseur, der im Jahr zuvor mit »Das unsterbliche Herz« und »Die Reise nach Tilsit« großen Erfolg hatte.[37] Harlan ist dem Stoff ebenso wenig zugetan, wie die Schauspieler, die er verpflichten soll. Die Besetzung der Hauptrollen wird zum Kraftakt, niemand will in diesem Film in vorderster Linie stehen.[38] Den Jud Süß muss schließlich Ferdinand Marian spielen, Goebbels hat sich durchgesetzt.[39] Heinrich George wird in der Rolle des Herzogs von Württemberg besetzt, der Oppenheimer zu seinem Finanzier ernannt hat. Auch George versucht unter verschiedenen Vorwänden, um die Beteiligung an dem Machwerk herumzukommen. Neben Terminproblemen schiebt er auch künstlerische Erwägungen vor. Fritz Hippler, zu dieser Zeit Leiter der Abteilung Film im Reichsministerium für Volksaufklärung und Propaganda, berichtet: »Auch Heinrich George war kreuzunglücklich über seine Rolle als Herzog, der als rechtes Scheusal den Jud Süß direkt dazu provoziere, sich seinerseits scheusälig zu benehmen; er wirke dann noch unsympathischer als der Jude. Nachdem er auch im Schillerfilm einen üblen Kujon als Herzog gespielt habe, befürchte er, auf Dauer nur noch Bösewichter spielen zu müssen. Ich hatte schon vorher versucht, George von dieser Begründung abzubringen. Genauso vergeblich, wie George sich nun bemühte, den Minister umzustimmen.«[40] Goebbels, dem schnell klar wird, was die wahren Gründe für die Ablehnung der Künstler sind, bestellt schließlich Harlan zu sich: »Goebbels ließ mich kommen [...] Er habe mit dem Führer darüber gesprochen, daß ich und die meisten Schauspieler ihre Mitarbeit an diesem Film ablehnten. Er sei mit dem Führer übereinge-

---

[35] Erster Terrabericht zu »Jud Süß«, hg. vom Informationsdienst der Terra Filmkunst GmbH, Berlin o. J., S. 5.
[36] Barlog, Boleslaw: Theater lebenslänglich, 3. Aufl., Frankfurt am Main/Berlin 1990, S. 62.
[37] Ironischerweise wird Harlan ein rundes Jahr zuvor noch selbst verdächtigt, keinen rein arischen Stammbaum zu haben. »Es wurde die Vermutung ausgesprochen, dass Harlan, der augenblicklich allerdings sehr in den Vordergrund gedrängt wurde, Halbjude ist.« Besprechung im Büro Hinkel. Sitzungsprotokoll vom 30.7.1938, in: BArch, R 58, Nr. 984, Bl. 74.
[38] »Fast alle Schauspieler, an der Spitze Ferdinand Marian, wehrten sich verzweifelt gegen die Rollenbesetzung in diesem Film.« Harlan, Veit: Wie ich zum Nationalsozialismus stand, ms. Manuskript, o. O., o. J., in: BArch, Veit Harlan, RKK 2703 Box 82 File 35.
[39] »Mit Marian über den Jud Süßstoff gesprochen. Er will nicht recht heran, den Juden zu spielen. Aber ich bringe ihn mit einigem Nachhelfen doch dazu.« Eintrag vom 5.1.1940, in: Die Tagebücher von Joseph Goebbels, Teil I, Bd. 4, S. 4.
[40] Hippler, Fritz: Die Verstrickung, Düsseldorf [1981], S. 199.

kommen, die Grenze klarzumachen, wo die individualistischen Wünsche von Künstlern aufhörten.«⁴¹

»Jud Süß« erlebt auf der Biennale in Venedig am 5. September 1940 seine Premiere, bei der Berliner Uraufführung am 24. September im UFA-Palast am Zoo ist u.a. Reichsminister Goebbels anwesend. Der Film wird trotz begleitendem Medienecho kein besonders großer Erfolg, findet aber dennoch viele Zuschauer.⁴² Der Reichsführer der SS Heinrich Himmler ordnet am 30. September 1940 an: »Ich ersuche Vorsorge zu treffen, daß die gesamte SS und Polizei im Laufe des Winters den Film ›Jud Süß‹ zu sehen bekommt.« ⁴³ Das Reichssicherheitshauptamt meldet in der Folgezeit: »Unter den Szenen, die von der Bevölkerung besonders beachtet werden, wird – außer der Vergewaltigungsszene – der Einzug der Juden mit Sack und Pack in die Stadt Stuttgart genannt. Im Anschluß gerade an diese Szene ist es wiederholt während der Vorführung des Filmes zu offenen *Demonstrationen gegen das Judentum* gekommen. So kam es z.B. in Berlin zu Ausrufen wie ›Vertreibt die Juden vom Kurfürstendamm! Raus mit den letzten Juden aus Deutschland!‹«⁴⁴ Im selben Bericht findet sich auch ein Hinweis auf die Rollengestaltung Georges, der den Herzog als lasterhaften Menschen gezeichnet hat. »Uneinheitlich sei die Einstellung der Bevölkerung zu der Person des *Herzogs* von Württemberg. Nach bisher beobachteten Stellungnahmen überwiege die Ansicht, daß der Herzog fast ebenso verdammungswürdig wie der Jud Süß sei und daß sein Tod seine gerechte Strafe sei, die leider etwas zu früh komme, so daß er über die notwendige Einstellung zum Jud Süß und zum Judentum überhaupt nicht mehr habe belehrt werden können.«⁴⁵

Nach der Premiere des Films schreibt Lion Feuchtwanger, Autor des gleichnamigen Romans, am 4. Juli 1941 aus dem US-amerikanischen Exil einen »Offenen Brief an einige Berliner Schauspieler«. Aus der Ferne versucht Feuchtwanger nachzuvollziehen, wo die Motivation der Künstler, bei diesem Projekt mitzuarbeiten, lag. »Nun denn, ich versuche auch jetzt, hier von der anderen Seite des Ozeans aus, mich in Sie einzufinden: In Sie, mein glatter, in allen Farben schillernder Werner Krauss […] In Sie, Eugen Klöpfer, ›Sinnbild deutscher Biederkeit‹, wie Ihr Berichterstatter Sie nennt […]. In Sie, plumper, polternder, schlauer Heinrich George, der Sie dem Herzog ›die behäbigen, breiten, brutalen Züge eines Genussmenschen geben, nach aussen hin ein Kraftmensch, im Grunde aber ein Schwächling‹; sicherlich nach neuem Studium meines Buches. In Sie, versoffener und sich nach allen Seiten windender Albert Florath,

---

41 Harlan, Veit: Im Schatten meiner Filme, Gütersloh 1966, S. 100. Vgl. zum Gesamtkomplex das Kapitel »Jud Süß«, in: Fricke: Spiel am Abgrund, S. 233–240, sowie Noack, Frank: Veit Harlan. »Des Teufels Regisseur«, München 2000, S. 178–204.
42 Goebbels ordnet die Hervorhebung des Films an: »Herr Fritzsche soll dafür sorgen, daß die heutige Uraufführung von ›Jud Süß‹ ihrer Bedeutung entsprechend herausgestellt und daß dieser Film nicht etwa nur unterm Strich behandelt wird.« Protokoll der geheimen Ministerkonferenz im RMfVuP vom 24.9.1940, in: BArch, R 50.01, Nr. 1d, Bl. 125.
43 BArch, Veit Harlan, RKK 2600 Box 77 File 3, Bl. 79.
44 Meldungen aus dem Reich Nr. 144 vom 25.11.1940, in: BArch, R 58, Nr. 156, Bl. 173 f.
45 Ebd.

und in Sie, kleiner, höchst wendiger Veit Harlan.«⁴⁶ Der Schluss, den er zieht, kommt der Wahrheit ziemlich nahe: »Allein, schließlich hat sich doch wohl der eine oder andere unter Ihnen locken lassen von der Rolle und von der Gage, und der zweite hat es ihm nachgemacht, und der dritte hat sich gesagt: ›Wenn ich die Rolle ablehne, bekommt sie ein anderer‹, und der vierte hat sich gesagt: ›Wenn ich die Rolle ablehne, dann kriege ich Unannehmlichkeiten‹, und der fünfte ist wohl wirklich unter Druck gesetzt worden, und zuletzt also waren Sie alle im Atelier, die meisten unter Ihnen mit etwas schlechtem Gewissen, aber da waren Sie doch alle.«⁴⁷

Ein weiterer Film mit antijüdischer Tendenz ist »Wien 1910«, in dem George eine Nebenrolle spielt, die allerdings hinsichtlich des Grundtenors des Streifens exponiert ist. Die Handlung beschränkt sich auf den Zeitraum vom 7. bis 9. März 1910 und zeigt die letzten Tage des Wiener Bürgermeisters Karl Lueger. Heinrich George gibt den politischen Widersacher Luegers auf der rechten Seite, Georg Ritter von Schönerer.⁴⁸

Am 26. August 1942 findet in Berlin die Premiere statt. Zu Lueger heißt es: »Ein großer und bedeutender Mann hat sich an einem unmöglichen Werk verbraucht. Der Staat, den er retten wollte, ist dem Untergang verfallen. Aber seine sozialen Einrichtungen, sein Kampf gegen den Kapitalismus, gegen Judentum und Sozialismus, sichern ihm einen Ehrenplatz in der Geschichte. Dies hat auch der Führer in ›Mein Kampf‹ anerkannt, indem er Lueger den größten deutschen Volksbürgermeister aller Zeiten nennt.«⁴⁹

Zur Figur des Schönerer wird erklärt: »Heinrich George leiht [...] der Gestalt dieses unbeirrbaren Vorkämpfers für das Deutschtum seine starke darstellerische Persönlichkeit und läßt diesen geradlinigen Eisenkopf mit seinem weittragenden Zukunftsblick vor uns erstehen.«⁵⁰

Mit dem weiteren Verlauf des Krieges, der nach der Niederlage von Stalingrad nach Deutschland zurückkehrt, kommen vermehrt Filme in Umlauf, die den Widerstandswillen der deutschen Bevölkerung stärken sollen. Zum Teil bedient man sich dabei historischer Themen, zum Teil wird gegenwartsbezogen gedreht. Der erste »Durchhaltefilm«, in dem George zu sehen ist, ist »Die Degenhardts«. George spielt einen 1939 pensionierten Lübecker Stadtbediensteten, der im Laufe des Krieges wieder gebraucht wird und sich der Stadt dafür

---

⁴⁶ Feuchtwanger, Lion: Offener Brief an einige Berliner Schauspieler, in: Aufbau. Reconstruction. Dokumente einer Kultur im Exil, hg. v. Will Schaber, New York/Köln 1972, S. 208.
⁴⁷ Ebd., S. 209.
⁴⁸ »Schönerer gründete im Jahre 1882 die Deutschnationale Partei und stellte das sogenannte ›Linzer Programm‹ auf. Er war der erste und einzige Politiker im damaligen Österreich, der den Arierparagraphen forderte und Wirtschafts- und Rassen-Antisemitismus predigte.« Bild- und Text-Information zum Wien-Film: Wien 1919, hg. vom Vertriebs-Presse-Referat der Deutschen Filmvertriebs-Gesellschaft m.b.H., Berlin o. J. (1942), S. 5. Bundesfilmarchiv, Mappe »Wien 1910«.
⁴⁹ Ebd., S. 3. In einer Szene des Films empfängt Lueger Wiener Waisenkinder zum Kaffee. Er erklärt ihnen an seiner Amtskette die Bezirke Wiens. Zur Leopoldstadt, dem traditionellen Judenviertel Wiens, merkt er an: »Da wohnt die Habsucht, der Neid und alle sieben Todsünden.«
⁵⁰ Ebd. Heinrich George spielt den Schönerer als einen von seinen Ideen überzeugten Mann, der an ein Großdeutschland unter Anschluss Österreichs glaubt. Der Antisemitismus des historischen Schönerer findet im Film erstaunlicherweise keine Berücksichtigung.

zur Verfügung stellt. Teilweise tragen die Szenen Symbolcharakter. 1939 sieht man etwa Vater Degenhardt stockschwingend neben durchmarschierenden Wehrmachtstruppen herlaufen, 1943 zeigt eine Szene ihn nach einem Luftangriff mit seiner Familie betroffen durch die zerstörte Stadt gehend. Goebbels schreibt in seinem Tagebuch: »Demandowsky führt uns den neuen Film der Tobis: ›Die Degenhardts‹ vor, mit einer Glanzrolle für George. Zum ersten Mal wird hier auch das Thema des Luftkrieges einbezogen, und zwar in einer taktvollen und psychologisch klugen Weise.«[51] Nach der Premiere wird Goebbels mitgeteilt: »Der Tobis-Film ›Die Degenhardts‹ ist am 30.6. im Rahmen einer festlichen Uraufführung vor Fronturlaubern, Verwundeten und Rüstungsarbeitern in Lübeck angelaufen und wurde mit überaus starkem Beifall aufgenommen. In der Presse wurde der Film in ausführlichen Kunstbetrachtungen als ›Sinnbild für deutsche Treue und Stetigkeit in guten und schlechten Tagen‹, als ›das Bild einer Familie in unserer Zeit‹ gewürdigt […] Die lebensvolle, menschlich echte Gestaltung der Rolle des Vaters Degenhardt durch Heinrich George wird besonders hervorgehoben.«[52]

An einen historischen Stoff hält sich dagegen der Film »Kolberg« – Goebbels filmische »Wunderwaffe«. Mit ungeheurem finanziellem und materiellem Aufwand[53] verfolgt Goebbels sein Ziel eines Monumentalfilms, der die Bevölkerung zur alles entscheidenden Abwehrschlacht mobilisieren soll. Veit Harlan wird wiederum von ihm ausersehen, die Idee umzusetzen. In einem Schreiben vom 1. Juni 1943 ordnet Goebbels offiziell an: »Hiermit beauftrage ich Sie, einen Großfilm ›Kolberg‹ herzustellen. Aufgabe dieses Filmes soll es sein, am Beispiel einer Stadt, die dem Film den Namen gibt, zu zeigen, daß ein in Heimat und Front geeintes Volk jeden Gegner überwindet. Ich ermächtige Sie, alle Dienststellen von Wehrmacht, Staat und Partei, soweit erforderlich, um ihrer Hilfe und Unterstützung zu bitten und sich dabei darauf zu berufen, dass der hiermit von mir angeordnete Film im Dienste unserer geistigen Kriegsführung steht.«[54]

Die Handlung des Films ist in die Zeit der Napoleonischen Kriege verlegt, beschrieben wird die Belagerung der preußischen Stadt und Festung Kolberg durch französische Truppen und die heldenhafte Verteidigung durch die Einwohner unter ihrem Bürgermeister Joachim Nettelbeck.

Als Regisseur wird, wie beschrieben, Veit Harlan genommen, von dem man überzeugt ist, dass er das gewünschte Massenspektakel filmisch umsetzten kann. Die Rolle des Nettelbeck erhält Heinrich George. Weitere Mitwirkende sind Paul Wegener (Festungskommandant Lucadou) und Horst Caspar (Gneisenau).

Dass der historische Stoff direkt Bezug auf die aktuelle Kriegslage nimmt, ist kein Geheimnis. Die Presse verkündet: »Das Volk ist die Armee […] Harlan hat recht. Kolberg 1807 – Berlin 1944. Film ist Wirklichkeit. Die Kolberg hal-

---

[51] Eintrag vom 5.3.1944. Die Tagebücher von Joseph Goebbels, Teil II, Bd. 11, S. 417.
[52] Schreiben der Filmabteilung vom 15.7.1944, in: BArch, R 55, Nr. 663, Bl. 204.
[53] Es ist das größte Projekt des deutschen Films in der NS-Zeit. Die Herstellungskosten belaufen sich schließlich auf 7.653.000 RM.
[54] Zit. nach: 30. Januar 1945. Uraufführung in La Rochelle und Berlin. Kolberg – ein zeitgenössisches Dokument, Duisburg o. J. (Faksimile).

ten, sind im Grunde: wir!«[55] Dem »Völkischen Beobachter« erklärt Harlan, die Aufgabe des Filmes bestehe darin »Dieser leidenden Gegenwart zu sagen, daß das, was sie leistet unter den Bombenteppichen eines entarteten Feindes, von jeher zu den Bewältigungen deutschen Schicksals gehört habe.«[56]

Neben dem Appell an den Widerstandswillen der deutschen Bevölkerung wird in dem Film zugleich angesprochen, was mit denen geschieht, die sich nicht willig als Kanonenfutter missbrauchen lassen wollen. Deutlich ist die Handschrift von Goebbels zu erkennen, der immer wieder Änderungen am Film verlangt. So spricht Nettelbeck über die Gründe, warum Kolberg nicht kapitulieren darf: »Was würde aus diesen Menschen werden, die so sprechen und so denken würden? Na, die würden sich doch selbst ausrotten, und sie verdienten auch gar nichts anderes, als ausgerottet zu werden.« Unbedingte Führertreue fordert der Propagandaminister, wenn er ein Kolberger Mädchen (Kristina Söderbaum) ihren Bürgermeister zitieren lässt: »Wie hat Nettelbeck gesagt: ›Die Bürger von Kolberg wollen sich eher unter den Trümmern begraben lassen als ihrem König und ihrem Lande untreu werden.‹« Und was Goebbels unter totalem Krieg versteht, legt er wiederum Nettelbeck in den Mund: »Die Häuser können se' uns verbrennen, unsere Erde nicht. Und wenn wir nicht als Menschen leben können, dann leben wir eben als Maulwürfe.«[57] Auch Gneisenau darf die Bürger erinnern: »Aber ihr wißt, was uns blüht, wenn wir diesen Kampf nicht ehrenvoll gewinnen« und weiter ausführen: »Ich habe dem Parlamentär gesagt, daß wir lieber sterben wollen, als unsere Stadt den Feinden zu übergeben.«

Durch die anhaltenden Änderungswünsche von Goebels ziehen sich die Dreharbeiten fast endlos hin. Am 30. Oktober 1943 hatten sie begonnen, Ende 1944 sind immer noch letzte Schnitte auszuführen. Am 6. Dezember 1944 wird eine Filmkopie vor etwa 150 NS-Führungsoffizieren im Vorführraum der Ministerwohnung von Goebbels gezeigt. Auch hier handelt es sich nur um eine Arbeitskopie. Am 23. Dezember 1944 sieht Goebbels die geänderte Fassung des Filmes, die ihn aber wiederum nicht zufriedenstellt. »Am Abend wird mir die endgültige Harlansche Fassung des neuen ›Kolberg‹-Films vorgeführt, wozu ich Professor Liebeneiner und Heinrich George hinzugeladen habe. Anstatt den Film zu verbessern, hat Harlan ihn eher verschlechtert. Er vergröbert allzu stark die Zerstörungs- und Verzweiflungsszenen in der Stadt, so daß

---

[55] »Die Armee ist das Volk!« Angriff-Gespräch mit Prof. Veit Harlan. Kolberg, ein historischer Film?, in: Der Angriff (1944). »Verstehen Sie, sagt Harlan […] Diese ›Kolberg‹-Mannschaft dreht den Film um das Bombardement Kolbergs unter Bombenterror. Sie erlebt, was sie gestaltet.« Ebd.

[56] Geschichte als Beispiel. Zum Drehbeginn des Ufa-Films »Kolberg«, in: Völkischer Beobachter vom 23.12.1943.

[57] Thomas Koebner analysiert in einer Studie: »George taugte nicht zu Propagandaansprachen. In Veit Harlans Durchhaltefilm Kolberg erklärt er als Bürgermeister Nettelbeck […] er und seine Bürger würden nicht aufgeben, selbst wenn alle Häuser in Schutt und Asche fielen […] George […] spricht seinen Text mit zurückhaltender Stimme. Will er überhaupt verstanden werden? Überwiegt da nicht kampfesmüde Trauer den pathetischen Trotz?« Koebner, Thomas: Rollentyp: Der Betrogene. Zum 100. Geburtstag von Heinrich George, in: SDK – Newsletter 5, 1994, S. 27.

ich befürchte, daß große Teile des Publikums sich weigern werden, in der gegenwärtigen Situation sich den Film überhaupt anzuschauen.«[58] Nach der Abnahme des Films empfiehlt Reichsfilmintendant Hans Hinkel Propagandaminister Goebbels, den Film neben Berlin auch an der Westfront uraufzuführen. »Sollte es möglich sein, auf dem Luftwege am 27., 28. oder 29. Januar eine Kopie in einen Atlantik-Stützpunkt (La Rochelle oder St. Nazaire) sicher bringen zu können, so könnte parallel zur Berliner Premiere (je nach der vorliegenden Kopienzahl in mindestens einem, wenn möglich in zwei Theatern) dort die sicherlich sich psychologisch hervorragend auswirkende Uraufführung durchgeführt werden.«[59] Goebbels entscheidet abschließend, den Film in der Reichshauptstadt Berlin und der belagerten Atlantikfestung La Rochelle uraufzuführen. Am 30. Januar 1945 hat der UFA-Film »Kolberg« Doppelpremiere.

Am 1. Februar druckt die »Deutsche Allgemeine Zeitung« einen Funkspruchwechsel zwischen Reichsminister Goebbels und Vizeadmiral Ernst Schirlitz, dem Kommandanten der Festung La Rochelle. Schirlitz meldet: »Uraufführung Farbfilm ›Kolberg‹ hat heute im Theater La Rochelle vor Soldaten aller Einheiten des Verteidigungsbereiches stattgefunden [...] Es lebe Deutschland! Es lebe unser Führer!« Zur Berliner Premiere vermerkt Dr. Bacmeister vom Propagandaministerium: »Der Ufa-Farbfilm ›Kolberg‹ beeindruckte bei seiner Uraufführung im Tauentzien-Palast und im Ufatheater Alexanderplatz das Publikum außergewöhnlich stark. Die Darsteller wurden bei Ihrem Erscheinen lebhaft gefeiert (15 Vorhänge). Besonders herzlich war die Aufnahme am Alexanderplatz. In der Presse wurde der Film in großer Aufmachung übereinstimmend als ein aufrüttelndes Dokument von gleichnishafter Bedeutung gewürdigt.«[60] Hastig versucht man in den folgenden Wochen den Film möglichst im ganzen Reich zu zeigen, aber die Kriegslage erlaubt nur einen geringen Einsatz. Ein Mitarbeiter der Filmabteilung des Propagandaministeriums hält fest: »Nach seiner Uraufführung in La Rochelle und Berlin ist der Film ›Kolberg‹ bisher in Breslau und Danzig zum Einsatz gelangt. Eine weitere Kopie wird in verschiedenen Orten des Gaues Oberschlesien eingesetzt. Drei Kopien sind mit Sonderkurier nach Frankfurt/Oder, Neisse [heute Nysa/Polen] und Königsberg gesandt. [...] Für den Einsatz im Ausland sind zunächst fünf Kopien vorgesehen und zwar für Schweden, die Schweiz, Spanien, Portugal und Oberitalien. Weitere Kopien werden sofort nach Fertigstellung bei Einheiten der kämpfenden Truppe zur Vorführung gebracht.«[61] Hinkel schreibt am 27. Februar 1945 an den Görlitzer NSDAP-Kreisleiter Malitz, der den Film angefordert hat: »Ich habe sofort eine Kopie freigemacht. Der Film wird gerade in Deiner hart bedrängten Stadt die Wirkung auslösen, die Du haben willst. Er wird die Menschen zur letzten Bereitschaft auffordern und beweisen, dass nur durch Opfer und Kampf der Sieg erfochten werden kann.«[62]

---

58 Eintrag vom 23.12.1944. Die Tagebücher von Joseph Goebbels, Teil II, Bd. 14, S. 469 f.
59 Schreiben vom 18.1.1945, in: BArch, Veit Harlan, RKK 2600 Box 77 File 3, Bl. 88.
60 Schreiben an RM Goebbels vom 1.2.1945, in: BArch, R 55, Nr. 664, Bl. 12.
61 Schreiben von Dr. Fries an RM Goebbels vom 25.2.1945, in: BArch, R 55, Nr. 664, Bl. 13.
62 BArch, R 55, Nr. 664, Bl. 14.

Die Realität hat Goebbels Wunschvorstellungen jedoch längst ad absurdum geführt. Vier Monate nach der Premiere von »Kolberg« kapituliert Deutschland bedingungslos.

Der wohl letzte Propagandafilm der NS-Zeit ist »Das Leben geht weiter«. Erzählt wird die »Geschichte einer Zehlendorfer Hausgemeinschaft während der alliierten Bombenangriffe 1943.«[63] Der dort wohnende Ingenieur Ewald Martens (Gustav Knuth), dessen Frau später bei einem Luftangriff ums Leben kommt, versucht ein Meldegerät zum Erfassen feindlicher Bomber zu konstruieren. Wie schon bei »Kolberg« ist das Propagandaministerium unmittelbar an dem Projekt beteiligt. Mit der Regie wird Wolfgang Liebeneiner betraut, der mit seinem Film »Ich klage an« Argumentationshilfen für die Euthanasiefrage geliefert hat. In der Presse erklärt Liebeneiner: »Wenn der totale Krieg und der Bombenterror alle Kräfte unseres Volkes, die physischen wie die seelischen, immer mehr beansprucht, müssen auch die Gegenwirkungen, die von der Kunst ausgehen, sich steigern [...] Darum wende ich mich auch an dieser Stelle zu Beginn des fünften Kriegsjahres noch einmal an alle meine Kolleginnen und Kollegen mit dem Ruf: Seid der Größe dieser entscheidenden Zeit würdig!«[64]

Dr. Müller-Goerne von der Reichsfilmintendanz schreibt an die UFA-Filmkunst: »Es wird hiermit bestätigt, daß Professor Wolfgang Liebeneiner, Direktor Heinz Tackmann, Aufnahmeleiter Heinz Fiebig, Requisiteur Emil Freude, Kameramann Günther Anders in dem staatspolitischen Auftragsfilm ›Das Leben geht weiter‹ tätig sind, der im Rahmen des kriegswichtigen Filmnotprogrammes hergestellt wird [...] Die Fertigstellung dieses Films liegt im dringenden Reichsinteresse. Alle Dienststellen des Staates, der Wehrmacht und der NSDAP werden gebeten, dem Obengenannten behilflich zu sein.«[65]

George erhält in dem Film eine kleine Nebenrolle, für die nur ein paar Drehtage nötig sind. Die letzten Dreharbeiten finden beim Fliegerhorst des Kampfgeschwaders 66 bei dem Dorf Bardowick in der Lüneburger Heide statt. Am 14. April 1945 dreht George eine letzte Szene mit Hauptdarsteller Gustav Knuth. Am Tag darauf fährt er zurück nach Berlin. Am 16. April bricht Liebeneiner die Dreharbeiten ab und lässt das Filmmaterial vergraben; der Film kommt nicht mehr in die Kinos, die Filmrollen bleiben verschollen. George wird nie wieder vor der Kamera stehen.

3. Radio, Fernsehen, Wochenschau

Neben Presse und Film ist besonders das Radio ein wichtiges Massenmedium in der NS-Zeit; das Fernsehen steckt noch in den Kinderschuhen und erreicht

---

[63] Blumenberg, Hans-Christoph: Das Leben geht weiter, Berlin 1993, S. 27.
[64] Liebeneiner, Wolfgang: Alle müssen zur Stelle sein!, in: Film-Kurier vom 20.9.1943. Zit. nach: Blumenberg: Das Leben geht weiter, S. 47 f.
[65] Schreiben vom 28.2.1945 (Entwurf), in: BArch, R 109 II, Nr. 49.

kein Massenpublikum.⁶⁶ Regelmäßig kommen Schauspieler im Rundfunk zu Wort. George hat schon in der Weimarer Zeit oft beim Rundfunk gesprochen. Auch in der NS-Zeit wird er für Radiofassungen von Bühnenstücken, Lesungen u.a. herangezogen. 1944 schreibt ein Kritiker: »Das Mikrophon wird – kraß gesprochen – zum Verräter jeglicher künstlerischen Unzulänglichkeit. Es horcht gleichsam in den Darsteller hinein, und jeder unechte Ton wird spürbar [...] Und zugleich haben wir den Grund für die Tatsache, daß die wirklich großen Schauspieler der Bühne, wie etwa Heinrich George, Marianne Hoppe, Werner Hinz – um nur einige zu nennen – auch hervorragende Gestalter im Rundfunk sind.«⁶⁷

Seit Winter 1936 erklingt von Oktober bis März jeweils sonntags im Radio das »Wunschkonzert für das Winterhilfswerk«. Mit Kriegsbeginn wird die Funktion der Sendung geändert, am 1. Oktober 1939 erlebt das »Wunschkonzert für die Wehrmacht« seine Premiere.⁶⁸ Für Goebbels ist die Sendung das ultimative Mittel für gute Laune an der Front, das Wunschkonzert ist sein propagandistisches Lieblingskind. Daher reagiert er auf alles, was diese Sendung betrifft, höchst allergisch. In einer Sitzung mit seinen Abteilungsleitern weist er die Zurechtweisung eines Schriftleiters an. »Herr Fritzsche soll den verantwortlichen Schriftleiter einer lippischen Zeitung auf das schärfste verwarnen, der öffentlich die Frage diskutiert hat, ob in den Nachmittagsstunden eine Übertragung des Wunschkonzertes tatsächlich gleich wichtig sei wie die Übertragung eines Fußballspiels. Es ist diesem Schriftleiter zu bedeuten, daß er im Wiederholungsfalle für eine derartig freche Einmischung in staatspolitische Angelegenheiten mit dem K.Z. rechnen könne.«⁶⁹

Für die jeweiligen Sendungen ist das Beste gerade gut genug. Künstler ersten Ranges, Musiker, Schauspieler, Wissenschaftler, werden verpflichtet.⁷⁰ Heinrich George ist im März 1939 an der Reihe. Er liest das Gedicht: »An das Mikrofon«, in dem es heißt: »Man hat dich das Ohr der Welt genannt, kleines Mikrofon, das hier steht [...] Du hast uns die Losung ins Herz gebrannt, die erste Parole, das höchste Gebot: Hilf deinem Nächsten im Vaterland, und teile mit ihm deinen Rock und dein Brot.«⁷¹

---

66 Wenn man so will, entsprechen die Wochenschauen im Kino den heutigen Fernsehnachrichten und Dokumentationen.
67 Paustian, Helmuth: Schauspieler vor dem Mikrophon, in: Die Reichskulturkammer, H. 11/1944, S. 155.
68 »So, wie Reichsminister Dr. Goebbels den Gedanken, Wunschkonzerte für das Winterhilfswerk zu veranstalten, sofort genehmigte und dafür den Einsatz der besten Kräfte befahl, so wurde es auch dieses mal.« Goedecke, Heinz/Krug, Wilhelm: Wir beginnen das Wunschkonzert für die Wehrmacht, Berlin/Leipzig 1940, S. 8.
69 Protokoll der geheimen Ministerkonferenz im RMfVuP vom 16.4.1940, in: BA, R 50.01, Nr. 1c, Bl. 15.
70 Goebbels ordnet wenn notwendig die Mitwirkung der Künstler diktatorisch an. »Herr Müller soll Hans Albers anrufen und ihm mitteilen, daß es dem Minister völlig unverständlich sei, daß er für die aktive Mitarbeit im Wunschkonzert keine Zeit habe. Der Minister erwarte, daß er bereits übermorgen im Wunschkonzert mitwirken werde.« Protokoll der geheimen Ministerkonferenz im RMfVuP vom 1.3.1940, in: BA, R 50.01, Nr. 1b, Bl. 46.
71 Zit. nach: Goedecke/Krug: Wir beginnen das Wunschkonzert, S. 26 ff.

4 | Der »Staatsschauspieler« George im September 1937 auf Besuch bei der Wehrmacht
Bundesarchiv, Bild 183-C12857A, Fotografie: Scherl

George hat Glück, dass der Krieg noch nicht ausgebrochen ist, denn dann will Goebbels Kriegsromantik hören. Andere Künstler müssen in diesen sauren Apfel beißen. Käthe Gold etwa spricht im »Namen der Kriegerfrauen« das Poem »Daß ich so nah dir bin«. Gustav Gründgens verkündet den Soldaten in die »Stimme der Heimat«: »So weit die Grenzen der Heimat gespannt, steht ihr, Soldaten, zum Schutz für das Land. Steht als ein starker, lebendiger Wall, als ein doppelter Wall aus Herzen und Stahl – und euch alle umschließt ein gemeinsames Band«[72] und signiert sein Bild in einem Wunschkonzert-Buch »Unser schöner Beruf bekommt heute einen neuen Sinn, wenn er unseren Soldaten Erhebung und Entspannung bringen darf.«[73] Marika Rökk erklärt an derselben Stelle: »Mit Tempo und Temperament will ich in Wunschkonzerten Vergnügen und Glück bescheren.«[74] Und Willy Fritsch fügt hinzu: »Wenn ich für Dich, Kamerad, Soldat im Bunker und Graben, spielen und singen kann, ist das für mich die größte Freude.«[75]

---

[72] Zit. nach: ebd., S. 67.
[73] Zit. nach: ebd., S. 107.
[74] Zit. nach: ebd., S. 183.
[75] Zit. nach: ebd., S. 213. Für Stimmung an der Front dürfen u. a. auch Zarah Leander, Fita Benkhoff, Hans Brausewetter, Theo Lingen, Heinz Rühmann, Josef Sieber, Willy Birgel, Hans Moser, Paul Henckels, Grethe Weiser, Jenny Jugo, Hans Söhnker und Henny Porten sorgen.

Auch bei der Wochenschau nutzt man die Popularität des Volksschauspielers Heinrich George. 1939 zeigt man ihn mit Berta Drews und Sohn Jan beim Eintopfessen im Rahmen des Winterhilfswerks. Seinem Sohn erklärt George: »Ist schon alles in Ordnung, damit die anderen, die es nicht so gut haben wie wir, auch was Warmes zu essen kriegen. Damit es denen auch gut geht. Na, mir schmeckt's jedenfalls.«[76]

Beim Reichsrundfunk wird George später auch für Fernsehsendungen, die speziell für Wehrmachtsangehörige bestimmt sind, eingesetzt. So tritt er u.a. in der Sendung »Wir senden Frohsinn – wir spenden Freude« auf, die seit dem 31. März 1941 regelmäßig aus dem Kuppelsaal des Reichssportfeldes ausgestrahlt wird. »Die 50. Sendung am 12. Dezember 1941 feierte man mit einem dreistündigen Jubiläumsprogramm, das von einem großen künstlerischen Aufgebot gestaltet wurde: Heinrich George, Ilse Werner, Evelyn Künnecke, Hans Brausewetter [...] Intendant [Herbert] Engler [...] sprach ebenso einleitende Begrüßungsworte wie Reichskulturwalter Hans Hinkel.«[77] In einem Schreiben des Deutschen Fernseh-Rundfunks an George vom Folgetag heißt es: »Gestatten Sie uns Ihnen für Ihre gestrige Mitwirkung bei unserer 50. Übertragung aus dem Kuppelsaal des Reichssportfeldes nochmals unseren aufrichtigsten Dank auszusprechen. Die Freude und Begeisterung unserer verwundeten Kameraden werden Ihnen am besten bewiesen haben, daß Sie, sehr geehrter Herr Intendant, ihnen ein unvergeßliches Erlebnis übermittelten.«[78]

Schon 1938 ist George bei einem Interview anlässlich der Wiedereröffnung des Schiller-Theaters mit dem Fernsehen in Berührung gekommen. Vor der Kamera erklärt er: »Ein Theater aufzubauen bedeutet im Dritten Reich ja eigentlich gar keine Schwierigkeit. Das Reich, der Führer hat uns die Schwierigkeiten eigentlich hinweggeräumt, die es einmal gab [...] Heute ist eigentlich ein Bett vorbereitet, das bequem gemacht ist.«[79] Der »Spiegel« benutzt über 50 Jahre später Auszüge aus diesem Interview, um George als Parteigänger der Nationalsozialisten zu diffamieren. In einem Artikel heißt es: »Und wie sich George bettet, so liegt er: voll auf NS-Kurs. Das Ensemble ist für den frischgebackenen Intendanten ein ›Spielkörper‹, in dem er jeden einzelnen ›zu einem Gliede verpflichtet‹ habe. Betrunken von der Körpermetaphorik, redet sich der Schauspieler in Rage: Die Rekrutierung des Schauspielernachwuchses sei kein Problem. ›Wenn ein Körper da ist, eine Familie, die Urzelle des Staates, dann muß die Familie Kinder gebären. Und wenn sie keine Kinder gebären kann, ist sie impotent. Kinder sind selbstverständliches Erzeugnis aus zwei gesunden Körperzellen.‹ Der platteste Biologismus – ganz im Geiste der braunen Zeit

---

76 Zit. nach: Bohr, Alexander: Vom Spiel besessen. Heinrich George. Der Schauspieler, Filmdokumentation von 1998.
77 Winkler, Klaus: Fernsehen unterm Hakenkreuz, Köln/Weimar/Wien 1994, S. 289.
78 Schreiben vom 13.12.1941. Original im HGN.
79 Interview für den »Aktuellen Zeitdienst«, BAF, VK 50270. Im Festprogramm des Schiller-Theaters lautet das Grußwort Georges: »[...] Also ziehet ein Schauspieler und Zuschauer in das wieder erstandene Schiller-Theater! Haltet euer Haus in Ordnung hoch und heilig und gedenket seines erhabenen Baumeisters Adolf Hitler. Vorhang auf!« Fraenger, Wilhelm (Schriftleitung): Festschrift des Schiller-Theaters der Reichshauptstadt zur Wiedereröffnung am 15. November 1938, Berlin 1938, o. S.

– ergreift die Kunst. Daß das Interview mit Georges ›Heil Hitler‹-Gruß endet, paßt zum Fernsehbild.«[80]

Wenn man das ganze Interview sieht, verschiebt sich dieses Bild allerdings. George vergleicht sein Ensemble mit einem lebenden Organismus. »Jeder hat seine Hand, jeder hat sein Herz, jeder hat seinen Kopf, jeder hat seine Füße, seine Beine, seinen ganzen Organismus einzusetzen, um diesen Spielkörper lebendig zu machen, das war meine Hauptaufgabe.«[81] Und er erläutert weiter: »Zum Theater gehört Liebe und Freundschaft. [...] Das Grundgesetz in meinem Spielkörper ist, über die Kameradschaft hinaus, [zu] Liebe und Freundschaft zu erziehen: Liebe zum Theater, zur Kunst.« Aus diesen Überlegungen entsteht für ihn das Bild eines »gesunden Spielkörpers«, der aus sich selbst heraus, den künstlerischen Nachwuchs fördert und heranbildet. George schränkt allerdings ein: »Der Nachwuchs muss sich nicht nur verlassen auf das, dass er nun da herangebildet wird. Er muss sich selbst bilden. Das ist das grundlegende Element beim Theater.« Dass Georges Ausführungen stellenweise – besonders wenn sie nur in Auszügen vorliegen – aus heutiger Sicht eine ideologische Nähe zu nationalsozialistischen Ideen haben, entspringt dem Zeitgeist, dem sie entwachsen sind. Im Kontext gesehen, zeigt sich aber, dass es George nicht um plattes Nachbeten aktueller Floskeln geht, sondern um die Entwicklung seines Kunstkonzepts in der Realität eines eigenen Theaters. So ist im Interview auch nichts von der »Rage« zu spüren, die der Spiegel-Autor den Lesern einredet (George wirkt im Gegenteil oftmals verkrampft). Und der Hinweis auf Georges Hitlergruß beleuchtet auch nur eine Seite der Medaille, indem er suggeriert, George hätte von sich aus mit strammem Gruß das Interview für beendet erklärt. Die Realität ist differenzierter. Der Fernsehreporter nämlich beendet das Interview und erklärt: »Wir danken Ihnen herzlichst, dass Sie sich und Ihre sehr kostbare und knappe Zeit uns zur Verfügung gestellt haben.« Während die Kamera nun zu George schwenkt, hört man im Hintergrund Hackenknallen und das »Heil Hitler!« des Reporters. George antwortet mit abwinkender Geste: »Selbstverständlich.« und schließt ein leidenschaftsloses »Heil Hitler« an.

Besonders ein (wiederkehrender) Radioauftritt wird George nach Kriegsende angelastet. Am Silvesterabend 1942 bringt der Deutsche Rundfunk ein buntes Programm, an dessen Ende, wie in den folgenden Jahren, Heinrich George Worte von Clausewitz rezitiert.[82] Goebbels notiert über seine Silvesterfeier, u. a. mit Veit Harlan, Kristina Söderbaum und Todenhöfer: »Der Rund-

---

[80] Festenberg, Nikolaus von: »Jetzt hämmern wir ein Volk«, in: Der Spiegel, Nr. 24 vom 14.6.1999, S. 127.
[81] Bundesfilmarchiv, VK 50270.
[82] Noch im August 1942 ersuchte die Reichspropagandaleitung der NSDAP beim Amt Rosenberg u.a. für George um ein Gutachten bezüglich des Einsatzes beim Rundfunk. »Die Reichspropagandaleitung der NSDAP, Hauptamt Reichsring überreicht eine Liste mit Namen führender Persönlichkeiten des Kulturlebens mit der Bitte um Stellungnahme, hauptsächlich von dem Standpunkt aus, daß die Genannten evtl. Rundfunk sprechen sollen. Auf dem Gebiete des Theaters handelt es sich um folgende Persönlichkeiten: Gerhart Hauptmann, Gustav Gründgens, Benno von Arent, E. A. Ziegler, Heinrich George. Wir bitten Sie um Ihre gutachterliche Beurteilung der Einsatzmöglichkeit der Genannten bzw. nähere Angaben.« Schreiben des

funk hat ein großartiges Unterhaltungs- und Erbauungsprogramm aufgestellt. Um Mitternacht wird der letzte Satz aus der 9. Sinfonie und das politische Testament von Clausewitz, gesprochen von Heinrich George, dargeboten.«[83]

Am Silvesterabend 1944 wendet sich Adolf Hitler nach längerer Zeit wieder über den Rundfunk an die Deutschen, er ruft zur bedingungslosen Verteidigung der Festung Deutschland auf. Die Rede ist in ein klug ausgeklügeltes Programm eingebettet. Zunächst erklingt Marschmusik, dann folgt Georges pathetisch gesprochene Rezitation von Clausewitz' »Bekenntnis« in dem es u. a. heißt: »Ich [...] glaube und bekenne, daß ein Volk nichts höher zu achten hat, als die Würde und Freiheit seines Daseins, daß es diese mit dem letzten Blutstropfen verteidigen soll [...] daß ich mich rein fühle von jeder Selbstsucht [...] daß ich mich sehr glücklich fühlen würde, einst in dem herrlichen Kampf um die Freiheit und Würde des Vaterlandes einen glorreichen Untergang zu finden.«[84] In einem Bericht über die Wirkung der Rede wird im Propagandaministerium vermerkt: »Als besonders glücklich gelungen wird die tiefempfundene Umrahmung der Führerrede durch das Clausewitzsche Bekenntnis, das Glockengeläut und das Anklingen des Badenweiler Marsches bezeichnet. Dadurch wurde eine ernste und feierliche Stimmung wie nie zuvor hervorgerufen, die sich dadurch äußerte, daß beim Erklingen der Stimme des Führers vielen Menschen Tränen in den Augen standen.«[85] Der Berichterstatter Ministerialrat Imhoff kommt zu dem – zu diesem Zeitpunkt schon zweideutigen – Schluss: »Viele Volksgenossen haben aus den Ausführungen des Führers die Meinung gewonnen, dass das Jahr 1945 die Entscheidung dieses Krieges bringen wird.«[86]

Am Rand des undatierten Redemanuskripts von George für die Clausewitz-Rezitation findet sich die handschriftliche Notiz: »Verdient dieser Glaube in mir und in den mir Gleichgesinnten Verachtung und Hohn? Die Nachwelt entscheide hierüber!«[87] Diese Zeilen am Ende des Bekenntnisses gesprochen, spiegeln wohl auch etwas von Georges Haltung mit Blick auf die Kriegssituation Ende 1944 wider, als die Front von allen Seiten auf Deutschland vorrückt. Bei einem Besuch Anfang 1945 bei seinem ehemaligen Vorgesetzten im Ersten Weltkrieg, Ulrich Sander, in Pommern kommt es zu einem längeren Gespräch über die politische Lage in Deutschland. Sander schreibt: »Ich sagte ihm: ›Hein-

---

Kulturpolitischen Archivs an die Abteilung Theater (im Haus) vom 3.8.1942, in: BArch, NS 15, Nr. 131, Bl. 255. Das Gutachten hat sich nicht erhalten.

[83] Eintrag vom 1.1.1943, in: Joseph Goebbels Tagebücher, hg. von Ralf Georg Reuth, Bd. 5: 1943–1945, München 1992, S. 1858.

[84] Redemanuskript, HGN. Auf der Internetseite des Deutschen Rundfunkarchivs Wiesbaden findet sich der Gesamttext des am 31.12.1944 von George gesprochenen Bekenntnisses. Der auch auszugsweise als Tondokument (DRA Wiesbaden B003500579) herunterladbare Text endet hier: »Ich erkläre und beteuere der Welt und Nachwelt, [...] dass ich mich nur zu glücklich fühlen würde in dem herrlichen Kampf um Freiheit und Würde des Vaterlandes einen glorreichen Untergang zu finden.« Vgl. http://www.dra.de/online/hinweisdienste/wort/2006/september25.html, 18.08.2008.

[85] Schreiben Leiter Propagandaabteilung an RM Goebbels vom 2.1.1945, in: BArch, R 55, Nr. 612, Bl. 19.

[86] Ebd., Bl. 20.

[87] Redemanuskript, HGN. Vgl. auch Rundfunkarchiv Wiesbaden, DRA Wiesbaden B003500579.

rich, daß sie uns auch nicht wieder in die große Sch… führen‹, wie die Pioniere zu sagen pflegten. Er ächzte und erwiderte: ›Wir sitzen bis über die Ohren schon darinnen, viel schlimmer, als damals, mein Junge!‹«[88] Doch George zieht daraus nicht die Konsequenz, sich dem System zu entziehen. Er bleibt in Berlin, wo es noch zu dem bereits erwähnten Zeitungsaufruf im Völkischen Beobachter kommt.

4. Kriegsende und Tod

George erlebt das Ende des Krieges in Berlin. Nachdem es anfangs so aussieht, als könne er – mit wohlwollender Unterstützung des sowjetischen Stadtkommandanten Nikolai Bersarin – bald wieder auf der Bühne stehen, kommt es nach Bersarins plötzlichem Unfalltod zur Wende. Im Verlauf des Mais wird George mehrmals verhaftet und verhört, kommt aber stets wieder auf freien Fuß. Am 22. Juni wird er wiederum verhaftet und verbleibt in NKWD-Gewahrsam. Von Vernehmerseite wird er als überzeugter Nationalsozialist dargestellt, neben Aussagen einbestellter Kollegen dienen auch anonyme Schreiben als Beweise. Immer wieder wird George die Mitwirkung in den Filmen »Hitlerjunge Quex«, »Jud Süß« und »Kolberg«, sein Aufruf im »Völkischen Beobachter« vom April 1945 und sein Clausewitztext in den Silvesterradiosendungen entgegengehalten.

Über die Vorwürfe, er wäre ein aktiver Nationalsozialist und Kriegsverbrecher, ärgert sich George, der inzwischen in Hohenschönhausen festgehalten wird. Seiner Frau schreibt er: »Man wird durch alle diese Zwangsmaßnahmen, die mich scheinbar besonders getroffen haben, zur Verantwortungslosigkeit gezwungen, die mir gar nicht mehr so liegt. Ich mache mir Sorgen […] na schön, so bin ich eben Kriegsverbrecher und werde mit allen in einen Topf geschmissen. Aber tröste dich, es gibt viel härtere Lose, ich habe hier einiges kennengelernt an tragischen Schicksalen, denn alles kommt zu mir um sich Trost zu holen.«[89] George glaubt schon nicht mehr an Hilfe durch ehemalige Kollegen und findet sich mit einer längeren Internierung ab. »Die können ja alle nicht's machen. Von draußen kann mir keine Hilfe kommen habe ich das Gefühl und vielleicht ist es gut, so diese Zeit hier zu überstehen, sie darf nur nicht zu lange dauern, für den Winter hier bei diesen Verhältnissen.«[90] Im Februar 1946 schreibt er Berta Drews: »Ich habe meine Bewährung mit 9 Monaten glaube ich hinter mir, es waren nicht die leichtesten meines Lebens und ich habe es mir nie leicht gemacht. Wie verhält sich Paule W[egener]. Was spricht man überhaupt über meinen Fall? […] ich kann alles vertragen seelisch bin ich noch stark und zu jedem Aufbau bereit, körperlich weniger. Ich habe immerhin 83 Pfd. abgenommen.«[91] Tatsächlich versuchen Mitglieder des Schiller-Theater-

---

[88] Sander, Ulrich: Heinrich George, unveröffentlichtes Manuskript, o. O., o. J., S. 7. Nachlass Ulrich Sander.
[89] Brief vom 19.8.1945. HGN.
[90] Ebd.
[91] Brief vom 24.2.1946. HGN.

Ensembles sowie weitere Kollegen und Freunde sich bei den sowjetischen Behörden für George einzusetzen.[92] Doch entlastende Aussagen werden dort nicht zur Kenntnis genommen. Einer der wenigen, die vielleicht eine Möglichkeit zur Hilfe haben, ist Paul Wegener, der am Schiller-Theater engagiert war und nach Kriegsende von den sowjetischen Besatzungsbehörden als erster Leiter der Kammer der Kunstschaffenden eingesetzt wird. Doch Wegener setzt sich nicht für George ein. Er schreibt am 15. Dezember 1946 an Asta Nielsen: »Wir haben die schwere Zeit überstanden. […] Dann war ich 9 Monate Präsident der neugegründeten Kammer der Kunstschaffenden und jetzt spiele ich am Deutschen Theater und am Hebbel-Theater […] Die Lage in Deutschland ist hoffnungslos. Ich bin jetzt 72 Jahre alt und werde keine guten Zeiten mehr sehen […] Heinrich George ist tot. Das hatte er nicht verdient. Man hätte ihn trotz seines aufdringlichen Nazismus laufen lassen müssen, um diese einmalige genialische Kraft der deutschen Kunst zu erhalten. Es tut mir leid.«[93]

Im Juli 1946, noch immer gibt es keine formelle Anklage, wird George nach Sachsenhausen verlegt. Das ehemalige KZ dient nun als NKWD-Speziallager. Die noch ungünstigeren Bedingungen hier geben dem schon angeschlagenen Mimen den Rest. Am 23. September wird er mit akuter Blinddarmentzündung in das Lagerlazarett eingeliefert. Die sofortige Operation hilft nicht mehr, George stirbt am Nachmittag des 25. September nach 15 Monaten Lagerhaft.

Will man Georges Rolle in der NS-Zeit – hier speziell an seinem Auftreten in den Medien untersucht – bewerten, fällt deren Ambivalenz auf. Insbesondere die Mitwirkung Georges in verschiedenen Propagandafilmen gehört zu den dunklen Seiten seiner Biographie. Dass George sich nicht freudig solchen Projekten zur Verfügung stellte, ist hinreichend gezeigt worden. Nur sehr wenige Künstler haben sich bedingungslos der NS-Propaganda zur Verfügung gestellt.[94] Einige hatten das Glück, gar nicht oder nur in wenig exponierten Rollen mitwirken zu müssen. George hatte dieses Glück nicht. Die Art seiner Darstellungskunst prädestinierte ihn für die ausgesprochenen Propagandafilme.[95] Seine öffentliche Funktion im NS-Kunstbetrieb ließ ihm auch weniger

---

[92] Vgl. Fricke: Spiel am Abgrund, S. 262–278.
[93] Kopie im HGN. In dem Buch: Paul Wegener. Sein Leben und seine Rollen, Hamburg 1954, das Kai Möller zusammenstellt, wird George im Zusammenhang mit Wegeners Tätigkeit in der Kammer nicht erwähnt. Es heißt nur pauschal: »[…] täglich treten neue Schicksale, menschliche Tragödien, Bitten und Forderungen an ihn heran. Für alle ist er da, für jeden hat er ein tröstendes oder lösendes Wort.« Ebd., S. 148.
[94] Künstler, die sich bedingungslos in den NS-Dienst gestellt haben, gab es unter der ersten Garnitur so gut wie nicht. Einige waren sicher williger bzw. hatten weniger Skrupel wie Riefenstahl, Harlan oder Klöpfer. Die Masse hat sich möglichst aus der Tagespolitik rausgehalten, sie entweder ausgeblendet oder nur im privaten Kreise debattiert. Umgedreht gab es auch wenige, die sich direkt gegen die NS-Herrschaft engagierten, etwa Hans Meyer-Hanno und Günther Weisenborn als Mitglieder illegaler Gruppierungen. Für politische Zwecke eingesetzt (Wochenschau, Wehrmachtsbetreuung, Rundfunk und Film) wurden letztlich alle, auch diejenigen, die dem System nachweislich wenig Sympathie entgegenbrachten wie Paul Wegener (Filmrollen in »Horst Westmar«, im antisowjetischen Film »GPU« und in »Kolberg«) oder Wolfgang Staudte (Statistenrolle in »Jud Süß«).
[95] Wobei nicht vergessen werden sollte, dass auch die scheinbar »unpolitischen« Spielfilme in den Augen der Propagandaverantwortlichen gerade im Krieg eine wichtige Rolle als Ablenkungsmittel für die Bevölkerung spielten.

Raum für Ausflüchte, um eine Mitarbeit zu umgehen. George ist sicher ein Teil des Getriebes gewesen, sein Künstlertum hat ihn dabei aus der Masse herausgehoben und in besonderem Maße an das Licht der Öffentlichkeit gerückt. Bei aller berechtigten Kritik an seiner Einbindung in die NS-Theater- und Filmlandschaft sollte man den »anderen« George nicht vergessen. Den Menschen, der auch unter persönlicher Gefährdung vielen bedrängten Kollegen und Freunden geholfen hat – was manch einer von ihnen nach 1945 schnell vergaß. Und man darf auch den Künstler George nicht vergessen, der immer wieder versuchte, abseits der NS-Propaganda im Film wie im Theater, im Inland wie im Ausland die Botschaft des wahren Künstlers zu verbreiten: Menschlichkeit, Toleranz, Freiheit.

George war jemand, der sich schon seit frühester Zeit in die Verantwortung nehmen ließ, in der Weimarer Republik etwa beim Schauspielerstreik und ab 1938 z. B. als Intendant des Schiller-Theaters. Er hat dabei nie den persönlichen Vorteil gesucht, sondern sich stets als Dienender verstanden. Sein Fehler war, dies auch dann getan zu haben, als er für Ziele und Intentionen ausgenutzt wurde, die sicher nicht die seinen waren. Sein ehemaliger Armeevorgesetzter Sander notierte wohl treffend: »Er diente seinem Land und seinem Volke ohne danach zu fragen, ob das jeweilige System Recht oder nicht Recht war.«[96]

Am Ende kann man über Heinrich George vielleicht am besten mit den Worten Günther Weisenborns urteilen: »Er ist ein Mensch gewesen. Mensch sein, heißt Fehler begehen und Schuld auf sich laden. Er hat sich eine gehörige Last davon aufgebürdet, die seinen Namen lange Zeit verdunkelt hat. Es war seine größte Stärke und seine größte Schwäche, in dieser Zeit nichts als Schauspieler gewesen zu sein. Andere haben sich um die Bezahlung gedrückt. Er aber hat bezahlt. Zu viel hat er bezahlt. Man soll sein Andenken ehren, das Andenken an einen genialen Volksschauspieler und an einen Menschen, der bitterlich litt.«[97]

---

[96] Sander: Heinrich George, S. 7.
[97] Weisenborn, Günther: Der gespaltene Horizont, München/Wien/Basel 1964, S. 86.

Fragezeichen und Lesarten

Anmerkungen zu Heinz Rühmanns Rolle und Rollen im Dritten Reich

von

Torsten Körner

1. Die Erkundung einer Biografie

Gewöhnlich stellen wir an Fachleute, denen zugebilligt wird, Experten auf ihrem Gebiet zu sein, vor allem eine hohe Erwartung: die unzähligen Fragezeichen, mit denen komplexe Materien versehen sind, zuverlässig zu tilgen und an ihre Stelle Ausrufezeichen zu setzen, die Antworten von schlagender Beweiskraft geben. Mit einem solchen (nicht immer behaglichen) Status ist auch der Verfasser dieses Essays versehen – er gilt als Heinz-Rühmann-Experte. Die Stufen, die zu diesem Prädikat hinauf führten, waren zuerst eine Seminararbeit über Rühmann, dann folgte eine Doktorarbeit über seine Filme der fünfziger Jahre[1] und schließlich eine Biographie über das Leben des Stars[2]; hinzu kamen die Aufarbeitung seines persönlichen Nachlasses und eine umfangreiche Ausstellung im Berliner Filmmuseum zu Rühmanns 100. Geburtstag.[3] Es sollen hier nicht, um den Leser sogleich aufzuklären, Überlegungen über Sinn oder Stellenwert eines solchen Experten-Status angestellt werden, sondern es gilt an dieser Stelle nur zu belegen, dass sich der Essayist aus jahrelanger, intensiver Forschung das Anrecht erworben hat, Rühmanns Wirken und seine Rolle(n) in der NS-Zeit mit Vorsicht und auch mit einer fundierten Ratlosigkeit zu betrachten, ja seinen Lebensweg mit Fragezeichen zu pflastern, die es eben nicht restlos zu beseitigen, sondern durch Lesarten zu ersetzen gilt. Deshalb soll an dieser Stelle auch nicht Rühmanns Biographie im Dritten Reich chronologisch und filmographisch abgearbeitet werden, sondern es stehen einzelne Lebensszenen und die Genese seines berühmtesten Films, die Feuerzangenbowle, im Mittelpunkt der Betrachtung, um anhand dieser Schlaglichter über methodische Dilemmata nachzudenken, die sich einstellen, will man versuchen, Menschen und ihr Wirken in dieser Zeit zu *be*urteilen und nicht retrospektiv zu *ver*urteilen.

Wer eine Biografie im Dritten Reich erkundet – und jede kann für sich beanspruchen, nicht generalisiert oder einem kollektiven Verhaltensmuster zugeschlagen zu werden –, sollte versuchen, die realen und zeitgenössischen

---

[1] Körner, Torsten: Der kleine Mann als Star. Heinz Rühmann und seine Filme der 50er Jahre, Frankfurt a.M. [u.a.] 2001.
[2] Körner, Torsten: Ein guter Freund. Heinz Rühmann, Berlin 2001.
[3] Kurator der Sonderausstellung »Ein guter Freund« vom 16. Dezember 2003 bis 28. März 2004, Filmmuseum Berlin.

Optionen aufzuzeigen, die jemand hatte, und nicht die, die er nach unserer Auffassung hätte haben und wählen sollen. Viele Texte über das Leben im Dritten Reich verstellen uns gerade den Blick auf das Leben in diesen zwölf Jahren, weil sie die Subjekte vor dichotomische Entscheidungsmuster stellen, die ganz wesentlich durch unser heutiges Wissen geprägt sind: Gehen oder bleiben, sich anpassen oder auflehnen, politisch oder unpolitisch, gewusst haben oder nicht gewusst haben, verdrängen oder wahrnehmen, mitlaufen oder sich sperren, eintreten oder nicht eintreten, zustimmen oder ablehnen, schweigen oder demonstrieren, gläubig oder ungläubig. Gegen diese schematischen Dichotomien muss man im Rückblick eine diskursive und biographische Vieldeutigkeit zurückgewinnen, das wäre eine Richtschnur um Biographien in der NS-Zeit zu durchleuchten, ohne sie im Licht gegenwärtigen Wissens zu entstellen.[4]

2. Ein Schauspieler in der Diktatur

Als Hitler am 30. Januar 1933 zum Reichskanzler ernannt wurde, hatte Heinz Rühmann andere Sorgen und wie viele seiner Zeitgenossen auch eine andere Wahrnehmung davon, was heute als die überwältigende Tragweite der »Machtergreifung« unumstößlich erscheint. Die Weimarer Republik hatte in zwölf Jahren genau zwölf Reichskanzler verschlissen, warum sollte Hitler, in dessen Kabinett nur zwei weitere Nationalsozialisten saßen, länger amtieren?

Seit Monaten verhandelte der Schauspieler mit der Ufa über ein Filmprojekt mit dem Titel »Vagabunden der Luft«, in dem er zusammen mit seinem Freund Ernst Udet, dem legendären Jagdflieger des Ersten Weltkrieges, eine Hauptrolle übernehmen wollte. Heinz Rühmann hatte 1930 seinen Flugschein erworben und war seither ein leidenschaftlicher Flieger, der sich von seinen ersten Filmgagen sofort ein Flugzeug gekauft hatte. Seitdem träumte er davon, einen Fliegerfilm zu drehen. Im Frühjahr 1932 schien dieser Traum Wirklichkeit werden zu können, denn die Ufa stand dem Projekt aufgeschlossen gegenüber. Das Engagement Ernst Udets wurde durch den Ufa-Vorstand ebenso bewilligt wie der Ankauf eines Flugzeugs zum Preis von 12.550 Reichsmark. Das von Rühmann selbst initiierte Projekt sollte in idealer Weise das Leben mit der Arbeit, Film und Fliegerei, die Leidenschaft mit der Profession, den Alltag mit dem Abenteuer und den Freund mit dem Freund verbinden. Es war Rühmanns Königsprojekt, für das er kämpfte wie für keinen anderen Film zuvor. Als der Ufa-Vorstand in seiner Sitzung vom 31. Januar 1933 beschloss, den Film nicht zu realisieren, gab es für Rühmann keinen Grund, dieses Scheitern mit der neuen Reichsregierung in Verbindung zu setzen. Der Erfolg des Projekts war der Ufa zu ungewiss, die Produktionskosten zu hoch.

Hätte Heinz Rühmann sich zu diesem Zeitpunkt andere Sorgen machen sollen? Der Star war mit Maria Bernheim verheiratet und Otto Bernheim, sein

---

[4] In dieser Hinsicht erscheint auch die Rühmann-Biografie des Verfassers (Körner: Ein guter Freund, wie Anm. 2) stellenweise durchaus ergänzungswürdig.

1 | Regisseur Rühmann, wahrscheinlich bei den Dreharbeiten zum Terra-Film »Sophienlund« (Aufnahme von 1942)
Bundesarchiv, Bild 146-1986-098-18, Fotografie: Orbis

Schwager, war Rühmanns Manager. Maria und Otto Bernheim entstammten einer angesehen jüdischen Münchner Familie und kannten schon aus Münchner Tagen den aggressiven Antisemitismus der Nationalsozialisten und anderer völkischer Gruppierungen. Viele Jahre später räumte Rühmann ein, dass er Marias Ängsten vor den Nationalsozialisten in diesen Jahren zu wenig Beachtung geschenkt hatte. Die Ehe zwischen Heinz Rühmann und Maria Bernheim schien 1933, nach allem was wir wissen können, bereits kurz vor ihrer Auflösung zu stehen. Rühmann war andere amouröse Verbindungen eingegangen, das Ehepaar lebte räumlich getrennt und pflegte offenbar einen sachlichen und geschäftsmäßigen Umgang miteinander.[5]

Im Hinblick auf seine Ehe und die Zeitumstände scheint Rühmann des Opportunismus unverdächtig zu sein. Obwohl lokale Partei- und Kulturbehörden seine Ehe mit einer Jüdin mitunter zum Anlass nahmen, seine Theatergastspiele zu boykottieren und obwohl es gelegentlich gehässige Kommentare in der nationalsozialistischen Presse gab, ging Rühmann nicht den bequemen Weg. Er ließ sich zunächst auch dann noch nicht scheiden, als seine neue Lebensgefährtin Leny Marenbach ihn dazu drängte, sie zu

---

[5] Vgl. Zuckmayer, Carl: Geheimreport, München 2004, S. 44–46. Zuckmayer hält die Ehe zwischen Rühmann und Maria Bernheim bereits vor 1933 für »sehr unglücklich«. Nur aus »Gründen der Selbstachtung und der Zivilcourage« und aus »Anständigkeit« gegenüber der Frau, habe Rühmann eine »überlebte« Ehe weitergeführt.

heiraten. Außerdem hielt er weiter an seinem Schwager als Manager fest, obgleich dieser seiner Tätigkeit längst nicht mehr nachgehen durfte. Als Otto Bernheim schließlich emigrierte, ließ Rühmann seine Geschäfte von Fred Pinkus führen, der bei der Allianz-Versicherung als Generalvertreter ausscheiden musste, »weil eine Beschäftigung von Nichtariern nicht mehr erwünscht war.«[6] Heinz Rühmann hätte wahrscheinlich keine unmittelbare Beeinträchtigung seiner Karriere fürchten müssen, wenn die Ehe mit Maria Bernheim fortbestanden hätte. Das Reichsministerium für Volksaufklärung und Propaganda (RMVP) verzeichnete ihn auf einer Liste mit 22 Darstellern, die mit jüdischen Ehepartnern verheiratet waren[7], jedoch mit einer Sondererlaubnis in der Reichsfachschaft Film (RFF) verbleiben und ihre Arbeit fortsetzen durften. Rühmanns Mitgliedschaft in der RFF ruhte, solange er in einer »Mischehe« lebte, das war der stigmatisierende Ausdruck der nationalsozialistischen Rassenterminologie. Trotzdem war es ihm mit der Sondererlaubnis möglich, weiter zu filmen. Dennoch lässt sich daraus nicht ableiten, Rühmann hätte sich um seine Karriere, sein Wohl und das seiner Frau keine Sorgen machen müssen. Das, was passiert ist, ist nicht das, was damals in den Köpfen passierte.

Die Frage, wie sich Rühmann im Dritten Reich gegenüber seiner ersten Frau verhalten hat und wie die 1938 erfolgte Scheidung zu bewerten ist, hat das Publikum bis heute bewegt und umgetrieben. An dieser Frage hing mehr als nur das Charakterurteil über einen Schauspieler, denn Rühmanns Figuren verbürgten stets das Anständige, das Brave, die Treue. Er war ein Garant des Guten in finsterer und ein Bürge für Stabilität in schwankender Zeit. Sollte er etwa selbst ein Finstermann gewesen sein?

War er ein moralischer Schuft, der aus Gründen des beruflichen Vorteils seine Ehefrau verriet? Die Ehe zwischen Maria Bernheim und Heinz Rühmann wurde am 19. November 1938 geschieden. Anfang des Jahres 1938 war Rühmann nach über zehn Jahren Engagement am Deutschen Theater ans Preußische Staatstheater gewechselt, das direkt dem Preußischen Ministerpräsidenten Hermann Göring unterstand. Von diesem Wechsel versprach sich Rühmann einen stärkeren Schutz für seine Frau. Der Intendant Gustaf Gründgens beschäftigte eine Reihe von Schauspielern, die in sogenannter »Mischehe« lebten, weil der Schirmherr Göring auf solche Ehen in seinem Machtbereich weniger Druck ausübte als sein Konkurrent Goebbels, der das Deutsche Theater als sein kulturelles Aushängeschild verstand. Göring war es auch, der Rühmann nachdrücklich empfahl, seine Frau mit einem neutralen Ausländer zu verheiraten. Nachdem seiner Frau ein »J« in den Reisepass gestempelt wurde, ging Rühmann auf diesen Vorschlag ein. Maria Bernheim heiratete nach ihrer Scheidung von Rühmann einen Schauspieler mit schwedischer Staatsangehörigkeit

---

[6] Siegfried Pinkus (75918), Blatt E 27, Landesverwaltungsamt Berlin, Abteilung III, Entschädigungsbehörde.

[7] Die undatierte Liste findet sich in den Akten des RMVP im Bundesarchiv Berlin (Bestand R 55). Die vollständige Liste ist abgedruckt bei Albrecht, Gerd: Nationalsozialistische Filmpolitik, Stuttgart 1969, S. 208 f.

2 | Hochzeit mit Hertha Feiler 1939 in Berlin; rechts: Rühmanns erste Frau Maria Bernheim
Filmmuseum Berlin – Deutsche Kinemathek, Sammlung Rühmann 4.2-97/01, Bild-Nr. N2045_57a

und emigrierte 1943 nach Schweden, wo sie weiterhin von ihrem Ex-Mann unterstützt wurde.[8]

Können wir also sagen, Rühmann habe sich gegenüber seiner Frau untadelig verhalten? Es gibt einige Indizien, die darauf hinweisen, dass Rühmann sich aus privaten Gründen von seiner Frau trennte, eine Trennung, die vermutlich früher erfolgt wäre, wenn es die politische Situation zugelassen hätte. So betrachtet ist die späte Scheidung von seiner Frau als fürsorglicher Akt zu werten, denn erst nachdem Rühmann ein Arrangement gefunden hatte, das Maria vor der Verfolgung der Nationalsozialisten schützte, trennten sich die Eheleute.

Als Rühmann 1939 seine zweite Frau Hertha Feiler heiratet, sie gilt den Nationalsozialisten übrigens als »jüdischer Mischling zweiten Grades«, weil ihr Großvater Ludwig Philipp Schwarz von den Machthabern als jüdisch eingestuft wird, ist auch Maria Bernheim bei der kleinen Hochzeitsfeier anwesend. Die überlieferten Privatfilme zeigen, wie Heinz Rühmann zwischen Herta Feiler und Maria Bernheim sitzt und diese sich hinter seinem Rücken ganz offenbar amüsieren und Scherze treiben. Wie schwer wiegen diese Szenen ausgelassener Fröhlichkeit als Beweis für eine fortbestehende harmonische Beziehung zwischen Heinz Rühmann und seiner Ex-Frau? Nach dem Krieg

---

[8] Die Schilderung des Vorgangs findet sich in Rühmanns Autobiografie: Rühmann, Heinz: Das war's, Frankfurt a.M. 1982, S. 132–133.

bezeugte Otto Bernheim, der in der britischen Armee gedient hatte, dass sich Heinz Rühmann ihm und seiner Schwester gegenüber immer loyal verhalten und dass Maria ihrem Mann bereits 1933 die Scheidung angeboten habe. Als Maria Bernheim nach 1945 aus Stockholm nach München zurückkehrte, nahm sie den Beziehungsfaden zu Heinz Rühmann wieder auf und bat ihn um Hilfe.

Die Geschichte seiner Ehe, aber auch die Beziehungen zu Freunden und Geschäftspartner zeigen ganz klar, dass Rühmann für den Antisemitismus der Nationalsozialisten nicht anfällig war, ihn nicht teilte und daher auch gegen bestehende Gesetze verstieß. Aber kann man daraus schlussfolgern, dass Heinz Rühmann stets ein überzeugter Gegner des Regimes gewesen ist? Kann man daraus seine innere und äußere Position bestimmen? Und kann man mit diesem Wissen seine kulturelle Produktion einordnen und sein Image im Dritten Reich bestimmen? Wenn wir wissen wollen, wer Heinz Rühmann in diesen Jahren war, müssen wir lernen, das Undurchsichtige in seiner Zeit und seinem Charakter zu suchen und es wertzuschätzen. Die Mehrdeutigkeit liegt gleichermaßen in der Historie und in seiner Brust. Nur wenn wir darauf verzichten, dem historischen Nebel um ihn herum mit aller Macht zu Leibe rücken zu wollen, wird man seine inneren und äußeren Umrisse bestimmen können. Fragezeichen können auskunftsfreudiger als Ausrufezeichen sein.

3. Wie faschistisch ist die Feuerzangenbowle?

Die Entwicklungsgeschichte von Heinz Rühmanns berühmtestem Film Die Feuerzangenbowle (1944) wirft Fragen auf und taucht den Wechsel von der Weimarer Republik in die Diktatur in ein Zwielicht, das wir heute kaum noch sehen wollen. Welchen totalitären und manipulativen Charakter das Dritte Reich entwickeln würde, war auch für politisch gebildete Köpfe im Januar 1933 kaum vorstellbar. Noch am 15. April 1933 nach der ersten Terrorwelle, die auf den Brand des Reichstages gefolgt war, bat der Philosoph Theodor W. Adorno seinen Freund den Soziologen Siegfried Kracauer, aus dem Pariser Exil nach Deutschland zurückzukehren: »Es herrscht völlige Ruhe und Ordnung; ich glaube, die Verhältnisse werden sich konsolidieren.«[9] Uns kommt diese Fehleinschätzung heutzutage grotesk vor, doch sie zeigt, wie unklar war, was 1933 vor den Deutschen lag. Ebenso stocherte Heinz Rühmann im (politischen) Nebel oder besser, er verfolgte seine Karriere wie er das zuvor schon getan hatte. In den Folgejahren verhielt sich Rühmann wie viele andere Stars, die ihren Beruf und ihre Berufung unter den Bedingungen der Diktatur ausübten: Titel, Ehrungen, Vergünstigungen oder Filmchancen verstand er als Auszeichnung für berufliche Leistungen – oder wollte es so verstehen. Wie viel sagt es über Nähe oder Distanz zum Regime aus, wenn er und andere Künstler von den Paladinen der NS-Diktatur wie Goebbels und Göring oder Hitler selbst umschmeichelt wurden? Hochrangige Kontakte schufen Refugien der Sicher-

---

[9] Adorno, Theodor W. / Kracauer, Siegfried: »Der Riß der Welt geht auch durch mich«. Briefwechsel 1923–1966, hg. v. Wolfgang Schopf, Frankfurt a.M. 2008.

3 | Rühmann mit Sammelbüchse am »Tag der nationalen Solidarität« in der Berliner Reichskanzlei. Rechts: Hitlers Adjutant Julius Schaub (1. Mai 1937)
Süddeutsche Zeitung Photo, Bild-Nr. 13148, Fotografie: Scherl

heit, der Selbstbestimmung und der Unentbehrlichkeit, um die eigenen Arbeitsbedingungen aber auch Mitarbeiter und Kollegen schützen zu können.

Plötzlich taten sich auch für Heinz Rühmann Türen auf, die bislang verschlossen waren. Dass die Feuerzangenbowle bereits 1944 das Remake eines Rühmann-Films war, ist weitgehend vergessen, aber der Blick auf diese erste Version der Feuerzangenbowle lohnt sich, weil er zeigt, dass die »neue Zeit«, die jetzt anbrechen sollte, von manchen Künstlern zunächst nicht als Zeit des Zwanges und der Repressionen erfahren, sondern auch als Chance begriffen wurde. Und Rühmann war schon vor 1933 ein veritabler Star, also niemand, der das neue Regime mit fliegenden Fahnen begrüßte, weil er sich einen Karriereschub versprach oder weil er darauf hoffen musste, dass missliebige Konkurrenz bald ausgeschaltet würde. Dennoch war Rühmann mit seinem Status als Star noch nicht zufrieden. Er wollte dorthin, wo Schauspieler wie Willy Fritsch, Hans Albers oder Lilian Harvey schon waren; diese Stars bekamen höhere Gagen, sie besaßen ein größeres Mitspracherecht bei den Produktionen und durften auf eine erhöhte und bevorzugte Aufmerksamkeit der Ufa rechnen. Deshalb war Heinz Rühmann auf der Suche nach Stoffen und Rollen, die zu unverwechselbaren Markenzeichen für ihn werden konnten, populäre Figuren, die man fortan nur noch mit dem Namen Heinz Rühmann verbinden würde.

Ein solcher Stoff schien die Geschichte zu sein, die ihm die Schriftsteller Hans Reimann und Heinrich Spoerl angetragen hatten. Sie drehte sich um freche Schüler und vertrottelte Lehrer und hieß vorerst noch *Der Flegel*. Ursprünglich stammte der Stoff von dem unbekannten Düsseldorfer Rechtsanwalt Heinrich Spoerl, der sich an den satirischen Schriftsteller Hans Reimann mit der Bitte gewandt hatte, ihm beim Publizieren seiner Arbeiten zu unterstützen. Reimann bot den Flegel der Ufa im Sommer 1931 an und erhielt im September einen ablehnenden Bescheid, der Stoff sei »zensurwidrig«. Die Ufa fürchtete den Einspruch machtvoller Lehrerverbände ebenso wie das Veto der Zensur. Weil die Ufa sich ablehnend zeigte, arbeitete Spoerl, der dringend Geld brauchte, das Drehbuch zu einem Roman um, in der Hoffnung, ihn als Fortsetzungsroman bei Illustrierten oder Zeitungen unterzubringen. Doch in den

Presseverlagen hegte man die gleichen Befürchtungen wie bei der Ufa. Der Carl Dunker-Verlag teilte Hans Reimann am 27. Juni 1932 mit:

> »Die Möglichkeiten, den Roman in der deutschen Presse unterzubringen, sind außerordentlich gering, denn nur wenige Zeitungen werden es wagen, eine so starke Lehrerparodie zu veröffentlichen. Halten Sie mich deshalb für keinen Spießer, wenn ich Ihnen das Manuskript heute zurückschicke.«[10]

Erst ein Jahr später fanden Spoerl und Reimann in der Düsseldorfer Zeitung Der Mittag einen Abnehmer. Und erst jetzt, als die Weimarer Republik Geschichte war und die Nationalsozialisten ihre Macht gefestigt hatten, bekamen die Pläne, den Stoff, der inzwischen Die Feuerzangenbowle hieß, zu verfilmen, neuen Auftrieb. Tatsächlich wurde Spoerls Geschichte unter dem Titel Der Flegel produziert und am 13. Februar 1934 uraufgeführt. Das Drehbuch hatten Hans Reimann und der Regisseur R. A. Stemmle geschrieben. Spoerl war unterwegs ausgestiegen. Heinz Rühmann ist hier in einer Doppelrolle zu sehen, er spielt ein Bruderpaar, das die Identität und die soziale Rolle wechselt und so die Lehrer an der Nase herumführt. Der Schriftsteller wird Schüler und der Schüler wird Schriftsteller. Der Völkische Beobachter, das publizistische Zentralorgan der NSDAP, urteilte am 15. Februar 1934:

> »Die Harmlosigkeit dieses Films wirkt nach den mannigfachen schlüpfrigen Erzeugnissen der verflossenen Epoche wie eine Erfrischung. Man kann sich ohne Bedenken von der frohen Laune mitreißen lassen und geht nach Hause mit dem Gefühl, angenehm unterhalten worden zu sein.«

In seinem bekannten Essay »Wie faschistisch ist die Feuerzangenbowle« hat der Filmhistoriker Karsten Witte, das Remake aus dem Jahr 1944 mit dem Original Der Flegel verglichen.[11] Er stellt die These auf, dass im NS-Film die »Propagandaschinken mit den Zerstreuungskomödien strukturell verwandt sind.« Aber, so Witte, die Ideologie stecke in den Unterhaltungsfilmen nicht so sehr in »schlimmen Dialogen« oder »wüsten Abbildern des Faschismus«, sondern vielmehr in den Kunstmitteln, die zwar nicht originär faschistisch seien, aber in einem solchen Sinne funktionalisiert würden. Ein dergestalt gesteuertes Kunstmittel entdeckt Witte in der Überblendung, worin er ein sozialpsychologisches Muster des Faschismus auftauchen sieht:

> »Immer operiert das faschistische Bild mit der Behauptung des Ewig-Gleichen, seiner Sehnsucht nach dem unerreichbaren Ursprung. Jedes Ding gilt ihm erst nach seiner Rückverwandlung als Natur. Der Zwang, aus jedem Bild qua Überblendung sein Urbild vorscheinen zu lassen, will den evolutionären Fortschritt um jeden Preis rückgängig machen.«[12]

In diesem Kontext deutet Karsten Witte die berühmte Überblendung in der Feuerzangenbowle von 1944, mit der sich Rühmann von einem erfolgreichen und lebenserfahrenen Schriftsteller in einen bartlos-pausbäckigen Schüler ver-

---
[10] Der Briefwechsel Hans Reimanns befindet sich im Privatbesitz von Frau Inge Spoerl.
[11] Witte, Karsten: Lachende Erben, Toller Tag. Filmkomödie im Dritten Reich, Berlin 1995, S. 240–245.
[12] Wie Anm. 11, S. 242.

wandelt, als Zeichen der Infantilisierung und Regression gegenüber der Komödie Der Flegel. In dieser Überblendung stecke geradezu ein Zwang der faschistischen Sozialpsychologie, die den reifen Mann stets verjüngen müsse, um die »Schlagkraft des Jugendmythos«, mit dem der Faschismus wesentlich operiere, zu bekräftigen.[13] Dagegen sah Witte in der Komödie Der Flegel statt der ideologischen Überblendung den klassischen Verwechslungstopos am Werk, der eben nicht darauf hinauslaufe, aus dem Mann ein Kind zu machen, sondern Komik durch Verwirrung und Verwechslung stifte. Natürlich nimmt diese Interpretation durch ihre zwingend formulierte Folgerichtigkeit für sich ein, aber in dem Bestreben, die Ideologie interpretativ zu bannen, sich vor ihr durch Reflexion zu schützen, affirmiert sie geradezu deren Allmachtanspruch, indem sie die Ideologie überall dort aufspürt, wo sie eindringen könnte. Doch dieser überwachsame Blick verliert dabei die ganz banalen Widerstände des Produktionsalltags, die Eigengesetzlichkeit der erzählerischen Muster und die Fähigkeit der Zuschauers, divergierende Lesarten zu entwickeln, aus dem Auge.

Für Karsten Witte war Der Flegel »die Feuerzangenbowle à la Weimar«, doch tatsächlich ist der Film von 1934 eher ein Beweis dafür, wie geschmeidig sich manche Künstler an die neuen Verhältnisse anzupassen wussten.[14] Aus der Korrespondenz zwischen Heinrich Spoerl und Hans Reimann geht zweifelsfrei hervor, dass Reimann, der sich selbst für seine gute Bekanntschaft mit dem Zensor rühmte, bereit war, die Geschichte im nationalsozialistischen Sinne einzufärben und ausklingen zu lassen, um damit die Streichwut zu besänftigen. Pfeiffer sollte, nach Reimanns Idee, eine Schlussrede halten, die den »Typ des Tatmenschen« verherrlicht und damit Hitler huldigt. Spoerl protestierte umgehend gegen die ideologische Indienstnahme seiner Geschichte (»An eine Schellenkappe gehört kein Hakenkreuz«), war aber als Drehbuchautor weitgehend ausgeschaltet.[15] Ob letztendlich der Protest des Autors gehört wurde oder sogar die Einsicht des Zensors obsiegte, dass ein derart plakativer politischer Schluss den unpolitischen Charakter der Komödie zerstören würde, kann heute nicht mehr rekonstruiert werden. Mit Bestimmtheit jedoch lässt sich feststellen, dass Hans Reimann, der Regisseur R. A. Stemmle und wohl auch Rühmann Spoerls Geschichte nicht aus ästhetischen Überlegungen stark veränderten und deshalb das rollentauschende Bruderpaar einführten, sondern es war vor allem politisches und privates Kalkül dabei im Spiel. Mit dem Brüderpaar Pfeiffer wollte man die Lehrerparodie entschärfen, denn zu erst einmal parodierten die Brüder sich selbst, wodurch man auf eine Vielzahl von Szenen verzichten konnte, in denen die Lehrer karikiert wurden. Außerdem – und das war das private Motiv für die veränderte Dramaturgie – konnte Rühmann

---

[13] Wie Anm. 12.
[14] Carl Zuckmayer urteilt über Hans Reimann in seinen Berichten für den amerikanischen Geheimdienst: »Hans Reimann ist von allen Nazi-Kreaturen die übelste Erscheinung.« In: Zuckmayer: Geheimreport, wie Anm. 5, S. 57. Die Korrespondenz zwischen Spoerl und Reimann bekräftigt Zuckmayers Eindruck, dass Hans Reimann sich opportunistisch an die Verhältnisse anpasste.
[15] Vgl. Körner: Ein guter Freund, wie Anm. 2, S. 244.

4 | Als »Pfeiffer mit drei f« in »Die Feuerzangenbowle« (1944)
Filmmuseum Berlin – Deutsche Kinemathek, Bild-Nr. F5116_09a

dadurch eine Doppelrolle spielen, was für einen ehrgeizigen und spielfreudigen Schauspieler immer reizvoll und erstrebenswert ist. Als doppelter Pfeiffer spielte er alle anderen Darsteller mühelos in den Hintergrund und wurde so zum absoluten Mittelpunkt des Films. Der Flegel war also nicht so sehr »die Feuerzangenbowle à la Weimar«, sondern eher eine Feuerzangenbowle à la Rühmann und Reimann.

Karsten Wittes Interpretation der Feuerzangenbowle aus dem Jahr 1944 erscheint vor diesem Hintergrund insgesamt zu stringent und zu blickverengt darauf gerichtet, faschistische Ideologie zu entlarven bei gleichzeitiger Vernachlässigung anderer Lesarten. Für ihn ist die Feuerzangenbowle als Remake ein Indiz für den »Erschöpfungszustand des Lustspiels« im NS-Film. Für den Drehbuchautor Heinrich Spoerl jedoch war diese Fassung der Feuerzangenbowle die Rehabilitation seiner ursprünglichen Geschichte, denn den ersten Film verstand er als »billiges Schnitzelwerk«[16], von dem er nichts mehr wissen wollte. Insofern ist der Schüler »Pfeiffer mit drei f« von 1944 keine zuvorderst ideologisch kontaminierte Figur, sondern sie verweist eher auf die originäre Geschichte der Feuerzangenbowle, die vor 1933 entstanden ist. Die Überblen-

---

[16] Heinrich Spoerl an Heinz Rühmann am 14.05.1942 (Privatbesitz I. Spoerl; wie Anm. 10).

dung, mit der der Schriftsteller Pfeiffer zum Primaner Pfeiffer mutiert und die von Karsten Witte als ideologisch funktionalisiertes Kunstmittel gedeutet wird, kann zwingender als effektvolle Verjüngung und Verwandlung des Schauspielers Heinz Rühmann betrachtet werden, der zum Zeitpunkt der Dreharbeiten bereits 41 Jahre alt war und jetzt einen achtzehnjährigen Schüler darstellen sollte.

Eine andere Lesart lässt auch diejenige Szene in der Feuerzangenbowle zu, in der sich der Dialog am auffälligsten am verordneten Zeitgeist orientiert. Der junge Oberlehrer Dr. Brett (Lutz Götz), der im Gegensatz zu seinen älteren Kollegen seine Autorität wahren kann und sich nicht verulken lässt, erläutert seine pädagogischen Prinzipien:

> »Es wäre ja auch traurig, wenn eine neue Zeit nicht auch neue Methoden brächte. Junge Bäume, die wachsen wollen, muss man anbinden, dass sie schön gerade wachsen, nicht nach allen Seiten ausschlagen, und genauso ist es mit den jungen Menschen. Disziplin muss das Band sein, das sie bindet – zu schönem geraden Wachstum.«

Natürlich korrespondiert der Begriff »neue Zeit« mit der von den Nationalsozialisten kreierten Formel von der »neuen Zeit«, mit der die revolutionäre Kraft der NS-Bewegung herausgestellt werden sollte. Aber muss man deshalb die Baum- und Waldmetapher historisch verengen? Karsten Witte sieht in diesen Sprachbildern den »faschistischen Traum der Rückverwandlung der Jugend in Natur«. Allerdings findet sich der Gedanke, die Jugend in Natur zurückzuverwandeln oder sie erzieherisch an der Natur auszurichten, spätestens seit dem 18. Jahrhundert in vielen pädagogischen Texten und Diskursen. Die Disziplinierung der Jugend durch gärtnerische Pflege und Zucht ist demzufolge keine originär faschistische Idee, sondern ein althergebrachtes Denkmuster und auch die mythologische Verbindung zwischen Wald und Nation, die hier anklingt, wurde nicht von den Nationalsozialisten erfunden.[17] Unser identifizierender Blick neigt jedoch retrospektiv dazu, diese Metaphern als NS-Ideologeme abzustempeln, um sie abzuwehren und zu entsorgen. So werden Dr. Brett und seine Ausführungen bei den in der Vorweihnachtszeit sehr beliebten öffentlichen Vorführungen der Feuerzangenbowle an vielen deutschen Universitäten verlässlich ausgebuht und ausgepfiffen, weil er als NS-Pädagoge enttarnt wird.[18]

Warum sollten nicht auch die Zuschauer des Jahres 1944 von der Möglichkeit Gebrauch gemacht haben, sich diesen Lehrer vom Leib zu halten? Oder ihn – im Gegenteil – ganz anders zu verstehen? In der Binnenwelt der Komödie verkörpert er eine joviale Autorität, die vor allem durch den Gegensatz zu seinen fossilen Kollegen begründet wird. Dr. Brett ist sicherlich Spoerls Kompromissfigur, mit der er das Wohlwollen der Zensur suchte, um seine parodistische Schul- und Lehrerwelt insgesamt vor der staatlichen Ablehnung zu retten. Dennoch wird man Dr. Brett nicht umstandslos als NS-Pädagogen

---

17 Zum Nationensymbol Wald vgl. Canetti, Elias: Macht und Masse, Frankfurt a.M. 1978 (Kapitel »Massensymbole der Nationen«).
18 Zu diesem Phänomen vgl. den Artikel in: Der Spiegel, 5.1.1998, S. 148.

deklarieren können, denn erstens basiert seine Pädagogik wie gesehen auf älteren Leitbildern und zweitens strahlt er eine friedfertige Zivilität aus, die weder aggressiv, noch soldatisch oder heroisch daherkommt. In Zeiten, in denen ab 1943 das sogenannte Notabitur die Regel war und die Generation der sechzehnjährigen Flakhelfer in den Krieg geschickt wurde, konnte der »Baumzüchter« Dr. Brett auch als Sehnsuchts- und Alternativfigur verstanden werden, ein Lehrer, der seine Oberprima (die es im deutschen Alltag 1944 kaum noch gab) nicht vorzeitig aus der Schule entließ, sondern sie streng, aber fürsorglich bis zum regulären Abitur begleitete. Ein ganz so überzeugender, wirkungsmächtiger und völkisch entflammter Junglehrer kann Dr. Brett obendrein nicht gewesen sein, sonst hätte der Erziehungsminister Bernhard Rust, ein überzeugter Nationalsozialist, der den Lehrerstand durch den Film insgesamt verunglimpft sah, die Freigabe des Films nicht blockiert, ehe die Feuerzangenbowle im Januar 1944 doch noch von der Zensur freigegeben wurde.

Die Feuerzangenbowle ist ein Film, der sich aus der Zeit stiehlt, weil die Zeit unbefriedigend und friedlos ist, weil im vierten Kriegsjahr alle Chancen verspielt scheinen. Die Sehnsucht gilt nicht so sehr der Schule, die ja hier eine geträumte und versöhnlich-versöhnende Schule ist, sondern sie gilt dem Augenblick, wo man, kurz bevor das ernste Berufs- und Erwachsenenleben beginnt, noch einmal alle Karten in der Hand hält und alles möglich scheint. Alles auf Anfang. Insofern verweist Dr. Brett mit seiner Rede von der »neuen Zeit« nicht zwangsläufig auf die von den Nationalsozialisten propagierte »neue Zeit«, denn die begann im Jahr 1944 erkennbar abzulaufen und war schon alt und verbraucht, sondern die »neue Zeit«, von der hier die Rede ist, könnte als Sehnsucht nach einer Rückerstattung der Zeit verstanden werden, Zeit, um die einen das Leben betrogen hat.[19] Mit diesem Impuls, die verlorene Zeit nachzuleben, beginnt auch der Film. Der erfolgsverwöhnte Schriftsteller Hans Pfeiffer wird von seiner erinnerungsseligen Stammtischrunde lebhaft bedauert, weil er, der ausschließlich von Privatlehrern im Elternhaus unterrichtet wurde, nicht richtig gelebt hat (»Pfeiffer, er hat ja gar nicht richtig gelebt!«), da er niemals eine öffentliche Schule besuchte. Und diese Schule, die dem Zuschauer dann angeboten wird, ist eben keine arisierte Schule, straff organisiert, mit morgendlichem Fahnenappell, mit zukunftsklirrenden Lehrern, sondern sie ist eine wilhelminische Traumburg, eine völlig irreale Idylle, die nicht Realität einfangen, sondern Sehnsüchte schüren will. Eben nach einer »alten Zeit« ohne Junglehrer, die am Revers das Parteiabzeichen tragen. Insofern bot sich Pfeiffer mit drei »f« für Millionen Deutsche als ein Stellvertreter an, weil es ihm vergönnt ist, seine Zeitreise in das »Städtchen hinter dem Mond« anzutreten, in eine Traumwelt, die frei ist von den Zwingkräften der Diktatur und des Krieges, von Fliegerangriffen, Lebensmittelkarten und dem allgegenwärtigen Gewaltstaat.

---

[19] Hier bietet der Film etwas für jedermann Nachvollziehbares, die Sehnsucht nach Rückerstattung von Zeit und die Freiheit von Last und Verantwortung – Identifikationsebenen, die dazu taugen, den bis heute anhaltenden Erfolg der Feuerzangenbowle zu erklären.

4. Biografien im Rückblick

Wer über Rühmanns Rolle und Rollen im Dritten Reich zu befinden hat, wird, je hartnäckiger man das Leben des Stars in dieser Zeit erforscht, einen Prozess erfahren, der das auf den ersten Blick all zu Deutliche undeutlicher und die allzu raschen und sicheren Antworten umso fragwürdiger erscheinen lässt.[20]

Wenn man das Leben und die Lebensleistung eines Menschen im Nationalsozialismus historisch beschreiben will, darf man sich nicht von den moralischen Prämissen und Perspektiven leiten lassen, die wir rückblickend gebildet haben, um das Dritte Reich retrospektiv abzuwehren, so als könnten wir uns wiederum prospektiv eine politisch gebotene Haltung im Angesicht kommenden Unheils verordnen. Viele Texte, die sich mit dem Dritten Reich befassen, vor allem weiche historische Texte wie film-, theater- und kulturhistorische, dienen dazu, zumindest drängt sich der Verdacht nicht selten auf, den Standort des Autors zu markieren, seine ästhetischen Vorlieben zu verteidigen und das, was man ästhetisch verabscheut, auch noch politisch und moralisch zu inkriminieren. Unter dem Eindruck unseres über Jahrzehnte gewachsenen Wissens über das Dritte Reich neigen wir bei der Betrachtung des Lebens darin mitunter zu der totalitären Gewissheit, welche Handlungsspielräume dieser und jener hatte, welche Alternativen es gab oder wie jemand ein bisschen aufrechter durch diese Scham-, Schuld- und Schande-Zeit hätte gehen können. Tatsächlich handelt es sich hierbei um Blickverengungen, unzulässige Abkürzungen und selbstgewisse Einsichten. Gerade weil wir den Nationalsozialismus für die verheerendste moralische Katastrophe in unserer Geschichte halten (und er war weit mehr als das), sollten wir nicht heimlich und verdeckt moralisch argumentieren, um Biografien in dieser Zeit zu betrachten, denn sonst erfahren wir mehr über uns und unsere Zeit und wenig über die anderen und all das Vergangene.

---

[20] Dementsprechend versuchte der Verfasser auch in seiner Rühmann-Biografie (Körner: Ein guter Freund, wie Anm. 2), nicht zu apodiktisch zu klingen.

II.
FILM

Nationalsozialismus und Film

von

Rainer Rother

In seiner Rede anlässlich der Kriegstagung der Reichsfilmkammer am 15. Februar 1941 ging der Propagandaminister Joseph Goebbels auch auf seine früheren Reden vor diesem Kreis ein. Der Vergleich zwischen vorherigen Anlässen und der aktuellen Situation fiel dabei für letztere sehr positiv aus, eine gewisse Genugtuung ist merklich: »Wenn ich in der Vergangenheit zu Ihnen sprach, dann habe ich meistens unter Ihrem eigenen Beifall mehr zu kritisieren als zu loben gehabt. Ich habe das nicht getan, um überhaupt zu kritisieren, sondern ich habe das getan, um den Stand zu fixieren, auf dem wir uns befinden. Ich bin heute zum ersten Mal in der glücklichen Lage, mehr zu loben als zu kritisieren. Es ist nicht zu bezweifeln, daß das deutsche Filmschaffen seit dem Jahre 1939 einen Aufschwung genommen hat, der unsere kühnsten Erwartungen übertrifft. Sie haben der Öffentlichkeit Filmwerke gezeigt, die unser Volk auf das tiefste erschüttern. Und in den nächsten Monaten werden Sie wiederum mit Filmwerken allergrößten Umfangs und künstlerischen Formats vor die Öffentlichkeit treten und werden wiederum den Beweis erbringen, daß das nicht eine momentane Aufwallung war, daß wir aus dem Bereich der Improvisationen nun in den Bereich der Systematik, d. h. der systematischen Arbeit gekommen sind.«[1]

Goebbels hatte derartige Reden zum Film stets genutzt, um seine Zuhörer in einer Mischung aus Vergatterung und Verpflichtung auf eine angesichts der veränderten politischen Bedingungen durchaus immer wieder wechselnde Linie einzuschwören. Im Februar 1941 hatte er auch jenseits taktischer Zwecke allen Grund, ein deutlich positiveres Resümee als je zuvor zu ziehen. Denn die erste unter den Bedingungen des Krieges realisierte – und konsequent auf diese Bedingungen abgestimmte – Produktionsstaffel erwies sich im Sinne des Propagandaministers als unzweideutiger Erfolg. Man könnte sagen: Der nationalsozialistische Film kam in den ersten Kriegsjahren zu sich selbst. Wie nie zuvor orientierte sich die Produktion an den aktuellen Forderungen der politischen Situation, griffen Filme verschiedener Genres diese Situation in ihren Themen auf. Der Gegenwartsbezug, der in den Vorkriegsjahren von der nationalsozialistischen Filmkritik oft angemahnt worden war, nun war er gerade in den erfolgreichsten Filmen unübersehbar vorhanden. Diese Phase, in der Propagandaabsichten in einzigartiger Weise in der Gesamtproduktion publikumswirksam realisiert schienen, hielt jedoch nicht lange an, schon ein Jahr später stellte sich die Kriegslage bereits deutlich anders dar und damit verän-

---

[1] Rede des Reichsministers Dr. Goebbels anlässlich der Kriegstagung der Reichsfilmkammer am 15. Februar 1941, in: Albrecht, Gerd (Hrsg.): Film im Dritten Reich, Eine Dokumentation, Karlsruhe 1979, S. 95.

derte sich für das Propagandaministerium auch die Aufgabenstellung an die Filmindustrie. Die mit dem Winterkrieg vor Moskau 1941/42 entschieden veränderte Kriegslage hatte für die Filmproduktion in zweierlei Hinsicht einschneidende Folgen: Ein Kriegsende schien nicht mehr absehbar und entsprechend mussten die materiellen Ressourcen eingesetzt werden, was im Bereich des Films dazu führte, dass erstens weniger Filme hergestellt wurden und diese nicht mehr unbedingt mit den finanziellen und personellen Bedingungen rechnen konnten, die noch den Filmen der ersten Kriegsstaffel zur Verfügung standen. Da die Zeit des »Blitzkriegs« offenkundig zu Ende gegangen und Hitler zudem den USA den Krieg erklärt hatte, verloren «zeitnahe«, in der Gegenwart spielende Filme die scheinbar selbstverständliche erzählerische Basis der Siegeseuphorie. In der Konsequenz verordnete Goebbels neuerlich eine andere Stoffauswahl. Die kurzzeitig dominierenden, von ihm gerühmten »Zeitfilme« und die offen propagandistischen Filme traten in den nächsten Produktionsjahren zurück, stattdessen wurde Unterhaltung ohne expliziten Gegenwartsbezug gefordert.[2] Die neuen Zielsetzungen verlangten eine Erhöhung der Anzahl produzierter Filme bei gleichzeitig deutlicher Einsparung von Kosten.

Im Februar 1941 dagegen konnte noch von einer fast euphorisch zu nennende Stimmung des Propagandaministers gesprochen werden, sie blieb der markante Höhepunkt in der Übereinstimmung des Ministers mit der aktuellen Produktion. Es ist daher aufschlussreich, die Tendenz dieser Rede mit jener ersten zu vergleichen, die der frischernannte Propagandaminister vor den Spitzen der deutschen Filmwirtschaft hielt, der sogenannten Kaiserhof-Rede vom 28. März 1933. Die Wandlung im Verhältnis von Nationalsozialismus und Film, die binnen acht Jahren ins Werk gesetzt worden war, wird dann besonders deutlich. Goebbels, 1933: »Jetzt sind **wir** da. Und selbst der ungläubige Thomas wird davon überzeugt sein, daß wir mindestens 4 Jahre an der Macht sind. Das, was ist, bleibt; wir gehen nicht mehr!«[3] Entsprechend forderte er, lockte und drohte. 1933 wollte er die Filmindustrie umbauen – 1941 sah er auf das Werk der Neugestaltung zurück.

Dies soll nicht heißen, dass Goebbels tatsächlich und in jeder Hinsicht der »Gestalter« des nationalsozialistischen Films war – der »Filmminister«, wie ihn Felix Moeller nennt[4], hatte zwar sein Selbstbild nicht zuletzt in den (schon mit Blick auf spätere Veröffentlichungen konzipierten) Tagebüchern in diesem Sinne entworfen. Moeller verweist jedoch darauf, dass Goebbels nicht selten sprunghaft agierte, oft auch nur reagierte und insofern von einer planmäßig umgesetzten langfristigen Planung kaum die Rede sein könne. Doch ungeachtet dessen: Die beiden zitierten Reden markieren Ansprüche an den Film, die gewiss nicht Goebbels private Angelegenheit allein waren. Es waren die For-

---

[2] Gelegentlich ereilte zeitnahe Filme sogar ein Verbot, so den Karl Ritter-Film Besatzung Dora, dessen Handlung an allen Fronten spielte, auch an solchen, die bei seiner Fertigstellung bereits in der Hand der Alliierten waren, wie Nordafrika.
[3] Dr. Goebbels Rede im Kaiserhof am 28.3.1933, in: Albrecht, Gerd (Hrsg.): Film im Dritten Reich, Karlsruhe 1979, S. 26.
[4] Moeller, Felix: Der Filmminister, Berlin 1998.

1 | Goebbels bei den Dreharbeiten zu »7 Jahre Pech« in Wien (26. Oktober 1940; rechts: Baldur von Schirach)
Bayerische Staatsbibliothek München / Hoffmann, Bild-Nr. hoff-33331

derungen einerseits an die von den Nationalsozialisten bis zum 30. Januar 1933 sehr entschieden bekämpfte Filmindustrie, deren Produktionen immer dann einer besonders deutlichen ideologischen Kritik ausgesetzt waren, wenn die NS-Publizisten ihre Angriffe auf jüdische Mitwirkende oder die politische Ausrichtung insgesamt richteten. Andererseits zielten die Ansprüche 1941 auf eine weitgehend nach den politischen Vorstellungen des Regimes umgewandelte, sozusagen im Dienste der Regierung agierende und zudem ihr Publikum in ungekanntem Umfang ansprechende *verstaatlichte* nationalsozialistische Filmindustrie. In der Veränderung in Goebbels Ton zwischen 1933 und 1941 schlägt sich nieder, wie weit die Umgestaltung des Filmwesens durch die nationalsozialistische Politik und im nationalsozialistischen Interesse gediehen war.

1. Die Umgestaltung des deutschen Films

In seiner »Kaiserhofrede« konfrontierte Goebbels die versammelten Vertreter der Filmindustrie mit einer Mischung aus offenen und verdeckten Forderungen nach Filmen, die im Sinn und nach Geschmack der neuen Regierung ausfallen sollten. Es waren Drohungen, verpackt in ein Versprechen: »Von der Stelle, wo die Zensur einsetzt, bis zu dem Film hinauf, der aus dem ganzen künstlerischen Schaffen als Muster herausgehen wird, ist ein so weiter Spielraum, dass jedes künstlerische Schaffen sich frei gestalten kann. Unterhalb dieser Schnittlinie gibt es kein Pardon.«[5] Die den folgenden Jahren oft wechselhafte, gelegentlich auch aktionistisch wirkende Politik des Propagandaministers – Felix Moeller spricht von des Ministers »extremen Interventionswahn«[6] – fiel jedenfalls in diesem Punkt unzweideutig aus. Ein Blick auf die in den ersten Monaten ergriffenen Maßnahmen des Regimes verdeutlicht, dass es sich durchaus die Instrumente zu verschaffen wusste, um diese »Schnittlinie« für seine Zwecke scharf genug ziehen zu können. In einem sehr kurzen Zeitraum nach dem 30. Januar 1933 hat das nationalsozialistische Regime die Bedingungen der Filmproduktion in Deutschland grundlegend neu gefasst.

Am Tag seiner Kaiserhofrede sah Goebbels den Fritz-Lang-Film *Das Testament des Dr. Mabuse* und sprach sich gegen dessen Zulassung aus, die Filmprüfstelle folgte diesem Urteil und verbot den Film tags darauf am 29. März 1933.[7] Ein erstes Zeichen, deutlich genug, nannte der Minister doch in seiner Rede Fritz Langs *Nibelungen* ausdrücklich unter den Filmen, die einen unauslöschlichen Eindruck auf ihn gemacht hätten.[8] In diesem Fall richtete sich das Verbot nicht so sehr gegen den Regisseur, sondern vor allem gegen bestimmte Elemente der Story.[9] In den folgenden Wochen und Monaten unterblieben dann weitere Verbote aktueller Filme weitgehend.[10]

Die nationalsozialistische Filmpolitik suchte, schon die Entstehung missliebiger Filme zu verhindern. Sie sicherte sich dazu Einflussmöglichkeiten auf verschiedenen Ebenen. Auch ihre erste ökonomische Maßnahme hatte neben dem finanziellen diesen politischen Zweck. Am 1. Juni 1933 wurde die Filmkreditbank GmbH gegründet, sie verschaffte der unter den Folgen der Weltwirtschaftskrise leidenden Filmindustrie neue finanzielle Quellen und bescherte ihr zugleich indirekt die erste staatliche Kontrolle über Filmprojekte bereits im Planungsstadium. Unmittelbarer sichtbar war der von der Diktatur genom-

---

[5] Albrecht: Film im Dritten Reich, S. 30
[6] Moeller: Der Filmminister, Berlin 1998, S. 102.
[7] Aurich, Rolf/Jacobsen, Wolfgang/Schnauber, Cornelius (Hrsg.): Fritz Lang. Leben und Werk. Bilder und Dokumente, Berlin 2001, S. 194.
[8] Albrecht: Film im Dritten Reich., S. 27.
[9] »Der Oberregierungsrat im Reichsministerium des Innern, Walter Erbe, als Sachverständiger Teilnehmer an der Sitzung, bezeichnete den Film […] in einem Protokoll für den Minister geradezu als staatsgefährdend, da die fortlaufende Darstellung schwerster Verbrechen, diese grauenvolle Vermengung zwischen Verbrechen und Wahnsinn aufs Schwerste die öffentliche Sicherheit und Ordnung gefährde. Für die kommunistischen Elemente, die in Deutschland zur politischen Ohnmacht verurteilt seien, könne dieser Film, der die Organisation einer Verbrecherbande mit ihrer Teilung nach verschiedenen Arbeitsgebieten (Abteilung I, II usw.) zeige, geradezu ein Lehrbuch zur Vorbereitung und Begehung terroristischer Akte sein (Bundesarchiv Berlin, Aktenbestand R 1501, 25685).« Aurich, Rolf/Jacobsen, Wolfgang/Schnauber, Cornelius (Hrsg.): Fritz Lang, S. 194.
[10] Titel aus früheren Produktionsstaffeln wurden jedoch in großer Zahl verboten, darunter so bekannte Filme wie Der blaue Engel, Die Dreigroschenoper, Der Kongreß tanzt oder Westfront 1918.

mene Einfluss auf die Branche in dem am 14. Juli 1933 veröffentlichten »Gesetz über die Errichtung einer vorläufigen Filmkammer«, sowie in der Installation der Reichskulturkammer im November des gleichen Jahres, die eine Zwangsmitgliedschaft einführte. Damit war der Zugang zu den Berufen in der Branche staatlich kontrolliert. Was scheinbar auf der Linie ständischer Organisationen lag, erwies sich als weit mehr. Der »Ariernachweis« wurde ganz offiziell Bedingung für eine Berufsausübung. Im folgenden Jahr wurden die Regelungen der Zensur unter dem neuen Regime formalisiert, das neue verschärfte Lichtspielgesetz trat zum 1. März 1934 in Kraft. Ein »Reichsfilmdramaturg« war vorgesehen, der im Sinne der Vorzensur schon bei der Stoffentwicklung Eingreifmöglichkeiten bis hin zum Verbot besaß.

Mit ihren ersten Maßnahmen stellte die nationalsozialistische Filmpolitik ihr primäres Ziel sicher. Es bestand darin, dass die in Deutschland hergestellten Produktionen sich mindestens nicht im Widerspruch zur nationalsozialistischen Ideologie und Politik befinden durften. Dass diese zunächst nur negativ bestimmte Eigenschaft von den fast 1.100 in diesem Zeitraum fertiggestellten deutschen Spielfilmen[11] und den zahlreichen nichtfiktionalen Werken in sehr großem Ausmaß erfüllt wurde, dafür spricht die geringe Zahl von Verboten realisierter Filme. Felix Moeller geht von 28 Filmen aus, die unter dem Nationalsozialismus »ohne Premiere« blieben,[12] einen Überblick über diese Titel gab erstmals eine Retrospektive der Stiftung Deutsche Kinemathek im Jahr 1978.[13] Die Effektivität der von der nationalsozialistischen Regierung in schneller Folge ergriffenen Maßnahmen ist in dieser Hinsicht fraglos.

Fasst man zusammen, wie die Filmindustrie in den Jahren zwischen 1933 und 1941 umstrukturiert wurde, dann lässt sich die Entwicklung mit den Stichworten Homogenisierung, Konzentration und Kontrolle umreißen. *Homogenisierung*, das hieß im nationalsozialistischen Jargon Gleichschaltung. Doch ist die Veränderung in den Jahren nach 1933 nicht als ein »Umschalten«, als ein einzelner Akt zu begreifen, sondern als ein längerer Prozess, in dem manches sehr schnell, anderes nur langsam gleichförmig gemacht wurde. Der unmittelbar nach der »Machtübernahme« beginnende Ausschluss aller Branchenkräfte jüdischen Glaubens war die erste Maßnahme, Goebbels machte schon in der Kaiserhof-Rede unverhohlen die antisemitische Ausrichtung der neuen Politik deutlich. »Allerdings ist der Publikumsgeschmack nicht so, wie er sich im Innern eines jüdischen Regisseurs abspielt. Man kann kein Bild vom deutschen Volk im luftleeren Raum gewinnen. Man muß dem Volke aufs Maul schauen und selbst im deutschen Erdreich seine Wurzeln eingesetzt haben. Man muss ein Kind dieses Volkes sein.«[14] Die alsbald zwangsweise hergestellte Einheit baute auf einer Basis von Entrechtung, Ausgrenzung und Verfolgung auf.

---

[11] Statistische Übersichten gibt Albrecht, Gerd: Nationalsozialistische Filmpolitik, Stuttgart 1969.
[12] Moeller: Der Filmminister, S. 322.
[13] Wetzel, Kraft/Hagemann, Peter: Zensur. Verbotene deutsche Filme 1933-1945, Berlin 1978 .
[14] Albrecht: Film im Dritten Reich, S. 29. Insofern ist Kreimeier, Klaus: Die Ufa-Story, München 1992, nicht ganz zuzustimmen, wenn er davon spricht, dass sich Goebbels »antisemitische Ausfälle« in dieser Rede nicht geleistet habe, S. 246.

Die größte deutsche Filmfirma, die Ufa, kam der von Goebbels artikulierten Forderung umgehend, nämlich bereits am Tag nach der »Kaiserhofrede«, auf der turnusmäßigen Sitzung des Vorstands am 29. März 1933, nach. Das Gremium beschloss unter dem Tagesordnungspunkt 5 eine Liste von Namen, mit denen die Ufa fortan nicht weiter zusammenarbeiten wollte. Auf der Liste finden sich die Namen von Eric Charell, Erich Pommer, Robert Liebmann, Rudi Feld und vielen anderen, die bis vor kurzem als besonders wertvolle Mitarbeiter galten.[15] Die »guillotineartige Perfektion« dieser Vollstreckungsmaschine lässt Klaus Kreimeier vermuten: »Die schwarzen Listen müssen vorbereitet gewesen sein.«[16]

Die anderen Filmfirmen folgten dem Beispiel der Ufa und binnen kurzem hatten fast alle jüdischen Filmkünstler ihre Arbeit verloren. Ein Großteil von ihnen ging gezwungenermaßen ins Exil. Reinhold Schünzel, in der Terminologie der Nationalsozialisten als »Halbjude« klassifiziert, gehört zu den wenigen bekannten Regisseuren, die mit einer von Film zu Film zu erneuernden Sondergenehmigung arbeiten konnten, bis auch er 1937 ins Exil ging.[17]

Die Gleichschaltung beschränkte sich nicht auf die Personalbasis des deutschen Films. Vielmehr kann man auch von einer Art Homogenisierung der Produkte selbst sprechen. Sie sollten zunächst »deutsche« Filme sein, einen nationalen Charakter tragen, der eigenen Kultur unzweideutig angehören und was der Umschreibungen mehr waren. Der Blick auf die ausländische Produktion offenbarte dabei manchem Kritiker Defizite der einheimischen Produktion. Leonhardt Fürst fasste seine Eindrücke nach den Filmfestspielen in Venedig 1937 polemisch so zusammen: »Venedig brachte drei fundamentale, wenn auch zum Teil bittere Erkenntnisse: 1. Daß der deutsche Kulturfilm wirklich der beste innerhalb der Weltproduktion ist, 2. daß der deutsche Spielfilm noch an einigen sehr wesentlichen Mißverständnissen (vor allem Formfehlern!) leidet, um mit den Filmen Frankreichs und Amerikas in entscheidenden Wettstreit treten zu können, 3. daß der französische Film wirklich >Film< ist und somit den absoluten Vorstellungen vom Filmkunstwerk sehr nahe kommt, und daß wir – was auf diesen Seiten beinahe bis zum Überdruß wiederholt wurde – besser tun würden, wenn wir die französischen Filme genauer studierten, um auf diese Weise zur Kenntnis filmischer Formelemente zu gelangen, als uns andauernd von den amerikanischen Erfolgsfilmen hypnotisieren zu lassen.«[18]

Viktor Schamoni resümierte die Überzeugung, dass der Weg des nationalsozialistischen Films auf einen »deutschen Film« führen müsse, im Jahr 1940, mit Blick auf zwei von ihm als vorbildlich angesprochene Filme – *Urlaub auf Ehrenwort* (R: Karl Ritter, 1937) und *Mutterliebe* (R: Gustav Ucicky, 1939): »Wie jedes echte Kunstwerk in der Gemeinschaft eines Volkes wurzelt, und

---

[15] Bundesarchiv, R 109/1, 1029a, S. 215ff. Auszugsweise abgedruckt in: Rother, Rainer (Hrsg.): Ufa Magazin Nr. 10, Morgenrot, Berlin 1992, S. 16.
[16] Kreimeier, S. 247. Dort findet sich auch eine eingehende Erörterung der verschiedenen nun vom Ufa-Vorstand abgewickelten »Personalien«.
[17] Zu Schünzel siehe Schöning, Jörg (Red.): Reinhold Schünzel, München 1989.
[18] Fürst, Leonhard: «Woran liegt es –?« Von der Problematik des Filmschaffens, in: Der deutsche Film, 2. Jg., H. 5, November 1937, S. 125.

2 | Werbung für den UFA-Film »Mutterliebe« von Gustav Ucicky (1939)
Museum für Film und Fernsehen, Deutsche Kinemathek, Bild-Nr. F6196_01

uns immer die Filme am besten erschienen, die zugleich am russischsten, amerikanischsten usw. waren, so sind auch diese beiden musterhaften Spielfilme bislang wohl die deutschesten, die geschaffen worden sind; sie tragen sogar das Gesicht jener deutschen Städte, in denen sie entstanden, sie atmen den Geist von Berlin und Wien.«[19]

Es sollte sich bei dem nun zu schaffenden deutschen Film um eine erkennbare, durchaus in Grundzügen sich ähnelnde Ware handeln, ein Filmangebot, das in ästhetischer Ausprägung, in der Stoffwahl, in den ganz allgemeinen, quasi verinnerlichten Prinzipien der Spielfilmgestaltung den »nationalsozialistischen Qualitätsfilm« repräsentierte. Dann, so Goebbels schon 1933, könne »der deutsche Film eine Weltmacht werden, deren Grenze heute noch ganz unvorstellbar ist. (...) Je schärfer völkische Konturen ein Film ausweist, desto größer sind die Möglichkeiten, die Welt zu erobern.«[20]

Das Credo lautet: Der in Deutschland produzierte Film habe vor allem deutsch zu sein, nicht nur aus Gründen seiner nationalen Funktion, sondern auch, um ihn unterscheidbar zu machen. Nicht wie der international erfolg-

---

[19] Schamoni, Victor: Der filmische Film, in: Der deutsche Film, 4. Jg. H. 9, März 1940, S. 172.
[20] Albrecht: Film im Dritten Reich, a.a.O.. S. 27.

reichste Filmtyp, der amerikanische, nicht wie der russische Revolutionsfilm, auch nicht wie der Mitte der dreißiger Jahre von der NS-Publizistik oft bewunderte französische Film solle er ausfallen, er sollte kein Imitat sein. Anders als alle anderen, aber mindestens ebenso gut wie alle anderen, so solle der deutsche Film werden.

Auf dem verschlungen Weg zum allseits anerkannten »deutschen Film« setzte sich spätestens nach 1939, auch publizistisch, eindeutig eine Präferenz für ein bestimmtes Kino durch. Dies war ein Spielfilm, der gegen experimentelle Formen, gegen ausgesprochen individuelle Filmstile, jedoch auch gegen dezidiert realistische Stoffe und Inszenierungen resistent war. Das Kino im Nationalsozialismus sollte durchaus eine »Traumfabrik« bleiben, allerdings eine, in der die Traummöglichkeiten kontrolliert und auf einen gewissen engen Kanon beschränkt blieben.[21] Weder Selbstreflexion oder Realismus sollten dies stören, noch sollte das Prinzip der filmischen Unterhaltung selbst in Frage gestellt werden.

In ökonomischer Hinsicht zielte die nationalsozialistische Filmpolitik auf verstärkte *Konzentration*. Auch hier war der erste Schritt mit dem Berufsverbot für jüdische Besitzer von Kinos, Produktions- und Verleihfirmen getan. Die wirtschaftliche »Konsolidierungspolitik«, die die neue Regierung für sich in Anspruch nahm, ließ es mit der Ausschaltung dieser Konkurrenten jedoch nicht bewenden. »Filmindustrie und Propagandaministerium hatten, sich gegenseitig stimulierend, seit 1933 die Parole vom Qualitätsfilm ausgegeben. In seinen Reden vor den Filmschaffenden erhob Goebbels immer wieder die Forderung, der deutsche Film müsse seinen Charakter als reine Unterhaltungsware überwinden und als nationale Kunst im In- und Ausland von der Blüte deutschen Kulturschaffens zeugen. Dies lasse sich nur durch eine allgemeine qualitative Steigerung der gesamten Filmproduktion erreichen.«[22] Diese Qualitätssteigerung schloss das Verschwinden kleiner und mittlerer Firmen ein. Wenn Goebbels Gesinnung *und* Qualität forderte – das lag in der Konsequenz der von ihm als vorbildlich genannten Filme[23] – so war damit auch eine Tendenz zu vergleichsweise kostspieligen Produktionen gemeint. Die durchschnittlichen Budgets stiegen während des Nationalsozialismus tatsächlich kontinuierlich an, während sich die Zahl der produzierten Filme tendenziell verringerte. Klaus Kreimeier spricht davon, dass es letztlich um »den Umbau der deutschen Filmindustrie ganz im Sinne der Konzerne« ging.[24] Statistisch war der Befund schon vor der endgültigen Verstaatlichung der größten Firmen eindeutig: »Die Zahl der Filmhersteller hatte sich von 96 im Jahre 1927 auf ungefähr 30 im Jahre 1938 vermindert.« Dabei stellten die vier großen Konzerne Ufa, Tobis, Bavaria und Terra einen Anteil von 80,6 % an den neuen Filmen der Staffel

---

[21] Rentschler, Eric: The Ministry of Illusion. Nazi Cinema and its Afterlife, Cambridge (MA), London 1996, S. 9: «Studios were dream factories, not propaganda machines.«
[22] Spiker, Jürgen: Film und Kapital, Berlin 1975, S. 143.
[23] In der Kaiserhofrede hob er folgende Filme hervor: Panzerkreuzer Potemkin (R: Sergei Eisenstein), Anna Karenina (R: Clarence Brown), Der Rebell (R: Karl Hartl, Kurt Bernhard), Die Nibelungen (R: Fritz Lang).
[24] Kreimeier: Die Ufa-Story, S. 257.

3 | Hitler und Goebbels am 4. Januar 1935 im Babelsberger UFA-Atelier bei den Dreharbeiten des Films »Barcarole«
Bundesarchiv, Bild 183-1990-1002-500, Fotografie: Scherl

1935/36.[25] Auch bei den Verleihern sah es nicht anders aus: »1937 gab es – gegenüber rund 90 im Jahre 1933 – noch 6 große, den beiden Konzernen der Tobis und Ufa angegliederte Verleiher und drei mittlere Verleihfirmen.«[26] Nach der Verstaatlichung oblag dem »Büro Winckler«[27] die ökonomische Kontrolle der deutschen Filmindustrie, die in den folgenden Jahren noch stärker in Richtung auf ein Staatsmonopol geordnet wurde. Bereiche, in denen damals noch eine gewisse Vielfalt der Firmen herrschte, wie der Kulturfilm, unterlagen schließlich ab 1939 dem gleichen Prozess.[28]

---

[25] Becker, Wolfgang: Film und Herrschaft, Organisationsprinzipien und Organisationsstrukturen der nationalsozialistischen Filmpropaganda, Berlin 1973, S. 116.
[26] Becker: Film und Herrschaft, S. 117.
[27] Zur Rolle Wincklers im langen Prozess der Verstaatlichung der deutschen Filmindustrie siehe Spiker: Film und Kapital, Berlin 1975, S. 162 ff.
[28] Die Kulturfilmproduktion, ein Gebiet, auf das die nationalsozialistische Publizistik besonders stolz war, schien sich hier doch zuerst ein »deutscher Filmstil« konsequent entwickelt zu haben, hatte bis 1939 noch einen relativ hohen Anteil mittelständischer Firmen aufzuweisen gehabt. Doch wies Hermann Grieving in seiner Rede auf der Jahrestagung der Reichsfilmkammer 1939 darauf hin, dass dies ein Ende finden werde. »Wenn jeder für sich so wie in der Vergangenheit Filme herstellen wollte, dann kann er bei der nun einmal begrenzten Zahl der Kulturfilme nicht genügend Beschäftigung finden.« Grieving, Hermann: Aufgaben des Kulturfilms, in: Lehnich, Oswald (Hrsg.): Jahrbuch der Reichsfilmkammer 1939, Berlin 1939, S. 104.

Die zielstrebig betriebene Konzentration kulminierte in der am 17. Januar 1942 vollzogenen Gründung der »Ufa-Film GmbH«, kurz und in Abgrenzung zur alten Produktionsgesellschaft »Ufi« genannt. Goebbels, zu dieser Zeit angesichts der für das enorm gewachsene Absatzgebiet und selbst für den deutschen Markt viel zu niedrigen Produktionszahlen von ernsten Sorgen geplagt, beschreibt sie als »Zusammenfassung der gesamten wirtschaftlichen Kraft des deutschen Films«.[29] Der Staatskonzern war damit geschaffen.

Kontrolle des Films, das war selbstverständlich der eigentliche Antrieb der nationalsozialistischen Politik. Sie wollte die gesamte Branche »auf Linie« bringen, alle personellen und ökonomischen Maßnahmen dienten diesem Ziel. Die gewünschte Kontrollierbarkeit bezog sich zunächst auf die Filme selbst, durch Maßnahmen der Zensur, der Stoffkontrolle, der Besetzungspolitik etc. Das Ideal vollständiger Überwachung ließ sich beim Film allerdings nicht umstandslos umsetzen. Einerseits gab es hier, wie in anderen Bereichen der nationalsozialistischen Herrschaft auch, Interessenkonflikte zwischen verschiedenen Fraktionen in Partei und Staat. Letztlich setzte sich Goebbels mit seinem Entwurf, wenn auch gewiss nicht konfliktfrei und nicht ohne Reibungsverluste, durch. Der Wunsch, die deutsche Filmindustrie zu kontrollieren, bedeutet aber nicht, sie bis ins letzte Detail ausgestalten zu wollen. Für bestimmte prestigeträchtige – und im propagandistischen Sinn zentrale – Filme kann zwar durchaus von einer sehr weitgehenden Beteiligung des Propagandaministeriums oder sogar von Goebbels selbst gesprochen werden. Zu diesen Filmen gehört, als ein frühes Beispiel, *Verräter* (1936, R: Karl Ritter). Goebbels Engagement bei Projekten wie *Jud Süß* (1940, R: Veit Harlan) oder *Ohm Krüger* (R: Hans Steinhoff, 1940) ist gut dokumentiert. In den Kriegsjahren war nicht zuletzt die Wochenschau eine von höchster Stelle kontrollierte Form. Neben dem Propagandaminister nahm oft Hitler selbst die jeweiligen Einzelnummern ab.[30] Für das Gros der Produktion wäre eine solch weitgehende und entsprechend arbeitsintensive Einflussnahme allerdings gar nicht möglich gewesen – und sie erwies sich auch nicht als notwendig, da die Filmkonzerne im eigenen Interesse bestrebt waren, mögliche Konflikte schon im Entwicklungsstadium der Stoffe auszuschalten.

Entscheidend aber für unvermeidliche Einschränkungen der Kontrollierbarkeit des Films war – neben der Ambivalenz und Vieldeutigkeit filmischer Formen selbst – die weiterhin angestrebte Profitabilität der Produktion. Der Erfolg beim Publikum war dabei nicht nur für die Konzerne oder das »Büro Winckler« entscheidend, sondern gerade für das Propagandaministerium von Bedeutung. Goebbels, der die Verstaatlichung voran trieb, tat dies zum wenigsten, um eine bestimmte, sozusagen uniforme Filmproduktion durchzusetzen – es hätte aus Sicht des ProMi keinerlei Sinn ergeben, Filme herzustellen, die vom Publikum nicht angenommen wurden oder ihm erst mühsam schmackhaft gemacht werden mussten. Das wäre schlechte Propaganda, die vom Pub-

---

[29] In Albrecht: Film im Dritten Reich, S. 117.
[30] Hoffmann, Kay, in: Geschichte des dokumentarischen Films in Deutschland, Band 3, »Drittes Reich« 1933-1945, hg. von Peter Zimmermann und Kay Hofmann, Stuttgart 2005, S. 660f sowie Moeller: Der Filmminister, S. 389.

likum schlicht ignoriert würde. Schon deswegen war Goebbels auf Filme angewiesen, die ihre Zuschauer erreichten, ja begeisterten. Bei aller immer wieder spürbaren Reserve gegen die sehr eigengesetzlichen Abläufe der Filmbranche sah er die Vorteile eines Angebotes, das »publikumsorientiert« war und deswegen Erfolgsmuster variierte, mit bekannten Darstellern zu werben wusste und verschiedene Zuschauer mit unterschiedlichen Produkten anzusprechen suchte, durchaus. 1941, in seiner Rede auf der Kriegstagung der Reichsfilmkammer, artikulierte er nicht zuletzt deswegen voller Befriedigung das Gefühl, die Ziele seiner Politik weitgehend erreicht zu haben, weil diese Publikumswirksamkeit nach seiner Einschätzung ohne ideologische Zugeständnisse erreicht worden war. Im Gegenteil, viele der erfolgreichsten Filme der Jahre 1941 und 1942 entsprachen auch ideologisch ganz offen und vollkommen den Forderungen von Goebbels.

Indem die Filmindustrie *als* Industrie, wenn auch unter staatlicher Kontrolle, nach staatlichen Vorgaben arbeitend, erhalten blieb, behaupteten ihre Elemente ein gewisses Eigengewicht. Insbesondere das Starsystem blieb intakt, auch erhielten sich weitgehend die eingeführten Genres. Allgemein dominierte die ästhetische »Konventionalität«.[31] Man kann den Film unter dem Nationalsozialismus daher mit guten Gründen als eine spezifische, politisch aufgeladene Form der Kulturindustrie interpretieren. »In its cynical belief that it offered people what they wanted, Nazi mass culture emulated and replicated American patterns of recognition. It produced an entertainment industry with second hand popular fare: hit tunes, request concerts, fashion trends, fan magazines, glossy commercials, household appliance, mass audiences, and film fanatics who eagerly awaited each week´s new movies.«[32] Die Filmproduktion dieser Jahre funktionierte tatsächlich in vieler Hinsicht auch weiterhin *wie* eine Filmindustrie und behauptete selbst unter den verschärften Produktionsbedingungen des »totalen Krieges« eine Eigendynamik. Mit Fortdauer des Krieges betrafen die für erforderlich gehaltenen Einsparungen in der Produktion zahllose Details, doch keine Maßnahme vermochte es, die Gagen der beliebtesten und erfolgreichsten Darsteller und Regisseure ernsthaft zu begrenzen. Hier behaupteten die Publikumslieblinge auch unter erschwerten Bedingungen ihren Preis, traten sich zu Goebbels Leidwesen die verstaatlichten Firmen als Konkurrenten um die zugkräftigsten Namen gegenüber. In einer Zeit, als selbst die Zahl der »Takes« (Aufnahmen einzelner Szenen) angesichts der Kriegssituation limitiert werden sollte, blieb das Starsystem inklusive der (seit langem schon von Vertretern des Regimes beklagten) hohen Gagen intakt. In diesem Sinne gilt: Was einmal als »nationalsozialistisches Qualitätskino« gefordert worden war, behauptete sich auch unter den Einschränkungen der Kriegswirtschaft mit einem gewissem Eigensinn als eben dieses »Qualitätskino«. Vielfäl-

---

[31] »Though in many respects idiosyncratic, films of the Third Reich are hardly unfamiliar. As Thomas Elsaesser observes, they appear readable in terms of classical narrative in much the same way as do Hollywood films of the 1930s. This phenomenon may well explain why Nazi cinema equally fascinates and disturbs postwar American audiences.« Rentschler, Eric: The Ministry of Illusion, S. 23.

[32] Rentschler: The Ministry of Illusion, S. 22.

tige Beschränkungen mochten fühlbar, die Forderungen nach gesteigerter Sparsamkeit und schnellerer Produktionsweise unüberhörbar sein: der Betrieb bewies selbst angesichts der in den letzten Kriegsjahren immer drastischeren Einsparbemühungen eine erstaunliche Beharrungskraft.

Zur Kontrolle gehörte jedoch auch die Steuerbarkeit der Gesamtproduktion – und hier erwies sich die eingeschlagene Politik mit nur geringen Einschränkungen als voller Erfolg. Das Propagandaministerium konnte (und wollte) nicht »den« nationalsozialistischen Film als Regelfall fordern, aber es konnte in kritischen Situationen eine Neuorientierung der Stoffauswahl verlangen. Das Ideal der Diktatur war das Führerprinzip und dies galt in bestimmten Zeiten für den Film ganz umstandslos: So wurden die grundsätzlich veränderten politischen Verhältnisse nach dem deutschen Überfall auf Polen in eindeutige Anweisungen an die Produktionsfirmen übersetzt: »Der Minister wünscht anti-englische Stoffe« hieß es in einem Protokoll des Ufa-Vorstandes nach dem Überfall. Also wurden anti-englische Stoffe realisiert[33], ebenso wie die wenig später geforderten antisemitischen Filme[34] oder die nach dem Überfall auf die Sowjetunion wieder aktuellen antibolschewistischen Filme[35]. In der Frage einer möglichst bruchlosen Übertragung politischer Veränderungen in eine entsprechende Filmproduktion bewies die Filmindustrie immer wieder, mit der durch die Produktionsfristen unvermeidlichen Verzögerung, ihre erschreckende Flexibilität. Und wenn nach Abschluss des Hitler-Stalin-Paktes keine antikommunistischen Filme mehr produziert werden durften, entsprechende Pläne auf Eis gelegt, bereits vorhandene Filme aus dem Verleih genommen werden mussten, dann fiel das unter die »faux frais« der neuen Produktionsumstände, gelegentlich intern wegen der hohen damit verbundenen Abschreibungen beklagt, im Prinzip aber nicht in Frage gestellt.

2. Film im Nationalsozialismus – Film des Nationalsozialismus?

Der Korpus der während des Nationalsozialismus entstandenen Filme wurde lange Zeit vor allem unter der Frage betrachtet, welche Filme eindeutig nationalsozialistisch und welche dies nicht seien. Die pragmatische Perspektive – was nicht eindeutige Propaganda war, konnte wieder aufgeführt werden – setzt dabei schon in den ersten Jahren nach 1945 ein. In dieser Sichtweise gibt es »Nazi-Filme« und die anderen, die auswertbaren Produkte, die nur gelegentlich geringer Kürzungen bedurften. Für ein Verständnis der Besonderheit der Produktion zwischen 1933 und 1945 war dieser Gesichtspunkt ohne jeden Belang, allenfalls unterstützte die Scheidung in politisch belastete und bloß unterhaltsame Filme die Vorstellung von einer »goldenen Zeit« des deutschen Kinos, die gewissermaßen zufällig in die Periode des Nationalsozialismus gefallen war.

Entscheidend zum Verständnis dieses Filmkorpus haben dagegen Forschungen beigetragen, die diesen Zeitraum im Zusammenhang – und auch mit Blick

---

[33] Z. B. Leinen für England, Der Fuchs von Glenarvon, Ohm Krüger, Titanic.
[34] So Die Rothschilds, Jud Süß, Der ewige Jude.
[35] GPU.

auf seine mögliche Kontinuität zur Weimarer Republik oder zur Filmproduktion der Nachkriegszeit – untersuchen. Die mehr als 1000 abendfüllenden Spielfilme, die zahlreichen kürzeren und längeren Formen des nicht-fiktionalen Films entstanden unter den gleichen, vom Regime gesetzten politischen, organisatorischen und finanziellen Rahmenbedingungen. Mit diesen waren, selbst unabhängig von aktuellen politischen Forderungen auch inhaltliche und ästhetische Vorgaben verknüpft. Jedoch blieb selbst unter diesen Voraussetzungen eine gewisse Vielfalt der Filmformen und Genres in mehr als einer Hinsicht erhalten.

Feststellbar ist zunächst eine gewisse Kontinuität zum Film der Weimarer Republik. Die Entrechtung und Verfolgung der jüdischen Künstler, zum geringeren Teil auch der politisch links engagierten Filmschaffenden, fügte der Filmindustrie einen erheblichen Substanzverlust zu, der bei den Verantwortlichen der Produktionsgesellschaften durchaus registriert wurde. Der Produktionschef der Ufa, Ernst Hugo Correll, beklagte, für die deutsche Jahresproduktion von etwa 120 Filmen seien nur neun begabte Regisseure vorhanden, »alles Übrige ist Durchschnitt, meistens darunter«.[36] Ungeachtet dessen behaupteten sich die produzierten Filme beim Publikum, die Zuschauerzahlen stiegen kontinuierlich an. Die Produktionsabläufe änderten sich nicht grundlegend, eine Reihe bekannter Namen blieb vor wie hinter der Kamera aktiv und prägte den Film der neuen Ära auch noch, nachdem neue Stars (z. B. Marika Rökk, Kristina Söderbaum, Zarah Leander, Ilse Werner, Johannes Heesters, Viktor de Kowa, Carl Raddatz, Mathias Wiemann) und neue Regisseure (Veit Harlan, Karl Ritter, Helmut Käutner) auftauchten. Vor allem blieben im gesamten Zeitraum bestimmte Genres präsent, Komödien machten durchgängig einen beträchtlichen Teil der Produktion aus, Hans Moser oder Heinz Rühmann erheiterten ihr Publikum, Abenteuerfilme, Kriminalgeschichten und Historienfilme bereicherten das Filmangebot. Melodramen waren ein dauerhaft populäres Segment im Angebot, mit Regisseuren wie Veit Harlan, Rolf Hansen oder auch, bis zu seiner Emigration, Detlef Sierk

Doch kann, bei allen Kontinuitäten zum Film vor 1933, festgestellt werden, dass die unter den nun vom Regime gesetzten Bedingungen weiterhin merkliche Vielfalt von Genres und Themen andere Züge als die Filmproduktion der Weimarer Republik annahm. Und je länger der Nationalsozialismus an der Macht war, desto mehr entwickelten sich diese Unterschiede. Es verschwanden aus den Kinos fast vollständig und sehr bald nach der »Machtübernahme«: die ironisch die Zeitumstände umspielende Tonfilmoperette[37] und selbstverständlich alle sozialkritischen und realistischen Filme, die sich am Ende der Weimarer Republik entwickelten. Es verschwanden die populären Militärschwänke – denen die nationalsozialistische Publizistik noch im Rückblick mit ungeteil-

---

[36] BA R 109 I/2420.
[37] Wedel, Michael: Der deutsche Musikfilm. Archäologie eines Genres 1919 bis 1945, München 2007; Rother, Rainer/ Mänz, Peter (Hrsg.): Wenn ich sonntags in mein Kino geh´, Ton-Film-Musik 1929-1933, Berlin 2007.

ter Abneigung gegenüberstand[38] – und alle als pazifistisch zu verstehenden Kriegsfilme.

Stattdessen entstand anderes, das Genre des Revuefilms stammt aus diesen Jahren.[39] Das Bild der auf den Führer eingeschworenen, ihn verehrenden Gefolgschaft setzten Leni Riefenstahls Parteitagsfilme und ebenso ihr Olympia-Film mit Einsatz aller filmischen Möglichkeiten im dokumentarischen Genre um. Zugleich wurden bis 1939 Filme produziert, die den Ersten Weltkrieg in eine nationalsozialistische Perspektive stellten. In ihr stand der eigentliche Feind des »im Felde unbesiegten« Heeres im Innern, wurde die Schuld am verlorenen Krieg der von Agitatoren zersetzten Heimatfront zugewiesen. In diesen Filmen fand eine Umdeutung statt, das »Kriegserlebnis« verbürgte nunmehr eine sinnvolle Erfahrung. Mit dem Beginn des Zweiten Weltkriegs erfuhr die Wochenschau eine erhebliche Veränderung und wurde in einer wohlorchestrierten publizistischen Kampagne zu der auch für den Spielfilm vorbildlichen Form erklärt. Die mit unvermeidlicher Verzögerung entstehenden »Zeitfilme« erlebten, vor allem in Gestalt von Kriegsfilmen, eine kurze Blüte. Die nach dem Überfall auf Polen entstandenen, auf die Gegenwart bezogenen Filme zeigten siegreiche Soldaten und eine in deren Unterstützung aufgehende Heimatfront. In nationalsozialistischer Perspektive war der »Dolchstoß« ein Versagen nicht zuletzt der eigenen Propaganda gewesen und nun malten Zeitfilme wie *Wunschkonzert* oder *Die grosse Liebe*, beides enorme Erfolge, triumphierend das Bild eines einigen Volkes aus.

Nach dem Kriegsbeginn entstanden auch die Filme, deren gehässiges Feindbild eine extreme Radikalisierung der Propaganda bedeutet, Filme der Infamie, hetzend gegen alles, was fremd war, vor allem der erbärmliche, aber mit hohem handwerklichen Geschick realisierte antisemitische Propagandafilm *Jud Süß* von Veit Harlan ist hier zu nennen. Fritz Hipplers abstoßende, in seiner zügellosen Denunziation beispiellose angebliche Dokumentation *Der ewige Jude* ist dessen Entsprechung im Bereich des nicht-fiktionalen Films. Zu den ideologischen Vehikeln gehören auch Filme wie *Ich klage an* (R: Wolfgang Liebeneiner), *GPU* (R: Karl Ritter) oder *Feinde* (R: Victor Tourjansky) – allesamt Exempel für eine filmische Unterstützung der auf Vernichtung zielenden Politik.

Die Linie der im Sinne des Regimes agitierenden Filme reicht von der ersten Produktionsstaffel im Jahr 1933 (*Hitlerjunge Quex*) bis in die Endzeit der Diktatur (*Kolberg*). Doch blieb ihr Anteil an der Gesamtproduktion vergleichsweise gering, am größten war er in den ersten Kriegsjahren.[40] Erstaun-

---

[38] So Frank Maraun (d.i. Erwin Goelz) in seinem Aufsatz »Einst und jetzt: Bildnis des deutschen Soldaten im Film«, in: Der deutsche Film, 5. Jg., H. 11/12, Mai/Juni 1941, S. 224, wo es heißt: »[…] so fanden die jüdischen Produzenten der Systemzeit gerade in jener sinnbildhaften Wirkung der einzelnen Gestalt im Film ein Mittel, um den deutschen Soldaten unter dem Deckmantel eines scheinbar harmlosen Ulks zu verhöhnen und damit den Wehrwillen des Volkes auf unmerkbare Art zu untergraben.« Zu Maraun/Goelz siehe Erwin Goelz alias Frank Maraun: Filmkritiker, Film & Schrift Bd. 3, hg. von Rolf Aurich und Wolfgang Jacobsen, München 2006.

[39] Wir tanzen um die Welt. Deutsche Revuefilme 1933-1945. Zusammengestellt von Helga Belach, München 1979.

[40] Gerd Albrecht: Nationalsozialistische Filmpolitik, Stuttgart 1969, S. 102ff.

4 | Filmischer Endkampf: Szene aus Veit Harlans »Kolberg« (1945)
Museum für Film und Fernsehen, Deutsche Kinemathek Bild-Nr. F3238_03a

licher als diese vermeintlich Zurückhaltung in der ideologischen Publikumsansprache – selbst ein Regisseur wie Karl Ritter sprach 1:5 als in der Zukunft erstrebenswertes, 1:10 als eine aktuell erreichbares Verhältnis des durch und durch nationalsozialistischen Zeitfilms zum bloßen Unterhaltungsfilm an[41] – waren Filme, die wie aus der Entstehungszeit gefallen wirken. Helmut Käutners *Unter den Brücken*, entstanden in den letzten Kriegsmonaten, ist ein solcher Film. Er kennt, wie die meisten früher realisierten Filme dieses Regisseurs, keine gegenüber dem Regime sich liebdienerisch anbietende Facette. In einer cineastischen Perspektive gibt es eine Reihe anderer Beispiele für Filme, die mit ihren Qualitäten – Leichtigkeit, Unangestrengtheit der Erzählung, ironisches Spiel mit Konventionen, Sensibilität für Alltägliches z. B. – wie eine »ästhetische Opposition« wirken oder doch jedenfalls eine Ästhetik repräsentieren, die sich gegenüber den dominierenden Einflüssen weitgehend als resistent erwies. Zu verweisen ist hier auf die Filme Reinhold Schünzels, in denen sich Ironie und Zeitdiagnostik der Weimarer Tonfilmoperette in großem Maß erhalten haben, nicht zuletzt in seinem Meisterwerk *Amphitryon*, der in einigen

---

[41] Ms., Mehr Weltanschauung im Film. Karl Ritter sprach über »Zeitfilm – Zeitgeschichte«, in: Berliner Börsen Zeitung, 13.12.1936. Siehe auch Hans Schumacher, Karl Ritter: »Zeitfilm – Zeitgeschichte«, in: Film-Kurier, 0.12.1936.

Szenen wie eine Persiflage auf die Massenornamente von Riefenstahls Parteitagsfilmen wirkt. Werner Hochbaum und Helmut Käutner waren Regisseure, die mit ihrem Werk durchgängig an bessere Traditionen anknüpften, Peter Pewas (verbotener) Erstling *Der verzauberte Tag* überraschte mit »ungewöhnlich sensiblen, poetisch empfundenen Bildkompositionen«.[42] Zu den charmanten, auch heute ansehenswerten Filmen gehören Produktionen von Willy Forst oder Filme wie Paul Martins *Glückskinder*. Und selbst für Vernichtungs-Propaganda gefährlich begabte und zu begeisternde Filmemacher wie Veit Harlan oder Victor Tourjansky drehten mit *Opfergang* und *Illusion* Beispiele eines Kinos, das sich mit seinen Ambivalenzen einer vom Regime gewünschten Eindeutigkeit entzog.

Neben diesen bekannten Beispielen entstand unter dem Nationalsozialismus auch das durchschnittliche, das für Unterhaltungsbedürfnisse konzipierte und jeder ästhetischen Ambition abholde Filmangebot in großer Zahl – man könnte behaupten, es war weder in politischer noch künstlerischer Perspektive sonderlich bemerkenswert. Dieser »Normalfall« des NS-Kinos wird von Filmhistorikern gegenüber anderen Epochen der deutschen Filmgeschichte auch im Vergleich mit deren Durchschnittsproduktion als eher noch konventioneller und ideenärmer eingeschätzt. »Der deutsche Film im Dritten Reich hatte wenig Eigenes. Er machte Anleihen. Er mobilisierte, um zu immobilisieren. Er überformte das Manichäische, das zur Drohung an Eindeutigkeit wurde.«[43] Dass die Gesamtproduktion dieser Jahre zahlreiche Beispiele schlicht belangloser Werke kennt, löst ihre Betrachtung jedoch nicht von Zusammenhang ab. »Es gab faschistische Filme. Und es gab Filme in Faschismen. Man muss nach der Funktionsform fragen.«[44] Das Gros der Unterhaltungsfilme mag keine explizite Funktion erfüllt haben außer der, die dem Entertainment immer obliegt, die der Ablenkung vom Alltag, der Entspannung oder Aufmunterung, möglicherweise sogar des kurzfristigen Trostes. Dennoch, in seiner ästhetischen Gestalt, war es vom Geist der Zeit nicht gänzlich unabhängig. Das gilt auch für die scheinbar unverfänglichen Komödien – Karsten Witte hat dieses Genre und seine Veränderungen während des Dritten Reiches untersucht.[45]

Der nationalsozialistische Film, das ist zunächst im allgemeinsten und damit auch trivialen Sinn die Produktion, die unter den Voraussetzungen der Diktatur entstand und ihr in verschiedener Weise entsprach: Als eine von den vielen, von der Ideologie verlangten, von der Zensur überwachten, Einschränkungen beschädigten Durchschnittsware; als Ersatz für die von der Diktatur nicht mehr akzeptierten Genres wie der Tonfilmoperette; als Umdeutung bisheriger Erzählkonventionen wie im Weltkriegsfilm; als Überformung eingeführter Genres wie das bei den melodramatischen Propagandafilmen ebenso zu beobachten ist wie bei den Historienfilmen. Das Kino im Nationalsozialismus erweist sich im Rückblick durchaus nicht als einheitlich, wohl aber als ein Kino, das sehr

---

[42] Kreimeier, Klaus: Die Ufa-Story, S. 407.
[43] Witte, Karsten: Film im Nationalsozialismus, in: Wolfgang Jacobsen, Anton Kaes, Hans-Helmut Prinzler: Geschichte des Deutschen Films, Stuttgart 1993, S. 169.
[44] Witte: Film im Nationalsozialismus, S. 170.
[45] Witte, Karsten: Lachende Erben, Toller Tag. Filmkomödie im Dritten Reich, Berlin 1995.

weitgehend in einem einheitlichen Sinne affiziert ist von den Produktionsumständen. Darin, so könnte man sagen, besteht der eigentliche Erfolg der nationalsozialistischen Filmpolitik, im Grundieren der Gesamtproduktion, nicht in der Durchsetzung eines uniformen Kinos.

3. Der genuin nationalsozialistische Film

Eine davon abweichende und im Selbstverständnis prinzipiell andere Zielsetzung erwies sich gegenüber dem nationalsozialistischen »Qualitätskino« als eher kurzlebig. Mit Goebbels »Kaiserhof-Rede« setzte eine publizistisch umspielte Suche nach dem »deutschen *Potemkin*-Film« ein, einem nationalsozialistischen Äquivalent für diesen avantgardistischen bolschewistischen Propagandafilm. Auch als in den dokumentarischen Filmen, vor allem denen Leni Riefenstahls, eine Alternative – nämlich eine als formal innovativ und ideologisch zweifelsfrei anzusprechende Form – ausgemacht wurde und damit ein »deutscher *Potemkin*« nicht länger als Desiderat empfunden werden musste, blieb in Teilen der filmästhetischen Diskussion, vorgetragen vor allem in der Zeitschrift der Reichsfilmkammer, »Der deutsche Film«, der Nachdruck auf formaler Innovation und »filmischer« Form (im Gegensatz zu »literarischen« oder »theatralischen« Konventionen) erhalten.[46] Die unabdingbare Legitimation für diese oft explizit formal argumentierende, im Kern durchaus auch elitäre Position, war neben dem offiziösen Publikationsort in der Zeitschrift der Reichkulturkammer vor allem der Verweis auf Goebbels Rede auf der 1. Jahrestagung der Reichsfilmkammer 1937.[47] Ein Teil der Rede wurde auch, unter dem Titel »Über die Notwendigkeit einer Filmtheorie«, in der Zeitschrift der Reichsfilmkammer abgedruckt.[48] Ganz ähnlich wie 1933 der Hinweis des gerade ernannten Propagandaministers zu einer Vielzahl von »Potemkin«-Artikeln führte, in denen gegenüber der aktuellen (und im Wesentlichen vom Propagandaminister ja gebilligten) Produktion weitergehende, radikalere Forderungen hinsichtlich formaler Qualität und avantgardistischer Ausrichtung

---

[46] Rother, Rainer: Was ist ein nationalsozialistischer Film, in: Merkur, 55. Jg., Nr. 632, Dezember 2001, S. 1103ff.
[47] Rede des Herrn Reichsministers Dr. Joseph Goebbels auf der I. Jahrestagung der Reichsfilmkammer, in: Lehnich, Oswald (Hrsg.): Jahrbuch der Reichsfilmkammer 1937, Berlin 1937, S. 61 – 85. Die Tagung fand in einer für den deutschen Film sehr schwierigen wirtschaftlichen Situation statt. Klaus Kreimeier: Die Ufa-Story, S. 303 spricht vom »Offenbarungseid der vom Ausland abgeschnittenen und von den Nationalsozialisten heruntergewirtschafteten deutschen Filmindustrie. Kammerpräsident Oswald Lehnich konstatierte die Unfähigkeit der wirtschaftlich Verantwortlichen, die Ausgabenpolitik mit den Ertragsmöglichkeiten in Übereinstimmung zu bringen, und Ludwig Klitzsch deutet in noch unklaren Formulierungen an, daß eine Neuorganisation der Filmwirtschaft unumgänglich sei.«
[48] Der deutsche Film 2. Jg., H. 3, September 1937, S. 77. Der Abdruck beschränkt sich auf die Passage der Rede, in der Goebbels die Hamburgische Dramaturgie Lessings als Beispiel auch für den Film heranzieht. So heißt es u. a.: »Ich bin nun der Überzeugung, dass ein sehr gründliches und tiefes Nachdenken über die Prinzipien der Filmkunst uns allmählich auch diese entscheidende Erkenntnisse vermitteln wird, die notwendig sind, um dem Filmschaffen einen stabileren Entwicklungsgang zu verleihen.«

gestellt wurden, wurde sein Lessing-Hinweis zur Quelle von Artikeln, in denen diesmal das Erzählkino sozusagen ohne Verweis auf ein Vorbild auf den Prüfstand gestellt wurde. Indem hinter dem Schutzschild der Ministerrede nach den »Gesetzen des Filmischen« zu fragen möglich war, konnte ein Ungenügen an der Durchschnittsproduktion formuliert und weitergehend noch: ein prinzipiell anderes Verhältnis zum Film angemahnt werden. Bis hinein in das Jahr 1939 finden sich in »Der deutsche Film« immer wieder grundsätzlich argumentierende Aufsätze zum »filmischen Film«.

Ein zweiter Ansatzpunkt für weitergehende Forderungen an die deutsche Filmproduktion war die, ebenfalls in Übereinstimmung mit der nationalsozialistischen Ideologie bemängelte, unbestimmte und konventionelle soziale Verortung der meisten Filme. Der Tenor in diesem Fall lautet: Das »neue Deutschland« spiegele sich in seiner Filmproduktion kaum, es fehlten Filme, in denen etwa Arbeiter zu sehen seien. Eugen von Demandowski, Kritiker des »Völkischen Beobachter« und später Reichsfilmintendant, schrieb: »Diese Gegenwartsnähe scheint mir besonderer Betrachtung wert. Gerade in der Presse sind immer wieder Rufe nach zeitnahen Themen laut geworden und die Industrie hat in diese Rufe mit eingestimmt, nur mit dem Unterschied, daß sie gleichzeitig damit die Autoren mobil machen wollte. Der Widerhall war recht schwach. Die Praxis ergab, daß die Meinungen über Zeitnähe recht weit auseinandergingen, man half sich auf die Weise, indem man mit Themen aus der Vergangenheit, aus der Historie, Parallelen zur heutigen Zeit, zum Geschehen unserer Tage zog. Die Erfolge waren geteilter Natur. Man fühlte den Ersatz, den gut gemeinten, vielleicht auch gut gekonnten, aber irgend etwas fehlte, eine Substanz, die nicht aus dem Vorgestern geholt werden konnte. Diese Situation ist mit einem Schlag verändert, seitdem ›Verräter‹ auf der Leinwand auftauchte.«[49] Dieser Film von Karl Ritter wurde fortan zum Referenzpunkt für ein sowohl politisch systemtreues wie aktuelles Kino. Doch zahlreiche gleichgestimmte Nachfolger fand dieser (mit Unterstützung der Regierung hergestellte) Film nicht und die Forderung nach Zeitnähe wurde daher in den Folgejahren gelegentlich wieder erneuert. Im Falle eines »überraschend aufmüpfigen«[50] Aufsatzes in der HJ-Zeitschrift »Wille und Macht«, der 1938 beklagte, das Gros der Filmproduktion lasse nicht im Geringsten ihre Entstehungszeit oder »unser neues Lebensgefühl« erkennen, reagierte Goebbels empfindlich und veranlasste die Kündigung des Schriftleiters.

Der Gegenwartsbezug blieb als Problem bis 1939 virulent, immerhin schienen die dokumentarischen Filme solche Ansprüche kompetenter zu befriedigen.[51] »Warum sieht man das nie im Spielfilm?« fragte Frank Maraun mit Blick auf die in seiner Sicht vorzeigbareren Leistungen und größere Realitätsnähe im

---

[49] von Demandowski, Ewald: Verräter in anderer Beleuchtung, in: Film-Kurier, 19. September 1936, Nr. 220.
[50] So Moeller: Der Filmminister, S. 190. Dort ist der Artikel auszugsweise zitiert.
[51] Zu den verschiedenen dokumentarischen Formen siehe den alle Aspekte behandelnden Band: Geschichte des dokumentarischen Films in Deutschland. Band 3, »Drittes Reich« 1933-1945, hg. von Peter Zimmermann und Kay Hofmann, Stuttgart 2005.

dokumentarischen Film.⁵² Auch in der Forderung nach Filmen, die dem »neuen Lebensgefühl« entsprachen, lag eine Radikalisierung im Anspruch an die Filmindustrie, die *innerhalb*, nicht außerhalb des ideologischen Rahmens argumentierte und sich ihm sogar in besonders intensiver Weise verbunden wusste. Die Autoren, die maßgeblich den »filmischen Film« als eigentlich deutschen Filmstil propagierten – und auch jene, die sich in den Stoffen der Filme eine stärkere Berücksichtigung der nationalsozialistischen Gegenwart wünschten – waren keine Dissidenten. Sie verstanden sich im Gegenteil als prinzipientreue Publizisten, die sich gegen die Dominanz eines nicht tief genug nationalsozialistisch geformten Films richteten.

Beide Forderungen an die Filmindustrie erfuhren nach dem Beginn des Krieges ein unterschiedliches Schicksal. Der Anspruch, avantgardistische, zugleich nationalsozialistische Filmformen zu schaffen, wurde in »Der deutsche Film« unmittelbar nach dem Überfall auf Polen sozusagen offiziell ad acta gelegt. »Der Kontrast zwischen der großen Wirklichkeit der Wochenschau und der gefälligen Scheinwelt der Happy-end-story ist umwerfend. Nicht wohltuend entspannend, – abgespannt und völlig irritiert, kann man sehen, wie man wieder Fuß fast im Leben dieser Zeit. Es gibt keinen Kinobesucher, der diese Erfahrung nicht schon einmal gemacht hätte. (...) Dies Exempel enthält eine Erfahrung: Lebensferne des Films. Und es enthält eine Forderung: Lebensnähe des Films.«⁵³ Nun galt Film vor allem als ein publizistisches Instrument. Der Krieg stelle andere Anforderungen an dieses Instrument als die Vorkriegszeit. Insbesondere erschien nun die Konkurrenz mit anderen Kinematographien, die das Ideal des »filmischen Films« inspirierte, von der Tagesordnung genommen. Die Legitimation des Filmschaffens mittels innovativer ästhetischer Formen schien nun nicht zuletzt durch das vehement propagierte Vorbild der Kriegswochenschau obsolet. Gerade der zunächst eher behauptete als schon realisierte besondere Charakter der Kriegswochenschau verhalf jedoch den gewünschten Gegenwartsfilmen zu einer unvermuteten Konjunktur. Nun, unter den Bedingungen des Krieges, fiel das unausgesprochene Tabu, den Alltag in Deutschland als einen durch und durch vom Nationalsozialismus geformten zu zeigen.⁵⁴ In der Gestalt von Kriegsfilmen (u. a. *U-Boote westwärts, Stukas*) und Melodramen, die sich dem Verhältnis von Front und Heimatfront widme-

---

⁵² Maraun, Frank: Warum sieht man das nie im Spielfilm?, in: Der deutsche Film, 34. Jg., H. 8, Februar 1939, S. 211ff.

⁵³ Gressieker, Herrmann: Die Parole des deutschen Films, in: Der deutsche Film, 4. Jg., H. 3, September 1939, S. 63.

⁵⁴ »Ein anderer Einwand könnte abgeleitet werden aus der Erwägung, daß die Einbeziehung des gegenwärtigen Deutschland in den Spielfilm zu Filmen führen müßte, in denen sich die Leute mit dem Deutschen Gruß begrüßen, in denen SA. und SS. als Elemente der Gesellschaft begegnen, in denen das nationalsozialistische Gespräch nicht ausgeschaltet werden kann: kurz also zu Filmen, wie sie 1933 in einigen Fassungen unzureichend versucht und schließlich wieder aufgegeben wurden. Die Exporteure könnten von ihrer Seite gegen diese Art von Filmen Einwände finden; sie könnten sagen, das Ausland empfinde solche deutschen Gegenwartsfilme, die das nationalsozialistische Deutschland auch im Äußeren spiegeln, nicht als nationalsozialistische Filme, sondern als Nazi-Filme und versperrten ihnen den Weg zu sich. Und da der deutsche Film heute den Export noch nicht entbehren kann, dürfe der Hitler-Gruß in unseren Filmen nicht angewandt werden, mit anderen Worten: die unmittelbare deutsche Gegenwart sei nicht

ten, vor allem den höchst erfolgreichen Titel *Wunschkonzert* und *Die grosse Liebe*, erlebte der »zeitnahe« Film eine erstaunliche Konjunktur.⁵⁵ Sie erwies sich als kurzlebig, denn mit der veränderten Lage an den Fronten und dem Ende der »Blitzkriege« schienen dem Propagandaministerium solche auf die Gegenwart bezogenen Filme im Sinne einer erfolgreichen Beeinflussung der Bevölkerung zunehmend als kontraproduktiv. In der Konsequenz folgte auf die Periode eines erheblich ausgeweiteten Anteils an »P-Filmen« an der Gesamtproduktion ab 1943 die zunehmende Dominanz der »unpolitischen« Filme, denen nur noch gelegentlich eindeutige Propaganda-Vehikel beigemischt wurden, deren letztes noch aufgeführtes Exempel Veit Halans *Kolberg* war.

Der Erfolg der nationalsozialistischen Filmpolitik zeigt sich, so könnte man sagen, nicht allein darin, dass sie es vermochte, bestimmte Formen zu fordern und zu ermöglichen, die nur unter den vom Regime gesetzten Bedingungen möglich waren. Sie zeigte sich vor allem darin, Bedingungen geschaffen zu haben, unter denen zwar Ambivalenzen nicht völlig, Subversion aber vollends ausgeschaltet waren. Wenn man das, was als Filmwirtschaft nationalsozialistischer Prägung zu fassen wäre, als ein Studiosystem begreift, dann ruft die Popularität seiner Produktion Erschrecken hervor. Dass die Filmproduktion der Kriegsjahre noch lange nach 1945 von einem beträchtlichen Teil des Publikums als die großen, die goldenen Jahre des deutschen Films erinnert wurden, spricht für die Effektivität des Systems. Es war, in dieser Hinsicht, modern.

---

exportfähig, dem Inland aber sei sie doch bekannt genug.« Spielhofer, Hans: Vom Kostümfilm zum Gegenwartsfilm, in: Der deutsche Film, 2. Jg., H. 4, Oktober 1937, S. 109.

55 Rother, Rainer: Die Definition des nationalsozialistischen Films. Fiktionale und dokumentarische Formen, in: Geschichte des dokumentarischen Films in Deutschland. Band 3, »Drittes Reich« 1933-1945, hg. von Peter Zimmermann und Kay Hofmann, S. 575ff.

»Feuertaufe«

Der »Blitzkrieg« als Erlebniskino und die Maschinisierung des Sehens*

von

GERHARD PAUL

Die zeitgenössische Kritik war des Lobes voll. *Der Angriff* schrieb von »Bildern, die man nie vergessen wird«.[1] Es gebe Bilder in diesem Film, die einem den Atem stocken lassen, so die *B.Z. am Mittag*.[2] »In atemloser Spannung« sehe und erlebe man diesen Film«, schrieb auch die *Berliner Morgenpost*.[3] Geradezu euphorisch notierte Franz Mahraun: »Hier wurde mit der Kamera Weltgeschichte geschrieben.«[4] Hitler selbst war schließlich so begeistert, dass er dem Regisseur ein Glückwunschtelegramm sandte.[5] In seiner vom Museum of Modern Art heraus gegebenen Broschüre »Propaganda und der Nazi-Kriegsfilm« bezeichnete der in die USA emigrierte deutsche Publizist und Filmwissenschaftler Siegfried Kracauer den Film 1942 als »propagandistisches Epos«.[6] Für den US-Historiker Thomas Sakmyster hatte der Regisseur die Kinoversion einer Wagner-Oper geschaffen: »a world of fire, clouds and splendid German heroes«.[7] Der Propagandaspezialist David Welch schließlich bezeichnete den Film als »the most impressive of all the propaganda films depicting the magnitude of Hitler's Blitzkrieg success«.[8]

Feuertaufe[9] ist ein Schlüsselfilm für eine neue Ästhetik des Krieges und des Sehens auf den Krieg sowie ein Höhepunkt des kriegerischen Erlebniskinos. Wie kein anderer Film propagierte er den modernen technischen Krieg, in dem

---

* Eine Kurzfassung dieses Aufsatzes wird abgedruckt in Paul, Gerhard (Hrsg.): Das Jahrhundert der Bilder. Bilderatlas I: 1900-1949, Göttingen 2009, S. 582-589.
1 Der Angriff, 6.4.1940.
2 B.Z. am Mittag, 6.4.1940.
3 Berliner Morgenpost, 6.4.1940; siehe die Zeitungsausschnittsammlung im Bestand 4268 (Feuertaufe) im Bundesarchiv-Filmarchiv, Berlin.
4 Maraun, Frank: Heldenlied einer Waffe. Der wichtigste Film des Monats: »Feuertaufe«, in: Der Deutsche Film 4 (1940) 11, S. 220 f.
5 So Drewniak, Boguslaw: Der deutsche Film 1938-1945, Düsseldorf 1987, S. 375.
6 Kracauer, Siegfried: Propaganda und der Nazifilm (1942), abgedruckt in: Ders.: Von Caligari zu Hitler. Eine psychologische Geschichte des deutschen Films, Frankfurt a.M. 4. Aufl. 1999, S. 342.
7 Sakmyster, Thomas: Nazi Documentaries of Intimidation: Feldzug in Polen (1940), Feuertaufe (1940) and Sieg im Westen (1941), in: Historical Journal of Film, Radio and Television 16 (1998) 4, S. 485-514, hier S. 490.
8 Welch, David: The Third Reich. Politics and Propaganda, London-New York 1993, S. 95.
9 Die folgenden Darstellungen beziehen sich auf die im Bundesarchiv-Filmarchiv in Berlin archivierte 85minütige Fassung des Films; siehe auch: Feuertaufe. Der Film vom Einsatz der Luftwaffe in Polen, Aktuelle Filmbücher Bd. 66, Berlin 1940.

fast ausschließlich die Waffe in Gestalt des Flugzeugs und die Sehmaschine in Gestalt der Kamera als eigenständige Subjekte agierten. Filmhistorisch ist *Feuertaufe* ein Vorläufer der Modellierung der neuen High-Tech-Kriege, wie sie in den Videosequenzen und in der Luft-Berichterstattung seit dem Golf-Krieg von 1991 üblich wurden. Und wie diese vermittelte er erstmals das Gefühl, dem Krieg im Kino hautnah beizuwohnen – und doch nichts zu sehen.[10]

1. Die Involvierung der Kinozuschauer in den Krieg

Fritz Hippler – Leiter der Filmabteilung im Reichsministerium für Volksaufklärung und Propaganda (RMVP) – bezeichnete 1941 den Film als »geistige Waffe im Krieg« und als das »umfassendste Gesamtkunstwerk unserer Tage«. Für das laufende Jahr erwartete er eine Milliarde Besucher in den deutschen Kinos.[11] Die schnellen Bilder des Films, insbesondere die der Wochenschau, erschienen der NS-Propaganda als geradezu ideales Mittel der Visualisierung des »Blitzkrieges«. Die vom RMVP kontrollierten Kriegs-Wochenschauen verstärkten dabei einerseits das konventionelle Bild des »hygienischen« Krieges, fügten diesem andererseits die qualitativ neue Dimension des Erlebens hinzu.[12]

Mit dem von der Wochenschau vermittelten Gefühl der Augenzeugenschaft hoffte man ein neuerliches Auseinanderdriften von Front und Heimat, das zeitgenössisch als Grundübel des Ersten Weltkrieges und als Ursache der Niederlage betrachtet wurde, zu vermeiden. Die Wochenschau – so die Zeitschrift *Der Film* – habe die Aufgabe, eine »wichtige seelische Brücke« zwischen Front und Heimat wie »zwischen dem Einzelnen und dem Zeitgeschehen« zu schlagen[13]. Speziell die mit der Aura des Authentischen ausgestattete Kriegs-Wochenschau erschien Goebbels hierfür geeignet, da sie dem Publikum an der Heimatfront nicht nur suggeriere, ein wahres Bild des Krieges zu transportieren, sondern zugleich das Gefühl des Dabeiseins vermittele. »Mit einem Mal«, so Goebbels, »bekam das Volk, das nun in seiner Gesamtheit in Beziehung gesetzt wurde zum Krieg selbst, den Krieg selbst Auge in Auge zu sehen, und zwar so, wie er ist, und ohne Beigabe und ohne jede Hinzufügung, kommentarlos in seiner ganzen grausigen Wirklichkeit.«[14]

---

[10] Diese Entwicklung habe ich ausführlich beschrieben in meinem Buch Bilder des Krieges – Krieg der Bilder. Die Visualisierung des modernen Krieges, Paderborn 2004.
[11] Hippler, Fritz: Der Film als geistige Waffe im Krieg, in: Der Deutsche Film 5 (1941) H. 11/12.
[12] Siehe Paul: Bilder des Krieges, S. 225 ff.: Ders.: Krieg und Film im 20. Jahrhundert. Historische Skizze und methodologische Überlegungen, in: Chiari, Bernhard / Rogg, Matthias / Schmidt, Wolfgang (Hrsg.): Krieg und Militär im Film des 20. Jahrhunderts, München 2003, S. 3-76.
[13] Der Film, 22.6.1940.
[14] Goebbels-Rede v. 15.2.1941, zit. nach Albrecht, Gerd: Nationalsozialistische Filmpolitik. Eine soziologische Untersuchung über die Spielfilme des Dritten Reiches, Stuttgart 1969, S. 472. Ähnlich auch Goebbels in seiner Tagebuch-Eintragung v. 9.7.1940: »Ich ordne Reprisen der großen Wochenschauen von der Westoffensive an. Das Volk will und soll den großen Frankreichfeldzug nochmal zu sehen bekommen«, in: Reuth, Ralf Georg (Hrsg.): Joseph Goebbels Tagebücher 1924-1945, Bd. 4: 1940-1942, München 1992, S.1452.

Um dem Publikum die Suggestion zu vermitteln, die Realität selbst flimmere über die Leinwand, sollten Wochenschau und Dokumentarfilm realitätsgetreu sein. Anweisungen an die Filmberichter der Propagandakompanien (PK) verpflichteten diese daher zu wahrheitsgetreuer Berichterstattung und zur Vermeidung gestellter Kampfaufnahmen.[15] Tatsächlich ließen sich solche jedoch nicht vermeiden und war man – wie es im Jargon hieß – immer wieder auf »Ergänzungsaufnahmen« angewiesen.[16]

Das von den PK-Filmberichtern gelieferte Filmmaterial bildete die Grundlage für eine ungeplante, aber in der Rückschau als Trilogie zu betrachtende Reihe von Dokumentarfilm-Kompilationen in Spielfilmlänge wie *Feldzug in Polen* (1940),[17] *Feuertaufe* (1940) sowie *Sieg im Westen* (1941),[18] die alle den »Blitzkrieg« zum Gegenstand hatten. Diese wiederum dienten als Vorlage weiterer fiktionaler bzw. semi-fiktionaler Wehrerziehungs- und Fliegerfilme wie *Kadetten* (1941), *Kampfgeschwader Lützow* (1941), *Stukas* (1941) sowie *Himmelhunde* (1942).[19] Alle diese Filme verkörperten einen Kriegsfilm neuen Typs. Innenpolitisch sollten sie ein neues Bild des Soldaten als modernem Maschinenmenschen propagieren, vor allem aber durch Nähe zum Geschehen das heimische Publikum in das Kriegsgeschehen einbeziehen; außenpolitisch sollten sie eine Drohkulisse aufbauen und den realen wie den potenziellen Gegnern von der Überlegenheit der deutschen Wehrmacht, speziell ihrer Luftwaffe, künden.

2. Bertrams *Feuertaufe*

Die gewiss bedeutendste Schöpfung dieser »Blitzkriegs«-Trilogie war der Film *Feuertaufe. Der Film vom Einsatz der Luftwaffe in Polen*, der am 4. April 1940 im Berliner UFA-Palast am Zoo zur Uraufführung kam.[20] Wenn es auch richtig ist, wie Peter Zimmermann notiert, dass die Wochenschauästhetik den Stil von Kompilationsfilmen wie *Feuertaufe* geprägt habe,[21] so geht dieser Film doch

---

[15] Anweisung an die Filmberichter vom September 1943, siehe Stamm, Karl: German Wartime Newsreels (Deutsche Wochenschau): the problem of »authenticity«, in: Historical Journal of Film, Radio and Television 7 (1987), S. 239-245, hier S. 240.

[16] Siehe hierzu die offenen Beschreibungen von Ertl, Hans: Hans Ertl als Kriegsberichter 1939-1945, Innsbruck 1985, S. 48 ff., der an »Ergänzungsaufnahmen« für Sieg im Westen beteiligt war; ebd., S. 142 ff.

[17] Sakmyster: Nazi Documentaries of Intimidation; zeitgenössisch Maraun, Frank: Der Feldzug in Polen – filmisch gestaltet. Das erste vollständige Filmdokument eines Krieges, in: Der Deutsche Film (1940) 7, S. 138-140.

[18] Graham, Cooper C.: Sieg im Westen (1941): interservice and bureaucratic propaganda rivalries in Nazi Germany, in: Historical Journal of Film, Radio and Television 9 (1989) 1, S. 19-44; Sakmyster: Nazi Documentaries of Intimidation; zeitgenössisch Sieg im Westen. Der Kriegsfilmbericht des Heeres. Sonderdruck des Oberkommandos des Heeres über den Krieg im Westen bis zur Kapitulation Frankreichs, Berlin 1940.

[19] Rother, Rainer: »Stukas«. Zeitnaher Film unter Kriegsbedingungen, in: Chiari/Rogg/Schmidt (Hrsg.): Krieg und Militär im Film des 20. Jahrhunderts, S. 349-370.

[20] Völkischer Beobachter, 4.4.1940.

[21] Zimmermann, Peter: Zwischen Sachlichkeit, Idylle und Propaganda. Der Kulturfilm im Dritten Reich, in: Ders./ Hoffmann, Kay (Hrsg.): Triumph der Bilder. Kultur- und Dokumentarfilm

1 | Filmwerbung für Hans Bertrams »Feuertaufe« (1940)
Filmmuseum Berlin – Deutsche Kinemathek, Bild-Nr. F12193_02a

weit darüber hinaus. Neben Filmberichten der PK-Kriegsberichter der Luftwaffe, Filmmaterial aus der Hauptfilmstelle des Reichsluftfahrt-Ministeriums und Abklammerungen aus ausländischen Wochenschauen enthält der 2.400 Meter lange, aus mehr als 17.000 Metern zusammen geschnittene Film zu vier Fünfteln eigene Aufnahmen des so genannten »Sondertrupps Bertram«, die in gerade einmal 18 Tagen abgedreht wurden.

Benannt war der Filmtrupp nach dem Drehbuchautor und Regisseur des Films Hans Bertram. 1906 in Remscheid geboren, war dieser ein typischer Vertreter der so genannten Kriegsjugendgeneration, die noch zu jung gewesen war, um selbst am Ersten Weltkrieg teilnehmen zu können. Noch während seines Studiums an der Technischen Hochschule in München hatte Bertram heimlich das Fliegen erlernt, Anfang der 1930er Jahre als Militärberater in China gearbeitet und der dortigen Regierung beim Aufbau einer eigenen Luftwaffe assistiert. Für Schlagzeilen sorgte sein Expeditionsflug 1932 nach Australien. Seit 1937 war Bertram mit der Produktion von fiktionalen Fliegerfilmen beschäftigt. Während der Aufnahmen zu *Feuertaufe* soll, so wird berichtet, Bertram selbst schwer verletzt worden sein und ein Auge verloren haben. Nach

vor 1945 im internationalen Vergleich, Konstanz 2003, S 70.

1945 leitete er den Bayerischen Flugdienst, der sich auf fotografische Luftaufnahmen spezialisiert hatte.[22]

Produziert wurde *Feuertaufe* von der Tobis-Filmkunst GmbH, die auch so bekannte Propagandaklassiker wie *Urlaub auf Ehrenwort* (1937), *Bismarck* (1940), *Ohm Krüger* (1941) und *Titanic* (1942/43) produziert hatte und den Film im eigenen Verleih vertrieb.[23] Als Auftraggeber des Films fungierte das Reichsluftfahrtministerium von Hermann Göring, das angeblich unmittelbar zu Kriegsbeginn, am 1. September 1939, Bertram mit der Produktion eines Filmes über den Kriegseinsatz der Luftwaffe beauftragt hatte und auch die Produktion finanzierte. Für seine Arbeit stellte Göring dem »Sondertrupp Bertram« eigens drei Flugzeuge – eine He 111 für Kampfaufnahmen, eine Ju 52 für Transportzwecke sowie einen langsam fliegenden »Storch« für Aufnahmen der Wirkungen der Luftangriffe – sowie acht Fahrzeuge zur Verfügung.

Die Filmcrew bestand aus 27 Personen, inklusive sieben Kameraleuten, unter ihnen so erfahrene Männer wie Erwin Bleeck-Wagner, der bereits an zwei anderen NS-Fliegerfilmen mitgewirkt hatte, Albert Kling (alias Arthur Anwander), der 1934 dem Kamerateam von Riefenstahls Reichsparteitagsfilm *Triumph des Willens* angehört sowie 1936 an beiden *Olympia*-Filmen Riefenstahls mitgewirkt hatte, sowie Heinz Ritter, der 1939 im antibolschewistischen Propagandafilm *Im Kampf gegen den Weltfeind* Kamera geführt hatte und später zur Kameracrew von *Stukas* zählen sollte. Zuständig für den Schnitt war mit Carl Otto Bartning ein erfahrener Cutter, der pikanterweise 1959 den Schnitt für Bernhard Wickis berühmten Antikriegsfilm *Die Brücke* besorgen sollte. Die Herstellungsleitung lag in den Händen von Wilhelm Stoeppler; Sprecher waren Werner Gernot und ein Dr. Jenschke. In seiner Arbeit habe er nur dem Oberkommando der Wehrmacht unterstanden und somit über jede Bewegungsfreiheit verfügt, »die ich mir nur wünschen konnte«, so Bertram über seine Arbeit.[24]

Historischer Gegenstand des Films sind die militärischen Auseinandersetzungen und Entscheidungsschlachten des Deutsch-Polnischen Krieges 1939 im so genannten Korridor, vom 17. bis zum 19. September 1940 im Weichselbogen, die mit der Vernichtung von 19 polnischen Divisionen an der Bzura in der Nähe von Kutno endeten, sowie die Beteiligung der Luftwaffe seit dem 25. September am »Endkampf« um Warschau und Modlin.

Die Makrostruktur des knapp eineinhalbstündigen Films untergliedert sich in sechs Sequenzen von unterschiedlichen Längen.[25] Die erste, vollständig aus Wochenschaumaterial kompilierte Sequenz (00:00-11.35) schildert die Vorge-

---

[22] Zu Bertram siehe Hattendorf, Manfred: Dokumentarfilm und Authentizität. Ästhetik und Pragmatik einer Gattung, Konstanz 1999, S. 104 f., Anm. 68, sowie <http://de.wikipedia.org/wiki/Hans_Bertram>.
[23] Distelmeyer, Jan (Red.): Tonfilmfrieden / Tonfilmkrieg. Die Geschichte der Tobis vom Technik-Syndikat zum Staatskonzern, München 2003.
[24] Klau, Werner: Wie der Fliegerfilm entstand ... Hans Bertram erzählt vom Werden der »Feuertaufe«, Tobis-Pressemitteilung o.D., BA-Filmarchiv 4268; veröffentlicht u.a. in *Jenaische Zeitung*, 11.4.1940.
[25] Siehe das Sequenzprotokoll bei Hattendorf: Dokumentarfilm und Authentizität, S. 107 ff.

2 | Standbild aus »Feuertaufe«, in: Illustrierter Film-Kurier, Nr. 3097 (1940)
Sammlung G. Paul (Flensburg)

schichte des Krieges gegen Polen, wobei Bild und Kommentar der Luftwaffe eine besondere Rolle zuweisen, wenn es heißt: »Wie ein Schwert am Himmel steht unsere junge Luftwaffe einsatzbereit.« Die zweite Sequenz (11:35-30.06) zeigt erstmals den Einsatz der Luftwaffe unter Kriegsbedingungen mit den Vorbereitungen eines Kampfeinsatzes und einem Angriff auf eine Bahnlinie. Höhepunkt der Sequenz wie des gesamten Filmes sind die etwa zwei Minuten dauernden Aufnahmen eines Sturzbomberangriffs auf polnische Stellungen und Infrastruktureinrichtungen (28:03-30.16). Die dritte Sequenz »dokumentiert« die Auswirkungen der deutschen Luftbombenangriffe (30:06-37:21). Wie in einem Schlachtengemälde des 19. Jahrhunderts, das den Augenblick nach der Schlacht festhält, fliegt die Kamera dabei demonstrativ über das eroberte Land. Die vierte Sequenz (37:21-52:38) schildert das Eingreifen der Luftwaffe in die Entscheidungsschlacht im Weichselbogen, während sich die fünfte Sequenz (52:38-66:03) dem Kampf um Warschau widmet. In der abschließenden sechsten Sequenz (66:03-83:48) wird die Niederlage Polens als warnendes Beispiel an die Adresse Englands kommuniziert. Gerahmt sind die Aufnahmen der Kampfhandlungen von zwei Auftritten Hitlers in der ersten und der letzten Sequenz, die Hitler bei seiner Rede am 1. September 1939 im Reichstag und nach dem Ende der Kampfhandlungen beim Einmarsch in Warschau zeigen, womit der Film den Diktator damit in seiner Doppelrolle als Politiker und siegreicher Feldherr präsentiert.

In den Action-Pausen transportiert *Feuertaufe* durchaus konventionelle Muster der Darstellung des Krieges, wie sie auch in der Fotoberichterstattung dominierten und auch in anderen Ländern zum Standardrepertoire der Kriegsberichterstattung zählten.[26] Dabei wurde das »dokumentarische« Filmmaterial und damit das Ereignis Krieg ästhetisch wie ideologisch mit einem Ordnungssystem überzogen, das im Wesentlichen aus folgenden Punkten besteht: Wie zahlreiche Fotodokumentationen prägt auch *Feuertaufe* zunächst eine simple kontrastpublizistische »Zweischichten-Erzählung« (Manuel Köppen) mit den Extrempolen Ordnung und Chaos. »Oben«, so Köppen, »sind die Deutschen mit ihrer Technik in geordneten Formationen, unten die Polen im Chaos.«[27] Wie in zahlreichen fiktionalen und nonfiktionalen Kriegsfilmen bleibt der Gegner weitgehend abstrakt und erscheint allenfalls als den deutschen Okkupanten zujubelnde Masse oder als Gefangenen-Kollektiv. Sein Land wird dem Betrachter als ein von der Luftwaffe in eine Kraterlandschaft verwandelte Ödnis von rauchenden Trümmern und zerborstenem Kriegsgerät vorgestellt. Dazu passt, dass der Krieg, wie Siegfried Kracauer feststellte, als ein Ereignis ohne Opfer erscheint.[28] Zwar sind im Film jede Menge Pferdekadaver zu sehen, aber nur einmal kurz angeschnitten zwei Leichen. Dass der Krieg bitterer Ernst ist, machen einige kurze Aufnahmen von Grabkreuzen sowie Verwundeten deutlich, die auf den Rückflug nach Deutschland vorbereitet werden. Übrig bleibt das Bild eines weitgehend sauberen Krieges. Polen-

---

[26] Ausführlich Paul: Bilder des Krieges.
[27] Köppen, Manuel: Das Entsetzen des Beobachters. Krieg und Medien im 19. und 20. Jahrhundert, Heidelberg 2005, S. 330 f.
[28] Kracauer: Propaganda und der Nazifilm, S. 359.

feldzug und Sieg werden auf diese Weise als eine vergleichsweise »humane« militärische Operation kommuniziert.

Die Darstellung des Kriegsalltags dominieren wie in fast allen Kriegsfilmen Bilder der Soldaten während der Rast und der Lageridylle sowie Szenen, die Soldaten beim Reinigen, Baden und Waschen zeigen. In die klassischen Konventionen der Visualisierung des modernen Krieges passen sich nahtlos jene Szenen ein, die Soldaten beim Zeitungslesen, somit bei einer intellektuellen Tätigkeit zeigen. Die Botschaft all dieser Bilder an die Heimatfront ist eindeutig: Auch im Krieg wird für die Soldaten gesorgt; der Soldat verroht nicht, sondern bleibt zur kulturellen Äußerung fähig; der Krieg ist vor allem sauber.

Ideologisch vergötzte *Feuertaufe* den Krieg keineswegs nur in der Tradition bildästhetischer Konventionen der Kriegsfotografie, er fügte diesem zugleich einen neuen Sinn zu und begünstigte ein neues Sehen auf den Krieg und einen neuen Soldatentypus. Der Krieg erscheint als hochindustriell und technisch organisierte Arbeit, der Soldat – oder genauer: der Pilot – folglich als hochqualifizierter Facharbeiter des Krieges, dessen Körper mit der Maschine – sprich: dem Flugzeug – zu einer Mensch-Maschine-Einheit verschmilzt.[29] Der moderne Soldat wird konsequent als Teil eines komplexen technisch-militärischen Organismus in Szene gesetzt. Kein Truppenteil eignete sich dazu besser als die Luftwaffe. Und nirgends besser als im Fliegerfilm ließ sich die Materialschlacht mit der Heroisierung des einzelnen Fliegers bzw. der Kleingruppe der Bomberbesatzung verbinden. Perfekt führt die Kinomaschine die enge Verbindung von Mensch und Maschine vor, wie sie sich gleichermaßen im Luftkampf wie im Kinosaal realisiert. Die Verschmelzung von Soldat-Maschine-Zuschauer zu einer Einheit fügt sich ein in die nationalsozialistische Auffassung der Armee als Mensch-Maschine und des Kinos als Sehautomat. Diese Einheit von Körper-Waffe-Kino geht *Feuertaufe* von zwei Seiten aus an. In den Aufnahmen der mit nacktem Oberkörper die Stukas mit Bomben bestückenden Wartungstrupps wird die Zerstörungstechnik verleiblicht, während zugleich die Kampfpiloten mit ihren metallisch wirkenden Gesichtern als gefühllos, mechanisch agierende Kampfmaschinen in Szene gesetzt sind. Insbesondere in den Bildern vom Sturzkampf verschmilzt der Pilot zu einer Mensch-Maschine-Einheit, wodurch zugleich ältere Vorstellungen des Soldaten als fliegender Bombe und des industrialisierten Krieges als Mensch-Maschine-Krieg aktiviert werden.

3. Die neue Ästhetik der Nähe und die Suggestion von Authentizität

Der Versuch die heimischen Zuschauer über den Film zusätzlich in diese Mensch-Maschine-Einheit des modernen Krieges einzubinden, sie zum virtu-

---

[29] Siehe das Kapitel »Nazism and Machines« in Schulte-Sasse, Linda: Entertaining the Third Reich. Illusions of Wholeness in Nazi Cinema, Durham-London 1996, S. 247 ff.; siehe auch Koch-Haag, Donata: Die Fortsetzung des Krieges mit veränderten Mitteln. Zur Darstellung von Krieg und Militär in den Filmen der Tobis, in: Distelmeyer (Red.), Tonfilmfrieden/Tonfilmkrieg, S. 145.

3 | Inszenierte Frontnähe: Ein PK-Berichter posiert im Heckstand eines He 111-Bombers (nach 1939)
Bundesarchiv, Bild 146-2007-0201, Fotograf: Sperling

ellen Teilhaber zu machen, erforderte eine völlig neue Ästhetik. Wie dies in der Fotografie – etwa in den Aufnahmen von Robert Capa aus dem Spanischen Bürgerkrieg[30] – längst üblich war, ging die Kamera daher zunächst auf Schussnähe. Dass dabei die Kamera den Blick des Piloten und beim Sturzkampf die der Waffe übernahm, ergab sich schon aus der räumlichen Konstellation, in die der Kameramann und seine »Waffe«, die Kamera, im Flugzeug eingezwängt waren, wenn die Aufnahmen nicht unmittelbar von einer fest installierten Kamera gemacht wurden. Für die Film- und Bildberichter der Luftwaffe brachte dies verständlicherweise extreme Arbeitsbedingungen mit sich. NS-Luftbildberichterstatter Benno Wundshammer berichtete 1943 über die Arbeitsbedingungen seiner Kollegen, die denen der Filmberichter ähnelten: »Unsere Bildberichter fliegen auch in Sturzkampfflugzeugen. [...] Der Sturz selbst und die Bombenwirkung sind jedoch nur selten schwer photographisch festzuhalten. [...] Der gewaltige Druck der Sturzkraft nagelt den menschlichen Körper mit unerbittlicher Faust im Anschnallsessel fest. [...] Gerade in diesen Sekunden äußerster Anspannung detoniert die Bombe im Ziel, und wer es dann fertigbringt, im gleichen Augenblick zu photographieren, der beweist damit ungewöhnliche Härte.«[31]

Um die Zuschauer in das Geschehen einzubinden, arbeitete *Feuertaufe* mit diversen »Authentizitätssignalen«,[32] die den Anspruch dokumentarischer Authentizität einlösen sollten und doch nur eine »Suggestion des Authentischen«[33] zustande brachten. Zu diesem Zwecke erfährt der Zuschauer gleich zu Beginn in Schrifteinblendungen: »Die Aufnahmen sind entstanden während der Kampfhandlungen. Echt und schlicht sind diese Bilder, hart und unerbittlich wie der Krieg selbst.« Mit denselben Worten warb auch die Filmgesellschaft für ihre neueste Produktion und fügte hinzu: »Der Film enthält Aufnahmen der Filmtrupps der Luftwaffe.«[34] Spannungssteigernd listet der Film die Namen

---

[30] Siehe Paul: Bilder des Krieges, S. 179 ff.
[31] Siehe den Bericht von Wundshammer, Benno: Die Aufgaben der Bildberichterstattung im Luftkrieg, in: Weiss, Karl (Hrsg.): Das Gesicht des Krieges, Berlin o.J. S. 14-30.
[32] Hattendorf: Dokumentarfilm und Authentizität, S. 73.
[33] Köppen: Das Entsetzen des Beobachters, S. 325.
[34] Feuertaufe. Der Film vom Einsatz der Luftwaffe in Polen, o.S.

der sieben während der Filmarbeiten gefallenen Angehörigen der Filmcrew auf, was den Nervenkitzel für das Kinopublikum nur erhöht haben dürfte. Im Stile einer wissenschaftlichen Dokumentation unterfütterten Karten-Einblendungen den Kommentar zu jenen strategischen Entwicklungen, die sich dem Bild entzogen. Eingeblendete Pfeile ließen die Kriegshandlungen eher als physikalische Versuche, denn als reale Zerstörungsaktionen erscheinen. Entsprechend dem zeitgenössischen Verständnis von Geschichte vermittelte der Film schließlich den Eindruck einer vermeintlich lückenlosen Chronologie des Polen-Feldzugs.

Anders als in zahlreichen Kriegs-Wochenschauen verzichtete *Feuertaufe* auf nachträglich inszenierte Kampfszenen. Die Inszenierung beschränkte sich auf die Montage des weitgehend authentischen Materials durch Schnitt und Montage sowie durch Kommentar und Musik. Der Schnitt verstärkte dabei die Erfahrung des sinnlichen Miterlebens des scheinbar im Sturzkampfbomber mit fliegenden Zuschauers. Ästhetisch knüpfte *Feuertaufe* wie andere Dokumentarfilmkompilationen der Zeit an die Filme der Avantgarde der 1920er Jahre sowie vor allem an die Bergfilme Leni Riefenstahls mit ihren häufigen Einstellungswechseln und harten Schnitten, der optimalen Ausnutzung des Raumes und der ständigen Bewegung der Kamera an.

Die genuine Leistung von Filmen wie *Feuertaufe* bestand vor allem in der Montage dokumentarischer Sequenzen zu einem fiktiven, durch narrative Elemente verbundenen Handlungszusammenhang. Mit den Mitteln des Schnitts konnte auf diese Weise authentisches Bildmaterial zu einer Scheinwelt montiert werden, die mit den realen Ereignissen kaum etwas zu tun hatte, aber gleichwohl ungemein authentisch wirkte. Die NS-Auslandsillustrierte *Signal* bemerkte treffend: »Bilder ohne unmittelbare dramatische Spannung, deren treffender Schnitt, der mehr oder weniger weit auseinander liegende Ereignisse verbindet, und deren Kommentierung den Zuschauer dem vibrierenden Rhythmus des großen historischen Ereignisses aussetzen soll.«[35] Durch vereinzelte schnelle Schnittfolgen von unter zwei Sekunden findet schließlich eine Intensivierung der Zeit statt, die sich – so Paul Virilio – der realen Zeit des »Blitzkrieges«, der echten Geschwindigkeit des technischen Angriffs annäherte.[36]

Die Funktion dieser Schnitt- und Montagetechnik war offensichtlich. Sie sollte dem Zuschauer das Distanz und Unabhängigkeit schaffende Denken rauben, ihm weder Zeit noch Raum für eigene Assoziationen und Gedanken lassen. »Sobald dem Zuschauer erlaubt wird, sich zu erholen«, so Kracauer, »könnten seine intellektuellen Fähigkeiten erwachen, und es bestünde Gefahr, daß er sich der Leere um ihn herum bewußt würde.«[37] Oder zeitgenössisch auch der spätere *Merkur*-Herausgeber Hans Paeschke in der *Neue Rundschau*: »Die Überlegenheit der Kriegswochenschau über den Spielfilm beruht wohl darauf, dass sie den letzten Rest unserer Distanz als Zuschauer zu tilgen imstande ist und uns zu unmittelbar Miterlebenden macht, die aber in diesem Fall

---

[35] Zit. nach Virilio, Paul: Krieg und Kino. Logistik der Wahrnehmung, Frankfurt a.M. 1989, S. 110.
[36] Virilio: Krieg und Kino, S.110.
[37] Kracauer: Propaganda und der Nazikriegsfilm, S. 347.

nicht mithandeln, sondern nur miterleiden können.«[38] So wie der Pilot in *Feuertaufe* nur mehr Anhängsel einer seelenlosen Kriegsmaschinerie war, war der Zuschauer im Kinosessel eingespannt zwischen Projektionsgerät und Leinwand, bombardiert von stereotypen Bildmustern und vokozentristischen Kommentaren nur mehr Anhängsel der Filmapparatur ohne jedwede Autonomie. Stattdessen war er gezwungen, dem Blick und der Aktion der zerstörerischen Waffe zu folgen. Die Funktion des Auges schien in der Funktion der Waffe aufzugehen. Für Karl Prümm realisierte sich vor allem hierin eine »neue Phase des maschinellen Sehens«.[39]

Auf der Tonspur wurde der Eindruck des unmittelbaren Dabeiseins durch Geräusche startender Flugzeugmotoren und anderer militärischer Fahrzeuge verstärkt – Geräusche, von denen sich durchweg nicht feststellen lässt, ob es sich um Originalgeräusche oder Tonkonserven handelt. Da Direkttonaufnahmen am Drehort noch nicht möglich waren, ist zu vermuten, dass die Geräusche entweder von anderen Schauplätzen oder direkt aus dem Tonstudio stammten. Den Mangel an Tonauthentizität versuchte Bertram durch aufwändige Orchestermusik zu kompensieren.[40] Die wenigen Originaltöne etwa startender Flugzeugmotoren blieben der durchgängigen sinfonischen Filmmusik Norbert Schultzes – dem Komponisten von »Lili Marleen« und später der Filmmusik für den TV-Klassiker »Die Mädels vom Immenhof«[41] – untergeordnet. Diese sollte die konkreten Ereignisabläufe musikalisch fassbar machen, indem etwa Bläser und Pauken Bombenabwurf und Treffer imitierten.

Die sich auf verschiedene Sequenzen (II, IV und VI) verteilenden filmischen Höhepunkte schließlich wurden durch das mehrstrophige, von einem Männerchor im Off gesungene »Bombenlied« verbunden und emotional unterfüttert.[42] An drei exponierten Stellen, so auch in der dem Sturzbombenangriff unmittelbar vorgelagerten Sequenz, erzeugten die Strophen einen besonders hohen emotionalen Effekt. Nach der vom Aufheulen der Motoren begleiteten Startsequenz ist das Lied ohne zusätzliche Geräusche den Aufnahmen der Pilotengesichter, die sich mit Luftaufnahmen abwechseln, unterlegt.

Der informative Wert all dieser Sequenzen ist gleich Null. Weder sagen die Bilder etwas darüber, wo sie tatsächlich aufgenommen sind, noch was der militärische Wert einer bestimmten Kriegshandlung ist. »Ganze Schlachten finden im Lande Nirgendwo statt, wo die Deutschen über Raum und Zeit gebieten«, notierte bereits Kracauer.[43] Filme wie *Feuertaufe* gingen daher weit über den Charakter des Dokumentarfilms hinaus. Sie erschienen Kracauer eher als »propagandistische Epen« und als Wunschvorstellung, wie der Krieg aus NS-Sicht zu sein hatte, indes realiter nirgends war.

---

[38] Paeschke, Hans: Der Krieg im Film, in: Neue Rundschau (Frankfurt a.M.) Bd. 51 (1940), S. 364.
[39] Prümm, Karl: Modellierung des Unmodellierbaren. NS-Kriegspropaganda im Film und ihre Grenzen, in: Zimmermann/Hoffmann (Hrsg.): Triumph der Bilder, S. 325.
[40] Zum Ton von »Feuertaufe« siehe Hattendorf: Dokumentarfilm und Authentizität, S. 159 ff.
[41] Zu Norbert Schultze siehe <http://de.wikipedia.org/wiki/Norbert_Schultze>.
[42] Zum »Bombenlied« sowie zur Musik von »Feuertaufe« ausführlich Hattendorf: Dokumentarfilm und Authentizität, S. 160 f.
[43] Kracauer: Propaganda und der Nazikriegsfilm, S. 328.

4. Die Sturzkampf-Sequenz und das maschinelle Sehen

In der zwei Minuten und 13 Sekunden währenden Sequenz des Sturzbomberangriffs findet *Feuertaufe* nach einer halben Stunde seinen ersten dramaturgischen Höhepunkt. Diese 13 Einstellungen umfassende Sequenz bringt die neue Ästhetik am offenkundigsten zum Ausdruck. Den eigentlichen Sturz bereiten Schnittfolgen von ein bis zwei Sekunden vor, die die Perspektive von Pilot und Kamera verdeutlichen; der Angriff selbst in einer Länge von 75 Sekunden wird weder durch Schnitt noch Kommentar unterbrochen, wodurch der Kinozuschauer die gesamte Länge eines solchen Sturzes und den gefährlichen Augenblick des Auffangens des Flugzeuges miterleben kann.

Die Perspektive der Kamera orientiert sich fast ausschließlich an der der fliegenden Akteure. Dabei entsteht die Illusion, sich selbst in Bewegung zu befinden.[44] Im Sturzflug der Stukas und im Blick der Kamera aus der Kanzel findet der so genannte Immersionseffekt, i.e. das Verschwinden des Betrachters im Bild, seinen Kulminationspunkt. Betrachter, Kamera, Pilot und Bombe werden zu einer Einheit. Die Betrachtungsweise des Piloten und des ihn begleitenden Kameramannes verschmelzen mit dem Blick des Bordschützen zu einer neuen Betrachtungsform des Zuschauers. So wie für den Flieger der Krieg von oben »nur noch ein Experiment in einem Laboratorium« (Antonie de Saint-Exupéry) zu sein schien, wurde der Krieg auch für den Kinogänger an der Heimatfront zu einem ästhetischen Nervenkitzel bar jeden Realitätsbezugs.

Insbesondere die gefilmten Sturzbomberangriffe vermittelten dem Zuschauer des Jahres 1940/41 ein völlig neues innovatives Seherlebnis sowie die Illusion, sich selbst in Bewegung zu befinden, selbst zur Bombe zu werden. Kamera, Waffe und Auge wurden eine Einheit, was ein Zeitgenosse wie Hans Paeschke durchaus registrierte, als er schrieb: »Ganz vorn in der Kanzel eines Sturzkampfbombers hat sich die Kamera eines Kriegsberichters eingenistet und ›schießt‹ gleichsam ihre Bilder durch die Sehschlitze der Monturen, als sei sie eine Waffe mehr.« Für Momente habe das »tote Auge der Kamera reagiert« wie ein lebendiges«.[45]

Durch die identifikatorische Beteiligung an der dargestellten Bewegung war dem Betrachter die Herstellung des Tatzusammenhangs »Fliegen-Bombenabwurf-Treffer-Opfer« kaum möglich.[46] In der Geschwindigkeit der Aufnahmen scheint der Gegenstand des Kampfes zu verschwinden; völlig ausgeblendet bleiben die zerstörerischen Folgen des Sturzkampfes, die allenfalls als aufzuckende Blitze am Boden erscheinen.[47] Wie Kracauer anmerkte, verhindert die Schnelligkeit der Bilder jedwede Reflexion darüber, was an den glühenden Punkten am Horizont des brennenden Landes tatsächlich geschehe. Ähnlich wie in den späteren Videosequenzen aus dem Golf- oder dem Kosovo-Krieg

---

[44] Zu den Strategien solcher Emotionalisierungen siehe Mikunda, Christian: Kino Spüren. Strategien der emotionalen Filmgestaltung, München 1986.
[45] Paeschke: Der Krieg im Film, S. 364.
[46] Hattendorf: Dokumentarfilm und Authentizität, S. 105.
[47] Siehe Köppen, Manuel: Luftbilder. Die Medialisierung des Blicks, in: Paul, Gerhard: Das Jahrhundert der Bilder. Bildatlas I (1900-1949), Göttingen 2009 (im Erscheinen).

ist Opferempathie kaum möglich – und dennoch gab es sie, wie noch zu zeigen sein wird.

Darüber hinaus spielt der Film geschickt mit dem Gegensatz von Nähe und Distanz. Der unmittelbaren Beteiligung bzw. Involvierung der Zuschauer steht die Distanzierung der Betrachter vom kriegerischen Geschehen gegenüber. In Fliegerfilmen wie *Feuertaufe* wurde das Geschehen auf diese Weise gleichzeitig ästhetisiert und auf Distanz gehalten. Die uneingeschränkte Bewegung der Flieger ist zugleich als Symbol der uneingeschränkten Lufthoheit zu deuten. »Diese ständige Bewegung der Kamera«, so Kracauer, »bearbeitet die motorischen Nerven und bestärkt im Zuschauer die Überzeugung von der dynamischen Macht der Nazis. Bewegung in und über einem Gebiet bedeutet dessen völlige Kontrolle.«[48] Der »lebendige und wahre Krieg«, das wussten selbst aufmerksame Zeitgenossen wie Hans Paeschke, entgleite dem Film; dieser geschehe im »Bildlosen [...], bei dem es nie Zuschauer gibt und geben kann«.[49]

5. Das Kinoplakat und *Illustrierter Film-Kurier*

Auch das Filmplakat[50] sowie das Cover des *Illustrierte[n] Film-Kurier* zu *Feuertaufe* spiegelt die Verschmelzung von Pilot, Flugmaschine und Bombe wider.[51] Beide weisen auf die zentrale Sequenz des Filmes hin: den Angriff eines Sturzkampfflugzeuges auf polnische Anlagen. Wie im Film erscheint auch hier das Flugzeug als das eigentliche Subjekt, während der Pilot, den rechten Arm zum Hitlergruß erhoben, in passiver Haltung verharrt.

Der erhobene Arm und das stürzende Flugzeug sind parallel angeordnet. Sie durchkreuzen das Plakat in der Diagonalen und deuten eine Bewegung an, die gleichzeitig nach oben wie nach unten weist. Der Sturz in die Tiefe erscheint auf diese Weise zugleich als Bedingung des Aufstiegs. Mit gestähltem blankem Oberkörper richtet der Pilot den Blick starr und entschlossen in die Ferne. Er erscheint als heroischer (Luft-)Kämpfer. Sein mächtiger, titanenhafter Oberkörper überragt eine Industrielandschaft am Fluss – eine bildliche Anspielung auf die Entscheidungsschlacht am Weichselbogen.

In Haltung und Darstellung erinnert der Luftkämpfer ohne Unterleib an das bekannte Frontispiz von Hobbes' »Leviathan« – nach Horst Bredekamp »eine der Inkunabeln der politischen Ikonografie«, der das unter ihm liegende Land beschützt und zwangsweise integriert.[52] Im Unterschied zu Hobbes' Leviathan hält der moderne Leviathan kein Schwert in der Hand, sein Arm verschmilzt vielmehr mit der Luftwaffe. Sie ist das »Schwert am Himmel«, von dem der Film eingangs spricht. Während Hobbes' Leviathan den Betrachter unmittelbar anschaut und auf diese Weise eine Beziehung mit ihm eingeht, richtet sich

---

[48] Kracauer: Propaganda und der Nazikriegsfilm, S. 327.
[49] Paeschke: Der Krieg im Film, S. 364.
[50] Abb. in Paul: Bilder des Krieges, S. 294.
[51] Illustrierter Film-Kurier, Nr. 3097 (1940) Feuertaufe.
[52] Bredekamp, Horst: Thomas Hobbes Der Leviathan. Das Urbild des modernen Staates und seine Gegenbilder (1651-2001), 3. korr. Aufl. Berlin 2006, S. 13.

der Blick des modernen Leviathan gegen einen nicht sichtbaren Feind. Schutz und Bedrohung sind somit gleichermaßen Inhalt der modernen Allegorie.

Filmplakat wie Titelblatt des *Illustrierte[n] Film-Kurier* stammen von dem 1904 in Berlin geborenen Bauhaus-Schüler, dem Plakat- und Werbegrafiker Walter Emil Hermann Schulz, der unter dem Alias »Pewas« später auch das Plakat zu dem Wehrmachtsfilm der UFA *Sieg im Westen* gestaltete. 1947 zählte Schulz zu den Mitbegründern der DEFA.[53] Das vermutlich ebenfalls von »Pewas« gestaltete Themenheft des *Illustrierte[n] Film-Kurier* montiert die entscheidenden Bildmotive des Films in einer doppelseitigen Montage, die ebenfalls die Flugmaschinen heroisiert, ihr Zerstörungswerk aus der Luftperspektive demonstriert und die Verleiblichung der Waffen in Bildern des Hautkontakts von Soldat und Waffe zelebriert.

6. Rezeption und Nutzung

Es verwundert wenig, wenn die Pressekritik den Film geradezu euphorisch feierte. Nach Ansicht der Zeitschrift *Das Reich* hatte der Zuschauer in den Wochenschauberichten vom Polenfeldzug »zum ersten Male das aufwühlende Erlebnis, daß er vom Film mitten in das Zeitgeschehen gestellt wurde«.[54] Nach Franz Mahraun führe der Film die Zuschauer »mitten in die Zone des Todes«. Es seien »Bilder des Schreckens« und »Bilder schauriger Schönheit«, die das Publikum zu sehen bekomme.[55] Unter dem Titel »Ein Lied der Todesverachtung« schrieb der Rezensent des *Völkischen Beobachter:* »Ich habe nie vorher ein Filmdokument gesehen, das mit solcher Wucht und Treffsicherheit die Unbestechlichkeit der Wahrheit bezeugte.« Der Film dokumentiere eine »überwältigende Überlegenheit von Mensch und Gesinnung«.[56]

Demgegenüber zeichneten die geheimen Lageberichte des Sicherheitsdienstes (SD) der SS ein differenzierteres Bild über die Aufnahme des Filmes in der Bevölkerung. Dieser sei im gesamten Reichsgebiet »ausgezeichnet« besucht gewesen und »von allen Bevölkerungskreisen begeistert aufgenommen« worden; vor allem die Jugend sei durch den Film für die Wehrmacht begeistert worden.[57] »In vielen Städten ging die Erstaufführung in besonders feierlichem Rahmen in ausgeschmückten Vorführungsräumen unter Teilnahme der Vertreter der Wehrmacht, der Partei und der Behörden vor sich.« Mit Stolz und Genugtuung habe man die Leistungen der Luftwaffe gewürdigt. »Besonders anerkannt« worden sei das neue Bildmaterial. »Die Zuschauer waren allgemein tief beeindruckt, daß am Beginn des Films die

---

[53] Zu »Pewas« ausführlich Westfälisches Landesmuseum für Kunst und Kulturgeschichte Münster (Hrsg.): Nützliche Moderne. Graphik & Produkt-Design in Deutschland 1935-1955 (Ausst.-Kat.), Münster 2000, S. 237.
[54] Das Reich, 8.6.1941.
[55] Maraun: Heldenlied einer Waffe.
[56] Hömberg, Hans: Ein Lied der Todesverachtung. Zum Film »Feuertaufe«, in: Völkischer Beobachter, 4.4.1940.
[57] SD-Bericht »Aufnahme des Films ›Feuertaufe‹«, Mai 1940, in: Boberach, Heinz (Hrsg.): Meldungen aus dem Reich. Die geheimen Lageberichte des Sicherheitsdienstes der SS 1938-1945, Bd. 4, Herrsching 1984, S. 1131 f.

Namen der Filmmitarbeiter genannt wurden, die bei der Herstellung dieser Aufnahmen gefallen sind. [...] Tiefste und nachhaltige Wirkung übten auf alle Teilnehmer die Bilder des zerstörten Warschau aus.«

Nicht eindeutig positiv seien die Reaktionen bei den weiblichen Zuschauern gewesen. Während sich ein Teil der Zuschauer noch mehr Kampfhandlungen und eigentliche Kriegsszenen wünsche, »seien vor allem von Frauen Stimmen des Mitleids mit den Polen geäußert worden und angesichts des zerstörten Warschau bei diesen Zuschauern keine heroisch stolze, sondern eine bedrückte, verängstigte Stimmung über die ›Schrecken des Krieges‹ entstanden.«[58] Auch kritische Töne ließen sich aus dem SD-Bericht heraus lesen. Viele Zuschauer seien noch nicht genügend geschult gewesen, »um die zahlreichen Luftaufnahmen gebührend zu würdigen und die militärischen Vorgänge in ihnen erkennen zu können. Das Sehen aus der Luftperspektive war für sie ungewohnt, sodaß der Mittelteil des Films, in dem viele solcher Aufnahmen kommen, ermüdend gewirkt habe.«[59]

Von Anbeginn an war der Einsatz von *Feuertaufe* auch und gerade im Ausland vorgesehen. Die filmische Dokumentation der Überlegenheit der deutschen Luftwaffe sollte die Verbündeten in Sicherheit wägen und potenzielle Gegner einschüchtern. Noch im April 1940 fand eine Aufführung vor geladenem Publikum und in Anwesenheit des ungarischen Außenministers in Budapest statt.[60] Der Film habe hier einen »tiefen Eindruck« hinterlassen, meldeten diplomatische Berichte. Ähnlich positiv waren die Reaktionen in Rumänien, Finnland und in der Sowjetunion, wo Anfang Juni 1940 600 Offiziere den Film in Moskau zu sehen bekamen. Durchaus denkbar erscheint es, dass sich auch Stalin den Film vorführen ließ. Noch vor dem Angriff auf Norwegen wurde Bertrams Film auch in den deutschen Gesandtschaften in Kopenhagen und Oslo gezeigt. Niederländische Offiziere und Industrielle zeigten sich beeindruckt vom Zustand der deutschen Luftwaffe. Wegen des noch schlechten Tons und weil man den Vergleich mit der US-Filmproduktion scheute, wurde der Film in den USA, wo er den Titel *Baptism of Fire* erhielt, zunächst öffentlich allerdings nicht gezeigt.

Auch aus der distanzierenden Rückschau ist mehrfach der Erlebnischarakter des Filmes hervorgehoben worden. Das Publikum vor der Leinwand werde, so Hilmar Hoffmann, »durch den Sog der Kampfszenen und die dadurch vermittelte Gewißheit, daß alles Feindpotential vernichtet wird, als sympathisierende Masse einbezogen, die in ihren Söhnen, Brüdern, Vätern in Polen mitgesiegt hat.«[61] Der Zuschauer im Kino daheim sei »emotional dabei, ist selbst Kriegsteilnehmer ohne unmittelbare Gefahr. Durch ästhetische Eingriffe in den Realitätsgehalt des gewöhnlichen Krieges wird dieser entdinglicht. So wurde vielen der Krieg in seiner ästhetischen Überhöhung zum eigenen Erlebnis.«[62] Noch heute, so auch Thomas Sakmyster 1998, werde der Betrach-

---

[58] Ebd., S. 1132.
[59] Ebd.
[60] Hierzu sowie zum Folgenden siehe Sakmyster: Nazi Documentaries of Intimidation, S. 498 ff.
[61] Hoffmann, Hilmar: »Und die Fahne führt uns in die Ewigkeit«. Propaganda im NS-Film, Frankfurt a.M. 1988, S. 171.
[62] Ebd. S. 208.

ter von der Illusion gefangen genommen, sich in der Hitze der Schlacht zu befinden.[63]

Trotz zahlreicher Innovationen war die NS-Kriegsfilmpropaganda im Allgemeinen und Bertrams *Feuertaufe* kein Selbstläufer. Sein Erfolg blieb im Wesentlichen auf die Ära des »Blitzkrieges« begrenzt, solange sich also Filmbilder und Realitätserfahrung einigermaßen deckten. Mit den Hiobsbotschaften von den Frontabschnitten nach Stalingrad verblasste die Wirkung der Bilder. Die Wochenschau bekam – wie Peter Bucher schreibt – Glaubwürdigkeitsprobleme, ja fiel – wie interne Berichte zugeben mussten – in zunehmendem Maße »der Lächerlichkeit anheim«.[64]

Nach 1945 ist der Film in voller Länge – außer im Rahmen von geschlossenen Filmveranstaltungen und wissenschaftlichen Symposien – dem breiten Publikum nur selten gezeigt worden. Eine Ausnahme bildete daher das 3. Programm des NDR, das den Film dem Fernsehpublikum am 20. April 1974 in voller Länge zeigte. Eher bekamen die TV-Bürger Abklammerungen aus *Feuertaufe* zu sehen, in denen allerdings das Originalmaterial kaum einmal als Propagandamaterial gekennzeichnet oder die Wirkung der dynamischen und schnellen Bilder gebrochen wurde. Mit der unreflektierten und selektiven Übernahme propagandistischer Konstrukte aus der NS-Täterperspektive hätten Fernsehdokumentationen über NS-Zeit und Zweiten Weltkrieg, so Frank Bösch, oftmals unbewusst NS-Sichtweisen, Ideen und Selbststilisierungen bis in die Gegenwart hinein transportiert.[65] Durch den Gestus der objektiven Geschichtsschreibung, den solche Dokumentationen vermittelten, so auch Judith Keilbach, würden nicht nur die Produktions- und Verwertungszusammenhänge der historischen Bilder negiert, die Filme transportierten und verlängerten die in den Bildern eingeschriebenen Ideologien bis in die Gegenwart hinein. In aller Regel werde der Krieg in den Dokumentationen »nicht als Akt des Tötens, Zerstörens und Sterbens erfahrbar«, vielmehr wohne den Bildern »eine Distanz zu konkreten Kriegserfahrungen inne, indem nicht Schmerzen, Leiden und Sterben gezeigt werden, sondern beispielsweise Bombenexplosionen, die eine ästhetische Wirkung entfalten«.[66] Durch die unkritische, reflexionslose Verwendung von NS-Filmmaterial werde auf visueller Ebene die durch Bildästhetik und Montage filmisch konstruierte Faszination des NS-Krieges im Fernsehen nochmals reproduziert. Nach Peter Zimmermann vollzog sich »der wahre Triumph« der Bilder von Goebbels Propagandakompanien daher erst in den Köpfen der Bundesbürger.[67]

---

[63] Sakmyster: Nazi Documentaries of Intimidation, S. 485.

[64] Bucher, Peter: Goebbels und die Deutsche Wochenschau. Nationalsozialistische Filmpropaganda im Zweiten Weltkrieg 1939-1945, in: Militärgeschichtliche Mitteilungen 40 (1986) 2, S. 53-69, hier S. 62.

[65] Bösch, Frank: Das »Dritte Reich« ferngesehen. Geschichtsvermittlung in der historischen Dokumentation, in: Geschichte in Wissenschaft und Unterricht 50 (1999) 4, S. 204-220, hier S. 211.

[66] Keilbach, Judith: Wie das Fernsehen vom Krieg erzählt. Anmerkungen zu den Dokumentarsendungen über den Zweiten Weltkrieg, in: Schneider, Thomas F. (Hrsg.): Kriegserlebnis und Legendenbildung. Das Bild des »modernen« Krieges in Literatur, Theater, Photographie und Film, Bd. 3, Osnabrück 1999, S. 1049-1062, hier S. 1058.

[67] Zimmermann: Zwischen Sachlichkeit, Idylle und Propaganda, S. 71.

Zwischen Anspruch und Wirklichkeit: Die Wochenschau als Propagandainstrument im Dritten Reich

von

ULRIKE BARTELS

1. Einleitung

Die alte Auffassung, dass Film nur »Unterhaltung« oder »Kunst« darstellt, erscheint heute mehr als zweifelhaft. Insbesondere als in den sechziger Jahren in vielen wissenschaftlichen Disziplinen eine kritische Aufarbeitung der nationalsozialistischen Vergangenheit einsetzte, die auch den Film als wissenschaftliches Untersuchungsfeld miteinbezog, wurde offensichtlich, dass sowohl Spiel- als auch Dokumentarfilm gleichzeitig Spiegelung von Stimmungen und Strömungen innerhalb einer Gesellschaft sind.[1] Der Film lebt mithin nicht in einem sublimen Unschuldszustand, sondern ist auch Träger politischer Inhalte, die bewusst oder unbewusst, offensichtlich oder verdeckt dem Zuschauer vermittelt werden.

Während sich bereits kurz nach dem 2. Weltkrieg eine Reihe von Publikationen mehr oder weniger kritisch mit der Geschichte des Spielfilms im Dritten Reich auseinander setzte[2], wurde Wochenschauen und Dokumentarfilmen zunächst wenig Aufmerksamkeit geschenkt. Erstmals dokumentierte Klaus. W. Wippermann zu Beginn der siebziger Jahre die historische Entwicklung dieses Mediums und stellte sie in einen historischen Bezugsrahmen.[3] Die Mehrzahl der Autoren konzentrierte sich aber in der Folgezeit auf die Analyse einzelner Wochenschauausgaben oder widmete sich in zahlreichen Aufsätzen spezifischen Einzelaspekten nationalsozialistischer Wochenschaupropaganda, die aufgrund der begrenzten Fragestellungen jedoch keine umfassende Darstellung zu leisten vermögen.[4] So blieb eine grundlegende Arbeit über die Struktur und Wirkungsweise dieses Massenmediums bis in die neunziger Jahre aus.[5]

---

[1] Vgl. hierzu vor allem die Untersuchung von Kracauer, Siegfried: Von Caligari bis Hitler, Eine psychologische Geschichte des deutschen Films, Frankfurt am Main 1984. Eine erste Ausgabe in englischer Sprache erfolgte bereits 1947.

[2] So etwa Riess, Curt: Das gab's nur einmal, Die große Zeit des deutschen Films, Wien/München 1956.

[3] Wippermann, Klaus W.: Die Entwicklung der Wochenschau in Deutschland, in: Publikationen zu wissenschaftlichen Filmen, Sektion Pädagogik/Publizistik, Bd. 2, Heft 1, Göttingen 1970-1973.

[4] So z.B. Pietrow-Ennker, Bianca: Die Sowjetunion in der Propaganda des Dritten Reiches: Das Beispiel Wochenschau, in: Militärgeschichtliche Mitteilungen 46, Freiburg 1989, S. 79-120 oder Bucher, Peter: Der Kampf um Stalingrad in der deutschen Wochenschau, in: Aus der Arbeit der Archive, Festschrift für Hans Booms, Boppard am Rhein 1989, S. 565-584.

[5] Bartels, Ulrike: Die Wochenschau im Dritten Reich, Entwicklung und Funktion eines Massenmediums unter besonderer Berücksichtigung völkisch-nationaler Inhalte, Frankfurt am Main 2004 (Diss. Univ. Göttingen 1996).

1 | Reichsadler und Fanfare: Vorspann der Deutschen Wochenschauen
Bundesarchiv Filmarchiv/Transit Film GmbH

Dieser auf den ersten Blick erstaunliche Umstand angesichts eines der wichtigsten und bis in die heutige Zeit bekanntesten Propagandainstrumente des NS-Regimes wird verständlicher angesichts der Fülle des auszuwertenden Materials. Immerhin liegen aus der Zeit des Dritten Reiches heute noch 663 Wochenschauen als 16 bzw. 35 mm Schwarz-Weiß-Kopie im Bundesarchiv-Filmarchiv in Berlin vor.[6] Allerdings ist der Bestand für die Jahre vor Ausbruch des 2. Weltkriegs äußerst lückenhaft. Während für die Zeit des Krieges aufgrund der hohen Anzahl von gezogenen Kopien[7] noch alle 286 Ausgaben der Einheitswochenschau, die zwischen September 1939 und März 1945 produziert wurden, im Bundesarchiv vorliegen, sind es für die Vorkriegszeit lediglich 377 zum Teil fragmentarische Ausgaben von vier verschiedenen Wochenschauserien.[8] Die Kriegswochenschauen liegen im Bundesarchiv nahezu vollständig als VHS-Kassette vor; für die Wochenschauen aus der Vorkriegszeit trifft dies

---

[6] Eine genaue Aufschlüsselung der verschiedenen Wochenschauserien hinsichtlich ihres noch erhaltenen Bestandes findet sich bei Bartels, 2004, S. 265 ff.

[7] In den Kriegsjahren waren 1500 Kopien der »Deutschen Wochenschau« in Umlauf. In der Vorkriegszeit wurden nur ca. 400 Kopien von vier verschiedenen Wochenschauserien vertrieben. Vgl. dazu ausführlich Bartels, 2004, S. 205.

[8] Es handelt sich dabei im Einzelnen um die Ufa-Tonwoche, die Deulig-Tonwoche, die Bavaria-/Tobis-/Emelka-Wochenschau sowie um die sich in amerikanischem Besitz befindliche Fox Tönende-Wochenschau.

nur auf etwa 60% der erhaltenen Ausgaben zu. Alle Wochenschauen können zu wissenschaftlichen Zwecken kostenlos im Bundesarchiv-Filmarchiv angesehen werden. Auch eine häusliche Entleihe ist gegen Gebühr möglich, wobei die Höhe des zu leistenden Entgelts in Abhängigkeit von der Länge der jeweiligen Wochenschau, also nach Filmmetern, zu leisten ist. Ein Zugriff auf die vollständigen Inhalte der einzelnen Wochenschauausgaben wird durch so genannte Filmerfassungsbögen im Bundesarchiv möglich. Hier sind die einzelnen Beiträge einer Wochenschau zumeist ohne Längenangabe und Kommentar aufgelistet, allerdings zum Teil unabhängig von der tatsächlich vorhandenen Überlieferung des Filmmaterials.

Im Juni 2003 wurde der Versuch gestartet, den Zugriff auf den gesamten Wochenschaubestand deutscher Archive auch mit Hilfe des Internets zu ermöglichen. Unter www.wochenschauarchiv.de kann auf das Portal als Gast oder registrierter Besucher zugegriffen werden. Für eine halbwegs zufrieden stellende Bildqualität bei der Sichtung der Filme ist ein DSL-Anschluss notwendig. Die Recherche erfolgt entweder über den Namen der Wochenschauserie, dem Jahr ihrer Herstellung, verschiedenen Kategorien wie Ort und Zeitpunkt der Handlung, Thema, beteiligte Personen oder eine Volltextsuche. Der Eingabe entsprechend werden dann die in Frage kommenden Wochenschaubeiträge aufgelistet, d. h alle Wochenschauen sind in ihre Einzelbeiträge zerlegt worden. Der Nachteil dieser Methode liegt für den Benutzer darin, dass die Wochenschauen nicht in ihrer ursprünglichen Fassung als fortlaufende Filme, sondern nur als Summe ihrer Einzelbeiträge angesehen werden können. Zurzeit sind mehr als 6.000 Wochenschaubeiträge gelistet, wobei die Reihen von 27 Wochenschauproduzenten sowie einige Sonderreihen miteinbezogen wurden.[9] Geplant ist, langfristig den gesamten Wochenschaubestand der Archive über das Internet zugänglich zu machen. Die relativ hohen Kosten für die Verwertungsrechte richten sich nach der Menge des verwendeten Filmmaterials.

Der Zugriff per Internet ermöglicht eine relativ bequeme Sichtung der Wochenschauen am heimischen PC und kann die Suche nach bestimmten Themen erheblich erleichtern, wenn die Erfassung der Wochenschauen einmal abgeschlossen sein wird. Zurzeit kann die Ausbeute bei der Suche nach bestimmten Wochenschauausgaben oder Themen jedoch nicht als zufrieden stellend bewertet werden.[10] Ein weiterer Nachteil der Erfassung im Netz besteht darin, dass die einzelnen Beiträge lediglich mit einer Kurzbeschreibung des jeweiligen Sujets versehen sind. Sie haben rein deskriptiven Charakter und erlauben keine quellenkritische Erschließung des Beitrags. Hintergrundinformationen über das im Film gezeigte Geschehen, die Einordnung des Beitrags in die Gesamtdramaturgie der Wochenschauausgabe und die damit verbundenen Inten-

---

[9] Die Zeitleiste reicht von 1895-1990. Die erste aufgeführte Wochenschau ist eine Ausgabe der Messter-Woche aus dem Jahr 1915.
[10] Bei der Suche nach Wochenschauproduktionen aus dem Jahr 1937 wird beispielsweise lediglich eine Ausgabe der Ufa-Tonwoche (UTW 368/1937) angeboten. Bei den Kriegswochenschauen werden in der Regel zwei Wochenschauen pro Jahr aufgeführt. In der Regel wurden 52 Wochenschauausgaben pro Jahr und Serie hergestellt.

tionen[11] vermag eine derartige Aufbereitung im Internet ebenso wenig zu bieten wie die im Bundesarchiv-Filmarchiv vorliegenden Filmerfassungsbögen. So sind ein Besuch im Bundesarchiv-Filmarchiv Berlin und eine Sichtung der Wochenschauen am Schneidetisch auch heute noch unerlässlich für eine detaillierte Filmanalyse und eine quellenkritische Aufbereitung des gesichteten Filmmaterials.

2. Die Wochenschau in Deutschland 1895 – 1933

Seit der Entwicklung der Kinematographie gegen Ende des 19. Jahrhunderts ist das »bewegte Bild« zweifellos eines der wichtigsten Mittel zur Beeinflussung der Massen. Der durch den Film suggerierten und auf Seiten des Zuschauers auch gesuchten Möglichkeit, an realen und aktuellen Ereignissen aus aller Welt teilhaben zu können, verdankt das Medium seine bis heute ungebrochene Popularität. Die Vorläufer der Wochenschauen bildeten Aufnahmen von allgemeinen Ereignissen, die unter der Bezeichnung »Aktualitäten« in den Varieteetheatern vorgeführt wurden. Bereits ab 1897 bildeten die »Aktualitäten« einen festen Bestandteil des täglichen Programms im Berliner Wintergarten, in das sie zusammen mit kurzen »Spielfilmen« zwischen anderen künstlerischen Darbietungen eingestreut waren. Auch wenn die an tagespolitischen Ereignissen orientierte Berichterstattung schon bald von Filminhalten mit episodenhaften Spielszenen an den Rand gedrängt wurde, die dem Publikumsgeschmack mehr entsprachen als eine Vermittlung von Sachverhalten mit dokumentarischem Charakter, behielten die »Aktualitäten« und dokumentarischen Kurzfilme einen eigenständigen Platz im Programm. In den zwanziger Jahren bildete sich dann im Zuge der wirtschaftlichen Konsolidierung der Filmwirtschaft, des technischen Fortschritts und arbeitsteiliger Berufsspezialisierung eine feste Programmschematik heraus: Dem im Mittelpunkt stehenden Hauptfilm wurde ein Kurzprogramm, bestehend aus Wochenschau, Werbefilmen und belehrendem bzw. informativem Kurzfilm, vorangestellt.[12]

Nach Ausbruch des 1. Weltkriegs wurde dem Film als Propagandainstrument von deutscher Seite wenig Bedeutung beigemessen, obwohl Spielfilme und Wochenschauen aus französischer und amerikanischer Produktion bereits in den ersten Kriegsmonaten gezielt als Propagandawaffe gegen Deutschland

---

[11] Zur Dramaturgie der Wochenschauen im Dritten Reich vgl. ausführlich Bartels, 2004, S. 91 ff sowie die detaillierten Filmanalysen einzelner Wochenschauausgaben.

[12] Grunsky-Peper, Konrad: Deutsche Volkskunde im Film, Gesellschaftliche Leitbilder im Unterrichtsfilm des Dritten Reiches, Minerva-Fachserie Geisteswissenschaften, München 1978, S. 59. Als erste deutsche Wochenschauen gelten die von der Deutsche[n] Express-Filmgesellschaft mit Sitz in Freiburg ab dem 15. November 1922 produzierten Berichtsfilme. Sie erschienen unter dem Titel »Der Tag im Film, erste deutsche tägliche, kinematographische Berichterstattung«. Bereits der Titel macht deutlich, dass es sich eher um eine Tages- als um eine Wochenschau gehandelt hat, die sich stark an Aufbau und Aktualität der Tageszeitungen orientierte. Der Vertrieb umfasst täglich etwa 20-30 Meter Film, halbwöchentlich ca. 150-180 Meter. Vgl. ausführlicher zur Entwicklung der Wochenschau in Deutschland Rennings, Jost van: Die gefilmte Zeitung, Wesen und Aspekte der Filmwochenschau, München 1956, S. 37 f. und Traub, Hans: Die Ufa, ein Beitrag zur Entwicklung des deutschen Filmschaffens, Berlin 1943, S. 129.

eingesetzt wurden. Welches Ausmaß der Einsatz der alliierten Kriegspropaganda erreichte, lässt sich am Beispiel der amerikanischen Wochenschauen aufzeigen. Nach dem Kriegseintritt der USA am 5. April 1917 wurden die gewerblich vertriebenen Wochenschauen der US-Filmpropaganda über die Firmen Pathé und Hearst in über 20.000 europäischen Kinos vorgeführt.[13] Den deutschen »Kriegsfilmoperateuren an der Schlachtfront« blieb dagegen ein durchschlagender Erfolg versagt. Neben technischen Unzulänglichkeiten und einem Mangel an geschulten Kameraleuten waren es vor allem die einengenden Reglementierungen der Obersten Heeresleitung (OHL), welche aus Furcht vor Spionage Aufnahmen von der Front so gut wie unmöglich machten. Ein Umdenken in militärischen Kreisen setzte erst 1916 mit dem Nachlassen militärischer Erfolge ein und führte am 1. November 1916 zur Errichtung einer »Militärischen Film- und Photostelle«, aus der sich 1917 das »Bild- und Filmamt« (Bufa) entwickelte.[14] Trotz der vermehrten Anstrengungen von militärischer Seite, den Film als propagandistisch wirksames Instrument während des 1. Weltkrieges einzusetzen, konnte ein nennenswerter Erfolg gegen die massive Filmpropaganda der Alliierten jedoch nicht mehr erzielt werden.

Wenngleich das propagandistische Potential des Films im 1. Weltkrieg aufgrund von Hemmnissen von militärischer Seite weitgehend ungenutzt blieb, war man sich in politischen und privatwirtschaftlichen Kreisen der Möglichkeiten eines gesteuerten Einsatzes des Mediums zur Beeinflussung der öffentlichen Meinung durchaus bewusst und verfolgte in der Weimarer Republik vor allem mittels der Wochenschauen eine kontinuierliche politische ›Überzeugungsarbeit‹. Insbesondere Dr. Alfred Hugenberg, der seit der Übernahme der Universum Film AG (Ufa) über das größte Medienimperium in Deutschland gebot[15], setzte nach seiner Wahl zum Vorsitzenden der Deutschnationalen Volkspartei (DNVP) im Jahr 1928 die Wochenschauen, Dokumentar- und Spielfilme der Ufa konsequent zur Durchsetzung seiner politischen Zielsetzungen ein. Zwar enthielten die beiden zum Ufa-Konzern gehörenden größten deutschen Inlandswochenschauen – es handelt sich um die Ufa- und Deulig-Tonwoche – nur wenige Beiträge zu aktuellen Ereignissen und mit offensichtlich politischem Inhalt, doch warben die scheinbar unpolitischen, unterhaltenden oder informativen Berichte nahezu unverhüllt für deutschnationale Forderungen. Vor allem die durch den Versailler Vertrag festgelegten Zugeständnisse an die Siegermächte des 1. Weltkriegs boten immer wieder Anlass zur Kritik an den bestehenden politischen Verhältnissen und der For-

---

[13] Taylor, Richard: Film Propaganda, Soviet Russia and Nazi Germany, London/New York 1979, S. 22.

[14] An der Gründung des Bufa hatten Hindenburg und Ludendorff maßgeblichen Anteil. Vgl. dazu ausführlicher Barkhausen, Hans: Filmpropaganda für Deutschland im Ersten und Zweiten Weltkrieg, Hildesheim/Zürich/New York 1982, S. 46 ff.

[15] Zu Aufbau und Struktur des Hugenberg-Imperiums vgl. Holzbach, Siegrun: Das »System Hugenberg«, Die Organisation bürgerlicher Sammlungspolitik vor dem Aufstieg der NSDAP, Studien zur Zeitgeschichte 18, Stuttgart 1981 und Guratzsch, Dankwart: Macht durch Organisation, Die Grundlagen des Hugenbergschen Presseimperiums, Studien zur modernen Geschichte 2, Düsseldorf 1974.

derung nach einem wiedererstarkenden Deutschland nach dem Vorbild einer konservativen, hierarchisch gegliederten Gesellschaftsform.

Den Ufa-Wochenschauen stand als einzige bedeutende Wochenschauserie[16] die der Sozialdemokratischen Partei nahe stehende Emelka-Woche gegenüber[17], ohne dabei allerdings eine ähnliche Verflechtung von wirtschaftlichen und politischen Interessen aufzuweisen, wie dies kennzeichnend ist für das Abhängigkeitsverhältnis zwischen den Wochenschauen der Ufa und Hugenberg bzw. der DNVP. Obgleich die Emelka-Woche nach dem Vorbild von Ufa- und Deulig-Tonwoche strukturiert war, setzten sich zahlreiche Beiträge mit tagespolitischen Themen auseinander, wobei im Rahmen der Weimarer Reichsverfassung ein betont sozialistisches Programm vertreten wurde mit der Forderung nach weltweiter Abrüstung und sozialer Gerechtigkeit für alle Bevölkerungsschichten.

Auch in den Filmkreisen der NSDAP setzte man den Film schon vor der Machtergreifung zu propagandistischen Zwecken ein. Erstmals trat die Partei mit zwei Filmen der Reichsleitung München über die Nürnberger Parteitage von 1927 und 1929 an die Öffentlichkeit.[18] 1930 wurde dann von Dr. Joseph Goebbels in seiner Eigenschaft als Reichspropagandaleiter des Gaus Berlin in der Hauptstadt eine Parteifilmstelle eingerichtet[19], bald Reichsfilmstelle genannt, welche die organisatorische Ausrichtung der Parteifilmarbeit übernahm.[20] Aus der Reichsfilmstelle entwickelte sich die Hauptabteilung IV (Film) bzw. ab 1933 die Amtsleitung Film der Reichspropagandaleitung.[21] Thematisch

---

[16] Es gab zwar noch eine Reihe kleinerer, kurzlebiger Wochenschauserien, doch sind sie für die Entwicklung der Wochenschau in Deutschland ohne Relevanz. Ohne Anspruch auf Vollständigkeit zu erheben seien hier einige genannt: die Volkswochenschau (Juli 1927-Jan. 1928), hg. vom Reichsausschuß für sozialistische Bildungsarbeit, die so genannte Hek-Woche mit ihren politischen Karikaturen (1932) sowie die Welt und Arbeit (1931), beide von der Kommunistischen Partei veröffentlicht; ferner die von der Firma Deutscher-Heimat-Film herausgebrachte Zeit im Bild (15. 9.-26. 9. 1921) und die Illustrierte Wochenschau (1924).

[17] Ausgaben der Emelka-Woche befinden sich im Bundesarchiv-Filmarchiv Berlin.

[18] Film- und Begleitmaterial zum Parteitag von 1927 liegen im Institut für den wissenschaftlichen Film (IWF) Wissen und Media GmbH Göttingen vor. Edition G 122 (Bearb. K.F. Reimers/A. Tyrell).

[19] Nationalsozialistische Parteikorrespondenz (NSK) Folge 278 vom 28. 11. 1935. Bis zum Juli 1932 waren Film und Rundfunk noch in einer Abteilung zusammengefasst. Nach der Trennung der beiden Sachbereiche wurde Arnold Raether Leiter der Abt. Film. NSK Folge 135 vom 5. 7. 932. Eine Übersicht über die Neuordnung der Reichspropagandaleitung der NSDAP findet sich in der NSK Folge 228 vom 24. 10. 1932.

[20] Zur Organisation des Filmwesens in der NSDAP und zur personellen Besetzung der einzelnen Landesfilmstellen vgl. NSK Folge 188 vom 6. 9. 1932. Einen kurzen Rückblick über die Anfänge der Parteifilmarbeit bietet auch der Artikel »10 Jahre Filmarbeit der NSDAP«, aus: Der deutsche Film, 5.Jahrg., Heft 11/12, Mai/Juni 1941, S. 240. Der erste von der NSDAP produzierte Tonfilm stammt aus dem Jahr 1932 und hat die Kundgebung im Berliner Lustgarten vom 4. 4. 1932 zum Inhalt. NSK Folge 78 vom 22. 4. 1932. Ein Kurzpropagandafilm mit Reden von Hitler, Strasser, Goebbels, Göring u.a. erschien erstmalig im Juni 1932. NSK Folge 131 vom 30. 6. 1932.

[21] 1937 kam es aufgrund von Unzufriedenheit mit der Qualität der Parteifilme zur Gründung der Deutschen Film-Herstellungs- und Verwertungs-GmbH (DFG), die bis zum Jahr 1943 für 44 Produktionen verantwortlich war. Bereits seit Beginn der dreißiger Jahre waren die im Auftrag der NSDAP erstellten Filme nicht nur Eigenproduktionen, sondern auch Auftragsarbeiten für privatwirtschaftliche Unternehmen gewesen. Granier, Gerhard/Henke, Josef/ Oldenhage,

beschränkte sich die Produktion der Parteifilmarbeit im Wesentlichen auf die Herstellung von »Wahlfilmen«, Reportagen über nationalsozialistische Aufmärsche und Feierlichkeiten, rassenpolitische Propagandafilme, Berichte über die Hitlerjugend sowie auf Propagandafilme für die einzelnen Gliederungen der Partei wie das NS-Kraftfahrerkorps (NSKK) oder die Nationalsozialistische Volkswohlfahrt (NSV). Daneben bildeten propagandistische Darstellungen des deutschen Bauerntums sowie Feste und Feiern im Jahreslauf einen festen Bestandteil des Programms.[22]

3. Die Wochenschau im Dritten Reich

3.1 Wochenschau und Machtergreifung

Auch wenn das frühe Engagement der Partei bzw. von Goebbels selbst auf dem Sektor der Filmpropaganda vermuten ließe, dass der Wochenschau als *dem* richtungsweisenden Informationsträger seiner Zeit die besondere Aufmerksamkeit der neuen Machthaber zuteil wurde, scheint es, als hätten die Nationalsozialisten den Wert periodisch erscheinender Berichtsfilme zunächst als gering eingeschätzt.[23] Zumindest lassen die vorliegenden Quellen aus dieser Zeit keine andere Deutung zu, denn weder finden sich in den ersten beiden Jahren nach der Machtergreifung Bestimmungen oder Erlässe bezüglich der Wochenschauen noch weisen Goebbels' Tagebücher bis zum Juli 1935 Eintragungen auf, die auf eine Beschäftigung mit der Thematik schließen lassen.[24] Vielmehr ließ man die vier in Deutschland bestehenden Wochenschauen – es handelt sich um die Ufa- und die Deulig-Tonwoche, die Bavaria- bzw. Tobis-Tonwoche sowie um die sich in amerikanischem Besitz befindliche Fox-Tönende-Wochenschau – ohne innerbetriebliche Umstrukturierungen weiterarbeiten, wenn sie die »nationalsozialistische Revolution« auf angemessene Weise würdigten und nur solche Themen behandelten, die ihnen als bedeutsam vorgegeben waren.

Ein äußerlich bruchloser Übergang der Wochenschauarbeit nach der Machtergreifung wurde nicht zuletzt durch den Umstand begünstigt, dass die DNVP

Klaus: Das Bundesarchiv und seine Bestände, Schriften des Bundesarchivs 10, Boppard am Rhein 1977, S. 759.

[22] Besonders das Erntedankfest und die Wintersonnenwendfeiern boten immer wieder Gelegenheit zur Darstellung im Film. Eine Aufstellung der 26 zwischen 1927 und 1932 hergestellten NS-Produktionen findet sich bei Barkhausen, Hans: Die NSDAP als Filmproduzentin, in: Zeitgeschichte im Film- und Fotodokument, hg. v. Moltmann Reimers, Göttingen/Zürich/Frankfurt am Main 1970, S. 168-177.

[23] Obwohl bereits 1930 von der Reichspropagandaleitung mit den so genannten NS-Bildberichten erste Versuche eines regelmäßig erscheinendem Nachrichtenfilms unternommen worden waren, galten Filmberichte in nationalsozialistischen Filmkreisen als »Abklatsch des Lebens«, der das Geschehen ohne Einbeziehung des Zuschauers im Stil eines »Polizeiberichtes« behandelte. NSK Folge 119 vom 24 .5. 1934, Folge 576 vom 21. 12. 1933 und Folge 541 vom 9. 11. 1933.

[24] Erstmals äußert sich der Propagandaminister am 13. 7. 1935 in seinem Tagebuch über die Wochenschau: »Abends Filme. Herrliche Wochenschau.« Fröhlich, Elke (Hrsg.): Die Tagebücher von Joseph Goebbels, Sämtliche Fragmente, München/New York/London/Paris 1987, S. 492.

bis Juni 1933 Koalitionspartner der NSDAP war und Hugenberg, der sich mit seinen Ufa-Wochenschauen schon seit jeher im Fahrwasser einer streng national ausgerichteten Berichterstattung bewegte, einen Sitz als Reichsernährungsminister im neuen Hitler-Kabinett innehatte.[25] Allerdings ist das geringe Interesse der nationalsozialistischen Machthaber und die Übernahme bereits bestehender Produktionsverhältnisse sowie der Verzicht auf tief greifende Umstrukturierungsmaßnahmen auf personeller Ebene in den ersten Jahren keineswegs mit einer mangelnden Kontrolle der inhaltlichen Ausrichtung der Produktion gleichzusetzen. Die Voraussetzung für eine umfassende Lenkung über den gesamten Kultursektor wurde durch das am 13. März 1933 errichtete »Reichsministerium für Volksaufklärung und Propaganda« (RMVP) geschaffen, dessen Zuständigkeit laut Verordnung des Reichskanzlers vom 30. Juni 1933 »alle Aufgaben der geistigen Einwirkung auf die Nation, der Werbung für Staat, Kultur und Wirtschaft, der Unterrichtung der in- und ausländischen Öffentlichkeit über sie und der Verwaltung aller diesen Zwecken dienenden Einrichtungen« umfasste.[26]

Dem RMVP war die Reichskulturkammmer (RKK) untergeordnet, der wiederum als eine von sieben Hauptabteilungen die Reichfilmkammer (RFK) eingegliedert wurde.[27] Ihre Aufgabe bestand gemäß §§ 1, 2 des Filmkammergesetzes vom 14. Juli 1933 in der Vereinheitlichung der gesamten deutschen Filmindustrie und zwar sowohl hinsichtlich ihrer Organisation, der personellen Zugehörigkeit als auch der inhaltlichen Ausrichtung der Produktion.[28] Die Zwangsmitgliedschaft in der RFK erstreckte sich auf alle am Produktion- und Distributionsprozess beteiligten Beschäftigten und ermöglichte somit eine lückenlose Überwachung des Personals, welche auch die Entfernung jüdischer Mitarbeiter aus dem NS-Filmwesen innerhalb kürzester Zeit sicherstellte.[29] Der Handlungs- bzw. Entscheidungsspielraum der einzelnen Mitarbeiter war demzufolge eng begrenzt und erlaubte bereits kurz nach der Machtergreifung eine umfassende Lenkung und Kontrolle über das gesamte Filmwesen im Sinne der neuen Machthaber.

---

[25] Über die Umstände, die zur Absetzung Hugenbergs als Reichsernährungsminister und zur Auflösung der DNVP führten, informiert ausführlich Gies, Horst R.: Walther Darré und die Nationalsozialistische Bauernpolitik in den Jahren 1930 bis 1933, Frankfurt am Main 1966, S. 156 ff.

[26] Reichsgesetzblatt (RGBl.) I, S. 449, NSK Folge 441 vom 13. 7. 1933.

[27] Die Reichskulturkammer setzte sich aus folgenden sieben Kammern zusammen: Schrifttum, Musik, Bildende Künste, Theater, Film, Rundfunk und Presse. Jason, Horst: Handbuch des Films 1935/36, Berlin 1936, S. 15.

[28] RGBl. I, 1933, S. 483. Zur Verabschiedung des Gesetzes vgl. auch NSK Folge 448 vom 21. 7. 1933.

[29] Zur Frage der Weiterbeschäftigung jüdischer Mitarbeiter heißt es beispielsweise im Ufa-Vorstandsprotokoll vom 29. 3. 1933: »Mit Rücksicht auf die infolge der nationalen Umwälzung in Deutschland in den Vordergrund getretenen Frage über die Weiterbeschäftigung von jüdischen Mitarbeitern und Angestellten in der Ufa beschließt der Vorstand grundsätzlich, daß nach Möglichkeit die Verträge mit jüdischen Mitarbeitern und Angestellten gelöst werden sollen. Es wird ferner beschlossen, zu diesem Zweck sofort Schritte zu unternehmen, die die Auflösung der Verträge der einzelnen in Betracht kommenden Personen zum Ziele haben.« Bundesarchiv Berlin (BA) R 109 I/1029 a.

3.2 Kontrolle durch Zentralisierung: Die Gründung von Wochenschaubüro (1935), Deutsche Wochenschauzentrale (1939) und Deutsche Wochenschau GmbH (1940)

Für eine höhere Wertschätzung der Wochenschau durch den »Schirmherrn des deutschen Films«, wie Goebbels seit 1934 offiziell tituliert wurde[30], lassen sich erst im Verlauf des Jahres 1935 Belege in den vorliegenden Quellen finden. Nicht nur Goebbels' Tagebucheintragungen, die ab Juli 1935 eine regelmäßige Beschäftigung mit dieser Thematik erkennen lassen, sondern auch der mit zunehmend größerem Aufwand betriebene Einsatz der Wochenschauen bei der Berichterstattung über nationale Feierlichkeiten sind ein Indiz für die gestiegene Bedeutung des Mediums bei der Vermittlung der nationalsozialistischen Ideologie und der weltanschaulichen Ausrichtung der Bevölkerung. Gelegenheit zu einer breit angelegten filmischen Aufbereitung boten insbesondere die Eröffnung des Winterhilfswerkes (WHW) 1934/35[31], die Maifeiern des Jahres 1935[32] sowie Hitlers Rede im Reichstag am 21. Mai 1935 in Erinnerung an den so genannten »Tag von Potsdam«.[33] Eine entsprechende öffentliche Würdigung, die den Wandel in der Wochenschauarbeit auch nach außen hin dokumentierte, bildete das von Goebbels im Juni 1935 verliehene Prädikat »künstlerisch wertvoll« für die »Bildfolge von der Reichsautobahn Frankfurt-Darmstadt durch den Führer in der Ufa Wochenschau [...]«.[34]

Mit der gezielten Inanspruchnahme der Wochenschau als regelmäßig erscheinendem Nachrichtenfilm knüpfte der nationalsozialistische Staat nunmehr an die schon während der Weimarer Republik mehr oder weniger erfolgreich verfolgten Zielsetzungen verschiedener politischer und wirtschaftlicher Interessen-

---

[30] Am 28. 10. 1933 lautet es noch in der Licht-Bild-Bühne: »Er ist somit der Führer des Filmschaffens und der deutschen Filmschaffenden geworden.« Zit. n. Wulf, Joseph: Theater und Film im Dritten Reich, Gütersloh 1964, S. 367. Als die Bezeichnung »Führer« nur noch auf die Person Hitlers bezogen werden durfte, tauchte für Goebbels ab 1934 der Ausdruck Schirmherr des deutschen Films auf. Albrecht, Gerd: Nationalsozialistische Filmpolitik, Eine soziologische Untersuchung über die Spielfilme des Dritten Reiches, Stuttgart 1969, S. 35.
[31] BA-Filmarchiv Deulig-Tonwoche (DTW) 149/1934. Vgl. auch die Inhaltsübersicht in der NSK Folge 257 vom 1. 11. 1934.
[32] BA-Filmarchiv Ufa-Tonwoche (UTW) 243/1935, NSK Folge 101 vom 2. 5. 1935. Die Licht-Bild-Bühne berichtet unter dem Titel Der große Tag der Wochenschauen über dieses Ereignis: »Die Mitarbeiter der Tonfilm-Wochenschauen haben die großartige Aufgabe, die Feiern dieses Tages und den Film in Bild und Ton festzuhalten, sie für spätere Zeiten und kommende Generationen aufzubewahren, für alle diejenigen, die nicht daran teilnehmen konnten, in den fünftausend Kinotheatern Deutschlands wieder sichtbar werden zu lassen. Die Tonfilmbilder sollen im Ausland vor Fremden und unseren Auslandsdeutschen Zeugnis ablegen von der Verbundenheit des ganzen deutschen Volkes, von seiner freudigen Lebensbejahung, seinem Mut zum Schaffen und seinem trotzigen Optimismus, der alle Hindernisse überwinden wird, wie es Dr. Goebbels sagt.« Licht-Bild-Bühne vom 29. 4. 1935. Anlässlich der Maifeierlichkeiten des Jahres 1933 entstanden die ersten von einem Luftschiff aufgenommenen Wochenschauaufnahmen. Ferner wurde das Material noch in der Nacht zum 2. 5. 1935 entwickelt, kopiert, redigiert und montiert. Licht-Bild-Bühne vom 29. 4. 1933.
[33] Entsprechende Ausgaben der Wochenschauen sind nicht mehr erhalten. Vgl. zum Inhalt NSK Folge 119 vom 20. 5. 1935.
[34] BA-Filmarchiv UTW 246/1935. Die Wochenschau erhielt insgesamt das Prädikat »staatspolitisch wertvoll«. NSK Folge 126 vom 1. 6. 1935.

gruppen und einzelner Reichsregierungen an, den Film gezielt als Massenbeeinflussungsmittel einzusetzen, um die »Möglichkeiten der staats-politischen, weltanschaulichen und volkserzieherischen Propaganda auszunutzen«.[35] Dieser Forderung wurde im Mai/Juni 1935 mit der Errichtung eines »Deutschen Film-Nachrichtenbüros« unter der Leitung des gelernten Kunstmalers Hans Weidemann[36] Rechnung getragen.[37] Die allgemein unter dem Namen »Büro Weidemann«[38] bekannte Einrichtung sollte fortan Form und Inhalt der vier in Deutschland existierenden Wochenschauserien koordinieren und überwachen sowie für eine verbesserte Qualität hinsichtlich der gestalterischen Aufbereitung des Filmmaterials sorgen.

Die zunehmende Unzufriedenheit von Goebbels mit der Wochenschauarbeit ab 1938, der Wunsch nach größerer Effektivität unter den Vorzeichen des herannahenden Krieges und die anhaltende Kritik Hitlers an den Wochenschauen waren vermutlich die ausschlaggebenden Faktoren, welche zur Auflösung des Wochenschaubüros führten. Im Februar 1939 ging aus dieser Einrichtung die »Deutsche Wochenschauzentrale beim Reichsministerium für Volksaufklärung und Propaganda« hervor, die unter ihrem Leiter, dem späteren Reichsfilmintendanten Dr. Fritz Hippler[39], für eine weitere Perfektionierung bei der Lenkung und Kontrolle der einzelnen Wochenschaufirmen sorgte. Zur Zielsetzung der neuen Organisationform heißt es in einer Ministervorlage vom 1. Februar 1939 unter anderem:

> »Die deutsche Wochenschauzentrale ist gegründet worden, um die deutschen Wochenschauen einheitlich auszurichten und damit zu einem wirksamen Instrument der Propaganda auszugestalten. Sie ist Trägerin der politischen und gesamtdramaturgischen Gestaltung der Wochenschauen. Sie plant, entwirft und verteilt in regelmäßigen Arbeitsbesprechungen mit den Wochenschauleitern die einzelnen aufzunehmenden Sujets.«[40]

Die organisatorisch doch recht komplizierte und zeitraubende Überwachung von drei unterschiedlichen Herstellerfirmen und vier verschiedenen Wochenschauserien erwies sich jedoch nach Ausbruch des Krieges als nicht mehr durchführbar. Dies gilt in besonderem Maße für Goebbels persönlich, der sich ab September 1939 nicht mehr mit einer routinemäßigen Schlussredaktion der Wochenschauen begnügte, sondern fortan selbst aktiv am Herstellungsprozess beteiligt war.[41] Bereits unmittelbar nach Kriegsausbruch erschien auf seine Anordnung hin nur noch eine einheitliche Wochenschau, die unter der Be-

---

[35] NSK Folge 171 vom 25. 7. 1935.
[36] Umfangreiches Quellenmaterial zur Person Weidemanns befindet sich im Bundesarchiv Berlin unter der Signatur Kl. Erwerbungen 562, fol.-.
[37] Ufa-Vorstandsprotokoll vom 14. 4. 1935. BA R 109 I/1026.
[38] BA R 55/175.
[39] Angaben zu Hipplers Werdegang finden sich u.a. in BA R 55/175.
[40] BA R 55/175.
[41] Zahlreiche Tagebucheintragungen des Ministers geben Aufschluss über seine persönliche Mitarbeit bei der Gestaltung und Herstellung der Wochenschau. Vgl. u. a. Tagebucheintragung vom 24. 10. 1939, 2. 11. 1939, 10. 11. 1939, 14. 11 1939, 28. 11. 1939, 12. 2. 1940, 28. 3. 1940. BA NL 118/66.

zeichnung »Deutsche Wochenschau« (DW) während der gesamten Dauer des Krieges bis März 1945 herausgegeben wurde.[42]

Als offizielles Kontrollorgan diente seit November 1940 die »Deutsche Wochenschau GmbH«, auch wenn die Wochenschauzentrale zunächst noch formal bis August 1941 weiterbestand.[43] Im Gegensatz zur Wochenschauzentrale, die als Kontrollorgan des Propagandaministeriums über drei verschiedene Wochenschaufirmen fungierte, trat die Wochenschau GmbH als eigenständiges Unternehmen nunmehr selbst als Hersteller einer Einheitswochenschau in Erscheinung; eine Trennung zwischen konzerneigener und staatlicher Wochenschauproduktion war damit vollends aufgehoben. Mit der Vereinheitlichung der Wochenschauen unter der Leitung einer effizient arbeitenden Kontrollinstanz hatte sich Goebbels schließlich für die gesamte Dauer des Krieges eine Option zu unmittelbaren Eingriffen im Herstellungsprozess geschaffen, die es ihm – in Übereinstimmung mit Hitler – ermöglichte, die Wochenschau in entscheidender Weise seinen Vorstellungen entsprechend zu prägen.

3.3 Berichterstattung und Produktionsprozess

Die von Goebbels angestrebten Veränderungen zielten nicht nur auf eine effiziente Kontrolle und Koordination der einzelnen Wochenschauen ab, sondern sollten auch für verbesserte Arbeitsbedingungen der Kameramänner sorgen, die denen der Presseberichterstatter entsprachen. Diesem Anliegen kam insbesondere das am 30. April 1936 erlassene »Gesetz zur Erleichterung der Filmberichterstattung«[44] entgegen, welches die Aufnahme und Benutzung urheberrechtlich geschützten Materials in Bild und Ton ohne Einwilligung der Rechtseigentümer gestattete.

Das Gesetz beinhaltete ausdrücklich die Erlaubnis zur Vervielfältigung, Verbreitung und zur öffentlichen Wiedergabe der Filmaufnahmen. Damit das in Umlauf zu bringende Material nicht dem kontrollierten Zugriff der zuständigen staatlichen Stellen entzogen werden konnte, waren die neuen Bestimmungen auf diejenigen Unternehmen beschränkt, die von der Reichsfilmkammer eine besondere Zulassung erhalten hatten. Diese Anordnung sorgte dafür, dass die nicht unter staatlicher Zensur stehenden Amateurfilmer, aber auch Filmberichter unbefugter privater oder staatlicher Institutionen des In- und Auslands keine Möglichkeit hatten, Aufnahmen ohne Wissen der RFK zu machen.[45]

---

[42] Die letzte Ausgabe war die Deutsche Wochenschau (DW) 755/1945 (Zensurdatum: 20. 6. 1945).
[43] Man plante langfristig, die Wochenschauzentrale wieder als Referat in die Filmabteilung des RMVP einzugliedern, denn nach dem Krieg sollten wieder mehrere Wochenschauserien (Ufa-, Tobis- und Bavaria-Wochenschau) »mit möglichst verschiedenem Inhalt« erscheinen, deren Bearbeitung wiederum in zentralisierter Form in Berlin unter Beteiligung von Vertretern aller staatsmittelbaren Gesellschaften erfolgen sollte. Protokoll der Sitzung in Geiselgasteig mit Vertretern des RMVP und der Filmwirtschaft vom 27. 7. 1940. BA R 55/1321. Vgl. auch das Schreiben der Deutschen Wochenschau GmbH an Bavaria, Tobis und Universum-Film AG (Ufa) vom Juni 1940. BA R 55/504, fol. 1.
[44] RGBl. I, 1936, S. 404.
[45] Zu den Zensurbestimmungen für Amateurfilmer vgl. den Bericht von Hörig, Martin: Weißt Du noch, in: Kuball, Michael: Familienkino - Geschichte des Amateurfilms in Deutschland, Bd. 2: 1931-1960, Reinbek bei Hamburg 1980, S. 50 ff.

Um einen reibungslosen Arbeitsablauf zu gewährleisten, hatten der Reichsführer SS und der Chef der deutschen Polizei, Heinrich Himmler, und Goebbels in seiner Eigenschaft als Reichspropagandaleiter der NSDAP an alle Dienststellen Anordnungen erlassen, die den Filmberichterstattern eine Reihe von Vergünstigungen und Erleichterungen bei der Arbeit zuteil werden ließen. Dazu gehörte unter anderem der ungehinderte Zugang zu Bereichen, die für die breite Öffentlichkeit abgesperrt waren, polizeilicher Schutz und die Aufhebung geltender Parkverbote für die Fahrzeuge der Kameramänner, welche für Außenstehende durch einen Aufkleber mit der Aufschrift »Amtlich zugelassener Filmberichterstatter« kenntlich waren.[46]

Kenntnis über die wichtigsten Tagesereignisse erhielten die Wochenschauredaktionen durch die Verbindung zu Zeitungsverlagen und anderen für den Nachrichtendienst wichtigen Stellen. Diese Kooperation war insbesondere durch die Zusammenlegung der beiden großen deutschen Nachrichtenbüros nach der Machtergreifung wesentlich erleichtert worden. Das offiziöse Wolffsche Telegraphenbüro und die Hugenbergsche Telegraphen-Union waren zum amtlichen Deutschen Nachrichtenbüro (DNB) zusammengefasst worden und garantierten so ein zentral gesteuertes Nachrichtenmonopol in der Hand der nationalsozialistischen Staatsführung.[47] Auch die im In- und Ausland verteilten »freien Kamerakorrespondenten«[48] sorgten für die Übermittlung wichtiger Tagesereignisse. Vor allem aber war das vom Propagandaministerium eingerichtete Wochenschaubüro unter Weidemanns Leitung durch Auswahl und entsprechende Vorgaben über die aufzunehmenden Themen für »die künstlerische Gestaltung und die Einhaltung staatspolitischer Interessen« zuständig.[49]

Für die Berichterstattung über organisierte Großveranstaltungen fand unter Teilnahme der Chefkameramänner der einzelnen Wochenschaufirmen und des Leiters der Bildpresse im Propagandaministerium eine Besprechung statt, auf der die Standplätze der Bild- und Filmberichter abgesprochen wurden, um eine gegenseitige Behinderung auszuschließen. Den Redaktionen der verschiedenen Wochenschaufirmen ging des Weiteren ein Organisationsplan über die zu filmenden Ereignisse zu, nach denen gezielte Anweisungen an die Mitarbeiter des Aufnahmestabes gegeben werden konnten.[50] Für die Berichterstattung über groß angelegte Mammutveranstaltungen existierte im RMVP ein fester Arbeitsstab, dem der Leiter des Bild-, des Film-, des Presse- und des Rundfunkeinsatzstabes angehörten. Hinzu kamen der Leiter für Aufmärsche, Transporte und Absperrungen, ein Major vom Kommando der Schutzpolizei, ein

---

[46] BA Reg. AZ 5131/1 Denkschrift Eberhard Fangauf vom 14. 6. 1956. Zit. n. Barkhausen 1982, S. 193.

[47] Heiber, Helmut: Joseph Goebbels, Berlin 1962, S. 163. In einer Tagebucheintragung vom 8. 2. 1942 heißt es dazu bei Goebbels: »Ich halte es für dringend notwendig, daß die Nachrichtenbüros sich im Besitz des Reiches befinden. Nachrichtenpolitik ist eine Hoheitsfunktion des Staates. Der Staat kann niemals darauf verzichten.« Lochner, Louis P.(Hrsg.): Goebbels Tagebücher aus den Jahren 1942 - 43, Zürich 1948, S. 77.

[48] So wurden Kameramänner ohne festes Anstellungsverhältnis bezeichnet.

[49] Film-Kurier vom 21. 8. 1935 u. vom 9 .5. 1936.

[50] Film-Kurier vom 9.5.1936.

Vertreter des Generalbauinspekteurs und ein Verantwortlicher für die künstlerische Ausgestaltung.[51]

Die Verarbeitung der gesamten aus dem In- und Ausland eintreffenden Wochenschauaufnahmen erfolgte zunächst in den Redaktionen der einzelnen Wochenschaufirmen. Für eine schnelle Übermittlung sorgten Vereinbarungen mit der Reichsbahn und der Lufthansa, wonach Filmberichte auf dem schnellsten Weg notfalls ohne Aufgabeformalitäten vom Aufnahmeort zum Empfänger nach Berlin zu transportieren waren. Die Hauptarbeit der Wochenschauredaktionen lag gewöhnlich am Wochenanfang, da nun auch das Bildmaterial über die Ereignisse des vorangegangenen Wochenendes verfügbar war und dem Redakteur sowie dem Schnittmeister zur ersten Sichtung vorgelegt wurde.[52] Der Sinn dieser Maßnahme lag nicht nur in der Auswahl der Sujets[53] nach qualitativen Gesichtspunkten, sondern auch in der Herausnahme solcher Beiträge, die als Übermittler politisch-ideologischen Gedankenguts ungeeignet schienen, »da sie den einheitlichen Rahmen, den jede Wochenschau trotz ihrer Buntheit und Vielseitigkeit aus politischen, geschmacks- und gefühlsmäßigen und künstlerischen Gründen haben muß, ungünstig beeinflussen oder gar verletzen würden.«[54]

Während vom Ausland in der Regel Positive geliefert wurden – größtenteils handelte es sich dabei um Material, das aus Verträgen mit ausländischen Wochenschaufirmen über den gegenseitigen Austausch von Bildmaterial resultierte[55] – lieferte der Kameramann bei Inlandsaufnahmen das Negativ, welches nach dem Entwickeln der Schnelligkeit halber zunächst in diesem Zustand vorgeführt wurde.[56] Nach der Sichtung und Vorauswahl der zu verwendenden Filmsujets lag die Hauptaufgabe bei den Cuttern, die durch ihre Arbeit am Schneidetisch den dramaturgischen Aufbau einer Wochenschaufolge festlegten. Auswahl und Zusammenstellung des eingehenden Filmmaterials sowie die Abfolge der einzelnen Beiträge folgten dabei einem festgelegten Schema

---

[51] BA Reg. AZ 5131/1 Denkschrift Eberhard Fangauf vom 14. 6. 1956. Zit. n. Barkhausen 1982, S. 194.
[52] Der Redaktionsschluss der Ufa-Wochenschauen lag für die Inlandswochen bei Dienstagnacht um 24 Uhr, für die Auslandswochen bei Montagnacht um 24 Uhr.
[53] Unter dem Begriff »Sujet« werden im Rahmen dieser Arbeit in sich geschlossene Filmberichte innerhalb einer Wochenschaufolge mit deutlich erkennbarem Anfang und Ende bezeichnet.
[54] Film-Kurier vom 21.3.1935.
[55] In erster Linie betraf dies Verträge mit amerikanischen Wochenschaufirmen, die ihr ungeschnittenes Material der Ufa für die Herstellung der Inlandswoche (Paramount) oder der Auslandswoche (Universal) exklusiv zur Verfügung stellten. Häufig bestanden Abkommen über den gegenseitigen Austausch von Wochenschaumaterial. Ufa-Vorstandsprotokoll vom 16. 3. 1934. BA R 109 I/1029 b, fol. 1-252. 1937 drohte die Paramount mit Herausgabe einer eigenen Wochenschau in Deutschland, falls die Ufa einer Verlängerung des bestehenden Abkommens über die Lieferung amerikanischen Wochenschaumaterials nicht zustimmen sollte. Der Vertrag wurde daraufhin unter leicht veränderten Bedingungen von der Ufa vorerst um ein Jahr verlängert. Ufa-Vorstandsprotokoll vom 6. 4. 1937. BA R 109 I/1032 a, fol. 1-212. Auch mit zahlreichen anderen ausländischen Wochenschaufirmen waren Gegenseitigkeitsverträge über die Lieferung von Wochenschaumaterial abgeschlossen worden. Insgesamt erstreckten sich die Auslandsbeziehungen der Ufa-Wochenschau auf 20 Länder.
[56] Film-Kurier vom 21. 3. 1935.

und bestimmten maßgeblich Charakter und Intention einer Wochenschauausgabe.[57]

Neben dem Schnitt spielten aber auch Synchronisation (Unterlegung des Filmstreifens mit Geräuschen und Musik) und Mischung (Einblendung des Kommentars) eine große Rolle im Herstellungsprozess der Wochenschau. Bei der Synchronisierung kam es nur in seltenen Fällen zu kombinierten Bild-Ton-Aufnahmen, so etwa bei wichtigen Reden, bei denen eine Leitkamera mit kombinierter Tonaufnahme eingesetzt wurde. Der Grund für eine Trennung von Bild- und Tonaufnahme lag hauptsächlich in der hohen körperlichen Belastung des Kameramannes und der dadurch eingeschränkten Beweglichkeit bei den Aufnahmearbeiten; immerhin wog allein eine Filmkamera mit Stativ ca. 75 Pfund.[58] Auch bei Aufnahmen vom Wochenschauwagen erfolgte die Bildaufnahme vom Dach des Kraftwagens oder von einem anderen durch Kabel verbundenen Standort aus, während der Tonmeister am Mischpult im Inneren die Tonaufnahme steuerte. In der Regel wurde der Ton von einem unabhängig vom Bildberichter arbeitenden Kameramann aufgenommen, der ca. 300 Meter Film in seiner Kamera hatte, was etwa einer Vorführungsdauer von zehn Minuten entsprach.[59] Waren die betreffenden Teile einer Rede technisch nicht einwandfrei aufgenommen worden, bestand darüber hinaus die Möglichkeit, sie später von den entsprechenden Rundfunkaufnahmen zu überspielen.

Bei der Synchronisierung der Wochenschau wurden entweder stumme und vertonte Bildfolgen miteinander kombiniert oder es erfolgte eine nachträgliche Vertonung der stummen Aufnahmen[60], wobei nicht selten auf im Tonarchiv systematisierte Tonkonserven zurückgegriffen wurde, in dem unter anderem auch die Geräusche sämtlicher Waffengattungen in Lichtton-Filmstreifen vorlagen.[61] Durch den nachträglich vorgenommenen Synchronisationsprozess konnte eine Erhöhung der tatsächlichen Ereignisse erzielt werden, da der akustische Hintergrund unabhängig von den realen Bedingungen nachgebessert oder unter Zuhilfenahme synthetisch erzeugter Geräusche ganz neu gestaltet werden konnte. Dieses Verfahren führte dazu, dass der Filmzuschauer unter

---

[57] Vgl. zur Dramaturgie der Wochenschauen Bartels 2004, S. 93 ff sowie die ausführlichen Filmanalysen einzelner Wochenschauausgaben im zweiten Teil der Arbeit.

[58] Film-Kurier vom 16.9.1937. Bei der so genannten »stummen Apparatur« wurden verschiedene Kameratypen verwendet; häufig bediente man sich einer Schulterkamera mit dazugehörigem Stativ. Der Neuanschaffungswert einer derartigen Kameraausrüstung mit Zubehör betrug im Jahr 1936 6.654,- RM. Daneben waren auch Handkameras in Gebrauch. Ein umfangreiches Verzeichnis über das technische Inventar der Ufa-Wochenschauen aus dem Jahr 1936 findet sich in BA R 109 I/1284.

[59] Film-Kurier vom 16. 9. 1937.

[60] Film-Kurier vom 21. 3. 1935. Die Tonaufnahmen erfolgten im so genannten Lichttonverfahren, d.h. der Ton wurde - im Gegensatz zum elektromagnetischen (Magneton) oder mechanischen (Nadelton) - fotografisch aufgenommen.

[61] Stamm, Karl: Das ›Erlebnis‹ des Krieges in der Deutschen Wochenschau, Zur Ästhetisierung der Politik im ›Dritten Reich‹, in: Mittig Schönberger, Hinz (Hrsg.): Die Dekoration der Gewalt, Kunst und Medien im Faschismus, Gießen 1979, S. 115-123, S. 119.

Umständen mit einer Geräuschkulisse konfrontiert wurde, die er am Originalschauplatz niemals hätte wahrnehmen können.[62]

Die Gründe für eine Nachsynchronisation lagen jedoch nicht nur in dem Erreichen eines größeren Propagandaeffekts, sondern waren auch technisch bedingt. Dies betraf in erster Linie den Bereich der Kriegsberichterstattung, da die seinerzeit gängigen Tonapparaturen dem Geräuschpegel des eingesetzten Kriegsinstrumentariums nicht gewachsen waren, wie sich bereits bei der ersten Ausgabe der Kriegswochenschau vom 7. September 1939 gezeigt hatte, als der Beschuss der Westerplatte durch das Linienschulschiff »Schleswig-Holstein« aufgenommen wurde.[63] Die Geräusche der einzelnen Waffengattungen waren daraufhin auf einem Truppenübungsplatz in der Nähe von Berlin aufgenommen worden und standen, systematisch archiviert, bei der Ufa zur Verfügung. Erst im Frühjahr 1944 kam es nach langwierigen Versuchen zur Einführung von Originalton auf dem militärischen Sektor, von dem man sich eine »Auflockerung des Gesamteindrucks« versprach und der in der Zukunft auch in der »politischen Film-Propaganda« häufiger Anwendung finden sollte.[64]

Ähnlich verhält es sich mit der Unterlegung der einzelnen Sujets mit Musik, die verstärkt ab 1935 eingesetzt wurde, um eine Interpretation der Bilder im gewünschten Sinne zu verstärken bzw. zu erzeugen.[65] Auch wenn die Auswahl der jeweils verwendeten musikalischen Motive in den meisten Fällen nicht zwingend durch das reale Ereignis vorgegeben war, lassen sich auf interpretatorisch-gefühlsmäßiger Ebene gewisse Abhängigkeiten zwischen Bild und Musik nachweisen. Dies gilt etwa für den Bereich der politischen Berichterstattung, in welchem bevorzugt Marschmusik eingesetzt wurde, und zwar für Beiträge aus Deutschland beispielsweise preußische, für Beiträge aus Italien italienische Marschmusik, die sich auch für den wenig musikalisch vorgebildeten Zuschauer in ihrem Rhythmus deutlich unterscheiden lässt. In den Kriegswochenschauen waren den einzelnen Waffengattungen wie auch den verschiedenen Kriegsschauplätzen ihre speziellen Musikstücke zugeordnet, die zusammen mit dem Moment des Wiedererkennens auch für eine Identifikation mit dem Gezeigten und ein Gefühl des emotionalen ›Mitgerissenseins‹ beim

---

[62] Stamm führt für diese Art der Synchronisierung folgendes Beispiel an: Der heulende Ton einer Stuka, der in dem Kompilationsfilm Feldzug in Polen den Aufnahmen eines Stuka-Angriffs auf einen polnischen Bahnhof unterlegt ist, stammte angeblich weder von dem im Film gezeigten noch von einem anderen Flugzeug, sondern war ein künstlich im Tonstudio erzeugter Effekt, der wiederholt in variierenden Tonmischungen ähnlichen Bildsequenzen unterlegt wurde. Stamm, 1979, S. 119. Stamms Ergebnisse beruhen zum größten Teil auf den Aussagen ehemaliger Mitarbeiter der Deutschen Wochenschau GmbH. Leider werden weder Namen noch Berufsbezeichnung der Informanten genannt. Kompilationsfilm = aus Filmmaterial unterschiedlicher Herkunft zusammengestellter Film. Zur Analyse von Kriegskompilationsfilmen im Dritten Reich vgl. Brandt, Hans-Jürgen, NS-Filmtheorie und dokumentarische Praxis: Hippler, Noldan, Junghans, Tübingen 1987.
[63] Es handelt sich um Sujet 16 der UTW 470/1939.
[64] Ministervorlage ohne Datum. Vermutlich April 1944. BA R 109 II/vorl. 67. Bei Sujets aus dem zivilen Bereich wurde bereits seit Mitte 1943 Originalton eingesetzt.
[65] Vgl. zum Einsatz der Musik in den Wochenschauen der Jahre 1939/40 Kracauer, Siegfried: The Conquest of Europe on the Screen, The Nazi Newsreel 1939 – 40, in: Social Research 10, 1943, S. 337-357, S. 337 ff.

2 | Wochenschau-Sprecher Harry Giese (Aufnahme von 1941)
Bundesarchiv, Bild 183-2007-1026-501, Fotograf unbekannt

Publikum sorgten. Das Repertoire der verwendeten Musikgattungen umfasste ein weit reichendes Spektrum: Volkslieder, leichte Unterhaltungsmusik, Märsche und Soldatenlieder[66] hatten darin ebenso Platz wie klassische Kompositionen von Wagner, Strauß und Liszt oder die Bearbeitungen symphonischer Werke (etwa von Franz R. Friedl, dem Hauskomponisten der DW) oder eigens für die Wochenschau komponierte Musik (etwa von Herbert Windt).[67]

Als letztes gestalterisches Moment im Herstellungsprozess der Wochenschau ist der Kommentar zu nennen, welcher bei der Tonmischung in der Endphase der Produktion hinzukam. Zu diesem Zweck verfügte die Ufa über ein kleines, der Wochenschau-Abteilung angegliedertes Atelier mit transportabler Tonaufnahme- und Abhörkabine, wo der Ton zusammen mit dem ins Mikrophon gesprochenem Begleittext auf ein neues Tonband übertragen wurde.[68] Der Einsatz des Kommentars erfolgt stets am Anfang eines Sujets, quasi als Einleitung, und ersetzt bzw. ergänzt die in der stummen Wochenschau verwandten Zwischentitel, die auch in der Tonwochenschau noch Verwendung fanden. Der Inhalt des Textes geht in seinem Informationswert selten über das im Bild gezeigte Geschehen hinaus. Lediglich bei politischen Themen von herausragender Bedeutung (meistens propagandistisch besonders gut zu verwertende Großveranstaltungen) oder bei ausführlichen Sportsujets finden sich längere, die Aufnahmen erläuternde Kommentare.

3.3.1 Manipulationsmöglichkeiten

Nachdem die wesentlichen Gestaltungsmittel beim Herstellungsprozess der Wochenschau und ihre manipulativen Möglichkeiten aufgezeigt worden sind,

---

[66] Vgl. dazu Punkt 2 des Protokolls der täglichen Ministerkonferenzen von Dr. Goebbels mit seinen Abteilungsleitern vom 27.1.1940, wo der Propagandaminister die Anweisung gibt, dass zur Untermalung der Wochenschauen und für andere Fälle gute Soldatenchöre aufzunehmen seien. BA 50.01/1 b. Die Protokolle der Ministerkonferenzen liegen im Bundesarchiv von Oktober 1939 bis Juni 1943 vor. Eine umfangreiche Auswahl bis Mai 1941 bietet Boelcke, Willi (Hrsg.): Kriegspropaganda 1939 – 1941, Geheime Ministerkonferenzen im Reichspropagandaministerium, Stuttgart 1966.

[67] Stamm, 1979, S. 119. Windt schrieb u.a. die Musik für den Kompilationsfilm Sieg im Westen. Der Deutsche Film, 5.Jahrg., Heft 8, Februar 1941.

[68] Film-Kurier vom 21. 3. 1935.

soll im Folgenden der Frage nachgegangen werden, ob und wenn ja, in welcher Weise es bereits bei der Aufnahme bestimmter Ereignisse zu einer Verfälschung der Realität gekommen ist.

Auch wenn das Bild zumindest potentiell als das Element mit der größten Authentizität innerhalb der Wochenschau angesehen werden kann – immerhin lieferten die Kameramänner der Propagandakompanien häufig unter Einsatz ihres Lebens in jeder Phase des Krieges Bilder von den ›Originalschauplätzen‹ der Kämpfe[69] – so unterliegt der dokumentarische Charakter im Sinne einer realitätsgetreuen Wiedergabe doch gewissen Einschränkungen. Dies trifft in besonderem Maße auf den Teil der Kriegsberichterstattung zu, bei dem es sich um Bilder vom direkten Kampfgeschehen handelt. Da Aufnahmen während des Kampfes nur in seltenen Fällen möglich waren[70] – die Bilder vom Kriegsschauplatz zeigen in der Regel die Zustände unmittelbar vor oder nach einer Schlacht – ging man dazu über, in der Wochenschau nachgestellte Aufnahmen tatsächlicher Abläufe zusammen mit aktuellem Filmmaterial zu verwenden.

Ein typisches Beispiel für diese Art der ›Berichterstattung‹ bilden Sujets von Torpedo-Angriffen deutscher U-Boote, die gewöhnlich im Morgengrauen stattfanden und daher schon aus technischen Gründen (schwaches Licht) Originalaufnahmen unmöglich machten.[71] Eine Variante dieses ›Nachspielens‹ tatsächlicher Ereignisse war die Inszenierung kleinerer militärischer Operationen (etwa der so genannten »Stoßtruppunternehmen« während des »Rußlandfeldzuges«), um sie an passender Stelle zwischen authentischen Aufnahmen in die Wochenschau einzufügen.[72] Der größte Teil der gestellten Kriegsaufnahmen wurde auf den Übungsplätzen in Potsdam aufgenommen, wo die Propaganda-Ersatzabteilung stationiert war.[73] Für die Simulation realer Ereignisse lassen sich auch Beispiele aus dem zivilen Bereich finden, wo technische und organisatorische Unzulänglichkeiten dann ebenfalls keine optimalen Aufnahmebedingungen erlaubten.[74]

---

[69] Vgl. zu den Arbeitsbedingungen der Kriegsberichter Kap. 5 Wochenschau im Kriegseinsatz.

[70] Die Möglichkeit eines direkten Miterlebens von Kampfhandlungen boten insbesondere die auf MG's montierten Kameras in Flugzeugen, welche beim Betätigen der Waffe automatisch in Gang gesetzt wurden.

[71] Derartige Manipulationen blieben auch den Zuschauern nicht immer verborgen, wie sich etwa dem Bericht des Sicherheitsdienstes der SS (SD-Bericht) über die Aufnahme der Wochenschau in der Zeit vom 7. 8. - 13. 8. 1943 entnehmen lässt: »Die Aufnahmen von der Tätigkeit der U-Boot-Tanker sind auch in dieser Wochenschau mit grossem Interesse verfolgt worden und haben ein eindrucksvolles Bild von der ›schweren und verantwortungsvollen Aufgabe‹ der U-Boot-Tanker vermittelt. [...] Verschiedentlich wurde vermutet, dass die Aufnahmen nicht aus der letzten Zeit stammten; aus dem Erscheinen dieser Bilder schließe man aber, daß die U-Boote wieder erhöhte Bedeutung erhalten werden. Das Tauchmanöver des U-Boots, das in steilem Winkel auf Tiefe ging, ist allgemein bestaunt worden. Es ist aber auch die Frage gestellt worden, wie diese Aufnahme möglich wurde, da der Begleittext vom Erscheinen feindlicher Bomber sprach.« BA NS 6/411.

[72] Stamm, 1986, S. 5.

[73] Vgl. Punkt 7 des Protokolls der Ministerkonferenz vom 11. 1. 1940, wo Goebbels Anweisungen über die für die Wochenschau zu machenden Aufnahmen bei der Propaganda-Ersatzabteilung gibt. BA 50.01/1 b.

[74] So weist der Film-Kurier vom 28. 1. 1938 z.B. ausdrücklich auf die Sondervorführung von historischen Schaunummern im Rahmen eines Reit- und Fahrturniers hin, die allein dem Zweck

Das Nachstellen derartiger Szenen wurde von den am Herstellungsprozess beteiligten Mitarbeitern nicht als Fälschung angesehen, da es sich ihrer Meinung nach um Aufnahmen tatsächlich stattgefundener Ereignisse gehandelt habe, die unter den realen Bedingungen nicht adäquat hätten verfilmt werden können.[75] Unter einem ähnlichen Hinweis kam es auch zu frei erfundenen Meldungen und dem Nachstellen von fiktiven Situationen.[76] Eine andere Methode bei Aufnahmen mit bestimmten ›Darstellern‹ oder ›Darstellergruppen‹ war die gezielte Auswahl der zu filmenden Menschen, um sie als Prototypen stellvertretend für eine bestimmte Bevölkerungsgruppe zu präsentieren, etwa bei Aufnahmen aus dem Warschauer Ghetto, wo schwerfällig schaufelnde Juden gezeigt werden, unterlegt mit dem Kommentar:

»Zum ersten Male in ihrem Leben sind sie gezwungen zu arbeiten.«[77]

Oder bei Bildern von polnischen oder sowjetischen Kriegsgefangenen, die für den Betrachter in unsympathischer Auslese zusammengestellt, als »Untermenschen« deklariert[78] und stellvertretend für die Gesamtheit als Summe negativer Prototyen vorgeführt wurden.[79] Ferner zog man für gewisse Vorgänge wiederholt einzelne Personen als ›Zeugen‹ heran, deren Aussagen zur Rechtfertigung des eigenen Handelns dienen und das Vertrauen in die eigene Staatsführung stärken sollten. Beispiele für diese Art der ›Zeugenanhörung‹ sind etwa Aufnahmen von Volksdeutschen, die vor der Kamera über gegen sie verübte Übergriffe und Vertreibung berichten oder die Aussage eines gefangenen Offiziers, der sich ›freiwillig‹ zur guten Unterbringung und Behandlung äußert.[80]

---

dient, »den Wochenschaureportern und Standphotographen technisch bessere Möglichkeiten zu Aufnahmen zu geben.«

[75] Stamm, 1986, S. 5. Nachinszenierungen wichtiger Ereignisse für die Kamera waren bereits seit den Anfängen filmischer Berichterstattung praktiziert worden. Ein Paradebeispiel für diese Art der Nachrichtenübermittlung lieferte Georges Melies bereits 1920, als er in seinem Filmstudio in Montreuil die Krönung von Edward VIII. glaubwürdig nachstellte. Hoffmann, Hilmar: Und die Fahne führt uns in die Ewigkeit, Propaganda im NS-Film, Bd. 1, Frankfurt am Main 1988, S. 186.

[76] Beispiele für diese Art der Manipulationen finden sich bei Bartels, 2004, S. 106 ff.

[77] Im Film-Kurier vom 21. 9. 1939 heißt es zu diesen Aufnahmen: »Geradezu erheiternd aber sind die Visagen der Juden, die unter deutscher Aufsicht zum erstenmal im Leben arbeiten müssen, - sie machen es sich echt jüdisch bequem; in jeder Hand ein Pflastersteinchen läuft da einer hin und her zum Schubkarren und grinst noch dazu, - nun, er wird's noch lernen, der Israel!«

[78] Unter Punkt 2 der Ministerkonferenz vom 4. 7. 1940 ordnet Goebbels etwa an, dass »noch für die nächste Wochenschau endlich die längst zugesagten Bilder von offenen Feindseligkeiten zwischen englischen und französischen Gefangenen sowie den tierischen Mahlzeiten schwarzer Kriegsgefangener aufgenommen werden.« BA 50.01/1 d.

[79] Das lässt sich bei einem Vergleich von ungeschnittenem Farbfilmmaterial des Kriegsberichters Hans Bastanier und den daraus verwendeten Sequenzen für die Deutsche Wochenschau nachweisen: Aus einem vorbeimarschierenden Zug sowjetischer Kriegsgefangener sind nur bestimmte Aufnahmen selektierend für die Wochenschau zusammengestellt worden. Interessante Hintergrundinformationen zu Bastaniers Filmaufnahmen, die 1942 in der Umgebung von Charkow aufgenommen wurden und noch im Bundesfilmarchiv vorliegen, bietet die Dokumentation von Dieter Zimmer und Karl-Ludwig Paeschke (Beratung Stefan Dolezel) mit dem Titel Bastaniers Bilder vom Krieg, ZDF 1981.

[80] Alle im Text genannten Beispiele dieser Art der ›Berichterstattung‹ finden sich in der UTW 472/1939 (Zensur-Dat.: 20. 9. 1939). Am 15. 4. 1940 änderte Goebbels seine Propagandastrate-

Gelegentlich kam es auch zu ›Arrangements‹ bei der Ablichtung von Kriegszerstörungen, durch deren Verstärkung man sich eine Steigerung der Kampfbereitschaft und des Durchhaltewillens von Seiten der Bevölkerung versprach.[81] Goebbels berichtet darüber in einer Tagebucheintragung vom 11. September 1940:

> »Der Angriff [der Engländer, d. Verf.] auf Regierungsviertel. Brandenburger Tor, Akademie der Künste und Reichstag getroffen. Nicht erheblich, aber ich lasse noch etwas nachhelfen. Durch Scheinbrandbomben. Wodarg läßt das gleich photographieren. Ein prachtvolles Propagandamittel.«[82]

Neben diesen Eingriffen bei der Zusammenstellung der eigenen Bild- und Filmaufnahmen ist es auch vereinzelt zu Manipulationen bei der Verwendung von fremdem, aus dem Ausland stammendem Material gekommen. Ein bekanntes Beispiel sind die Zeitrafferaufnahmen von Politikern »sogenannter Demokratien« während des »Westfeldzuges«, um dem Publikum deren vermeintliche Furcht und Kopflosigkeit vor Augen zu führen.[83] Eine weitere Fälschungsvariante im Bereich der Bildmanipulation kam durch den gezielten Einsatz technischer Mittel zustande. Es handelt sich dabei um Aufnahmen, bei denen ganz bewusst spezifische Situationen in einer bestimmten Weise abgelichtet wurden, um sie später in einem anderen Kontext zu verwenden. So sollen in der Ostsee vorbeifahrende Handelsschiffe mit dem stärksten verfügbaren Weitwinkelobjektiv gefilmt worden sein, um sie als feindliche Schiffskonvois – im Film sind die Schiffe gerade noch am Horizont zu erkennen, aber für den Zuschauer nicht mehr eindeutig klassifizierbar – in entsprechende

---

gie und verbot nunmehr, »daß in die Inlandspresse noch weiter Bilder von englischen Gefangenen kommen, aus denen sehr gute Behandlung ersichtlich ist.« Punkt 7 der Ministerkonferenz vom 18. 4. 1940. BA 50.01/1 c. Für heimkehrende deutsche Kriegsgefangene galt folgende Anweisung: »Herr Major Martin berichtet über Betreuungsmaßnahmen für die ab sofort aus Frankreich zurückkehrenden deutschen Kriegsgefangenen, [...]. Über Fälle anständiger Behandlung in französischer Kriegsgefangenschaft soll – worüber auch die Gefangenen selbst belehrt werden – nichts gebracht werden, wogegen alle unerfreulichen Fälle aufgegriffen werden sollen. Zur Ausrichtung der Gefangenen werden ihnen die letzten Wochenschauen vorgeführt werden.« Punkt 1 der Ministerkonferenz vom 4. 7. 1940. BA 50.01/1 d.

[81] Ähnlicher Methoden bediente man sich auch im Ausland. Vgl. dazu Punkt 8 der Ministerkonferenz vom 26. 2. 1941: »Im neutralen Ausland werde zur Zeit ein englischer Film gezeigt, der besonders drastisch die durch deutsche Fliegerangriffe verursachten Bombenschäden in England zeigt. Die britische Propaganda verfolge mit diesem Film die Absicht, Mitleid und gleichzeitig Bewunderung für die Haltung der englischen Bevölkerung zu erregen.« BA 50.01/1 f.

[82] Fröhlich, 1987, Bd. 4, S. 319. Zivilisten war es dagegen strengstens verboten, Aufnahmen über das tatsächliche Ausmaß der Zerstörungen nach Luftangriffen filmisch zu dokumentieren. Vgl. ausführlicher das Filmtagebuch von Fischer, Peter: Die Kamera unter dem Mantel, in: Kuball, Michael: Familienkino – Geschichte des Amateurfilms in Deutschland, Bd. 2: 1931 – 1960, Reinbek bei Hamburg 1980, S. 143 ff. Vgl. dazu auch Goebbels' Tagebucheintragung vom 8. 3. 1943: »Es herrscht in Berlin ein wunderbares Frühlingswetter. Die ganze reichshauptstädtische Bevölkerung scheint auf den Beinen zu sein. Vor allem sind die durch den letzten Terrorangriff angerichteten Schäden das Hauptziel der Spaziergänger. Ich habe die Schadenstellen aber in weitem Umkreise absperren lassen; sie sollen nicht als Schauobjekte für das spazierengehende Publikum dienen.« Lochner, 1948, S. 253.

[83] Stamm, 1986, S. 5.

U-Boot-Stories (Torpedierung eines feindlichen Handelsschiffs durch deutsches U-Boot) einzufügen.[84]

Aus heutiger Sicht mag es verwundern, mit welcher Selbstverständlichkeit manipulative Möglichkeiten im Bereich des Nachrichtenfilms genutzt und von den am Herstellungsprozess beteiligten Mitarbeitern akzeptiert wurden. Dabei bleibt aber zu berücksichtigen, dass viele der aus heutiger Sicht als Verfälschung angesehenen filmtechnischen Mittel – etwa die nachträgliche Verfilmung eines bereits stattgefundenen Ereignisses – damals als legitime Möglichkeit filmischer Berichterstattung angesehen wurden. Diese Auffassung verdeutlicht gleichzeitig, dass die realistische Wiedergabe eines Sachverhalts im Sinne eines »Dokuments« – ein im Zusammenhang mit der Wochenschau häufig gebrauchter Terminus – nicht mit den Maßstäben dieses Begriffs nach heutigem Verständnis gleichzusetzen ist. Die Kopplung von Dokumentar-Begriff und unmittelbar nachvollziehbarem Erlebnischarakter der Wochenschau als Kriterium für die Echtheit der Aufnahmen, wie sie in vielen zeitgenössischen Publikationen wiederholt zum Ausdruck gebracht wird, lässt diese Diskrepanz deutlich werden. In einem Artikel der Fachzeitschrift »Der Deutsche Film« vom November 1939 heißt es zur Beziehung von Erlebnis und dokumentarischem Anspruch:

> »Der Film gibt etwas ganz Entscheidendes: das Erlebnis des unmittelbaren Dabeiseins. Er kann der drängenden Neugier Genüge tun, die wissen will, ›wie es dort wirklich aussieht‹. Er gestattet dem Zuschauer, Augenzeuge zu werden [...]. Es ist ein ganzer Sturm von Wahrnehmungen und Empfindungen, die in ein paar Augenblicken von der Leinwand auf den Zuschauer eindringt, packender und aufwühlender als je ein Wortbericht es sein könnte.«[85]

Unmittelbares Miterleben und emotionale Betroffenheit des Zuschauers prägen den Begriff der dokumentarischen Treue in entscheidender Weise und bedingen somit auch die inhaltlichen und formalen Gestaltungskriterien der Wochenschau. Die von Zeitgenossen in Verbindung mit der Wochenschau immer wieder erhobene Forderung nach der »künstlerischen Form« oder dem »künstlerischen Gehalt« bei der Wochenschaugestaltung ist nicht als leere Floskel, sondern als Voraussetzung und Bedingung für eine gefühlsmäßige Anteilnahme des Betrachters am Geschehen zu werten und damit auch an den Erfolg im Sinne einer erzieherischen Wirkung geknüpft.[86]

---

[84] Stamm, 1986, S. 5. Stamm beruft sich auf die Aussage eines ehemaligen (ungenannten) Kameramannes.

[85] Maraun, Frank: Berichterstatter Film, »Die Bedeutung der Wochenschau neben Funk und Presse«, in: *Der Deutsche Film*, Bd. 4, Heft 5, 1939/40, S. 102/103, Zit. n. Stamm, 1979, S. 116.

[86] In der Münchner Zeitung vom 21. 7. 1935 heißt es zum »künstlerischen Gesicht der Wochenschau« u.a.: »Die Wochenschau soll nicht die trockenprotokollarische Zusammenstellung von Tatsachen sein, sie soll vielmehr den Zuschauer und Zuhörer die Ereignisse jener Zeit miterleben lassen. Diese Wirkung kann man aber nur durch die *künstlerische Gestaltung* des Stoffes, der in der Wochenschau verarbeitet wird, und durch seine *Anordnung nach künstlerischen Gesetzen* erzielen. [...] Mit dem ›künstlerischen Gesicht‹, das man der Wochenschau gibt, wird man - ein sehr wichtiges Ergebnis - auch ihre erzieherische und propagandistische Wirkung vertiefen.« Ein ähnlich lautender Artikel mit dem Titel Wochenschauen findet sich auch im Völkischen Beobachter (VB) vom 28. 7. 1935. BA R 56 VI/17.

Dabei darf natürlich nicht vergessen werden, dass es den Nationalsozialisten zu keiner Zeit und auf keinem Sektor der Medienpolitik um eine objektive und ausgewogene Berichterstattung ging. Hitler hat seine Vorstellungen bezüglich einer reibungslos funktionierenden Nachrichtenübermittlung unter nationalsozialistischer Führung in besonders zynischer Weise in einer geheim gehaltenen Ansprache vor Vertretern der deutschen Presse im »Braunen Haus« in München am 10. November 1938 zum Ausdruck gebracht. Die Aufgabe der Presse – und damit prinzipiell auch die anderer Medien – bestehe nicht darin, die Betrachter und Hörer zu informieren, ihnen die selbständige Meinungsbildung zu ermöglichen oder zu erleichtern, sondern sie sei ein nationalsozialistisches Herrschafts- und Erziehungsmittel, dem man große Bedeutung beimessen müsse.[87]

4. Die Zensierung

Die zwischen 1937 und 1942 vollzogene Verstaatlichung der gesamten deutschen Filmindustrie[88] und die damit verbundene Aufhebung der Trennung von staatsunabhängiger Filmproduktion und staatlicher Zensur führten zu einer Aufweichung formeller Rechtsnormen. Die Entscheidung darüber, ob ein unter staatlicher Regie entstandener Film zur Aufführung gelangte, war keine Frage, die von den Entscheidungskriterien des Lichtspielgesetzes oder der Filmprüfstelle abhing, sondern unterlag in vielen Fällen dem Propagandaministerium, Goebbels oder sogar Hitler persönlich. Dennoch war die Vorlage aller Spielfilme und Wochenschauen bei den Zensurbehörden während der gesamten Zeit des Dritten Reiches obligatorisch; alle öffentlich vorgeführten Wochenschauen weisen ein entsprechendes Zensurdatum der Filmprüfstelle auf.

Vor dieser letzten offiziellen Bewertung oder der persönlichen Begutachtung durch Hitler oder Goebbels galt es jedoch, zwei weitere Zensurbarrieren zu überwinden. Da waren zum einen der Einfluss des Wochenschaubüros und zum anderen die seit jeher praktizierte interne Prüfung durch die Unternehmensspitze selbst. So war es bei der Ufa üblich, dass der Vorstand oder eine so genannte »Filmabnahmekommission« sich die Entscheidung darüber vorbehielten, ob ein Film in der jeweils vorgelegten Fassung erscheinen sollte oder ob gegebenenfalls noch Nachbesserungen oder Schnitte vorzunehmen waren.[89] In Einzelfällen kam es sogar zu einer definitiven Ablehnung des Films, der dann, ohne jemals offiziell zur Aufführung gelangt zu sein, im Ufa-Archiv verschwand.[90]

---

[87] Treue, Wilhelm: Das Filmdokument als Geschichtsquelle, in: Historische Zeitschrift 186, 1955, S. 308-328, S. 314.
[88] Zur Verstaatlichung der deutschen Filmwirtschaft vgl. ausführlich Becker, Wolfgang: Film und Herrschaft, Organisationsprinzipien und Organisationsstrukturen de nationalsozialistischen Filmpropaganda, Berlin 1973 und Spiker, Jürgen: Film und Kapital, Der Weg der deutschen Filmwirtschaft zum nationalsozialistischen Einheitskonzern, Berlin 1975.
[89] Vgl. Ufa-Vorstandsprotokoll vom 12. 4. 1927 u. vom 14. 2. 1929. BA R 109 I/1026 a, fol. 276 u. R 109 I/1027 a, fol. 135.
[90] Vgl. dazu etwa das Ufa-Vorstandsprotokoll vom 30. 11. 1937, in dem es um die Ablehnung des Ufa-Kulturfilms Hitlerjugend geht. BA R 109 I/1033 a, fol. 281.

Diese ›freiwillig‹ auferlegte Selbstzensur war kein Vorgang, der in direktem Zusammenhang mit der Praxis der institutionalisierten Filmzensur stand. Allerdings weist diese Art der Vorgehensweise, auch wenn sie sich außerhalb des Rahmens eines formellen Zensurverfahrens vollzog, zensurgleiche Symptome auf, die in der Abhängigkeit vom ökonomischen Erfolgszwang begründet waren. Vor der Gründung eines staatlichen Monopolkonzerns im Februar 1942 sorgte der Zwang zu ökonomischer Rentabilität auch im Wochenschaugeschäft für Vorgaben und Empfehlungen bezüglich der gewünschten Aufnahmen, denn es machte für die Produzenten wenig Sinn, in solche Themen zu investieren, bei denen ein Scheitern aus zensurrechtlichen Gründen von vornherein als wahrscheinlich anzunehmen war.[91] Dies galt insbesondere für den Bereich der militärischen Berichterstattung, für den bereits in der Vorkriegszeit eine offizielle Prüfung durch das Kriegsministerium Pflicht war.[92] Ab März 1939 wurden zusätzliche Bestimmungen herausgegeben, die »von Beginn der Spannungszeit bis zum Kriegsausbruch« die Wahrung militärischer Geheimnisse durch Wort (einschließlich Rundfunk bzw. Drahtfunk), Schrift, Bild und Film regeln sollten. Für die »richtige Behandlung militärischer Fragen im Sinne der Bestimmungen« zeichnete das RMVP als verantwortliche Stelle.[93]

Ausmaß und Umstände der Übereinkunft zwischen Wochenschaufirma und Filmberichter, die insbesondere in der Vorkriegszeit eine gewisse Rolle gespielt haben dürften, lassen sich heute nur noch schwer bestimmen, da der Wissenschaft lediglich die in den Wochenschauen verwandten Sujets vorliegen, wohingegen die aussortierten Filmstreifen nicht mehr verfügbar sind.[94] Da auch Angaben über das durch die militärische Zensur verbotene Material in der Vorkriegszeit fehlen und die Aussagen der an der Herstellung der Kriegswochenschau beteiligten Mitarbeiter über die Mengen der gesperrten Aufnahmen während des Krieges stark voneinander abweichen, ferner für den zivilen Bereich nur ungenaue Zahlenangaben vorliegen, sind Rückschlüsse auf den Umfang des insgesamt aussortierten Filmmaterials nicht mehr möglich. Darüber hinaus wäre aber selbst bei verlässlichen Zahlenangaben die Frage nach den Auswahlkriterien nicht immer eindeutig zu klären, da auch ästhetische Aspekte bei der Gestaltung der Wochenschauen einen breiten Raum einnahmen, die eine Klassifizierung nach formalen und inhaltlichen Kriterien erschweren.

Neben den Vorgaben durch die Wochenschaufirmen und das Wochenschaubüro spielte nicht zuletzt der Einfluss des filmbegeisterten Propaganda-

---

[91] So gelangte man auf der Vorstandssitzung vom 8. 11. 1938 etwa ohne ersichtlichen äußeren Druck zu folgendem Beschluss: »In der Ufa-Wochenschau und in der Presse sind letzthin Bilder erschienen, welche desillusionierend wirken. Der Vorstand legt fest, dass derartige Aufnahmen in Zukunft nicht mehr gebracht werden dürfen, und dass auch Fotos ähnlichen Charakters nicht mehr zum Versand kommen sollen.« BA R 109 I/1033 b.
[92] Ufa-Vorstandsprotokoll vom 7. 2. 1936. BA R 109 I/1031 a.
[93] Für das Pressewesen galt, dass die Zensur entweder durch Zensur-Offiziere bei der Presseabteilung oder durch Zensur-Offiziere beim Reichspropagandaamt zu erfolgen hatte. Mitteilungen an die Hauptschriftleiter aller Tageszeitungen des Gaues Hessen-Nassau vom 26. 8. 1939. Die Bestimmungen dürften von allgemeiner Gültigkeit gewesen sein. BA ZSg 109/2, fol. 1-142.
[94] Das aussortierte Filmmaterial aus dem zivilen Bereich wurde im hauseigenen Ufa-Archiv in Babelsberg aufbewahrt. Über den Verbleib der Aufnahmen ist nichts bekannt.

ministers eine zentrale Rolle bei der Gestaltung und Freigabe der Wochenschauen. Die vorliegenden Quellen weisen darauf hin, dass Goebbels – ebenso wie Hitler – die Wochenschauen in der Vorkriegszeit regelmäßig begutachtet hat. Von einer direkten Mitwirkung des Ministers ist allerdings in den Jahren vor Ausbruch des Krieges ebenso wenig die Rede wie von einer routinemäßigen Schlussredaktion. Erst im August 1938 ordnete Goebbels an, dass ihm nunmehr jede Wochenschau vorzulegen sei. Besondere Eile schien jedoch nicht geboten, denn erst im November desselben Jahres wurde im Protokoll der Ufa-Vorstandssitzung eine regelmäßige Vorlage der Wochenschauen festgelegt:

> »Der Vorstand nimmt zur Kenntnis, daß von jeder erschienenen Wochenschau je 1 Kopie dem Führer und dem Min. Dr. Goebbels zur Besichtigung übermittelt werden; diese Kopien werden jeweils der Ufa zur weiteren Verwendung zurückgeliefert. Nunmehr soll auch dem Min. Göring jeweils eine Wochenschau-Kopie für einige Tage gesandt werden, welche nach Besichtigung der Ufa wieder zugestellt wird.«[95]

Nach Ausbruch des Krieges und der Zwangsvereinigung der vier in Deutschland noch produzierten Wochenschauserien zu einer Einheitswochenschau (»Deutsche Wochenschau«) kümmerte sich Goebbels weitaus mehr um die inhaltliche, optische und akustische Gestaltung der Wochenschauen. Aus seinen Tagebüchern geht hervor, dass er sich regelmäßig an zwei Abenden der Woche der Arbeit an der Wochenschau widmete, »um sie wirklich vorbildlich zu gestalten.«[96] Am Montag begutachtete er den Rohschnitt mit Geräusch und Kommentar, wobei er seine oftmals detaillierten Änderungswünsche formulierte und am Dienstag wurde ihm dann die endgültige Fassung mit Musik vorgeführt[97], auf deren Auswahl Goebbels besonderen Wert legte und die seinen Wünschen entsprechend stets »heroischen« Charakter haben sollte.[98] Wenngleich Goebbels seinen Einfluss und seine Mitwirkung an der Gestaltung der Wochenschau oftmals übertrieben haben wird – Belege für den eigenen Entwurf einer Wochenschaufolge, wie ihn der Minister des Öfteren erwähnt, liegen beispielsweise nicht vor[99] – formte sein Gestaltungswillen das Erscheinungsbild der Wochenschauen während der gesamten

---

[95] Ufa-Vorstandsprotokoll vom 8. 11. 1938. BA R 109 I/1033 b.
[96] Rede vor den Filmschaffenden am 28. 2. 1942 in Berlin. Abgedr. bei Albrecht, 1969, S. 484 ff.
[97] Vgl. Goebbels' Rede vor den Filmschaffenden vom 28. 2. 1942 in Berlin. Albrecht, 1969, S. 484. Wochenschauen, die Goebbels besonders interessierten, sind nachweislich von ihm in verschiedenen Stadien ihres Produktionsprozesses begutachtet worden. So sah er etwa die DW 7/1942 am 1. 2. 1942 in der stummen Fassung, am darauf folgenden Tag in der mit Musik unterlegten Fassung und zwei Tage später in der endgültigen Ausführung mit Musik und Text. Albrecht, 1969, S. 60. Vgl. auch die Tagebucheintragungen vom 13. 2. 1940 und 14. 2. 1940, in denen sich Goebbels ebenfalls mehrfach über die Bearbeitung und Begutachtung einer bestimmten Wochenschaufolge im Herstellungsablauf äußert. Fröhlich, 1987, Bd. 4, S. 42/43.
[98] Im Ufa-Vorstandsprotokoll vom 6. 3. 1940 heißt es dazu: »Untermalung der Wochenschau mit heroischer Musik: Nach Bericht von Herrn Grieving bewilligt der Vorstand den Betrag von RM 10.300 für die von Herrn Reichsminister Dr. Goebbels gewünschte Untermalung der Wochenschau mit heroischer Musik.« BA R 109 I/1033 c.
[99] Gegen selbständige Wochenschauentwürfe spricht z.B. folgende Anweisung von Goebbels auf der Konferenz vom 15 8. 1940: »Der Minister wünscht bis morgen von Herrn Dr. Hippler einen Bericht darüber, was die neue Wochenschau enthalten wird. Er dringt besonders darauf, dass

Dauer des Krieges und machte sie zu jenem »filmischen Epos deutschen Heldentums«[100], dessen Zielsetzung nicht primär in einer realistischen Wiedergabe der Zustände an den einzelnen Kriegsschauplätzen lag, sondern in »scheinbar wirklichkeitsgetreue(n) Zusammenstellungen von Aufnahmen zur Verherrlichung des Kampfes, des Sieges und des Heldentums der deutschen Soldaten.«[101]

Dennoch war auch der Entscheidungsspielraum des Propagandaministers nicht unbegrenzt. Mit der Person Hitlers war ihm ein Mann übergeordnet, der ebenfalls ein starkes Interesse am Filmwesen zeigte und dessen Urteil von Goebbels letztlich bedingungslos akzeptiert wurde.[102] Die Auswahl der in- und ausländischen Spielfilme, die Hitler vom Propagandaministerium anforderte, unterlag keinen vorgegebenen Kriterien, sondern richtete sich ganz nach seinen persönlichen Vorlieben und Interessen. Obligatorisch im Rahmen seiner privaten Filmvorführungen war jedoch seit Juni 1938[103] die Begutachtung der Wochenschauen, deren Beurteilung durch Hitler für Goebbels von größter Bedeutung war. Nach der Sichtung der Wochenschau durch Goebbels im Ministerium folgte die Begutachtung durch Hitler, die entweder in der Reichskanzlei, im Führerhauptquartier, aber auch in seinem Domizil auf dem Obersalzberg[104] oder in seiner Berliner Privatwohnung stattfand. Gewöhnlich erfolgte die Ansicht von einer oder mehreren Wochenschauen durch Hitler im Anschluss an das Abendessen und wurde von einem oder mehreren in- oder ausländischen Spielfilmen gefolgt, die ebenfalls eine kurze Beurteilung erhielten. Von Bedeutung für die Handhabung der informellen Zensurpraxis ist der Umstand, dass es sich bei den von Hitler begutachteten Wochenschauen um bereits in den Lichtspieltheatern laufende Folgen gehandelt hat, wie ein Blick auf das offizielle Datum der Filmprüfstelle zeigt.[105] Demnach waren direkte Eingriffe Hitlers in den Fertigungsprozess der Wochenschau vor Ausbruch des Krieges wohl kaum die Regel und an dieser Praxis scheint sich auch nach Goebbels' Anordnung über die Vorlage aller Wochenschauen vom August 1938 nichts Wesentliches geändert haben – die vorliegenden Tagesprotokolle von

---

die Wochenschau Bilder von den Luftkämpfen über England zeigen muß.« Punkt 3 der Ministerkonferenz vom 15. 8. 1940. BA 50.01/1 d.

[100] Tagebucheintragung vom 7. 6. 1940. Fröhlich, 1987, Bd. 4, S. 194.

[101] Bucher, Peter: Goebbels und die Deutsche Wochenschau, Nationalsozialistische Filmpropaganda im Zweiten Weltkrieg 1939–1945, in: Militärgeschichtliche Mitteilungen 40, Heft 2, Freiburg 1986, S. 53-69, S. 55.

[102] In einer Tagebucheintragung vom 12. 12. 1939 heißt es dazu: »Der Führer übt sehr scharfe Kritik am Film, vor allem an der Wochenschau. Ich halte das nicht für ganz berechtigt. Er tut das vor all den Offizieren und Adjutanten. Aber er hat das Recht dazu, er ist ein Genie.« Fröhlich, 1987, Bd. 3, S. 663.

[103] Die ersten überlieferten Tagespläne Hitlers stammen vom Juni 1938; hierin ist eine regelmäßige Vorführung der Wochenschauen vermerkt. BA NS 10/125, fol.1-.

[104] Vgl. diverse Tagespläne Hitlers während seines Aufenthaltes in München-Obersalzberg in der zweiten Hälfte des Jahres 1938. BA NS 10/.

[105] Zensur-Datum der UTW 406/1938: 15. 6. 1938; Zensur-Datum der UTW 409/1938: 6. 7. 1938. Die Vorlage der Wochenschauen bei der Filmprüfstelle erfolgte gewöhnlich zwei Tage vor der Aufführung in den Kinos, wobei zu berücksichtigen ist, dass nach der Zensierung noch die erforderliche Anzahl von Kopien für die Filmtheater zu ziehen waren.

Hitler bis Ende des Jahres 1938 lassen zumindest keine veränderte Vorgehensweise bei der Begutachtung der Wochenschauen erkennen.[106]
Hitlers größtes Interesse bei der Sichtung der Wochenschau nach Ausbruch des Krieges galt jenen Sujets, die in den Bereich der militärischen Berichterstattung fielen und teilweise von ihm einer mehrmaligen Prüfung unterzogen wurden. Ein Schriftwechsel zwischen dem RMVP und der zuständigen Zensurinstanz beim OKW über die Freigabe eines Sujets mit der V 1 belegt Hitlers persönliche Einflussnahme auf diesen Bereich der Wochenschauproduktion. In einem Schreiben des RMVP an den General der Flakartillerie vom 4. Juli 1944 heißt es dazu:

> »Auf Veranlassung des Herrn Staatssekretärs Dr. Naumann habe ich bei der allwöchentlichen Zensur der Deutschen Wochenschau am Montag, dem 3. Juli 1944 einen Entscheid des Führers herbeiführen lassen, nach dem vom Führer aus dem vorhandenen Filmstreifen über die V 1 30 – 40 Meter freigegeben werden. Es handelt sich ausschließlich um die Aufnahme des fliegenden Geschosses, das mit dem entsprechenden Ton unterlegt wird. Irgendwelche detaillierte Aufnahmen werden nicht gebracht.«[107]

Damit war die Angelegenheit jedoch noch nicht erledigt, wie einem Rückschreiben des RMVP vom 6. Juli 1944 zu entnehmen ist:

> »Entgegen unserer Annahme, der Führer würde den Bildstreifen ohne erneute persönliche Zensur freigeben, ist diese Zensur jetzt notwendig, da der Führer auch diese 16 Meter Film sehen will.«[108]

Der Schriftwechsel zeigt zum einen die besondere Gewichtung einer persönlichen Zensurentscheidung durch Hitler für den militärischen Bereich innerhalb der Wochenschauberichterstattung und wirft zum anderen ein Licht auf die gängige Zensurpraxis bei der Freigabe der PK-Berichte[109] für die Kriegswochenschau. Auch nach der Prüfung des gesamten von den Kriegsberichterstattern gelieferten Filmmaterials, das im Beisein von Fachprüfern des RMVP und Vertretern des OKW im Propagandaministerium begutachtet wurde, behielt sich Hitler ein abschließendes Zensurrecht vor, selbst wenn dadurch auftretende Verzögerungen unter Umständen zu großen terminlichen Problemen bei der Fertigstellung und Auslieferung der Wochenschau führen konnten.[110]

Zu den Themen, die eindeutig in den Bereich der militärischen Geheimhaltung fielen, gehörten Aufnahmen und Berichte über gerade stattfindende oder sich in Vorbereitung befindende militärische Manöver, Bilder neuer Waffensysteme sowie Informationen über die Angelegenheiten des Feindes, die dem

---

[106] Vgl. Tagesplan vom 30. 6. 1938 zur UTW 408/1938 (Zensur-Dat.: 29. 6. 1938); Tagesplan vom 28. 10. 1938 zur UTW 425/1938 (Zensur-Dat.: 26. 10. 1938); Tagesplan vom 19. 11. 1938 zur UTW 428/1938 (Zensur-Dat.: 15. 11. 1938). BA NS 10/125, fol. 1-.
[107] BA R 109 II/vorl. 67. Es geht in dem Schriftstück um die Zensur der DW 723/1944, in der Goebbels u.a. auf einer Massenkundgebung in Breslau den Einsatz der V 1 ankündigt.
[108] BA R 55/663.
[109] PK = Propagandakompanie. Vgl. ausführlich zur militärischen Zensur und zur Auswertung des PK-Materials Bartels, 2004, S. 240 ff.
[110] BA R 55/663.

Gegner zum Nutzen der eigenen Kriegsführung verborgen bleiben sollten.[111] Nicht offiziell aufgeführt waren jene Themen, die aus Gründen der psychologischen Kriegsführung keine Aufnahme in die Wochenschauen fanden. Dazu zählten unter anderem Bilder von gefallenen deutschen Soldaten, brennenden Panzern und Exekutionen, Aufnahmen von der Deportation und Vernichtung von Juden und anderen aus politischen oder ideologischen Gründen verfolgten Bevölkerungsgruppen, aber auch Aufnahmen von allzu großer Grausamkeit, die man dem Zuschauer nicht zumuten zu können glaubte.[112] Auch Panik innerhalb der eigenen Truppe oder die Angst der PK-Männer bei ihren Einsätzen durften dem Publikum nicht gezeigt werden. Kam es dennoch zu unerwünschten Aufnahmen, die der nationalsozialistischen Propaganda zuwiderliefen, so wurden diese der Öffentlichkeit nicht zugänglich gemacht.[113]

Das Wissen um die militärische Zensur veranlasste die PK-Angehörigen im Allgemeinen, sich bei der Auswahl der aufzunehmenden Bilder an die vorgegebenen Richtlinien zu halten. Die Aussicht auf öffentliche Anerkennung als erfolgreicher Kriegsberichter, aber auch die Furcht vor möglichen Konsequenzen bei wiederholten Verstößen gegen die bestehenden Vorschriften, führten in der Regel zu regimetreuen Berichten und solchen Film- und Bildaufnahmen, die die Kampfkraft der deutschen Wehrmacht optisch wirkungsvoll in Szene setzten und die politisch-ideologischen Zielsetzungen der nationalsozialistischen Staatsführung möglichst positiv herausstellten.

Die Anpassung der PK-Angehörigen an die vorgeschriebenen oder erwünschten Leitlinien[114] führte dazu, dass nur ein sehr geringer Teil der PK-Berichte von der Front der Zensur zum Opfer fiel. Auch wenn über die Menge des gesperrten Filmmaterials keine zuverlässigen Zahlenangaben vorliegen[115], so lassen sich doch

---

[111] Nachlaß Hasso von Wedel: Die Propagandatruppen der deutschen Wehrmacht, Neckargmünd 1962, S. 108.

[112] Dass die Befürchtungen einer allzu großen Abschreckung bei der einheimischen Bevölkerung nicht unberechtigt waren, belegt u.a. der SD-Bericht vom 27. 5. 1940: »Der ungeheure Eindruck dieser Wochenschau wird bestätigt durch zahlreiche Berichte, wonach es auch während der Vorführung immer wieder zu spontanen Ausrufen der Bewunderung, des Stolzes, aber auch des Schreckens gekommen sei. Verschiedentlich wird gemeldet, daß diese Wochenschau auf Frauen in Gedenken an ihre Angehörige an der Front aufregend und erschreckt gewirkt habe, daß aus diesem Grund der Besuch der Wochenschau von Frauen vereinzelt abgelehnt werde.« Meldungen aus dem Reich Nr. 9 vom 27. 5. 1940. Boberach, Heinz (Hrsg.): Meldungen aus dem Reich, Die geheimen Lageberichte des Sicherheitsdienstes der SS 1938-1945, Berlin 1984, Bd. 4, S. 1180.

[113] So berichtet der Fotograf und Kameramann Georg Schmidt über von ihm gemachte Aufnahmen verwundeter und toter deutscher Soldaten auf Minenfeldern, die nie veröffentlicht wurden. Der Pk-Fotograf Wilhelm Rieger gibt in diesem Zusammenhang an, im Juli 1941 Aufnahmen französischer Juden gemacht zu haben, die Gräben ausheben mussten und anschließend exekutiert wurden. Rieger schickte die Bilder nach Berlin, wo sie dann - seinen Erwartungen gemäß - durch die militärische Zensur gesperrt wurden.

[114] Dieser Eindruck bestätigt sich bei der Durchsicht von zwei im Bundesarchiv vorliegenden unzensierten Artikeln des Luftwaffen-Berichters Alfred Strobel vom Oktober 1942. Die Berichte mit den Titeln Die Sowjetgefangenen fühlen sich wohl (5. 10. 1942) und Der Winter mag kommen (15. 10. 1942) dürften aus militärischer oder politisch-ideologischer Sicht keinen Anlass zur Beanstandung gegeben haben. BA 50.01/889.

[115] Paul Tesch jun., der Sohn des verstorbenen Besitzers der Kopieranstalt Tesch, äußerte anlässlich eines Gesprächs im Bundesarchiv Koblenz im Jahr 1961, dass nur 10-15 % der PK-Aufnahmen

bei einem Vergleich von Aufstellungen über gesperrte Filmberichte (so genannte Sperrlisten) des PK-Marineberichters Horst Grund von Juni 1941 bis Dezember 1943 mit den gleichfalls im Bundesarchiv vorliegenden Durchschrifheften aus dieser Zeit – welche Angaben über den Umfang der tatsächlich gefilmten Aufnahmen enthalten – Rückschlüsse auf die Menge des gesperrten Materials ziehen. Danach sind nur verhältnismäßig wenige der eingegangenen Filmstreifen von der militärischen Zensur verboten oder als »geheim« aus dem Negativ herausgeschnitten und dem Propagandaministerium übereignet worden.[116]

Die persönliche Abnahme durch Hitler ist bis Ende des Jahres 1944 nachweisbar. Dann traten Meinungsverschiedenheiten auf, weil »irgendwelche[n] Mitarbeiter[n], die zufällig bei der Abwesenheit des Führers an der Zensur teilnahmen«[117], versuchten, Änderungswünsche beim RMVP geltend zu machen. Reichsfilmintendant und Leiter der Abteilung Film im Propagandaministerium Hans Hinkel wandte sich daraufhin mit einer Beschwerde an Goebbels, um sich die bis dahin geltende Zensurpraxis bestätigen zu lassen, wonach die Wochenschau »nachdem sie in der vom Herrn Minister gebilligten Fassung zum Führer geht, nur vom Führer selbst zensiert bzw. geändert werden« kann. »Nach unserer Auffassung«, so Hinkel in seiner Ministervorlage vom 7. Dezember 1944, »kann nach der vom Herrn Minister an jedem Sonnabend durchgeführten Zensur nicht irgendein zufällig zusammengesetztes Gremium des Hauptquartiers Änderungen im Namen des Führers vornehmen.«[118]

Hinkels Intervention kann wohl dahingehend interpretiert werden, dass eine informelle Ausweitung der persönlichen Zensurkompetenzen nicht erwünscht war, um sich wenigstens den bescheidenen Level an Berechenbarkeit und Zuverlässigkeit einer nach willkürlichen Maßstäben ausgeübten Filmzensur zu erhalten, der sich zweifellos durch jahrelange Anwendung in der Praxis eingependelt hatte. Daher kann es nicht verwundern, wenn keine staatliche Wochen-

---

für die Wochenschauen freigegeben worden seien. Barkhausen, 1982, S. 225. Diese Angaben dürften jedoch weit unter der Menge des tatsächlich gesperrten Materials liegen, wenngleich der Anteil der tatsächlich in den Wochenschauen verwendeten Aufnahmen aus gestalterischen Gründen relativ gering war. So wurden von den rund fünf Millionen Filmmetern, die von den Propagandakompanien, den Berichtern der SS und anderer Einheiten aufgenommen wurden, lediglich ca. 300.000 Meter in den Kriegswochenschauen und der Ufa-Auslandstonwoche zwischen 1939 und 1945 veröffentlicht; das entspricht etwa sechs Prozent der Gesamtaufnahmen. Schreiben des OKW vom 29. 9. 1943. BA R 43 II/389.

[116] Die nicht zur Vorführung bestimmten Aufnahmen gelangten in die Obhut des Reichsfilmarchivs, das die Original-Negative bis zum Januar 1945 in Bunkern bei Meseritz einlagerte und sie im März 1945 in die Kalkbergwerke Rügersdorf bei Berlin verbrachte. Dort sollen sie ebenso wie die in Filmbunkern am Berliner Reichssportfeld untergebrachten doubelfähigen Positive (Lavendel) durch Brand vernichtet worden sein. Demnach sind heute im Wesentlichen nur die PK-Aufnahmen überliefert, die in Wochenschauen und Propagandafilmen Verwendung fanden. Vgl. dazu Granier/Henke/Oldenhage, 1977, S. 758.

[117] Ministervorlage vom 7. 12. 1944. BA R 55/663.

[118] BA R 55/663. Anlass des Streits war die Herausnahme der zwei Sujets »Entschärfung der Blindgänger« und »Flieger in Bergnot« nach Anweisung der Ministervorlage vom 6. 12. 1944, in der es heißt: »Am Dienstag, dem 6.12., wurde um 21 Uhr mitgeteilt, daß die Sujets ›Entschärfung der Blindgänger‹ und ›Flieger in Bergnot‹ herauszunehmen seien. Beide Sujets hatten in der Ministerzensur die Zustimmung des Herrn Ministers gefunden.« Die betreffenden Sujets sind in der DW 745/1944 nicht enthalten.

schauproduktion jemals im formellen Zensurverfahren nur mit einer Schnittauflage zugelassen oder gar verboten worden wäre. Dies gilt ebenso für die Spielfilmproduktion, für die es nach erfolgter Verstaatlichung ab Oktober 1942 in den Zensurlisten keine Spalte mehr für Verbote und ab Dezember desselben Jahres keine Rubrik mehr für Schnittauflagen gab.[119]

5. Wochenschau im Kriegseinsatz

5.1 Aufstellung und Einsatz der Propagandakompanien

Im Verlauf des Jahres 1938 mit der immer größer werdenden Wahrscheinlichkeit einer militärischen Auseinandersetzung um das zur Tschechoslowakei gehörende Sudetenland kam es im Zuge allgemeiner Kriegsvorbereitungen zum Aufbau von effizient funktionierenden Propagandaeinheiten, allgemein »Propaganda-Kompanien« genannt.[120] Bereits Mitte der dreißiger Jahre war auf Initiative des Propagandaministeriums eine »Propaganda-Einsatzstelle« gebildet worden[121], der die Aufstellung ziviler Berichtertrupps oblag. Es waren vor allem zwei Forderungen, welche die Angehörigen einer Propagandakompanie zu erfüllen hatten: Sie mussten fähige Berichterstatter auf ihrem Gebiet sein und sie sollten über eine militärische Ausbildung verfügen, um so Teil der kämpfenden Truppe zu werden. Hier liegt der gravierende Unterschied zu den Kriegsberichterstattern des 1. Weltkriegs, die keinerlei militärische Ausbildung besaßen und von den militärischen Befehlshabern mehr oder weniger geduldet ihre Arbeit zu verrichten hatten, ohne kaum jemals authentische Bilder vom tatsächlichen Kampfgeschehen liefern zu können.

Die Hauptaufgabe der Propagandakompanien wurde im Zusammenwirken zwischen Propaganda- und Waffenkrieg gesehen und zwar einerseits durch Erfassung des Propagandastoffes im Kampfgebiet für das RMVP und andererseits durch das Hereintragen von Aktivpropaganda in die Bevölkerung der Kampfgebiete und in die feindlichen Truppenverbände.[122] Darüber hinaus kam noch unter dem Stichwort »Front-Propaganda« die Unterstützung der Truppenführer »bei der geistigen Betreuung der eigenen Truppe« hinzu, um die Moral und Siegeszuversicht in den eigenen Reihen zu stärken und zu festigen.[123]

---

[119] Maiwald, Jürgen: Filmzensur im NS-Staat, Dortmund 1983, S. 180.
[120] Ursprünglich unter dem Begriff »Popaganda-Einsatzstelle« gegründet, wurde die Bezeichnung »Propaganda-Kompanie« (PK) 1938 von Major Bruno Wentscher, der die Aufstellung der Propagandaeinheiten in die Wege leitete, eingeführt und war von da an sowohl im RMVP als auch beim Oberkommando der Wehrmacht (OKW) gebräuchlich. Boelcke, 1966, S. 127. Dass die Aufstellung der Propagandakompanien im März 1938 bereits im Hinblick auf einen heranahenden und einkalkulierten militärischen Konflikt erfolgte, belegt ein Schreiben der Tobis-Melofilm an die Reichsfilmkammer vom 18. 3. 1938, in dem der »Einsatz der Kameraleute in Österreich als Generalprobe für einen Ernstfall« bezeichnet wird. BA R 56 VI/7.
[121] Wedel, 1962, S. 18 f.
[122] Wedel, 1962, S. 21.
[123] Schreiben der NSDAP an den Mob-Beauftragten der Gauleitungen vom 10.3.1939. BA 50.01/876.

Am 16. August 1938 ordnete das Oberkommando des Heeres (OKH) auf Weisung des OKW die mobilmäßige Aufstellung je einer Propagandakompanie des IV., VIII., XIII. und XVII. Armeekommandos an, die im Rahmen von Truppenübungen für einen möglichen Einsatz erprobt werden sollten.[124] Der Ernstfall trat mit dem Einmarsch der deutschen Truppen in das Sudetenland ein, bei dem diese Propagandaeinheiten nach dem Münchner Abkommen vom 29. September 1938 zusammen mit einer beim III. Armeekorps aufgestellten weiteren Propagandakompanie zum Einsatz kamen.[125] Die aus diesem Einsatz sowie aus Manöverübungen gewonnenen Erfahrungen sollten als Grundlage für die zukünftige Verwendung der Propagandakompanien dienen.

Im Zuge der allgemeinen Kriegsvorbereitungen begann man nun auch mit der Aufstellung von Propagandakompanien bei Marine und Luftwaffe. Nach Verfügung vom 7. Juni 1939 wurden von der Luftwaffe vier »Luftwaffenpropagandakompanien«, im Januar 1940 in »Luftwaffen-Kriegsberichterkompanien« umbenannt, aufgestellt, von denen jede annähernd 120 Offiziere, Unteroffiziere und Mannschaften unter Führung eines Hauptmanns oder Oberleutnants umfasste. Etwa zur gleichen Zeit folgte nach einer kurzen militärischen Grundausbildung des Weiteren die Bildung von zwei Marine-Propagandakompanien in Kiel und Wilhelmshaven.[126]

Nach dem Überfall der deutschen Wehrmacht auf Polen am 1. September 1939 kamen mit den deutschen Truppen insgesamt zehn Propagandakompanien von Heer, Luftwaffe und Marine sowie Sonderberichtertrupps des OKW/WPr[127] zum Einsatz. Die Kriegsberichterstattung erfolgte erstmals durch Soldaten der Propagandakompanien, die – so äußerte sich der ehemalige Chef der Propagandakompanien Hasso von Wedel rückblickend – der Öffentlichkeit ein »gutes und naturgetreues Bild von den Vorgängen auf dem Kriegsschauplatz und im Kampfgebiet« gegeben hätten.[128] Bei dieser Wertung ist allerdings zu berücksichtigen, dass das gelieferte PK-Material in der zweiten Gestaltungsphase bei der Zusammenstellung der Wochenschau durch Schnitt, Musik und Kommentar noch manipulativ verändert wurde. Im Januar 1940 vor der großen Westoffensive kam es zu einer Verstärkung der Propagandakompanien durch etwa 150 Offiziere, Unteroffiziere und Mannschaften, die in Jüterbog bei Berlin zusammengezogen wurden, um sie für ihren Einsatz bei der Luftwaffe zu schulen, nachdem bereits kurz zuvor bei der Propaganda-Ersatz-Abteilung (PEA) in Potsdam eine infanteristische Ausbildung erfolgt war.[129] Insbesondere die militärische Ausbildung bei der Luftwaffe hatte einen hohen Stellenwert, da die Flugzeugkanzel neben dem Piloten nur noch einem weiteren Mann Platz

---

[124] Die umfangreichste Quelle zu Struktur und Einsatz der Propagandakompanien bilden die Ausführungen von Hasso von Wedel über die Propagandakompanien der deutschen Wehrmacht, auf die sich auch Hans Barkhausen in weiten Teilen seiner Arbeit aus dem Jahr 1982 (S. 201 ff.) stützt.
[125] Zur Darstellung der Sudetenkrise in der Wochenschau vgl. Bartels, 2004, S. 401 ff.
[126] Barkhausen, 1982, S. 213.
[127] OKW/WPr = Wehrmachtpropaganda beim Oberkommando der Wehrmacht.
[128] Wedel, 1962, S. 37.
[129] Barkhausen, 1982, S. 218.

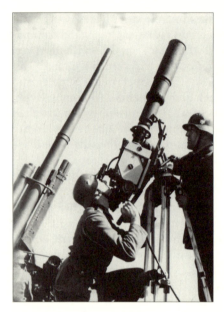

3 | Propagandisten des Krieges in Szene gesetzt. Aufnahmen für die Wochenschau im Januar 1941
Bundesarchiv, Bild 183-2008-0415-500, Fotografie: Hoffmann

bot und der Kameramann daher gleichzeitig die Position des Bordschützen am Heck der Maschine übernehmen musste.[130]

Dennoch war ein direktes Eingreifen der Kriegsberichter in das Kampfgeschehen nicht die Regel, was allerdings den Einsatz der PK-Männer nicht ungefährlich machte, da sie sich, um Bilder vom unmittelbaren Geschehen an der Front aufnehmen zu können, häufig an die vorderste Gefechtslinie begeben mussten. Bereits in den vom Mob-Referat aufgestellten Richtlinien vom November 1938 heißt es zu den Aufgaben der PK-Filmberichter unmissverständlich:

> »Die Filmberichter müssen so erzogen werden, daß sie sich als Soldaten fühlen und unter Einsatz der ganzen Persönlichkeit, wenn es sein muß, auch ihres Lebens, die notwendigen Aufnahmen befehlsgemäss drehen.«[131]

Wie gefährlich die Aufgabe der Kriegsberichter tatsächlich war, belegt die hohe Zahl an Verlusten innerhalb der Propagandakompanien. Bis zum Oktober 1943 waren über tausend Angehörige aus allen Sparten der Propagandakompanie gefallen, verwundet oder in Gefangenschaft geraten.[132] Um den Zuschauern den heldenhaften Einsatz der Berichterstatter möglichst eindringlich vor Augen zu führen, wurden im Vorspann der Wochenschau die Namen derjenigen PK-Männer, die bei ihrem Einsatz gefallen waren, mit einem Kreuz versehen.[133]

---

[130] Zur Ausbildung eines Luftwaffen-Berichterstatters gehörte daher die Bedienung des Maschinengewehrs auf einem Untersatz, dem so genannten »Wackeltopf«; ein Visier am Boden des Flugzeugs ermöglichte die erforderliche Zielgenauigkeit beim Schießen. Einen für die damalige Zeit typischen Bericht eines Filmberichters über den Einsatz an Bord einer Ju 52 bietet Osten, Peter: Ein Filmberichter erzählt vom Einsatz in Korinth und auf Kreta, in: Der deutsche Film, 6. Jahrg., Heft 2/3, Aug./Sept. 1941, S. 50 ff.
[131] Bericht des Mob-Referats vom 21. 11. 1938. BA 50.01/872.
[132] Die Gesamtzahl der bei den Propagandakompanien eingesetzten Kriegsberichter lag zu diesem Zeitpunkt bei ca. 15 000 Mann. Bei von Wedel findet sich eine detaillierte Aufgliederung der Verluste in den einzelnen Berichtersparten bis einschließlich Oktober 1943. Wedel, 1962, S. 70.
[133] In Punkt 7 der Ministerkonferenz vom 17. 4. 1941 gibt Goebbels folgende Anweisung für die Presse: »Drei Bildberichterstatter seien zum Teil vor den stürmenden Pioniertrupps gewesen. Der Minister wünscht, dass solche Einzelheiten auch in der Besprechung gesagt werden müssten.« BA 50.01/1 c.Vgl. dazu Meldungen aus dem Reich Nr. 87 vom 14. 5. 1940, wo es zur

Gleichzeitig konnte der Hinweis auf die unter Lebensgefahr entstandenen Aufnahmen auch als Gewähr für die Echtheit der gezeigten Bilder dienen, welche beim Zuschauer die Glaubwürdigkeit in das Gesehene stärken und ihm Anteilnahme und Respekt für die Leistungen der Kriegsberichter abverlangen sollten.[134]

Seit Beginn des Krieges gegen die Sowjetunion waren die Einheiten der Propagandakompanien infolge zunehmender Aufgaben und der zunehmenden Größe des Kriegsschauplatzes stetig erweitert worden, bis sie Mitte 1943 eine Gesamtstärke von etwa 15 000 Mann erreicht hatten, wobei die Propagandatruppen des Heeres mit 21 Einheiten den weitaus größten Anteil stellten.[135] Da sich die Zugehörigkeit der Propagandakompanien zur Nachrichtentruppe aufgrund ihrer gestiegenen Mannschaftsstärke zunehmend als hinderlich erwies, wurden sie nunmehr zur selbständigen Truppeneinheit umstrukturiert und die Stelle eines Chefs der Propagandatruppen geschaffen. Diese Position nahm bis Kriegsende Oberst i.G. Hasso von Wedel ein, der sich als Chef der Wehrmachtpropaganda beim Oberkommando der Wehrmacht (OKW/WPr) seit Ausbruch des Krieges bewährt hatte.[136] Die neu strukturierte Propagandakompanie umfasste die Propagandaeinheiten aller drei Wehrmachtsteile sowie der Waffen-SS und die Gesamtheit der Zensuroffiziere.[137]

Aufnahme des Kompilationsfilms Feuertaufe heißt: »Zuschauer waren allgemein tief beeindruckt, daß am Beginn des Films die Namen der Filmmitarbeiter genannt wurden, die bei der Herstellung dieser Aufnahmen gefallen sind.« Boberach, 1984, Bd. 4, S. 1131.

[134] Derartige Hinweise auf die gefahrvolle Arbeit der PK-Berichterstatter waren nicht abwegig, da die Echtheit der gezeigten Aufnahmen vom Kriegsschauplatz von den Zuschauern wiederholt angezweifelt wurde. In den Meldungen aus dem Reich Nr. 51 vom 9. 2. 1940 heißt es dazu etwa: »Aus allen Teilen des Reiches wird mitgeteilt, daß in der Wochenschau Nr. 5 der Bildstreifen, der ein Spähtruppunternehmen in Spichern zum Gegenstand zum Gegenstand hatte, auf sehr laute Kritik gestoßen ist. Aus der Art der bildlichen Darstellung schloß das Publikum, daß es sich unmöglich um eine kriegsmäßige Aktion, sondern um eine gestellte Aufnahme handeln müsse. Es wurde vielfach als ausgeschlossen bezeichnet, daß ein Kameramann mit dem Rücken zur Feindseite einen vorgehenden Spähtrupp filmen könne, der seinerseits in einzelnen Augenblicken (Wassertrinken eines Soldaten vom Dorfbrunnen, Passieren eines zerschossenen Kraftwagens) jede Vorsicht außer acht lasse. In einem Desdner Kino sind anwesende Soldaten bei diesem Bildstreifen in lautes Lachen ausgebrochen. Auch Zivilpersonen, selbst anwesende Frauen, machten sich über diesen Bildstreifen lustig und empfanden ihn als völlig unglaubhaft.« Boberach, 1984, Bd. 3, S. 740/41. Goebbels ließ diese Angelegenheit anscheinend nicht auf sich beruhen, denn in Punkt 4 der Ministerkonferenz vom 16. 2. 1940 heißt es: »Herr Major Martin teilt mit, dass es sich bei den Aufnahmen von einem Spähtruppunternehmen gegen das Dorf Spichern tatsächlich um echte, d.h. während des Kampfes aufgenommene Bilder handelt. Der Minister ordnet an, dass diese Tatsache mit einem Hinweis darauf, dass die betreffenden Filmberichter genauso wie die kämpfende Truppe ihr Leben eingesetzt haben, in der Presse bekanntgegeben wird.« BA 50.01/1b.

[135] Wedel, 1962, S. 63 f.
[136] Barkhausen, 1982, S. 229.
[137] Die Zensuroffiziere wurden vom OKW in das RMVP zu den Abteilungen Wortberichterstattung, Bild, Film und Rundfunk abgestellt, um dort an der militärischen Zensur der PK-Berichte teilzunehmen. Jeweils mehrere Offiziere der drei Wehrmachtteile (Heer, Marine und Luftwaffe) versahen im RMVP laufend ihren Dienst. Zur Zensur des militärischen Filmmaterials vgl. ausführlich Bartels, 2004 S. 240 ff.. Bereits vor der Neuorganisation der Propagandakompanien waren die Filmstellen der einzelnen Wehrmachtteile mit Wirkung zum 15. 7. 1942 den Propagandatruppen zugeordnet worden, die für die Herstellung von Lehrfilmen für Ausbildung

Wie groß der zahlenmäßige Anteil der Filmberichter an den Propagandakompanien im Verlauf des Krieges war, lässt sich anhand des heute noch vorliegenden Quellenmaterials nicht mehr genau ermitteln. Nach Wedels Angaben gingen noch Anfang 1945 20.000 Meter belichtetes Filmmaterial in Berlin ein, das von 85 Filmberichtern des Heeres, 42 Kameramännern der Marine, 46 Filmberichterstattern der Luftwaffe und 46 Kameramännern der Waffen-SS geliefert wurde, wobei zu berücksichtigen ist, dass sich noch ein gewisser Prozentsatz von Berichterstattern wegen Verwundung, Abkommandierung, Urlaub etc. nicht im Einsatz befand.[138] Eine Verminderung der Stärke der Propagandakompanien trat ferner durch einen sich während der letzten Monate des Jahres 1944 zunächst langsam beginnenden, dann rasch steigernden Abbau der Propagandatruppen ein. Bereits im Frühjahr 1943 war die Stärke einer Propagandakompanie von 210 auf 125 Mann verringert worden und im Herbst 1944 erfolgte gemäß der Kriegsstärkenachweisung vom 1. September 1944 eine nochmalige Reduzierung auf 66 Mann pro Kompanie.[139]

Der Rückzug der deutschen Wehrmacht und die damit einhergehende Verkleinerung des Kriegsgebietes sowie der sich ständig vergrößernde Personalmangel der Propagandakompanien aufgrund der steigenden Verluste waren maßgebende Faktoren bei der Verkleinerung der Propagandakompanien. Bis zum 31. März 1945 waren insgesamt 1.624 Kriegsberichter aller Sparten gefallen, vermisst oder in Gefangenschaft geraten.[140] Nicht zuletzt führte auch der allgemeine Personalmangel an der Front zu einem erheblichen Abbau der Propagandakompanien, da alle frontverwendungsfähigen Männer der kämpfenden Truppe zugeführt wurden.[141] In den letzten Wochen vor Kriegsende lösten sich die Propagandaeinheiten dann mehr oder weniger ungeordnet auf oder gerieten in Gefangenschaft.[142]

---

und Unterricht der Truppe zuständig waren. Führerbefehle und Verfügungen des Oberkommandos der Wehrmacht 579. Filmwesen im Bereich der Wehrmacht, Heeres-Verordnungsblatt vom 11. 8. 1942, 4. Jahrg., 43. Ausgabe. BA R 43 II/389.

[138] Wedel, 1962, S. 62. Wedels Angaben stammen aus der Wildente, einem Mitteilungsblatt für ehemalige PK-Angehörige aus der Nachkriegszeit. Einige Ausgaben der Wildente befinden sich im Bundesarchiv. Barkhausen bezieht sich ebenfalls auf Wedels Angaben, datiert diese aber fälschlicherweise in das Jahr 1943. Barkhausen, 1982, S. 235. Bei der Deutschen Wochenschau GmbH ist im Geschäftsjahr 1942/43 allein von 114 PK-Filmberichtern ohne festes Anstellungsverhältnis, also »freien Kameramännern«, die Rede, welche auf Anweisung des RMVP monatliche Beihilfen von je 200,- RM erhalten sollten. Die Gesamtaufwendungen beliefen sich hierfür im vorliegenden Berichtsjahr auf 272.200,- RM. Die fest angestellten Filmberichter der Deutschen Wochenschau GmbH erhielten weiterhin ihre vertraglich vereinbarten Bezüge. Auszug aus dem Original-Bericht der Deutschen Wochenschau GmbH 1942/42, gegeben von der Revisions-Abteilung der Universum-Film AG. BA R 109 I/1284.

[139] BA 50.01/810. Die angegebenen Zahlen beinhalten PK-Berichterstatter aller Sparten.

[140] Wedel, 1962, S. 126.

[141] Vgl. dazu Punkt 3 - 5 der Bestimmungen über die Neugliederung der Kriegsberichterstattung vom 27. 8. 1944 und Punkt 3 der Bestimmungen über die Umgliederung der Propagandakompanien vom 1. 9. 1944. BA 50.01/810.

[142] Vgl. dazu die Schilderung des PK-Berichters Horst Grund. Barkhausen, 1982, S. 242.

5.2 Der Zusammenbruch der Wochenschauproduktion

Bis zum Endes des Jahres 1943 hatte die Deutsche Wochenschau GmbH ihren Sitz im Ufa-Verwaltungshaus im Zentrum Berlins, Krausenstraße 37-39/Dönhoffplatz.[143] Nach einem schweren Bombenangriff im November 1943 musste die Herstellung der Wochenschau in die Kellerräume der Ufa, Krausenstraße 37-39, bzw. in Räumlichkeiten in der Schützenstraße 40-45 verlegt werden und zeitweise auch in den Produktionsräumen anderer Firmen erfolgen.[144] In der Erwartung weiterer Luftangriffe begann man daraufhin mit dem Bau des so genannten »Ausweichbetriebes Alt-Buchhorst«, einem von russischen Kriegsgefangenen errichteten Barackenbau. Im Juni 1944 nach einem weiteren schweren Luftangriff, bei dem die Zentrale der Deutschen Wochenschau erheblich beschädigt wurde und ein Wiederaufbau während des Krieges aufgrund des Mangels an Arbeitskräften, Baustoffen, Transportmitteln und Treibstoff mehr als fraglich schien, erfolgte die Verlegung der Wochenschauproduktion nach »Alt-Buchhorst«, wo noch bis Ende April 1945 gearbeitet wurde.[145] Den ausquartierten Abteilungen der Ufa – es handelte sich neben dem Wochenschaubetrieb noch um die Kulturfilmproduktion, die Wirtschaftsfilmabteilung und den Ufa-Handel – verblieb lediglich eine Verbindungsstelle im Stammhaus des Konzerns.[146] Angrenzend an den »Ausweichbetrieb Alt-Buchhorst« wurde ferner mit dem Bau einer behelfsmäßigen Kopieranstalt begonnen, zu deren Inbetriebnahme es aber vor Kriegsende nicht mehr kam.[147]

Neben kriegsbedingten Zerstörungen an für die Wochenschauherstellung und -vertrieb wichtigen Einrichtungen bereiteten vor allem der Mangel an qualifizierten Fachkräften und die Rohfilmknappheit zunehmende Sorgen, wenngleich diese Einschränkungen sowie die Verlegung nach Alt-Buchhorst keine gravierenden Einschnitte bei der Wochenschauarbeit bedeuteten. Dieser Umstand resultierte vor allem aus dem routinemäßigen Arbeitsablauf der Wochenschauproduktion, an dem sich auch mit fortschreitender Dauer des Krieges nichts Grundlegendes änderte. Hinzu kam, dass der für die Bearbeitung der Wochenschau verantwortliche Mitarbeiterstab bis zuletzt zur Verfügung stand, auch wenn die Anzahl des Personals insgesamt im Lauf der Zeit eine immer stärkere Reduzierung erfuhr und die verbleibenden Mitarbeiter bis an die Grenze der Belastbarkeit in Anspruch genommen wurden.

Der zunächst noch langsam voranschreitende Prozess sich verschlechternder Arbeitsbedingungen mag dazu beigetragen haben, dass man sich auf dem Filmsektor in den ersten Kriegsjahren auf die Gegebenheiten einzustellen vermochte, ohne dass es zu größeren Einbrüchen in der Filmproduktion gekommen

---
[143] BA 50.01/5.
[144] Geschäftsbericht der Deutschen Wochenschau GmbH für das Geschäftsjahr 1942/43. BA R 109I/1285.
[145] Der Umzug erfolgte nach dem Luftangriff vom 21. 6. 1944. BA R 109 II/48.
[146] BA R 109 II/48.
[147] Im Dezember 1944 war es nach einem Luftangriff zu schweren Schäden bei der Afifa-Kopieranstalt in Tempelhof gekommen, die eine Verlagerung in die Betriebe nach Babelsberg und Köpenick nach sich zogen. Ministervorlage vom 7. 12. 1944. BA R 55/663, fol. 1-.

wäre. Prekär wurde die Lage für die Wochenschauherstellung erst im Verlauf des Jahres 1944, als der Mangel an Rohfilm zu Lücken im Tonarchiv führte, die erhebliche technische Schwierigkeiten nach sich zogen, da für die Synchronisation damals ausschließlich das mit einem recht hohen Verbrauch an Rohfilm gekoppelte Lichttonverfahren Verwendung fand. Die sich stetig verschlechternde Lage führte schließlich Anfang Dezember 1944 zu einer Verkürzung der Wochenschaulänge von ursprünglich 500 auf 300 Meter und einer Reduzierung von vier auf drei Wochenschauausgaben zur Jahreswende 1944/45. Bereits im August 1944 hatte Goebbels seine Zustimmung erteilt, die Wehrmachtsfassung der Wochenschau statt wöchentlich in Zukunft nur noch 14-tägig herzustellen.[148] Zwischen dem 25. Januar 1945 (Zensurdatum der DW 750/1945) und dem 5. März 1945 (Zensurdatum der DW 753/1945) erschienen schließlich nur zwei Folgen der Wochenschau, die jeweils vierzehn Tage zur Aufführung kamen.[149] Bei den letzten Ausgaben der DW sind dann wieder kürzere Intervalle zu verzeichnen[150], denn trotz aller Widrigkeiten bemühte sich Goebbels bis zuletzt um eine kontinuierliche Fortführung der Wochenschauarbeit. In einem Schreiben vom 1. Februar 1945 ließ Reichsfilmintendant Hans Hinkel den Leiter der Deutschen Wochenschau GmbH Heinrich Roellenbleg wissen, »der Herr Minister habe entschieden, daß die Wochenschau-Herstellung unter allen Umständen sichergestellt bleiben müsse und dementsprechend das dafür notwendige Personal vom Volkssturmdienst freizustellen sei.«[151]

Wie illusorisch die Vorstellungen der Verantwortlichen noch kurz vor Kriegsende waren, zeigt eine Mitteilung Hinkels an den Staatssekretär im RMVP Naumann vom 31. Januar 1945, in dem es um eine nochmalige Verlagerung des Wochenschaubetriebs aus Alt-Buchhorst geht. »Vernichtungsabsicht besteht nicht«, so Hinkel abschließend, »da der Gegner mit den Anlagen nichts anfangen kann, wir aber gegebenenfalls, wenn die Gefahr vorbei ist, weiterarbeiten können.«[152] Wie sehr die propagandistischen Inhalte der Wochenschau gegen Ende des Krieges schließlich von der Realität eingeholt wurden, belegt der mit dem Vermerk »eilt sehr, sofort auf den Tisch« versehene Rundspruch des RMVP vom 26. Januar 1945, in dem – bedingt durch die veränderte militärische Lage – für die DW 752/1945 (Zensurdatum: 24.2.1945) folgende Weisung erteilt wurde:

---

[148] Ministervorlage vom 31. 7. 1944. BA R 55/663, fol.1-. Man rechnete durch diese Maßnahme mit einer monatlichen Rohfilmersparnis von 770 000 Meter bei einer durchschnittlichen Länge der Wehrmachtswochenschau von 550 Metern. Im Dezember 1944 wurde die filmische Truppenbetreuung vom OKW in das Hauptamt Film der NSDAP verlegt und eine Neuverteilung der Rohfilmmenge unter den Kontingentträger verfügt. Schreiben von Hinkel an den Staatssekretär im RMVP Naumann vom 8. 12. 1944. BA R 55/663, fol. 1-.
[149] Vgl. Film-Nachrichten, 2. Jg., Nr. 5 vom 3. 2. 1945, in denen die Laufzeit der DW 750/1945 für zwei Wochen angekündigt wird.
[150] Zu den Zensurdaten vgl. das von Peter Bucher erstellte Findbuch Bd. 8 des Bundesarchivs, wobei allerdings zu berücksichtigen ist, dass die Zensurdaten nicht mehr für alle Ausgaben des Jahres 1945 zu ermitteln sind. Dies gilt für die DW 751/1945, DW 752/1945 und die DW 755/1945.
[151] BA R 55/343.
[152] BA Personalien Roellenbleg RKK 2652, File 01.

»da die obengenannte wochenschau vermutlich noch in kleineren orten im einsatz ist, wird gebeten, nach moeglichkeit die stelle sofort herauszunehmen, der folgender satz unterlegt ist: ›der mit acht armeen und vielen panzerformationen gefuehrte grossangriff der bolschewisten auf unsere kurlandfront und die ebenso schweren angriffe gegen ostpreussen sind unter ungeheuren bolschewistischen opfern zusammengebrochen‹.«[153]

In welchem Maße Goebbels schließlich selbst zum Opfer seiner eigenen Selbsttäuschung geworden war, offenbart sich bei Erscheinen der letzten Wochenschau im März 1945 (DW 754/1945; Zensurdatum: 16. 3. 1945). Zur Ausgabe dieser Wochenschaufolge, die unter anderem einen Ausschnitt seiner Rede in Görlitz vom 11. März 1945 enthält, in welcher der Propagandaminister die Bevölkerung zu verstärkten Anstrengungen aufrief, äußert er sich selbstzufrieden:

»[...] diese Wochenschau stellt einen Bildstreifen dar, mit dem wir wirklich einmal wieder propagandistisch wirken können.«[154]

6. Programm und Publikum

In der Weimarer Republik war die Nachrichtenvermittlung der Ufa-Wochenschauen unter Hugenbergs Leitung auf die Propagierung einer konservativ-aristokratischen Gesellschaftsordnung ausgerichtet, wobei die Beschwörung preußisch-deutscher Tugenden und Wertvorstellungen das Fundament des neuen Staatswesen bilden sollten. Die Nationalsozialisten übernahmen nach der Machtergreifung diese Zielsetzungen insoweit sie mit ihren eigenen Vorstellungen konform waren, bemühten sich aber insbesondere nach der Errichtung des Reichspropagandaministeriums im März 1933 verstärkt um ein eigenes Profil, indem sie versuchten, den Anteil der DNVP an der »nationalen Revolution« herunterzuspielen, vermehrt Politiker aus den eigenen Reihen in der Wochenschau zu Wort kommen ließen sowie zunehmend Beiträge mit einer eindeutig nationalsozialistischen Programmatik präsentierten.[155]

Deckungsgleich waren die wirtschaftlichen und politischen Interessen der Koalitionspartner vor allem im Kampf gegen die Bestimmungen des Versailler Vertrages, der weiterhin einen grundlegenden Bestandteil des Wochenschauprogramms bildete. Das Spektrum der eingesetzten Beiträge zur Vermittlung dieses Themenkomplexes erstreckte sich auch nach der Machtergreifung nicht nur auf Berichte mit eindeutig politischem Gehalt, sondern auch auf scheinbar unpolitische Beiträge. Auch vordergründig unterhaltende oder informative Themen wie Brauchtum oder Feiern im Jahreslauf bis hin zur Sportberichterstattung wurden geschickt und für den Zuschauer kaum merklich mit der Forderung nach Rückgabe abgetretener Territorien oder Wiederaufrüstung

---
[153] BA R 109 II/67.
[154] Goebbels, Joseph: Tagebücher 1945, Die letzten Aufzeichnungen, Hamburg 1977, S. 206. Eintragung vom 12. 3. 1945.
[155] Besonders deutlich wird dieses Bestreben in einem Beitrag aus der Deulig-Tonwoche 66/1933, in der zum Boykott jüdischer Geschäfte aufgerufen wird.

verknüpft. In den Beiträgen über tradierte deutsche Bräuche geschah dies etwa in der Weise, dass man auch jene Gebiete unauffällig in die Berichterstattung miteinbezog, die gemäß Versailler Vertrag abgetreten werden mussten und damit ihre Zugehörigkeit zum Deutschen Reich untermauerte.

Auch wenn sich in Gestaltung und Präsentation der Wochenschauen nach der Machtergreifung auf den ersten Blick keine gravierenden Unterschiede erkennen lassen, weist die ab Juli 1933 ausschließlich unter nationalsozialistischer Kontrolle stehende Filmberichterstattung bei der Frage nach dem popagierten gesellschaftlichen Leitbild einen signifikanten Unterschied gegenüber ihren unter deutschnationaler Führung stehenden Vorläufern auf: Erstmals gelang es, ein in sich geschlossenes, intaktes soziales System in der Wochenschau vorzuführen, das zugleich klassen- und generationsübergreifend war und dem Zuschauer eine fest gefügte Vorstellung von der Welt vermittelte sowie seine eigene Position im Staat prädisponierte. Möglich wurde die umfassende Vereinnahmung des Individuums durch die Totalisierung aller Lebensbereiche, die das Alltagsleben durch eine Vielzahl staatlicher Organisationen und Institutionen (z.B. NSV, HJ, BDM, Arbeitsdienst, Wehrmacht) von Kindheit an in vorgegebene Bahnen lenkte und die persönlichen Bedürfnisse des Einzelnen ganz dem Staatsinteresse unterordnete. Diese Auffassung findet ihren Ausdruck nicht zuletzt in den zahlreichen Massenveranstaltungen, welche die geforderte Ein- und Unterordnung des Individuums unter das Ideal der viel beschworenen Volksgemeinschaft bildhaft untermauerten.

Darüber hinaus ist noch auf ein weiteres Kriterium in der Wochenschauberichterstattung hinzuweisen, das im konzeptionellen Bereich eine wichtige Rolle spielte. Durch die Zentralisierung der Macht wurde der Akzent von der Kritik an den politischen Gegnern im eigenen Land, die bereits kurz nach der Machtergreifung ausgeschaltet worden waren, auf die Verherrlichung der eigenen Errungenschaften verlagert. Dieser Sachverhalt schlägt sich bis in die letzten Monate vor Kriegsende in den durchgängig stabilen prozentualen Anteilen in der Rubrik über ›Politische Feierlichkeiten‹[156] nieder und erklärt gleichzeitig die geringe Anzahl von Beiträgen im Bereich der Innenpolitik, deren prozentuale Werte mit Ausnahme der ersten Monate nach Kriegsausbruch jeweils deutlich unter denen der Berichte über das Zelebrieren nationalsozialistischer Erfolge liegen.[157] Ausschlaggebend für dieses Resultat ist die selektive ›Informationspolitik‹ der neuen Machthaber, die vor allem in der Phase der Stabilisierung alle Ereignisse aus der innenpolitischen Berichterstattung ausklammerten, welche die Gleichschaltung des gesamten gesellschaftlichen und politischen Lebens offengelegt hätten (etwa die Auflösung der Parteien und Gewerkschaften). Die Wochenschau erwies sich vor allem da erfolgreich, wo sie an bereits existierende Stereotype und Klischees anknüpfen konnte und die Bevölkerung auf kaum merkliche Weise mit dem neuen System vertraut machte, ohne freilich die Schattenseiten nationalsozialistischer Politik

---

[156] Dazu zählen nationalsozialistische Gedenktage wie »Der Tag der Machtergreifung am 30. Januar«, »Der Heldengedenktag am 16. März« oder »Der Geburtstag des Führers am 20. April«
[157] Diese Ergebnisse basieren auf einer quantitativen Auswertung der Ufa- und Deulig-Tonwoche. Vgl. dazu Bartels, 2004 S. 274 ff.

aufzuzeigen. Dass diese propagandistische Ausrichtung trotz der ihr innewohnenden Widersprüche in weiten Teilen der Bevölkerung auf Zustimmung stieß, lag vor allem an der schnellen Beseitigung der Massenarbeitslosigkeit, die als vordringliches gesellschaftspolitisches Problem angesehen wurde und um deren Lösung willen man bereit war, Einschränkungen der persönlichen Freiheit in Kauf zu nehmen.

Die thematische Auswahl der zu behandelnden Themen erstreckte sich jedoch nicht nur auf die selektive Berichterstattung über aktuelle Ereignisse, sondern diente auch der kontinuierlichen Propagierung langfristiger ideologischer Überzeugungen, die das Fundament des neuen Staates bilden sollten. Die beiden ideologischen Hauptziele, die es nach der Machtergreifung zu verwirklichen galt, sahen die Errichtung einer neuen Lebensordnung und eine neue Menschenformung vor. Dazu bedurfte es einer völlig neuen Rangordnung der Werte, wobei man auf vermeintlich historische Vorbilder zurückgriff, mittels derer das Bild einer klassenlosen Volksgemeinschaft suggeriert werden sollte. Der Rückgriff auf tradierte Werte diente insbesondere in den ersten Jahren nach der Machtergreifung als stabilisierender und ordnender Faktor, rechtfertigte darüber hinaus auch den Anspruch der Nationalsozialisten, »der einzige ›legitime Vollender‹ der deutsche Geschichte und der einzige Anwärter auf die Weltherrschaft zu sein«.[158]

Der Wochenschau als periodisch erscheinendem Nachrichtenfilm kam in erster Linie eine unterstützende Funktion bei der Vermittlung langfristig angestrebter ideologischer Aussagen zu, die sich vorrangig an ein Publikum richteten, das bereits durch andere Medien – vor allem durch die Presse – ›informiert‹ und für die Aufnahme und Interpretation derartiger Botschaften vorbereitet worden war. Auf diese Weise konnte die Wochenschau als großflächig eingesetztes Massenbeeinflussungsmittel einerseits bereits überzeugte Nationalsozialisten in ihrer politischen Meinung bestärken, andererseits aber auch bei politisch uninteressierten oder noch unentschlossenen Zuschauern eine positive Grundstimmung erzeugen, die Möglichkeiten einer weitergehenden politisch-ideologischen Indoktrination offen ließen.

In dieser Einschätzung zeigen sich die Möglichkeiten, aber auch die Grenzen der Wochenschauberichterstattung, denn ein heterogen zusammengesetztes Publikum, für das die Wochenschau zumindest in der Vorkriegszeit lediglich den ›Auftakt‹ zum vordergründig unterhaltendem Hauptfilm bildete, ließ sich im Hinblick auf die herrschende politische Einstellung nicht so einfach ›ausrechnen‹, wie dies etwa auf die bereits überzeugte Zuschauerschaft bei Filmvorführungen in internen Parteikreisen zutraf. Dementsprechend vorsichtig war der Umgang mit politisch brisanten Themen, über deren Akzeptanz sich die nationalsozialistischen Machthaber bei der großen Bandbreite des Kinopublikums nicht sicher sein konnten. In diesen Bereich fallen vor allem jene Themen, die in Zusammenhang mit der Ausgrenzung und Verfolgung bestimmter Bevölkerungsteile (Juden, Kommunisten) aus politischen oder ideo-

---

[158] Einen kurzen Überblick über diese Thematik bietet Grebing, Helga: Die Ideologie des Nationalsozialismus, in: Politische Studien, 11. Jahrg., 1960, S. 165-172.

logischen Gründen standen. Fanden derartige Berichte überhaupt Eingang in die Wochenschauberichterstattung, bediente man sich vorrangig der vergleichenden Darstellung mit anderen Staaten, durch die eine direkte Konfrontation mit dieser Thematik im eigenen Land vermieden wurde.[159]

Die Wirksamkeit eines solchen auf ›Langzeitwirkung‹ ausgerichteten Propagandainstruments wie die Wochenschau wurde demzufolge vorrangig in einer kontinuierlichen Wiederholung derselben Themen und der mit ihnen verbundenen Kernaussagen gesehen.[160] Einen Bedeutungswandel erfuhren viele der gezeigten Themen konsequenterweise nicht durch eine veränderte Darstellungsweise, sondern durch den Kontext, in den sie zusammen mit anderen Beiträgen – der jeweiligen politischen Situation angepasst – gestellt wurden. Die Gleichartigkeit und Austauschbarkeit der Beiträge und der auf wenige Kernaussagen reduzierten Botschaften der einzelnen Sujets bedingten gleichzeitig eine zurückhaltende Formulierung des zu vermittelnden ideologisch-politischen Gehaltes, wollte man eine allzu offensichtliche Beeinflussung des Zuschauers vermeiden. Goebbels, der von jeher subtile Methoden bei der propagandistischen Einflussnahme auf die Bevölkerung bevorzugt hatte, vermied daher eine direkte Indoktrination und setzte stattdessen auf die suggestive Mobilisierung von euphorischen oder aggressiven Emotionen. Darüber hinaus ist insbesondere bei der Vermittlung ideologischer Inhalte zu berücksichtigen, dass er einer verklärenden Darstellungsweise nordischen Mystizismus‹ im Sinne Rosenbergs als auch den Germanisierungsversuchen Himmlers skeptisch gegenüberstand, ja sie sogar als »kultischen Unfug« ablehnte[161], und daher auch in diesem Bereich für einen zurückhaltenden Umgang dieser Themen in der Wochenschau sorgte und sie geschickt mit realpolitischen Zielsetzungen zu verknüpften verstand. Goebbels erwies sich auch hier – wie in vielen anderen Bereichen des Filmwesens – als Pragmatiker, der die Möglichkeiten und Grenzen der Wochenschaupropaganda durchaus richtig einzuschätzen wusste.

Die Grenzen der nationalsozialistischen Filmpropaganda hatte der Minister schon in den ersten Jahren nach der Machtergreifung erkennen müssen, als es weder durch die kontinuierliche Vorführung der Wochenschau noch durch die

---

[159] Vgl. DW 558/1941; 566/1941; 567/1941; 570/1941. Eine aufschlussreiche Untersuchung über die Einstellung der deutschen Bevölkerung gegenüber der antisemitischen Politik im Dritten Reich bieten Mommsen, Hans und Obst, Dieter: Die Reaktion der deutschen Bevölkerung auf die Verfolgung der Juden 1933 – 1943, in: Herrschaftsalltag im Dritten Reich, Studien und Texte, Düsseldorf 1988, S. 374-486. In Zusammenhang mit dem Einmarsch der deutschen Truppen in Polen steht die Entstehung des antisemitischen Hetzfilms Der ewige Jude (1940), der entgegen Goebbels' Erwartungen beim Publikum auf Ablehnung stieß, was sich in den Kommentaren zum Film, vor allem aber im schlechten Besuch der Filmvorführungen in den Kinos äußerte. Vgl. ausführlich Bucher, Peter: Die Bedeutung des Films als historische Quelle: ›Der ewige Jude‹, in: Festschrift für Eberhard Kessel zum 75. Geburtstag, München 1982, S. 320.

[160] Diese Methode propagandistischer Beeinflussung entsprach auch Hitlers Auffassung von Massenpropaganda. Bereits in Mein Kampf hatte er gefordert, dass »jede wirkungsvolle Propaganda [sich] nur auf sehr wenige Punkte zu beschränken und diese schlagwortartig so lange zu verwerten [hat], bis auch der Letzte unter einem solchen Worte das Gewollte sich vorzustellen vermag.« Hitler, Adolf: Mein Kampf, München 1933, S. 202.

[161] Tagebucheintragung vom 21. 8. 1935. Fröhlich, 1987, Bd. 2, S. 505/06.

sich in ständigem Einsatz befindenden 1000 Tonfilmwagen der Partei gelungen war, die Landflucht zu stoppen[162] und die bäuerliche Bevölkerung allerorten von den Vorteilen der neuen Agrarordnung zu überzeugen.[163] Dass derartige Misserfolge nationalsozialistischer Filmpropaganda in der Vorkriegszeit keinen Einfluss auf die Konzeption und Gestaltung der Wochenschau hatten, ist im Zusammenhang mit der wechselnden Intention der Wochenschauberichterstattung zu sehen.

Die Abhängigkeit zwischen Ideologie und Politik im Spiegel der Wochenschauberichterstattung führt zu zwei zeitlich voneinander abgegrenzten Phasen: In der Vorkriegszeit verstand man es, langfristig angestrebte ideologische Überzeugungen in sehr subtiler Weise mit den jeweils nächstliegenden realpolitischen Zielsetzungen zu verbinden, so dass sich beide Komponenten ergänzten bzw. ideologische Botschaften zur Durchsetzung politischer Forderungen eingesetzt werden konnten. Nach Ausbruch des Krieges erfolgte in vielen Bereichen eine Vernachlässigung bzw. eine Verlagerung ideologisch geprägter Themen zu Gunsten einer auf die Bedürfnisse des Krieges abgestellten Berichterstattung. Erwiesen sich die in der Vorkriegszeit eingesetzten Themen zur Anpassung an die kriegsbedingten Verhältnisse als ungeeignet, wurden sie aus der Wochenschau ausgeklammert.

Mit dem Ausbruch des 2. Weltkriegs veränderten sich die Aufgaben nationalsozialistischer Propaganda nachhaltig, denn im Gegensatz zur Phase der Konsolidierung des neuen Herrschaftssystems, in der die breite Masse durch staatliche Lenkung zwangsorganisiert wurde, war man nun auf die aktive Mitarbeit und Unterstützung der Bevölkerungsmehrheit bei der Durchsetzung der militärischen Ziele angewiesen. Zur Verwirklichung dieser Zielsetzung bedurfte es eines neuen Verhältnisses zwischen Wochenschauproduzent und -rezipient, denn Goebbels konnte der Aufnahme seiner Propaganda nicht gleichgültig gegenüberstehen, wenn er seine mehr oder weniger offensichtlichen propagandistischen Botschaften Erfolg versprechend an das Publikum weiterleiten wollte. Dieses veränderte Verhältnis zwischen staatlich gelenkter Propaganda und Empfänger drückt sich insbesondere in dem Bestreben aus, durch wöchentlich erstellte Berichte des Sicherheitsdienstes der SS[164] nicht nur die allgemeine Stimmung in der Bevölkerung, sondern auch die Reaktion des Kinopublikums auf die in der Wochenschau gezeigten Ereignisse zu erfassen, wobei der Einschätzung der jeweiligen militärischen Lage Priorität eingeräumt

---

[162] Kulturpolitische Pressekonferenz vom 13. 6. 1941. BA ZSg 102/63, fol. 1-.

[163] Vgl. den Bericht der Landesbauernschaft Hannover vom 10. 11. 1937 über die schlechte wirtschaftliche und soziale Lage der bäuerlichen Bevölkerung. BA NS 35/vorl. 8.

[164] Zu Aufbau und Aufgabe der Sicherheitspolizei und des SD liegen umfangreiche Quellen in BA R 58/243 vor. Zur Ausrichtung der Bericht vgl. u.a. Goebbels' Weisung auf der Ministerkonferenz vom 26. 10. 1939: »Die Lage- und Stimmungsberichte von SD, Gau usw. sollen immer wieder, falls sich eine oberflächliche Berichterstattung oder falsche Darstellung ergibt, richtiggestellt werden um diese Stellen zu sachlicher Berichterstattung zu erziehen. (Auftrag an Pg. Schmidt).« Punkt 2 der Ministerkonferenz vom 26. 10. 1939. BA 50.01/1 a. Goebbels' Klagen über die Unzulänglichkeiten der SD-Berichte hielten allerding trotz wiederholter Weisungen bis zu ihrer Einstellung im Februar 1945 an.

wurde.¹⁶⁵ Für die Zeit vor Kriegsausbruch liegen dagegen keine Hinweise vor, die auf eine stimmungsmäßige Erfassung des Kinopublikums schließen lassen, noch stellte man Untersuchungen über das psychologische Klima der Empfänger, ihre Informationsbedürfnisse oder über ihre Haltung gegenüber der propagandistischen Beeinflussung an¹⁶⁶; eine Rezeptionsgeschichte der Wochenschau ist somit für die Vorkriegszeit nicht zu leisten.

Eine weit gehende Übereinstimmung zwischen Wochenschauproduzent und -rezipient wurde den vorliegenden Quellen zufolge vor allem in den ersten beiden Jahren des Krieges erzielt, als die »Deutsche Wochenschau« zum wichtigsten Propagandainstrument avancierte, das teilweise noch vor Presse und Rundfunk rangierte und hinsichtlich seiner dramaturgischen und technischen Gestaltungsmittel dem Spiel- und Dokumentarfilm ebenbürtig war bzw. diesen in seiner thematischen und gestalterischen Ausrichtung sogar nachhaltig beeinflusste.¹⁶⁷ Die immer wieder suggerierte oder behauptete und auf Seiten der Zuschauer auch anfangs geglaubte Möglichkeit, im Filmtheater den Krieg durch die Wochenschau mitzuerleben, mobilisierte Besucherschichten, die bis dahin Abstand von einem Kinobesuch genommen hatten. Eine so sehr auf ›Wirkung‹ vorprogrammierte Wochenschauberichterstattung, die sich hauptsächlich des Elementes des Kämpfens und des Siegens bediente, musste jedoch umso mehr an Überzeugungskraft verlieren, je weniger sie auf derartige Aufnahmen aus den Propagandakompanien zurückgreifen konnte. Demzufolge wiederholte sich während der Dauer des Kriegs in Abhängigkeit von der militärischen Lage jeweils dasselbe Bild: Führten die militärischen Operationen der deutschen Truppen zu ansehnlichen Erfolgen, erhöhte sich auch die Anzahl der hauptsächlich an der Wochenschau interessierten Kinozuschauer, um gleichsam mit Stolz wie Beklommenheit das Geschehen auf der Leinwand mitzuverfolgen; waren dagegen Rückschläge oder Stagnation zu verzeichnen, blieben die Zuschauer der Wochenschau fern.¹⁶⁸

---

¹⁶⁵ Über »Zuverlässigkeit und Aussagewert der ›Quellen‹« informiert - ohne allerdings auf die Wochenschauen näher einzugehen - Steinert, Marlies G.: Hitlers Krieg und die Deutschen - Stimmung und Haltung der deutschen Bevölkerung im Zweiten Weltkrieg, Düsseldorf/Wien 1970, S. 40 - 48.

¹⁶⁶ Gesicherte empirische Untersuchungen waren zu diesem Zeitpunkt noch unbekannt. Erste repräsentative Umfragen wurden Mitte der dreißiger Jahre in den USA entwickelt; in Deutschland begann man sich Anfang der vierziger Jahre mit der Erfassung empirisch gesicherter Daten zu beschäftigen. Vgl. ausführlich die Dissertation von Noelle-Neumann, Elisabeth: Meinungs- und Massenforschung in den USA, Berlin 1940.

¹⁶⁷ Dazu zählen u.a. die in den Jahren 1940 und 1941 hergestellten Produktionen »Kopf hoch, Johannes«, »Feinde«, »Kampfgeschwader Lützow«, »U-Boote westwärts« und »Stukas«. Vgl. auch Bucher, 1986, S. 55.

¹⁶⁸ Vgl. dazu etwa den SD-Bericht vom 4. 3. 1943, in dem es u.a. heißt: »Es liegen Feststellungen aus breiteren Bevölkerungskreisen vor, daß man nicht mehr allein um der Wochenschau willen ins Lichtspieltheater gehe und ihretwegen nicht mehr all die unerquicklichen Begleitumstände, wie das Anstehen von Karten, auf sich nehmen wolle.« Meldungen aus dem Reich Nr. 364 vom 4. 3. 1943. Boberach, 1984, Bd. 13, S. 4892. Und der Tätigkeitsbericht des RMVP vom 9. 11. 1944 vermeldet zum Besuch der Wochenschauen: »Das Interesse an der deutschen Wochenschau habe in der letzten Zeit wieder nachgelassen. Gewöhnlich füllten sich die Filmtheater erst während des Ablaufs der Wochenschau. Laufe eine Wochenschau nach dem Hauptfilm, könne man erleben, daß 50% der Besucher nach dem Hauptfilm das Theater verließen.« (Ostpreussen, Wien)

Diese einseitige inhaltliche Ausrichtung war es schließlich, die der Wochenschau vor allem nach der Niederlage von Stalingrad ihre Glaubwürdigkeit nahm, bis sie letztendlich der Lächerlichkeit anheim fiel.[169] Die unveränderte Leitidee der Wochenschau, ihre Fixierung auf militärische Erfolge, ließ die Diskrepanz zwischen Realität und Propaganda zu offensichtlich werden, als dass sie den Zuschauer noch hätte beeindrucken können.[170] Goebbels, der bereits gegen Ende des Jahres 1941 für eine realistischere Berichterstattung über die militärische Lage plädierte, konnte sich mit diesem Anliegen bei Hitler ebenso wenig durchsetzen wie mit seinen Vorstellungen von forcierten Maßnahmen zum Arbeitseinsatz der Zivilbevölkerung.[171]

Die Abwendung von der Wochenschau führte allerdings nicht zwangsläufig zur Abstinenz vom Kino. Im Gegenteil: Waren es zu Beginn des Krieges die Wochenschauen, welche die Menschen in die Filmtheater zogen, so entpuppten sich am Ende die Spielfilme als Publikumsmagneten, in denen ein ›happy end‹ und Siege noch möglich schienen.

7. Ausblick

Durch umfangreiche Arbeiten über Struktur und Wirkungsweise der Wochenschau im Dritten Reich[172], das nationalsozialistische Filmsystem unter Joseph Goebbels[173] sowie die Filmarbeit der NSDAP vor 1933[174] sind in den neunziger Jahren wichtige Grundlagen zur Erforschung der NS-Filmproduktion und ihrer Vorläufer gelegt worden. Dennoch gibt es auch weiterhin noch Lücken in der Forschung zu schließen. So liegen für den Bereich der Wochenschauherstellung bis jetzt weder grundlegende Untersuchungen über die Wochenschau-

---

BA R 55/601, fol. 1-307. Die Zahl der Kinobesucher, die sich durch Spielfilme vom Kriegsalltag ablenken lassen wollten, sank demgegenüber trotz steigender alliierter Luftangriffe und Zerstörung vieler Filmtheater nur geringfügig, so dass Goebbels noch im März 1945 notiert: »Die letzte Filmstatistik ist trotz aller Schwierigkeiten in den verschiedenen Gauen immer noch positiv ausgefallen. Man wundert sich darüber, daß das deutsche Volk noch Lust hat, überhaupt ins Kino zu gehen. Trotzdem ist das in größtem Umfange der Fall.« Tagebucheintragung vom 22. 3. 1945. Goebbels, 1977, S. 338.

[169] Nach der Einnahme der französischen Hafenstadt Cherbourg durch die Alliierten im Juli 1944 wurde beispielsweise unter Kinobesuchern offen gespottet: »Monatelang zeigte man uns in der Wochenschau die *Uneinnehmbarkeit des Atlantikwalls*. Jetzt ist der schöne Traum aus« (z.B. Berlin). Meldungen über die Entwicklung der öffentlichen Meinungsbildung vom 6. 7. 1944. Boberach, 1984, Bd. 17, S. 6628. Zur Antlantikwall-Propaganda vgl. die DW 659/1943 (Zensurdatum: 21. 4. 1943).

[170] Vgl. zu dieser Entwicklung ausführlicher Bucher, 1986, S. 53 ff.

[171] Die Ursache für Hitlers ablehnende Haltung gegenüber einem verstärkten Arbeitseinsatz von Frauen lag in der Befürchtung vor der seiner Ansicht nach gefährlichen Verwischung sozialer Standesunterschiede begründet. Boelcke, Willi (Hrsg.): Wollt ihr den totalen Krieg?, Die geheimen Goebbels Konferenzen 1939-43, Herrsching 1989, S. 207 f.

[172] Bartels, Ulrike: Die Wochenschau im Dritten Reich, Entwicklung und Funktion eines Massenmediums unter besonderer Berücksichtigung völkisch-nationaler Inhalte, Frankfurt am Main 2004.

[173] Moeller, Felix: Der Filmminister Goebbels und der Film im Dritten Reich, Berlin 1998.

[174] Hanna-Daoud, Thomas: Die NSDAP und der Film bis zur Machtergreifung, Köln/Weimar/Wien 1996.

en aus der Weimarer Republik noch aus der Zeit des 1. Weltkrieges vor. Auch wurde den NS-Film- und Wochenschauproduktionen für das Ausland bislang kaum Beachtung geschenkt. Die ideologische Beeinflussung durch das Medium Film beschränkte sich keineswegs auf die einheimische Bevölkerung im »Altreich«, sondern erstreckte sich auch auf die im Ausland lebende Bevölkerung. So wurden für die unter deutscher Besatzung stehenden Gebiete eigens kurze Propagandafilme in stummer Fassung hergestellt, die später in der jeweils erforderlichen Sprache nachsynchronisiert bzw. untertitelt oder mittels eines Begleittextes von einem Redner vorgetragen werden konnten. Nicht selten wurden bei der Herstellung dieser Propagandafilme einfach Ausschnitte aus Wochenschauen und Dokumentarfilmen verwandt und zu einem neuem Film zusammengestellt. Darüber hinaus wurden die Wochenschauproduktionen in den besetzten Ländern von deutscher Seite übernommen und mit einheimischen Arbeitskräften weitergeführt.[175] Für diesen Bereich der Wochenschauherstellung wäre eine Analyse über Struktur und Inhalte der Wochenschauen sicherlich ebenfalls sehr aufschlussreich.

Auch die deutschstämmige Bevölkerung im neutralen oder befreundeten Ausland als »Vorposten« des Deutschtums wurde regelmäßig mit Auslandswochenschauen[176] und einer Auswahl von deutschen Spiel- und Dokumentarfilmen beliefert, damit »die Verbindung mit dem Mutterland fest und unzerreißbar ist.«[177] Darüber hinaus sollten die im neutralen Ausland kursierenden Wochenschauen um Sympathie und Verständnis für die Politik Deutschlands bei den jeweiligen Regierungen werben. Zu diesem Zweck gab es beispielsweise in Chile allmonatlich zwei geschlossene Filmvorführungen vor Vertretern des Militärs.[178] Dieser Sparte der NS-Filmproduktion ist bisher wenig Aufmerksamkeit geschenkt worden wie auch für den Bereich des Dokumentarfilms bis jetzt noch keine grundlegende Publikation vorliegt. Des Weiteren fehlen bislang vergleichende Analysen zwischen den deutschen und den alliierten Kriegswochenschauen des 2. Weltkriegs. Immerhin liegt mit der Arbeit von Jutta Gröschl[179] mittlerweile eine zusammenfassende Darstellung für die in Deutschland unter alliierter Kontrolle produzierten Wochenschauen aus der Zeit nach dem 2. Weltkrieg vor. Allerdings sind auch für diesen Bereich noch eingehende Filmanalysen wünschenswert, die Kontinuitäten und Diskontinuitäten der politisch-ideologischen Beeinflussung im ›Nachrichtenfilm‹ aufzeigen, die noch bis in die heutige Zeit hineinwirken.

---

[175] So etwa bei der »Belga Nieuws« im besetzten Belgien, über die Quellenmaterial im Bundesarchiv vorliegt. Darüber hinaus wurden in Deutschland monatlich erscheinende Auslandswochenschauen produziert, die in der jeweiligen Landessprache synchronisiert wurden.

[176] 1944/45 wurden für das Ausland sogar vier farbige Monatsschauen produziert. Beim Institut für den wissenschaftlichen Film (IWF) Wissen und Media GmbH in Göttingen liegen Filmeditionen zu diesen Panorama-Monatsschauen vor (G 202-204, G 207).

[177] Der Aufbau des Deutschtums im Ausland. BA 62 Di 1/1310.

[178] BA R 55/1395.

[179] Gröschl, Jutta: Die Deutschlandpolitik der vier Großmächte in der Berichterstattung der deutschen Wochenschauen 1945-1949, Gießen 1997.

III.

HÖRFUNK

»Nur nicht langweilig werden...«

Das Radio im Dienst der nationalsozialistischen Propaganda

von

HANS SARKOWICZ

Für die Nationalsozialisten stand schon am Ende der Weimarer Republik fest, dass sie dem Rundfunk ihre besondere Aufmerksamkeit widmen würden. Vor allem ihr Reichspropagandaleiter Joseph Goebbels wusste, welche Möglichkeiten das noch junge Medium bot, und ließ sich im Oktober 1932 zum Vorsitzenden des ›Reichsverbands Deutscher Rundfunkteilnehmer‹ wählen. Die politisch ganz rechts angesiedelte Organisation diffamierte die Mitarbeiter der Sender als marxistisch und forderte ein Mitspracherecht bei der Programmgestaltung. Für Goebbels war der ›Reichsverband‹ ein Teil seiner Strategie, die darauf zielte, den Rundfunk ganz in seine Hände zu bekommen, oder, wie er am 20. September 1932 in seinem Tagebuch notierte:

> »Unsere Rundfunkorganisation schreitet mächtig vorwärts; es fehlt nur noch, daß wir die Sender benutzen können.«[1]

Die Voraussetzungen für die fast reibungslose Machtübernahme im Rundfunk hatten die Politiker der Weimarer Republik geschaffen. Das privatrechtlich firmierende Radio war ihnen nämlich schon lange ein Dorn im Auge gewesen. Bereits 1925 hatten sich die regionalen Sender in der ›Reich-Rundfunk-Gesellschaft‹ zusammenschließen müssen. Das Reichspostministerium ließ sich dabei eine Mehrheitsbeteiligung einräumen. Mit der Rundfunkordnung von 1926 wurden politische Überwachungsausschüsse und Kulturbeiräte eingeführt. Damit erhielten das Reich und die Länder, die die Mitglieder dieser Gremien bestimmten, eine weitgehende Zensurbefugnis. Eine politische Berichterstattung, wie wir sie heute kennen, war unter diesen Bedingungen nicht möglich. Noch nicht einmal ihre Nachrichten durften die Sender allein zusammenstellen. Sie mussten vom ›Drahtlosen Dienst‹ in Berlin übernommen werden, an dessen Spitze ein vom Reichskabinett bestätigter Chefredakteur stand. Zudem konnte die Reichsregierung jederzeit verlangen, ihre Verlautbarungen über Auflagesendungen zu verbreiten.

Die Politiker in der Endphase der Weimarer Republik waren weder an einem demokratischen noch an einem Völker versöhnenden Rundfunk (wie ihn Albert Einstein 1930 bei der Eröffnung der Berliner Funkausstellung gefordert hatte) interessiert. Sie benötigten ein Massenmedium, das ihnen fast uneingeschränkt zur Verfügung stand. Unter Reichskanzler Franz von Papen wurde im Frühsommer 1932 sogar eine fast tägliche »Stunde der Reichsregierung«

---

[1] Zit. n. Diller, Ansgar: Rundfunkpolitik im Dritten Reich, München 1980, S. 24.

eingeführt, in der Mitglieder des Kabinetts ihre Entscheidungen bekannt geben und begründen konnten. Wenig später gingen alle Rundfunkanstalten gegen Entschädigungszahlungen in Staatsbesitz über. Nur noch die öffentliche Hand konnte Gesellschaftsanteile (51 Prozent das Reich und 49 Prozent die Länder) halten. Das war die konsequente Verstaatlichung des Rundfunks, die den Boden für den Missbrauch des Radios als Propagandainstrument der Nationalsozialisten bereitete.

Goebbels musste nur noch zugreifen. Im Gegensatz zu den Hunderten kleiner, mittlerer und großer Zeitungen in Deutschland, die erst Stück für Stück auf den neuen politischen Kurs gebracht werden mussten und nur mit Zeitverzögerung berichten konnten, stand der klar strukturierte Rundfunk mit seiner Möglichkeit für Live-Sendungen bereits unmittelbar nach der Machtübernahme als Propagandainstrument zur Verfügung.

Schon wenige Stunden, nachdem Reichspräsident von Hindenburg am 30. Januar 1933 Adolf Hitler zum Reichskanzler ernannt hatte, ließ Goebbels mit einer improvisiert scheinenden, in ihrer Wirkung aber genau berechneten Live-Reportage vom Fackelzug der NS-Formationen in Berlin berichten. Alle Sender wurden zur Ausstrahlung verpflichtet; nur der Bayerische Rundfunk blendete sich nach kurzer Zeit aus. »Statt einer endlosen Sequenz von Reden und Massenjubel aus der Reichskanzlei wurde das vorgesehene Programm gesendet«, schreibt Stephanie Schrader in ihrer Untersuchung über den Bayerischen Rundfunk während der NS-Zeit. »Man habe die Ernennung der Regierung in Berlin und nicht eine Parteikundgebung erwartet, so die Begründung aus dem Funkhaus.«[2] Die Wirkung der Übertragung muss gewaltig gewesen sein. Hatten bisher die führenden Politiker der Weimarer Republik in ihrer »Stunde der Reichsregierung« immer neue Notverordnungen verkündet und düstere Prophezeiungen verbreitet, so feierte plötzlich eine ganze Stadt, wie es schien, die ›nationale Revolution‹.

Mit der Reportage vom Fackelzug hatte Goebbels sein propagandistisches Meisterstück geliefert. Die im militärischen Zeremoniell ablaufende Feier mit Tschingdarassabum und verstohlenen Blicken in die Arbeitszimmer der neuen Machthaber sollte nach Jahren der wirtschaftlichen und politischen Krisen eine Aufbruchsstimmung suggerieren, die niemand mehr erwartet hatte. Denn zunächst schien die Regierung Hitler nur eine von den schnell wechselnden Kabinetten der Weimarer Republik zu sein. Aber mit dieser Live-Übertragung machte Goebbels deutlich, dass mit den Nationalsozialisten länger als nur ein paar Monate zu rechnen war.

Reichsrundfunkkommissar Hans Bredow, einer der Pioniere des Radios in Deutschland, erkannte das noch am Tag der Ernennung Hitlers und reichte seinen Abschied ein. Mit ihm verließen die prominentesten Vertreter des Rundfunks in der Weimarer Republik die Sender – freiwillig oder unter Zwang. Innerhalb weniger Wochen wurden in den einzelnen Anstalten bis zu 40 Prozent der Mitarbeiter gekündigt – entweder weil sie als ›politisch unzuverlässig‹

---

[2] Schrader, Stephanie: Von der »Deutschen Stunde in Bayern« zum »Reichssender München«. Der Zugriff der Nationalsozialisten auf den Rundfunk, Frankfurt am Main u.a. 2002, S. 54.

1 | Inhaftierung von Rundfunkjournalisten und -politiker im KZ Oranienburg im August 1933. Von links nach rechts: der Vorstandsvorsitzende der Reichsrundfunkgesellschaft Kurt Magnus, Rundfunkintendant Dr. Hans Flesch, der Direktor der Reichsrundfunkgesellschaft Heinrich Giesecke, Rundfunksprecher Alfred Braun, der SPD-Reichstagsabgeordnete Friedrich Ebert, der sozialdemokratische Rundfunkpolitiker Ernst Heilmann
Bundesarchiv, Bild 183-R96360, Fotograf unbekannt

galten oder jüdischer Abstammung waren. Nur ein einziger Intendant, Alfred Bofinger in Stuttgart, blieb im Amt. Er hatte sich rasch an die neue politische Situation angepasst und war in die NSDAP eingetreten.

Im August 1933 zog der von Goebbels ernannte Reichssendeleiter Eugen Hadamovsky im Berliner Sportpalast Bilanz. Er warf den führenden Rundfunkfunktionären der Weimarer Republik Korruption vor und begründete damit die willkürliche Verhaftung von Radiopionieren wie Kurt Magnus, Alfred Braun, Hans Flesch und Hans Bredow. Dass sozialdemokratische und kommunistische Politiker ebenso wie die missliebigen Rundfunkfunktionäre in Konzentrationslager gebracht wurden, verheimlichte die nationalsozialistische Regierung nicht. Ganz im Gegenteil: In Radioreportagen, etwa aus dem Konzentrationslager Oranienburg, wurde deutlich gemacht, was allen drohte, die sich gegen die neuen Machthaber wandten. Morde und Selbstmorde blieben selbstverständlich unerwähnt. Die Überlebenden mussten mit langwierigen Prozessen rechnen. Von November 1934 bis Juni 1935 standen die Radiomacher der Weimarer Republik vor Gericht. In einem Schauprozess sollte nachgewiesen werden, dass sie die Gebühren der Rundfunkteilnehmer veruntreut hatten. An Beweisen fehlte es allerdings.

Dafür erschien im Berliner Rowohlt Verlag ein Schlüsselroman über die Berliner ›Funkstunde‹, der den Weimarer Rundfunk insgesamt diffamieren wollte. Als Autor von *Kampf im Aether oder Die Unsichtbaren* zeichnete ein A. H. Schelle-Noetzel. Hinter diesem Pseudonym verbarg sich der Schriftsteller Arnolt Bronnen, zu dieser Zeit bekennender Nationalsozialist. Bronnen hatte von 1928 bis 1933 als Dramaturg und sogar als Leiter der Zeitfunk-Abteilung bei der ›Funkstunde‹ gearbeitet. Nach Hitlers Machtübernahme war er zunächst Programmleiter beim Kurzwellensender der ›Funkstunde‹ geworden. Seit 1934 baute er den ›Fernsehsender Paul Nipkow‹ mit auf. Eine intime Kenntnis der Verhältnisse in der ›Funkstunde‹ war Bronnen nicht abzusprechen, aber er nutzte sein Wissen für eine wüste Polemik, die den Radiomachern der Weimarer Republik Intrigen, Inkompetenz und maßlose Geldverschwendung vorwarf:

> »Nicht Geist, nicht Wille, nicht Kraft trieben die Programme vorwärts; nur Geld. Das Geld musste angelegt werden. ARBEITER-GROSCHEN SCHUFEN KULTUR-KAPITALISMUS […]
> Die Flamme schwelte. 1928: es war das Jahr des Rundfunks. Überall in der Provinz züngelten die Skandale, Skandälchen auf. Programm und Technik stagnierten. Hörer und Presse wurden nervös. Man feierte das fünfjährige Jubiläum … wessen? Eines Menschheits-Traums oder einer Abonnenten-Ausbeutung? Eines technischen Sieges oder einer Klamauk-Gesellschaft? Fünf Jahre Äther-Wellen, ein Sechzigtausend-Watt-Sender als Deutschland-Sender, gefunkte Amerika-Flüge, und doch kein Zentrum; keine Kraft; kein Herz; kein Glaube; keine Jugend.«[3]

Der Prozess vor dem Landgericht Berlin hatte über 53 Anklagepunkte zu verhandeln, von denen aber nur vier aufrecht erhalten werden konnten. Schließlich wurden gegen Bredow, Magnus und Flesch Gefängnis- bzw. Geldstrafen ausgesprochen, die aber, so der Rundfunkhistoriker Ansgar Diller, »wegen der Untersuchungshaft bereits als verbüßt galten […] Das Fiasko ging auf Hadamovskys Konto, dessen Misserfolg noch augenscheinlicher wurde, als das Reichsgericht im Februar 1937 in einem Revisionsverfahren das Urteil teilweise aufhob und an die Vorinstanz zurückverwies. Auf Vorschlag des Reichsjustizministeriums, dem sich das Propagandaministerium anschloss, stellte das Landgericht Berlin im März 1938 das Verfahren ein«[4]

Ein Rest von Rechtstaatlichkeit hatte dafür gesorgt, dass aus der politisch motivierten Anklage kein Schauprozess mit einem entsprechenden Ausgang wurde. Die Rückkehr an ihre alten Wirkungsstätten war den ehemaligen Rundfunkmitarbeitern allerdings verwehrt. Die Wenigsten von ihnen hätten das auch gewollt. Auf den Chefsesseln saßen nun NSDAP-Funktionäre, und wer in den Sendeanstalten etwas werden wollte, der ließ seine nationalsozialistische Gesinnung mehr oder weniger deutlich erkennen.

Joseph Goebbels, der schon 1932 ein Volkserziehungsministerium für sich geplant hatte, war am 13. März 1933 zum Minister für Volksaufklärung und

---

[3] Schelle-Noetzel, A. H. (d. i. Bronnen, Arnolt): Kampf im Aether oder Die Unsichtbaren, Berlin 1935, S. 273 u. 285.
[4] Diller, Rundfunkpolitik, S. 132.

Propaganda ernannt worden. Damit unterstand ihm auch der Rundfunk. Vom ersten Tag an ließ er keinen Zweifel darüber aufkommen, welche Rolle er dem Radio zugedacht hatte. Den Intendanten und Direktoren der Rundfunkgesellschaften erklärte er schon zwölf Tage nach seinem Dienstantritt:

> »Der Rundfunk ist nicht dazu da, geistige Experimente auszuführen. Er ist auch nicht dazu da, dem Volk die Entwicklung selbst zu zeigen, sondern das Volk will Resultate sehen. Ich halte den Rundfunk für das allermodernste und für das allerwichtigste Massenbeeinflussungsinstrument, das es überhaupt gibt. Ich bin der Meinung, dass der Rundfunk überhaupt das Volk an allen öffentlichen Angelegenheiten teilnehmen lassen muss, dass es im Volksdasein überhaupt keinen großen Vorgang mehr geben wird, der sich auf zwei- bis dreihundert Menschen begrenzt, sondern dass daran eben das Volk in seiner Gesamtheit teilnimmt. Der Rundfunk muss der Regierung die fehlenden 48 Prozent zusammentrommeln, und haben wir sie dann, muss der Rundfunk die 100 Prozent halten, muss sie verteidigen, muss sie innerlich durchtränken mit den geistigen Inhalten unserer Zeit, dass niemand mehr ausbrechen kann [...]
> Nur nicht langweilig werden. Nur keine Öde. Nur nicht die Gesinnung auf den Präsentierteller legen. Nur nicht glauben, man könne sich im Dienst der nationalen Regierung am besten betätigen, wenn man Abend für Abend schmetternde Märsche ertönen lässt. Wir huldigen nicht billigem Patriotismus, der praktisch ungefährlich geworden ist [...]
> Der Rundfunk soll niemals an dem Wort kranken, man merkt die Absicht und wird verstimmt. Es darf in Zukunft kein Ereignis von politisch-historischer Tragweite geben, woran das Volk nicht beteiligt wäre.«[5]

Damit war die Marschrichtung klar: Der Rundfunk sollte ausschließlich für die nationalsozialistische Propaganda eingespannt werden. Kultur- und Unterhaltungssendungen, Tanzmusik und Konzertübertragungen dienten nicht primär der Bildung und Entspannung, sondern waren lediglich das Lockmittel, um die Hörer möglichst lange an den Lautsprechern zu halten. Denn nur so war gewährleistet, dass die Verlautbarungen der NS-Regierung von möglichst vielen Menschen wahrgenommen wurden.

Ganz in diesem Sinn äußerte sich auch der neue Intendant des Frankfurter Senders, Walter Beumelburg, schon knapp zwei Wochen nach seiner Ernennung vor seinen Mitarbeitern. Der ehemalige Programmkommissar der ›Reichs-Rundfunk-Gesellschaft‹ und überzeugte Nationalsozialist sah die Aufgabe des Rundfunks und damit auch des Frankfurter Senders darin, »am Neubau der deutschen Nation mitzuwirken, dem Einzelnen das Miterleben der großen Ereignisse der Heimat, des Vaterlands und der Welt zu ermöglichen«. Seine Mitarbeiter forderte er auf, alles dafür zu tun, »dass eines Tages dem gewaltigen und erschütternden Umbruch und Aufbruch, der sich jetzt vollzieht, der Durchbruch der deutschen Nation zum endlichen Dritten Reich folgt«[6].

---

[5] Mitteilungen der RRG vom 30.3.1933, zit. n. Diller, Ansgar (Hrsg.): Rundfunk und Fernsehen in Deutschland. Texte zur Rundfunkpolitik von der Weimarer Republik bis zur Gegenwart, Stuttgart 1985, S. 59f.
[6] Zit. n. Südwestdeutsche Rundfunkzeitung (SRZ) Nr. 18 (1933), S. 3.

Der Frankfurter Sender war unterdessen, wie alle anderen Funkhäuser in Deutschland, radikal ›gesäubert‹ worden. Die Legitimation für diesen Schritt lieferte das »Gesetz zur Wiederherstellung des Berufsbeamtentums« vom 11. April 1933. Innerhalb weniger Wochen hatten alle jüdischen und politisch missliebigen Mitarbeiter den Sender verlassen müssen. Ernst Schoen zum Beispiel, der dem Frankfurter Rundfunkprogramm ein unverwechselbares künstlerisches Profil gegeben hatte, war am 3. März 1933 verhaftet, dann entlassen und wieder verhaftet worden. Noch im März gelang ihm die Flucht nach England, wo er bis 1952 lebte.

Den Mitarbeitern, die von dem erzwungenen Exodus profitierten und in einflussreiche Positionen gelangten, fiel die Aufgabe zu, das Programm im nationalsozialistischen Sinn umzustrukturieren und neue, politisch geprägte Sendungen zu entwickeln. Es sollten künftig vor allem deutsche Musiker, Künstler und Autoren zum Einsatz kommen. Gleichzeitig wurde versucht, mit speziellen Sendungen für Bauern und Arbeiter neue Hörer zu gewinnen, die dem bildungsbürgerlich orientierten Rundfunk der Weimarer Republik eher distanziert gegenüber gestanden hatten.

Goebbels wurde nicht müde, immer und immer wieder die Bedeutung des Rundfunks für die politische Uniformierung der Deutschen zu betonen. Als er Ende April 1933 das Münchner Funkhaus besuchte, machte er keinen Hehl daraus, dass der Sieg der NSDAP bei den Reichstagswahlen vom 5. März ganz wesentlich seiner Rundfunkpropaganda zu verdanken gewesen sei. Das, was er »Tendenz« nannte (und in Wirklichkeit die nationalsozialistische Gesinnung war), müsse den Menschen eingehämmert und aufgezwungen werden. Das sah er als die wirkliche Aufgabe des Rundfunks an.

Die Folgen dieser politischen Inbesitznahme waren im ersten Jahr der nationalsozialistischen Herrschaft besonders deutlich zu hören. »Jeder Gauleiter wollte in seinem Sender zu Wort kommen«, schreibt der Rundfunkhistoriker Konrad Dussel, »jeder neu ernannte Reichsstatthalter, jeder höhere SA- und HJ-Führer. Anlässe gab es genug: Amtseinführungen, Appelle, Kundgebungen, der Reichsparteitag. Die gedruckten Programme in den Programmzeitschriften vermögen davon nur einen schwachen Eindruck zu geben, denn etliches wurde ganz spontan ins Programm genommen und höchstens noch in den Tageszeitungen angekündigt«[7].

Nach einer Statistik, die Heinz Pohle bereits 1955 erstellt hatte, sank der Musikanteil am Programm 1933 auf 57,4 Prozent. In der Weimarer Republik hatte er in der Regel weit über sechzig Prozent betragen. Dafür waren aber allein fünfzig Hitler-Reden von den deutschen Sender übertragen worden[8]. Ansgar Diller hat ermittelt, dass beim Mitteldeutschen Rundfunk allein in den ersten drei Monaten des Jahres 1933 77 Auflagesendungen der Reichsregierung ausgestrahlt werden mussten. »In 14 Fällen kamen die Auflagen von der sächsischen, in vier von der thüringischen Regierung. Im Quartal zuvor hatte es

---

[7] Dussel, Konrad: Deutsche Rundfunkgeschichte, Konstanz ²2004, S. 92.
[8] Vgl. dazu Pohle, Heinz: Der Rundfunk als Instrument der Politik, Hamburg 1955, S. 327 und 290.

lediglich fünf Auflagesendungen, sämtlich von der Reichsregierung veranlasst, gegeben.«[9]

Goebbels war mit dieser Entwicklung nicht glücklich. Er sah »mit dem Überhandnehmen der Politik geradezu eine Gefahr für den Rundfunk.«[10] Schon kurz nach seinem Amtsantritt war ihm bewusst geworden, dass sich auf seinem Gebiet der Kulturpolitik gleich mehrere ranghohe NS-Funktionäre tummelten, die wenig Neigung zeigten, den frischgebackenen Propagandaminister frei schalten und walten zu lassen. Dass er sich trotzdem durchsetzen und das kulturelle Leben weitgehend unter seine Kontrolle bringen konnte, verdankte er einem klugen Schachzug: der Gründung der ›Reichskulturkammer‹.

Schon früh hatte er Pläne entwickelt, alle Künstler zentral erfassen und steuern zu lassen. Dazu sollte die ›Reichskulturkammer‹ dienen, die er am 15. November 1933 in Anwesenheit Hitlers in der Berliner Philharmonie eröffnete. Goebbels war allerdings vorsichtig genug, in seiner Rede die politische Knebelung der Kultur zu verschweigen, und betonte im Gegenteil das Überzeitliche und Schöpferische der Kunst.

> »Niemand von uns ist der Meinung, dass Gesinnung Kunst ersetzen könnte. Auch bei der Kunst kommt es nicht darauf an, was man *will*, sondern vielmehr, was man *kann*. Die Gesetze der Kunst können niemals geändert werden, sie sind ewig und nehmen ihre Maße aus den Räumen der Unsterblichkeit. Nur geweihte Hände haben das Recht, am Altar der Kunst zu dienen. Was *wir* wollen, ist mehr als dramatisiertes Parteiprogramm. *Uns* schwebt als Ideal vor eine tiefe Vermählung des Geistes der heroischen Lebensauffassung mit den ewigen Gesetzen der Kunst. *Wir* verstehen Tendenz in einem höheren Begriff, für *uns* zielt sie nach dem Volk, in dessen Boden die Wurzeln allen Schöpfertums liegen. Niemand das Recht, uns in den Verdacht zu nehmen, dass wir aus Gründen tendenziöser Propaganda jenem Dilettantismus das Feld freigeben wollten, der noch immer die wahre, edle Kunst zu Tode geritten hat und damit auch einer echt verstandenen Propaganda nur Schaden zufügen konnte.«[11]

Dass die Rede von Goebbels reine Propaganda war und die Realität ganz anders aussah, hatten die meisten Künstler und Journalisten schon am eigenen Leib erfahren. Die ›Reichskulturkammer‹ gliederte sich in sieben Einzelkammern für Film, Musik, Theater, Presse, Schrifttum, Bildende Künste und (bis 1939) Rundfunk. An die Spitze der ›Reichsrundfunkkammer‹ stellte Goebbels einen seiner Vertrauten, den früheren Leiter der Rundfunkabteilung bei der Reichsleitung der NSDAP, Horst Dreßler-Andress. Die Einzelkammern, die Goebbels als Präsidenten der ›Reichskulturkammer‹ direkt unterstanden, entschieden darüber, wer in der NS-Zeit als Künstler und Journalist arbeiten durfte und wer nicht. Damit hatte das Propagandaministerium den direkten Durchgriff. Wer sich nicht so verhielt, wie es Goebbels und seine Rundfunkfunktio-

---

[9] Diller, Ansgar / Mühl-Benninghaus, Wolfgang: »Rundfunk unter zwei Regimen«, in: ARD-Jahrbuch 91, Hamburg 1991, S. 33.
[10] Rede von Joseph Goebbels vor den Rundfunkintendanten am 10.4.1934, zit. n. Pohle, Rundfunk als Instrument, S. 276.
[11] Joseph Goebbels, Die deutsche Kultur vor neuen Aufgaben, in: Heiber, Helmut (Hrsg.): Goebbels Reden 1932-1945, Bindlach 1991, S. 137f.

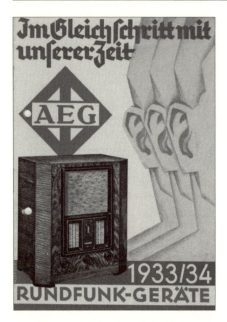

2 | *Werbebroschüre für Rundfunkgeräte der AEG (1934)*
Stiftung Deutsches Technikmuseum/AEG

näre es erwarteten, der musste jederzeit damit rechnen, seinen Beruf nicht mehr ausüben zu dürfen. Der Druck war enorm und brachte seltsame Blüten politischen Wohlverhaltens hervor.

An allzu primitiver NS-Seligkeit war Goebbels aber nicht interessiert. Er befürchtete, dass dadurch kritisch eingestellte Hörer verschreckt würden. Und Goebbels tat alles, um die Zahl der Hörer zu erhöhen. Denn nur so konnte sein Konzept vom Rundfunk als »allerwichtigstem Massenbeeinflussungsinstrument« aufgehen.

Am 1. Mai 1932 hatte es gerade 4,2 Millionen Rundfunkteilnehmer gegeben. Die Neuanmeldungen gingen weiter stark zurück. Der Grund war die hohe Arbeitslosigkeit. Wer nichts mehr verdiente, der konnte sich auch kein teures Radiogerät und die monatlichen Rundfunkgebühren leisten. Es musste also ein billiger Empfänger auf den Markt gebracht werden, um die Hörerzahlen deutlich steigern zu können. Die Idee war nicht neu, sie wurde von Goebbels nur verwirklicht.

Bereits 1930 hatte Philipps einen ›Volksempfänger‹ entwickelt, die Pläne aber bald verworfen, weil erste Testverkäufe keinen Erfolg versprachen. Goebbels brauchte also nur dort anzusetzen, wo die Geräteindustrie aufgegeben hatte. Selbst das Design des Gehäuses wurde schon fix und fertig geliefert. Walter Maria Kersting hatte den Bakelitquader bereits 1928 entworfen. Wo das Firmensignet eingesetzt werden sollte, hatte Kersting einen Adlerkopf mit konzentrischen Kreisen eingefügt. Daran änderte Goebbels zunächst nichts. Erst 1938 wurde das Emblem durch einen Hakenkreuzadler ersetzt. Um zu verhindern, dass aus dem ›Volksempfänger‹ ein Weltempfänger wurde, war sein Innenleben äußerst simpel konstruiert. Lediglich der jeweilige Bezirkssender und der Deutschlandsender sollten empfangen werden können.

Im August 1933 stellte Goebbels den ›Volksempfänger VE 301‹, benannt nach dem Tag der Machtübernahme, auf der Berliner Funkausstellung vor. Die 28 deutschen Radiohersteller brachten ihn baugleich zum Preis von 76 Reichsmark in die Geschäfte, das war etwa die Hälfte von dem, was sonst ein Radioapparat kostete. Der Erfolg war zunächst gigantisch. Bereits an den ersten beiden Ausstellungstagen wurden 100.000 Apparate abgesetzt, bis zum Februar 1934 insgesamt 600.000 Stück. Bis zur Funkausstellung im August 1935 hatten sich sogar mehr als doppelt so viele Geräte verkauft.

3 | Volksempfänger: Goebbels mit dem Präsidenten der Reichsrundfunkkammer Hans Kriegler auf der Funkausstellung in Berlin vor einem Volksempfänger (5. August 1938)
Bundesarchiv, Bild 183-H10252, Fotograf unbekannt

Kurz vor Beginn des Zweiten Weltkrieg wurde dann noch ein weiteres Modell auf den Markt gebracht: der ›Deutsche Kleinempfänger‹, der im Volksmund bald nur »Goebbels-Schnauze« hieß. Er bot noch weniger Leistung als der ›Volksempfänger‹, kostete dafür aber auch nur 35 Reichsmark. Nicht zuletzt wegen ihm stieg die Zahl der angemeldeten Rundfunkteilnehmer bis zum 1. Januar 1939 auf 11,5 Millionen und bis zum 1. Januar 1943 auf über 16,1 Millionen[12]. Auf den ersten Blick lesen sich die Zahlen wie ein großer Erfolg. Goebbels schien es gelungen zu sein, das Radio in weiten Kreisen populär zu machen.

Aber Wolfgang König hat in seinen Publikationen über so genannte Volksprodukte in der NS-Zeit[13] immer wieder darauf hingewiesen, dass die Gruppe der Rundfunkteilnehmer keineswegs der demographischen Zusammensetzung

---

[12] Vgl. dazu die Tabelle in: Steiner, Kilian J. L.: Ortsempfänger, Volksfernseher und Optaphon. Die Entwicklung der deutschen Radio- und Fernsehindustrie und das Unternehmen Loewe 1923-1962, Essen 2005, S. 365.
[13] Zum Beispiel in: König, Wolfgang: Volkswagen, Volksempfänger Volksgemeinschaft. »Volksprodukte« im Dritten Reich. Vom Scheitern einer nationalsozialistischen Konsumgesellschaft, Paderborn 2004.

der deutschen Bevölkerung entsprach. »Im Großen und Ganzen«, fasst er seine Untersuchungen zusammen, »blieb der Rundfunk die Sache des Mittelstands. Der Grund hierfür lag nicht in den Gerätekosten, welche die Nationalsozialisten gesenkt hatten, sondern in den Betriebskosten, an denen die Rundfunkgebühren den größten Anteil besaßen«[14]. Der ›Volksempfänger‹ konnte in kleinen Raten abbezahlt werden und war damit auch für einen Arbeiterhaushalt erschwinglich. Dagegen belastete die während der NS-Zeit einheitliche Rundfunkgebühr von monatlich zwei Reichsmark die Familienbudgets unverhältnismäßig hoch. Nur rund ein Zehntel der Teilnehmer war von den monatlichen Zahlungen aus sozialen Gründen befreit. Wie Daniel Mühlenfeld zeigen kann, war Goebbels auf die Einnahmen zwingend angewiesen. Mit ihnen finanzierte er die Arbeit seines Ministeriums. Goebbels hatte, so Mühlenfeld, schon aus diesem Grund ein starkes Interesse daran, »attraktive mediale Angebote für weite Teile der Bevölkerung zu schaffen, die Hörerschaft auf diese Weise dauerhaft an das Medium zu binden und die Gebühreneinnahmen damit zu verstetigen«[15].

Ein ganzes Bündel von Maßnahmen sollte die Rundfunknutzung besonders in Arbeiterfamilien und im ländlichen Raum steigern. Dazu gehörten Werbewagen der ›Reichs-Rundfunk-Gesellschaft‹, regionale ›Funkausstellungen‹, ›Gaurundfunktage‹ mit Live-Sendungen aus kleineren Städten und ›Volkssenderaktionen‹, bei der ›Volksgenossen‹ Sendungen selbst gestalten durften. »Die erste ›Volksenderaktion‹«, schreibt Inge Marßolek in ihrer Untersuchung über die Inszenierung von ›Volksgemeinschaft‹ im und durch das Radio, »fand auf der Großen Rundfunkausstellung 1935 in Berlin statt. Offenbar erfreute sich die Aktion großer Beliebtheit [...] Die Themen, die diejenigen vorschlugen, die die Mikrofonprüfung bestanden hatten – die Stimmen wurden dann auf Platten aufgenommen – konnten von einem Prüfer abgelehnt werden. Letzte Entscheidungen darüber, was gesendet wurde, behielten sich die Intendanz und der Oberspielleiter vor. Vor allem waren es mundartliche Ansagen von Musikstücken«[16].

Obwohl in Dörfern und kleineren Städten die örtlichen Honoratioren verpflichtet worden waren, die Werbemaßnahmen zu unterstützen, erfüllten sich die Erwartungen nicht. In seiner Studie über den Rundfunk und die ländliche Gesellschaft kommt Florian Cebulla zu dem Ergebnis, dass die ländlichen Hörerzahlen zwar gesteigert werden konnten, aber »keine massenhafte Verbreitung des Rundfunks in der Agrargesellschaft« erreicht wurde. »Es gab ein technisch und sozialstrukturell bedingtes, sehr auffälliges Nord-Süd-Gefälle. In den einkommensstarken groß- und mittelbäuerlichen Gebieten Norddeutschlands war die Verbreitung des Rundfunks wesentlich größer als in den

---

[14] König, Wolfgang: Mythen um den Volksempfänger. Revisionistische Untersuchungen zur nationalsozialistischen Rundfunkpolitik, in: Technikgeschichte 70 (2003), S. 73.
[15] Mühlenfeld, Daniel:, Joseph Goebbels und die Grundlagen der NS-Rundfunkpolitik, in: Zeitschrift für Geschichtswissenschaft, Heft 5, 54 (2006), S. 466.
[16] Marßolek, Inge: ›Aus dem Volke für das Volk‹. Die Inszenierung der ›Volksgemeinschaft‹ im und durch das Radio, in: diess./ von Saldern, Adelheid (Hrsg.): Radiozeiten. Herrschaft, Alltag, Gesellschaft (1924-1960), Potsdam 1999, S. 132.

struktur- und einkommensschwachen Agrargebieten Süd- und Südwestdeutschlands. Im größeren Teil der landwirtschaftlichen und ländlichen Haushalte reichten die Einkommen gerade einmal zum Überleben der Familien.«[17] Ähnlich dürfte es in Arbeiterhaushalten ausgesehen haben. Dafür liegen allerdings keine entsprechenden Untersuchungen vor.

Um auch die zu erreichen, die sich ›Volksempfänger‹ und Rundfunkgebühr nicht leisten konnten, und um die Verbreitung von Reden der NS-Führer, besonders von Hitler, sicher zu stellen, wurde bei herausgehobenen Ereignissen der Gemeinschaftsempfang propagiert. Die Möglichkeiten dafür waren allerdings zunächst sehr begrenzt. »An zentralen Orten« wurden, so Wolfgang König, »Empfangsanlagen und Lautsprecher aufgebaut. Darüber hinaus sollten alle vorhandenen Radiogeräte eingeschaltet werden. In staatlichen Einrichtungen wie Behörden, Schulen und Staatsbetrieben sowie Parteiorganisationen wurde er angeordnet. Privaten Einrichtungen wie Betrieben und Gaststätten wurde Gemeinschaftsempfang nahe gelegt. Dies ging nicht ohne Probleme ab«[18]. Denn die örtlichen Funktionäre verfügten über nur geringe oder gar keine Erfahrungen im Umgang mit Radioapparaten. Ihnen mussten erst individuell oder mit Hilfe von kleinen Broschüren die Voraussetzungen für den Gemeinschaftsempfang erläutert werden, zum Beispiel, dass sie auf eine genügend große Lautstärke achteten.

> »Der Hörer muß ohne Anstrengung der Lautsprecherrede folgen können, denn die Konzentration auf eine Rede, bei der der Redner nicht zu sehen ist, ist bedeutend schwieriger. Ein Redner darf leiser sprechen als ein Lautsprecher, weil der Redner in seiner Wirkung durch das Auge unterstützt wird. Das ist ein äußerst wichtiger Grundsatz, der bei solchen Übertragungen niemals außer Acht gelassen werden darf.«[19]

Um den öffentlichen Gemeinschaftsempfang von zentralen politischen Botschaften zu institutionalisieren, wurden Versuche mit fest installierten Lautsprechersäulen unternommen, die aber über das Anfangsstadium nicht hinausgelangten. Auch der stark beworbene ›Gemeinderundfunk‹, für den sogar ein spezieller Empfänger entwickelt worden war, hatte keinen durchschlagenden Erfolg. Dagegen funktionierte der Gemeinschaftsempfang zumindest in größeren Betrieben, deren Leitungen den Aufforderungen der Deutschen Arbeitsfront (DAF) mehr oder weniger freiwillig folgten. Für das gemeinsame Abhören in den Werkshallen ließ die DAF einen besonders leistungsstarken Radioapparat produzieren, von dem bis zum Zweiten Weltkrieg 10.000 Stück abgesetzt werden konnten.

Der »Arbeitsfront-Empfänger DAF 1011«, so seine offizielle Bezeichnung, war nach dem 10. November 1933 benannt. Hitler hatte an diesem Tag zum ersten Mal vor den Arbeitern des Berliner Siemens-Werks gesprochen. Fortan war der Betriebsrundfunk ein wichtiger Teil des nationalsozialistischen Pro-

---

[17] Cebulla, Florian: Rundfunk und ländliche Gesellschaft 1924 – 1945, Göttingen 2004, S. 299.
[18] König, Volkswagen, S. 99.
[19] Wigge, Heinrich: Gemeinschaftsempfang. Hörerberatung und Funkschutz, Stuttgart 1934, S. 13f.

pagandasystems. Jederzeit konnte jetzt die Unterbrechung der Arbeit angeordnet werden, um eine politische Übertragung zu verfolgen. In den Arbeitspausen diente die Unterhaltungsmusik der Entspannung und Werbung für den Rundfunk. Mit dem ›Volksempfänger‹ für das häusliche Wohnzimmer und dem DAF-Apparat für die Werkshalle war Goebbels seinem Ziel, jeden ›Volksgenossen‹ zu jeder Zeit über den Rundfunk erreichen zu können, einen großen Schritt näher gekommen.

Der Uniformierung der Geräte entsprach die Uniformierung des Programms. Bereits am 15. Juli 1933 hatte Hitler ein Rundschreiben an die Reichsstatthalter gerichtet, in dem es hieß:

> »Der der früheren Regelung und ebenso den Vereinbarungen von 1932 zugrundeliegende Gedanke einer Teilung der politischen und kulturellen Führung des Rundfunks ist aufgegeben worden; die kulturelle Führung ist vielmehr zu einem Mittel der politischen geworden. Unter diesen Umständen ist kein Raum mehr für Staatskommissare, Programmbeiräte und Programmausschüsse, ebenso wenig für Kapitalbeteiligung der Länder in den Rundfunkgesellschaften.«[20]

Trotz dieser deutlichen Ansage ging die Verstaatlichung des Rundfunks nur langsam voran. Vor allem die Länder Bayern, Sachsen und Württemberg hätten ihre Anteile gern behalten. Aber das passte nicht in das Konzept des Propagandaministers, der sich den alleinigen Zugriff auf das von ihm so hoch eingeschätzte Medium sichern wollte. Goebbels konnte sich schließlich durchsetzen. Bis Mitte 1934 waren alle regionalen Programmgesellschaften in Filialen der ›Reichs-Rundfunk-Gesellschaft‹ umgewandelt worden, die wiederum zu 100 Prozent dem Staat gehörte. Die Funkhäuser in München, Hamburg, Königsberg, Breslau, Leipzig, Frankfurt, Köln und später Saarbrücken wurden zu ›Reichssendern‹ degradiert, denen nur noch wenig Raum für eigenständige Programmentscheidungen blieb. Es ist charakteristisch, wie der ›Reichssender Köln‹ 1934 seine Aufgaben selbst beschrieb:

> »Hauptaufgabe des deutschen Rundfunks ist es ja, den deutschen Menschen in Empfangsbereitschaft zu halten für die Stunden, da der Führer vor das Volk hintritt, um zu ihm zu sprechen. Diese millionenfache unsichtbare Telefonverbindung zum Herzen des Volkes betriebstüchtig und leistungsfähig zu halten, damit im Ernstfall auch wirklich alle den Führer hören, – das ist unsere größte Sorge. Um diese Aufgabe zu erfüllen, brauchen wir ein Programm, das auch wirklich alle Volksgenossen anspricht und in Spannung hält – die Begeisterungsfähigen und die Nüchternen, die Bereiten und die Zögernden –, ein Programm, das wie die Worte eines großen Redners alle in seinen Bann zwingt, und sei es auch im Einzelfalle nur ein paar Brocken, die der einzelne beglückt auf sich zieht.«[21]

Für die Redakteure der ›Reichssender‹ war es nicht einfach, ein halbwegs plausibles und attraktives Programm zusammenzustellen, wenn sie ständig mit Sondersendungen rechnen mussten, etwa beim Tod Hindenburgs, nach der

---

[20] Rundschreiben des Reichskanzlers an die Reichsstatthalter vom 15. 7. 1933, zit. n. Riedel, Heide: Lieber Rundfunk … 75 Jahre Hörergeschichte(n), Berlin 1999, S. 87.
[21] Reich-Rundfunk. Entwicklung, Aufbau und Bedeutung, Berlin 1934, S. 72f., zit. n. Riedel, wie Anm. 20, S. 87f.

Liquidierung der SA-Führung beim so genannten »Röhmputsch« oder wenn Hermann Göring als Reichstagspräsident die »Nürnberger Gesetze« verkündete.

Auch wenn das Radiohören zur staatspolitischen Aufgabe und damit zur Pflicht jedes ›Volksgenossen‹ geworden war, mussten die Programme um die Führerreden herum so attraktiv sein, dass sie die Menschen gerne einschalteten. Schon in seiner ersten Rede vor den Rundfunkintendanten hatte Goebbels davor gewarnt, langweilig zu werden. Man dürfe nicht glauben, der beste Dienst an der nationalsozialistischen Regierung sei es, jeden Abend Marschmusik zu bringen.

Auch die in kurzen Abständen übertragenen Reden von Parteifunktionären waren wenig geeignet, für das Radio neue Hörer zu gewinnen. Ende 1933 setzte es Goebbels durch, dass derartige Sendungen von ihm genehmigt werden mussten. Damit war der »naiv-propagandistische Überschwang der ersten Monate einigermaßen kanalisiert«[22]. Mit der »Stunde der Nation« hatte sich das Propagandaministerium unterdessen sogar eine eigene Wort- und Musiksendung geschaffen, die täglich zwischen 19 und 20 Uhr deutschlandweit übertragen wurde.

Um, wie Konrad Dussel vermutet, »den bürgerlichen Schichten in Deutschland, und wenn möglich auch auf der ganzen Welt« zu beweisen, dass die Nationalsozialisten »als würdige Bewahrer und Förderer der deutschen Kulturtradition zu betrachten waren«[23], ließ Goebbels ab 1934 den Anteil der klassischen Musik in den Programmen drastisch erhöhen. Für Daniela Münkel stand dahinter auch der Gedanke, »die ›hohe‹ Kunst für jeden ›Volksgenossen‹ zugänglich zu machen. Damit war man – wie kaum anders zu erwarten – quantitativ gesehen nicht sehr erfolgreich, weil nur ein bestimmter Teil der Bevölkerung angesprochen wurde. Die Mehrzahl des Publikums wollte leichte Unterhaltung hören«.[24]

Goebbels, der an einer raschen Steigerung der Hörerzahlen aus den bereits genannten Gründen interessiert war, schwenkte um. Zur Eröffnung des ›Reichssenders Saarbrücken‹ am 4. Dezember 1935 ließ er neue »Richtlinien für die Programmgestaltung im deutschen Rundfunk« veröffentlichen, die erhebliche Auswirkungen auf die Arbeit der ›Reichssender‹ hatten. »Von nun an bildete das Unterhaltungsprogramm – mit Unterbrechungen – das Programmgerüst«, fasst Daniela Münkel die Änderungen zusammen. »An den Sendern gab es gesonderte Abteilungen ›Unterhaltung‹ und ›Musik‹, die ihre Entsprechung bei der Reichssendeleitung hatten und für die Gestaltung des entsprechenden Programms mitverantwortlich waren.«[25] In der Folge erhöhten sich die Musikanteile am Programm drastisch, während literarische Sendungen oder Vorträge abnahmen und in hörerschwächere Sendezeiten verscho-

---

[22] Dussel, Rundfunkgeschichte, S. 93.
[23] Ebd.
[24] Münkel, Daniela: Produktionssphäre, in: Marßolek, Inge/von Saldern, Adelheid: Zuhören und Gehörtwerden I. Radio im Nationalsozialismus. Zwischen Lenkung und Ablenkung, Tübingen 1998, S. 100.
[25] Ebd., S. 101.

ben wurden. 1938 bestanden fast 70 Prozent der Programme aus Musik. Fünf Jahre zuvor waren es im Durchschnitt aller Sender gerade 55 Prozent gewesen. Marschmusik spielte übrigens so gut wie keine Rolle. Ihr Anteil war mit durchschnittlich 2,5 Prozent äußerst gering.

Jeder ›Reichssender‹ hatte sein eigenes Tanzorchester, mit dem u. a. auch die äußerst beliebten ›bunten‹ Nachmittage und Abende gestaltet wurden. Höhepunkte des nationalsozialistischen Unterhaltungsrundfunks waren die Auftritte von singenden Filmstars wie Heinz Rühmann, Hans Albers oder Zarah Leander. Allerdings ließen sie sich in den Jahren vor dem Zweiten Weltkrieg nur selten in den Funkhäusern blicken. Das Gros der Sendungen bestritten neben den Tanzorchestern geschwätzige Conférenciers, Humoristen und kleinere Gesanggruppen wie die »Drei Rulands«, die in ihrem »Lied vom kleinen Cohn« wenige Tage nach der Pogromnacht vom 9. November 1938 eingängige Melodien mit antisemitischer Propaganda verbanden.

> »Ham Se nicht den kleinen Cohn gesehn?
> Ham Se'n in der Inflation gesehn,
> Wie er Dollars raffte, jede Schiebung schaffte?
> Es diente seinem Zweck selbst noch der kleinste Dreck!
> Denn in der Kunst wie in der Konfektion,
> Überall hat einst der kleine Cohn,
> Sein Geschäft verrichtet, Waren aufgeschichtet.
> Doch heut weiß Hinz und Kunz: Damit ist Schluß bei uns.«[26]

Die Drei Rulands wurden später von Goebbels verboten, natürlich nicht wegen dieses Liedes, sondern weil sie sich in einem Schlager über Albert Speers Umbaupläne für Berlin lustig gemacht hatten. Gerade bei der Unterhaltung verstanden der Propagandaminister und seine wachsamen Zensoren keinen Spaß. Wer aus der Reihe tanzte, erhielt Auftrittsverbot oder wurde gleich aus der Kulturkammer ausgeschlossen. Das bedeutete in der Regel das Ende der Karriere.

Auch bei der Neuzusammenstellung des Musikrepertoires ging das Propagandaministerium zunächst rigoros vor. Nicht nur die Kompositionen von jüdischen und emigrierten Künstlern wurden aus dem Programm genommen, sondern fast alles, was nach Avantgarde, Neuer Musik oder amerikanischem Jazz klang. Bereits am 7. März 1933 hatte Goebbels angeordnet, dass nur noch »melodiöser Jazz« gesendet werden durfte. Am 12. Oktober 1935 folgte dann das generelle Verbot für den von den Nationalsozialisten so bezeichneten »Nigger-Jazz«. Wie an vielen anderen Stellen im NS-Kulturbetrieb wurde dieses Verbot aber nicht konsequent umgesetzt. Die »artfremden« Klänge hatten zu viele Freunde in Deutschland, so dass unter der Bezeichnung »rhythmische Tanzmusik« im begrenzten Maß weitergejazzt werden durfte. Das war im Zweiten Weltkrieg vor allem ein Zugeständnis an die Frontsoldaten, die sich etwas fetzigere Grüße aus der Heimat wünschten. Aus dem

---

[26] Zit. n. Kühn, Volker: Der Kompass pendelt sich ein. Unterhaltung und Kabarett im »Dritten Reich«, in: Sarkowicz, Hans (Hrsg.): Hitlers Künstler. Die Kultur im Dienst des Nationalsozialismus, Frankfurt am Main/Leipzig 2004, S. 385.

»St. Louis Blues« wurde dann das sehr ähnlich klingende »Lied des blauen Ludwig«[27].

In das von Unterhaltungsmusik geprägte Programm der kaum noch selbstständig agierenden ›Reichssender‹ waren propagandistische Wortsendungen eingebettet, deren Titel keinen Zweifel über ihre Inhalte aufkommen ließen. Die Sendungen des ›Reichssenders Frankfurt‹ hießen zum Beispiel: »Braune Kameraden«, »Deutsche Gespräche«, »Rasse und Glauben«, »Die deutsche Frau«, »Der deutsche Heldengedenktag«, »Ein wehrhaft Volk«, »Ewiges Deutschland«, »Kamerad, wo bist Du?«, »Stunde der Reservisten« oder »Des Führers schwarze Scharen – ein Porträt der SS«. Im Programm wurde massiv für den Anschluss des Saarlandes an das Deutsche Reich getrommelt, der deutschen ›Kriegshelden‹ gedacht oder die Freundschaft mit dem faschistischen Italien gepflegt. Selbst das bislang neutrale Pausenzeichen des ›Reichssenders Frankfurt‹ wurde in den politischen Auftrag miteinbezogen und schürte während der Rheinlandbesetzung mit der Tonfolge »Zum Rhein, zum Rhein, zum deutschen Rhein« antifranzösische Ressentiments[28].

In den ersten Jahren ihrer Diktatur wollten die NS-Machthaber dem Ausland noch demonstrieren, dass keineswegs alle berühmten Künstler Deutschland verlassen hatten und dass es sich bei dem Hitler-Staat auch weiterhin um eine Kulturnation handelte. Das Regime war daran interessiert, trotz Judenverfolgung, Konzentrationslagern und politischer Knebelung in der Weltöffentlichkeit nicht als finstere Diktatur zu erscheinen. Fast ideale Möglichkeiten, sich als friedliebendes und fröhliches Land zu präsentieren, boten die Olympischen Sommer-Spiele im August 1936 in Berlin. Das Internationale Olympische Komitee hatte Deutschland schon 1931 den Zuschlag erteilt und den Entschluss auch nach 1933 nicht mehr revidiert, trotz massiver Forderungen, vor allem aus den USA[29].

Dieses sportliche Großereignis war ein propagandistischer Glücksfall für die Nationalsozialisten. In seiner Pressekonferenz zwei Tage vor der Eröffnung nutzte Goebbels die Chance, die internationalen Journalisten freundlich zu stimmen. Er überzeugte mit Offenheit und unerwarteter Ehrlichkeit, etwa als er die Pressezensur in Deutschland verteidigte:

> »Wir haben nicht die Absicht, meine Damen und Herren, Ihnen potemkinsche Dörfer vor die Augen zu führen. Sie können sich in Deutschland mitten unter unserem Volke bewegen, können dieses Volk bei der Arbeit und bei der Festesfreude sehen und werden wahrscheinlich an den lachenden Gesichtern der Bürger unseres Volkes feststellen können, dass man das, wenn alles andere auch, dass man das aber nicht befehlen kann und dass das deutsche Volk in der Tat in den vergangenen dreieinhalb Jahren besser und glücklicher geworden ist. Es wird auch vielfach der deutschen Presse der Vorwurf gemacht, dass sie nicht mehr nach freier

---

[27] Vgl. dazu Koch, Hans-Jörg: Das Wunschkonzert im NS-Rundfunk, Köln/Weimar/Wien 2003, S. 60.
[28] Vgl. dazu SRZ Nr. 19 (1933), S. 3.
[29] Vgl. dazu z. B. Teichler, Hans Joachim: Sport und Nationalismus. Die internationale Diskussion über die Olympischen Spiele 1936, in: Sarkowicz, Hans (Hrsg.): Schneller, höher, weiter. Eine Geschichte des Sports, Frankfurt am Main/Leipzig 1996, S. 369-389.

Meinung schreiben dürfe. Ich bitte Sie, meine Damen und Herren, zu bedenken, in welchem Zustande wir dieses Land übernehmen mussten, und sich die großen Krisen vor Augen zu halten, die wir in diesen dreieinhalb Jahren zu überwinden hatten, um sich einen Begriff davon zu machen, dass Deutschland in den vergangenen Jahren Wertvolleres und Besseres zu tun hatte, als eine uneingeschränkte öffentliche Meinung am Ende in einer geistigen Anarchie ausmünden zu lassen.«[30]

Reporter aus 41 Ländern waren nach Berlin gekommen, und sie sollten mit dem Eindruck nach Hause fahren, einer lebensfrohen Veranstaltung in einem zwar straff geführten, aber weltoffenem Land beigewohnt zu haben. Bei dem über zweiwöchigen Sport-Spektakel zwischen dem 1. und 16. August 1936 wurde deshalb nichts dem Zufall überlassen.

Der ›Reichssender Berlin‹ erhielt den Titel »Olympia-Weltsender« und versorgte die Radioprogramme nach einem festen Schema, das die ›Reichs-Rundfunk-Gesellschaft‹ nach dem Ende der Spiele bilanzierte:

»1. Der Olympia-Blitzfunk meldete unverzüglich jeden Sieg und kurz danach das amtliche Ergebnis.
2. Zu jeder vollen Uhrstunde während der Kämpfe wurden die wichtigsten Ergebnisse der letzten Stunde durchgeben.
3. Die Endkämpfe in den großen olympischen Disziplinen wurden von den Kampfstätten unmittelbar übertragen.
4. Die wichtigsten Kampfbilder wurden mittags, abends und spätabends im Olympia-Echo zusammengefasst.
5. Innerhalb der Nachtkonzerte von 24.00 bis 2.00 Uhr wurde über die Kämpfe des Tages in fünf Sprachen berichtet.«[31]

Nach einer Aufstellung der Rundfunkhistorikerin Heide Riedel waren insgesamt 20 Übertragungswagen und 300 Ingenieure im Einsatz, mit deren Hilfe fast 3.000 Berichte in alle Welt gingen. Auf fast 12.000 Schallplatten wurden die Wettkämpfe dokumentiert, die trotz aller Beteuerungen hin und wieder zu Stellvertreterkriegen ausarteten.

Nach dem Ende des Spektakels konnten die NS-Machthaber mehr als zufrieden sein. Die Winterspiele in Garmisch und die Sommerspiele in Berlin waren ein sportlicher und propagandistischer Erfolg, auch wenn sie in manchen Ländern eher negativ bewertet wurden. Und auf dem Nürnberger Parteitag im September 1936 konnte der Stellvertreter Hitlers, Rudolf Hess, vor Parteifreunden ein zufriedenes Resümee ziehen. Der propagandistische Auftrag war perfekt erfüllt worden. Da spielte der sportliche Ertrag nur eine untergeordnete Rolle[32].

Die Ansprache von Rudolf Hess, die sich an die Funktionäre der NSDAP richtete, wurde selbstverständlich nicht im Radio übertragen. So genau wollte niemand die ›Volksgenossen‹ hinter die politischen Kulissen blicken lassen.

---

[30] Goebbels, Joseph: Ansprache an die Vertreter der Presse am 30.7.1936, in: XI. Olympische Sommerspiele 1.-16. August 1936 in Berlin, Cut 6, CD des Deutschen Rundfunkarchivs, Frankfurt am Main 1996.
[31] Zit. n. Riedel, Heide: 60 Jahre Radio. Von der Rarität zum Massenmedium, Berlin 1983, S. 65.
[32] Vgl. dazu Heß, Rudolf: Ansprache an die Propagandisten der NSDAP auf dem Nürnberger Parteitag, in: wie Anm. 30, Cut 29.

Ansonsten waren die führenden NS-Funktionäre nicht zimperlich, wenn es darum ging, in den Rundfunk zu drängen. Ohne Rücksicht darauf, ob irgendjemand ihre Reden wirklich hören wollte. So etwas wie Medienforschung existierte noch nicht. Nur Spitzel des Sicherheits-Dienstes der SS waren unterwegs, aber deren Berichte über die Stimmungslage in Deutschland durften nicht an die Öffentlichkeit gelangen. Beschwerden über Politikerauftritte gab es weiterhin, obwohl Reden und Übertragungen von Parteiveranstaltungen seit 1934/35 deutlich abgenommen hatten. Selbst bei besonderen Anlässen wurde politische Zurückhaltung geübt, wie Hans Jürgen Koch und Hermann Glaser in ihrer Kulturgeschichte des Radios an einem markanten Beispiel zeigen können:

> »So bestand am 30. Januar 1938, dem fünften Jahrestag der Ernennung Hitlers zum Reichskanzler, das reichsweite Sonderprogramm vornehmlich aus vier großen Konzertblöcken von insgesamt 10 Stunden und nur drei Wortsendungen mit insgesamt 2 Stunden Dauer. Ähnliche Sonderprogramme gab es jedes Jahr zum 1. Mai, dem von der NSDAP eingeführten ›Tag der nationalen Arbeit‹ und zum 9. November, zur Erinnerung an Hitlers gescheiterten Münchener Putsch von 1923.«[33]

Einen Hinweis darauf, was die Menschen wirklich hören wollten, gibt eine Umfrage der »Deutschen Radio-Illustrierten« aus dem Jahre 1939[34]. Die Beliebtheit von Nachrichten und politischen Kundgebungen wurde nicht abgefragt, da bei ihnen, so der Begleittext, »ein hundertprozentiges Interesse der Hörer als selbstverständlich erschien«. 17 Kategorien standen zur Wahl, von der Sportübertragung bis zu längeren Hörberichten und von Symphoniekonzerten bis zur leichten Unterhaltungsmusik. 9.500 Leser beteiligten sich an der Umfrage und setzten die ›Bunten Abende‹ auf Platz 1, gefolgt von Militärmusik, Alter Tanzmusik, Volksmusik und Hörspielen. Die letzten Plätze belegten Kammermusik und Dichterstunden.

So bunt die Kategorien bei der Befragung durcheinander gingen, so zusammengewürfelt klangen die Programme. Wem das zu wenig war, was die deutschen Sender boten, der musste sich einen so genannten Superhetempfänger zulegen. Das Propagandaministerium war von den Möglichkeiten der teuren Rundfunkempfänger nicht begeistert, aber solange es nicht verboten war, ausländische Sender zu hören, konnte auch gegen die Produktion der leistungsstarken Geräte nichts unternommen werden. Die Berichterstattung der teilweise deutschsprachigen Sender schmälerte den Erfolg der nationalsozialistischen Radiopropaganda, denn außerhalb der deutschen Grenzen gab es zumindest die Möglichkeit, offen über die Brutalität der NS-Diktatur zu sprechen. Praktisch allerdings hielten sich die staatlichen Sender oft in ihrer Kritik zurück, weil die jeweiligen Regierungen die Konfrontation mit dem nationalsozialistischen Regime scheuten.

In den bewegten Monaten zwischen dem Anschluss Österreichs und dem Beginn des Zweiten Weltkriegs glichen die Radioprogramme über weite Strecken einer einzigen nationalsozialistischen Großveranstaltung, ob deutsche

---

[33] Koch, Hans Jürgen/Glaser, Hermann: Ganz Ohr. Eine Kulturgeschichte des Radios in Deutschland, Köln u. a. 2005, S. 108f.
[34] Vgl. dazu Riedel, 60 Jahre Radio, S. 120f.

Soldaten in Wien einmarschierten, der Grundstein für das Volkswagenwerk gelegt wurde, ein Reporter mit hörbarer Zufriedenheit über die Zerstörungen in der Reichspogromnacht in Wien berichtete – oder Hitler am 30. Januar 1939 den Mord an den europäischen Juden ankündigte:

> »Ich will wieder ein Prophet sein: Wenn es dem internationalen Finanzjudentum in und außerhalb Europas gelingen sollte, die Völker noch einmal in einen Weltkrieg zu stürzen, dann wird das Ergebnis nicht die Bolschewisierung der Erde und damit der Sieg des Judentums sein, sondern die Vernichtung der jüdischen Rasse.«[35]

Als Hitler seine Rede vor dem Gremium hielt, das sich immer noch ›Reichstag‹ nannte, aber nur die akustische Kulisse für die öffentlichen Auftritte des ›Führers‹ lieferte, war der Zweite Weltkrieg bereits eine beschlossene Sache. Nur das Münchner Abkommen hatte Hitler daran gehindert, seine Truppen schon früher in Bewegung zu setzen. Die Spannungen waren bis in den Alltag zu spüren und bis in die Kinos. »Tanz auf dem Vulkan« hieß zum Beispiel ein Film mit Gustaf Gründgens in der Hauptrolle, der in seinem frech-frivolen Lied von der Nacht, die nicht allein zum Schlafen da sei, den deutschen Kleinbürger aufs Korn nahm.

Dem Film gestattete Goebbels mehr Freiheiten als dem Rundfunk. Er sollte der Entspannung dienen und von dem ablenken, was die Menschen bedrückte. Das Radio hatte ganz unmittelbar auf die Bevölkerung einzuwirken. Es war deshalb vielleicht nicht aus Zufall ein Radiosender, der den Anlass für den Beginn des Zweiten Weltkriegs liefern sollte. Am 31. August 1939 täuschte die SS eine polnische Attacke auf den Nebensender Gleiwitz vor, um so einen Vorwand für den deutschen Angriff auf Polen zu schaffen. Schon am 7. September 1939, also nur wenige Tage nach Kriegsbeginn, wurde das »absichtliche Abhören ausländischer Sender« unter Strafe gestellt. In der Präambel des Gesetzes hieß es:

> »Im modernen Krieg kämpft der Gegner nicht nur mit militärischen Mitteln, die das Volk seelisch beeinflussen und zermürben sollen. Eines dieser Mittel ist der Rundfunk. Jedes Wort, das der Gegner herübersendet, ist selbstverständlich verlogen und dazu bestimmt, dem deutschen Volke Schaden zuzufügen. Die Reichsregierung weiß, daß das deutsche Volk diese Gefahr kennt, und erwartet daher, dass jeder Deutsche aus Verantwortungsbewusstsein heraus es zur Anstandspflicht erhebt, grundsätzlich das Abhören ausländischer Sender zu unterlassen.«[36]

Unterschieden wurde zwischen dem individuellen Abhören und der Weiterverbreitung von »Nachrichten ausländischer Sender, die geeignet sind, die Widerstandskraft des deutschen Volkes zu gefährden«. Für »leichtere Fälle« sah das Gesetz Gefängnis vor. »Besonders schwere Fälle« sollten mit Zuchthaus oder der Todesstrafe geahndet werden. Selbst Stationen aus neutralen oder mit Deutschland befreundeten Staaten durften nicht mehr empfangen werden. In den Kinos wurde auf das Verbot mit einem »Tran-und-Helle«-Sketch auf-

---

[35] Rede des Führers vor dem 1. Großdeutschen Reichstag am 30. Januar 1939, München 1939, S. 47.
[36] Reichsgesetzblatt Nr. 169 vom 7. September 1939, S. 1.

merksam gemacht. Die beiden Schauspieler Jupp Hussels und Ludwig Schmitz verkörperten in kleinen Spielszenen, die von der Ufa produziert wurden, »zwei bestimmte Typen von Zeitgenossen [...] die sich in betont leichter und lustiger Form über Probleme und Schwierigkeiten des Alltagslebens auseinandersetzen«[37], so der damalige Leiter der Filmabteilung bei Goebbels, Fritz Hippler.

»Tran« verkörperte das egoistische Schlitzohr, das zuerst an sich und seine Bequemlichkeit dachte. »Helle« dagegen war der vorbildliche ›Volksgenosse‹, der getreu dem Motto »Du bist nichts, dein Volk ist alles« agierte. Dabei wurde erstaunlich offen über das gesprochen, was die Menschen in ihrem Alltag bewegte. Die Begründungen für unpopuläre Maßnahmen der Regierung, die »Helle« zu liefern hatte, sind aus heutiger Sicht wenig überzeugend. Sie funktionierten, wenn überhaupt, nur deshalb, weil »Tran« als ausgemacht dumm dargestellt wurde. In dem Sketch über das Abhören ausländischer Sender (der für die gedruckte Fassung in Reime gebracht wurde) nennt »Tran« zunächst durchaus plausible Gründe für das Abhören. Er sei schließlich ein erwachsener Mensch und wolle sich nur »mal orientieren«:

›»Mensch, was kann denn schon passieren,
wenn wir uns mal orientieren, auf Paris und London stellen,
das sind doch ...‹ ›... ganz trübe Quellen‹,
warnt der Jupp, ›eins ist doch klar,
was d i e sagen, ist n i e wahr!
Durch ihr Lügen woll'n sie siegen,
uns moralisch unterkriegen.‹
›Schön‹, sagt Tran, ›dann laß ich's sein,
jetzt stell ich Musik ein.
Denn, das sag ich Dir, meine Bester,
so'n Pariser Tanzorchester – –
kleine Mädchen ohne was, –
glaube mir, das macht schon Spaß!‹
›Aber Spaß wird's Dir nicht machen,
wenn Du in gestreiften Sachen
auf der harten Pritsche sitzt,
und vor Angst und Reue schwitzt,
ob in Worten oder Noten:
A u s l a n d   h ö r e n   i s t   v e r b o t e n!«[38]

Der Sketch macht deutlich, wie schwer es dem Propagandaministerium fiel, das Abhörverbot zu begründen. Letztlich blieben nur der Verweis auf ähnliche musikalische Angebote von deutschen Sendern und die Drohung mit drastischen Strafen. Und die wurden in der Tat verhängt. Sobald die Berichte des Sicherheitsdienstes eine Zunahme des Empfangs von verbotenen Sendern meldeten, gab Goebbels den Befehl, Abschreckungsurteile zu fällen[39]. Zuchthaus-

---

[37] Hussels, Jupp u. a.: Tran und Helle, Berlin/Leipzig o. J., S. 2.
[38] Ebd, S. 31.
[39] Vgl. dazu Hensle, Michael P.: Rundfunkverbrechen. Das Hören von »Feindsendern« im Nationalsozialismus, Berlin 2003, S. 135.

strafen von sieben bis acht Jahren waren keine Seltenheit. Allein für 1942 meldete das Statistische Reichsamt 1.117 Verurteilungen[40]. Auch Todesurteile (für die Weiterverbreitung von Nachrichten) wurden ausgesprochen, allerdings nur in Ausnahmefällen.

Die Voraussetzungen für den guten Empfang von ausländischen Sendern hatten die Nationalsozialisten selbst geschaffen, denn sowohl den Konstrukteuren des ›Volksempfängers‹ als auch des billigeren Kleinempfängers war zur Auflage gemacht worden, dass mit den Geräten neben dem jeweiligen ›Reichssender‹ auch der Deutschlandsender gut zu hören sein sollte. Allerdings hatte man es tunlichst vermieden, die billigen Geräte (anders als die Superhetempfänger) mit einem Kurzwellenteil auszurüsten. Denn im Gegensatz zu den Lang- und Mittelwellesendern waren die Stationen auf Kurzwelle weltweit zu empfangen, schwer zu orten, und sie konnten blitzschnell die Frequenz ändern. Gerade der letzte Vorzug machte sie fast unempfindlich gegen Störsender, die von den deutschen Behörden in immer größerer Zahl installiert wurden. Das deutschsprachige Programm der BBC sendete deshalb regelmäßig detaillierte Bastelanleitungen, mit deren Hilfe jeder ›Volksempfänger‹ zum Kurzwellen-Weltempfänger umgebaut werden konnte.

Die britische BBC hatte bereits im September 1938 einen deutschsprachigen Dienst eingerichtet, um auf einen bevorstehenden Krieg vorbereitet zu sein. Der konkrete Anlass war die Sudetenkrise. Obwohl sich nach der Münchner Konferenz die politische Lage entspannt zu haben schien, wurde der Sendebetrieb aufrecht erhalten. Das oberste Prinzip für die Nachrichten hieß »Never tell a lie«, und diesem Prinzip ist die BBC auch in den sechs Jahren des Zweiten Weltkriegs treu geblieben. Bei Kommentaren, Features oder kabarettistischen Beiträgen wurde es mit der Wahrheit allerdings nicht so genau genommen. Die BBC berichtete über alles, was deutsche Hörer interessieren konnte und was in deutschen Radioprogrammen nicht gesagt wurde, zum Beispiel über die Spitzeldienste der Gestapo, über die nationalsozialistischen Euthanasiemorde, über Verbrechen der Deutschen in den besetzten Gebieten und, allerdings nur in ganz wenigen Sendungen, über den Massenmord an den europäischen Juden. Die bekannteste Stimme im deutschsprachigen Dienst der BBC war Thomas Mann, der von Oktober 1940 bis Kriegsende regelmäßig leidenschaftliche Appelle an seine »Deutschen Hörer« richtete und sie zum Sturz Hitlers aufforderte.

Auch in den USA und der Sowjetunion gab es Radiostationen, die sich an ein Publikum in Deutschland wandten. In den USA hatte das ›Office of War Information‹ den staatlichen Auslandsfunk ›The Voice of America‹ ins Leben gerufen. Als Stimme Amerikas brachte er ein regelmäßiges deutschsprachiges Programm, an dem auch Emigranten mitarbeiteten. Gegen Ende des Krieges kamen noch weitere Sender hinzu, wie die ›American Broadcasting Station in Europe‹ (ABSIE) als Filiale der ›Voice of America‹ oder ›Radio Luxemburg‹. Im Auftrag und unter der Kontrolle der Abteilung für psychologische Kriegsführung des Alliierten Oberkommandos arbeiteten zahlreiche europäische Emigranten, unter ihnen Golo Mann und Hans Habe.

---

[40] Vgl. dazu ebd.

Auch in der Sowjetunion wirkten während des Zweiten Weltkriegs deutsche Emigranten an Rundfunkprogrammen mit, die zumeist über Kurzwelle ausgestrahlt wurden. Nach der nationalsozialistischen Machtübernahme hatte ›Radio Moskau‹ zunächst eine deutliche Position gegen die neue deutsche Regierung eingenommen und u. a. über Verhaftungen deutscher Kommunisten berichtet. In Deutschland wurde das deutschsprachige Programm des sowjetische Staatssenders, wie der Sicherheitsdienst der SS meldete, vor allem von kommunistisch gesinnten Arbeitern gehört. Aber eben nicht nur von diesen. Der SD empfahl deshalb drastische Schritte. Eine gegen ›Radio Moskau‹ gerichtete gesetzliche Sonderregelung, die das Abhören kommunistischer Sender unter Strafe stellen sollte, wurde 1937 von Hitler als undurchführbar verworfen. Rechtsexperten kamen daraufhin auf die Idee, das Gesetz gegen ›heimtückische Angriffe auf Staat und Partei‹ von 1933 heranzuziehen. Nach einer Entscheidung des ›Volksgerichtshofs‹ vom 26. Juli 1937 bedeutete das Abhören von ›Radio Moskau‹ eine »Unterstützung der hochverräterischen Bestrebungen der KPD«. Eine Vorbereitung zum Hochverrat liege dann vor, »wenn jemand die Übertragungen hört, um seinerseits wieder von ihrem Inhalt, sei es durch mündliche Propaganda oder durch Auswertung der Presse der KPD, Gebrauch zu machen«[41]. Das bloße Abhören blieb also in der Regel bis zum Beginn des Zweiten Weltkriegs straffrei.

Nach dem deutsch-sowjetischen Nichtangriffspakt vom 25. August 1939 schien es in Deutschland keine verfolgten Kommunisten mehr zu geben – jedenfalls wenn man dem Programm von ›Radio Moskau‹ Glauben schenkte. Sendungen, die gegen das jeweils andere Land gerichtet waren, verschwanden buchstäblich über Nacht. Das Bild änderte sich mit dem deutschen Angriff auf die Sowjetunion am 22. Juni 1941. Die Siebte Abteilung der politischen Hauptverwaltung der Roten Armee, die für die psychologische Kriegsführung zuständig war, reagierte auf die deutsche Aggression mit einer publizistischen Offensive, die vor allem von Emigranten getragen wurde. Innerhalb kurzer Zeit entstanden der ›Deutsche Volkssender‹ des Zentralkomitees der deutschen Kommunisten, der ›Sender Österreich‹ und der ›Sudetendeutsche Freiheitssender‹ der tschechoslowakischen KP.

›Radio Moskau‹ als offizieller Staatssender hielt sich treu an die Parole, die Stalin am 23. Februar 1942 in einem Tagesbefehl ausgegeben hatte: »Es wäre lächerlich, die Hitlerclique mit dem deutschen Volk, dem deutschen Staat gleichzusetzen. Die Erfahrungen der Geschichte besagen, dass die Hitler kommen und gehen, aber das deutsche Volk, der deutsche Staat bleibt.«[42] Die Kollektivschuldthese erhielt für die sowjetische Führung erst nach dem Zweiten Weltkrieg Gewicht, als die Vertreibung der Deutschen gerechtfertigt werden musste. In allen Sendungen während des Kriegs wurde sorgfältig zwischen den verbrecherischen Nationalsozialisten und dem deutschen Volk unterschieden.

Am deutlichsten fand diese Trennung im Programm des ›Nationalkomitees Freies Deutschland‹ ihren Niederschlag. Aufgabe der von deutschen Kommu-

---

[41] Zit. n. Diller, Rundfunkpolitik, S. 290.
[42] Stalin, J. W.: Ausgewählte Werke, Band 14, Dortmund 1976, S. 266.

nisten ins Leben gerufenen Organisation war es, nach der Kapitulation der 6. Armee unter Generalfeldmarschall Friedrich Paulus deutsche Soldaten und Offiziere für die propagandistische Arbeit gegen Hitler zu gewinnen. Als einer der ersten kriegsgefangenen deutschen Offiziere erklärte sich Heinrich Graf von Einsiedel, ein Urenkel Bismarcks, zur Zusammenarbeit bereit. Mit dem Kommunisten Erich Weinert und dem Ingenieurmajor Karl Hetz bildete er das Präsidium des ›Nationalkomitees‹, das alle Hoffnungen auf einen Militärputsch in Deutschland setzte. Die größte Schwierigkeit, mit der die Mitglieder des ›Nationalkomitees‹ zu kämpfen hatten, war der Standort Moskau, denn die Goebbels-Propaganda betonte immer wieder, dass die Sowjets keine Kriegsgefangenen machen, sondern die deutschen Soldaten sofort umbringen würden. Der Sender des ›Nationalkomitees‹ sei deshalb ein großer Schwindel. An dieser Einschätzung in Deutschland änderte sich auch durch den Aufruf von Generalfeldmarschall Paulus wenig, der am 8. August 1944 über den Moskauer Sender zum Sturz Hitlers und zur Beendigung des Krieges aufforderte. Erst die auch bei alliierten Stationen übliche Praxis, Kriegsgefangene zu ihren Angehörigen sprechen zu lassen, erhöhte die Glaubwürdigkeit des Senders.

Auch die BBC konnte mit speziellen Programmen, in denen die Namen von deutschen Kriegsgefangenen verlesen wurden, große Erfolge erzielen. Sie waren so attraktiv, dass sie selbst zu ungünstigen und für deutsche Hörer gefährlichen Sendezeiten, nämlich tagsüber, ihr Publikum fanden. Wer einen Angehörigen vermisste, der musste allerdings geduldig sein, denn die Redakteure des deutschsprachigen Programms gaben die Namen erst kurz vor dem Termin bekannt, an dem die Angehörigen vom Roten Kreuz informiert werden sollten. So sicherten sie sich ein interessiertes und mutiges Publikum.

Aber die große Hoffnung der Alliierten erfüllte sich nicht, nämlich, so Michael P. Hensle, »mit ihrer Rundfunkpropaganda eine erkennbar kriegsverkürzende Wirkung zu erzielen, obwohl sie gegen Kriegsende wahrscheinlich ein Millionenpublikum erreichten«[43]. Ähnlich sieht das Conrad Pütter in seiner grundlegenden Studie über den »Rundfunk gegen das ›Dritte Reich‹«. Er wendet aber ein:

> »Auch wenn der messbare Erfolg der Rundfunkaktivitäten im Ganzen gesehen problematisch bleibt, so haben sie doch dazu beigetragen, das Informationsdefizit einer Anzahl von Menschen zu verringern, ihre Isolation punktuell zu durchbrechen, ihnen einen moralisch-politischen Halt zu geben. Wenn es darüber hinaus gelungen ist, die Allmacht des Reichsrundfunks und des Propagandaministeriums wenigstens ansatzweise in Frage zu stellen, so war dies unter den Bedingungen des totalen Staates nicht so wenig, wie es eine reine Kosten-Nutzung-Rechnung suggerieren mag.«[44]

Mancher Hörer, so muss man ergänzen, hatte während des Zweiten Weltkriegs vielleicht auch (zunächst) gar nicht bemerkt, dass er an einen ausländischen Sender geraten war. Denn die Briten, die Sowjets und zuletzt auch die amerikanische Armee arbeiteten (wie auch Goebbels) während des Krieges mit so

---

[43] Hensle, Rundfunkverbrechen, S. 347.
[44] Pütter, Conrad: Rundfunk gegen das ›Dritte Reich‹. Ein Handbuch, München u. a. 1986, S. 27.

4 | Radiohören auf der Kasernenstube. Aufnahme im Auftrag der Reichs-Rundfunk-Gesellschaft, August 1941
Deutsches Rundfunkarchiv, Frankfurt a.M., Bild-Nr. 00021852, Fotograf: Valentin Kubina

genannten Schwarzsendern, die nur vorgaben, deutsche Stationen zu sein. Vor allem Soldaten schalteten die getarnten Sender ein und gerieten so in das Netz der alliierten Rundfunkpropaganda, die durch gezielte Falschmeldungen Verwirrung in die deutschen Truppen bringen wollte. Der Hauptgrund, diese Sender zu hören, und damit das Lockmittel war das musikalische Angebot, das es so in den deutschen Programmen nicht mehr gab.

Mit dem Beginn des Zweiten Weltkriegs hatte Goebbels den Rundfunk an eine noch kürzere Leine gelegt. Die Programme ließ er noch stärker überwachen und immer weiter vereinheitlichen. Am 9. Juni 1940 wurden dann alle ›Reichssender‹ zu einem Einheitsprogramm, dem ›Großdeutschen Rundfunk‹ zusammengeschlossen. Für regionale Eigensendungen, meist an Hausfrauen, Kinder und Bauern gerichtet, blieben nur noch wenige Minuten am Tag. Begründet wurde die einschneidende Regelung mit den Erfordernissen des Krieges, wie es in einer gedruckten Ankündigung hieß:

»Wir alle stehen heute zusammen in dem großen Freiheitskampf unseres herrlichen Reiches, auch wir Rundfunkhörer. Mit stolzer Überraschung erleben wir jetzt fast täglich, daß die Sendefolge plötzlich unterbrochen wird durch einen Trommelwirbel, schmetternde Fanfaren, brausenden Donnerhall, und mit heißem Herzen hören wir eine Sondermeldung [...] Zuweilen spricht unser Ortssender in einer fremden Sprache, in den Abendstunden verstummt er und verweist uns auf andere

Sender, die ihre Sendung fortsetzen; denn aus Gründen der Reichsverteidigung werden einige Sender mit Einbruch der Dunkelheit abgeschaltet. Je froher unsere Siegesmeldungen, je gewaltiger das Geschehen im Westen, je atemberaubender der Rhythmus der Hammerschläge unserer Wehrmacht, um so weniger ist es möglich, in beschaulicher Ruhe und drei Wochen im voraus ein Programm in allen Einzelheiten festzulegen und durchzuführen [...] Aus diesem Grunde vereinigen wir von jetzt ab die schöpferische Arbeit der Gemeinschaft aller deutschen Sender, von denen jeder teilhat an der großen Aufgabe, eine große und großzügige Leistung zu schaffen, uns Hörern ein Programm zu geben, das alle Möglichkeiten in sich schließt, ohne sich in Kleines und Kleinliches zu verlieren.«[45]

Bei der Schaffung des Gemeinschaftsprogramms hatten die Militärs ein gewichtiges Wort mitgeredet. Denn um der gegnerischen Luftwaffe die Orientierung über Funkwellen nicht zu ermöglichen, mussten einzelne Sender vor allem abends abgeschaltet werden. Bei einem Einheitsprogramm war das Wechseln zu einer anderen Station einfacher, als wenn jeder ›Reichssender‹ weiter für sich Programme ausgestrahlt hätte. Außerdem wurden immer mehr Mitarbeiter der Sender zum Kriegsdienst eingezogen. Die Propagandakompanien, die dem Oberkommando der Wehrmacht unterstanden, benötigten Rundfunkjournalisten und -techniker. Goebbels gelang es nicht, sich in diesem Punkt gegen das Militär durchzusetzen, das auch eigene ›Soldatensender‹ unterhielt.

Die Radioberichte der Propagandakompanien wurden vom Oberkommando der Wehrmacht zensiert und freigegeben. Gegenüber der militärischen Führung geriet Goebbels immer stärker in die Defensive, selbst wenn es ihm im März 1942 gelang, im Einheitsrundfunk ein Doppelprogramm zu installieren: der Berliner ›Deutschlandsender‹ konzentrierte sich mehr auf die ernste Musik, während die zusammengeschlossenen ›Reichssender‹ bei der leichten Unterhaltung blieben.

Im Wortprogramm erhielten die politischen Kommentare einen immer größeren Stellenwert. Sie waren stark personalisiert. Auch Goebbels selbst trat regelmäßig mit seinen Leitartikeln aus der auf das Ausland zielenden Propagandazeitschrift *Das Reich* auf (wobei die Texte teilweise von Sprechern verlesen wurden). Neben ihm kommentierten Journalisten und Funktionäre, die das besondere Vertrauen des Ministers besaßen. Von den Aufnahmen haben sich nur wenige erhalten, aber einige Texte sind auch in Buchform überliefert – so eine Kommentarreihe des für seine antisemitischen Pamphlete bekannten Peter Aldag. Das Buch, das »in Zusammenarbeit mit der Anti-Komintern« herausgegeben wurde, versammelt Beiträge aus dem Zeitraum April bis Juli 1941. An den (gedruckten) Texten lässt sich exemplarisch zeigen, wie im Radio der Angriff auf die Sowjetunion publizistisch begleitet wurde. Denn bis zum Tag des Überfalls waren die Rundfunkmitarbeiter verpflichtet, nicht negativ über den Vertragspartner Russland zu berichten, sondern im Gegenteil immer wieder herauszustellen, dass sich die sowjetische Führung auf einem guten Weg befand, zu einem verlässlichen Verbündeten zu werden. Um so radikaler war

---

45   Illustrierter Rundfunk Nr. 24 vom 24. Juni 1940, S. 5, zit. n. Dahl, Peter: Radio. Sozialgeschichte des Rundfunks für Sender und Empfänger, Reinbek 1983, S.170.

der Schwenk am 22. Juni 1941. Aus dem möglichen Freund wurde der mit allen Mitteln zu bekämpfende Feind. Mit einer nachvollziehbaren Argumentation hielten sich die Kommentatoren nicht auf.

Aldag hatte seine Angriffe zunächst gegen den amerikanischen Präsidenten Roosevelt »und seine Clique jüdischer Ratgeber«[46] gerichtet, die Deutschland den Sieg entreißen und zu Weltbeherrschern werden wollten. Mit dem Tag des Überfalls wurde in seinen Radiobeiträgen auch die Sowjetunion (neben den USA und Großbritannien) zum Werkzeug der ›jüdischen Weltverschwörung‹. Anhand von eingestreuten ›Dokumenten‹, deren Wahrheitsgehalt kein Hörer nachprüfen konnte, versuchte Aldag zu ›beweisen‹, dass die führenden Politiker der gegen Deutschland im Krieg stehenden Staaten nicht aus eigener Verantwortung handelten, sondern von »führenden jüdischen Bankiers in Amerika«[47] ferngelenkt wurden. Darüber, dass Nationalsozialisten und Kommunisten vor nicht allzu langer Zeit einen ›Freundschaftsvertrag‹ geschlossen hatten, verlor er kein Wort mehr. Es dürfte für die Hörer nicht ganz einfach gewesen sein, diese abrupte Kehrtwendung nachzuvollziehen. Das gilt auch für die überaus populäre »Politische Zeitungs- und Rundfunkschau« des bekanntesten Radiokommentators der NS-Zeit Hans Fritzsche.

Der 1900 geborene Fritzsche hatte bereits in der Weimarer Republik als Journalist Karriere gemacht. 1932 war er zum Chefredakteur des ›Drahtlosen Diensts‹ ernannt worden, der als halbstaatliche Einrichtung die einzelnen Sender mit Nachrichten belieferte. Im selben Jahr strahlte die ›Deutsche Welle‹ die erste von ihm zusammengestellte »Politische Zeitungsschau« aus. Fritzsche machte dabei aus seiner rechtskonservativen, nationalistischen Einstellung kein Geheimnis. Im Mai 1933 wurde der ›Drahtlose Dienst‹ in das Propagandaministerium eingegliedert, und Fritzsche trat der NSDAP bei. 1939 ernannte ihn Goebbels zum Leiter der Abteilung ›Deutsche Presse‹. Drei Jahre später übernahm Fritzsche die Leitung der Rundfunkabteilung im Propagandaministerium und wurde ›Beauftragter für die politische Gestaltung des Großdeutschen Rundfunks‹. Für die ›Unterhaltung‹ blieb bis Mai 1944 Hans Hinkel zuständig, dann erhielt Fritzsche auch die Verantwortung für diesen Bereich. Als enger Vertrauter von Goebbels verfasste Fritzsche am 29. August 1939 seine erste »Politische Zeitungs- und Rundfunkschau«, die er, mit kurzen Unterbrechungen, mindestens dreimal wöchentlich bis zum 28. April 1945 über alle deutschen Sender ausstrahlen ließ.

Die meisten seiner Texte haben sich in Buchform oder als Manuskripte erhalten. Sie sollten später als Grundlage für die Anklage gegen ihn im Nürnberger Hauptkriegsverbrecherprozess und in dem für seine Entnazifizierung zuständigen Spruchkammerverfahren dienen. Vom Internationalen Militärtribunal wurde er freigesprochen. In der Urteilsbegründung hieß es:

»Die Anklagebehörde hat behauptet, dass Fritzsche zur Begehung von Kriegsverbrechen aufhetzte und ermunterte, dadurch, daß er bewußt Nachrichten derart verfälschte, daß er die Leidenschaften im deutschen Volke zur Begehung von Greu-

---

[46] Aldag, Peter: Worüber berichten wir heute. Unsere Gegner und ihr Krieg, Berlin ²1941, S. 14.
[47] Ebd S. 57.

eln [...] aufstachelte. Jedoch seine Stellung und Dienstpflichten waren nicht von ausreichender Wichtigkeit, daß man schließen dürfte, er habe an der Urheberschaft oder Planung von Propagandafeldzügen Anteil gehabt.
Die vorliegenden Auszüge aus seinen Ansprachen beweisen, daß er ausgesprochen antisemitisch eingestellt war. Er behauptete zum Beispiel im Rundfunk, daß die Juden am Krieg schuld seien, und daß ihr Schicksal nun [...] ›so ungemütlich, wie es der Führer vorausgesagt hat‹, geworden sei. Aber diese Ansprachen forderten nicht zur Verfolgung und oder Ausrottung der Juden auf. Es liegen keinerlei Beweise vor, daß er von der im Osten vor sich gehenden Vernichtung wußte [...]
Manchmal verbreitete Fritzsche unwahre Nachrichten in seinen Rundfunkansprachen, aber der Beweis ist nicht erbracht worden, daß er wußte, daß sie falsch waren [...]
Sicher hat Fritzsche in seinen Rundfunkreden hie und da heftige Erklärungen propagandistischer Art gemacht. Der Gerichtshof nimmt jedoch nicht an, daß diese das deutsche Volk aufhetzen sollten, Greueltaten an besiegten Völkern zu begehen, und man kann daher nicht behaupten, daß er an den Verbrechen, deren er beschuldigt ist, teilgenommen habe. Sein Ziel war, die Volksstimmung für Hitler und die deutsche Kriegsanstrengung zu erwecken.«[48]

Der einzige als Hauptkriegsverbrecher angeklagte Rundfunkmitarbeiter konnte den Gerichtssaal als freier Mann verlassen. Die Spruchkammer Nürnberg bewertete die Tätigkeit Fritzsches wenig später allerdings anders und verurteilte ihn 1947 zu neun Jahren Arbeitslager. Obwohl die Strafe im Berufungsverfahren sogar noch verschärft wurde, endete Fritzsches Haft bereits 1950 wegen ›guter Führung‹.

Max Bonacker, von dem eine umfassende Studie über Hans Fritzsche stammt, sieht den NS-Propagandisten vor dem Militärtribunal als »Platzhalter für diejenigen, deren Weisungen er befolgte oder befolgen musste. Sein Freispruch war daraus die logische Konsequenz«[49]. Obwohl dem Gericht »genügend viele seiner Kommentare« vorlagen, »die es ermöglicht hätten, das vorherrschende Bild von Fritzsche als eines ›milden‹ Antisemiten zu entkräften«. Außerdem wollte niemand hinterfragen, »ob er wirklich keine Kenntnis hatte von der systematischen Vernichtung, der die jüdische und in Teilen auch die nichtjüdische Bevölkerung ausgeliefert wurde«[50].

Dass die Wirkung der Sendungen, in denen Fritzsche Presseartikel und Rundfunksendungen der deutschen Kriegsgegner kommentierte, enorm war, belegen die geheimen Berichte des Sicherheitsdienstes der SS und die überlieferten Hörerbriefe an ihn. Er hatte sogar, wie Bonacker schreibt, eine eigene Fangemeinde, die seinen ironischen Stil, seine manchmal derben Attacken und seinen offenbar unerschütterlichen Optimismus schätzte. »Fritzsche trat im Rundfunk nie als Individuum auf, sondern stilisierte sich zum Sprecher der deutschen Volksgemeinschaft. Sein nicht überhitzter, sondern ziviler Ton trug

---

[48] Zit. n.: Springer, Hildegard: Es sprach Hans Fritzsche, Stuttgart 1949, S. 280f.
[49] Bonacker, Max: Goebbels' Mann beim Radio. Der NS-Propagandist Hans Fritzsche (1900-1953), München 2007, S. 265.
[50] Ebd S. 263.

dazu bei, dass seine Sendungen ein Integrationsangebot darstellten für diejenigen, die dem System noch indifferent gegenüberstanden.«[51]

Fritzsche profitierte davon, dass es nur noch ein Einheitsprogramm gab und dass seine Hörer in einem immer komplexer werdenden Krieg nach einfachen Erklärungsmustern suchten. Das Programmumfeld, in dem er auftrat, bestand aus Wehrmachtsberichten, Sondermeldungen, Informationen über die Luftlage, Reportagen von der Front, politischen Kundgebungen und vor allem Musik, denn noch im Luftschutzkeller sollte nach Goebbels Willen der Bevölkerung ein unterhaltendes Programm geboten werden.

Auch die Sendung mit der größten Resonanz in der NS-Zeit hatte direkt mit dem Krieg zu tun: das »Wunschkonzert für die Wehrmacht«, moderiert von Heinz Goedecke. Schon nach der ersten Sendung am 1. Oktober 1939 waren über 20.000 Feldpostbriefe mit Musik- und Durchsagewünschen im Berliner Funkhaus eingetroffen. Zunächst zweimal, dann einmal wöchentlich, in der Regel zwischen 17.00 und 20.00 Uhr, sangen die großen Stars von Film und Bühne vor einem begeisterten Publikum. Die Hälfte aller Deutschen saß dann vor den Lautsprechern und lauschte Willy Schneider, wenn er von der kleinen, tapferen Soldatenfrau sang, oder dem »Münchner im Himmel«, Weiß Ferdl, der den typisch bayerischen Humor vertreten musste.

Goebbels selbst nahm die Schlussredaktion des »Wunschkonzerts« vor und überließ nichts dem Zufall. Er zitierte sich sträubende Künstler persönlich in die Sendung und achtete mit einem ganzen Stab darauf, dass kein falsches Wort fiel und das Publikum an den richtigen Stellen lachte und klatschte. Solange sich für die deutschen Truppen in Europa Sieg an Sieg reihte, war das »Wunschkonzert« als Sendung ungefährdet. Aber als sich die Anzeichen mehrten, dass der Krieg länger dauern würde, als von den meisten erwartet, und dass ihn Deutschland nicht unbedingt gewinnen würde, wurde das weiterhin sehr beliebte »Wunschkonzert« im Mai 1942 eingestellt.

Für Hans-Jörg Koch, der dem »Wunschkonzert« eine große Studie gewidmet hat, verwirklichte die erfolgreiche Radiosendung die von den Nationalsozialisten propagierte ›Volksgemeinschaft‹ »par exellence«. »Gemäß dem Motto ›Die Front reicht ihrer Heimat jetzt die Hände, – die Heimat aber reicht der Front die Hand‹ beabsichtigte diese Sendereihe, voneinander entfernte Menschen zu verbinden und eine folgsame Hörergemeinschaft zu bilden.«[52]

Es ist erstaunlich, dass in dem streng reglementierten und überwachten deutschen Rundfunksystem kleine Rückzugsräume blieben, die sich dem Zugriff des Propagandaministeriums und der militärischen Führung entzogen. Das bekannteste Beispiel ist das Lied von »Lili Marleen«, für das Hans Leip schon im Ersten Weltkrieg den Text geschrieben hatte. Von Norbert Schultze stammte die Komposition. Der Titel lief ab August 1941 täglich kurz vor 22.00 Uhr im ›Soldatensender Belgrad‹. Über die Fronten hinweg wurde »Lili Marleen« zu einem Symbol der Ängste und Hoffnungen. Über den ›Großdeutschen Rundfunk« war der populärste Schlager der NS-Zeit zunächst nicht zu hören.

---

[51] Ebd S. 261f.
[52] Koch, Hans-Jörg, Wunschkonzert, S. 338.

Goebbels hasste den Titel, der für ihn eine ›Schnulze mit dem Leichengeruch‹ war, und versuchte mehr als einmal, sie aus den Radioprogrammen zu verbannen. Aber den Siegeszug des Liedes konnte er nicht aufhalten. Sein Zorn richtete sich deshalb gegen die Sängerin. Denn Lale Andersen war keine überzeugte Nationalsozialistin. Ganz im Gegenteil. Goebbels ließ sie überwachen und, weil sie weiterhin den Kontakt zu ihren jüdischen Freunden hielt, unter Spionageverdacht stellen. Sie erhielt zudem Auftrittsverbot. Aber durch »Lili Marleen« war sie so bekannt geworden, dass Goebbels schließlich klein beigeben musste.

Auch ein so bekannter Schauspieler wie Heinz Rühmann, der im »Wunschkonzert« schon mal ein Propagandaliedchen trällerte, geriet in die Verbotsmühlen der NS-Kulturbürokratie. Am 20. Januar 1942 war er spätabends mit dem Schlager »Ich bin so leidenschaftlich wie Casanova« im ›Deutschlandsender‹ zu hören, ein harmloses Liedchen mit einem leicht frivolen Text. Aber das Diskret-anzügliche erregte das ›Gauamt Sachsen des Rassenpolitischen Amtes der NSDAP‹ nicht[53]. Es war vielmehr eine einzige Textzeile, über die die Sippenwarte gar nicht lachen konnten. »Ich krieg' bestimmt noch mal das Vaterkreuz« hieß sie und war in den Augen der ›Rassenwächter‹ eine Verunglimpfung des nationalsozialistischen Mutterkreuzes. Der angebliche Skandal schwappte bis in die Reichskanzlei. Aber obwohl der Leiter des ›Reichsbundes Deutsche Familie – Kampfbund für den Kinderreichtum der Erbtüchtigen‹ den Text »nicht so anstößig«[54] fand, wurde der Schlager im April 1942 für weitere Sendungen gesperrt.

Mit der Kapitulation der 6. deutschen Armee in Stalingrad begann die letzte Phase des Zweiten Weltkriegs. Im Berliner Sportpalast verkündete Goebbels am 18. Februar 1943 den »totalen Krieg«. Auch wenn Zarah Leander mit Liedern wie »Davon geht die Welt nicht unter« oder »Ich weiß, es wird einmal ein Wunder gesch'n« Optimismus verbreitete und den Menschen in den Luftschutzkellern Mut zusprach, der »totale Krieg« bedeutete weitere gravierende Einschränkungen. Theater, Museen, Verlage mussten schließen, Zeitungen konnten nicht mehr erscheinen, Vortragsabende und Dichterlesungen fanden nicht mehr statt. Nur der Film und der Rundfunk hatten geringe Einschränkungen hinzunehmen. Allerdings wurden ständig mehr Mitarbeiter zum Kriegsdienst abgezogen.

Es fällt schwer, die Gestaltung der Radioprogramme in dieser Zeit zu rekonstruieren, da Rundfunkzeitschriften nicht mehr erschienen und sich nur verhältnismäßig wenige komplette Sendungen als Tondokumente erhalten haben. Es dominierte weiterhin die Unterhaltung, allerdings wurden Schlager nach der Niederlage von Stalingrad weitgehend aus dem Programm genommen. »Wegen der zunehmenden Verluste der Kriegsmarine durften selbst populäre Lieder wie ›Eine Seefahrt, die ist lustig‹ nicht mehr gesungen werden«, so Ansgar Diller. »Das Programm konzentrierte sich auf unverfängliche Opern-

---

[53] Vgl. Brief der NSDAP Gauleitung Sachsen vom 10.2.1942 (Bundesarchiv Berlin).
[54] Brief des Reichsbundes Deutsche Familie an Reichsamtsleiter Tießler vom 13.2.1942 (Bundesarchiv Berlin).

und Operettenmelodien, auf Warnungen vor Luftangriffen, Nachrichten und Durchhalteparolen.«[55]

Entspannung hieß das Zauberwort. Für die Soldaten an der Front ebenso wie für die Menschen in Deutschland, die unter Entbehrungen litten und mit der ständigen Angst vor Luftangriffen leben mussten. Der Rundfunk war zu einer der wichtigsten Stützen des nationalsozialistischen Systems geworden. Und ihm fiel sogar die Rolle zu, das Hitlerregime vor dem drohenden Umsturz zu bewahren.

Als Hitler am 21. Juli 1944 von seinem Hauptquartier, der ostpreußischen Wolfsschanze, aus, über Rundfunk sprach, war das Attentat gegen ihn endgültig gescheitert. Die Verschwörer um Claus Graf von Stauffenberg hatten es versäumt, die zentralen Rundfunkanlagen in Berlin zu besetzen und den Umsturz bekannt zu geben. Das rächte sich bitter. Die Stimme Hitlers stellte die alten Befehls- und Gehorsamsstrukturen wieder her. Der Zweite Weltkrieg ging nicht, wie es die Attentäter geplant hatten, mit einem Waffenstillstand zu Ende, sondern er wurde noch grausamer geführt als zuvor.

Über die Sender, die noch nicht von Bomben zerstört waren, ging ein Durchhalteappell nach dem anderen. Die Berichterstatter der Propagandakompanien wurden nicht müde, die Schrecken zu schildern, die die alliierten Truppen nach Deutschland bringen würden. Damit sollte der letzte Widerstandswille mobilisiert werden.

Hitler war der erste aus der NS-Führungsriege, der sich am 30. April 1945 der Verantwortung durch Selbstmord entzog. Die Falschmeldung, er sei bis zum letzten Atemzug kämpfend gefallen, konnten in Deutschland allerdings nur noch wenige hören. Lediglich der ›Reichssender Hamburg‹ mit seinem Nebensender Flensburg arbeitete noch. Und über Flensburg wurde am 9. Mai 1945 auch der letzte Wehrmachtsbericht verlesen. Der Krieg war zu Ende. Millionen Menschen hatten noch in den letzten Monaten ihr Leben verloren. An der Verlängerung des immer grausamer werdenden Krieges hatte die Rundfunkpropaganda keinen kleinen Anteil. Nachdem fast alle Zeitungen ihr Erscheinen eingestellt hatten, war das Radio das einzige alle Deutschen verbindende Medium gewesen, das überlebenswichtige Informationen, vermeintliche moralische Stärkung und Entspannung gebracht hatte. Kommentatoren wie Fritzsche, NS-Funktionäre wie Goebbels und ein ganzes Heer von Kriegsberichterstattern hatten der ›Volksgemeinschaft am Lautsprecher‹ immer wieder eingehämmert, bis zum letzten Atemzug zu kämpfen, um doch noch den ›Endsieg‹ zu erringen. Mit drastischen Bildern war von ihnen geschildert worden, was der Sieg der alliierten Truppen für Deutschland und die deutsche Bevölkerung bedeuten würde.

Wir wissen wenig darüber, wie diese Sendungen bei den Menschen ankamen und was sie bewirkten. Erkenntnisse über das Hörerverhalten gehören zu den großen Desideraten in der Forschung über den NS-Rundfunk. Sie werden auch kaum zu gewinnen sein, weil die Quellenbasis fehlt. Die Rundfunkpolitik der Nationalsozialisten ist dagegen gut dokumentiert, auch wenn, bis auf wenige

---

[55] Diller (1991), wie Anm. 9, S. 37.

Ausnahmen, noch Monografien über ihre wichtigsten Vertreter fehlen. In den letzten Jahren ist von Historikern der Blick verstärkt auf die Programme gerichtet worden. Es sind dazu einige bemerkenswerte Spezialuntersuchungen erschienen, die aber noch lange kein geschlossenes Bild ergeben. Da sich nur ein Teil der Sendungen als Tondokumente oder in schriftlicher Form erhalten hat, bedeutet die Programmdarstellung und -analyse eine große Herausforderung. Über einzelne Sendereihen und -genres liegen überhaupt noch keine Veröffentlichungen vor. Das betrifft vor allem die Wortprogramme. Einen wichtigen Forschungsbereich stellen weiterhin die deutschsprachigen Sender der Alliierten dar, die ihre Hörer in Deutschland politisch beeinflussen wollten. Nach dem Handbuch von Conrad Pütter ist keine größere Arbeit mehr erschienen. Dabei scheinen gerade diese zum Teil von Exilanten getragenen Programme vielen Deutschen Hoffnung gegeben zu haben. Allein schon das Abhören ausländischer Sender war, wie Thomas Mann es im August 1941 in einer seiner Ansprachen für die BBC formuliert hatte, »ein Akt geistigen Widerstands gegen den Hitler-Terror und der geistigen Sabotage des blutigen und unabsehbaren Abenteuers, in das er uns Deutsche gestürzt hat«[56]

---

[56] Mann, Thomas: Deutsche Hörer. 25 Radiosendungen nach Deutschland, Stockholm 1942, S. 64.

Olympia im Zeichen der Propaganda

Wie das NS-Regime 1936 die ersten Medienspiele inszenierte[1]

von

FRANK ECKHARDT

Vom 1.-16. August 1936 fanden die Olympischen Spiele unter dem Nationalsozialismus in Berlin statt. Diese Spiele gingen als die ersten Medienspiele in die Geschichte ein. Zwar hatte es bereits bei den Spielen in Los Angeles 1932 Ansätze dazu gegeben, den Sport zum Medienereignis zu machen. Doch Berlin übertraf Los Angeles bei weitem. Erstmals wurde über Olympische Spiele umfassend live im Hörfunk und im neuen Medium Fernsehen berichtet. Für Berichterstatter aus aller Welt war eine technische und organisatorische Infrastruktur geschaffen worden, die es bis dahin nicht gegeben hatte.

Die umfangreiche Medienberichterstattung war Teil eines großen Propaganda-Plans, mit dessen Umsetzung man bereits Jahre vor den Spielen begonnen hatte. Dabei gab es offene und verdeckte Ziele. Olympia sollte dazu dienen, das Ansehen Deutschlands und des Nationalsozialismus in der Welt zu steigern – darauf wurde in Zeitschriftenartikeln, Rundschreiben etc. nationalsozialistischer Organisationen ganz offen hingewiesen. Hinter diesem erklärten Propagandaziel konnte man einen Großteil des deutschen Volkes versammeln. Daneben gab es aber auch verdeckte Propagandaziele. Nach außen wollte Deutschland durch das große »Friedensfest« des Sportes die parallel betriebenen Aufrüstungs-Pläne kaschieren. Nach innen sollte die Sportbegeisterung angefacht werden, um den Wehrwillen in der Bevölkerung zu stärken.[2] Und nicht zuletzt wollte das Regime durch ein erfolgreiches Großprojekt die eigene Position stärken. Für Horst Ueberhorst besteht kein Zweifel daran, dass »den Olympischen Spielen von 1936 im Machtkalkül Hitlers eine Schlüsselposition zukam.«[3]

Glockengeläut, Friedenstauben und Aufmärsche, ein patriotisches Singspiel und ein gigantischer Lichtdom – mit NS-üblichem Pomp und Pathos eröffnete Adolf Hitler am 1. August 1936 die Olympischen Spiele in Berlin. Fünf Jahre vorher hätte sich vermutlich nicht einmal Hitler selbst diese Szene vorstellen können. Denn dass die Spiele unter den Nationalsozialisten überhaupt stattfinden konnten, war alles andere als selbstverständlich. Im Jahre 1931, als

---

[1] Dieser Beitrag basiert auf dem Manuskript eines Hörfunk-Features, das der Hessische Rundfunk am 3. August 2008 auf HR2 ausgestrahlt hat.
[2] Teichler, Hans Joachim: Berlin 1936 – ein Sieg der NS-Propaganda? Institutionen, Methoden und Ziele der Olympiapropaganda Berlin 1936, in: Stadion 2 (1976), S. 266.
[3] Ueberhorst, Horst: Die Olympischen Spiele der Neuzeit. Eine kleine Chronologie, in: Sarkowicz, Hans (Hrsg.): Schneller, höher, weiter. Eine Geschichte des Sports. Frankfurt/Main und Leipzig 1999. S. 104.

man die Olympischen Spiele an das Deutschland der Weimarer Republik vergab, hatte die NSDAP die olympische Bewegung noch als »geistige Verirrung« abgelehnt[4]. Deren Ideale waren unvereinbar mit der Ideologie der Nationalsozialisten, sagt der Sporthistoriker Hans Joachim Teichler: »Die olympische Idee mit ihrer Rassentoleranz, Konfessionstoleranz, mit dem Streben nach Verständigung, das passte überhaupt nicht überein mit der Lehre von der Herrenrasse, von der dominanten Rasse und vor allem nicht mit der Ablehnung der Farbigen und der Juden bei den Spielen.«[5]

Hitler selbst hatte die Olympischen Spiele des Jahres 1932 als eine »Erfindung von Juden und Freimaurern« bezeichnet.[6] Doch die ideologischen Vorbehalte verblassten schnell, als die Nationalsozialisten kurz vor der Macht standen. Sie hatten, so Teichler, erkannt, welches Propaganda-Potenzial im weltgrößten Sportfest steckte: »Schon im Januar [1933, d. A.], noch vor der Machtergreifung, setzte sich die Landtagsfraktion der bayerischen NSDAP in einem Antrag für die Durchführung der Winterspiele in Garmisch-Partenkirchen ein. Damals stand der Austragungsort der Winterspiele noch nicht fest. Man hatte da also einen Schwenk hingelegt. Offensichtlich hatte man durch die Durchführung der Olympischen Spiele 1932 erkannt, dass eine große Aufmerksamkeit der Weltöffentlichkeit da war, eine große Chance, sich selbst der Welt gegenüber darzustellen.«[7]

Deutschland nach außen positiv darzustellen war für Hitler von strategischer Bedeutung, um seine langfristigen Pläne zu verwirklichen. Um dem deutschen Volk »Lebensraum zu verschaffen«, strebte er eine Expansion nach Osten an – ein Vorhaben, das ohne Krieg nicht zu erreichen war. Er musste Deutschland also wiederaufrüsten, gleichzeitig aber den glaubhaften Eindruck erwecken, seine Regierung habe nur friedliche Absichten. Die betonte er bei jeder Gelegenheit, so wie hier in einer Rundfunkansprache vom Oktober 1933: »Die deutsche Regierung ist zutiefst erfüllt von der Überzeugung, […] dass die Friedensliebe der Regierung, genauso wie ihre Ehrauffassung, Friedenssehnsucht und Ehrbegriff des ganzen Volkes sind. Möge die Welt aus diesem Bekenntnis die Überzeugung entnehmen, […] dass beide im tiefsten Grunde von keinem anderen Wunsch erfüllt sind als mitzuhelfen, eine menschliche Epoche tragischer Verirrungen, bedauerlichen Haderns und Kampfes […] zu beenden.«[8]

Hitlers Reden vom Sommer 1933, so urteilt Teichler, ähneln in den Friedenspassagen eher dem Bundeskanzler Willy Brandt als dem Reichskanzler Adolf Hitler. In dieser Phase habe man eine »große Strategie der Selbstverharmlosung«[9]

---

[4] von Hegel, Andrea: Die Stunde der Propagandisten. Propaganda zu den Olympischen Spielen 1936, in: Deutsches Historisches Museum Berlin http://www.dhm.de/~jarmer/olympiaheft/olympia4.htm »28.8.2008«.
[5] Teichler, Hans Joachim: Interview mit dem Autor, geführt am 26.5.2008.
[6] Hitler zitiert bei Hart-Davis, Duff: Hitler's Games. The 1936 Olympics, New York 1986, S. 45.
[7] Teichler: Interview vom 26.5.2008.
[8] Hitler, Adolf: Rundfunkansprache zu Deutschlands Austritt aus dem Völkerbund, 14.10.1933. Deutsches Rundfunk-Archiv (DRA), Dokument Nr. B004891414.
[9] Teichler: Interview vom 26.5.2008.

betrieben. Hitler habe die existierenden Aufrüstungs- und Militärpläne tarnen wollen, da die deutsche Armee noch zu schwach gewesen sei, um einen möglichen Präventivschlag aus dem Ausland abzuwehren. Um das Deutsche Reich nach außen hin als friedfertig darzustellen, passte nichts besser als die Olympischen Spiele.

Nach innen verfolgte die Propaganda ein entgegengesetztes Ziel: Das deutsche Volk musste auf den kommenden Krieg vorbereitet werden. Dabei spielte die körperliche Ertüchtigung, das »Heranzüchten kerngesunder Körper«, eine entscheidende Rolle. Hitler hatte schon in seinem programmatischen Buch »Mein Kampf« geschrieben: »Man gebe der deutschen Nation 6 Millionen sportlich tadellos trainierte Körper, alle von fanatischer Vaterlandsliebe durchglüht und zu höchstem Angriffsgeist erzogen, und ein nationaler Staat wird aus ihnen, wenn notwendig, in nicht einmal zwei Jahren eine Armee geschaffen haben.« Olympia im eigenen Land – ein solches Ereignis konnte viel dazu beitragen, die Sportbegeisterung der Deutschen zu fördern. Und ein Volk, das mehr Sport trieb, würde Millionen jener »tadellos trainierten Körper« hervorbringen, aus denen man gute Soldaten formen konnte.

Nicht zuletzt sollten die Spiele die Herrschaft der Nationalsozialisten festigen, die ja gerade erst an die Macht gekommen waren. Ein spektakuläres, erfolgreiches Großprojekt konnte im deutschen Volk Gemeinschaftsgefühl und Nationalstolz erzeugen und den Glauben an die politische Führung stärken. Die Propaganda gab denn auch das Motto aus: »Olympia, eine nationale Aufgabe«.[10] Jeder Deutsche sollte das Bewußtsein haben, Träger und damit Teilnehmer der Spiele zu sein. Zitat aus einer Anweisung der NSDAP an ihre lokalen Organisationen: »Jeder Volksgenosse soll sich ein Bild darüber machen, welche Bedeutung die Olympischen Spiele 1936 in sportlicher, aber auch in politischer und volkswirtschaftlicher Beziehung für das gesamte deutsche Volk haben. In geschlossenem Einsatz stellen sich alle Gliederungen des deutschen Volkes in den Dienst dieser Aufgabe.«[11]

Der Autor eines Artikels im Reichssportblatt von 1935 fasste zusammen, was wohl viele NS-Größen dachten: »Die Olympischen Spiele 1936 werden für das nationalsozialistische Deutschland von geradezu ungeheurer Bedeutung sein! [...] Mit diesen Spielen ist uns ein unschätzbares Propagandamittel in die Hand gegeben worden.«[12]

Umso wichtiger war es für die Nationalsozialisten, die Spiele zu einem einzigartigen, beeindruckenden Ereignis zu machen. Hitler betonte, dass er alles tun werde, um die Spiele so vollkommen wie möglich zu gestalten. Als er im Oktober 1933 das zukünftige Olympiagelände besichtigte, tat er die bisherigen Planungen als zu kleinmütig ab.[13] Geplant war ursprünglich, das bestehende

---

[10] von Hegel, Andrea: Die Stunde der Propagandisten.
[11] Zitiert nach Bohlen, Friedrich: Die XI. Olympischen Spiele Berlin 1936. Instrument der innen- und aussenpolitischen Propaganda und Systemsicherung des faschistischen Regimes, Köln, 1979. Seite 72.
[12] Angermeyer, F.: Hymne an Berlin, in: Reichssportblatt 2 (1935) 21, 583. Zitiert nach Teichler, Hans Joachim: Internationale Sportpolitik im Dritten Reich, Schorndorf 1991.
[13] von Hegel, Andrea: Die Stunde der Propagandisten.

1 | Das Olympiastadion in Berlin (1936)
Bundesarchiv, Bild 183-R82532, Fotografie: Hoffmann

Grunewald-Stadion umzubauen, doch das reichte dem Reichskanzler nicht. Er beschloss einen kompletten Neubau. Der Architekt Werner March entwarf daraufhin das so genannte »Reichssportfeld«, bestehend aus Olympischem Platz, dem Olympia-Stadion für 100.000 Zuschauer und einem Aufmarschgelände. Damit war Hitler zufrieden. Im »Völkischen Beobachter« vom 15.12.1933 wird er mit den Worten zitiert: »Mit dem heutigen Tage habe ich meine endgültige Genehmigung zum Beginn und zur Durchführung der Bauten auf dem Stadiongelände gegeben. Deutschland erhält damit eine Sportstätte, die ihresgleichen in der Welt sucht.«[14]

Durch die neuen Pläne stiegen die Ausgaben von den ursprünglich kalkulierten 5,5 Millionen auf 42 Millionen Reichsmark, also auf fast das Achtfache. Begründet wurde das große Bauprojekt damit, dass man so die hohe Arbeitslosigkeit bekämpfen könne. Carl Diem, der schon vor 1933 Generalsekretär des Organisationskomitees gewesen war, zeigte sich mit der Entwicklung hochzufrieden: »Die Regierung Adolf Hitlers hat sich rückhaltlos für die Vorbereitung der Spiele eingesetzt. Unser Führer und Kanzler hat persönlich nicht nur die Schirmherrschaft über die Spiele übernommen, sondern auch durch

---

[14] Hitler, Adolf, zitiert nach: Völkischer Beobachter, 15.12.1933; übernommen aus: Hoffmann, Hilmar: Mythos Olympia. Autonomie und Unterwerfung von Sport und Kultur, Weimar 1993, S. 17.

seine Entscheidung für den Bau des Reichssportfeldes die Möglichkeit geschaffen, dass der äußere Rahmen der Olympischen Spiele so großartig und glanzvoll wird wie kaum zuvor.«[15]

Der glanzvolle Rahmen, über den sich Diem so freute, hatte allerdings einen hohen Preis. Das deutsche Organisationskomitee, das nach den Grundsätzen des IOC, also des Internationalen Olympischen Komitees, unabhängig sein sollte, musste sich vollständig den Vertretern des Staates und der NSDAP unterwerfen, urteilt der Sporthistoriker Hans Joachim Teichler: »Das Organisationskomitee hat sich ja schon vor der Machtergreifung gegründet. Da war eine Besetzung vorgesehen völlig mit Sportfachleuten, mit Medienleuten. Und jetzt auf einmal waren sämtliche Gliederungen der Partei mit drin vertreten, die Ministerien. Und ganz klar, die Regierung hatte in diesem Organisationskomitee das Sagen.«[16]

Das Gleiche galt für den »Propaganda-Ausschuss für die Olympischen Spiele«. Das zentrale Gremium, das Werbung und PR für die Spiele steuerte, wurde im Januar 1934 im Propagandaministerium eingerichtet. Die Auslandswerbung übertrug der Ausschuss an die »Reichsbahnzentrale für den deutschen Reiseverkehr«, die Büros in vielen Ländern unterhielt. Im Inland richteten die Propagandisten in fast jedem Dorf und jeder Stadt Olympia-Werbeausschüsse ein, die dafür sorgen sollten, dass ihre Botschaften auch die hintersten Winkel Deutschlands erreichten.

Eine große Werbekampagne lief an. Prospekte, Anzeigen, Sammelalben, Briefmarken und fast 300.000 Plakate in 19 Sprachen warben für Olympia. Millionenfach gedruckte »Olympia-Hefte« sollten in der Bevölkerung sportlichen Sachverstand und Begeisterung wecken. Eine Monatszeitschrift namens »Olympische Spiele 1936« erschien in vier Sprachen. Im In- und Ausland fanden Vorträge, Dia-Abende und Filmvorführungen statt.[17] Eine große Wanderausstellung, die über die olympische Geschichte und die Vorbereitungen für die Spiele in Deutschland informierte, wurde in fast 100 Städten gezeigt. Bei ihrer Eröffnung am 8. Februar 1935 erläuterte Reichssportführer Hans von Tschammer und Osten deren Ziele.

»Olympia-Vorbereitung ist eine Schulung für die gesamte Nation. Diese Schulung soll den olympischen Gedanken, die Verbreiterung der sportlichen Basis durchführen. Und Sinn und Zweck dieser Ausstellung soll der sein, dass wir für die großen Tage des Jahres 1936 eine begeisterte und sachverständige Resonanz uns sichern können. Der Besuch dieser heute zu eröffnenden Ausstellung ist sorgfältig organisiert. Wir werden es möglich machen können, dass Massen hindurchgeführt werden, die durch sachverständige Führungen, durch ausgesuchte Sportfilme unterrichtet und geschult werden. Die vorbildlichen Modelle, die Sie nachher sehen werden, werden ganz bestimmt immer umlagert

---

[15] Diem, Carl: Die Vorbereitungen für die Olympischen Spiele 1936. Radioansprache vom 23.12.1935. DRA B004892263.
[16] Teichler: Interview vom 26.5.2008.
[17] Rürup, Reinhard (Hrsg.): 1936. Die Olympischen Spiele und der Nationalsozialismus. Eine Dokumentation, Berlin 1996.

sein, geben sie doch ein fantastisches Bild von der Größe der Arbeiten und von der Geschlossenheit der Sportanlagen, die in der Welt einzig dastehen sollten.«[18]

Auch in der Pressearbeit überließen die Propagandisten nichts dem Zufall. Das wichtigste Instrument dazu war die Pressekonferenz der Reichsregierung. Den dort akkreditierten Journalisten wurde nicht nur vorgeschrieben, was sie zu berichten hatten, sondern häufig auch, in welchem Teil der Zeitung, in welcher Aufmachung und in welcher Reihenfolge die Nachrichten zu bringen waren.[19] Wer gegen die Befehle verstieß, musste mit Verweisen, Geldstrafen oder sogar Haft rechnen. Fast alle Schriftleiter druckten deshalb amtliche Texte und Kommentare einfach nach und hielten sich eng an die Vorgaben.

Um auch die ausländische Presse zu beeinflussen, gab das Organisationskomitee schon ab Dezember 1933 einen fremdsprachigen Olympia-Pressedienst heraus.[20] Der Dienst erschien zunächst in fünf, später sogar in 14 Sprachen. Man schickte kostenlos fertige Artikel an die ausländischen Redaktionen, die diese nur noch abzudrucken brauchten. Oft lieferte man auch Druckvorlagen von Zeichnungen und Fotografien.

Doch während die PR-Strategen die Weltpresse mit Erfolgsmeldungen über die Olympia-Vorbereitungen versorgten, formierte sich im Ausland eine Bewegung, die einen Boykott der Spiele forderte. Diese Boykottbewegung war hauptsächlich auf die Judendiskriminierung in Deutschland zurückzuführen, so Hans Joachim Teichler: »Im Vorfeld der Olympischen Spiele tobte im Ausland eine enorme Debatte über das Für und Wider der Spiele unterm Hakenkreuz. In den USA waren es die Kirchen, die Gewerkschaften und vor allen Dingen jüdische Kreise, die dagegen protestierten, Olympische Spiele in einem derartig rassistischen System durchzuführen.«[21]

Die deutschen Sportfunktionäre fürchteten nichts mehr als einen Boykott der Spiele durch die USA, dem sich vermutlich noch viele andere Staaten angeschlossen hätten. Theodor Lewald, Präsident des nationalen Organisationskomitees, warnte auf einer Vorstandssitzung im Januar 1934: »Wenn Großbritannien mit seinen Dominien und vielleicht noch Amerika bei den Spielen des Jahres 1936 ausfallen würden, so würde dadurch der Veranstaltung der Glanz und die Bedeutung vollständig genommen werden, und die mit ihr von der Reichsregierung verfolgten Ziele könnten nicht mehr verwirklicht werden.«[22]

Die deutschen Olympia-Verantwortlichen versuchten mit allen Mitteln gegenzusteuern. Bekannte deutsche Sportler wie der Boxer Max Schmeling und Sportfunktionäre reisten durch die Welt, um für Olympia zu werben. Mit Briefen und in persönlichen Gesprächen versuchte man, die Hauptbefürworter des Olympiaboykotts umzustimmen. Einer der wichtigsten von ihnen war Jeremiah Mahoney, Präsident des einflussreichen amerikanischen Sportverban-

---

[18] Von Tschammer und Osten, Hans: Rede zur Eröffnung der Olympia-Ausstellung in Berlin, 8.2.1935. DRA B004892032.
[19] Teichler 1976.
[20] Krüger, Arnd: Die Olympischen Spiele 1936 und die Weltmeinung. Ihre außenpolitische Bedeutung unter besonderer Berücksichtigung der USA, Berlin u.a. 1972. S. 92.
[21] Teichler: Interview vom 26.5.2008.
[22] Zitiert nach Bohlen: Die XI. Olympischen Spiele, S. 73.

des Amateur Athletic Union. Doch Mahoney blieb hart. In einem Antwortschreiben an deutsche Sportfunktionäre heißt es: »Das Olympische Prinzip, das im Reich des Sports die vollkommene Gleichheit aller Rassen und Bekenntnisse anerkennt, steht im Gegensatz zur Nazi-Ideologie, deren Eckstein das Dogma von Rassenungleichheit ist. Ehe das Nazi-Regime nicht zu Ende gegangen ist, wird das amerikanische Volk keinen Grund zu der Annahme haben, dass der wahre Sportsgeist, dem die Olympischen Spiele gewidmet sind, seinen Ausdruck in Deutschland findet.«[23]

Doch die Nationalsozialisten hatten auch mächtige Verbündete in den USA. Zu ihnen gehörte Avery Brundage, Vorsitzender des amerikanischen Olympischen Komitees. Brundage reiste nach Deutschland, angeblich, um sich ein Bild von der Lage der Juden in der Sportwelt zu verschaffen. Doch seinen Bericht hatte er schon vor der Reise geschrieben. Die Gespräche mit jüdischen Sportlern hatten keinen andern Zweck, als das Meinungsbild in den USA zu beeinflussen, meint Hans Joachim Teichler: »Mir hat ein Augenzeuge dieses Gespräches einmal berichtet: Als wir uns beschwerten, dass uns der Zutritt zu deutschen Vereinen, deutschen Sportstätten und deutschen Clubs verwehrt sei, habe er eben kühl erwidert, auch sein Club in Chicago würde keine Juden und Neger aufnehmen.«[24]

Um die Boykottbewegung zu schwächen, verpflichteten sich die Deutschen, auch Juden in ihre Olympiamannschaft aufzunehmen. Zwei Alibi-«Halbjuden« nahmen schließlich teil: der Eishockeyspieler Rudi Ball und die Fechterin Helene Mayer. Dennoch: Der US-Sportverband blieb in der Frage der Olympiateilnahme gespalten. Im Dezember 1935 sollte endlich die Entscheidung fallen. Um eine Ablehnung zu verhindern, telegrafierte Avery Brundage zusätzliche Delegierte herbei und sicherte den Befürwortern eine knappe Mehrheit.[25] Übrigens wurde Brundage, trotz seiner NS-freundlichen und rassistischen Haltung, nach dem Krieg Präsident des IOC. Er blieb es 20 Jahre lang.

Mit der Entscheidung der Amerikaner war der Boykott gescheitert. Um die Winterspiele nicht doch noch in letzter Minute zu gefährden, ordnete Hitlers Innenminister an, die judenfeindliche Hetze vor und während der Spiele auszusetzen. »Auf ausdrückliche Weisung des Führers ersuche ich mit Rücksicht auf die bevorstehenden Olympischen Winterspiele zu veranlassen, dass an der Straßen- und an der Eisenbahnstrecke zwischen München und Garmisch-Partenkirchen und in ihrer Nähe sämtliche Schilder, Transparente und ähnliche Hinweise, die die Judenfrage betreffen, beseitigt werden.«[26]

Unmittelbar vor den Winterspielen hatten die Olympia-Verantwortlichen zwei wichtige Ziele erreicht: Sie hatten den Boykott abgewendet und effektiv für die Spiele geworben. Zufrieden resümierte Friedrich Mahlo, stellvertretender Vorsitzender des Propagandaausschusses: »Es ist kaum notwendig zu er-

---

[23] Zit. nach Ueberhorst, Horst (1986). Spiele unterm Hakenkreuz, in: Politik und Zeitgeschichte, 31/1986, S. 8. Übernommen aus: Bellinger, Christian: Funktionen und Methoden der propagandistischen Inszenierung der Olympischen Spiele von 1936, München 2007.
[24] Teichler: Interview vom 26.5.2008.
[25] Bellinger, S. 16.
[26] Zitiert nach Teichler 1976, S. 282.

wähnen, dass es in manchen Ländern der Welt nicht leicht war, die Überzeugung zu erwecken und zu festigen, dass die Spiele in Deutschland die Ausrichtung finden würden, die das olympische Protokoll verlangt und vorschreibt. Wenn nirgends auf der Welt sich mehr ernsthafter Widerspruch gegen die Abhaltung der Spiele in Deutschland erhebt, so ist dies wohl in erster Linie der hervorragenden aufklärenden und propagandistischen Tätigkeit [...] zu verdanken, die [...] den Olympischen Weckruf über die ganze Welt trugen.«[27]

Für den olympischen Weckruf hatten sich die Organisatoren etwas Neues ausgedacht: eine olympische Glocke mit der Aufschrift »Ich rufe die Jugend der Welt«. Die Glocke, eine der größten Stahlglocken der Welt, wurde in Bochum gegossen und im Januar 1936 mit einem Bahnwaggon nach Berlin gebracht. Der 10 Tage dauernde Transport wurde propagandistisch breit ausgeschlachtet und als »nationale Kundgebung« inszeniert. In jeder Stadt begleiteten Feiern die Durchfahrt. Hitlerjugend und Reichsarbeitsdienst marschierten auf, SA- und SS-Männer, Motorstaffeln und Fackelträger gaben der Glocke das Ehrengeleit. Das Radio berichtete laufend über den »Triumphzug« der Olympiaglocke. Ihr Geläut gehörte fortan zum offiziellen »Olympiaruf« des Reichsrundfunks.

Bald darauf, am 6. Februar 1936, begannen die Olympischen Winterspiele in Garmisch-Partenkirchen. Sie galten als entscheidender Testlauf für die Sommerspiele. Zum ersten Mal in der Geschichte wurde eine Eröffnungsveranstaltung von Olympischen Spielen live vom Rundfunk übertragen. Nach dem Einmarsch der Nationen sprach der Organisator der Winterspiele, Karl Ritter von Halt: »Wir Deutsche wollen der Welt auch auf diese Weise zeigen, dass wir die Olympischen Spiele getreu dem Befehle unseres Führers und Reichskanzlers zu einem wahren Fest des Friedens und der aufrichtigen Verständigung unter den Völkern gestalten werden. Und nun, meine lieben braven Kameradinnen und Kameraden aus aller Welt, rüstet euch zum edlen olympischen Kampfe und zum frohen Spiele. Olympia Garmisch-Partenkirchen beginnt!«[28]

Für die Radio-Berichterstattung hatte man eigens den »Olympiasender Garmisch-Partenkirchen« errichtet. Das provisorische »Funkhaus« war zwar nur eine Holzbaracke, aber immerhin gab es 12 Sprecher- und ebensoviele Aufnahmeräume. Die Reporter benutzten sowohl stationäre Sprecherzellen als auch tragbare Sender, um von den verschiedenen Schauplätzen zu berichten, wie z.B. vom Rießersee, wo die Entscheidungen im Eisschnelllauf ausgetragen wurden. Insgesamt strahlte der Olympiasender während der Winterspiele über 180 Stunden Live-Berichte in vier Sprachen aus. Aus dem Ausland waren 37 Hörfunk-Reporter gekommen, die eigene Reportagen verfassten.[29] Sie wurden per Kurzwelle nach Übersee übertragen.

---

[27] Mahlo, Friedrich: Vorwort, die Bedeutung der Auslandswerbung für die Olympischen Spiele 1936 betreffend, in: Deutsche Werbung, März 1936. Zitiert nach: Rürup, S. 84.

[28] Ritter von Halt, Karl: Ansprache, in: Reportage von der Eröffnung der IV. Olympischen Winterspiele in Garmisch-Partenkirchen, 6.2.1936. DRA B004892332.

[29] Deutsche Welle (Hrsg.): Morgen die ganze Welt – Deutscher Kurzwellensender im Dienste der NS-Propaganda, Berlin 1970. S.30.

Olympia im Zeichen der Progaganda 243

2 | Goebbels und Hitler bei den Olympischen Winterspielen in Garmisch-Patenkirchen vom 6. bis 16. Februar 1936
Bayerische Staatsbibliothek München / Hoffmann, Bild-Nr. hoff-12312

Sowohl technisch als auch organisatorisch lief alles reibungslos. Der Präsident des Internationalen Olympischen Komitees, Henri Baillet-Latour, bedankte sich beim Reichsrundfunk in einem Brief: »Zu meiner größten Zufriedenheit habe ich davon Kenntnis genommen, dass die IV. Olympischen Winterspiele zum ersten Mal in der Geschichte der Olympischen Spiele durch Rundfunk über die ganze Welt übertragen wurden, die so an dem Ereignis teilnehmen konnte. Ich stelle zu meiner Freude fest, dass dieser erste Versuch den Beifall aller Nationen gefunden hat, dass die Übertragungen gut ausfielen und überall mit Freude aufgenommen wurden.«[30]

Auch sonst hatte es bei den Winterspielen keine Probleme oder Zwischenfälle gegeben. Der Testlauf war geglückt, die Sportler der Welt waren tatsächlich ins nationalsozialistische Deutschland gekommen, die Organisation hatte geklappt. Der Erfolg, die Anerkennung des Auslandes und die friedliche Atmosphäre wirkten offenbar inspirierend auf Hitler. Er beschloss eine politische Provokation: die Besetzung des entmilitarisierten Rheinlands durch deutsche Truppen, berichtet der Sporthistoriker Hans Joachim Teichler: »Er hat den Beschluss, das Rheinland zu besetzen, während der Winterspiele oder kurz vor den Winterspielen gefasst. […] Dann ist genau zwischen den Winter- und den Sommerspielen dieser Überraschungs-Coup der Besetzung des Rheinlandes erfolgt. Insofern war es schon so, dass Hitler diese Gelegenheit nutzte.«[31]

Damit brach Hitler zwei internationale Verträge – doch außer ein paar Protesten geschah nichts. Die Olympia-Vorbereitungen gingen weiter. In Berlin erneuerte man Fassaden, reinigte Straßen, entfernte Reklameschilder und schloss Baulücken. Man schmückte die Stadt mit zahllosen Fahnen, Wappen und Eichenlaubgirlanden. Wie schon bei den Winterspielen, wurden sämtliche Schilder mit der Aufschrift »Juden unerwünscht« aus dem Stadtbild entfernt. Jede judenfeindliche Äußerung sollte während der Spiele unterbleiben. Der »Reichsring für nationalsozialistische Propaganda und Volksaufklärung« mahnte die Volksgenossen zur Zurückhaltung: »Wir wollen in diesen Wochen der Olympiade dem Ausland beweisen, dass es Lüge ist, wenn dort immer wieder behauptet wird, dass in Deutschland Judenverfolgungen an der Tagesordnung sind.«[32]

Kurz vor Beginn der Sommerspiele, am 20. Juli 1936, startete das letzte große PR-Ereignis: der Fackel-Staffellauf vom antiken Olympia nach Berlin. Diese Idee der NS-Propaganda hat sich bekanntlich bis heute gehalten. Mit dem Fackellauf sollte die Werbung für die Spiele unmittelbar vor der Eröffnung ihren großen emotionalen Höhepunkt erreichen. Carl Diem, Generalsekretär des Organisationskomitees: »Um die geistige Verbindung der modernen Olympischen Spiele mit der Sportkultur der alten Griechen zu versinnbildlichen, wird ein riesiger Fackel-Staffellauf veranstaltet. Unter Beteiligung von rund 3.000 Läufern durch sieben Länder hindurch wird binnen 12 Tagen von der Stätte der antiken Olympischen Spiele von Olympia zur Eröffnungsfeier

---

[30] Zitiert nach Deutsche Welle (Hrsg.), S.30.
[31] Teichler: Interview vom 26.5.2008.
[32] Erste Durchgabe des Reichsrings für nationalsozialistische Propaganda und Volksaufklärung. München 16.7.1936. BA NS 22/v. 865. Zitiert nach: Teichler 1991, S. 165.

in Berlin ein Feuerbrand herbeigeholt, mit dem alsdann das Feuer, das auf einem Kandelaber über dem Stadion brennen soll, entzündet wird.«[33]
Der Olympische Fackellauf wurde mit einer so genannten »Weihestunde« zwischen den Ruinen begonnen. Dreizehn in antike Gewänder gehüllte junge Frauen entzündeten um 12 Uhr mittags das Feuer mit einem Hohlspiegel. Der Erzbischof von Tripolis segnete die Flamme, dann wurde sie durch Läufer auf den Weg gebracht. Der Fackel-Staffellauf wurde von einem Übertragungswagen des Reichsrundfunks begleitet, der regelmäßig von dem Ereignis berichtete. Davon dass in der Tschechoslowakei heftige Proteste den Fackellauf begleiteten, gelangte jedoch nichts in die deutschen Medien.

Am 1. August 1936, dem Eröffnungstag der Spiele traf die olympische Flamme schließlich in Berlin ein. Mit groß inszeniertem Pathos, einer Mischung aus religiösen und militärischen Elementen, wurde sie mit einer so genannten Jugendfeier »empfangen«. 28.000 Jugendliche und 40.000 SA-Männer waren gekommen, ebenso die Mitglieder des IOC, des Nationalen Organisationskomitees und Vertreter der NS-Regierung. Propagandaminister Goebbels begrüßte die olympische Flamme mit den Worten: »Möge sie eine wärmende Flamme des Lebens, des Lichtes und des Friedens sein. In diesem Sinne grüßen wir Jungen die Flamme, die da kommt, mit dem Spruch: Heilige Flamme glüh, glüh und verlösche nie.«[34] Unter großem Jubel lief schließlich der Läufer mit der Fackel ein und entzündete ein Feuer auf einem Flammenaltar. Anschließend wurde die Fackel ins Olympiastadion gebracht, die Olympischen Spiele von Berlin konnten beginnen.

Als internationales Medienereignis übertrafen sie alle bisherigen Spiele. 1800 Pressevertreter aus 59 Ländern waren gekommen, dazu 42 Rundfunkgesellschaften mit über 120 Berichterstattern.[35] Viele dieser ausländischen Journalisten hatte Joseph Goebbels zwei Tage zuvor bei einem offiziellen Empfang begrüßt. Der Propagandaminister versuchte, die Olympischen Spiele in Deutschland als unpolitische Friedensveranstaltung darzustellen: »Man hat Deutschland in den vergangenen Monaten vielfach den Vorwurf gemacht, dass es die Absicht habe, mit den Olympischen Spielen Propaganda für seinen Staat zu betreiben. Ich kann Ihnen versichern, meine Herren, dass das nicht der Fall ist. Denn wenn es der Fall wäre, würde ich das vermutlich wissen (*Gelächter im Publikum, Beifall*). Ich weiß nichts von dieser Absicht, weiß allerdings von der Absicht, dass Deutschland gewillt ist, sich seinen Gästen selbstverständlich von der besten Seite zu zeigen. Das gebietet uns schon die Höflichkeit unseren Gästen gegenüber. Das hat aber nichts mit politischer Propaganda zu tun. Sondern wir möchten, dass Sie Deutschland sehen, so, wie es ist.«[36]

Dass diese Beteuerungen die ausländischen Journalisten beeindruckten, ist eher unwahrscheinlich. Eindrucksvoll dagegen waren die professionellen Ar-

---

[33] Diem: Radioansprache vom 23.12.1935.
[34] Goebbels, Joseph: Ansprache, in: Jugendfeier im Berliner Lustgarten anläßlich der Eröffnung der Olympischen Spiele 1936. Radioreportage vom 1.8.1936. DRA B003657383.
[35] Rürup, S. 169.
[36] Goebbels, Joseph: Ansprache an die Vertreter der ausländischen Presse, Berlin, 30.7.36. DRA B004889331.

beitsplätze, die man für die Reporter geschaffen hatte. Das Pressezentrum auf dem Olympiagelände verfügte über 20 Sprecherzellen, 100 Telefone, Anlagen zur Übermittlung von Bildtelegrammen, eine schnelle Rohrpost mit Anschluss zum Flughafen sowie Sendeanlagen, mit denen man 30 Rundfunkberichte gleichzeitig nach Europa und Übersee ausstrahlen konnte. Rund um die Uhr waren 20 Übertragungswagen im Einsatz. In den Wettkampfanlagen waren 350 Mikrofone aufgestellt, die den Beifall des Publikums und die Geräusche der jeweiligen Sportart auffingen.[37]

Während der Spiele gab es in Deutschland nur noch zwei verschiedene Rundfunkprogramme. Der Deutschlandsender hatte sich in »Olympia-Weltsender« umbenannt und berichtete ab sechs Uhr morgens über die Ereignisse. Der Reichssender Berlin brachte ein Unterhaltungsprogramm, das er mittags und abends durch Olympia-Berichte unterbrach. Alle anderen deutschen Sender übernahmen eines dieser beiden Programme. Der deutsche Rundfunk berichtete aber auch in mehreren Fremdsprachen. Von den über 3200 olympischen Sportsendungen waren 2000 für das Ausland bestimmt.[38]

Auch das Fernsehen berichtete erstmals live von Olympischen Spielen. Da es kaum private Empfangsgeräte gab, wurden die Bilder in öffentliche Fernsehstuben übertragen. Reichssendeleiter Eugen Hadamovsky pries im September 1936 den Erfolg des neuen Mediums: »Der Fernsehsender Paul Nipkow hat nämlich in diesen Tagen der Olympischen Spiele zum ersten Mal regelmäßig ein achtstündiges Fernsehprogramm durchgeführt. [...] Dr. Goebbels hat bei der Eröffnung der Rundfunkausstellung bekannt geben können, dass in den Tagen der Sommerspiele 152.000 Berliner Volksgenossen und Ausländer und auswärtige Gäste, die in Berlin waren, in den Fernsehstuben die Olympischen Spiele mit angesehen haben. Das sind also mehr Männer und Frauen, wie sie selbst das riesige olympische Stadion dort draußen zu fassen vermochte. Man kann damit sagen, dass zum ersten Mal in diesen Tagen ein umfassendes Fernsehprogramm mit Erfolg durchgeführt wurde und seinen Weg zu wirklichen Massen gefunden hat.«[39]

Dennoch: Die bewegten Bilder des Fernsehens hatten noch keine große Bedeutung. Fotos waren erheblich wichtiger für die Außenwirkung der Berliner Spiele. Die Propagandisten sicherten sich das Monopol über die Bildwirklichkeit. Nur ausgewählte deutsche Fotografen arischer Abstammung durften den Innenraum des Olympiastadions oder andere abgesperrte Räume betreten. Damit kein Unbefugter unbemerkt Fotos machen konnte, mussten alle Fotografen eine Art Uniform tragen. Aus einer Anweisung des Organisationskomitees: »Die Bildberichterstatter tragen eine einheitliche, aus einer langen, grauen Hose, einem dunkelblauen Jackett, blau-weiß kariertem Hemd mit langen, dunklen Binder, gegebenenfalls Lederol-Mantel, bestehende Kleidung

---

[37] Alkemeyer, Thomas: Körper, Kult und Politik: von der »Muskelreligion« Pierre de Coubertins zur Inszenierung von Macht in den Olympischen Spielen von 1936, Frankfurt/Main 1996. S. 446 und 465.
[38] Teichler 1991, S. 167.
[39] Hadamovsky, Eugen: Betriebsappell der Reichs-Rundfunk-Gesellschaft, 22.9.1936. DRA B005006432.

3 | Siegerehrung im Fünfkampf (Berlin, August 1936)
Bundesarchiv, Bild 183-G00825, Fotograf: Stempka

und dazu auf dem Arm aufgenäht die Kennzeichnung als Bildberichterstatter mit einer mit der vorstehenden Zulassungsliste übereinstimmenden Nummer.«[40]

Auch die Auslandspresse musste die Bilder dieser Fotografen verwenden – natürlich erst, nachdem die Zensur sie freigegeben hatte. Auf vielen Aufnahmen erschienen die Sportler als Übermenschen, als Vorbilder für das deutsche Volk. Aber auch die Präsentation als »liebenswerte Zeitgenossen« gehörte zur manipulierten Wirklichkeit der Bilder, die das Image der deutschen Friedfertigkeit transportierten. Viele der Fotos wurden auch in der offiziellen Olympia-Zeitung abgedruckt, die mit einer Auflage von 500.000 Stück täglich bis zum Ende der Spiele erschien.

Die deutsche Tagespresse wurde, wie üblich, über Presseanweisungen gesteuert. Kurz vor Ende der Spiele zeichnete sich ab, dass die deutsche Mannschaft die meisten Goldmedaillen erhalten würde. Das Propagandaministerium gab Kommentar-Anweisungen heraus: »Über die Landesstellen erhalten die Zeitungen noch Richtlinien über die Abschlusskommentare zu den Olympischen Spielen. Als Richtschnur wurde heute schon bekannt gegeben, dass kein Triumphgeschrei angestellt werden soll, andernfalls ist auch jede Verkleinerung der deutschen Erfolge zu vermeiden, kurzum, es soll eine gerechte Würdigung aller Länder erfolgen. Sollte Deutschland nach der Zahl der Medaillen vor USA schließlich führen, so soll darauf hingewiesen werden, dass Deutschland alle

---

[40] Organisationskomitee: Broschüre für Pressevertreter, Berlin 1936. Zitiert nach Rürup, S. 170.

Anstrengungen machen wird, den errungenen Erfolg zu behaupten, ohne dass die Medaillen Anlass zu einer deutschen Überheblichkeit werden sollen. Vergleiche mit den deutschen Erfolgen während der früheren Olympischen Spiele sind gestattet.«[41]

Als krönender Abschluss der Olympia-Propaganda war der zweiteilige Film der Regisseurin Leni Riefenstahl gedacht, der allerdings erst im April 1938 fertig wurde. Goebbels Propagandaministerium hatte den Film in Auftrag gegeben und aus Reichsmitteln finanziert. Teil 1 des Filmes, »Fest der Völker«, beschwört in einem langen Prolog die Verbindung zwischen der griechischen Antike und den Olympischen Spielen in Berlin. Zu feierlicher Musik zeigen die Bilder Ruinen der Akropolis, Statuen antiker Götter und Athleten sowie den Fackellauf. Anschließend werden die Leichtathletikwettbewerbe von 1936 und ihre Gewinner dargestellt.[42]

Auch der zweite Teil, »Fest der Schönheit«, beginnt mit einem Prolog. Er zeigt die Athleten im Olympischen Dorf, beim Laufen im Wald, beim Schwimmen im See, in der Sauna – eine friedliche Welt voller lachender Gesichter und schöner Natur. Anschließend werden Szenen aus Sportarten wie Turnen, Segeln, Fechten, Radsport und Military-Reiten vorgestellt. Berühmt ist die Abschluss-Sequenz des Films. Das Turmspringen der Männer wird in Riefenstahls Gestaltung zu einer Folge schwereloser Flüge. Der Film endet mit dem Verlöschen der Olympischen Flamme und einem Lichtdom über dem Olympiastadion.[43]

Riefenstahls Film war weniger Dokumentation als vielmehr Idealisierung der Olympischen Spiele. Die Regisseurin glorifizierte ein Körperbild, das dem NS-Schönheitsideal entsprach. Sie zeigte eine Welt voller Schönheit, Freundschaft, Begeisterung und friedlichem Wettstreit – und verschleierte damit den Blick auf die Realität von Judenverfolgung und Konzentrationslagern. Der Film war offenbar genau so geworden, wie ihn sich die NS-Propagandisten vorgestellt hatten. Zehn Tage nach der Uraufführung erhielt Riefenstahl den deutschen Filmpreis – aus der Hand von Joseph Goebbels, der den Film ja selbst in Auftrag gegeben hatte: »Der Deutsche Filmpreis 1937/38 wurde Frau Leni Riefenstahl für ihr Filmwerk ›Olympia – Fest der Völker, Fest der Schönheit‹ zuerkannt. In fast zweijähriger Arbeit ist dieses monumentale Filmwerk geschaffen worden. Mit einem Fleiß ohnegleichen, mit vorbildlicher Genauigkeit, mit größtem technischen und künstlerischen Können wurde hier eine Leistung vollbracht, die nicht nur bei uns, sondern auch in der Presse des Auslandes die größte Bewunderung fand.«[44]

Diese Bewertung Goebbels' war wohl nicht mal übertrieben. Bei der Premiere und weiteren Vorführungen in Deutschland wurde der Film euphorisch

---

[41] Anweisung der Reichspresskonferenz, die Abschlusskommentare zu den Olympischen Spielen betreffend, Berlin, 15. August 1936. Zitiert nach Rürup, S. 171.

[42] Olympia. Teil 1: Fest der Völker, DVD, Regie Leni Riefenstahl, Arthaus Premium Edition, 2006, 115 min.

[43] Olympia. Teil 2: Fest der Schönheit, DVD, Regie Leni Riefenstahl, Arthaus Premium Edition, 2006, 89 min.

[44] Goebbels, Joseph: Ansprache, in: Festsitzung der Reichskulturkammer im Berliner Opernhaus, 1.5.38. DRA B004889084.

gefeiert. In 19 europäischen Hauptstädten nahm ihn das Publikum ebenfalls zumeist begeistert auf. Er erhielt mehrere Preise, darunter die Goldmedaille der Biennale in Venedig, den schwedischen Polarpreis und den Grand Prix der Pariser Weltausstellung.[45]
Deutsche Medien werteten diese positive Resonanz zugleich als Bestätigung des NS-Regimes, so wie dieser Zeitschriftenbericht über die Vorführung des Films in Paris: »Abend für Abend bis spät nach Mitternacht ist das riesige Filmtheater ausverkauft, und man muß sich einmal als stiller Beobachter unter die französischen Zuschauer mischen und die Urteile der unbekannten Kritiker belauschen, um zu verstehen, was dieses Werk für das deutsche Ansehen im Ausland bedeutet. [...] Vor diesem Zeitdokument zerplatzt in der Tat gar manches Lügengespinst, und viele Ausländer werden ihr Urteil über das Dritte Reich gründlich ändern.«[46] Doch der Erfolg des Olympia-Films war nicht ungebrochen: In Großbritannien und den USA durfte er nicht gezeigt werden.

Hatte sich der große Aufwand, den die Nationalsozialisten anlässlich der Olympischen Spiele betrieben und den die New York Times damals als »das größte Propaganda-Kunststück der Geschichte«[47] bezeichnet hatte, eigentlich gelohnt – aus Sicht der Propagandisten? Für den Hitler-Stellvertreter Rudolf Heß zumindest war klar, dass Deutschland sich den Respekt der Welt gesichert hatte. Auf dem Reichsparteitag im September 1936 zog er eine positive Bilanz:

»Die Olympischen Spiele rechne ich wieder zu einer der ganz großen Schicksalsfügungen, an denen die Geschichte unserer Bewegung und des neuen Deutschlands so reich ist. Für uns ist es kaum abzuschätzen, was [...] die Olympischen Spiele bedeuten. Dass die Olympischen Spiele überhaupt nach Deutschland kamen, weiter dass sie zu diesem Zeitpunkt nach Deutschland kamen, sind so glückliche Fügungen, dass wir es nicht besser hätten einrichten können, wenn wir selbst das Schicksal zu beeinflussen gehabt hätten. Niemals wären die Olympischen Spiele nach Deutschland gelegt worden, wenn die Abstimmung über ihren Ort stattgefunden hätte, nachdem wir an der Macht waren (*Gelächter*). Ebenso bedeutsam war aber, dass der Zeitpunkt der Spiele nicht kurz nach der Machtübernahme lag. Denn mitten in der Zeit des Umbruchs in Deutschland [...] wäre kaum ein Mensch aus dem Auslande zu uns gekommen. [...] Und wir hätten ja auch niemals mit einem Reichssportfeld wie dem jetzigen aufwarten können, einem Sportforum, das dem nationalsozialistischen Gestaltungs- und Kulturwillen Ausdruck verleiht, weil uns einfach die Zeit gefehlt hätte, es zu bauen. Die Zeit hätte außerdem gefehlt, unsere Mannschaft so vorzubereiten und durchzutrainieren wie geschehen. Wir hätten nicht den eindrucksvollen Sieg erzielt, der uns auch auf sportlichem

---

[45] Alkemeyer, S. 475.
[46] Aus der Zeitschrift Licht – Bild – Bühne, 7. Juli 1938. Zitiert nach Rother, Rainer: Der Olympia-Film 1936, in: Deutsches Historisches Museum Berlin. http://www.dhm.de/~jarmer/olympiaheft/olympia7.htm »29.8.2008«.
[47] Zitiert nach Teichler 1991, S. 184.

Gebiet den Respekt der Welt sichert. Wir haben allen Grund, der Vorsehung dankbar zu sein.«[48]

Unbestreitbar erhielt Deutschland für die sportlichen Leistungen, die Bauten und die perfekte Organisation viel Lob von der ausländischen Presse. Gleichzeitig kritisierten viele Kommentatoren aber auch den Gigantismus, das Machtgehabe und den propagandistischen Charakter der Spiele. Das publizistische Echo der Weltpresse fiel kritischer und differenzierter aus, als es die Propagandisten erhofft hatten, meint der Sporthistoriker Hans Joachim Teichler: »Die Welt war beeindruckt von der Leistungsfähigkeit der Deutschen. Und jetzt je nach politischem Lager: Die Linken waren eher erschreckt über diese Leistungsfähigkeit, erschreckt über die Begeisterung des Berliner Publikums für seinen Reichskanzler, während die Bürgerlichen in Frankreich, in England, in Schweden sagten: Seht her, das was die Deutschen vormachen, das müssen wir nachmachen. Das war ein gespaltenes Echo, je nach der politischen Sichtweise des Betrachters.«[49]

Zwiespältig waren auch die Folgen der Boykottbewegung im Vorfeld der Spiele. Dass sie scheiterte, trug natürlich dazu bei, das Ansehen Hitlers und des NS-Regimes zu festigen. Andererseits erfuhren viele Menschen erst durch die Boykott-Diskussion in den Medien, was sich in Deutschland wirklich abspielte. Teichler: »Durch die kritische Vor- und Nachberichterstattung haben zahlreiche und weite Bevölkerungskreise, die sich sonst nicht für Politik interessieren, mitbekommen, welche politischen Zustände im Deutschen Reich herrschten: dass es politische Gefangene gibt, dass es antisemitische Parolen gibt, dass man die Juden aus der Zivilgesellschaft ausgrenzt und so weiter.«[50]

Größer als der außenpolitische war der innenpolitische Erfolg der Olympia-Propaganda. Von den kritischen Reaktionen des Auslands war in den deutschen Medien natürlich nichts zu lesen oder zu hören. Wer keine unabhängigen Informationen hatte, musste glauben, das Ausland sei von den Spielen in Berlin rundum begeistert gewesen. Der angebliche Prestigeerfolg der Nationalsozialisten, schreibt der Sporthistoriker Arnd Krüger, stärkte die Macht des Regimes: »Ganz Deutschland wurde in eine solche Olympia-Stimmung versetzt, dass das deutsche Volk seitdem eine nahezu uneingeschränkte Bereitschaft zeigte, die Staatsführung Hitlers anzuerkennen. [...] Mit den Spielen wurde die deutsche Bevölkerung zum Glauben gebracht, der Nationalsozialismus werde international akzeptiert und das Ausland sei von allem begeistert, was der Nationalsozialismus aus Deutschland gemacht habe.«[51]

Die angebliche internationale Anerkennung des Regimes musste Opposition und Widerstand entmutigen. Und der sportliche Erfolg suggerierte vor allem der Jugend das Gefühl deutscher Stärke, meint Hans Joachim Teichler: »Wesentlich besser als jeder Rassenkunde-Unterricht eignete sich der Sieg bei den Olympischen Spielen, der begeisterten Sportjugend klarzumachen, dass eben

---

[48] Heß, Rudolf: Ansprache beim Reichsparteitag der NSDAP in Nürnberg, Tagung der Gau- und Kreispropagandaleiter der NSDAP im Herkulessaal. 14.9.1936. DRA B004016254.
[49] Teichler: Interview vom 26.5.2008.
[50] Teichler: Interview vom 26.5.2008.
[51] Krüger 1972, S. 228 f.

die Deutschen die überlegene Rasse seien, schließlich habe man ja die meisten Olympiamedaillen gewonnen.«[52]

Der Erfolg der deutschen Mannschaft löste, wie erhofft, einen Sportboom im Lande aus, vor allem in den Organisationen von Partei und Staat. In der Wehrmacht, bei Polizei, SA, SS und der Deutschen Arbeitsfront entstanden eigene Sportämter, Sportschulen und Meisterschaften. Auch in den Schulen erhielt der Sport einen höheren Stellenwert. Das Fach Leibeserziehung wurde an allen Schulen, von der Volksschule bis zum Gymnasium, mit fünf Wochenstunden unterrichtet, bekam damit den größten Anteil im Stundenplan und wurde versetzungsrelevant. Damit trugen auch die Schulen dazu bei, jene Millionen von »sportlich tadellos trainierten Körpern« hervorzubringen, die Hitler für den geplanten Krieg brauchte.

Die Vorbereitungen dafür waren auch während der Olympischen Spiele weitergelaufen. Am 1. August 1936, dem Tag der Eröffnungsfeier mit ihren Friedensreden und Friedenstauben, legte das zuständige Ministerium eine geheime Planung vor, die von einem Kriegsbeginn am 1. Oktober 1939 ausging. Darin berechnete man detailliert, dass pro Kriegsjahr etwa 2,2 Millionen Soldaten sterben und die jährlichen Rüstungskosten etwa 9 Milliarden Reichsmark betragen würden.

Direkt nach den Olympischen Spielen stellte Hitler dann weitere Weichen: Zwei Wochen nach der Abschlussfeier wurde die militärische Wehrpflicht auf zwei Jahre erhöht. Etwa drei Wochen nach den Spielen wurde im Wirtschaftsrat eine geheime Denkschrift vorgelegt, die in der Aufforderung gipfelte, in vier Jahren müsse die deutsche Armee einsatzfähig, die deutsche Wirtschaft kriegsfähig sein. »Diese Parallelität von Olympia, von Friedensgetue und gleichzeitiger heimlicher Aufrüstung – das war skrupelloser Zynismus«, urteilt Teichler.[53]

Und es war eine wohlkalkulierte Strategie, wie Hitler im November 1938 in einer geheimen Rede vor Vertretern der deutschen Presse erläuterte: »Die Umstände haben mich gezwungen, jahrzehntelang fast nur vom Frieden zu reden. Nur unter der fortgesetzten Betonung des deutschen Friedenswillens und der Friedensabsichten war es mir möglich, dem deutschen Volk Stück für Stück die Freiheit zu erringen und ihm die Rüstung zu geben, die immer wieder für die nächsten Schritte als Voraussetzung notwendig war.«[54]

Diese zynische Strategie konnte oder wollte das Internationale Olympische Komitee offenbar bis zuletzt nicht bemerken. Noch im Juni 1939 beschloss es einstimmig, die Olympischen Winterspiele 1940 erneut an Deutschland zu vergeben – trotz Judenverfolgung, trotz Zerstörung der Synagogen im November 1938 und trotz der Besetzung Prags durch deutsche Truppen. Damit warf das IOC die eigenen Prinzipien vollends über Bord und war bereit, der NS-Diktatur ein zweites olympisches Täuschungsmanöver zu ermöglichen. Dazu allerdings kam es nicht mehr. Die Olympischen Spiele 1940 wurden abgesagt. Der Zweite Weltkrieg hatte begonnen.

---

[52] Teichler: Interview vom 26.5.2008.
[53] Teichler: Interview vom 26.5.2008.
[54] Hitler, Adolf: Geheime Rede vor Verlegern und führenden Redakteuren der deutschen Presse, 10.11.1938, in: Vierteljahreshefte für Zeitgeschichte, Jg. 6/1958., S. 182 f.

Das NS-Wunschkonzert

von

Jörg Koch[1]

1. Einleitung

Auch Jahrzehnte nach ihrem Entstehen haben so bekannte und melodische Schlager wie »Kann denn Liebe Sünde sein«, »In einer Nacht im Mai« oder »Roter Mohn« nichts von ihrer Faszination eingebüßt. Einst auf Schellackplatten gepresst, heute im Original als CD-Aufnahmen erhältlich, sind diese 1938 entstandenen Lieder mit der Zeit gegangen. Noch immer werden sie, die ihre Interpretinnen Zarah Leander, Marika Rökk und Rosita Serrano überlebt haben, im Rundfunk, meist in Wunschsendungen für ältere Zuhörer-Generationen, gespielt. Damit sind sie nicht nur ein geschichtliches Phänomen, sondern Gegenstand unserer gegenwärtigen Kultur. Vergessen bleiben dabei oftmals der geschichtliche Hintergrund und die damit verbundenen »Rahmenbedingungen« der Erstveröffentlichung jener Evergreens, die auch in der Gegenwart ein gefälliges Produkt des »Dritten Reiches« darstellen.

Im Gegensatz zur ernst-pathetischen Musik, mit der die Nationalsozialisten sich und ihr Regime zu inszenieren versuchten,[2] bot die Unterhaltungsmusik auf den ersten Blick einen Freiraum, der ganz der Privatsphäre zu gehören schien. Doch dieser scheinbar unpolitische Bereich war nicht weniger Teil der nationalsozialistischen Beeinflussung, die nichts dem Zufall überließ und planend und gestaltend Einfluss auf die Lebensgewohnheiten der Menschen nahm. Insofern standen viele Interpreten der Unterhaltungsmusik vermittelnd zwischen »Herrschaft« und »Alltag« und waren damit Teil der Sozial- und Kulturgeschichte des »Dritten Reiches«. So allgegenwärtig nämlich die Musik war, so vielfältig war ihre Funktion im privaten wie im außerhäuslichen Bereich. Sie diente der Ablenkung und Entspannung ebenso wie der Umrahmung sportlicher und politischer Veranstaltungen: Reden, Großveranstaltungen, Paraden, Reichsparteitage, Gedenk-, Eröffnungs- und Einweihungsfeiern waren stets von musikalischen Darbietungen begleitet. Bei all diesen Veranstaltungen gehörte die Musik zum festen Bestandteil des Ablaufs, genauso wie Uniformen, Fahnen, Symbole oder Grußformen.

Mit dem Machtantritt der Nationalsozialisten (Januar 1933) war das Rundfunkhören nicht mehr eine »Privatangelegenheit jedes einzelnen«, sondern »staatspolitische Pflicht« für jeden Volksgenossen, wie es der »Völkische Be-

---

[1] Der Beitrag basiert auf dem Buch: Koch, Hans-Jörg: Wunschkonzert. Unterhaltungsmusik und Propaganda im Rundfunk des Dritten Reichs, Graz 2006.
[2] Heister, Hanns-Werner/Wolff, Jochem: Macht und Schicksal. Klassik, Fanfaren, höhere Durchhaltemusik, in: Heister, Hanns-Werner/Klein, Hans-Günter (Hrsg.): Musik und Musikpolitik im faschistischen Deutschland, Frankfurt/M. 1984, S. 115-125.

obachter« formulierte.³ Der Rundfunk galt fortan als »Rufer und Künder einer neuen Zeit«, der laut Eugen Hadamovsky, Reichssendeleiter der Reichsrundfunkgesellschaft, »in erster Linie ein künstlerisches Instrument und erst in zweiter Linie ein Nachrichteninstrument« sein sollte.⁴ Mit einem hörerfreundlichen Programm, das nicht mehr so stark sprachgeprägt war wie zu Zeiten der Weimarer Republik, wirkte der Rundfunk im Nationalsozialismus an der »Gleichschaltung« der Bevölkerung mit, d.h. er besaß, wie auch das Kino jener Jahre, eine Milieu nivellierende Kraft. Neue Hörer sollten gewonnen werden durch zwei rundfunkpolitische Maßnahmen: über ein attraktives Programm und preisgünstige Empfangsgeräte. So präsentierte Propagandaminister Joseph Goebbels schon im August 1933 der Öffentlichkeit den »Volksempfänger« VE 301, der als Bindeglied zwischen »Führer« und »Gefolgschaft« gedacht war. Das Gerät war mit 76 Mark für die Hälfte des Preises damals handelsüblicher Standardgeräte zu haben und konnte zudem bequem in 18 Monatsraten zu 4,40 RM abbezahlt werden.⁵ Die Zahl der Rundfunkteilnehmer verdoppelte sich dank dieses Preis- und Programmangebots zwischen 1933 und 1939 und wuchs bis zum 1. Januar 1941 mit 15 Millionen Empfangsgeräten, die etwa 50 Millionen Hörer erreichten, auf das Dreifache der Gerätedichte des Jahres 1933.⁶

2. Unterhaltungsmusik im NS-Rundfunkprogramm

Was die Musikpolitik der Nationalsozialisten betrifft, so herrschte von Anfang an vor allem Klarheit darüber, was man *nicht* senden wollte: »Nichts Atonales, keine Fremdeinflüsse, keinen Swing, keine lateinamerikanischen Tänze, keine Hottentottenrhythmen der Nigger.«⁷ Politisch vereinnahmt wurden stattdessen die in aller Welt bekannten Klassiker, besonders die Werke Richard Wagners, Volkslieder und die seit dem Kaiserreich allgegenwärtige Marschmusik.⁸ Nebenbei fand die Ausschaltung jüdischer Musiker, Komponisten, Interpreten und Kritiker statt, die in den 20er Jahren für einen avantgardistischeren Klang gesorgt hatten, vor allen für einen, der Elemente der amerikanischen Tanzmusik inkorporierte. Allerdings hatte sich der vormals witzig-frivole Schlager mit dadaistischen Quatschtexten (u.a. »Wo sind deine Haare, August?«, »Was macht der Maier im Himalaya«, »Tante Paula liegt im Bett und isst Tomaten«, »Mein Papagei frisst keine harten Eier«) seit der Weltwirtschaftskrise 1929

---

3   Zit. n. Völkischer Beobachter, 10. August 1934.
4   Hadamovsky, Eugen: Dein Rundfunk. Das Rundfunkbuch für alle Volksgenossen, Leipzig 1934, S. 58f.
5   Weiterführend: Koch, Hans Jürgen/Glaser, Hermann: »Ganz Ohr«. Eine Kulturgeschichte des Radios in Deutschland, Köln 2005.
6   Vgl. Wicke, Peter: Von Mozart zu Madonna. Eine Kulturgeschichte der Popmusik, Leipzig 1998, S. 175-176.
7   Riethmüller, Albrecht/Rösing, Helmut: Musik und Politik im 3. Reich, in: Bruhn, Herbert u.a. (Hrsg.): Musikpsychologie. Ein Handbuch in Schlüsselbegriffen, München/Wien/Baltimore 1985, S. 338-343, Zitat S. 342.
8   Zum »Deutschtum« in der Musik s. Potter, Pamela M.: Die deutscheste der Künste. Musikwissenschaft und Gesellschaft von der Weimarer Republik bis zum Ende des Dritten Reiches, Stuttgart 2000 (S. 251-290).

ohnehin schon verabschiedet und Platz gemacht für eine verschwommene musikalische Traumwelt, die der Realität des Alltags entgegengestellt wurde. Statt Jazz und Neuer Sachlichkeit waren nun illusionsreiche Texte mit sanfter, gebundener Melodik gefragt anstelle von abgehackten Synkopen. Diese insgesamt stark zum Volkstümlichen tendierende »Weiche Welle« der Schlagermusik nach 1930 begünstigte die Gleichschaltung der Unterhaltungsmusik im NS-Rundfunk. Gefragt waren fortan Stimmungslieder sowie sentimentale Operetten- und Revueschlager, die überwiegend von den jungen Komponisten Fred Raymond, Peter Kreuder, Michael Jary, Theo Mackeben und Franz Grothe geschaffen wurden.

Für die Gestaltung der Rundfunkprogramme waren die Vorgaben des Propagandaministers maßgebend. Goebbels forderte ein Rundfunkprogramm »für alle«, und das bedeutete, dass die Übertragung politischer Reden und Kundgebungen ebenso reduziert wurde wie der Anteil von Wortbeiträgen und der Anteil der Ernsten Musik. Goebbels setzte auf »lebensbejahende« und »herzerhebende« Unterhaltungsmusik. Bunt gemischt präsentierte sich folglich das NS-Programm, das in Abendsendungen wie der »Heitere Abend« oder den »Bunten Abenden« ein Nebeneinander von Schlager-, Operetten- und Opernmusik bot. Der Anteil der »unterhaltenden Sendungen (einschließlich Operetten)« betrug zur besten Sendezeit am Abend, also zwischen 20.10 und 22 Uhr, ab 1936 rund 70 Prozent am Gesamtprogramm. Wie sehr der Propagandaminister, der eine Generation jünger war als die bislang tonangebenden konservativen Musiktheoretiker, die ihrerseits Einfluss auf die Gestaltung des Rundfunkprogramms nahmen, populäre Musik befürwortete, belegt eine Äußerung Goebbels gegenüber Richard Strauss, zu dem er sagte: »Lehár hat die Massen, Sie nicht! Hören Sie endlich auf mit dem Geschwätz von der Bedeutung der Ernsten Musik!« Goebbels Abneigung gegenüber der ›elitären‹ Musik drückt sich auch in der musikpolitisch richtungsweisenden Äußerung aus: »Was will denn dieser Furtwängler mit seinen lächerlichen 2.000 Zuhörern in der Philharmonie? Was wir brauchen sind die Millionen und die haben wir mit dem Rundfunk.«[9]

Ab 1937 setzte sich im ganzen Volk Schlagermusik durch, erst recht, da sie von bekannten Filmschauspielerinnen interpretiert wurde. In jenem Jahr wurden 117 Filme gedreht, die viele Schlager hervorbrachten, von denen sich einige als Evergreens bis heute gehalten haben: »Jawohl, meine Herrn« (aus »Der Mann, der Sherlock Holmes war«), »Der Wind hat mir ein Lied erzählt« (aus »La Habanera«), »Paris, du bist die schönste Stadt der Welt« (aus »Patrioten«), »Yes Sir« (aus »Zu neuen Ufern«), »Ich werde jede Nacht von Ihnen träumen« (aus »Gasparone«).

Besonders mit Kriegsbeginn im September 1939 kam der Unterhaltungsmusik eine noch entscheidendere Rolle im Rundfunk zu. Sie war laut Goebbels »genau so wichtig wie Kanonen und Gewehre«.[10] Auf der Jahrestagung der

---

[9] Zit. n. Egk, Werner: Die Zeit wartet nicht. Künstlerisches, Zeitgeschichtliches, Privates aus meinem Leben, München 1981, S. 343 und 318.
[10] Goebbels, Joseph: Die Zeit ohne Beispiel. Reden und Aufsätze aus den Jahren 1939-1941, München 1941, S. 219.

Reichskulturkammer und der NS-Gemeinschaft »Kraft durch Freude« am 27. November 1939 erklärte er den Anwesenden:

> Wir müssen uns auf den Standpunkt stellen, dass, je dunkler die Straßen sind, desto heller unsere Theater und Kinosäle im Lichterglanz erstrahlen sollen. Je schwerer die Zeit, desto leuchtender muss sich über ihr die Kunst als Trösterin der Menschenseele erheben.[11]

Die Parole des Propagandaministers »Heitere Kunst in ernster Zeit« war jedoch nichts Neues. Bereits ein Viertel Jahrhundert zuvor war es Aufgabe der Musik gewesen, das Publikum von der Gegenwart des Ersten Weltkrieges abzulenken: Je weniger die militärischen Auseinandersetzungen einem »Operettenkrieg« glichen, umso mehr Operetten wurden an der »Heimatfront« gespielt. So hatte schon im Dezember 1914 der Stuttgarter Hofintendant für einen Spielplan mit unterhaltenden Stücken plädiert:

> Die Leute sind froh, wenn sie nach der angestrengten Tagesarbeit einmal etwas Fernliegendes aufnehmen können, selbst wenn es ein lustiger Schwank oder eine Operette wäre. Wenn man den ganzen Tag über an Patriotismus denken soll und abends im Theater auch nochmals mit der Peitsche zum Hurra aufgetrieben wird, so ist das entschieden zu viel.[12]

Dargeboten wurde die von Goebbels propagierte Musik, die der Unterhaltung, Abwechslung und Entspannung dienen sollte, von einer Vielzahl von Instrumentalisten, Sängern und vor allem Sängerinnen. Die bekanntesten und erfolgreichsten Schlagersängerinnen jener Jahre waren ausgerechnet Ausländerinnen, die 1937/38 nach Deutschland gekommen waren und mit ihrer »erotischen Stimme« einen Hauch von Fernweh und Freiheit vermittelten: Zarah Leander war eine gebürtige Schwedin, Marika Rökk stammte aus Ungarn und Rosita Serrano kam aus dem fernen Chile. Waren Leander und Rökk in erste Linie Schauspielerinnen, deren Lieder durch die Musikfilme bekannt wurden, so eroberte sich die Chilenin, die des Deutschen nicht sehr mächtig war, über den Rundfunk ein Millionenpublikum. Neben ihren Auftritten im Film und Funk und den zahlreichen Aufnahmen auf Schellackplatten feierten sie wahre Triumphe auf großen und weniger bedeutenden Festhausbühnen. Begleitet wurden sie auf ihren Tourneen durch das Inland und europäische Ausland von den ebenfalls umjubelten Komponisten ihrer Lieder, meist von Michael Jary oder Peter Kreuder oder, wie bei der Serrano von so bekannten Orchestern wie Kurt Hohenberger und Teddy Stauffer.

Diese drei Künstlerinnen, zum Zeitpunkt ihrer Ankunft in Berlin Mitte bis Ende 20, entsprachen in keiner Weise dem von den Nazis propagierten Frauenbild. Sie schminkten sich, färbten sich die Haare, trugen eine aufwändige Garderobe, rauchten in der Öffentlichkeit und führten einen rundum mondänen Lebensstil, den sie sich dank hoher Gagen problemlos leisten konnten. Vielleicht hat aber gerade dieses außergewöhnliche Erscheinungsbild auch

---

[11] Ebd., S. 220.
[12] Zit. nach Weber, Horst: Zwischen Ambition und Anpassung, in: Gönnenwein, Wolfgang (Hrsg.): Die Oper in Stuttgart. 75 Jahre Littmann-Bau, Stuttgart 1987, S. 41f.

noch inmitten einer zunehmenden Ruinenlandschaft die Popularität dieser Interpretinnen gesteigert. Konkurrenz auf der Leinwand und im Rundfunk erhielten die Genannten 1940 mit Ilse Werner, die, 20jährig, mit ihrer natürlichen Ausstrahlung den von den Nazis gewünschten Frauentyp perfekt verkörperte. Mitstreiterin um die Gunst der Hörer war außerdem Lale Andersen, die vor allem mit einem Lied populär wurde: Lili Marleen (1939). Zu den männlichen Gesangsstars jener Zeit zählen Heinz Rühmann, Willi Forst, Willy Fritsch und der noch immer(!) auf der Bühne agierende Johannes Heesters (Jahrgang 1903).

Je länger der Zweite Weltkrieg dauerte, desto wichtiger wurden »optimistische Schlager«. Unter diesem Titel schrieb das Reichsministerium für Volksaufklärung und Propaganda (RMVP) 1940 und 1941 sogar einen Wettbewerb aus.[13] Die bekanntesten »optimistischen Lieder«, die häufig im Rundfunk erklangen, nicht aber Ergebnis dieser Wettbewerbe waren, sind heute noch geläufig. Zu ihnen gehören »Das kann doch einen Seemann nicht erschüttern« (aus dem Film »Paradies der Junggesellen«, 1938, interpretiert von Heinz Rühmann, Hans Brausewetter und Josef Sieber), »Davon geht die Welt nicht unter« und natürlich »Ich weiß, es wird einmal ein Wunder gescheh'n« (aus »Die große Liebe«, 1942, unsterblich geworden durch Zarah Leander). Solche Lieder mit aufpeitschender Botschaft gab es schon früher, unterm Hakenkreuz erlebten sie jedoch eine ungeheure Renaissance. So zum Beispiel auch das 1899 entstandene Lied »Lasst den Kopf nicht hängen« aus der Operette »Frau Luna« von Paul Lincke. Der zwar bekannte, aber in den 20er Jahren weitgehend von anderen Musikern in den Schatten gestellte Operettenkomponist hatte sich aus der Öffentlichkeit zurückgezogen, trat aber im April 1934 zur Premiere seines alten Werkes »Gri Gri« wieder selbst ans Dirigentenpult des Berliner Plaza Theaters und wurde begeistert gefeiert. Lincke war fortan häufig in den Programmen des Rundfunks vertreten und oft auch persönlich Gast von Unterhaltungssendungen. Die Nazis waren froh, diesen aus der Versenkung geholten Altmeister der Berliner Operette neu präsentieren zu können, denn er war beliebt, arisch und vor allem noch am Leben – was man von den meisten, ebenfalls aus der Mottenkiste geholten Altmeistern der Wiener Operette (z.B. Franz von Suppé, Karl Millöcker und Johann Strauss) nicht behaupten konnte. Lediglich der etwas jüngere Franz Lehár stellte eine Alternative dar, war aber mit einer Jüdin verheiratet, was für etliche Probleme sorgte. Anlässlich von Linckes 75. Geburtstag im November 1941 veranstaltete der Großdeutsche Rundfunk eine große musikalische Feier, zu den zahlreichen Ehrungen gehörte, dass man den Komponisten zum Ehrenbürger Berlins ernannte, wohl auch deshalb, weil er mit der »Berliner Luft« die wohl berühmteste Berlinhymne überhaupt geschrieben hatte, selbstverständlich im krachenden, preußischen Marschrhythmus.

---

[13] S. Koch: Wunschkonzert, S. 228-239.

3. Das »Wunschkonzert für die Wehrmacht«

Ihr Forum fand die hier beschriebene Unterhaltungsmusik vor allem im »Wunschkonzert«, der bekanntesten Rundfunksendung im »Dritten Reich«. Entstanden war das legendäre »Wunschkonzert für die Wehrmacht« – so der sinnstiftende Titel seit September 1939 – aus dem »Wunschkonzert für das Winterhilfswerk« (1935). Ab 1936/37 veranstaltete der Deutschlandsender in jedem Winterhalbjahr vier solcher Konzerte, und zwar sonntags von 17 bis 20 Uhr. Neu an der Sendeform war die mit einer Spende verbundene Beteiligung der Hörer. Denn Wünsche wurden nur dann erfüllt, wenn der Hörer entweder Geld oder Sachspenden direkt an den Deutschlandsender nach Berlin schickte oder einen Nachweis erbrachte, dass er einer Ortsgruppe der NSV (Nationalsozialistische Volkswohlfahrt) eine Spende hatte zukommen lassen.

Der eigentliche Siegeszug des »Wunschkonzerts« begann mit dem Zweiten Weltkrieg. Die Rundfunksendung, verstanden als »Sprachrohr zwischen Front und Heimat«, wurde nun stets im Winterhalbjahr regelmäßig zweimal wöchentlich ausgestrahlt und war nun gedacht als »Zuckerbrot« für die Hörer, die damit die »Peitsche« des Abhörverbots von Feindsendern vergessen sollten. Gesendet wurde aus dem Großen Sendesaal des »Hauses des Rundfunks« in der Masurenallee; am Mikrophon saßen die Moderatoren Heinz Goedecke und Wilhelm Krug. Als Publikum der Livesendung waren nun – im Gegensatz zu den Vorkriegsübertragungen – nur noch Soldaten und Sanitätspersonal zugelassen. Mit der Beschwörung von »Treue und Liebe der Heimat« über »Raum und Zeit«, wurde trotz großer räumlicher Distanzen wirkungsvoll eine kurzzeitige Nähe inszeniert, die den im Rundfunk oft propagierten Gedanken der »Volksgemeinschaft« popularisierte. Erklang die Sendung zur Vorkriegszeit fast ausnahmslos im Deutschlandsender, übernahmen nun alle Reichssender das »Wunschkonzert«, so dass sich der Zuhörerkreis enorm vergrößerte.

Als Tonaufzeichnung ist keine einzige komplette »Wunschkonzert«-Übertragung erhalten. Lediglich die Programmfahnen einiger Sendungen der Jahre 1936 bis 1938 sind im Bestand der Reichsrundfunkgesellschaft archiviert.[14] Über Programmbeiträge, Mitwirkende und Spendenaufkommen informieren die zahlreichen Presseechos. Aufschluss über die Programmbeurteilung durch die Hörer geben die »geheimen Lageberichte« des Sicherheitsdienstes der SS. Solche angeblich authentischen Reaktionen der Bevölkerung lassen, wie auch Hörerbriefe, trotz aller Vorbehalte, Rückschlüsse auf die Reaktionen der Hörer zu. Überliefert sind ferner Tagebucheintragungen von Goebbels sowie Aktenvermerke des Propagandaministeriums und der Wehrmachtspropagandastellen, die den staatspolitischen Stellenwert der Sendung erkennen lassen. Anschauliche Quellen bilden schließlich zwei zeitgenössische Selbstdarstellungen: Das 1940 von den beiden Moderatoren der Sendung herausgegebene Buch »Wir beginnen das Wunschkonzert für die Wehrmacht« und der im selben Jahr entstandene UfA-Film »Wunschkonzert«, der Originalaufnahmen der 8. und 10. »Wunschkonzert«-Übertragung enthält. Bis Kriegsende wurde dieser Film

---

[14] Z. B.: Bundesarchiv Berlin-Lichterfelde (BA), R 78/2328.

(mit Ilse Werner und Carl Raddatz in den Hauptrollen) von rund 23 Millionen Menschen gesehen und spielte 7,6 Millionen RM ein; damit stand er an zweiter Stelle aller NS-Unterhaltungsfilme.[15]

Die Programmfolge der Sendungen sah eine Dreiteilung vor. Eingeleitet wurden die Übertragungen mit einer von einer Militärkapelle geschmetterten Fanfare als Erkennungsmelodie und einem Begrüßungstext. Danach erklang des »Führers« Lieblingsmarsch, der »Badenweiler Marsch«, der im dritten Teil wiederholt wurde. Dieser Marsch wurde in der Regel nur in Anwesenheit des »Führers« gespielt; wenn dieses Stück also im »Wunschkonzert« regelmäßig erklang, unterstreicht das den besonderen Stellenwert der Sendung. Bis 19 Uhr war dann eine bunte Abfolge von anderen Märschen, Kammermusik und Chorsätzen, Ouvertüren, Operetten- und Opernarien, Volksweisen, Soldatenliedern und einigen wenigen Tanzschlagern zu hören. Nach den 19-Uhr-Nachrichten begann der zweite Teil, der etwa 45 Minuten lang von leichter Unterhaltungsmusik geprägt war: meist Schlager- und Tanzlieder auf Schallplatte oder von namhaften Künstlern live interpretiert. Der dritte Teil, von 20 bis 22 Uhr, glich im Wesentlichen dem Eröffnungsteil. Aufgelockert wurde das musikalische Programm durch gesprochene Einlagen, Gedichte, Sketche, Ansagen militärischer und privater Natur. Auch wurden Geburten gemeldet und Ferntrauungen übertragen. Die verantwortlichen Redakteure als »Sprachrohr der Heimat« versuchten, stets angemessen zu antworten. So grüßte dichtend Wilhelm Krug die Soldaten, die aus Potsdam in die Ferne gezogen waren, und sich seufzend an das scheinbar allmächtige »Wunschkonzert« gewandt hatten mit dem Hinweis, »wir haben so lange nicht mehr die Glocken unserer Garnisonkirche gehört!«:

> Ihr wolltet den Gruß der Heimat haben,
> den Gruß von Potsdam, eurer Stadt.
> Er ist noch da, der Nuthegraben,
> der euch als Kind begleitet hat.
> Sie ist noch da, die Bittschriftlinde –
> Steht mitten im Verkehrsgewühl.
> Und unterm Himmel hoch im Winde
> Klingt immer noch das Glockenspiel.[16]

Daraufhin fingen die Glocken der Potsdamer Garnisonkirche an zu läuten und über den Rundfunk erklang bis in die hintersten Schützengräben die Variation des alten Liedes »Üb immer treu und Redlichkeit«. Mit derselben Selbstverständlichkeit wurden von der Redaktionsleitung weitere nicht alltägliche Wünsche erfüllt, die besonders fern des Übertragungsortes für Heiterkeit sorgten. Angehörige des Deutschen Afrikakorps etwa wünschten »Sehr heiß ist´s in der Wüste hier, drum wünschen wir das Zischen einer Pulle Bier« – der Wunsch wurde erfüllt. Andere »Afrikaner« wollten das Plätschern einer schönen Frau

---

[15] Bandmann, Christa/Hembus, Joe: Klassiker des deutschen Tonfilms 1930-1960, München 1980, S. 141. Nur »Die große Liebe« (1942) mit über 25 Mill. Zuschauer war noch erfolgreicher.

[16] Zit. nach Goedecke, Heinz/Krug, Wilhelm: Wir beginnen das Wunschkonzert für die Wehrmacht, Berlin 1940, S. 101.

1 | Bariton Rudolf Watzke intoniert im Berliner Haus des Rundfunks für das 17. Wunschkonzert (Aufnahme vom 20. November 1938)
Deutsches Rundfunkarchiv Frankfurt a. M., Bild-Nr. 00118877, Fotograf: Valentin Kubina

in der Badewanne hören und Irene von Meyendorff tat ihnen den Gefallen, indem sie mit der Hand in der Schüssel plätscherte. Auch der gewünschte Trompetenstoß eines Elefanten ertönte vor dem Mikrofon.

Es verging kein »Wunschkonzert«, in dem nicht ein prominenter Gast auftrat. Bekannte Sportler, Schauspieler, Sänger, Dirigenten, Politiker und weitere Persönlichkeiten des öffentlichen Lebens sprachen über das Mikrofon oder boten einen Ausschnitt ihres Könnens. Die Sendungen verhalfen den Interpreten und ihren Darbietungen an Popularität, doch viele Künstler hatten sich bereits vor ihren Auftritten einen Namen gemacht. Goebbels betrachtete die Mitarbeit – den honorarfreien Auftritt – als Selbstverständlichkeit. So beauftragte er einen Mitarbeiter mit dem Entwurf eines Rundschreibens, das an alle namhaften Künstler versandt wurde. Der Minister stellte klar, »dass er von jedem Künstler eine honorarfreie Beteiligung an den Wehrmachts-Wunschkonzerten als selbstverständlich voraussetzt«.[17] Dass sich jedoch nicht alle Künstler dem Willen des mächtigen Propagandachefs beugen wollten, belegt der Hinweis vom 1. März 1940: Ein Referent im Ministerbüro des RMVP sollte »Hans Albers anrufen und ihm mitteilen, dass es dem Minister völlig unverständlich sei, dass er für die aktive Mitarbeit im Wunschkonzert keine

---

[17] Zit. nach Boelcke, Willi A. (Hrsg.): Kriegspropaganda 1939-1941. Geheime Ministerkonferenzen im Reichspropagandaministerium, Stuttgart 1966, S. 290f.

Zeit habe. Der Minister erwarte, dass er bereits übermorgen im Wunschkonzert mitwirken werde.«[18] Da in der Presse-Berichterstattung ein Hinweis auf Albers als Gast der Sendung fehlt, ist davon auszugehen, dass der Schauspieler auch bei dieser Übertragung nicht anwesend war.

In den sogenannten Ministerkonferenzen[19] besprach Goebbels jedes »Wunschkonzert«, er kümmerte sich um jedes Detail und sparte nicht an Kritik. Welch staatstragende Funktion er der Sendung beimaß, zeigt seine Empörung am 1. April 1940. In einem Berliner Krankenhaus wurde die Übertragung des »Wunschkonzerts« zugunsten eines Anstalts-Gottesdienstes unterbrochen. Der Geschäftsführende Staatssekretär im RMVP sollte sich daraufhin durch Herrn Hippler über Missstände in Großberliner Krankenhäusern unterrichten lassen. Fritz Hippler, damals Leiter der Filmabteilung des Propagandaministeriums, lag als Patient in dem betreffenden Krankenhaus. Weiterhin sollte dafür gesorgt werden, »dass bestimmte Sendungen, zu denen auch das Wunschkonzert gehören muss, den besonderen Schutz des Reiches genießen.[20] 14 Tage später sollte der verantwortliche Schriftleiter einer lippischen Zeitung verwarnt werden, da er die Priorität des »Wunschkonzertes« angezweifelt und öffentlich die Frage diskutiert hatte, »ob in den Nachmittagsstunden eine Übertragung des Wunschkonzertes tatsächlich gleich wichtig sei wie die Übertragung eines Fußballspieles«. Der betreffende Redakteur solle darauf hingewiesen werden, so Goebbels, dass er »im Wiederholungsfalle für eine derart freche Einmischung in staatspolitische Angelegenheiten mit dem K.Z. rechnen könne«(!).[21] Das Fußballspiel als weniger privilegierten Beitrag innerhalb des Rundfunkprogramms wurde am 2. April nochmals zur Sprache gebracht: »Herr Hadamovsky soll sich darauf einrichten, dass beim Wunschkonzert am 5. Mai eine Übertragung aus dem deutsch-italienischen Fußballspiel nur dann stattfindet, wenn das Spiel für Deutschland günstig steht; andernfalls also muss das Wunschkonzert–Programm ohne diese Übertragung durchgeführt werden.«[22] Auf den deutschen Sieg auch im sportlichen Bereich vertrauend, hatten sich die verantwortlichen Programmgestalter im Einvernehmen mit dem Minister für eine Übertragung des Spiels entschieden, das dann jedoch mit einem Spielstand 3:2 für Italien endete. Diese Niederlage der deutschen Mannschaft veranlasste Goebbels am 6. Mai 1940 zu folgender Verordnung: »Der Minister verbietet auf Grund der Erfahrungen des gestrigen Sonntags ein für allemal, dass Sportreportagen im Rahmen des Wunschkonzertes gebracht werden.«[23]

Das bewusste nebeneinander von U-Musik und gehaltvollen Werken ernsten Charakters, damit die Überbrückung bislang scheinbar unüberbrückbarer Gegensätze waren Programm und machten letztendlich den Erfolg dieser Sen-

---

[18] BA R 55/20001, Blatt 46.
[19] Zu den »Ministerkonferenzen«, die seit Kriegsbeginn bis zum 21. April 1945 fast täglich stattfanden, s. Boelcke.
[20] BA, R 55/20001c, Blatt 2.
[21] Ebd., Blatt 15.
[22] Ebd., Blatt 21.
[23] Ebd., Blatt 39.

dung aus. Die Übertragungen der »Wunschkonzerte« während der Kriegszeit schlossen stets folgendermaßen:

> Das Wunschkonzert der Wehrmacht geht zu Ende,
> die Front reicht ihrer Heimat jetzt die Hände,
> die Heimat aber reicht der Front die Hand.
> Wir sagen gute Nacht – auf Wiederhören,
> wenn wir beim andern Male wiederkehren.
> Auf Wiedersehen sagt das Vaterland.[24]

Zu den Glanzpunkten innerhalb der Rundfunkreihe gehört die 50. Ausstrahlung des »Wunschkonzertes« am 1. Dezember 1940. Bis zu diesem Zeitpunkt hatte die Sendung die beachtliche Summe von 7,5 Millionen RM eingespielt.[25] Goebbels selbst war mit dem Verlauf der Jubiläumssendung zufrieden, wie sein Tagebucheintrag vom 2. Dezember belegt: »50. Wunschkonzert. Eine ganz große Sache. Ich spreche kurz. Mit großem Beifall. Dank an den Rundfunk und seine Männer. General Dietl spricht. Knapp, volkstümlich und wirkungsvoll. Aufmarsch der Prominenten: Leander, Serrano, Karajan und viele andere. Ein voller Erfolg. Und das ganze Volk, Front und Heimat, sitzt am Lautsprecher. Ich bin sehr zufrieden mit dieser großartigen Leistung. Der Führer verleiht Goedecke das Kriegsverdienstkreuz.«[26]

Einen ebenso besonderen Stellenwert in Gestaltung und Berichterstattung erfuhr ein halbes Jahr später die Übertragung der 75. Sendung am 25. Mai 1941. Bis dahin waren rund 15,5 Millionen RM an Sach- und Geldspenden eingegangen. Nach der Sommerpause sollte die Veranstaltungsreihe am 7. September fortgesetzt werden, doch zu einer Wiederaufnahme kam es nicht, vielmehr hieß es dann im Mai 1942: »Die Bezeichnung Wunschkonzert sowie Sendformen, die dem Wunschkonzert gleichen oder ähnln, sind untersagt.«[27]

Betrachtet man die Sendung, so spricht aus ihr, auf den ersten Blick gesehen, eine große Glückseligkeit. Doch die Heiterkeit, der Optimismus und Frohsinn waren nicht bzw. nur kurzzeitig vorhanden. Mit dem stets propagierten Zusammengehörigkeitsgefühl sollte das Volk von Sendung zu Sendung fanatisiert und zu höchster Leistungs- und Leidensbereitschaft im Kriege angespornt werden; mit dem bunten Programm sollte den Hörern im wahrsten Sinne des Wortes eine heile Welt vorgespielt werden. Das Kalkül der Propagandastrategie ging auch beim »Wunschkonzert« auf, es lautete: den Krieg als leichtzunehmendes Spiel und damit die Welt insgesamt verfälscht darzustellen. In seiner *Kulturgeschichte der Popmusik* schreibt Peter Wicke:

> Zu keiner Zeit ist im deutschsprachigen Schlager soviel über Schicksal, Heimat, Erde, Wunder usw. gesungen worden wie zwischen Mitte der dreißiger und Anfang der vierziger Jahre. Oft wirken die Schlüsselzeilen vieler Refrains wie ein Verhaltenskodex für das deutsche Volk. Franz Grothes Filmhits empfahlen ›Mach dir

---

[24] Goedecke/Krug, S. 225.
[25] Wormser Zeitung, 30.11.1940.
[26] Die Tagebücher von Joseph Goebbels, Teil I, Bd. 9, hg. von Elke Fröhlich, München 1998, S. 31.
[27] VB, 24.5.1941.

2 | Im Krieg gegen Polen verwundete Wehrmachtsoldaten beim Wunschkonzert. Die Fotografie wurde wahrscheinlich für die Wehrmachtsillustrierte »Signal« aufgenommen (Haus des Rundfunks, Berlin, Dezember 1939)
Stiftung Deutsches Historisches Museum, Berlin, Bild-Nr. BA110710, Fotograf: Gerhard Gronefeld

nichts draus‹ und ›Schau nicht hin‹, Zarah Leander beschwor noch 1944 ganz im Sinne von Goebbels' Wunderwaffen-Propaganda ›Es wird einmal ein Wunder geschehen‹, und Peter Kreuder ließ im Kriegsjahr 1940 Marika Rökk verkünden ›Im Leben geht alles vorüber‹. Was immer in diesem dritten Reich auch vorging, die Schlager und Tanzmusiktitel umgaben es mit einer anheimelnden und unbeschwerten Atmosphäre von Normalität.[28]

Diese anheimelnde Unterhaltung wurde jedoch, wie uns die »Meldungen aus dem Reich« offenbaren, gern rezipiert. Gerade ältere Menschen und Frauen, die die »Heimatfront« darstellten, befürworteten »eine melodiöse Musik aus Opern und guten Operetten«. Die Marschmusik wirke dagegen »aufpulvernd« und schien unpassend.[29] Denn der Großteil der Heimatfront wünschte sich »eine geruhsame und besinnliche Entspannung«.[30] Auch die Soldaten hörten lieber solche »aufgelockerten« Sendungen, wie die Antworten auf die »Bitte um Vorschläge für Programmgestaltung« deutlich machen: »Da wären als erstes gute Tanz- und Unterhaltungsmusik ohne jeden Zweifel zu nennen [...]. Ebenfalls finden Operettensendungen wie z.B. Maske in Blau usw. dankbare Hörer.«[31]

Zwei Programmbeispiele des »Großdeutschen Rundfunks«[32]

BUNTER ABEND, Mittwoch, 28.8.1940; 20.15-22.00 Uhr

Das Große Orchester des Reichssenders Berlin
Leitung: Heinzkarl Weigel
Das Kleine Orchester des Reichssenders Berlin
Leitung: Willy Steiner
Instrumentalquartett Mader
Rosl Seegers, Sopran
Hans Klarwein, Tenor
Wilhelmine Kilian, Saxophon (Wachsaufnahme vom 14.8.1940)
Klavierüberleitungen: Felix Schröder

	Titel	Komponist	Min.
1. Großes Orchester	Vorspiel zu LAND DES LÄCHELNS	F. Lehár	6
2. Klarwein/Großes Orchester	Von Apfelblüten einen Kranz aus LAND DES LÄCHELNS	F. Lehár	4
3. Steiner	Zwischenspiel aus MELODIE EINER NACHT	L. Schmidseder	7

---

[28] Wicke, Peter: S. 184-185.
[29] Meldung vom 1. Februar 1943, in: Boberach, Heinz (Hrsg.): Meldungen aus dem Reich. Die geheimen Lageberichte des Sicherheitsdienstes der SS 1938-1945, Herrsching 1984, Bd. 12, S. 4736.
[30] Meldung vom 12. April 1943, in: ebd., Bd. 13, S. 5110.
[31] BA, R 55/557, fol. 2, S. 66ff.
[32] BA, R 78/2343.

	Titel	Komponist	Min.
4. Mader	»Kleine Libelle«	Mader	3
5. Seegers/Großes Orchester	»Meine Liebe gleicht einem Rosenstrauß« aus ZWEI GLÜCKLICHE MENSCHEN	Joh. Müller	3
6. Kilian	»Marilyn«	Rudi Wiedöft	3
7. Steiner	Holländischer Holzschuhtanz	G. Winkler	3
8. Seegers/Klarwein/Großes Orchester	»Ein Liebestraum« aus EIN LIEBESTRAUM	P. Lincke	5
9. Steiner	»Drun't in der Lobau«	H. Strecker	4
10. Mader	»Bergfrühling«	G. Freundorfer	4
11. Klarwein/Großes Orchester	»Freunde, das Leben ist lebenswert« aus GIUDITTA	F. Léhar	4
12. Steiner	Melodien aus FARINELLI	Zumpe	10
13. Seegers/Großes Orchester	Lied aus EIN KAISER IST VERLIEBT	W. Kollo	4
14. Mader	»Die Veilchen am Kochelsee«	G. Freundorfer	3
15. Großes Orchester	GOLD UND SILBER, Walzer	F. Léhar	9
16. Kilian	»Aquarell«	A. Bräu	3
17. Seegers/Klarwein/Großes Orchester	»Es blüht der rote Mohn«, Duett aus GEHEIMNIS EINER NACHT	E. Czajanek	3
18. Mader	»Chiemgau-Lied«	Mader	3
19. Steiner	Spanischer Marsch	J. Rixner	2

Das Lied »Freunde, das Leben ist lebenswert« – der Titel ist Programm – entstammt der 1934 in Wien uraufgeführten Operette »Giuditta« von Léhar. Den Text schrieb Fritz Löhner-Beda. Löhner, einer der erfolgreichsten Schlagertexter der 20er Jahre (»Ausgerechnet Bananen«), endete 1942 im KZ Buchenwald und Richard Tauber, für den das Lied ursprünglich geschrieben war, gehörte nach 1933 zu den »unerwünschten« Künstlern. Gesungen wurde der Schlager zwar weiterhin, nun aber von Helge Roswaenge oder Anton Dermota.

MUSIK NACH TISCH, Samstag, 31.8.1940, 14.15-16.00 Uhr

Das Kleine Orchester des Reichssenders Berlin
Leitung: Willy Steiner
Mandolinen-Quartett Arcani
Valeska Dahn, Harfe

Interpret	Titel	Komponist	Min.
1. Steiner	Ouvertüre zu einem Film von	Kurt Schröder	5
2. Arcani	Spanisches Zwischenspiel	Rosati	3
3. Steiner	Bayerische Geschichten, Walzer	W. Richartz	7
4. Steiner	»Eine kleine Melodie«	H. L. Kormann	4
5. Arcani	Mazurka	Capitani	4

Interpret	Titel	Komponist	Min.
6. Steiner	»Puszta-Märchen«	H. Schulenburg	5
7. Dahn	»Grün ist die Heide«	K. Blume	3
8. Steiner	»Alt-Wien«, Miniatur	H. Carste	4
9. Steiner	»Romanze«	R. Gebhardt	5
10. Steiner	»Struwwelpeter«	N. Schultze	4
11. Arcani	» Isola bella«	P. Lincke	3
12. Steiner	»Steig ein in die Gondel«	H. Böhmelt	4
13. Dahn	Improvisation	Posse	3
14. Steiner	Melodien aus EXTRABLÄTTER	N. Dostal	14
15. Arcani	»La Serenata«	Tosti	3
16. Steiner	Mazurka aus SYLVIA	W. Meisel	6
17. Dahn	Griechischer Marsch	Alvars	3
18. Steiner	»Nürnberger Spielzeug«	Krüger-Hanschmann	4
19. Arcani	»Schönes Venedig«	J. Alex	3
20. Steiner	»Spute dich«	P. Lincke	2

Die Programmbeispiele sind typisch für die Gestaltung von Unterhaltungssendungen während der NS-Zeit. Auffallend ist, wie sich aktuelle Politik darin widerspiegelt. Die Operette »Extrablätter« von Nico Dostal spielt in einer Zeitungsredaktion in Amsterdam, zu hören war in der Sendung auch ein »Holländischer Holzschuhtanz«. Beides ist sicher kein Zufall, denn im Mai 1940 hatte die Wehrmacht Holland besetzt. Nach 1938 waren ebenso häufig Titel erklungen, die in Beziehung zu Österreich standen, das gerade »heim ins Reich« geholt worden war. Und im Dezember 1940 feierte sogar der »operettenhafte« Ufa-Film »Herzensfreud-Herzensleid« Premiere mit Magda Schneider, Paul Hörbiger und Carola Höhn in den Hauptrollen, Rosita Serrano spielt darin eine bemerkenswerte Nebenrolle. Dieser scheinbar harmlose Unterhaltungsstreifen, der zwischen Wien und Bremen spielt, ist nicht nur ein Liebesfilm, sondern er diente auch erzieherischen Zwecken. Er sollte, zwei Jahre nach dem »Anschluss« Österreichs, Vorurteile und Missverständnisse zwischen den Bewohnern beider Großstädte des gemeinsamen Großdeutschen Reiches abbauen.

4. Zum Erfolg des »Wunschkonzerts«

Die Popularität des »Wunschkonzertes«, das zu den ersten massenmedialen Kommunikationsereignissen, die zu »Straßenfegern« wurden, lässt sich auf folgende Faktoren zurückführen:

Bei den mehrstündigen Übertragungen handelte es sich um eine Familiensendung, die ein »Wir-Gefühl« vermittelte. Verbunden wurde dieses Zusammengehörigkeitsgefühl mit Millionen anderer Hörer mit einer rundfunkspezifischen individuellen Ansprache und einer Pseudo-Mitbestimmung der

Sendeinhalte. Auch wenn während des Krieges die Familie auseinandergerissen wurde, die Frauen und Mütter von ihren Männern getrennt waren, blieb der Charakter einer Familiensendung nicht nur erhalten, sondern er steigerte sich zum »Familienereignis«. Das »Wunschkonzert« als »Brücke zwischen Front und Heimat« verband nun wieder die Soldaten an der Front mit ihren Müttern, Frauen und Kindern am heimischen Radioapparat und ließ alle Hörer für einen Augenblick zu einer »Volksfamilie« werden, die Sendung selbst zu einem »Volksereignis«.

Zum Erfolg der Sendung trug auch das bunt gemischte Programm bei, das die Wünsche und Bedürfnisse aller Zuhörer berücksichtigte. Die Mischung aus Wort- und Musikbeiträgen, das Nebeneinander ernster und unterhaltsamer Musikstücke, dazu die Auftritte prominenter Künstler aus verschiedenen Kulturbereichen, verstärkte das Gefühl der »Volksgemeinschaft«. Mit diesem Konzept wurde suggeriert, dass kein Hörer vergessen, dass für jeden »etwas« dabei sei, dass folglich ein Programm »für alle« gesendet werde. Ebenso der Aspekt des Spendens bzw. der Verlesung der Spendernamen und damit der massenwirksamen Bekanntmachung der eigenen Hilfsbereitschaft mag zum Erfolg der Sendung beigetragen haben.

Die Beliebtheit der »Wunschkonzerte« bei den Hörern ist darüber hinaus auch auf folgende Merkmale zurückzuführen, die ebenso auf andere erfolgreiche und teilweise langjährige Unterhaltungssendungen wie »Deutsches Volkskonzert«, »Froher Samstagnachmittag«, »Fröhlicher Feierabend« oder »Allerlei von Zwei bis Drei« zutrafen:

»Wunschkonzert« wurde während des Winterhalbjahres jeden Sonntagnachmittag, also regelmäßig und – bis auf geringfügige Abweichungen – zu derselben festen Sendezeit ausgestrahlt. Es bestand also eine gewisse Vertrautheit, d. h., das Hören der »NS-Hitparade« konnte schon im Vorhinein in die Planung des Tages bzw. Wochenendes miteinbezogen werden. Mit regelmäßig wiederkehrenden Elementen wie dem einleitenden Signal, der »Wunschkonzert-Fanfare«, der Dreiteilung des Programms und den stets gleichen Schlussworten des Moderators, nach denen die Melodie »In der Heimat, da gibt´s ein Wiedersehen« einsetzte, besaß die Sendung einen unverwechselbaren Wiedererkennungseffekt, durch den sie sich deutlich von anderen Musiksendungen unterschied. Zu diesen »Markenzeichen« gesellten sich die bekannten Stimmen der Moderatoren Heinz Goedecke und Wilhelm Krug.

Auch für die Gestalter der Sendung boten diese Prinzipien Vorteile, denn die Notwendigkeit, ständig Neues bieten zu müssen entfiel. Die Produzenten offerierten damit den Rezipienten ein Unterhaltungsprogramm, das durch (musikalische) Vielfalt und technische Perfektion Attraktivität verhieß.

Zusammenfassend lässt sich feststellen, dass die Beliebtheit an dem Vertrauten der Hauptunterschied zu bunten Unterhaltungen in anderen außerhäuslichen Veranstaltungsstätten bildete.

Trotz des großen Erfolges, über den wir über die »Meldungen aus dem Reich« hinreichend informiert sind, wurde das »Wunschkonzert« eingestellt; die Jubiläums-Sendung vom 25. Mai 1941 war zugleich ihre letzte Ausstrahlung. Begründete Stellungnahmen seitens der Verantwortlichen für die Einstellung bzw. Nichtwiederaufnahme existieren nicht. Es lassen sich nur Mutmaßungen anstellen:

Die zunehmenden Belastungen des Kriegsalltags erschwerten diese Art der mehrstündigen Live-Veranstaltung. Ab Mitte Juni 1941 begannen britische Flieger, Großstädte in Norddeutschland zu bombardieren. Betroffen waren zunächst Köln, Hamburg, Bremen, ab Ende August das Rhein-Main-Gebiet, Berlin wurde am 3. September angegriffen. Zudem hatte im Juni 1941 der Angriff auf die Sowjetunion stattgefunden.

Mitwirkende Künstler wurden zur Truppenbetreuung entsandt, weniger prominente Darsteller wie auch Orchestermitglieder zur Wehrmacht eingezogen, ausländische Gäste, die bisher immer wieder vor dem Mikrofon standen, blieben künftig solchen Veranstaltungen fern.

Auch ein propagandistisches Kalkül mag hinter der Entscheidung stecken, das »Wunschkonzert« zum Winterhalbjahr 1941/42 nicht wieder aufleben zu lassen. Damit nämlich hätte die Sendung einen geradezu singulären Rang in der NS-Rundfunkgeschichte eingenommen.

Der Propagandaminister räumte seiner Sendung einen solch hohen Stellenwert ein, »dass er sie sogar unter den Schutz der Verordnung über nationale Symbole und Lieder stellen wollte«.[33] Das »Wunschkonzert« war, so die bekannte Filmschauspielerin Grethe Weißer, »Goebbels' Stolz«, die Sendung wurde als »seine Erfindung« und »unter seinem Protektorat stehend« begriffen.[34] Ähnlich erfolgreiche Sendungen konnte Goebbels daher nur als Konkurrenz fürchten. Zudem war er sich bewusst, dass die Sendung in erheblichem Maße zur Widerstandskraft im Kriegsalltag beitrug. Eine Fortführung des »Wunschkonzerts für die Wehrmacht« hätte automatisch die Fortführung des Krieges bedeutet. Außerdem konnten unter den veränderten Bedingungen die bisherigen Leistungen unmöglich gehalten werden.

Wie keine andere Rundfunksendung hatte das »Wunschkonzert« in der Presse – mit Vorankündigung und Nachbetrachtung – Schlagzeilen gemacht, es war außerdem mit dem gleichnamigen Film »verewigt«. Damit hob es sich mit seinen 75 Übertragungen eindrucksvoll ab von anderen, weitaus langlebigeren Musikreihen wie »Hafenkonzert« oder »Deutsches Volkskonzert«.

5. Ausblick

Die Folgen der militärischen Niederlage Deutschlands wirkten sich auch im Bereich der Unterhaltungsmusik aus. Zwar war inmitten der trostlosen Nachkriegstrümmerlandschaft der Radioapparat nach wie vor die bevorzugte Informationsquelle und das Medium zur Darbietung von Musik. Doch musikalische Neuerungen im Alltagsbereich blieben nicht aus. Mit der Siegermacht USA kamen nicht nur Kaugummi und Jeans als Massenware nach Europa, zum

---

[33] Diller, Ansgar: War das Wunschkonzert der Kriegszeit ein *Wunsch*-Konzert?, in Evangelischer Pressedienst/Kirche und Rundfunk, Nr. 65/1977, S. 3.
[34] Zit. nach Andersen, Lale: Der Himmel hat viele Farben. Leben mit einem Lied, Stuttgart 1972, S. 252.

American Way of Life gehörte ein entsprechender Musikstil: Boogie-Woogie, Samba, Mamba und Cha-Cha-Cha waren bewusster Ausdruck eines neuen Lebensgefühls, das sich nach den Jahren der Diktatur mit ihren autoritären Zwängen in einem wahren Tanzfieber niederschlug. Nach jahrelanger Isolation herrschte bei den Deutschen im Bereich Jazz und Swing ohnehin ein enormer Nachholbedarf.

Doch diese zeitgeistige Musik, Ausdruck einer »jugendlichen Kultur«, vermochte nicht den volkstümlich-sentimentalen Schlager von einst zu verdrängen. Gerade für das etwas ältere Publikum hielten viele Schlagerproduzenten weiter an der Beschwörung von Heimweh und Heimat fest, einem Themenkreis, der nun mit dem Motiv der Seemannsromantik verknüpft wurde. Mit solchen Liedern konnten Komponisten wie Michael Jary, Heinz Gietz und Norbert Schultze sowie Texter wie Bruno Balz und Kurt Feltz, die zunächst von der Eindeutschung amerikanischer Schlagertexte gelebt hatten, an ihre Erfolge der Vorkriegs- und Kriegszeit anknüpfen und im Stil von damals weiterarbeiten.

Vergleichsweise problematischer waren die Comeback-Versuche von vormals gefeierten Interpreten der NS-Zeit, insbesondere von Schlagersängern/innen. Sie glückten nur ansatzweise und in wenigen Fällen. Die große Ausnahme bildet, neben Marika Rökk, Johannes Heesters, der noch heute mit seinen 106 Lebensjahren massenmedial präsent ist. Jedoch erreichten auch andere Künstler der NS-Unterhaltungsindustrie mit zunehmendem Alter in Musiksendungen, die an die große Zeit des Schlagers erinnerten, als gefragte Gäste in Talkshows, als Zeitzeugen des »Dritten Reiches« oder als Memoirenschreiber späte Unsterblichkeit. Ehrungen seitens des Fernsehens und der Zeitungen zu runden Geburtstagen waren sicher.

Nicht nur im Rundfunk (»Wünsch Dir was. Wunschkonzert«; »Das große Wunschkonzert«; »Schellack-Schätzchen. Als Swingtanzen verboten war« etc.), auch im Fernsehen (»Das große Wunschkonzert. Juwelen der Musik und andere Kostbarkeiten«; »Das große Wunschkonzert. Beliebte Melodien und Interpreten« etc.) steht der Titel und das Konzept des »Wunschkonzert« bis heute allwöchentlich Pate für musikalische Unterhaltungssendungen zur besten Sendezeit. Für die Beliebtheit der alten Lieder in der Gegenwart spricht die immer währende Aktualität der Themen, die hauptsächlich um Liebe, Schicksal und Sehnsucht kreisen, allerdings dürfte es auch das Fluchtbedürfnis aus der Realität sein, das von so manchem NS-Schlager bewusst befriedigt wird, beispielsweise in Liedern wie »Kauf dir einen bunten Luftballon (und mit etwas Phantasie fliegst du in das Land der Illusion und bist glücklich wie noch nie)« aus dem Jahr 1944 oder »Ich baue mir ein Schloß aus Luft (da fühle ich mich wie zu Haus)« von 1942.

Heute erleben zahlreiche »Nazi-Schlager« eine solche Renaissance, nach wie vor stehen auf den Spielplänen deutscher Theater Operetten, die im »Dritten Reich« entstanden und eine Ideologie spiegeln, die wir eigentlich ablehnen (neben der unverwüstlichen »Maske in Blau« beispielsweise Friedrich Schröders mitten im Zweiten Weltkrieg entstandene Operette »Hochzeitsnacht im Paradies«). Vielleicht sind es – angesichts der wirtschaftlichen Instabilität, der traurigen Realität von Millionen Arbeitslosen und allgemeiner Zukunftsängste – erneut Fluchtversuche von Menschen, die eine »Neue Romantik« fern der furchtbaren Wirklichkeit suchen, wie der Direktor der Frankfurter Schirn mutmaßte?

> Unsere Gesellschaft sehnt sich nach einer neuen Romantik – gerade in diesen Zeiten, in denen wir ein mediales Bombardement von schrecklichen Nachrichten erleben, wollen Menschen in eine andere Richtung gehen. Das ist ein Trend, der sich nicht nur in der Kunst spiegelt, sondern ebenso in der Mode, im Film, aber auch in Computerspielen, wo eine ganze Generation Jugendlicher sich in eine andere Welt begibt.[35]

Es ist keine Verherrlichung der nationalsozialistischen Kultur- bzw. Rundfunkpolitik, wenn abschließend festgestellt wird, dass Goebbels mit seiner Prophezeiung Recht behalten sollte. Im Mai 1940 hatte er nämlich gesagt: »Die Rolle, die der Rundfunk im allgemeinen und beispielsweise das Wunschkonzert habe, werde erst eine kommende Geschichtsschreibung richtig würdigen können.«[36]

Tatsächlich weist jede Monografie, die den Rundfunk, die Musik oder den Alltag im Nationalsozialismus thematisiert, auf das »Wunschkonzert« hin. Noch Jahrzehnte später wird dieser Sendung einhellig Erfolg und Popularität bescheinigt. Dies belegen folgende Bezeichnungen: »populärste Rundfunksendung der Kriegsjahre«[37], »sehr populäre Einrichtung«[38], »Prototyp nationalsozialistischer Rundfunkgestaltung«[39], »populärste Sendung überhaupt«[40], »Weihestunde des Äthers«.[41] Damit bestätigt sich die Prognose einer Rundfunkzeitschrift anlässlich des 50. »Wunschkonzerts«: »Man wird künftig keine Geschichte des Rundfunks und keine Darstellung des Rundfunkeinsatzes im Kriege schreiben können, ohne des Wunschkonzerts zu gedenken. Es ist geradezu zum Symbol der ganzen Rundfunkarbeit des Krieges geworden.«[42]

Nach wie vor ertönt auch heute noch ein Gutteil des »Wunschkonzert«-Repertoires und sogar junge Gegenwartskünstler wie Ulrich Tukur und Nina Hagen haben Schlager aus der NS-Zeit wie »Roter Mohn«, »Traummusik«, »Yes Sir« oder »Die Nacht ist nicht allein zum Schlafen da« in ihr Programm genommen. Die Interpreten von heute erreichen damit ein Publikum, das diese Melodien gedankenlos rezipiert und vielfach nicht weiß (und vermutlich nicht einmal ahnt), unter welch düsteren geschichtlichen Bedingungen diese

---

[35] Schirn-Direktor Max Hollbein zit. nach Caspar David Friedrich ist auch Kitsch, in: Art Nr. 5/ Mai 2005, S. 26-36, Zitat S. 34.
[36] BA, R 55/20201c, Blatt 115.
[37] Diller, S. 3.
[38] Heckmann, Harald: Die Institution Wunschkonzert, in Rundfunk und Geschichte, Nr. 2/1979, Frankfurt a.M. 1979, S. 90.
[39] Drechsler, Nanny: Die Funktion der Musik im deutschen Rundfunk 1933-1945, Pfaffenwinkel 1987, S. 131.
[40] Reichel, Peter: Der schöne Schein des Dritten Reichs, Frankfurt a.M. 1993, S. 168.
[41] Bandmann/Hembus, S. 140.
[42] Der Deutsche Rundfunk, 1.12.1940.

Titel ursprünglich entstanden sind und welche Botschaft sie versteckt transportieren. Denn wie hatte Goebbels 1937 so prägnant erklärt:

> Ich wünsche nicht etwa eine Kunst, die ihren nationalsozialistischen Charakter lediglich durch Zurschaustellung nationalsozialistischer Embleme und Symbole beweist, sondern eine Kunst, die ihre Haltung durch nationalsozialistischen Charakter und durch Auffraffen nationalsozialistischer Probleme zum Ausdruck bringt. Diese Probleme werden das Gefühlsleben der Deutschen und anderer Völker umso wirksamer durchdringen, je unauffälliger sie behandelt werden. Es ist im allgemeinen das Charakteristikum der Wirksamkeit, daß sie niemals als gewollt in Erscheinung tritt. In dem Maße, da eine Propaganda bewußt wird, ist sie unwirksam.[43]

Angesichts der Millionen Opfer, die während der vielen Monate, in denen die »Wunschkonzerte«, »Volkskonzerte« und andere Sendungen für Frohsinn und Heiterkeit sorgten, gewaltsam zu Tode kamen, darf der Nationalsozialismus freilich nicht an seinen melodiös langlebigen »Wohlklängen« gemessen werden, sondern er muss an seinen Verbrechen beurteilt werden.

---

[43] Joseph Goebbels zit. nach Brockhaus, Gudrun: Schauder und Idylle. Faschismus als Erlebnisangebot, München 1997, S. 267.

IV.

PRESSE

Presse im Nationalsozialismus

von

Rudolf Stöber

1. Funktion und Stellenwert der NS-Presse

Die Presse im Nationalsozialismus war neben Film und Funk das wichtigste massenmediale Führungsmittel, aber sie unterschied sich von beiden Medien deutlich: Während der Rundfunk sehr eng an der Leine des Propagandaministeriums geführt und nach Kriegsbeginn komplett zentralisiert wurde, war der Film aufgrund der langen Produktionszeiten ein träges Medium; selten kam ein Film zum propagandistisch günstigsten Zeitpunkt in die Kinos. Dokumentarfilme, insbesondere die Wochenschauen machten dieses Manko teilweise wett. Doch auch die Wochenschauen waren nur so lange erfolgreich, wie die NS-Führung »Erfolge« aufzuweisen hatte. Sobald diese ausblieben, vermerkten die Beobachter des Sicherheitsdienstes eine »Flucht aus der Wochenschau«.[1]

Zumindest oberflächlich betrachtet schien sich die Presse im Nationalsozialismus der Vorkriegszeit kaum von der Presse der Weimarer Republik zu unterscheiden. Das lag zunächst einmal an ihrer privatwirtschaftlichen Natur, die erst allmählich schwächer wurde; anfangs konnte von einer nationalsozialistischen Presse kaum die Rede sein. Das lag daneben an der von Goebbels vorgegebenen Generallinie, die Medien sollten »polyform in der Ausgestaltung«, aber »monoform im Willen« sein.[2] Die Vereinheitlichung nahm also mit zunehmender Dauer des Regimes zu und war keineswegs *prima vista* erkennbar.

Dennoch wurde im Lauf der Jahre aus der Presse *im* Nationalsozialismus die Presse *des* Nationalsozialismus. Wenngleich die NS-Presse Führungs- und Verführungsmittel war, sie war allerdings nur bedingt erfolgreich; ihr Erfolg ließ sich nicht exakt so planen, wie sich die Machthaber das wünschten, sondern hing immer auch von den Begleitumständen ab, nicht nur von den anderen Medien, sondern auch von den »Erfolgen« des Regimes. V.a. aber bestimmte das Wesen der Diktatur die Einflussmöglichkeiten der Presse: Als Führungsmittel operierte die Presse in einem Zwangssystem, von dem der Propagandaminister Joseph Goebbels unnachahmlich rabulistisch sagen konnte: »Wir –, wir Propagandisten, wir wenden überhaupt keinen Zwang an. Wenn Zwang

---

[1] Boberach, Heinz (Hrsg.): Meldungen aus dem Reich 1938-1945. Die geheimen Lageberichte des Sicherheitsdienstes der SS, 17 Bde. und Registerband, Herrsching 1984, S. 759 (14.2.1940); S. 846 (6.3.1940); S. 1132 (14.5.1940); S. 1266 (17.6.1940); S. 1283 (20.6.1940); S. 2473 (3.7.1941); S. 2595 (31.7.1941); S. 2703 (28.8.1941); S. 3195-3197 (22.1.1942); S. 4211 (17.9.1942); S. 5398 (24.6.1943); S. 5546 (29.7.1943).

[2] Zit. n. Frei, Norbert/Schmitz, Johannes: Journalismus im Dritten Reich, beck'sche reihe, Bd. 376, 3. Aufl., München 1999, S. 35.

angewendet werden muß, dann überlassen wir das anderen. Wir tuen das nicht, das ist Aufgabe von anderen Ressorts.«[3]

In den folgenden Abschnitten sollen zunächst ein Überblick über die Presse sowie über die gesetzlichen, administrativen und propagandistischen Rahmenbedingungen gegeben werden. Darauf folgt eine Darstellung der Rolle der Presse im Krieg. Beschlossen wird dies Kapitel mit Bemerkungen zum »Lesen zwischen den Zeilen« und Anmerkungen über die Wirkung der nationalsozialistischen Presse.

2. Die Presse im Überblick

Die Anfänge der NS-Presse waren klein und bescheiden. Im Dezember 1920 kaufte die Partei für 120.000 Papier-Mark und die Übernahme doppelt so hoher Schulden eine Zeitung, die seit mehr als dreißig Jahren existiert und zuletzt ihr Dasein als kleines völkisches Wochenblatt in München gefristet hatte: den »Münchener Beobachter«, den sie kurz darauf in »Völkischen Beobachter« (VB) umbenannte. Mit dem Hitler-Putsch Anfang November 1923 wurde die Zeitung verboten, erst nach Hitlers vorzeitiger Haftentlassung konnte sie 1925 wieder erscheinen. Der VB brachte ab 1927 eine Bayern- und eine Reichsausgabe, ab 1930 eine Berliner Ausgabe heraus. Der VB war das wichtigste Sprachrohr der NSDAP und Kern des parteieigenen Franz-Eher-Verlags, der wiederum im Zentrum des NS-Pressewesens stand.[4] Chefredakteur war der »Chefideologe« der Partei, Alfred Rosenberg, den sein Verleger Max Amann als »narrete[n], hochnasige[n], überkandidelte[n] Tropf [und] Boheme« beschimpfte.[5] Hitler, der häufig als Schiedsinstanz zwischen Amann und Rosenberg angerufen wurde, ließ, wie auch in vielen Fällen der großen Politik, die Konflikte in der Schwebe.

Das Geschäft im Verlag führte seit 1922 Max Amann, im Ersten Weltkrieg Hitlers Feldwebel. In der Verbotszeit von Partei und VB 1923-1925 hielt sich der Verlag mit Buchpublikationen und dann mit den Subskriptionseinnahmen für Hitlers »Mein Kampf« über Wasser. Vor 1933 bediente sich der Verlag sogar der geschäftlichen Anzeigenvermittlung durch die ansonsten so heftig bekämpfte »jüdische« Annoncen-Expedition Rudolf Mosse. So wenig übersichtlich die Verhältnisse im Stammhaus der NS-Presse waren, so inhomogen war die NS-Presse insgesamt. Das gilt besonders für die Frühzeit. Da erschien seit 1923 das Hetzblatt der »Stürmer« von Julius Streicher in Nürnberg, das seit 1927 penetrant in der Unterzeile das berüchtigte Zitat Heinrich von Treitschkes »Die Juden sind unser Unglück« führte. Zunächst war es als Flugblatt verbreitet worden. 1927 gründete Joseph Goebbels den »Angriff« als Wochenblatt. Später verklärte er die Zeitung zum Kampfblatt im »Kampf um das rote Berlin«. Mindestens so wichtig war das Blatt für Goebbels persönliche

---

[3] Heiber, Helmut (Hrsg.): Goebbels Reden. 1932-1945, 2 Bde., Augsburg 1991, Bd. 1, S. 247f.
[4] Piper, Ernst: Alfred Rosenberg. Hitlers Chefideologe, München 2005, S. 76-82.
[5] Zit.n. Noller, Sonja/Kotze, Hildegard von (Hrsg.): Facsimile Querschnitt durch den Völkischen Beobachter, München/Bern/Wien 1967, S. 10.

Auseinandersetzung mit seinem parteiinternen Widersacher Gregor Strasser. Seit 1933 war der »Angriff« die Tageszeitung der NS-Einheitsgewerkschaft »Deutsche Arbeitsfront«.

Vor allem die NS-Gaupresse präsentierte sich inkonsistent. Neben den wenigen Gründungen von Gauleitern gab es viele kleine Blätter, die sich den Nationalsozialisten schon vor 1933 angedient hatten. Erst nachträglich ist die NS-nahe Presse zu einer homogenen »Kampfpresse« stilisiert worden. Die Presse schwankte zwischen dem Anspruch, vollständige Zeitung zu sein und der Aufgabe, Trommlerfunktionen zu übernehmen. Gregor Strasser, der über die Zeitungsleser Wähler gewinnen wollte, präferierte die erste, Hitler, der nur im »Parteigenossen« den Leser der NS-Blätter vermutete, die zweite Variante. Die »Weltbühne« attestierte Strassers Zeitungen, sie träfen im Gegensatz zum »antiquierten« VB »den Ton« und prophezeite, dass der »Zeitungskönig Strasser eines nicht sehr fernen Tages seinen Herrn und Meister Hitler in die Ecke« stellen werde. So kam es 1932 zu der vorhergesehenen Konfrontation, der Sieger hieß aber nicht Strasser, sondern Hitler.[6]

Tabelle 1: *Nationalsozialistische Zeitungen*[7]

	Zeitungen	geschätzte Gesamtauflage	
1920	1		Weitere Angaben: 1920: 1; 1925: 12[1]; 1926: 20[1], 10.700*; 1927: 27[1], 17.800*; 1928: 37[1], 22.812*; 1929: 46[1], 72.590*; 1930: 64[1], 253.925*; 1931: 123[1]; 1932: 204[1], 750.000-1.000.000, 782.121*; 1933: 190[1], 1.280.000-3.197.964*; 1934: 169: 4.500.000.
1926	20[1]	10.700*	
1930	64[1]	253.925*	
1933	190[1]	1.280.000-3.197.964*	

Die NS-Presse war zu Beginn der Diktatur relativ bedeutungslos. 1932 gab es im Reich je nach Statistik zwischen 3.400 und 4.300 Blätter, nur ca. 200 davon waren in NS-Besitz.[8] Nach 1933 verkehrten sich die Verhältnisse. Nur wenige Blätter wurden neu gegründet; sie waren so gegensätzlich wie die SS-Zeitschrift »Das Schwarze Korps«, die als einzig wahre Oppositionszeitung im »Dritten

---

[6] Pol, H.: Gregor der Große, in: WB, 1930, 26/ I. Jg., Nr. 16 (15.4.1930), S. 563-566. Für die ältere, monolithische Sicht: Hale, Oron J.: Presse in der Zwangsjacke 1933 – 1945, Düsseldorf 1965. Für die gut durch Quellen belegte Sicht einer inhomogenen Gaupresse s. Peter Stein. Zur Strategie vor 1933 ist ein Papier von Gregor Strasser vom Juni 1932 sehr aufschlussreich, in: Stein, Peter: Die NS-Gaupresse 1925-1933. Forschungsbericht – Quellenkritik – Neue Bestandsaufnahme, Dortmunder Beiträge zur Zeitungsforschung, Bd. 42, München/New York/London/Oxford/ Paris 1987, S. 250-260. Frei, Norbert: Nationalsozialistische Eroberung der Provinzpresse. Gleichschaltung, Selbstanpassung und Resistenz in Bayern, Studien zur Zeitgeschichte, Bd. 17, München/Stuttgart 1980, S. 51-69, 86-112.

[7] Fischer, Heinz-Dietrich: Handbuch der politischen Presse in Deutschland 1480-1980. Synopse rechtlicher, struktureller und wirtschaftlicher Grundlagen der Tendenzpublizistik im Kommunikationsfeld, Düsseldorf 1981, S. 280-282, 293. Stein, P.: Gaupresse, S. 155-157, 169-178. Die mit [1] ausgezeichneten Angaben nach Stein, Stichtag ist hier jeweils der 1. September, Ausnahme 1933 mit dem Stichtag 1. März. Die mit * ausgezeichneten Angaben entstammen einer NS-Untersuchung, die Stein als bedingt zuverlässig einstuft, da sie nicht zwischen Wochen- und Tageszeitungen unterscheidet und auf Eigenangaben der Verlage beruht.

[8] Stöber, Rudolf: Deutsche Pressegeschichte. Von den Anfängen bis zur Gegenwart, UTB, Bd. 2716, 2., verb. u. verm. Aufl., Konstanz 2005, S. 160. Stein, P.: NS-Gaupresse, S. 178.

Reich« bezeichnet wurde (weil ihr der offizielle antisemitische Kurs nicht scharf genug war), und das an die intellektuelle Elite gerichtete »Reich«.[9] Vor allem reduzierte sich die Zahl der nicht-nationalsozialistischen Pressetitel in nennenswertem Umfang, daneben wurden etliche Titel gleichgeschaltet und in Parteibesitz übergeführt. Die Nationalsozialisten verboten in den ersten Jahren zunächst die Blätter der politischen Konkurrenz – zuerst ca. 60 KPD- und 135 SPD-Zeitungen. Die örtlichen NS-Blätter verleibten sich deren Verlags-, Druckereivermögen und -anlagen ein und übernahmen den Abonnentenstamm. In den Monaten nach der »Machtergreifung« nötigten die Nationalsozialisten darüber hinaus etliche Verleger, die direkter Enteignung entgingen, zum Verkauf unter Wert. Mit mehr oder minder großem Druck wurde die »bürgerliche« und konfessionelle Presse dem nationalsozialistischen Eher-Konzern direkt oder mittelbar über Holdinggesellschaften eingliedert. Die Amann-Verordnungen von 1935 zwangen weitere 500-600 Blätter zur Einstellung.[10]

Die parteieigene Presse kontrollierte Amann durch verschiedene Holdinggesellschaften. Für die Gaupresse wurde 1934 die »Standarte GmbH« gegründet, die 50% jedes Gauverlags hielt, die andere Hälfte hielten die Gauleiter als Treuhänder der NSDAP. Als ab 1935 mit Hilfe der Amann-Verordnungen die bürgerliche und konfessionelle Presse zerschlagen wurde, diente die von Alfred Hugenberg erworbene »Vera Verlagsanstalt« der Kontrolle der Generalanzeiger- und Massenpresse. Mit der »Herold GmbH« wurden die nichtkonfessionellen politischen Zeitungen und in der »Phönix GmbH« die vormaligen Zentrumszeitungen zusammengefasst. Zwischen den Gesellschaften wurden fortlaufend Besitzrechte und Beteiligungen ausgetauscht, bis im Krieg immer mehr Zeitungen bei der Herold konzentriert und 1944 schließlich Vera und Phönix aufgelöst wurden. Gegen Kriegsende verfügte der Eher-Verlag über 150 Tochtergesellschaften.[11]

Nach Kriegsbeginn reduzierten mehrere kriegswirtschaftlich bedingte Einstellungswellen die Zahl der Titel: Manche dieser Einstellungen ist später als »Verbot« charakterisiert worden, um damit anzudeuten, die Zeitung habe sich nicht regimekonform verhalten. Berühmtestes Beispiel dieser stilisierten »Verbote« war die Einstellung der »Frankfurter Zeitung« (FZ) 1943. Die erste dieser Stilllegungsaktionen im Sommer 1941 betraf 550, die zweite im Frühjahr 1943 weitere 950, eine dritte folgte im August 1944, so dass Ende 1944 noch

---

[9] Combs, William: The voice of the SS. A history of the SS-Journal »Das Schwarze Korps«, Frankfurt a.M./Berlin/New York/Paris/Wien 1986. Zur Wochenzeitung »Das Reich« vgl. den Beitrag von Victoria Plank in diesem Band.

[10] Vgl. die »Amann-Verordnungen«, in: ZV 1935, Nr. 17, S. 280-282. Stöber, Rudolf: Die erfolgverführte Nation. Deutschlands öffentliche Stimmungen 1866 bis 1945, Stuttgart 1998, S. 77f. Ullstein verkaufte den Verlag für 6 Mio. RM. Mendelssohn, Peter de: Zeitungsstadt Berlin. Menschen und Mächte in der Geschichte der deutschen Presse, 2. Aufl., Frankfurt a.M./Berlin/Wien 1982, S. 436-448. Vgl. als atmosphärische Schilderung zum Verkauf der »Literarischen Welt«: Haas, Willy: Die Literarische Welt. Erinnerungen, München 1957, S. 181-183. Eine sehr detaillierte Beschreibung der Gleichschaltung in der Provinz in: Frei, N.: Provinzpresse, S. 269-321.

[11] Stein, P.: Gaupresse, S. 246-250. Hale, O.J.: Zwangsjacke, S. 104f., 157, 194-205, 271f. Frei, N.: Provinzpresse, S. 146-148.

knapp 975 Zeitungen übrig waren. Anfang 1945 waren es noch 700 und die Zahl reduzierte sich durch das Vorrücken der Alliierten weiter von Woche zu Woche und Tag zu Tag. Als letzte Notausgabe erschien am 29. April 1945 der »Panzerbär« im heftig umkämpften Berlin. Zu dem Zeitpunkt gab es im besetzten Deutschland schon Heeresgruppenzeitungen der Alliierten. Im Unterschied zum Ersten Weltkrieg war die Niederlage also auch publizistisch total.[12]

Tabelle 2: *Einzelne nationalsozialistische Zeitungen und Zeitschriften*[13]

	Chefredakteure und Herausgeber	Erscheinungszeit	Auflage
Völkischer Beobachter (hervorgegangen aus dem *Münchener Beobachter*, seit 1887)	Dietrich Eckart; Alfred Rosenberg (ab 1923)	3.1.1920-30.4.1945	1923: 30.000 1925: 4.500 1933: 310.000 1940: 982.310 1944: 1.700.000
Der Stürmer	Julius Streicher	20.4.1923-22.2.1945	1923: 2-3.000 1933: 20.000 1940: 600.000 1944: 398.500
Der Angriff	Joseph Goebbels; Schwarz van Berk (ab 1935)	4.7.1927-21.4.1945	1927: 2.000 1932: 100.000 1939: 146.694 1944: 306.000

3. Gleichschaltung und Steuerung

Schon die »Reichstagsbrand-Verordnung« vom 28. Februar 1933 hob alle wichtigen Grundrechte der Weimarer Verfassung auf: Meinungsfreiheit, Briefgeheimnis, Versammlungs- und Vereinsfreiheit. Das »Ermächtigungsgesetz« vom 24. März 1933 befreite Hitler aus der Abhängigkeit des Reichspräsidenten.[14] So mussten die Nationalsozialisten kein eigenes Verfassungsrecht schaffen, um sich die passenden diktatorischen Vollmachten anzueignen. Zwischen 1933 und 1945 behielt auch das Reichspressegesetz (RPG) von 1874 formal seine Gültigkeit; allerdings wurde es *de facto* durch das Schriftleitergesetz (SLG) überlagert. Zum ersten Mal in Deutschland wurde die öffentliche Aufgabe exakt definiert und die Presse damit zum nationalsozialistischen Führungsmittel: »Die im Hauptberuf oder auf Grund der Bestellung zum Hauptschriftleiter ausgeübte Mitwirkung an der Gestaltung des geistigen Inhalts der im Reichsgebiet herausgegebenen Zeitungen und politischen Zeit-

---

[12] Stöber, R.: Pressegeschichte, S. 159f.; Toepser-Ziegert, Gabriele: Die Existenz der Journalisten unter den Bedingungen der Diktatur, in: Studt, C. (Hrsg.): »Diener des Staates« oder »Widerstand zwischen den Zeilen«?, S. 75-88.
[13] Stöber, R.: Pressegeschichte, S. 252.
[14] Münch, Ingo von: Gesetze des NS-Staates, Dokumente eines Unrechtssystems, UTB für Wissenschaft, Bd. 1790, 3. Aufl., Paderborn/München/Wien/Zürich 1994, S. 14.

1 | Beginn der nationalsozialistischen »Pressesäuberung«: das Schriftleitergesetz vom 4. Oktober 1933
Reichsgesetzblatt 1933, T. 1, Nr. 111, S. 713

schriften durch Wort, Nachricht, Schrift oder Bild ist eine in ihren beruflichen Pflichten und Rechten vom Staat durch dieses Gesetz geregelte öffentliche Aufgabe.« (§ 1 SLG) »Unverantwortliche Schriftleiter«, hieß es in der Begründung zum SLG, dürfe es nicht mehr geben.[15]

---

[15] Schriftleitergesetz vom 4.10.1933, in: RGBl 1933 I, S. 713. Als verbindlicher Kommentar galt: Schmidt-Leonhardt, Helmut/Gast, Peter: Das Schriftleitergesetz vom 4. Oktober 1933, Berlin 1938. Hoche, Werner (Hrsg.): Die Gesetzgebung des Kabinetts Hitler. Die Gesetze im Reich und Preußen seit dem 30.1.1933, Berlin 1933, Bd. 1, S. 543.

Mit dem Schriftleitergesetz gelang Goebbels ein doppelt geschickter Schachzug. Zum einen tastete er formal das bestehende Recht nicht an, denn es ergänzte das weiterhin gültige Reichspressegesetz. Zum Zweiten griff er die Wünsche der Journalisten aus Weimarer Zeit auf: Die Journalisten erhielten, so mochte es scheinen, mit der »Öffentlichen Aufgabe« Schutz vor den Verlegern zugesprochen. Doch das war ein zweifelhaftes Geschenk, denn den Beruf durfte jetzt nur noch ausüben, wer in die Schriftleiterliste eingetragen war (§§ 8f. SLG). Das erzeugte journalistisches Wohlverhalten; zwischen 1934 und 1944 disziplinierten Berufsgerichte schätzungsweise 1.200-1.300 Journalisten.[16] So ist verständlich, dass die Presse der NS-Zeit – von Ausnahmen abgesehen – nicht durch Vorzensur gelenkt werden musste. Es reichten subtilere Mittel, insbesondere die Drohung mit Berufsverboten. Spielten in der Anfangszeit der Gleichschaltung die Verbote von Zeitungen noch eine wichtige Rolle, um die oppositionelle Presse auszuschalten, waren später Einstellungen kaum noch politisch, sondern v.a. kriegswirtschaftlich bedingt. Auf vier Ebenen, der inhaltlichen, der institutionellen, der personellen und der ökonomischen, exekutierten die Nationalsozialisten ihre Kontrolle:

Grafik 1: *Pressesteuerung im Nationalsozialismus*[17]

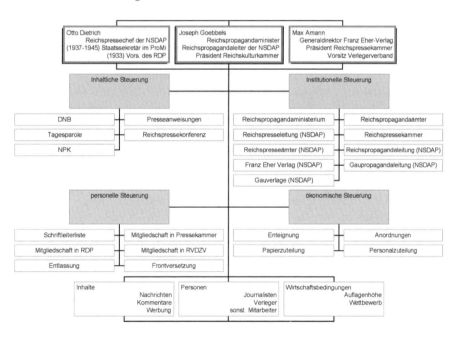

---

[16] Frei, Norbert: Die nationalsozialistischen Berufsgerichte der Presse, in: Vierteljahreshefte für Zeitgeschichte, 34/1984, S. 122-178, hier: S. 125f.
[17] Stöber, Rudolf: Germany 1933-1945, as media case study, in: Johnston, Donald H. (Hrsg.): Encyclopedia of International Media and Communications, 4 Bde., Amsterdam/Boston/London/New York et.al. 2003, Bd. 2, S. 221-235, hier: S. 225.

2 | Goebbels auf einer Pressekonferenz mit Journalisten in den Räumen des Propagandaministeriums Anfang 1940. Rechts neben ihm: Hans Fritzsche
Presse in Fesseln. Eine Schilderung des NS-Pressetrusts, Berlin, [1947], S. [208b]

Administriert wurde die Steuerung der Presse durch eine Vielzahl von Institutionen, die die Doppelnatur des Regimes verdeutlichten: Einerseits gab es auf staatlicher Seite das Reichspropagandaministerium, die nachgeordneten Reichspropagandaämter und die Reichspressekammer; daneben war die Parteipropaganda ähnlich durchorganisiert: von der Reichspropagandaleitung bis zu den Gaupropagandaleitungen der NSDAP, vom Zentralverlag Franz Eher bis zu den Gauverlagen. Dabei waren Doppelfunktionen und Loyalitätskonflikte die Regel. Goebbels war z.B. Reichspropagandaleiter der NSDAP und Propagandaminister; als Propagandaleiter war er den Gaupropagandaleitern vorgesetzt, diese aber waren zugleich zu Loyalität gegenüber dem Gauleiter vor Ort verpflichtet. Von den unteren bis in die oberste Leitungsebene (angedeutet durch die leitenden Protagonisten Dietrich, Goebbels und Amann) herrschte auch in der Presselenkung das NS-typische polykratische Chaos.

Die Steuerung des Inhalts war zentral. Die Details der täglichen journalistischen Arbeit regelten Presseanweisungen (und im Krieg zusätzliche Tagesparolen). Mit ihnen wurden die Journalisten angewiesen, welche Themen sie groß herausstellen, welche herunterspielen, welche gar nicht behandeln sollten. So konnte die Presse bis ins Detail gelenkt werden, ohne allzu konform zu wirken, da in der Ausgestaltung den Redaktionen noch gewisse Spielräume blieben. Vermittelt wurden die Anweisungen und Parolen auf mehreren Pressekonferenzen täglich. Bis Kriegsausbruch wurden mehr als 15.000, bis 1945 schät-

3a/b | Mächtige Presselenker: Reichspressechef der NSDAP Otto Dietrich und Max Amann, Reichsleiter für die Presse und Präsident der Reichspressekammer
Rühle, Gerd, Das Dritte Reich. Das erste Jahr 1933, Berlin [1934], S. 399 (Dietrich) u. 412 (Amann)

zungsweise weitere 65.-85.000 Presseanweisungen erlassen.[18] Ein weiteres inhaltliches Lenkungsinstrument waren die Nachrichtenbüros. Unmittelbar nach der »Machtergreifung« hatten die Nationalsozialisten den Zusammenschluss der beiden größten Weimarer Agenturen zum »Deutschen Nachrichten-Büro« (DNB) erzwungen. Mit Jahresbeginn 1934 nahm die neue Agentur die Arbeit auf. 1935 zählten 1.700 Zeitungen zu den direkten, 1.300 Blätter zu den mittelbaren Abnehmern der DNB-Dienste. Rasch wurde das »DNB« mit »Darf nichts bringen« übersetzt; Journalisten wie Leser wussten, dass vom Regime die Nachrichtenlage gesteuert wurde. Offiziell besaßen zwei Tarnfirmen die Agentur: zunächst die »Cautio Treuhandgesellschaft«, ab 1942 die ebenfalls reichseigene »Telos Verwaltungsgesellschaft«.[19]

Die personelle Steuerung war, wie schon angedeutet, die effektivste Lenkung: Journalisten mussten in eine der Schriftleiterlisten eingetragen sein, die

---

[18] Abel, Karl-Dietrich: Presselenkung im NS-Staat, Einzelveröffentlichungen der Historischen Kommission zu Berlin, Bd. 2, Berlin 1968, S. 15f. Bohrmann, Hans/Toepser-Ziegert, Gabriele (Hrsg.): NS-Presseanweisungen der Vorkriegszeit. Edition und Dokumentation, 7 Bde., München/Oxford/London/Paris 1984-2001. Wilke, Jürgen: Presseanweisungen im Zwanzigsten Jahrhundert. Erster Weltkrieg – Drittes Reich – DDR, Medien in Geschichte und Gegenwart, Bd. 24, Köln/Weimar/Wien 2007, S. 115-255.

[19] Reitz, Jürgen: Das Deutsche Nachrichtenbüro, in: Wilke, Jürgen (Hrsg.): Telegraphenbüros und Nachrichtenagenturen in Deutschland. Untersuchungen zu ihrer Geschichte, Kommunikation und Politik, Bd. 24, München/New York/London/Paris 1991, S. 213-266.

von der ehemaligen Journalistengewerkschaft »Reichsverband der Deutschen Presse«, 1933 gleichgeschaltet, geführt wurden. Verleger waren Zwangsmitglieder im ebenfalls gleichgeschalteten »Reichsverband Deutscher Zeitungs-Verleger«, an deren Spitze Max Amann stand. Wo Selbstgleichschaltung und loyales Verhalten sich nicht unmittelbar ergaben, sorgte das Damoklesschwert existenzbedrohender Strafmaßnahmen von der Entlassung bis zur Frontversetzung für die gewünschte Systemkonformität.

Auf der ökonomischen Seite waren in der Vorkriegszeit Zwangsübertragungen, Enteignungen und erzwungene Verlagsfusionen die wirksamsten Eingriffsmittel. Mit Umstellung auf Kriegsbewirtschaftung wurden – neben der kriegsbedingten Stilllegung – Papierkontingentierung und Personalzuweisung wichtiger. Je knapper die Rohstoffdecke, desto dünner wurden die Zeitungen. Am Ende blieben Notausgaben von vier oder zwei Seiten mit ostinaten Durchhalteparolen. Im ersten Kriegsjahr bis nach dem Frankreichfeldzug war davon noch nichts zu spüren gewesen: Die Zeitungen machten vom redaktionellen Teil bis in die Anzeigen einen friedensmäßigen Eindruck – nur thematisch beanspruchte die Kriegsberichterstattung selbstredend den größten Anteil. Sie soll im Folgenden behandelt werden.

4. Die Berichterstattung im Krieg

Solange die Wehrmacht siegreich vorrückte, hatte die mediale Berichterstattung kein Darstellungsproblem. Schwieriger wurde die Propaganda, nachdem sich das Kriegsglück gewendet hatte. In den Zweiten Weltkrieg waren die Deutschen ohne Begeisterung gegangen, darum interessierte sie von Anbeginn die Frage seiner Dauer. Schon im ermüdenden Sitzkrieg nach dem Polenfeldzug drängten sich Alltagssorgen und die Frage, wann der Krieg beendet sei, in den Vordergrund.[20] Doch Prognosen waren heikel, weil sie sich nach gewisser Zeit überprüfen ließen. Darum untersagte Goebbels Ministerkonferenz der Presse die Vorhersagen: »Allgemein soll nochmals darauf hingewiesen werden, dass es Aufgabe der Presse lediglich sein darf, über Gewesenes zu berichten, und dass Voraussagen unter gar keinen Umständen zulässig sind.«[21] Ausgerechnet die Führung verstieß wiederholt gegen das Prinzip. Unter der Hauptschlagzeile »Der Feldzug im Osten ist entschieden. Die große Stunde hat geschlagen« meldete der VB am 10. Oktober 1941 »Das militärische Endes des Bolschewismus«: »Heute vor einer Woche, in der Nacht vom 1. zum 2. Oktober, hat der Führer in einem Aufruf, dessen Wortlaut wir auf Seite 3 wiedergeben, die deutschen Soldaten der Ostfront aufgefordert ›zu dem letzten gewaltigen Hieb, der noch vor dem Einbruch des Winters diesen Gegner zerschmettern soll‹ – aufgerufen zur ›letzten großen Entscheidungsschlacht dieses Jahres‹. Das war ein Befehl von einer Größe und Kühnheit wie kaum ein anderes Dokument

---

[20] Behnken, Klaus (Hrsg.): Deutschland-Berichte der Sozialdemokratischen Partei Deutschlands (Sopade) (1934-1940), 7 Bde, Frankfurt a.M. 1980, Bd. 7, S. 29 (Januar 1940).
[21] Boelcke, Willi A. (Hrsg.): »Wollt ihr den totalen Krieg?« Die geheimen Goebbels-Konferenzen 1939-1943, München 1989, S. 56 (24.5.1940).

der Kriegsgeschichte! Heute, eine einzige Woche später, meldet die Front Führer und Volk, daß der Krieg im Wesentlichen vollzogen, daß die Entscheidung im Sinne dieses Befehls strategisch gefallen ist. Wenn jemals der Begriff des Blitzkrieges verwirklicht werden konnte – hier ist er verwirklicht worden! Sieben kurze Herbsttage haben genügt, um der ungeheuerlichsten Kriegsmaschine aller Zeiten den tödlichen Stoß zu versetzen, von dem sie sich niemals wieder erholen kann.«[22]

Der VB zeigte Hitler im Kreis der Soldaten; ein weiteres Foto dokumentierte die Reichspressekonferenz mit der voreiligen Verkündigung der »Zertrümmerung der Sowjetfront« durch Reichspressechef Otto Dietrich. Weitere Fotos zeigten die vorrückenden deutschen Soldaten. Den größten Teil der dritten Seite nahm ein Foto Hitlers unter der Überschrift ein: »So rief der Führer zur Entscheidungsschlacht. Der historische Tagesbefehl an die Ostfront vom 2. Oktober«.[23] Am Folgetag hatte Hitler im Sportpalast zur Eröffnung des Winterhilfswerks erklärt, die Sowjetunion sei »bereits gebrochen« und werde »sich nie mehr erheben«.[24] In Goebbels Minister-Konferenz wurde hingegen auf deutliche Zurückhaltung gedrängt: Man solle »bei der Kommentierung der Führer-Rede [...] nicht über das hinausgehen, was der Führer wörtlich sagte. [...] Was das Kriegsende anbetrifft, so kommt es darauf an, herauszustreichen, daß es nicht so wichtig ist, wann der Krieg zu Ende ist, als vielmehr, wie er zu Ende geht.«[25] Der »Angriff« brachte das gleiche Thema zurückhaltender. Auch hier wurde am 10. Oktober auf Seite 3 ein Foto von Dietrich bei dessen Verkündigung »Der Feldzug im Osten ist entschieden!« Doch auf der Titelseite hieß es: »Bolschewismus vor dem Ende«. Zudem war das eine untergeordnete Schlagzeile, die Hauptschlagzeilen lauteten: »England erkennt seine Ohnmacht. Große Bestürzung in Washington«. Eine Karikatur »Des deutschen Schwertes Spitze« zeigte den vom Schwert durchbohrten russischen Bären mit der Physiognomie Stalins. Die aus dem Brustkorb ragende Schwertspitze zielte auf einen zwergenhaften Churchill.[26]

In der deutschen Öffentlichkeit folgte eine Phase großer Euphorie; erst Ende Oktober wich sie der Ernüchterung, da die Kampfhandlungen immer noch nicht beendet waren. Dabei überlieferte der SD zwar Kritik an Dietrich, nicht aber an Hitler – wieder ein Beleg dafür, dass die »Meldungen aus dem Reich« Informationen filterten.[27] In der Jahresabschlusschronik des VB zum »Kriegsjahr 1941« war folglich von der Entscheidung im Osten nicht mehr die Rede. Aus dem »historischen Tagesbefehl« wurde unter dem Eintrag zum 2. Oktober 1941 der inhaltsleere Satz: »Tagesbefehl des Führers an die Soldaten der Ostfront.« Auch die Niederlage vor Moskau verschwieg die Jahreschronik.[28] Zum

---

[22] Das militärische Ende des Bolschewismus, in: VB 54. Jg./ Nr. 283 (10.10.1941), S. 1.
[23] So rief der Führer zur Entscheidungsschlacht, in: VB 54. Jg./ Nr. 283 (10.10.1941), S. 3. Vgl. Abel, K.-D.: Presselenkung, S. 19f.
[24] Domarus, Max: Hitler. Reden und Proklamationen 1932-1945, Würzburg 1963, Bd. 2, S. 1758-1767, hier: S. 1763.
[25] Boelcke, W.A. (Hrsg.): Goebbels-Konferenzen, (4.10.1941) S. 188.
[26] Der Angriff Nr. 245 (10.10.1941), S. 1 und 3.
[27] Boberach, H. (Hrsg.): Meldungen, S. 2903 (23.10.1941); S. 2916 (27.10.1941); S. 2927 (30.10.1941).
[28] Kriegsjahr 1941, in: VB 54. Jg./ Nr. 365 (31.12.1941), S. 3.

4 | Der »Völkische Beobachter«, Zentralorgan der NSDAP und »Leitmedium« der NS-Diktatur (1943)
Völkischer Beobachter, 19. Februar 1943

Jahresende brachte der Angriff neben diversen Jahresrückblicken eine Betrachtung des DAF-Führers Robert Ley zum Thema »General Zeit«, in dem er den Nachweis zu führen suchte, dass die Zeit nicht für England, sondern für Deutschland arbeite.[29] Doch das war eine ambivalente Strategie. Ein indirektes Eingeständnis, dass der Kampf in Russland keineswegs entschieden und die Vorbereitungen für den Ostfeldzug mangelhaft gewesen waren, hatte schon der Aufmacher vom Vortag gegeben: »Die ersten gesammelten Wollsachen rollen zur Ostfront.«[30]

Der Fehler der verfrühten Prognose wiederholte sich ein Jahr später in der Stalingrad-Berichterstattung, als Hitler am 19. August 1942 den Angriff auf die Stadt an der Wolga befahl. Nachdem Dietrich die Tagesparole des siegreichen Angriffs auf Stalingrad ausgegeben hatte (»Das Ringen um Stalingrad nähert sich seinem erfolgreichen Ende«),[31] räumte der VB in der zweiten Septemberhälfte 1942 der Stalingradberichterstattung breiten Raum ein. Aus einem Luftbild der brennenden Stadt hätte nur ein äußerst kritischer Zeitungsleser schließen können, dass die Bodentruppen Stalingrad längst noch nicht eingenommen hatten.[32] Am gleichen Tag konnte man im »Angriff« lesen: »Der schwere Kampf um Stalingrad neigt sich dem Ende zu.«[33] Wieder hatte Goebbels vergebens vor allzu optimistischer Berichterstattung über Stalingrad gewarnt.[34]

[29] Ley, Robert: General »Zeit«, in: Der Angriff Nr. 315 (31.12.1941), S. 1.
[30] Der Angriff Nr. 314 (30.12.1941), S. 1.
[31] Zit.n. Wilke, J.: Presseanweisungen, S. 207.
[32] Vgl. Luftaufnahme vom brennenden Stalingrad, in: VB 55. Jg./ Nr. 260 (17.9.1942), S. 3.
[33] Die letzte Höhe vor Stalingrad, in: Der Angriff Nr. 226 (17.9.1942), S. 2.
[34] Boelcke, W.A. (Hrsg.): Goebbels-Konferenzen, (24.8.-18.9.1942) S. 275-283.

Hitlers Bürgerbräu-Rede, in der er behauptete, Stalingrad, das kein zweites Verdun sei, bereits eingenommen zu haben, bildete den Aufmacher des VB am folgenden Tag; die Bemerkungen zu Stalingrad aber wurden – vielleicht wegen der Erfahrungen aus dem Vorjahr – nicht gedruckt. Stattdessen hieß es in allgemeiner Form, dass von sowjetischer Seite »der Endsieg überhaupt nicht mehr gefährdet werden« könne.[35] Der »Angriff« druckte die Rede im vollen Wortlaut inklusive all ihrer »prophetischen« Passagen, u.a.: »Und alle unsere Gegner können überzeugt sein: Das Deutschland von einst hat um ¾ 12 die Waffen niedergelegt – ich höre grundsätzlich immer erst 5 Minuten nach 12 auf! [...] Sie werden sich noch der Reichstagssitzung erinnern, in der ich erklärte: Wenn das Judentum sich etwa einbildet, einen internationalen Weltkrieg zur Ausrottung der europäischen Rassen herbeiführen zu können, dann wird das Ergebnis nicht die Ausrottung der europäischen Rassen, sondern die Ausrottung des Judentums in Europa sein. (Beifall) Man hat mich immer als Propheten ausgelacht. Von denen die damals lachten, lachen heute unzählige nicht mehr, und die, die jetzt noch lachen, werden es vielleicht in einiger Zeit auch nicht mehr tun. (Beifall) [...] Ich wollte zur Wolga kommen, und zwar an einer bestimmten Stelle, an einer bestimmten Stadt. Zufälligerweise trägt sie den Namen von Stalin selber. Aber denken Sie nicht, daß ich aus diesem Grunde dorthin marschiert bin [...] Dort schneidet man nämlich 30 Millionen Tonnen Verkehr ab [...] dort war ein gigantischer Umschlagplatz. Den wollte ich nehmen und – wissen Sie – wir sind bescheiden, wir haben ihn nämlich! Es sind nur noch ein paar ganz kleine Plätzchen da.«[36] Wieder bestritt Hitler, wie schon bei der Belagerung Leningrads, ganz entschieden die Symbolträchtigkeit des Orts – mit dem Namen seines Widersachers habe der Angriff nichts zu tun.[37] In der Folgezeit wurde bis in die 2. Januarhälfte 1943 Stalingrad kaum erwähnt. Und selbst nach der endgültigen Kapitulation wurden die Tatsachen mehr verklärt und verschleiert als zugegeben.[38] Schon Mitte Dezember 1942 waren jedoch erste Gerüchte über die drohende Niederlage in Umlauf gewesen.[39]

Mit dem Unternehmen »Zitadelle«, der Schlacht am Kursker Bogen vom 5.-13. Juli 1943, ging die Wehrmacht letztmalig an der Ostfront in die Offensive. Die Offensive wurde von der Kriegsberichterstattung zunächst verhalten aufgegriffen. Bis zum 7. Juli fehlte jeder Hinweis, erst am 8. Juli bestimmte die Schlacht in VB und »Angriff« fast wortgleich den Aufmacher. Nur die Aus-

---

[35] Der Führer sprach zum 9. November. Unser Kriegsplan wird eisern durchgeführt, in: VB 55. Jg./ Nr. 313 (9.11.1942), S. 1f.
[36] Es geht um Sein oder Nichtsein. Die Rede des Führers zum 9. November in München, in: Der Angriff Nr. 271 (9.11.1942), S. 3-6, hier: S. 4. Vgl.: Domarus, M.: Hitler, Bd. 2, S. 1933-1944, hier: 1935-1938.
[37] Zu Leningrad vgl. die Rede vom 8.11.1941: Domarus, M.: Hitler, Bd. 2, S. 1771-1781, hier: S. 1775.
[38] Vgl. Der Angriff Nrr. 29-31 (3.-5.2.1943), jeweils S. 1. Vgl. VB 56. Jg./ Nrr. 32-35, jeweils S. 1.
[39] Boberach, H. (Hrsg.): Meldungen, S. 4576 (17.12.1942). Broszat, Martin/Fröhlich, Elke/Wiesemann, Frank (Hrsg.): Soziale Lage und politisches Verhalten der Bevölkerung im Spiegel vertraulicher Berichte, (Bayern in der NS-Zeit, Bd. 1), München/Wien 1977, S. 575 (18.2.1943).

zeichnung unterschied sich.⁴⁰ Ein DNB-Artikel über den »Verlauf der Kämpfe« berichtete relativ vorsichtig.⁴¹ Die Berichte über hohe Feindverluste setzen sich in den nächsten Tagen fort, aber ausgerechnet am 13.7., als das OKW die Schlacht abbrach, titelten VB und »Angriff« fast synchron.⁴² Im VB hieß es u.a.: »Auch keine der großen Kesselschlachten der Jahre 1941 und 1942 brachte derartige hohe Abschlußzahlen in so kurzer Zeit und auf so kurzem Raum.«⁴³ Zahlen zu deutschen Verlusten fehlten gänzlich – wie in früheren Berichten auch. Beinahe täglich wurden steigende sowjetische Verluste hochgeschrieben: bis zum 22.7.1943 im VB auf 5.500, im Angriff auf 4.827 Panzer.⁴⁴ Die tatsächlichen Abschlüsse lagen mindestens um die Hälfte unter den publizierten.⁴⁵ Nach dreitägigem Schweigen gestand der VB erstmalig eine sowjetische Sommeroffensive ein; im »Angriff« wurden die sowjetischen Verluststatistiken noch in den nächsten Tagen fortgeschrieben, dass die Initiative aber inzwischen bei der Roten Armee lag, machte der Aufmacher, ebenfalls am 25.7., deutlich.⁴⁶

Das Beispiel »Zitadelle« ist zugleich repräsentativ für den Umgang mit Statistiken im Zweiten Weltkrieg: Überschriften strichen die Feindverluste heraus;⁴⁷ eigene Verluste fehlten entweder ganz – das war die Regel – oder es wurden nur äußerst geringe zugegeben. Wo die Meldungen nur dazu dienten, offenkundig Schreckensnachrichten wie einen schweren Luftangriff abzupuffern, war die propagandistische Strategie schon auf den ersten Blick durchsichtig. Ein Beispiel bieten die bis Dresden schwersten anglo-amerikanischen Luftangriffe, die unter dem Operationsnamen »Gomorrha« vom 25.7.-30.7.1943 gegen Hamburg geflogen wurden. In ihnen kamen mehr als 30.000 Menschen

---

⁴⁰ Die Schlacht zwischen Orel und Bjelgorod. In zwei Tagen: 637 Flugzeuge, 300 Panzer der Sowjets abgeschossen, in: VB 56. Jg./ Nr. 189 (8.7.1943), S. 1. Feindangriff abgewehrt / Einbruch in Sowjetstellungen. Sowjets verloren 300 Panzer und 637 Kampfflugzeuge, in: Der Angriff Nr. 165 (8.7.1943), S. 1.

⁴¹ Der Verlauf der Kämpfe, in: VB 56. Jg./ Nr. 189 (8.7.1943), S. 1.

⁴² Hohe Beutezahlen aus der Ostschlacht. [...] Wie zu Beginn des Ostfeldzugs. Sowjets verloren 28.000 Gefangene[,] 1640 Panzer und 1400 Geschütze, in: VB 56. Jg./ Nr. 194 (13.7.1943), S. 1. Ostfront: 28.000 Gefangene und 1640 Panzer vernichtet, in: Der Angriff Nr. 169 (13.7.1943), S. 1.

⁴³ VB 56. Jg./ Nr. 194 (13.7.1943), S. 1.

⁴⁴ Über 5.500 Panzer in 16 Tagen, in: VB 56. Jg./ Nr. 203 (22.7.1943), S. 1. 4.827 Panzer, 2.201 Geschütze, 344 Flugzeuge, 45.172 Gefangene, in: Der Angriff Nr. 177 (22.7.1943), S. 1.

⁴⁵ Schramm, Percy Ernst (Hrsg.): Kriegstagebuch des Oberkommandos der Wehrmacht, 8 Bde., München 1982, Bd. 6 [III.2] S. 748-817 (5.7.-21.7.1943). Das Kriegstagebuch verzeichnete nicht jeden Tag »Erfolgszahlen«, die Maximalangabe in dem Zeitraum belief sich auf 163 zerstörte Panzer, ebd. S. 775 (13.7.1943). Vgl. auch Frieser, Karl-Heinz: Die Schlacht im Kursker Bogen, in: Das Deutsche Reich und der Zweite Weltkrieg, Bd. 8, München 2007, S. 153.

⁴⁶ Anhaltende schwere Abwehrkämpfe an den Brennpunkten der sowjetischen Sommeroffensive, in: VB 56. Jg./ Nr. 206 (25.7.1943), S. 1. Alle Durchbruchversuche der Sowjets restlos gescheitert, in: Der Angriff Nr. 180 (25.7.1943), S. 1. Schwerpunkte der Angriffe wieder bei Orel, in: BamTb Nr. 173 (27.2.1943), S. 1.

⁴⁷ Wieder 37 Terrorbomber bei Angriff auf Köln abgeschossen. Insgesamt 90 Flugzeuge vernichtet, in: VB 56. Jg./ Nr. 186 (5.7.1943), S. 1. U-Boote versenkten im Mittelmeer 21.000 BRT. 105 Feindflugzeuge abgeschossen, in: VB 56. Jg./ Nr. 187 (6.7.1943), S. 1. Einzigartige Leistung der Luftverteidigung: 121 Bomber wurden zu »Fliegenden Särgen«, in: BamTb Nr. 243 (16./17.10.1943), S. 1. In fünf Kampftagen 495 Maschinen vernichtet, in: Ebd. Nr. 48 (26./27.2.1944) S. 1. u.v.m.

ums Leben; weite Teile des Hamburger Hafens und der Innenstadt gingen in Flammen auf.[48] »Angriff« und VB schwiegen zu den ersten Angriffstagen; erstmalig am 27.7. gab ein OKW-Bericht in dürren Worten von den Bombardements Kenntnis: »Das Oberkommando der Wehrmacht gibt bekannt: [...] Feindliche Fliegerverbände führten neue schwere Terrorangriffe gegen deutsche Städte. Am gestrigen Tage wurden Hamburg und Kiel sowie einige Orte im Norddeutschen Küstenraum [...] bombardiert. Dabei entstanden wieder schwere Verluste unter der Bevölkerung und starke Verwüstungen in den Wohngebieten der angegriffenen Städte. Luftverteidigungskräfte schossen aus den britisch-amerikanischen Angriffsverbänden 61 Flugzeuge ab. Fünf eigene Jagdflugzeuge gingen verloren.«[49] Das Kriegstagebuch des OKW hatte nur 48 Flugzeugabschüsse verzeichnet.[50]

Die Presseangaben konnte niemand genau überprüfen. Zumindest Goebbels war das bewusst: Er meinte, im Luftkrieg ließe sich leichter lügen als im Landkrieg, da sich der geänderte Frontverlauf auf die Dauer nicht verschleiern lasse.[51] Aber selbst dort, wo die Meldungen in etwa der Realität entsprachen, kamen dem Publikum auf die Dauer Zweifel. Je mehr Panzer zerschossen und Flugzeuge zerstört, je monotoner die Zahlen erbeuteter Geschütze, desto stärker spekulierte man über das unerschöpfliche Material der Russen. Woher konnten denn die Sowjets immer noch neue Truppen ins Gefecht schicken?[52] Die Skepsis des Publikums galt sinngemäß für alle Zahlenangaben: Flugzeugabschlüsse, Schiffsversenkungen, Panzer- und Geschützvernichtung, Gefangennahmen.[53]

In welchem Ausmaß die »Polyphonie« in den Durchhalteparolen des letzten Kriegsjahres zum dünnen Firnis journalistischer Pseudoautonomie wurde, beleuchtet ein Beispiel vom Dezember 1944. Am 16.12. waren deutsche Truppen im Westen zu ihrer letzten überraschenden Offensive angetreten – der »Ardennen-Offensive«. Ab dem 19. Dezember 1944 berichteten »Angriff« und VB in großer Aufmachung von der Ardennenoffensive.[54] Am 20. Dezember 1944 lautete die Tagesparole: »Das Fortschreiten der deutschen Offensive im Westen ermöglicht nunmehr eine Kontrastierung der tatsächlichen Kriegslage im Rahmen des OKW-Berichtes mit den grossmäuligen Voraussagen des Gegners. Ferner liegt gutes Material vor, das Staunen, Furcht und Bewunderung

---

[48] Außerdem 277.330 Wohnhäuser völlig zerstört, 2.632 gewerbliche Betriebe, 580 Industriebetriebe, 80 Wehrmachtsanlagen, 24 Krankenhäuser, 277 Schulen und 58 Kirchen. Overesch, Manfred: Das III. Reich. Eine Tageschronik der Politik, Wirtschaft, Kultur, 2 Bde, Düsseldorf 1982, Bd. 2, S. 390 (28.7.1943).
[49] 61 Terrorbomber abgeschossen, in: VB 56. Jg./ Nr. 208 (27.7.1943), S. 1. Erneut 130 Panzer vernichtet. 61 Abschüsse bei Terrorangriff, in: Der Angriff Nr. 181 (27.7.1943), S. 1.
[50] Schramm, P.E. (Hrsg.): Kriegstagebuch des OKW, Bd. 6, S. 836 (26.7.1943).
[51] Boelcke, W.A. (Hrsg.): Goebbels-Konferenzen, S. 87f. (9.8.1940).
[52] Boberach, H. (Hrsg.): Meldungen, S. 2747 (11.9.1941); S. 3152 (12.1.1942).
[53] Boberach, H. (Hrsg.): Meldungen, S. 3615 (13.4.1942); S. 4189 (10.9.1942).
[54] Deutscher Angriff im Westen. Starke deutsche Kräfte angetreten. Vordere USA-Stellungen überrannt, in: Der Angriff Nr. 307 (19.12.1944), S. 1. Deutsche Offensive im Westen. In breiter Front: Stoß aus dem Westwall, Die USA-Stellungen zwischen Hohem Venn und Nordteil Luxemburgs überrannt, in: VB 57. Jg./ Nr. 340 (19.12.1944), S. 1.

im Ausland über die Tatsache des deutschen Schlages widerspiegelt und, soweit es über DNB ausgegeben wird, im Rahmen der Kommentaranweisung von gestern wiederzugeben ist.«[55] Anweisungsgetreu stellten VB und »Angriff« am Folgetag OKW-Meldungen neben »Feindstimmen« mit einem marginalen Unterschied heraus – im »Angriff« nebeneinander, im VB untereinander.[56] Die Vorhersage vom Herbst 1941 wurde ein letztes Mal in der Ardennen-Offensive bemüht. Diesmal, so hieß es, gäben die Alliierten falsche Prognosen über den weiteren Kriegsverlauf.[57]

5. Vom Lesen und Schreiben zwischen den Zeilen: Zur mutmaßlichen Wirkung der NS-Presse

Das Fortissimo der Propaganda in den ersten Monaten hatte zu »Zeitungsleserstreik«, Zeitungsabbestellungen und rückläufigen Auflagen geführt.[58] Nachfrage des Publikums und das journalistische Ansehen sanken, weil die Medien offensichtlich an Glaubwürdigkeit verloren. Wie sollten unter diesen Umständen Zeitungen wirken? Die Ambivalenz der Meinungsführung, der die Presse in der NS-Zeit dienen sollte, machen noch aus 60jährigem Abstand Zeilen aus Emil Dovifats »Zeitungslehre« deutlich. Einerseits stellte er einleitend fest: »Die öffentliche Meinung als Einheit und Gleichrichtung der Meinungen einer ganzen Öffentlichkeit gibt es nicht.« Wenige Seiten später führte er diese Feststellung selbst *ad absurdum*: »Im nationalsozialistischen Staat tritt an die Stelle der alten Vielzahl von Parteien die nationalsozialistische Grundauffassung, die aus der nationalsozialistischen Weltanschauung die Zeit gestaltet und Tagesgeschehen und Tagesmeinung von hierher sieht, führt, zur zeitgebundenen Meinung emporhebt und sie weiter zu einem unverbrüchlichen Glauben erhärtet, aus dem der entschlossene Tateinsatz des Einzelnen für die Gemeinschaft seines Volkes erwachsen soll.«[59] Das »soll«, wohl als ironische Distanz zum nationalsozialistischen Führungsanspruch zu lesen, unterstrich die vorhergehende Bemerkung. Dovifat gab damit ein vorsichtiges Beispiel für das »Schreiben zwischen den Zeilen«. Exemplarisch für den Streit um die Spielräume der Presse im Nationalsozialismus ist die Auseinandersetzung um die Qualitätsblätter. Günther Gillessen hat zur Verteidigung der »Frankfurter Zeitung« die »Akkusatorik« der nachgeborenen Historiker kritisiert, die weder

---

[55] Informationen Pressekonferenz vom 20.12.1944, Nr. 36, in: BA Berlin, R 34/ 26.
[56] Das OKW meldet, in: Der Angriff Nr. 309 (21.12.1944), S. 1. »Deutschland ist gefährlich« Feindstimmen zur Winterschlacht im Westen, in: Ebd. 10.000 Gefangene, 200 Panzer [...] Das Oberkommando der Wehrmacht gibt bekannt, in: VB 57. Jg./ Nr. 342 (21.12.1944), S. 1. Illusionspolitik des Feindes bloßgestellt, in: Ebd.
[57] »Es ist gerade acht Tage her, seit der Reichspressechef in Wien den Satz sprach ›Im Jahre 1941 haben wir uns getäuscht, diesmal täuschen sich die anderen.‹ Das ist ein Gedanke, den wir uns immer vor Augen halten müssen.« Informationen Pressekonferenz vom 18.12.1944, Nr. 32, in: BA Berlin R 34/ 26.
[58] Abel, K.-D.: Presselenkung, S. 62f. Das wiederholte sich in besetzten Gebieten wie dem Sudetenland. Behnken, K. (Hrsg.): Deutschland-Berichte, Bd. 6, S. 578 (Mai 1939).
[59] Dovifat, Emil: Zeitungslehre, Berlin/Leipzig 1937, Bd. 1, S. 111, 115.

Nuancen noch Usancen der NS-Zeit kennten.[60] Dagegen hatte Paul Scheffer, der Chefredakteur des »Berliner Tageblatts« (BT), einer anderen bedeutenden Qualitätszeitung, und mithin ein berufener Zeuge, sich selbst als »Tanzmaus« von Goebbels Gnaden charakterisiert.[61] Auch gab Goebbels gegenüber den Journalisten Karl Silex und Rudolf Kircher zu, dass die Zeitungen nur solange frei erscheinen durften, wie sie von den Nationalsozialisten gebraucht würden und ihm nützlich erschienen.[62]

Die Berichterstattung der FZ zur Röhm-Affäre verdeutlicht die Vielzahl der Voraussetzungen, von denen die Rezeption der Presse abhing: »Die Vorgänge dieser Tage sind beispiellos. Der Reichskanzler und Führer der NSDAP hat persönlich eine Aktion eröffnet. [...] Herr Hitler hat den Teil, der den größten Einsatz an Autorität erforderte, die Verhaftung Röhms und seiner Umgebung, auf eine sehr eindrucksvolle Weise persönlich vorgenommen. [...] Im Lichte dieser Blitzschläge wird manches Wort, das während der vergangenen zwei Monate (während der Propaganda gegen ›Kritikaster und Miesmacher‹) geschrieben oder gesprochen wurde, in seinem Sinn erst deutlich. [...] Eines freilich fühlt jeder Deutsche: die beispiellose Strenge des Strafgerichts läßt auf einen beispiellosen Tatbestand schließen. Die menschliche Enttäuschung war dabei für den Kanzler wahrscheinlich noch bitterer als die politische. Dem entspricht die Stimmung, mit der man das Drama sich vollziehen sah: Die eiserne Disziplin und Ruhe des Volkes und vor allem der SA, die mit ansehen mußte, wie zahlreiche ihrer höchsten Befehlshaber in den Staub stürzten, sind ein neuer Beweis für das Vertrauen, das Hitler in weitesten Kreisen genießt.«[63] Die Worte »eiserne Disziplin«, »beispiellose Strenge« und »Hitler« statt »Führer« in dem FZ-Artikel waren durchaus als Distanzierung des Journalisten vom Regime zu akzeptieren – aber nur, wenn der Leser den NS-Stil erkannte, den FZ-Artikel als Imitat der offiziellen Sprache identifizierte, als Kontrast zur ansonsten in der FZ gepflegten Diktion interpretierte und die Diskrepanz als bewusste Distanzierung wahrnahm. Der Leser musste also nicht nur die doppelte Transferleistung erbringen, mit dem Sprachstil der FZ die Meinung der Journalisten und mit der imitierten Sprache die Meinung des Regimes zu identifizieren, sondern auch voraussetzen, dass die »nationalsozialistisch« ausgezeichnete Meinung der des Journalisten diametral entgegenstand. Erst dann

---

[60] Gillessen, Günther: Auf verlorenem Posten. Die Frankfurter Zeitung im Dritten Reich, Berlin 1986, S. 527-538. Ders.: Eine bürgerliche Zeitung »auf verlorenem Posten«. Die Frankfurter Zeitung im »Dritten Reich«, in: Studt, C. (Hrsg.): »Diener des Staates« oder »Widerstand zwischen den Zeilen«?, S. 161-174. Die entgegengesetzte Meinung vertritt Sösemann, Bernd: Voraussetzungen und Wirkungen publizistischer Opposition im Dritten Reich, in: Publizistik, 30/1985, Nr. 3, S. 195-215. Ders.: Journalisten im Griff der Diktatur. Die »Frankfurter Zeitung« in der nationalsozialistischen Pressepolitik, in: Studt, C. (Hrsg.): »Diener des Staates« oder »Widerstand zwischen den Zeilen«? Die Rolle der Presse im »Dritten Reich«, S. 11-38.
[61] Boveri, Margret: Wir lügen alle. Eine Hauptstadtzeitung unter Hitler, Olten/Freiburg i.Brsg. 1965, S. 592.
[62] Sösemann, Bernd: Von der Pressefreiheit zur Gleichschaltung, in: Ders./Erbring, Lutz/Ruß-Mohl, Stephan/Seewald, Berthold (Hrsg.): Medien ohne Moral. Variationen über Journalismus und Ethik, Berlin 1988, S. 37-63, hier: S. 58.
[63] R.K. [Rudolf Kircher]: Die Aktion Hitlers, in: FZ, 3.7.1934, Nr. 331-332, S. 1.

konnte er vielleicht »Herrn Hitler« als Distanzierung von den Morden verstehen. Wenn aber die Texte nur von jenen negativ zu verstehen waren, die dies aufgrund ihrer Disposition wollten, so konnte die FZ nur bestehende Einstellungen verstärken: D.h., weniger das Schreiben als vielmehr das Lesen zwischen den Zeilen bestimmte einen Teil der Medienrealität.

Während Leser NS-Zeitungen abbestellt hatten, weil sie mit dem Zeitungsdeutsch und der Nachrichtenauswahl unzufrieden waren, profitierten ausländische und einige wenige deutsche Zeitungen.[64] Im Krieg gaben selbst die SD-Berichte zu, dass Zeitungen wie die FZ und das »Reich« gekauft würden, weil sie »offener« berichteten.[65] Ob allerdings das Lesen zwischen den Zeilen die Regel war, dürfte zu bezweifeln sein. Die Deutschland-Berichte der Exil-SPD konstatierten im November 1935: »Im großen ganzen kann man sagen, daß die Leute viel zu viel mit sich selbst beschäftigt sind, um noch Energie aufzubringen, zwischen den Zeilen zu lesen.«[66]

Die differenzierte Medienexegese hing maßgeblich von Informationsbedarf und wahrgenommenen Informationsdefiziten ab.[67] Grundlage der kritischen Lektüre war in der Regel der zeitgleiche und zeitversetzte Vergleich von Artikeln mit anderen medialen und nichtmedialen Informationen. Dies Verhalten setzte allerdings weder beim Schreiben noch beim Lesen Opposition voraus, sondern Nachrichtenhunger. Wo Nachrichten fehlten, wurden Ersatzquellen erschlossen.[68] Die Informationssuche gedieh in der Grauzone des »Meckerns und Miesmachens«, speiste die alltägliche Unzufriedenheit. Für die Anfangszeit des Regimes wurde mehrfach von Bauern berichtet, die alte Wahlversprechen der NSDAP oder Warnungen der Gegner aufgehoben hätten und sie jetzt mit Alltag und Medienberichterstattung verglichen.[69] Letztlich bleiben diese Phänomene immer unterschiedlich interpretierbar. Nicht hinter jeder kritischen Äußerung darf »Resistenz«, »Opposition« oder gar »Widerstand« vermutet werden: »Meckerer und Miesmacher sind noch lange keine

---

[64] Behnken, K. (Hrsg.): Deutschland-Berichte, Bd. 1, S. 321 (Mai/Juni 1934); Bd. 5, S. 19 (Januar 1938). Lagebericht Polizeipräsident Berlin vom Juli 1935, in: GStA I. HA, Rep 90 P, Nr. 2,1, Bl. 185.

[65] Boberach, H. (Hrsg.): Meldungen, S. 1878 (19.12.1940). Doch andere Berichte, in denen von einer zu geringen Auflage des »Reich« die Rede war, gaben als Nachfragebegründung die illustrierte Kriegsberichterstattung an. Boberach, H. (Hrsg.): Meldungen, S. 2395 (12.6.1941); S. 2703 (1.9.1941); S. 2740 (8.9.1941).

[66] Behnken, K. (Hrsg.): Deutschland-Berichte, Bd. 2, S. 1275 (November 1935).

[67] Der SD berichtete wiederholt *expressis verbis* von »Zwischen-den-Zeilen-Lesen« als Mittel der Informationsbeschaffung. Boberach, H. (Hrsg.): Meldungen, S. 3044 (1.12.1941); S. 4428 5.11.1942.

[68] Behnken, K. (Hg.): Deutschland-Berichte, Bd. 3, S. 1388 (November 1936); Bd. 4, S. 18f. (Januar 1937); Bd. 5, S. 257 März 1938. »Die Meldungen des Deutschen Nachrichtenbüros (DNB) wurden stark kritisch gelesen. Die Berichte über die österreichischen Vorgänge [Ermordung von Bundeskanzler Engelbert Dollfuß durch österreichische Nationalsozialisten am 25.7.1934] sollen geradezu auf Widersprüche hin untersucht und zergliedert worden sein, wobei in der Mundpropaganda zwischen den ersten und den folgenden Nachrichten Gegensätze und Widersprüche herauszuschälen versucht worden sind.« Stapo Düsseldorf, Lagebericht vom 5.8.1934, in: GStA I. HA, Rep 90 P, Nr. 9,4, Bl. 43.

[69] Behnken, K. (Hrsg.): Deutschland-Berichte, Bd. 1, S. 112 (Mai/Juni 1934); Bd. 2, S. 468 (April 1935).

Oppositionellen.«⁷⁰ Gleiches gilt auch für die journalistische Tagesproduktion, nicht alles, was als Kritik am Regime verstanden worden sein könnte, muss auch so gemeint gewesen sein; dazu drei Beispiele:

Aus Anlass des Breslauer Sängerfestes hatten die »Breslauer Neuesten Nachrichten« eine Profilaufnahme von Goebbels gezeigt, in der er »so jüdisch« aussah, »daß von amtlichen Stellen die Entfernung des Bildes bei der zweiten Ausgabe veranlaßt wurde.«⁷¹ Aus welchen Motiven heraus Goebbels so abgebildet wurde, wird sich nie klären lassen. Archivunterlagen zu vermuten wäre naiv, etwaigen Zeugenaussagen zu glauben kaum weniger. Ein zweiter Fall: »Der Führer, ein ebenso genialer Feldherr wie ein Staatsmann von sekundärer Größe« titelte die »Badische Presse« am 21. Mai 1940.⁷² War es Dummheit oder ein Akt der publizistischen Opposition, der den Schlagzeilen-Redakteur getrieben hatte? Beide Fragen müssen unbeantwortet bleiben: Selbst wenn sich ein Teil der Leserschaft wegen der Überschrift beschwert hatte, selbst wenn der Aufmacher im zweiten Andruck zu »säkularer Größe« verbessert wurde. Ein drittes Beispiel: Die »Dresdner Neuesten Nachrichten« verwiesen in einem Leitartikel im Februar 1943 darauf hin, auch im Winter 1917 sei die Front verkürzt worden und 1918 dann eine »kraftvolle« deutsche Offensive erfolgt.⁷³ Hatte der Leitartikler in partieller Amnesie die Niederlage des Herbst 1918 verdrängt oder wollte er bewusst parallelisieren? Ähnliche Beispiele lassen sich etliche anführen; sie alle stellen abschließend die Frage, ob und wie die NS-Presse zur Akzeptanz des Regimes beigetragen hat:

Zunächst einmal muss man daran erinnern, dass das Regime zu Beginn zwar nicht von der überwältigenden Mehrheit der Deutschen, immerhin aber von einem beträchtlichen Anteil gestützt wurde: Während noch bei den letzten halbwegs freien Reichstagswahlen am 5. März 1933 Hitlers NSDAP 43,9% der gültigen Stimmen erhalten hatte, stieg in der Vorkriegszeit Hitlers Ansehen in nahezu der gesamten Bevölkerung. Die positive Einstellung der Deutschen zu Hitler wurde aber von negativen Meinungen über die NSDAP und die »kleinen Hitlers« kontrastiert. Offenkundig rechneten die Deutschen die sogenannten Erfolge und Leistungen der Vorkriegszeit vor allem Hitler an, Korruption, Missmanagement und Versorgungsprobleme wurden hingegen nicht ihm, sondern der Partei zugeordnet. Hitler konnte durch die mediale Propaganda als derjenige dargestellt werden, der die Arbeitslosigkeit der Weltwirtschaftskrise beseitigt habe; er sei derjenige, der mit der Korruption der »Systemzeit« aufräume. Die Deutschen rechneten Hitler an, Deutschland mit friedlichen Mitteln wieder als bedeutende Großmacht in Europa etabliert zu haben. 1936 marschierten deutsche Truppen ins Rheinland ein, 1938 gelang der »Anschluss« von Österreich ohne einen Schuss. Selbst in vormals oppositionellen Kreisen stieg Hitlers Renommee. Sowohl die Berichte der Exil-SPD als auch die von Gestapo und SD verzeichneten in der Vorkriegszeit einen deutlichen Stim-

---

70   Behnken, K. (Hrsg.): Deutschland-Berichte, Bd. 3, S. 408 (April 1936).
71   Behnken, K. (Hrsg.): Deutschland-Berichte, Bd. 4, S. 1081 (August 1937).
72   Boberach, H. (Hrsg.): Meldungen, S. 1209 (3.6.1940).
73   Klemperer, Victor (Verf.)/Nowojski, Walter (Hrsg.): Ich will Zeugnis ablegen bis zum letzten. Tagebücher 1933-1945, 2 Bde., Berlin 1995, Bd. 2, S. 330.

mungsanstieg. Dellen im Wirtschaftswachstum, noch mehr aber Versorgungsengpässe in den Wintern 1935/36 und 1936/37 verschlechterten die Stimmung nur zwischenzeitlich. Insbesondere die Versorgungslage konnte aber jeder Deutsche am eigenen Leibe erfahren. Die Medien im Allgemeinen und die Zeitungen im Besonderen konnten auch keine Kriegsbegeisterung erzeugen.[74]

Hitler verbrauchte im Zweiten Weltkrieg alles Renommee, das er in der Vorkriegszeit angesammelt hatte. Der Höhepunkt seiner Popularität war nach dem Sieg im Sommer 1940 über Frankreich erreicht. Im weiteren Kriegsverlauf drängten die Frontereignisse dann andere Faktoren zwar in den Hintergrund; doch in vergleichsweise ereignislosen Zeiten – erstmalig in den Wintern 1939/40 und 1940/41 – gewannen andere Themen wie die Versorgungsengpässe erneut an Bedeutung. Dagegen konnten die Zeitungen nicht anschreiben: In den Winterquartalen, wenn sich die Versorgungslage verschlechterte und die Wehrmacht seit dem Überfall auf die Sowjetunion in der Defensive war, sank die Stimmung; wenn die Wehrmacht im Frühjahr oder Sommer in die Offensive ging und sich zugleich die Versorgungslage besserte, stieg sie wieder. Jedes Jahr aber war sie niedriger als zwölf Monate zuvor. Auch hier bestätigt sich: Die Presse- und Medienpropaganda war nur dann wirksam, wenn sie von der »Propaganda der Tat« und dem Ereignisverlauf unterstützt wurde. Als sich die Folgen der verbrecherischen Politik gegen die Deutschen wandten, kehrten sie Hitler und der Partei den Rücken.[75]

Gleichwohl stellt sich die Frage, warum die Deutschen nach Stalingrad und den ersten schweren Bombenangriffen noch zweieinhalb Jahre weiter kämpften? Die Antwort ist in einem Bündel von Ursachen zu suchen. Zum einen kämpfte eine genügend große Anzahl äußerst fanatisierter Nationalsozialisten bis zum bitteren Ende. Die Mehrheit war zumindest nationalistisch genug, um nicht bei den ersten Niederlagen den Gehorsam aufzukündigen. Außerdem erwarteten viele Deutsche einen karthagischen Frieden. Zudem waren Gerüchte über die Verbrechen des dreckigen Krieges im Umlauf: »Genießt den Krieg, der Frieden wird bitter«, war im letzten Kriegsjahr oft zu hören. Einen gewichtigen Anteil an der Loyalität bis zum bitteren Ende hatte sicherlich auch die Propaganda. Vielleicht weniger die über Film, Funk und Presse verbreitete; doch Goebbels setzte daneben besonders im letzten Kriegsjahr auf Gerüchte. Eine Zeitlang weckten selbst Gerüchte über Wunderwaffen noch einmal Siegeszuversicht. Vor allem aber wirkte die antisowjetische Propaganda. Es gelang dem medialen Orchester, die Deutschen zu überzeugen, man müsse Deutschland und die europäische Zivilisation gegen die asiatischen Barbaren verteidigen. So schwiegen die Waffen nicht einmal unmittelbar nach Hitlers Tod.

---

[74] Kershaw, Ian: Der Hitler-Mythos. Führerkult und Volksmeinung, München 2001, S. 152-172; Stöber, R.: erfolgverführte Nation, S. 288-292.

[75] Stöber, R.: erfolgverführte Nation, S. 308-314, 342-344. Vgl. Smith Serrano, Andrew: German propaganda in military decline 1943-1945, Edinburgh/ Cambridge/ Durham 1999.

Die Frankfurter Zeitung im Dritten Reich

von

Günther Gillessen

Meine Darstellung beginne ich mit einer uralten Fabel:

Der Wolf und das Lamm

»Der Wolf und das Lamm tranken aus dem selben Bach, der Wolf oben, das Lamm weiter unten. Der Wolf fuhr aber das Lamm an, warum es ihm das Wasser trübe. Das Lamm gab zur Antwort: Wie kann ich dir denn das Wasser trüben, da du doch oben trinkst. Allenfalls könntest du mir das Wasser trüben. Was, du fluchst mir auch noch? sagte der Wolf, worauf das Lamm ihm versicherte, daß es ihm durchaus nicht fluche. So, gab der Wolf zurück, du hast es im vorigen Jahre ja auch getan. Aber da war ich doch noch gar nicht geboren, sagte das Lamm wahrheitsgemäß. Dann war's dein Bruder. – Ich habe gar keinen Bruder. – Dann war's irgendein anderer von deiner Verwandtschaft, ihr alle und eure Hunde und eure Schäfer plagt mich ja zu jeder Zeit, und ich muß euch bestrafen. Sprach's, zerriß das Lamm und fraß es auf.«

Das ist die Erzählung – ich zitiere einen Nach-Erzähler, dessen Namen ich Ihnen noch einen Augenblick vorenthalte, – »die hier nicht in der frühesten, aber in der schlüssigsten Version wiedergegeben wird ohne Rücksicht auf die Abweichungen, die sie in mehr als zwanzig Jahrhunderten erfahren hat. Was ist nun die Lehre daraus? Der alte Äsop sagt, nach der Überlieferung, die freilich erst im vierzehnten Jahrhundert festgelegt worden ist:
›Die Fabel lehrt, daß die böse Natur, die sündigen will, wenn sie es unter keinem zulässigen Vorwande kann, unverhohlen Sünde begeht‹.
In der Fassung, wie die Fabel hier erzählt worden ist, bleibt der Wolf bis kurz vor dem bitteren Ende durchaus verhohlen, er wechselt nur die Argumente; in der äsopischen Fassung gründet sich die »Lektion« auf die winzige Abweichung am Ende, wo der Wolf die Larve des guten Rechtes nur ein wenig lüftet. Viel wichtiger erscheint da noch der Umstand, dass er zuvor überhaupt solches Recht geltend macht, um seine böse Absicht zu legitimieren.....
Martin Luther fand bei der Betrachtung dieser Fabel noch mehr und anderes heraus:... Was lernt man aus dem Schicksal des Lamms?
›Lere. Der Welt lauff ist, wer Frum sein will, der mus leiden, solt man eine sache vom alten Zaun brechen. Denn Gewalt gehet für Recht. Wenn der Wolff wil, so ist das Lamb unrecht.‹
Wer fromm sein will, der muss leiden.... Eine schreckliche Lektion. Hilft uns die Fabel das zu ertragen? Nein, aber sie hilft uns zu erkennen. Sie gibt uns das sogar gründlich zu erkennen: »Wenn der Wolf will, so hat das Lamm

1 | Dolf Sternberger, Verfasser des provokanten FZ-Artikels vom 25. Dezember 1941 (Aufnahme aus dem Januar 1956)
Ullstein, Bild-Nr. 142334

unrecht. Das Lamm wird nicht nur zerrissen, es hat auch noch unrecht obendrein!«

Nun werden Sie sich fragen, warum ich Ihnen dies vorgelesen habe. Es steht wörtlich so, von mir etwas gekürzt, bei Dolf Sternberger in einem Bändchen von 1950 mit dem Titel »Figuren der Fabel«.

Doch was hat das mit unserem Thema, der Frankfurter Zeitung im NS-Staat zu tun?

Sie hat alles damit zu tun.

Denn Sternbergers Essay erschien zum ersten Mal nicht in dem Büchlein von 1950, sondern in der »Frankfurter Zeitung« am 25. Dezember 1941, in der Weihnachtsausgabe.

Wäre Sternbergers Aufsatz nur in seinem Büchlein von 1950 erschienen, stellte sich die Frage nach einem verborgenen politischen Sinn wohl kaum. Wir würden die Geschichte vom Wolf und dem Lamm als ein Stück klassischer Literatur und seiner Interpretations-Geschichte lesen.

Die seinerzeitige politische Bedeutung von Sternbergers Essay ergibt sich erst aus den Umständen: dem ursprünglichen Ort der Veröffentlichung, einer Zeitung, die im »Dritten Reich« dafür bekannt war, nach wie vor nicht von NS-Redakteuren gemacht zu werden. Und aus dem Zeitpunkt: der Aufsatz erschien an einem Tag, an dem Zeitungen ihren Lesern meist etwas Besonderes anbieten, etwas, was sie mehr als sonst beachten sollten. Auffälligerweise war es keine weihnachtliche Geschichte, sondern eine überaus schlimme, heillose, eine unheilige Geschichte, am Wendepunkt des Krieges, als die deutsche Rußland-Offensive vor Moskau gescheitert und Amerika so eben in den Krieg eingetreten war. Es war auch der Zeitpunkt, in dem sich die NS-Herrschaft ein weiteres Mal spürbar radikalisierte. Die Drangsalierung der Juden war längst im Gang und in aller Öffentlichkeit zu beobachten. Doch jetzt begann auch ihre Verschleppung irgendwohin, »in den Osten«. Dass Hitler die planmäßige physische Vernichtung des europäischen Judentums wenige Tage vor Sternbergers Fabelgeschichte beschlossen hatte und wenige Wochen später, im Januar 1942, auf der Wannsee-Konferenz organisieren ließ – blieb freilich bis zum Kriegsende das gefährliche Geheimnis der unmittelbar dabei Tätigen.

Das waren also die Umstände von Zeit und Ort, in denen Sternberger seinen Artikel schrieb und die FZ ihn veröffentlichte. Diese Umstände von Zeit und Ort der Publikation des Artikels waren es dann auch, die beim Leser die entsprechenden Assoziationen schufen. Das Lamm, das waren alle der Gewalt des Wolfes Ausgesetzten, ganz besonders die Juden.

Dass der Verfasser die Leser geradezu dazu einlud, Vergleiche zu ziehen, kann nicht bezweifelt werden. Schon den Begriff der »Fabel« einzuführen, stieß den Leser mit der redensartigen Nase darauf, in den Tieren das Reden und Handeln von Menschen zu erkennen.

Das wusste nicht nur die angestammte bürgerlich-liberale Leserschaft der Zeitung, sondern auch der politische Gegner im Reichspropaganda-Ministerium, in den Gauleitungen der NSDAP, in der Gestapo. Auch sie waren nicht dumm und begriffen: »wir sind gemeint.«

Dass es sich tatsächlich so verhielt, zeigt schon die Reaktion des ersten Lesers von Sternbergers Manuskript. Sternberger hatte es erst im letzten Augenblick vor dem Weihnachtsfest zu Ende gebracht, kurz vor Umbruchschluss. Sein »Gegenleser«, Erich Welter (nach dem Krieg der Gründer der FAZ), konnte es nur noch im feuchten Bürstenabzug lesen. Kreideweiß vor Erregung kam Welter in Sternbergers Zimmer: »Da haben Sie uns aber ein Kuckucksei ins Nest gelegt.« Doch es war zu spät für Änderungen. Man konnte den Aufsatz nur ganz oder gar nicht veröffentlichen. Der Platz war dafür freigehalten worden, kein anderer Artikel stand für den Festtag in Reserve. Von den Umständen bezwungen, gab Welter nach.

Auch die Leser verstanden sofort. Sternberger erhielt gratulierende Briefe. Ein Imker in Bayern, so erinnerte er sich, schickte ihm vor Begeisterung eine Kostbarkeit in jener Zeit, einen Fünfpfund-Eimer Honig.

Die Aufpasser in der Frankfurter Gauleitung hatten anscheinend nichts bemerkt. Aber Fritz Sänger, der spätere sozialdemokratische Bundestagsabgeordnete, damals Korrespondent im Berliner Büro der FZ, musste ein paar Tage später bei Goebbels erscheinen und bekam von ihm zu hören: »Die Herren in der Eschenheimer Gasse wittern wohl Morgenluft?« Goebbels hatte für die »Frankfurter Zeitung« eine Art fachmännischer Bewunderung, etwa so, wie sie ein Artist für einen anderen haben kann. Doch kann man auch kaum den drohenden Ton der Bemerkung überhören: Goebbels gab zu verstehen, dass der Krieg sich gewendet hatte.

Zunächst geschah nichts. Der Tyrann konnte schlecht sagen: Der Wolf in der Fabel, das bin ich. Aber der Hieb war nicht vergessen. Das Propagandaministerium begann eine Akte Sternberger anzulegen und Material zu sammeln. Monate später drohte der Schlag zu fallen. Dr. Heinrich Scharp, der Leiter des Berliner Büros, bekam aus Frankfurt den Auftrag zu retten, was zu retten war. Ein Berufsverfahren gegen Sternberger hieß Streichung von der Schriftleiterliste, hieß Existenzvernichtung. Dahinter stand die Drohung des Konzentrationslagers. Auch hing das Schicksal von Sternbergers jüdischer Frau daran. Ernst Trip war zu jener Zeit vertretungsweise aus der Frankfurter Redaktion dem Berliner Büro zugeteilt worden. Er erzählte mir, Scharp habe sich mit ihm beraten. Würde man mit Hans Fritzsche, dem Leiter der Presseabteilung des Propaganda-Ministeriums, über Sternberger sprechen können, oder würde das alles noch schlimmer machen? Scharp überlegte es sich lange und entschloss sich endlich, Fritzsche aufzusuchen. »Fritzsche war«, so berichtete Trip, »nicht bösartig, aber ehrgeizig und auch feige.« Scharp habe zu ihm etwa dies gesagt: Er, Fritzsche, wisse ja, was es bedeute, wenn dieses Berufsverfahren vor der Reichspressekammer gegen Sternberger in Gang komme. Wolle er, dass die Fabelgeschichte Sternberger das Leben koste? »Da nahm Fritzsche die Akte – und zerriß sie.« Das System hatte Platz für Willkür. Es hatte Lücken und Risse, in denen es menschlich zugehen konnte. Fritzsche wurde übrigens in einem der Nürnberger Kriegsverbrecherprozesse freigesprochen.

Sternberger war, so mag es bei oberflächlicher Betrachtung erscheinen, mit seiner Fabel gerade noch einmal davon gekommen. Aber es so zu sehen, wäre nur die halbe Geschichte. Das Regime dauerte ja fort, und niemand konnte wissen wie lange. Sternbergers Rettung war keineswegs gewiss, sie blieb zweideutig. Das Regime verbreitete auch da noch Schrecken, wo es, scheinbar zufällig, Milde walten ließ. Willkürliche Milde enthält auch die Drohung mit ihrem Gegenteil.

Sternberger beherrschte die verwegene Kunst des anzüglichen Schreibens wie kein anderer in der Redaktion. Ein anderes Bespiel: Hitlers 50. Geburtstag am 20. April 1939. Der Tag war im ganzen Reich mit großem Pomp begangen worden. Zwei Tage lang mussten von allen Häusern Hakenkreuzfahnen wehen. In allen Schaufenstern stand Hitlers Porträt. Das Propagandaministerium hatte die Zeitungen angewiesen, Hitlers Geburtstag »mit besonders schönen und inhaltsreichen Sonderausgaben « zu feiern. Die FZ unterließ die Sonderausgabe, beschränkte sich in der Berichterstattung auf Faktisches, freilich in ermüdender Breite. Sternberger hatte sich angeboten, den Leitartikel zum Tage zu verfassen. Die Überschrift lautete: »Die Zeitgenossen«, und er stellte mit Raffinesse dar, auch an Hand von Jakob Burckhardts berühmter Betrachtung über die Rolle großer Männer in der Geschichte, dass historische Größe teilweise von den Zeitgenossen, zum andern Teil aber von der Wahrnehmung der Nachwelt hergestellt werde. Seine Beispiele waren Alexander, Caesar, Karl der Große, Barbarossa, Napoleon. Friedrich der Große blieb unerwähnt, und ausgerechnet der Name des Mannes, dem die Feier des Tages galt. In dem ganzen langen Leitartikel kam Hitler überhaupt nicht vor. Sternberger schrieb an Hitler einfach vorbei. War dieser nun ein Großer in der Geschichte, oder war er es gerade nicht?

Ich habe zwei Beiträge Sternbergers ausgewählt, weil sich an ihnen in exemplarischer Weise darstellen lässt, wie man *zweideutig* schreiben konnte, aber auch mußte, um *eindeutige* Botschaften übermitteln zu können. Wenn zur Rede gestellt, musste man die eigentliche Absicht auch verleugnen können.

Voraussetzung des doppelsinnigen Schreibens bleibt freilich, dass der dritte Partner im Spiel, der Leser, mitmacht. Er macht mit, wenn er erst einmal Verdacht geschöpft hat, dass Texte einer bestimmten Zeitung nicht oberflächlich gelesen, sondern mit der Lupe nach verborgenem Inhalt abgesucht werden sollten. In allen Diktaturen ist beobachtet worden, dass Leser schnell lernen, minutiöse Abweichungen von der offiziellen Linie zu bemerken.

Das Schreiben in Gleichnissen, Analogien, Parabeln, symbolischen Bildern ist freilich nichts Neues, sondern ein klassisches rhetorisches Mittel. Jesus hat so der herrschenden Meinung der Pharisäer und Schriftgelehrten widersprochen, Tacitus in seiner »Germania« seinen Römern einen Spiegel vorgehalten, Jonathan Swift (1667-1745) hat »Gullivers Reisen« nicht als phantasievolles Kinderbuch, sondern als bissige Zeitkritik verfasst. Montesquieu mokierte sich in fiktiven Briefen zweier Perser über die Merkwürdigkeiten den Absolutismus in Frankreich. Allesamt sind dies Varianten der Kunst, durch anzügliches, leicht zu durchschauendes Schreiben die Kritik an den herrschenden Zuständen zu üben und den Kritiker unangreifbar oder wenigstens schwer angreifbar zu machen. In jeder Diktatur wird dieses Verfahren von Schriftstellern neu entdeckt. Gefahrlos ist sein Gebrauch nicht. Der Wolf kann jederzeit zubeißen, wenn es ihm zuviel wird. So erging es dann auch der FZ. Sie wurde im Jahre 1943 auf Hitlers persönliches Geheiß verboten, wie man bei Goebbels nachlesen kann. Auch da war es so, dass eine Parodie den Anlass geschaffen hatte.

Alle Zeitungen waren Goebbels' Kontrolle unterworfen. Auch die FZ war nach 1933 eine Gefangene des Regimes. Aber es macht dennoch einen entscheidenden Unterschied aus, ob ein Gefangener sich selbst aufgibt oder ob er versucht, den ihm verbliebenen Bewegungsraum zu erkunden und zu nutzen. Auch oppositionell eingestellte Leser waren Gefangene des Regimes, die in dieser Zeitung eine prominente Mitgefangene erkannten und ihre Spalten nach Kassibern absuchten.

Ein weiterer Gesichtspunkt verdient Beachtung, wenn man heute solche Texte liest: Die Frankfurter Zeitung wurde für ihre damaligen Leser gemacht, nicht für das Regime, aber auch nicht für uns, uns spätere Leser. Darum sind alle Textanalysen wertlos, die ohne den historischen Blick angestellt werden. Johann Sebastian Bach hat auch nicht »Alte Musik« geschrieben; im Gegenteil, er schrieb für seine Zeit »neue Musik«, wie ein heutiger Komponist, H.G.Rihm, bemerkt hat.

Man muss sich also bei der späteren Lektüre einer solchen Zeitung immer wieder bewusst machen, dass sich das subversive Schreiben nicht zwischen zwei Partnern abspielte, etwa zwischen der Redaktion und dem Regime, sondern in einer der Zeitung von der Diktatur aufgezwungen Dreieckskonstellation mit den Lesern und mit der gewaltbereiten Wachsamkeit der Regierung. Im Folgenden wird darauf mehrmals zurückzukommen sein.

Sucht man in dieser Weise nach Zeichen von Kritik oder des kritischen Abstandes der Frankfurter Zeitung zum Regime, wird man fast in jeder Nummer mehrmals fündig. Die Formen freilich, in denen das geschah, mussten sich ändern, entsprechend dem fortschreitenden Ausbau der Diktatur. Im Anfang, in den ersten Monaten nach der »Machtergreifung« springt einem die Kritik der Zeitung am Regime gleichsam in die Augen. Zum Beispiel in der Spalte »Kurze Meldungen«, einer Rubrik für verschiedenes Kleinere aus dem ganzen Lande, in welche die Redaktion auch Meldungen aus der Provinz einmischte, sofern sie das Ansehen der NSDAP herabsetzen oder der Lächerlichkeit preisgeben konnten. So zum Beispiel das neue Gesetz zum Schutz der nationalen Symbole, mit dem fortan verboten wurden »Bonbons mit dem Hakenkreuz, Waffelfiguren SA-Männer darstellend, Sofakissenbezug in den Farben Schwarz-Weiß-Rot und der Aufschrift ›Heil‹, Haarzopfhalter mit Hakenkreuz-Druckknopf«. Der Spott der Zeitung war kaum zu überhören. Oder: dass eine Kölner

2 | Bericht über das Ende der Meinungs- und Pressefreiheit in Deutschland
Frankfurter Zeitung, 7. Februar 1933

Firma einem Werkmeister gekündigt habe, weil er nur eine Mark pro Monat für das »Winterhilfswerk« der Partei (WHW) gezeichnet hatte. (Das WHW war die harmloseste aller NS-Organisationen, und darum für Regimegegner das naheliegendste Alibi für ihre Distanz.) Oder eine Meldung, dass die »Deutsche Arbeitsfront« (der NS-Arbeitnehmerorganisation an stelle der aufgelösten Gewerkschaften) mitgeteilt habe, dass es besonders im Ruhrgebiet Leute gebe, die mit erhobenem Arm und »Glück auf«, diesem »schönen alten Bergmannsgruß«, ungestraft den »Gruß des deutschen Volkes« (den Hitler-Gruß) verunglimpften. Oder die Meldung, dass die Stadtverwaltung Würzburg ihre Bediensteten belehrt habe, daß in Briefen »mit deutschem Gruß« nur Menschen grüßten, die »Adolf Hitler und seine Bewegung nur unter allerlei ›Wenn und Aber« anerkennen«. Man kann hier sehen, wie die FZ selbst dazu beitrug, aus NS-Quellen Kenntnisse zu verbreiten, wie sich vielerorts Gegner des Regimes mit Wortwitz und komisch-ernstem Gebrauch des NS-Gehabes untereinander zu erkennen gaben, ohne sich zu exponieren. Die Gestapo vermerkte in ihrem Dossier über die FZ, dass ein in Offenbach verbreitetes illegales Flugblatt aus Kreisen der unterdrückten Gewerkschaften im Dezember 1934 über neunzehn Fälle von Unterschlagungen beim WHW berichtete, von denen allein elf der Frankfurter Zeitung entnommen waren. Die Redaktion sammelte in ihren »Kurzen Meldungen« derartige Nachrichten aus Lokalzeitungen.

Dort erregten sie lediglich örtliche Aufmerksamkeit; doch dann in der FZ von überall her gesammelt, machte daraus scharf gewürztes Lesefutter in nationaler Verbreitung. Die Gestapo sah darin, nicht zu Unrecht, boshaft versteckte Angriffe der FZ im Gewande scheinbar gewöhnlicher Berichterstattung.

Wenn das Nadelstiche waren – keineswegs um Kleinigkeiten handelte es sich, was die FZ über den Kirchenkampf, zuerst den gegen die evangelische Kirche, später dann auch den gegen die katholische berichtete, über die Verfemung jüdischer Künstler wie Bruno Walter, Otto Klemperer, Max Reinhardt, über die Diffamierung von Historikern wie Hermann Oncken oder über den Rücktritt Friedrich Meineckes als Herausgeber der »Historischen Zeitschrift«.

Über die Vorgänge am und unmittelbar nach dem 30. Juni 1934, den sogenannten »Röhmputsch«, berichtete die Zeitung nur im Wortlaut der offiziellen Mitteilungen. Allein diese Ungewöhnlichkeit zeigte an, dass der ganze Gegenstand ebenso dubios wie hochexplosiv war. Die Folge der offiziellen Verlautbarungen dokumentierte die FZ so exakt, dass der aufmerksame Leser dieser Zusammenstellung auch merkwürdige Ungereimtheiten und Widersprüche, die amtlichen Lügen eben, entnehmen konnte.

Die Gestapostellen in Frankfurt und Wiesbaden haben zwischen 1933 und 1936 ein dickes Dossier über die FZ angefertigt, das im Bundesarchiv aufbewahrt ist. Dort ist auch nachzulesen, dass die örtlichen Gestapostellen und die Frankfurter Gauleitung die Berliner Stellen immer wieder bedrängten, gegen die Zeitung vorzugehen. 1936 eröffnete das »Schwarze Korps«, die Wochenzeitung der SS, eine Kampagne gegen die FZ mit dem Vorwurf, die Redaktion werfe den Feinden des Nationalsozialismus« (gemeint waren Publikationen der jüdischen, sozialdemokratischen und kommunistischen Emigration) die »Bälle zu«. Das »Schwarze Korps« forderte die Parteizeitungen auf, sich seinem Verlangen anzuschließen, dass endlich über das Verhalten der FZ gesprochen werde. In einigen Emigrantenzeitungen wurde dieser seltsame Pressestreit im Lande der gelenkten Presse ironisch kommentiert. Goebbels konnte nicht gefallen, dass hier Risse im System zu sehen waren und er selbst nicht volle Kontrolle über auch über die Zeitungen der Partei erlangt hatte. Es war aber auch nicht hilfreich für die FZ, in ausländischen Zeitungen ihre Methoden beschrieben zu sehen, die sie nun mit gespielter Entrüstung zu bestreiten hatte, um damit fortfahren zu können.

Später ging es stiller zu. Einer der Redakteure nutzte zum Beispiel die statistischen Mitteilungen des Reichsfinanzministeriums über das steigende Aufkommen der »Reichsfluchtsteuer« dazu, den Anstieg der jüdischen Emigration sichtbar zu machen.

Bei der Ermordung des deutschen Legationssekretärs Ernst vom Rath in der Pariser Botschaft, die Goebbels zum Anlass für die Auslösung der »Reichskristallnacht« nahm, verschaffte das vorzügliche Korrespondentennetz der Zeitung die Möglichkeit, rasch mit eigenen Nachrichten den Hintergrund des Pariser Attentats und das Motiv des Herszel Grynszpan aufzuhellen und damit verfälschenden Verlautbarungen des Propagandaministeriums zuvorzukommen.

Am Vergleich mit anderen deutschen Zeitungen zu den selben Ereignissen und dem Wortlaut der täglichen »Weisungen« aus dem Propagandaministerium kann man sehen, dass die FZ die Anweisungen durchweg nur in abgeschwächter Form erfüllte. Oder aber sie erfüllte sie, zum Beispiel als komplettes Zitat des amtlichen Nachrichtenbüros DNB in Gänsefüßchen so überdeutlich, dass geübte Leser keinerlei Mühe hatten, die Redaktion unter Zwang handeln zu sehen. Manche Weisung verweigerte sie ganz und gar oder umging sie, zum Beispiel Weisungen zur Verunglimpfung der Juden.

Zu der naheliegenden Frage, ob Texte der FZ über- und damit fehlinterpretiert werden, und ob man nachträglich mehr regime-kritisches Material in der FZ zu oder mehr Widerspenstigkeit oder gar Widerstand entdecken meint, als sie enthielt, ein paar Hinweise:

Im Kriege suchte Adolf Reichwein, einer der nach dem 20. Juli 1944 hingerichteten Verschwörer, Benno Reifenberg, den »Senior« der Redaktion auf, um sich von ihm eine Liste der Redakteure der FZ zu für den Tag X, den Sturz Hitlers, zu erbitten. Reifenberg war vorsichtig genug, ihm nichts Schriftliches zu geben. Robert Haerdter, einer der innenpolitischen Redakteure der FZ, wurde aus dem Kreis um Julius Leber gefragt, ob er nach einem Schlag gegen Hitler als Chefredakteur für eine Zeitung in der Hauptstadt zur Verfügung stehe. Haerdter sagte dies zu. Beide Anfragen sind Indizien dafür, dass der Kreis der Verschwörer Unterstützung von der Frankfurter Zeitung erwartete.

Im Feuilleton blieb die FZ ganz bei sich, frei von jeglichen NS-Inhalten. Im Feuilleton hielt die Redaktion einfach fest an den Werten eines liberalen und christlichen Humanismus, so unbeirrt, dass die Abwesenheit jeglicher NS-Ideologie als eine andere Weise der Auseinandersetzung mit der Erziehungs- und der Kulturpolitik des »Dritten Reiches« zu begreifen ist, und dies in der ganzen Breite der Philosophie, Pädagogik, Literatur, Kunst, Geschichtsschreibung, Religion, Theaters und Films. In dieses Feld gehören auch die Buchbesprechungen. Kennzeichnend zum Beispiel Ernst Jüngers »Marmorklippen«, Joseph Piepers Tugendlehre unter dem Titel »Das Viergespann«, Friedrich Reck-Malleczewens Geschichte der Herrschaft der Wiedertäufer in Münster – eine durchsichtige Parallele zur Herrschaft der Nationalsozialisten. Ins gleiche Fach gehört auch die Besprechung einer Darstellung Englands unter der Diktatur Oliver Cromwells. A propos Film: den berüchtigten »Jud Süß«-Film von Veit Harlan rezensierte Carl Linfert in der FZ so, dass der Leser sogar Mitleid mit dem in die Ecke getriebenen Süß-Oppenheimer empfinden konnte, ohne dass es möglich wäre, den bösen Gesamteindruck des Films, den Linfert herstellte, in einem einzelnen Satz mit Bestimmtheit nachzuweisen.

Das Feuilleton dieser zehn letzten Jahre der FZ stellte eine einzige, beharrliche Auseinandersetzung mit dem hass- und kampferfüllten neuen Barbarentum dar, und dies geschah ganz gelassen, ohne Zorn und Eifer, scheinbar ohne einen Gegner, so dass, wie in Sternbergers Fabelgeschichte, der getroffene Hund schon selbst bellen musste, um zu zeigen, dass er getroffen worden war.

Viele solcher Proben habe ich in einem Buch dargestellt[1]. Aber auch die dort vorgeführten Beispiele stellen nur eine kleine Auswahl aus Hunderten und

---

[1] Günther Gillesen, »Auf verlorenem Posten, Die Frankfurter Zeitung im Dritten Reich« Berlin, 1986, S. 353f.

Aberhunderten Fundstücken dar, die sich in den einzelnen Ausgaben der FZ finden lassen. Und manche Textstellen, sind heute überhaupt nicht mehr zu entschlüsseln.

Als eines der unangreifbarsten, zugleich aber auch entlarvendsten journalistischen Mittel erwies sich die Sprache. Im Dritten Reich war gutes Deutsch der Dialekt der Unterdrückten. Wer sich der Sprache des Regimes enthielt, signalisierte einem Gesinnungsgenossen, nicht zu »denen« zu gehören. Als Zeitung des gebildeten Bürgertums schrieb die FZ von je her ein reines, gutes, an klassischer Literatur erzogenes Deutsch. In der Verweigerung des NS-Jargons lag wie von selbst ein politisches Signal, und es wurde jetzt auch bewusst so eingesetzt.

Darüber hinaus verordnete sich die Redaktion einen Index verbotener Wörter. Ideologische Begriffe wie »Weltanschauung« oder »Rasse« brauchte man in diesen Katalog nicht aufzunehmen – sie verboten sich von selbst. Einige unter Nationalsozialisten oft gebrauchter Wörter kamen auf den Index wegen ihrer Maßlosigkeit, zum Beispiel fanatisch, ewig, einmalig, historisches Ereignis und dergleichen. Andere wegen ihres hohlen Pathos und ihrer heroischen Attitüde, etwa Gefolgschaft, Garant, Solidarität, stolze Trauer (etwa in Todesanzeigen gefallener Soldaten). Wieder andere wegen ihrer unbestimmten, dumpfen Gefühligkeit, zum Beispiel Kraftströme, volksbewusst, und wieder andere, weil sie, wie das fürchterliche »Menschenmaterial« oder »Krankengut«, Menschen zu beweglichen Sachen degradierten, die man einsetzen, ausschalten, ankurbeln, aufnorden, auslasten, ausrichten, betreuen, organisieren, umlegen oder auf andere Weise mißhandeln kann. Drei Autoren der »Frankfurter Zeitung« haben dieses Vokabular die »Sprache des Unmenschen« genannt und darüber nach dem Kriege ein Buch verfasst[2]

Die Grammatik half mit. Die Regeln der indirekten Rede verlangen den Konjunktiv. Alle Verlautbarungen der Regierung oder von Parteistellen ließen sich in der Form der indirekten Rede rapportieren, womit eben nichts über ihre tatsächliche Wahrhaftigkeit ausgesagt war. Mit dem beharrlich benutzten Stilmittel der indirekten Rede legte die Zeitung einen unübersehbaren Graben zwischen sich und den Verlautbarungen des Regimes.

»Die behutsame Güte des sprachlichen Ausdrucks wirkte wie ein Fremdkörper«, bemerkte Theodor Heuss. Mit der Distanz ihrer Sprache entzog sich die Zeitung scheinbar hochmütig und elitär dem Korps der kommandierten Presse. Sie war nicht mitzureißen. Sie wollte vor allem niemanden mitreißen. Der ruhige Grundton der Zeitung führte dazu, dass nationalsozialistische Erklärungen oder Reden, die zuweilen im Wortlaut abgedruckt werden mussten und die in einem nationalsozialistischen Blatt anfeuernd und aufhetzend wirkten, in den Spalten der »Frankfurter Zeitung« befremdeten und auf die Urheber zurückfeuerten. Anscheinend hat das Propagandaministerium diesen Umkehreffekt nie erkannt. Es konnte sich kaum einen schlechteren publizistischen Dienst leisten, als auf dem Höhepunkt einzelner Kampagnen auch von der

---

[2] Dolf Sternberger; Gerhard Storz; Wilhelm E. Süskind, Aus dem Wörterbuch des Unmenschen, Hamburg, 1957, ³1968.

»Frankfurter Zeitung« den Abdruck nationalsozialistischer Erklärungen im Wortlaut zu verlangen.

Wie ist das nun alles zu bewerten und zu beurteilen? Wir bewegen uns mit dieser Frage auf umkämpftem Feld. Gibt es so etwas wie »publizistischen Widerstand«?

Martin Broszat hat versucht, verschiedene Stufen der Verweigerung vom Nicht-Mitmachen über Gegnerschaft bis zur aktiven Verschwörung zu unterscheiden. In diese Skala hat er auch den Begriff der Resistenz eingebracht. Ob das wirklich eine weitere Kategorie darstellt, mag man bezweifeln. Resistenz bedeutet auch nichts anderes als standhalten und widerstehen. Ob ein bestimmtes Verhalten als Widerstand zu bewerten ist, entscheidet sich am Motiv, nicht schon am Verhalten für sich. Einerlei ob es sich, passiv, um stillschweigende Vereitelung eines politischen Auftrages, oder, aktiv, um Beiträge zur Schwächung oder Überwindung des Gegners handelt – die Absicht ist das entscheidende Kriterium, und damit lässt sich zwischen Gehorsamsverweigerung aus bloßer Bequemlichkeit, aus Eigen-Sinn oder politischem Willen unterscheiden.

Jedes bewusste, politisch gemeinte Zuwiderhandeln, ist demnach als widerständig zu verstehen. Leistete die FZ in diesem Sinne publizistischen Widerstand? Ich meine ja, sowohl passiv und als auch aktiv – aktiv freilich nur in dem begrenzten Raum des Feuilletons, wo es möglich war, statt der herrschenden NS-Weltanschauung die Wertbegriffe europäischer Liberalität und Humanität im Bewusstsein der Leser zu bewahren und das Wurzelwerk der Kultur, des Rechts, die gesamte graeco-romanische und gemein-europäisch-christliche Herkunft der eigenen Kultur lebendig zu halten. In der FZ war kein Platz für den Kult einer überlegenen Rasse, von Blut und Boden, für Überhöhung der Nation ins Nationalistische oder Vitalistisch-Völkische, auch nicht für Hass auf die Kriegsgegner. Die Zeitung in den Teilen, in denen die Redaktion sich selbst äußern konnte, davon rein gehalten und im übrigen versucht zu haben, die eigenen Leser so zuverlässig wie möglich über die Vorgänge im eigenen Land und der Welt zu unterrichten und ihnen in solchen Zeiten politische Orientierung zu geben, überhaupt: für sie dazu sein, blieb eine kulturelle und politische Leistung.

Sie hatte freilich in der Natur der Sache liegende Grenzen. Eine Zeitung kann nicht in gleicher Weise Zu-wider-Handeln wie eine Verschwörung. Sie kann nicht den Sturz einer verhassten Herrschaft organisieren und mit physischer Gewalt herbeiführen. Verschwörungen können sich im Geheimen organisieren. Zeitungen und Bücher können nur öffentlich existieren. Sie agieren unter den Augen der Machthaber, sind deren Zugriff machtlos unterworfen. Man darf von ihren Autoren nicht verlangen, was sie nicht zustande bringen können.

Dieser einfache Sachverhalt wird verkannt, wenn Gegnerschaft zum Regime nur gelten soll, wo Zugehörigkeit zu aktiven Widerstandsgruppen erwiesen ist. Publizistische Opposition in einer totalitären Diktatur muß, wenn sie nicht sofort verboten werden will, die Eigenschaft eines Vexierbildes annehmen: zu sein, und zugleich auch nicht zu sein. Wenn man nach ihm greifen will, muss es sich entziehen können, wie die Katze in »Alice im Wunderland«, von der nichts zurückbleibt als ein höhnisches Grinsen. Der Vexierbild-Effekt funktioniert, sobald die Betrachter aufmerksam geworden sind und anfangen, im vordergründigen Bild das unauffällige zweite zu suchen.

Noch etwas Weiteres ist für publizistischen Widerstand erforderlich: Die Machthaber selbst müssen ein gewisses Interesse daran finden oder es sich wenigstens einbilden, dass es vorteilhafter für sie sei, das ärgerliche Treiben einer solchen Publizistik – einstweilen – zu dulden als es zu unterbinden. Zum Beispiel, weil Verbote Aufsehen erregen und den tyrannischen Charakter der Herrschaft bloßstellen.

Umgekehrt ergibt sich für die Autoren und Redakteure einer solchen Publikation eine umgekehrte Notwendigkeit zur Abwägung. Sie müssen die Grenzen ihres Spielraumes zu dehnen versuchen, aber dürfen sie nicht ignorieren – bei Strafe der Unterbindung. Wenn ihr Publikationsorgan verboten würde, hätten sie überhaupt keine der ihnen verbliebenen publizistischen Möglichkeiten mehr. Beide Seiten hatten, jede für sich, zwischen einem größeren und kleineren Übel zu wählen.

Das bedeutete jedoch nicht, dass der eine damit zum Mitspieler, zum Komplizen des anderen wurde. Denn auch hier kommt es auf die Absicht an. Komplizenschaft setzt Zustimmung voraus. Hier aber, im Falle der FZ gegenüber dem Regime, handelte es sich um klare Gegnerschaft im Status einer vorläufigen, vom Regime jederzeit beendbaren Duldung.

Es handelte sich also um ein Kompromiß, aber ein unerklärtes, undefiniertes Kompromiß zwischen zwei ungleich starken Gegnern und obendrein auf einer schiefen Ebene der Zeit. Solange sich eine Gewaltherrschaft radikalisiert (das war der Fall im Dritten Reich bis zu dem von den Alliierten herbeigeführten Zusammenbruch), wird es für Journalisten immer enger und gefährlicher. Günstiger und besser wird es für sie erst wieder, wenn die Diktatur überaltert und zerbröselt. (Das war der Fall im sechsten und siebten Jahrzehnt der Sowjetunion). Einsame, heroische Widerrede ins Angesicht des Tyrannen gibt es nur im Theater. In einer wirklichen Diktatur wäre es öffentlicher Selbstmord.

Die Frankfurter Zeitung war bei weitem nicht die einzige, aber die bekannteste unter den Publikationen in der NS-Zeit, die versuchten, dem Regime Widerstände entgegenzusetzen. Keiner ihrer Redakteure hat sich nach dem Ende der NS-Herrschaft gerühmt, »Widerstand« geleistet zu haben. Im Gegenteil, sie blieben sich bewusst, wie heikel und auch mißverständlich ihr Versuch gewesen war, unter den Zumutungen der Presselenkung ihre Zeitung für ihre Leser zu erhalten – bis Hitler 1943 selbst damit Schluss machte. Nach dem Kriege war für sie nicht die Frage, ob sie recht daran getan hatten, sondern ob sie genug getan hatten, ob sie mehr hätten tun können. Im Nachhinein ist das nicht leichter zu beantworten als in jener Zeit, in der, was wir als unsere Vergangenheit ansehen, noch ihre Zukunft war.

Spätere Besserwisser meinen heute, den Widerstand der FZ habe es nicht gegeben, er sei nur die opportunistische Legende ihrer Redakteure gewesen. Scheinbar wird diese Ansicht auch von dem Umstand unterstützt, dass zwei »Reichsleiter«, Joseph Goebbels als Propagandaminister und Max Amann als Herrscher des NS-Verlagsimperiums, die Zeitung für nützlich hielten. Ob die

Zeitung ihnen aber tatsächlich so nützlich war, wie sie meinten, ist in hohem Maße fraglich. Für das Überleben der FZ genügte indessen, dass sie es meinten.

Für Goebbels fielen das hohe Prestige der Zeitung und ihre Bekanntheit im Ausland ins Gewicht. Sie zu verbieten, hätte besonderes Aufsehen erregt. Sie zu zähmen und sich ihr Prestige nutzbar zu machen, zumal im Ausland, erschien ihm vorteilhaft. Max Ammann, und zumal dessen »Stabsleiter« Rolf Rienhardt, hingegen lag mehr im Sinne, die bewunderte journalistische Qualität der Zeitung im Lande zu halten, zumal im Vergleich zur der Ödnis in großen Teilen des gelenkten deutschen Zeitungswesens. So glaubten beide, es sei besser, die FZ zu erhalten als sie zu verbieten. Dabei waren sie sich gewiss, in jedem Fall Herren des Schicksals der FZ zu sein und zu bleiben.

Die deutsche Presse, so hatte Goebbels schon im März 1933 gesagt, solle »ein Klavier sein, auf dem die Regierung spielen könne«. Er wollte die Presse lenken – aber man sollte es nicht bemerken. Ein Jahr später, 1934, beklagte er sich vor Chefredakteuren, dass sie nicht abwechslungsreich genug mit seinen Anweisungen umgingen. Die deutsche Presse sollte lebhafter und vielfältiger erscheinen und damit Kritik des Auslands am Zwangswesen des NS-Staates widerlegen.

Diese Überlegung bestimmte seinen Umgang mit der »Frankfurter Zeitung«. Sie allein unter allen deutschen Zeitungen konnte einen beträchtlichen Teil ihrer Auflage im europäischen Ausland vertreiben. Die Parteizeitungen und die gleichgeschalteten Regionalzeitungen waren draußen so gut wie unverkäuflich. Goebbels hoffte, mit der »Frankfurter Zeitung« in dieses Ausland sprechen zu können und zugleich darzutun, dass das NS-Regime doch gar nicht so fürchterlich sein könne, wie draußen behauptet, wenn die »Frankfurter Zeitung« nach wie vor erscheinen könne. Er wollte die FZ als Alibi vorzeigen.

Die Redaktion der FZ entdeckte bald, schon im Sommer 1933 dieses überraschende Interesse Goebbels' an ihrer Existenz.

Die Frage ist, ob sie recht daran tat, diesen Spielraum für ihre Leser im Inland zu nutzen – auch wenn sie dabei notgedrungen darauf verzichten musste, politischen Toren im benachbarten Ausland im Klartext zu sagen, dass in Deutschland Diktatur herrsche.

Was wog schwerer für die Frankfurter Redakteure, die Inlandswirkung ihrer Tätigkeit – oder die auf ausländische Leser? Ausländischen Lesern standen immerhin noch eine Menge anderer qualifizierter Zeitungen mit eigenen Korrespondenten in Deutschland zur Verfügung, um sich ein zutreffendes Bild von den Verhältnissen in Deutschland zu machen.

Über die wirkliche oder vermeintliche »Auslandswirkung« der FZ im Zusammenhang der Auslandspropaganda der NS-Regierung gibt es bisher keine Studie. Zu vermuten steht, dass die Auslandswirkung, die sich Goebbels von der FZ versprach, weit geringer war als er erwartete und dafür die Wirkung der FZ auf ihre angestammte deutsche Leserschaft in Kauf nahm.

In jüngerer Zeit meinen einige jüngere Historiker, die FZ sei doch nur ein Teil von Goebbels' »System« gewesen, wie alle anderen Zeitungen, und der Rundfunk und der Film auch; der behauptete Unterschied der FZ zu NS-Zeitungen sei minimal, und die gepflegte Sprache der FZ habe ihren national-

3 | Die letzte Ausgabe der Frankfurter Zeitung
Frankfurter Zeitung, 31. August 1943

sozialistischen Inhalt sogar noch akzeptabler und verführerischer gemacht. Dass dies so gewesen sei, wollen sie auch Goebbels' eigenem Tagebuch entnehmen bis hin zu dessen erklärtem Bedauern im Jahre 1943, dass er diese Zeitung nun auf Befehl des »Führers« schließen müsse.

Goebbels' Tagebuch-Eintrag wird hier als Bestätigung der Richtigkeit ihrer eigenen Ansichten herangezogen. Ein klassischer Zirkelschluss. Dass Goebbels etwas Bestimmtes beabsichtigte, kann nicht beweisen, dass er es auch erreichte. Der eitle Goebbels ist nicht der Zeuge, auf dessen Aussage es bei der Beurteilung der FZ ankommt.

Das Mißverständnis, die FZ als Teil des »Systems Goebbels« zu begreifen, wird indessen befördert von der Faszination in Teilen der heutigen Geschichtsschreibung an »Strukturen«, »Rollen«, »Systemen« und wie sie »funktionierten«. Doch so geschlossen, so einheitlich wie die Kolonnen in den Wochenschauen von Reichsparteitagen aufmarschierten, waren die tatsächlichen Verhältnisse im NS-Staat nicht. Neben der Gleichschaltung und dem Gleichschritt blieben widerstreitende Interessen innerhalb des Regimes, Zielkonflikte, Rivalitäten unter den Machthabern und ihren Organisationen, auch Chaos. Das »System« war teils fürchterlicher und terroristischer, als viele heute sich vorstellen können, aber es war in anderer Hinsicht auch alltäglicher und widersprüchlicher als das suggestive Vorverständnis von »Systemen« und »Strukturen«, in denen dann doch auch die FZ diejenige Rolle »gespielt« haben musste, die Goebbels ihr zuschrieb.

Doch Rollenspiele setzen, wie jedes Spiel, willige Mitspieler und Spielregeln voraus. Es fehlte an beidem. Wenn es überhaupt ein »Spiel« war, dann allenfalls ein Katz-und-Maus-Spiel. Doch nur für die Katze und ihre Jungen, die das Fangen üben sollen, ist es ein »Spiel«. Für die Maus ist es überhaupt kein »Spiel«. Für sie geht es um Leben und Tod. Die Maus ist durchaus nicht Teil des »Systems« der Katze, auch wenn die Katze (oder ein tumber Zuschauer) das, was sie tut, für ein Spiel hält.

Tatsächlich ist man vor der Frage, wie die FZ damals wahrgenommen wurde und wie ihre damalige »Wirkung« einzuschätzen ist, nicht auf Vermutungen angewiesen. Es gibt objektiv nachprüfbare Tatsachen.

Da war der nie nachlassende Hass Hitlers auf diese Zeitung. Er hatte ihm in »Mein Kampf« in einem eigenen Abschnitt heftigen Ausdruck gegeben, und dieser Abschnitt blieb auch in den späteren Auflagen des Buches erhalten. Dann gibt es die Dossiers der Gestapo, die Kampagne des »Schwarzen Korps« gegen die FZ, die Wertschätzung dieser Zeitung im Verschwörerkreis. Und schließlich das Zeugnis gewöhnlicher Leser.

Die Leserschaft der FZ war in der ganzen NS-Zeit stetig angewachsen. Am höchsten war die Auflage zum Zeitpunkt des Verbotes im Sommer 1943. Als die Zeitung eingestellt wurde, trafen ungefähr fünfzehnhundert Briefe in der Redaktion ein, auch von Soldaten an der Front, die die Schließung der Zeitung bedauerten und der Redaktion Dank sagten, zum Teil sehr unvorsichtig und mit drastischen Urteilen über die barbarische Zerstörung eines solchen »Kunstwerkes«, wie einer dieser Leser schrieb. Der Frankfurter SD und die Gestapostelle hörten von diesen Briefen, standen plötzlich im Haus und verlangten die Herausgabe. Der mit der Abwicklung der Zeitung befasste Redakteur, Oskar Stark, hatte derartiges erwartet. Er übergab ihnen eine vorbereitete Auswahl von 263 Stück. Das Bündel hat den Krieg überlebt und befindet sich heute im Bundesarchiv. Aus den Umständen darf man schließen, dass Stark nur die politisch harmloseren Briefe dafür ausgewählt hatte. Unglücklicherweise war die Auswahl nicht sorgfältig genug gewesen. Gegen sieben Verfasser eröffnete die Gestapo Verfahren.

Unmittelbar nach dem Verbot der Zeitung zeigte auch die Frankfurter Gauleitung wieder offen ihre alte Feindschaft und strengte Presseberufs- und Strafverfahren gegen einige Redakteure an. Otto Dietrich, der »Reichspressechef«, hörte Hitler sagen, eigentlich gehöre die ganze Redaktion der Frankfurter Zeitung ins Konzentrationslager.

Meine Kritik an Arbeiten einiger heutiger Pressehistoriker über die FZ gilt ihrem Eifer, nachzuweisen, dass die FZ ein Teil des NS-Systems gewesen sei. Doch die damaligen Leser der FZ, die »Zeitgenossen« (an die Sternberger sich mit seinem Leitartikel zu Hitlers 50. Geburtstag gewandt hatte), also die damaligen Freunde und die damaligen Feinde der »Frankfurter Zeitung«, interessierte das Gegenteil: dass diese Zeitung trotz ihrer Knebelung nicht Teil des Systems geworden war.

Dies mit einiger Betonung zu sagen, scheint mir nicht unangebracht. Noch mehr als andere Epochen der Geschichte befindet sich die Zeitgeschichte, zumal die Geschichte der NS-Zeit, der Gefahr ausgesetzt, von Interessen der Gegenwart in Anspruch genommen zu werden. Um so mehr gebietet das dem Historiker, sich darum zu bemühen, seine eigene Zeit vorübergehend zu verlassen, um eine andere besser zu verstehen.

Eine Tochter des Professors Adolf Lampe, des 1944 hingerichteten Mitgliedes des Freiburger Widerstandskreises um Walter Eucken, berichtete in einer Diskussion bei der »Forschungstelle 20. Juli 1944« in Königswinter im Jahre 2005, in ihrem Elternhaus habe man in der NS-Zeit Halt gefunden an drei Dingen: dem christlichen Glauben, an der Musik und an der »Frankfurter Zeitung«.

Die Wochenzeitung *Das Reich*

Offenbarungseid oder Herrschaftsinstrument?

von

Victoria Plank

Die Arbeit für die Wochenzeitung *Das Reich* bezeichnete der Journalist John Brech rückblickend als einen »Kriegsdienst besonderer Art, der nicht so unmittelbar das Leben gefährdete wie der Dienst mit der Waffe, um so mehr aber das Gewissen derjenigen belasten musste, die sich dem Nationalsozialismus überhaupt nicht oder nur unverbindlich verpflichtet fühlten«.[1]

In der nationalsozialistischen Wochenzeitung *Das Reich*, die von Mai 1940 bis April 1945 erschien, schrieben die talentiertesten Journalisten und bedeutende Wissenschaftler der Zeit. Viele von ihnen machten sich nach dem Zusammenbruch der braunen Diktatur im demokratischen Journalismus, in der Politik oder Wissenschaft einen Namen: Theodor Heuss, Erich Peter Neumann, seine Ehefrau Elisabeth Noelle-Neumann, Max Planck, Benno von Wiese, W. E. Süskind, um nur einige zu nennen. Sie alle zog es zu einem Blatt, das – so versprachen es die Werbeplakate, die das Erscheinen der Zeitung ankündigten – die Welt von hoher Warte sehe[2]. »Es fehlt an einem lebhaften Zustrom fähigster Köpfe […] zu einem Berufe, der keine Anziehungskraft mehr auszustrahlen scheint«[3], hatte der Stabsleiter im Verwaltungsamt für die Presse, Rolf Rienhardt, im Dezember 1937 beklagt und mit der Wochenzeitung *Das Reich* in den folgenden Jahren eine Konzeption erdacht, die dieser Entwicklung entgegenwirken sollte. Er versprach einen hohen Grad an sachlicher Information, eine umfassende Berichterstattung und die Orientierung an den Interessen des Lesers, nicht denen des Staates. Ziele, die Journalisten mit einem demokratischen Berufsethos anziehen mussten, mit den Zielen nationalsozialistischer Propaganda aber nicht vereinbar schienen. »Propaganda hat mit der Wahrheit gar nichts zu tun«, hatte Joseph Goebbels immer wieder postuliert.[4]

Untersucht man die Wochenzeitung *Das Reich* und will sich einer Bewertung nähern, muss man diese beiden Pole, diese antagonistisch anmutenden

---

[1] Zitiert in Martens, Erika: Zum Beispiel Das Reich. Zur Phänomenologie der Presse im totalitären Regime, Köln 1972, S. 184.
[2] Pieper, Ingrid: Das Reich (1940-1945), in: Deutsche Zeitschriften des 17. bis 20. Jahrhunderts, hg. von Heinz-Dietrich Fischer, Pullach bei München 1973, S. 422.
[3] Zitiert nach Facsimile Querschnitt durch Das Reich, hg. von Hans Dieter Müller, München u.a., o.J., S. 9.
[4] Zitiert in Brechtken, Magnus: Joseph Goebbels und die Propaganda, in: »Diener des Staates« oder »Widerstand zwischen den Zeilen«. Die Rolle der Presse im »Dritten Reich«, hg. von Christoph Studt, Schriftenreihe der Forschungsgemeinschaft 20. Juli, Band 8, Berlin 2007, S. 58.

Ziele, zum Maßstab setzen. Wie passt die Forderung nach Liberalität mit dem totalitären Anspruch des gelenkten NS-Pressesystems zusammen?

Dazu muss zunächst und vor allem der Platz der Zeitung im Presselenkungssystem beleuchtet werden. Wo und durch wen ist sie entstanden? Welche Idee steht hinter der Konzeption? Welche Bedeutung hatte sie im Apparat? Mit welcher Intention stürzte Goebbels sich auf das Verfassen der Leitartikel im *Reich*? Findet sich im Zeitungskonzept eine Entsprechung seiner Propagandatheorie oder gibt es Widersprüche? Und vor allem: Welche Funktion erfüllte die Zeitung für das totalitäre System?

Des Weiteren muss ihr Platz in der Zeitungslandschaft bestimmt werden. Wie sah die Zeitungslandschaft zu Beginn des Jahres 1940 aus? Wo wurde die Zeitung verlegt? Wie wurden die Mitarbeiter rekrutiert?

Vor der Betrachtung des Erscheinungsbildes, der Konzeption und der inhaltlichen Gliederung soll die Seite der für *Das Reich* tätigen Journalisten betrachtet werden. Wie waren sie in das System eingebunden? Welche Freiheiten besaßen sie – im System im Allgemeinen und in ihrer Arbeit für *Das Reich* im Besonderen? Welche Motivation, welche Hoffnungen führte sie zum *Reich*? Konnten sie erfüllt werden?

Eine Beurteilung der Bedeutung der Wochenzeitung kann nur auf Grundlage der Antworten auf die gestellten Fragen erfolgen. Erinnerungsliteratur von für *Das Reich* tätigen Journalisten[5], in der immer wieder auf ein Nischendasein hingewiesen wird, ist interessant zu lesen, kann aber sicher keiner objektiven Beurteilung dienen. Die zentrale Frage bleibt die nach der Bedeutung der Zeitung im nationalsozialistischen Pressesystem. Diente die Zeitung dem totalitären Anspruch des Regimes, indem sie ihn verbarg, oder legte sie eine echte Schwachstelle im System bloß? Zeigt sich in ihr gerade die Kapitulation vor dem Versuch einer totalen Erfassung der Öffentlichkeit? Leistete also die nationalsozialistische Diktatur mit der Gewährung von mehr Liberalität quasi einen Offenbarungseid oder war die Schaffung der Wochenzeitung ein geschickter Schachzug, ein geschickt eingesetztes Herrschaftsinstrument?

1. Individualität gegen Uniformität – Kritik an den Folgen der Presselenkung

Die Presse im Dritten Reich zeigte sich im Jahr 1939 nach sechsjähriger nationalsozialistischer Herrschaft als das Ergebnis einschneidender Lenkungsmaßnahmen des diktatorischen Systems. Die Aufgabe der Presse war durch die Nationalsozialisten neu definiert und zum Herrschaftsmittel erhoben worden. »Der grundlegende Unterschied im Verhältnis des Einzelnen zum Staate zwischen früher und jetzt besteht darin, dass der bisherige Staat den einzelnen

---

[5] Exemplarisch genannt seien hier Korn, Karl: Lange Lehrzeit. Ein deutsches Leben, Frankfurt a. M. 1975; und Rahms, Helene: Zwischen den Zeilen. Mein Leben als Journalistin im Dritten Reich, Bern u. a. 1997.

kontrollierte, der neue Staat ihn aber erfasst«, hatte Goebbels zur Begründung des Kulturkammergesetzes im November 1933 erklärt.[6]

Mit der Reichstagsbrandverordnung vom Februar 1933 wurde keinen Monat nach der Machtübernahme Adolf Hitlers der Abbau der Grundrechte eingeläutet. Dem Verbot von Zeitungen, das besonders die so genannte »Linkspresse« traf, war die Tür geöffnet. Vor der Gleichschaltung kam es also zur Ausschaltung publizistischer Opposition.[7] Die Gründung des Reichsministeriums für Volksaufklärung und Propaganda (RMVP) im März 1933, die Gründung der Reichspressekammer im September und der Erlass des Schriftleitergesetzes im Oktober 1933 ermöglichten eine Zentralisierung und systematische Lenkung der Mittel des öffentlichen Wirkens. Durch die Schaffung eines umfassenden und teilweise undurchsichtigen Propagandaapparates versuchten die Nationalsozialisten eine durchgreifende Ideologisierung der Gesellschaft zu erreichen. Dieser Apparat kontrollierte und beschränkte den Zeitungsmarkt, band jeden Journalisten an sich, und lenkte durch Presseanweisungen die Inhalte der Öffentlichkeit.

Eine uniforme, von NS-Parolen durchtränkte Presselandschaft war die Folge der einschneidenden Lenkungsmaßnahmen. Gerade Journalisten, die sich einer Tradition verpflichtet fühlten, in der die Forderung nach Pressefreiheit untrennbar mit der nach politischer Mündigkeit verbunden war, musste die Anpassung an das neue System schwer fallen. Die Monotonie der Presse stieß außerdem bei breiten Leserschichten im In- und Ausland auf Kritik.

2. Rolf Rienhardt

Vor diesem Hintergrund entsteht das Konzept einer neuen Wochenzeitung, die zu der führenden deutschen politischen Zeitung werden sollte. Die Idee kam interessanter Weise nicht aus dem Reichsministerium für Volksaufklärung und Propaganda und ihrem Minister Joseph Goebbels, sondern entstand im Verwaltungsamt für die Presse, das Max Amann unterstellt war.[8] Hauptinitiator und Mitbegründer der neuen Wochenzeitung war der bereits erwähnte Rolf Rienhardt[9], Stabsleiter im Verwaltungsamt für die Presse.

Der Sohn eines lutherischen Superintendenten aus Sachsen, Jahrgang 1903, studierte in Berlin und München Jura. Über Gregor Strasser fand er seinen Weg zur NSDAP und wurde 1928 Rechtsberater der »Franz Eher Nachfolge Verlag GmbH«, des Zentralverlags der NSDAP. Er wurde im Juli 1932 Reichstagsabgeordneter der NSDAP, im November in seinem Amt bestätigt, fiel dann aber gemeinsam mit Gregor Strasser in Ungnade der Partei und wurde im März

---

[6] Zitiert in Brechtken, Goebbels, S. 64.
[7] Hagemann, Walter: Publizistik im Dritten Reich. Ein Beitrag zur Methodik der Massenführung, Hamburg 1948, S. 39.
[8] Vgl. dazu das Schema der Organisation von Presse und Propaganda, in: Abel, Karl-Dietrich: Presselenkung im NS-Staat. Eine Studie zur Publizistik in der nationalsozialistischen Zeit, Berlin 1968, S. 109. Eine Strukturgeschichte des Partei- und Ministerial-Apparats liegt bisher nicht vor, vgl. auch Brechtken, Goebbels, S. 55.
[9] Zur Biographie Rienhardts, Martens, Das Reich, S. 25.

1933 nicht wieder aufgestellt. Im selben Jahr wurde er stellvertretender Vorsitzender des Reichsverbandes der deutschen Zeitungsverleger (RDZV), dann Geschäftsführer, bis der RDZV im Herbst 1933 in die neu geschaffene Reichskulturkammer eingegliedert wurde und seine Selbständigkeit verlor. 1939 wurde er Geschäftsführer der Auffanggesellschaften »Herold-Verlagsgesellschaft« (Großverlage) und der »Standarte« (Gauverlag).

Rienhardt schrieb für Amann Reden und Aufsätze, entwarf Anordnungen, hielt sich aber sonst aus der Öffentlichkeit zurück. Rienhardt wird in der Literatur als hochintelligent, scharfsinnig und in seiner Amtsführung äußerst korrekt beschrieben.[10] Ihn habe eine »unbeirrbare Zielstrebigkeit« und »erstaunliche Arbeitskraft« ausgezeichnet. So arbeitete er alle Maßnahmen für die Gleichschaltung der Verleger aus und galt als wichtigster Initiator und Organisator der nationalsozialistischen Verlagspolitik. 1943 wurde Rienhardt abrupt, fristlos und ohne eindeutige Gründe von Amann entlassen und seiner uk-Stellung enthoben. Es wird vermutet, sein Versuch, die *Frankfurter Zeitung* zu retten, habe zu seiner Entlassung geführt, außerdem sein Bemühen, eine parteiinterne Opposition zu konstruieren.[11]

Rienhardt kritisierte früh die negativen Auswirkungen der staatlichen Presselenkung. Er opponierte gegen das Schriftleitergesetz vom 4. Oktober 1933 und bemängelte schon Mitte der dreißiger Jahre wiederholt die entstandene Gleichförmigkeit und Langeweile der Presse. Er erkannte, dass der Beruf des Journalisten immer unattraktiver wurde und war um das Ansehen der Presse in der Öffentlichkeit besorgt. Vor diesem Hintergrund formulierte er zwei Denkschriften (Dezember 1937 und März 1938)[12], die als Anfang der Idee zur Entstehung der Wochenzeitung *Das Reich* gelten. Rienhardt beklagte darin, es sei unmöglich, eine gute, lesenswerte Zeitung zu machen, wenn der Journalist »in der Eigenarbeit eine Existenzgefahr erblicken müsse«. Er forderte eine »Art Umfunktionierung der renommierten bürgerlichen Presse auf die Bedürfnisse des nationalsozialistischen Staates ohne Einbußen an Qualität und wirtschaftlicher Rentabilität«. Er schlug Reformen vor, durch die der Presse mehr Freiheit und ein höherer Grad an sachlichen Informationen gewährt werden sollte.

Sein Verständnis von der Aufgabe der Presse im nationalsozialistischen Staat jedoch war keinesfalls ein demokratisches. In der Presse sah er keinen Selbstzweck. Vielmehr habe sie die Aufgabe, den gemeinschaftlichen Willen zu bilden. Die Presse könne dabei nie ein anderes Ziel verfolgen als die Politik, in die sie eingebunden sei.[13] Schon hier, ganz am Anfang der Entwicklung der Wochenzeitung *Das Reich*, zeigt sich ein Antagonismus zwischen dem Wunsch nach mehr Freiheit gepaart mit journalistischer Vielfalt einerseits und der Fest-

---

[10] Hale, Oron J.: Presse in der Zwangsjacke, 1933-1945, Düsseldorf 1965, S. 128ff.
[11] vgl. Müller, Querschnitt, S. 9, und Martens, Das Reich, S. 25.
[12] vgl. zum Nachweis der Denkschriften Impekoven, Holger/Plank, Victoria: Feigenblätter. Studien zur Presselenkung in Drittem Reich und DDR, Scriptorium-Verlag Münster 2004, S. 65.
[13] Zu Rienhardts grundsätzlichen Überlegungen vgl. Rienhardt, Rolf: »Muss Presse sein?, Grundsätzliche Betrachtungen über die Aufgabenstellung der Presse im Dritten Reich«, Institut für Zeitungswissenschaft an der Universität Köln. Vorträge und Abhandlungen, Heft 5, Ludwig Röhrscheid Verlag, Bonn 1939.

legung von Presse als Herrschaftsinstrument andererseits. Wenn das Ziel, die Stoßrichtung der Presse vorgeschrieben ist, bedeutet das gezwungenermaßen eine Einschränkung von Freiheit. Informieren und Indoktrinieren – zwei im Grunde unvereinbare Pole. Schon im Ansatz zeigt sich also die Zwangslage, in die sich später jeder für *Das Reich* schreibende Journalist begeben musste, der das eine wollte, das andere aber nicht.

Goebbels reagiert auf die kritischen Gedanken Rienhardts zunächst zurückhaltend. Er schrieb am 26. Januar 1938 in sein Tagebuch: »Tenor: mehr Freiheit und Lockerung. Vieles richtig, vieles falsch. Aber es wird zuviel verboten. Ich werde dieses Problem weiter untersuchen.«[14]

3. Das Konzept

Zunächst bemühte sich Rienhardt, durch Reformen das Pressewesen zu beleben. Nachdem er damit scheiterte, strebte er die Gründung einer neuen Zeitung an, die zum »Träger der Verwirklichung der von Rienhardt angestrebten Lockerungstendenzen im Presselenkungssystem«[15] werden sollte. Er entwarf gemeinsam mit zwei Kollegen aus Amanns Verwaltungsamt für die Presse, Carl Anders und Rudolf Sparing, ein Redaktionsprogramm.[16] Den Gründern schwebte eine politisch-kulturelle Wochenzeitung vor, eine Mischung aus aktueller Tageszeitung und politischer Monatsschrift. So etwas hatte es bis dato in Deutschland nicht gegeben.[17] *Das Reich* sollte sich von dem übrigen Blätterwald durch ein hohes Maß an Information und eine vielseitige Berichterstattung auszeichnen. Der Wochenzeitung sollte es vorbehalten sein, direkten Kontakt zu den einzelnen Ministerien zu pflegen und von den Anweisungen der »Tagesparolen« des Reichspressechefs Otto Dietrich freigestellt zu werden. Den Charakter eines Staatsorgans wollte man vermeiden. Da die nationalsozialistische Grundhaltung der Zeitung klar sei, könne man sich durchaus auch kritische Töne in einigen Beiträgen vorstellen. Es sollte zudem eine philosophische Auseinandersetzung mit der nationalsozialistischen Ideologie stattfinden. Die äußere Aufmachung sollte sich am britischen *Observer* orientieren.

Man versuchte also einen Zeitungstyp zu kreieren, der Aushängeschild journalistischer Kunst im In- und Ausland werden, der Vielfalt und Individualität der Langeweile einer gelenkten Presse entgegensetzten und Journalisten aus dem bürgerlichen Lager anziehen sollte. Eine gesteuerte Belebung, Ergänzung der Zeitungslandschaft also. Entsprechend begeistert zeigte sich Amann, der durch die Gründung des *Reichs* einen Prestigegewinn für seinen Verlag erhoffte.[18]

---

[14] Joseph Goebbels Tagebücher 1924-1945, hg. von Ralf Georg Reuth, München 1992, Band 3.
[15] Abel, Presselenkung, S. 78.
[16] vgl. zum Redaktionsprogramm hier und im Folgenden Müller, Querschnitt, S. 9f., Martens, Das Reich, S. 45 ff., Frei/Schmitz: Journalismus im Dritten Reich, München 1989, S. 35.
[17] Mendelssohn, Peter de: Zeitungsstadt Berlin. Menschen und Mächte in der Geschichte der deutschen Presse, Berlin 1959, S. 407.
[18] Hier und im Folgenden: Presse und Funk im Dritten Reich. Eine Dokumentation, hg. von Joseph Wulf, Kunst im Dritten Reich, 1, Neuausgabe, Frankfurt a. M./Berlin 1989, S. 151.

4. Die Reaktion Goebbels

Während Reichspressechef Dietrich sich eher zurückhaltend äußerte, sprach sich Goebbels beinahe euphorisch für das vorgelegte Konzept aus. Das hatte sicher zum einen persönliche Gründe, witterte er doch die Chance, hier journalistisch tätig werden zu können. Sofort nach Erscheinen des Redaktionsprogramms meldete der Reichspropagandaminister seinen Anspruch auf das Verfassen der Leitartikel an. Das stieß auf Seiten Rienhardts auf Widerwillen, hatte er doch einen offiziösen Charakter vermeiden wollen.

Goebbels jedoch biss sich fest. Schon anlässlich der Verkündung des Schriftleitergesetzes hatte er dafür plädiert, dass »die Presse […] monoform im Willen«, hingegen »polyform in der Ausgestaltung des Willens« sein solle.[19] Er klagte wiederholt, dass die Presse »kein Gesicht mehr« habe, »nicht deshalb, weil man ihr das Gesicht genommen hätte, sondern weil die kein Gesicht haben, die sie schreiben!«[20] Gegen die vorgelegte Personenliste der zukünftigen Redaktionsmitglieder des *Reichs* erhob Goebbels keine Einwände, obwohl aus dieser eindeutig hervorging, dass die Journalisten nicht nach Parteinähe, sondern nach journalistischen Fähigkeiten ausgesucht worden waren. Goebbels sah im *Reich* die Chance, diese fähigen Köpfe zu gewinnen und damit an das System zu binden. Es kann ihm nicht um echte Liberalisierung, um die Schaffung einer Nische gegangen sein. Das Schriftleitergesetz vom Oktober 1933 hatte die »Mitwirkung an der Gestaltung des geistigen Inhalts […]« aller Publikationen in Deutschland zur »öffentlichen Aufgabe« erklärt.[21] Presse konnte damit nicht mehr frei sein von Propaganda, die gelenkte Öffentlichkeit war zum Herrschaftsinstrument geworden. »Ziel der Revolution ist der totale Staat, die Übernahme des gesamten öffentlichen Lebens und die Indienstnahme aller privaten und öffentlichen Beziehungen«, hatte Goebbels im November 1933 verkündet.[22] Die Konzeption der Wochenzeitung *Das Reich* konnte ihm dazu dienen, eine empfindliche Lücke im System zu schließen, verordnete Vielfalt einzubauen anstatt eine Nische zuzulassen. Sie sollte der tieferen Durchdringung des öffentlichen Lebens dienen, einen Teil der oben erwähnten »Übernahme« darstellen. Es sei »das Geheimnis der Propaganda: den, den die Propaganda fassen will, ganz mit den Ideen der Propaganda zu durchtränken, ohne dass er überhaupt merkt, dass er durchtränkt ist.«[23] Diese Auffassung Goebbels lässt sich wunderbar auf die Konzeption der Zeitung übertragen und kann seine Begeisterung für dieselbe erklären: Konnte er bisher vor allem die Journalisten der großen, traditionsreichen Blätter[24] nicht für sein System gewinnen, sie mit seiner Propaganda nicht erfassen, und mit ihnen auch ihre Leser nicht,

---

[19] Goebbels in einer Rede zur Verkündung des Schriftleitergesetzes am 4. Oktober 1933, zitiert in Frei, Norbert/Schmitz, Johannes: Journalismus im Dritten Reich, München 1989, S. 35.
[20] Zitiert in Brechtken, Goebbels, S. 65.
[21] Schriftleitergesetz vom 4. Oktober 1933, zitiert nach Der Nationalsozialismus. Dokumente 1933-1945, hg. von Walther Hofer, Frankfurt 1983, S. 90f.
[22] zitiert nach Brechtken, Goebbels, S. 64.
[23] zitiert nach ebd., S. 62.
[24] Mehr dazu an späterer Stelle.

so stellte für ihn *Das Reich* einen Weg dar, auch diese Schichten zu erreichen und damit in die gelenkte Öffentlichkeit einzubinden. Und er, Goebbels, konnte sich als promovierter Germanist mit seinen Leitartikeln an die Spitze der für das System gewonnenen, fähigsten Schreiber setzen.

5. Zeitungslandschaft 1939 – der NS-Pressetrust

Durch die im ersten Jahr nach der Machtergreifung erlassenen Gesetze war der enge Rahmen gesteckt, in dem sich die Presse fortan zu bewegen hatte. Eine totale Vereinnahmung der Presse konnte den Nationalsozialisten aber nicht zuletzt nur durch eine Kontrolle des Zeitungsmarktes gelingen. Dies geschah zum einen durch Verbote, zum anderen durch eine möglichst weitgehende ökonomische Konzentration der verbliebenen Blätter. 1938 war dieser Konzentrationsprozess weitgehend abgeschlossen und 150 Verlage unterstanden Amanns Kontrolle im Franz Eher Verlag. 82,5 % der Gesamtauflage aller deutschen Tageszeitungen lagen fest in nationalsozialistischer Hand. Private Anbieter hatten zwar zahlenmäßig mehr Zeitungen auf dem Markt, waren aber mit einem verbliebenen Marktanteil von nur 17,5 % in ihrer Wirkung machtlos.[25] Max Amann, Rolf Rienhardt und Max Winkler bauten in diesen Jahren einen riesigen Pressetrust auf und kauften über ein schwer durchschaubares System von Holdinggesellschaften, die dem Franz Eher Verlag unterstanden, Verlage auf oder führten sie in finanzielle Abhängigkeit des Parteiverlages.

Zu den auflagenstärksten Zeitungen[26] gehörten der *Völkische Beobachter* und *Der Angriff*, hinzu kamen *Der Stürmer* und *Das schwarze Korps*. Diese Zeitungen waren durch mehr oder weniger polemische, aggressive nationalsozialistische Propagandaphrasen geprägt und ganz offensichtlich zur Massenbeeinflussung angelegt.

Die liberale und bürgerlich-demokratische Presse umfasste als größte traditionsreiche Blätter das *Berliner Tageblatt* bis zum 31. Januar 1939, die *Frankfurter Zeitung* bis 1943 und die *Deutsche Allgemeine Zeitung*, die zwar formal bis zum Ende des Dritten Reiches bestand, ab 1938 aber zum *Deutschen Verlag*[27] gehörte.

Für Journalisten mit traditionellem Berufsverständnis von Presse als Ort öffentlichen Diskutierens, von Meinungsbildung, war das Betätigungsfeld also schmal geworden, im Grunde ganz verschwunden.[28] Zudem konnte das Verwaltungsamt der NS-Presse frei über Journalisten verfügen, die für eine dem NS-Pressetrust angehörende Zeitung arbeiteten. Frei veranlasste Versetzungen eines Journalisten von einer Zeitung zur anderen waren deshalb nicht unge-

---

[25] Zahlen aus Frei/Schmitz, Journalismus, S. 86.
[26] Näheres zu Inhalt und Geschichte der im Folgenden genannten Zeitungen vgl. Martens, Das Reich, S. 29-42.
[27] Der Deutsche Verlag war bis 1934 als Ullstein-Verlag noch selbständig, bis er in den NS-Pressetrust eingegliedert wurde.
[28] Zur Diskussion um die Bedeutung der Frankfurter Zeitung als Zufluchtsort bürgerlicher Journalisten vgl. die Beiträge von Bernd Sösemann, Günther Gillessen und Birgit Rätsch in: Studt, »Diener des Staates«.

wöhnlich: Die Mitarbeiter der neuen Wochenzeitung *Das Reich*, die im *Deutschen Verlag* erscheinen sollte, konnten auf diesem Weg quasi rekrutiert werden.

6. Der Journalist als Diener des Staates

Zu der ökonomischen Einbindung der Journalisten in das NS-System kam die Zugangsbeschränkung zum Beruf des Journalisten durch das bereits erwähnte Schriftleitergesetz vom 4. Oktober 1933. Es nahm den Journalisten »bedingungslos in die Pflicht durch den Staat, dessen Mundstück er sein soll«.[29] Demzufolge durfte nur »Schriftleiter«, im nationalsozialistischen Jargon der im Dienst des Staates stehende Journalist, werden, wer über 21 Jahre, »arischer« Abstammung und nichtjüdisch verheiratet war. Ferner verlangte das Gesetz bestimmte charakterliche und fachliche Eigenschaften, die die Aufgabe auf die geistige Einwirkung der deutschen Öffentlichkeit erfordert«. Außerdem war bereits im September 1933 per Gesetz die Reichspressekammer in die Reichskulturkammer eingegliedert, bis dato unabhängige Verleger- und Journalistenorganisationen mussten Mitglieder in der Reichspressekammer werden. Diese Zugehörigkeit wiederum war Voraussetzung für eine verlegerische oder journalistische Tätigkeit.[30] Der Ausschluss aus der Reichspressekammer kam damit einem Berufsverbot gleich.

Nach 1933 sahen sich etwa 2.000 Publizisten und Schriftsteller gezwungen, ins Exil zu gehen.[31] Das Schriftleitergesetz nahm den Journalisten in die Pflicht dem Staat zu dienen, noch bevor er eine Zeile geschrieben hatte. Es bedeutete eine existenzielle Bedrohung, die schwerer wog, als es jede Zensur tun kann. Hinzu kam die mögliche Verfolgung durch spezielle Berufsgerichte[32] oder während des Krieges die Aufhebung der uk-Stellung.

Neben diesen strukturellen Maßnahmen war der Journalist durch die inhaltlichen Presseanweisungen am konkretesten in seiner Arbeit beeinträchtigt. Die Fülle an Anweisungen nahm ständig, besonders in den Kriegsjahren, zu. Im gesamten Jahr 1939 beispielsweise hatte es ein Journalist mit 4.620 Anweisungen[33] zu tun, die von unterschiedlicher Stelle (RMVP, Auswärtiges Amt, verschiedene Fachressorts) kamen. Aus dem Berg von Anweisungen stachen ab 1940 die »Tagesparolen« und »Wochenparolen« von Reichspressechef Otto Dietrich heraus. Mit diesen »Parolen« wählte er die in seinen Augen wichtigste Anweisung heraus, legte sie als verbindlich für die Presse fest und ließ sie an alle Redaktionen weiterleiten.[34]

---

[29] Hagemann, Publizistik, S. 37.
[30] Abel, Presselenkung, S. 28.
[31] Hagemann, Publizistik, S. 37.
[32] Gabriele Toepser-Ziegert weist darauf hin, dass in den Vorkriegsjahren diese Verfahren vor Berufsgerichten eher glimpflich ausgingen. Erst nach 1938, als der Volksgerichtshof den Vorwurf der »Wehrkraftzersetzung« verfolgte, sei die Bedrohung für die Journalisten spürbarer geworden. Vgl. Toepser-Ziegert, Gabriele: Die Existenz der Journalisten, in: Studt, »Diener des Staates«, S. 81f.
[33] ebd., S. 87.
[34] Die Einführung der »Tagesparolen« entstand vor dem Hintergrund des Kompetenzstreits zwischen Amann, Dietrich und Goebbels. Dietrich wollte sich durch die Tagesparolen mehr Ge-

1 | Ausgabe zu Hitlers Geburtstag
   Das Reich, 20. April 1941

7. Die neue Wochenzeitung erscheint

Nach unveröffentlichten Vorläuferexemplaren erschien am 26. Mai 1940 die erste Ausgabe der neuen Wochenzeitung *Das Reich*. Das neue Blatt stieß im In- und Ausland auf positive Resonanz und seine Auflagenzahl stieg rasant: Lag sie im Oktober 1940 noch bei etwa 500.000 Exemplaren, so wurden im März 1944 immerhin 1,421 Millionen gedruckt, obwohl auch *Das Reich* unter der Papierknappheit des Krieges zu leiden hatte.[35] Der Deutsche Verlag ließ die Zeitung schließlich neben Berlin auch in Köln und Oslo drucken, da die enorm steigende Auflagenzahl in der Reichshauptstadt nicht mehr zu bewältigen war.

Im Ausland fand die Zeitung Leser in Paris, Oslo, Belgrad, Stockholm, Madrid und Athen und wurde zudem per Feldpost verschickt. Etwa 250.000 Exemplare gingen schließlich ins Ausland.[36]

---

  wicht gegenüber Goebbels einflussreicher Reichspressekonferenz verschaffen. Vgl. Abel, Presselenkung, S. 51ff. und S. 13ff.
[35] Zahlen entnommen aus Müller, Querschnitt, S. 7. Erika Martens sieht diese Zahl schon 1943 erreicht, Oron J. Hale 1942-43.
[36] Auf welche Resonanz die Wochenzeitung bei ihren ausländischen Lesern tatsächlich stieß, lässt sich in der Retrospektive schwer beurteilen. Es fehlen Untersuchungen zur internationalen

2 | Der Vernichtungskrieg gegen die Sowjetunion wird als Kreuzzug zur Rettung Europas verklärt
Das Reich, 3. August 1941

Die äußere Aufmachung[37] des *Reichs* hob sich deutlich von den anderen deutschen Zeitungen ab. Sie wirkt insgesamt ruhiger, überschaubarer und seriöser im Erscheinungsbild. Es wurde nicht die übliche Frakturschrift, sondern die ruhiger wirkende Antiqua gewählt. Neben dem großzügigen Titel *Das Reich*, nüchtern untertitelt mit »Deutsche Wochenzeitung«, war die Quadriga des Brandenburger Tores abgebildet. Die Zeitung kostete 30 Pfennig und umfasste 32 Seiten – weitaus mehr als andere Wochenzeitungen der Zeit, die ab 1. September 1939 ihren Umfang auf 16 Seiten hatten beschränken müssen. Das letzte Exemplar vom 22. April 1945, das Berlin jedoch nicht mehr verließ, war immerhin noch acht Seiten »stark«.

Jede Ausgabe stand unter einem Thema, das sich auf dem Titelblatt über alle fünf Spalten zog. Der einspaltige Leitartikel (Spalte 5), ein dreispaltiges Bild in der Mitte der Titelseite und ein Kommentar unterhalb des Bildes behandelten das Thema. Es wird dadurch der Eindruck erweckt, das Thema werde von verschiedenen Seiten beleuchtet, ja diskutiert.

In der linken Spalte links oben wurde der Inhalt der Wochenzeitung skizziert, darunter das Porträt einer berühmten Persönlichkeit aus dem In- oder

---

Rezeption, vgl. Brechtken, Goebbels, S. 55f.
[37] Die Zeitung Das Reich ist in allen erschienen Jahrgängen erhalten. Das Reich, Deutsche Wochenzeitung, Berlin, 1940-1945. Vgl. zur inhaltlichen Analyse im Folgenden Impekoven/Plank, Feigenblätter, S. 38-56.

Ausland verfasst. Auf den Innenseiten des Blattes setzte sich diese übersichtliche, auf den ersten Blick sachlich-informativ wirkende Aufmachung fort und blieb im Prinzip bis zur letzten Ausgabe unverändert.

Inhaltlich gliederte sich die Zeitung in sechs Hauptteile:

- Weltgeschehen in Auslandsberichten
- Brennspiegel der Ereignisse/Kulturnachrichten
- Briefe aus dem Reich
- Bilder aus der deutschen Gegenwart
- Deutsche Wirtschaft/Weltwirtschaft
- Literatur/Kunst/Wissenschaft (Feuilleton).

Ein besonderes Gewicht wurde dem Feuilleton beigemessen, das etwa die Hälfte des Zeitungsumfanges einnahm. Das breit angelegte Feuilleton machte die Wochenzeitung für die Leser besonders reizvoll.[38] Hier wurden auch die meisten Anzeigen geschaltet, was die Bedeutung des Feuilletons unterstreicht. Es zeigt sich damit die Zielgruppe der Zeitung: eine literarisch, künstlerisch gebildete und wissenschaftlich interessierte Leserschaft. Für den Kulturteil schrieben namhafte Persönlichkeiten der Zeit. Hier ergaben sich mehr journalistische Freiräume, da doch die meisten Presseanweisungen sich auf den politischen Teil bezogen. Theater, Film, Musik, bildende Kunst, Probleme aus Wissenschaft und Erziehung – der Kulturteil zeichnete sich nicht nur durch seine Themenvielfalt, sondern auch durch seinen nicht nur aus journalistischer Sicht hohen Anspruch aus. Natürlich kamen auch hier überzeugte Nationalsozialisten zu Wort, aber in diesem Teil der Zeitung konnten die Forderungen Rienhardts am besten umgesetzt werden.

Die Berichterstattung des politischen Teils der Zeitung ist geprägt von Schlachtberichten, Artikeln über diplomatische Beziehungen und militärische Erfolge. Anfänglich wurden hier auch sozialkritische Themen behandelt, danach war der Politikteil vor allem geprägt durch die Geschichte des Krieges.

Die außenpolitische Berichterstattung unterschied sich von der anderer Zeitungen grundlegend. Durch einen großen Korrespondentenstab gelangte die Zeitung an eine Fülle von Informationen. In den Auslandsberichten kam die Überzeugung von einer kulturellen Vormachtstellung Deutschlands und die Rechtfertigung deutscher Expansionspolitik zum Ausdruck.

Auch der Wirtschaftsteil beschäftigte sich mit der Situation im Krieg und den wirtschaftlichen Folgen. Diese Rubrik zeichnete sich ebenfalls durch einen hohen Grad an Sachkenntnis und Informationsreichtum seiner Mitarbeiter aus.

---

[38] Stellenweise sind die Artikel auch heute noch interessant zu lesen und wirken mitunter erschreckend zeitlos – bedenkt man, dass sie vor dem Hintergrund eines tobenden Weltkrieges und in einem totalitären System entstanden sind.

8. Zugeständnisse

Die eigentliche Besonderheit der Wochenzeitung war das hohe Maß an Information, das sie durch weitgehende Zugeständnisse transportieren durfte. *Das Reich* verfügte über ein großes Netz an Korrespondenten und freien Mitarbeitern und war dadurch nicht nur auf die offiziellen Verlautbarungen und Meldungen der Nachrichtenagenturen angewiesen. Zudem hegte die Zeitung enge Kontakte zu hohen Partei- und Staatsstellen. *Das Reich* durfte an den täglichen Ministerkonferenzen im Propagandaministerium teilnehmen, die Zeitung war ständig durch einen Redakteur in der Reichskanzlei vertreten und hatte direkten Kontakt zum Rüstungsministerium.[39] Diese Vertreter des *Reichs* waren natürlich linientreue Nationalsozialisten und dennoch wurde durch sie ein deutliches Mehr an Information in die Redaktion der Innenpolitik transportiert als es in anderen Zeitungen der Fall war. Die Übernahme von Artikeln aus dem *Reich* wurde anderen Zeitungen vielfach versagt.

Die Redaktion des *Reichs* arbeitete weitgehend selbständig, die Gestaltung des Blattes war den einzelnen Ressortleitern überlassen.[40] Von den Weisungen der Reichspressekonferenz vollständig befreit war die Zeitung entgegen der Intention ihrer Begründer allerdings nicht. Als Wochenzeitung boten sich ihr allerdings mehr Möglichkeiten, die staatlichen Zwänge zu umgehen, als es den Tageszeitungen möglich war.

9. Mitarbeiterstab

Die Mitarbeiterschaft der Wochenzeitung lässt sich grob in drei Gruppen einteilen:[41] die der parteitreuen Nationalsozialisten, der »bürgerlichen Rechten« und der »linksbürgerlichen Intellektuellen«. Die Gesinnung bestimmte nicht nur die inhaltliche Gestaltung ihrer Beiträge, insbesondere den Umgang mit den staatlichen Repressionen.

Die Nationalsozialisten wurden von den anderen Mitarbeitern eher als Aufpasser verstanden und nahmen eine Außenseiterposition ein. Unter ihnen befanden sich aber durchaus auch eine Reihe kritischer Denker, die ihre Kritik gegenüber dem Regime, die während des Krieges zunahm, auch in ihren Artikeln zum Ausdruck brachten. In ihren Beiträgen trifft man teilweise auf einen offeneren kritischen Stil als bei Nicht-Nationalsozialisten.

Die zahlenmäßig größte Gruppe bildete die aus dem Lager der bürgerlichen Rechten.[42] Eugen Mündler war zum Hauptschriftleiter bestimmt worden, hat-

---

[39] Frei/Schmitz, Journalismus, S. 112f.
[40] Von einer weitgehenden unabhängigen Arbeitsweise in den Ressorts, die für die Journalisten befreiend wirken musste, berichten auch ehemalige Reich-Mitarbeiter in ihren Erinnerungen, so z.B. Helene Rahms und Karl Korn, Lange Lehrzeit.
[41] Die folgende Begrifflichkeit ist übernommen aus Martens, Das Reich, S. 54-57. Diese Einteilung erscheint nach eigenem Ermessen sinnvoll zu sein, wenn natürlich immer nur eine richtungsmäßig festellbare politische Haltung in diese Begriffe gefasst werden kann.
[42] vgl. Martens, Das Reich, S. 55ff.; Müller, Querschnitt, S. 7; Frei/Schmitz, Journalismus, S. 110.

te den ersten Redaktionsstab bestimmt und damit das Gesicht der Zeitung nachhaltig geprägt. Mündler studierte Philosophie, Geschichte und Nationalökonomie und war zunächst in der Industriepresse des Ruhrgebiets tätig. Danach wechselte er zum *Berliner Tageblatt* und fungierte bis zur Einstellung des Blattes als letzter Hauptschriftleiter. Mündler galt als liberal, wobei er sich in den Augen Rienhardts und Sparings dem Propagandaministerium als zu nachgiebig erwiesen habe. In seinen Artikeln kommt immer wieder seine Anglophobie zum Ausdruck.

Mündler wählte für die Redaktion namhafte Persönlichkeiten des journalistischen Lebens aus, die vornehmlich von bürgerlichen Zeitungen wie der *Deutschen Allgemeinen Zeitung* oder dem *Berliner Tageblatt* kamen. Über den NS-Pressetrust konnte er ja die Mitarbeiter rekrutieren. Diese Gruppe der »bürgerlichen Rechten« nutzte ihre Mitarbeit beim *Reich* unterschiedlich. Einige versuchten, möglichst auf unpolitische Themen auszuweichen, andere suchten Gemeinsamkeiten mit der nationalsozialistischen Ideologie. Auch im Lager der »bürgerlichen Rechten« war ein Antisemitismus verbreitet, auch wenn er nicht rassistisch begründet wurde. Zudem fanden sich hier eine tiefe Abneigung gegen England und den »Bolschewismus«.

Während die Gruppe der »bürgerlichen Rechten« wesentlich das Gesicht der Zeitung prägten, führte die der »linksbürgerlichen Intellektuellen« eher ein Schattendasein. Ihnen fehlte jegliche Anknüpfungspunkte an die herrschende Ideologie, sie liefen am ehesten Gefahr, für einen Artikel gerügt zu werden, in dem sie versuchten, vorsichtige Kritik zu transportieren. Vielfach versuchten sie auf unpolitische Themen auszuweichen. So waren sie stets einer Gratwanderung zwischen Anpassung und Ausweichen ausgesetzt.

Ob und inwiefern die gegebenen Freiräume von den einzelnen Journalisten genutzt wurden, hing wesentlich von den Fähigkeiten und dem Ermessen des Einzelnen ab. Es konnte sich keiner gänzlich dem Zwang des totalitären Systems entziehen.

Im Rückblick ist nur schwer zu entscheiden, ob es sich um eine freiwillige, innere Anpassung handelt oder ob es sich nur um eine sprachliche Anpassung handelte, durch die man existenziell bedrohliche Repressionen umgehen wollte. Hier zeigt sich eine Gratwanderung, eine Gefährdung des eigenen Gewissens, wie sie im eingangs genannten Zitat zum Ausdruck kommt.

Wie dann tatsächlich das Ergebnis dieser Gratwanderung ausfiel, hing sicher auch mit der Begabung der einzelnen Journalisten ab.

10. Einzelbeispiele

Abschließend soll anhand von Einzelbeispielen veranschaulicht werden, inwiefern Journalisten die Zugeständnisse, die dem *Reich* gemacht wurden, auch nutzten und in ihrer Arbeit umsetzten.

Als junges Mitglied in der außenpolitischen Redaktion arbeitete Otto Philipp Häfner von 1940 bis 1942 für die Zeitung. Auch wenn er sich nach Zeitzeugenberichten ideolgietreu gegenüber dem Nationalsozialismus zeigte[43], so hielt er doch seine Artikel von jeglicher NS-Polemik frei und bemühte sich um eine möglichst umfangreiche Information seiner Leser. Mit seinem Artikel »Invasion über den Atlantik? Eine Dokumentation zur amerikanischen Politik«[44] verfasste er einen zweiseitigen Hintergrundbericht über die gespaltene politische Stimmung in Amerika zur Unterstützung Englands im Krieg. Aus dem Bericht ist sicherlich Häfners nationalsozialistische Grundhaltung herauszulesen, eindeutig ist aber vor allem sein Bemühen um eine sachliche, umfangreiche Berichterstattung. Dabei gibt Häfner streckenweise kommentarlos die Entwicklung der politischen Diskussion einfach nur wieder. Dem Leser wird dadurch die Möglichkeit geboten, sich eine eigene Meinung zu bilden. An anderer Stelle gibt er – ebenfalls kommentarlos – eine Rede Roosevelts aus dem Jahr 1941 zur Lage der Nation wieder. In diesem Artikel findet sich dann das erstaunliche Zitat des amerikanischen Präsidenten: »Die Weltordnung der Nazis ist eine ruchlose Allianz von Macht und Egoismus, um das Menschengeschlecht zu beherrschen und zu unterjochen« und: »Wir wissen, dass andere Völker mit den Nazis nur Frieden haben können zum Preise einer totalen Kapitulation.« Die Enthüllung der Intention des Verfassers blieb dem Leser überlassen: Zeichnet Häfner die feindliche Haltung Amerikas nach oder transportiert er Kritik am Expansionsstreben Hitlers?

Erich Peter Neumann, Mitglied der Gründungsredaktion, arbeitete in der innenpolitischen Redaktion und wurde »Chef vom Dienst«. Er kam vom *Berliner Tageblatt* über die *Deutsche Allgemeine Zeitung* zum *Reich*. 1941 wurde Neumann in den Krieg einberufen und schrieb danach, oft unter dem Pseudonym Hubert Neun, nur noch vereinzelt für *Das Reich*. Neumann bemühte sich in seinen Artikel um einen hohen Grad an Sachlichkeit und eine Fülle an Informationen. Seine Stärke lag darin, in seinen Beiträgen eindrucksvolle Stimmungsbilder zu zeichnen, die für sich sprachen und bei denen er sich jeder Wertung zu entziehen versuchte. In seinem Artikel »Frühling über dem Wenzelplatz. Was bewegt die Tschechen?«[45] bemüht sich Neumann, ein solches Stimmungsbild über das Leben der Prager unter deutscher Besatzung möglichst facettenreich darzustellen. Als Außenstehender schildert er das Treiben auf dem Wenzelplatz, beobachtet den Tagesablauf der Prager Bevölkerung, die sich in scheinbarer Normalität neben ihren deutschen Besatzern bewegt. Es geht ihm um die Darstellung eines gewöhnlichen Alltags, er gibt die Stimmung wieder. Dabei entzieht sich Neumann jeder Wertung. Denkbar wäre ja, dass er in dieser Stimmung leise Kritik an den Besatzern mitschwingen lassen könnte. Dies geschieht nicht. Aber er gibt dem gesamten Artikel durch seinen Aufbau geschickt eine Interpretationshilfe: Den Rahmen der Szenerie und des Artikels

---

[43] Der erste Leiter des Kulturteils, Karl Korn, bezeichnet Häfner als »hochbegabt«, »lebendig« und »unpathetisch«, aber ideologietreu, zitiert nach Korn, Karl, Lange Lehrzeit, S. 300 und S. 89f.

[44] Invasion über den Atlantik? Eine Dokumentation zur amerikanischen Politik. Zusammengestellt von Otto Philipp Häfner, in: Das Reich, Nr.10, 9. März 1941, S. 8f.

[45] Frühling über dem Wenzelplatz. Was bewegt die Tschechen? Von Hubert Neun, in: Das Reich, Nr. 13, 30. März 1941, S. 10.

bildet eine Ausstellung im Böhmischen Landesmuseum unter dem Titel »Deutsche Größe«. Diese »Größe«, so kann man den Artikel interpretieren, findet sich eben nicht nur in der Ausstellung, sondern auch im Alltag, die Besetzung des Landes ist überall spürbar und damit auch die Unterdrückung der Prager Bevölkerung. Dies zu interpretieren und die Stoßrichtung des Artikels in Neumanns Sinne zu verstehen, überlässt er dem Leser – und kann sich damit über eine gelungene Entschlüsselung nicht sicher sein.

Zweideutig bleibt auch sein Artikel über das Warschauer Ghetto[46], in dem er nach einer eingehenden Beschreibung des besetzten Warschau auch die Lebensbedingungen im Warschauer Ghetto transportiert. Dies konnte er nur, wenn er sich dabei im nationalsozialistischen Propagandajargon bewegte. Mit Begriffen wie »anarchische Lebensweise«, »semitische Masse«, »grausige Panorama« gewährt er doch gleichzeitig dem Leser Einsicht in das Leben im Ghetto. Für ihn habe sich die Frage »schweigen oder schreiben«[47] gestellt. Wollte er schreiben, musste er sich in gewisser Form anpassen, damit das Geschriebene überhaupt gedruckt werden durfte. Er versucht sich in seinem Artikel durch einen offensichtlichen Stilbruch von der Propagandasprache zu distanzieren: Die Passage über das Ghetto liest sich auffallend unsachlich, sie passt nicht zum Rest des Artikels. Ein aufmerksamer Leser stolpert über diesen Stilbruch – aber auf diese Aufmerksamkeit musste Neumann hoffen. Sicher sein konnte er nicht, dass sein Artikel in seinem Sinne interpretiert wurde. Eine Gratwanderung, bei der sich Verhüllung und Enthüllung nicht immer entsprechen mussten.

In ihrer ausnahmslosen Sachlichkeit fast unzeitgemäß wirken die Korrespondentenberichte von Paul Scheffer, der aus den USA für *Das Reich* berichtete. Seine Artikel stießen im In- und Ausland auf hohes Interesse[48], schon in den zwanziger Jahren galt er als äußerst qualifiziert und informiert. Als Beispiel für seine sachliche Berichterstattung sei hier ein Beitrag Scheffers über die Rechte des amerikanischen Präsidenten und die Rückbindung seiner Macht an die Verfassung genannt. »Welche Macht hat der Präsident? Roosevelt und die USA-Verfassung«[49] fragt Scheffer in einem Artikel aus dem Sommer 1941 und stellt Roosevelt seiner Leserschaft als intelligenten, besonnen taktierenden Präsidenten dar, der seine Macht aber nur im durch eine demokratische Verfassung festgelegten Rahmen ausüben kann. Liest man den bis heute informativen Artikel, vergisst man fast, in welcher Zeit er entstanden ist und für welche Zeitung er geschrieben wurde. Vorgaben aus der nationalsozialistischen Heimat scheint er dabei gänzlich zu ignoriert zu haben. »Ich

---

[46] Wiedersehen mit Warschau. Besiegte Stadt zwischen Gestern und Morgen. Von Hubert Neun, in: Das Reich, Nr. 10, 9. März 1941, S. 3f.

[47] Entsprechend äußerte sich Neumann 1964 in der Zeitschrift Der Spiegel zu der Neuerscheinung von Hans Dieter Müllers Facsimlie; Neumann, Erich Peter: Vom Umstand, Sklave zu sein, in: Der Spiegel, Nr. 42, 14. Oktober 1964, S. 140f.

[48] Margret Boveri porträtiert ihren Kollegen anschaulich in: Boveri, Margret: Wir lügen alle. Eine Hauptstadtzeitung (Berliner Tageblatt) unter Hitler, Olten/Freiburg i. Brsg. 1965, S. 105ff. und S. 627ff.

[49] Welche Macht hat der Präsident? Roosevelt und die USA-Verfassung, Von Paul Scheffer, in Das Reich, Nr. 25, 22. Juni 1941, S. 4.

UNSER LEITARTIKLER

Zum 45. Geburtstag von Dr. Goebbels

Hier ist kein Platz für eine Huldigung. Dazu steht Dr. Goebbels unserer Arbeit zu nahe. Es ist auch kein Raum für konventionelle Glückwünsche, dazu ist das, was unsere Wochenzeitung und unsere Leser ihm verdanken, zu wichtig. Wohl aber wird es gestattet sein, an einem solchen Tage die Arbeit eines Mannes zu würdigen, der die Leistung vollbringt, seit Kriegsbeginn mit zählbaren Ausnahmen, Woche für Woche, in guten wie in schweren Zeiten, pünktlich auf die Stunde eine journalistische Pflicht zu erfüllen, die er einmal übernommen hat.

Dies ist in der Tat außergewöhnlich. Welcher Staatsmann oder Propagandachef in London, Washington oder Moskau hätte dazu den Mut und die Sammlung aufgebracht? Weder Branden Bracken noch einer seiner Vorgänger, noch irgendeiner seiner Kollegen haben einen solchen Versuch aufgenommen. Was sie tun, spielt sich im Dunkeln ab, es sei denn, daß sie gelegentlich eine Pressekonferenz abhalten, deren Tendenz dann so deutlich ist, daß man die Nachtigallen trappsen hört. Dr. Goebbels ist der einzige führende Propagandist eines kriegführenden Landes, der sich die Freiheit des offenen, unbefangenen Wortes bewahrt hat und der nie um dies Wort verlegen ist. Man erinnere sich seines Aufsatzes zu Beginn des vorigen Winters, in dem er die leichtfertige Hoffnung zurückwies, es könne der Krieg im Handumdrehen beendet werden, und aussprach, es dürfe nicht die Frage gestellt werden, wann, sondern wie dieser Krieg zu Ende gehe. Es war ein mutiges Wort in unserer schwersten Stunde. Daß er es als Propagandist zur Parole erhob, zeigte die Unerschrockenheit des alten unentwegten politischen Kämpfers.

Einem solchen Manne ist mit billigen Sprüchen an seinem Geburtstag nicht gedient. Aber wenn wir ihm eine Freude bereiten wollen, so ist es vielleicht die, daß wir ihn an den schönsten Erfolg seiner Arbeit erinnern. Unsere Wochenzeitung wird von Dozenten und Künstlern genau so gelesen wie von Kaufleuten und Arbeitern. Und auch noch der Landser, der über 500 km russischer Landstraßen Munition nach vorn bringt, legt sie übers Knie, wenn er halt macht, und liest sie, wenn er seine verschwitzte Feldflasche zum Munde führt. In Lissabon wird sie gelesen wie in Athen und Drontheim, sie hat als deutsche politische Wochenzeitung eine Verbreitung im Auslande wie keine andere. Ohne Mühe ließe sich Woche für Woche ein Bündel Zitate in einem Dutzend Sprachen auf den Tisch legen. Das alles weiß Dr. Goebbels, so wie wir es wissen. An dieser Wirkung ist viel gelegen. Denn die Welt soll erkennen, wie wir die Probleme des Krieges sehen und anpacken. Was ist nun bei allem die schönste Wir-

das ist sicherlich auch zu seinem Teil dem wiederkehrenden Appell zu verdanken, der von diesen Aufsätzen ausgeht.

*

Wir sagten, daß Dr. Goebbels pünktlich auf die Stunde seine Arbeit in die Schriftleitung schickt. Um dies zu würdigen, muß man den Tageslauf des Ministers kennen. Neulich kamen wir mit ihm aus Italien. Der Zug hatte um Mitternacht München verlassen. Um vier Uhr in der Frühe fuhr in Berlin einer seiner Pressereferenten zum Bahnhof und überreichte die ersten Meldungen und Nachrichten in Wittenberg. Sie waren bis zur Ankunft in Berlin gelesen. Jeden Morgen um sieben Uhr ist Dr. Goebbels über die internationale und die innerdeutsche Lage informiert, bis ½11 Uhr empfängt er laufend weitere Berichte, diktiert er Anweisungen; dann kommt ein Vortrag des Verbindungsoffiziers des OKW. über die militärische Lage, um 11 Uhr ist Ministerkonferenz, die Abteilungsleiter des Ministeriums, die leitenden Herren von Funk, Film, Presse, die Vertreter der Gauleitung Berlin, der Reichspropagandaleitung und der Auslandsorganisation sind anwesend. Dr. Goebbels gibt Anweisungen für die Polemik. Fragen und Gegenfragen, Lob und Tadel, plötzliche Einfälle, Lachsalven, kritische Gänge, Argumente und Gegenargumente, eine Redaktionskonferenz im großen Stil, immer aktuell und immer wirklichkeitsnah.

Nach einer halben Stunde warten draußen die Besucher, Gruppen von Soldaten, von Beamten, von Ausländern und Besuchern aus dem Reich. Bis 2 Uhr pausenlose Unterredungen, ein kleines Frühstück, das zuweilen ins Arbeitszimmer gebracht wird, abermals Besprechungen und Diktate, zwischendurch Nachrichten, Einschaltung des Funkgerätes zur Kontrolle der laufenden Dienste, Telefongespräche quer durch Europa, bis am Spätnachmittag endlich der Wagen vorfährt. In der Wohnung neue Besucher und Mitarbeiter, selten ein Abendessen, bei dem nur die Familie zu Tisch sitzt, jeden Abend nach dem Essen Besucher aus dem Reich oder Fronturlauber, Probevorführungen der Wochenschau und neuer Filme, lange Diskussionen, abermals eine Mappe mit Meldungen und Abhörberichten ausländischer Sender, die oft bis Mitternacht und später gelesen werden. Ausstellungen, Bühnen, Filmateliers, Truppenbetreuung, Zeitungsprobleme,

JAGD NACH

3 | Dem Leitartikler Goebbels zum 45. Geburtstag
Das Reich, 25. Oktober 1942

Aufnahme: Sandau, Berlin

soziale Fürsorge, Personalfragen des Ministeriums und der Reichshauptstadt, Wehrmachtswünsche, Papiernöte, PK-Anweisungen, Bombenschäden, viele Anliegen hilfesuchender Volksgenossen, plötzliches Auftauchen von Urlaubern, die unmittelbare Eindrücke von vorne mitbringen, Reden und Vorträge, Unterstützungsfonds, Winterhilfspropaganda, alles dies und vieles andere füllt den Tag bis in den tiefen Abend. Trotzdem wird der Leitartikel pünktlich geschrieben. Er ergibt sich aus diesem Kriegstageslauf. Oft tauchen in Gesprächen die ersten Gedanken auf, werden weiter verarbeitet, von einer neuen Nachricht abgerissen oder verstärkt, formen sich zu knappen Formulierungen, werden spruchreif und druckreif. Weil im Laufe einer Woche viele Hunderte von Menschen der Front und der Heimat mit Dr. Goebbels sprechen, ist seine Sprache so volkstümlich geblieben. Er trifft den Ton des Volkes, weil er mit dem Volke lebt. Er trifft den Ton des Krieges weil er ganz im Kriege lebt.

Dies an seinem Geburtstage zu sagen, schien uns erlaubt. Es möge die Front mit der Heimat verbinden, für die beide Dr. Goebbels in dieser Zeitung allwöchentlich das Wort ergreift.

DEM USA-ARBEITER

schreibe, was ich für richtig halte«, soll Scheffer geäußert haben.[50] »Was drüben daraus gemacht wird, kümmert mich nicht, und ich sehe es auch nicht.« In dieser Haltung kommt nicht nur eine gewisse Arroganz zum Ausdruck, sondern sie enthält auch gefährliche Züge. Scheffer stellt sich seiner Verantwortung nicht, ob und wie die Nationalsozialisten sein Talent für ihr Regime nutzten, indem er ihnen als Aushängeschild publizistischer Qualität diente, interessierte ihn nicht.

11. Der Leitartikler Goebbels

Besonders zu erwähnen ist natürlich die Mitarbeit Joseph Goebbels als Leitartikler des *Reichs*[51]. Sofort nach Erscheinen des Redaktionsprogramms hatte er ja seinen Anspruch angemeldet und setzte diesen ein halbes Jahr nach der Erstauflage auch um, nachdem sich die Zeitung als Erfolg darzustellen schien. Seine mit 2.000 Reichsmark sehr gut honorierten Artikel waren überschrieben mit »Reichsminister Dr. Goebbels«, was in weiten Teilen der Redaktionen auf Unmut stieß, erweckte dies doch den Charakter einer offiziellen Zeitung des RMVP. Carl Linfert, Chef des Feuilletons von 1943 bis 1945, bezeichnete die Leitartikel Goebbels als »ordinäre Kunst«, die Versuche, sich auf das Niveau des *Reichs* einzustellen, als »intellektuelle Anstrengung«.[52] Seine Artikel sind wahre Hetzschriften gegen den »Bolschewismus«, »die Juden« und eine fanatisch wirkende Proklamation des »totalen Krieges«.[53]

Die Leitartikel Goebbels heben sich insofern vom übrigen Stil der Zeitung ab, als dass sie als eindeutiges Mittel der Propaganda unverkennbar sind und als solches auch verbreitet wurden: *Das Reich* erschien im Raum Großberlin bereits Freitagmorgen, am Samstagmorgen wurde es im übrigen Teil des Landes verteilt. Bereits am Freitagabend[54] aber wurden die Leitartikel im Hörfunk verlesen, um möglichst viele Rezipienten zu erreichen. Die Beiträge durften in anderen Presseorganen veröffentlicht werden, ab Herbst 1944 wurde diese Veröffentlichung sogar der »Gaupresse« vorgeschrieben. Ein Großteil seiner Leitartikel erschienen zudem in Buchform. Goebbels wollte mit seinen Leitartikeln gezielt Propaganda zu einem ausgewählten Thema ins In- und Ausland transportieren. Es ging ihm dabei weniger um die Auseinandersetzung mit einem aktuellen politischen Geschehen. Nur sehr vereinzelt und zahlenmäßig fast vernachlässigbar[55] nimmt Goebbels direkt zu politischen Ereignissen Stellung, so zum Kriegseintritt der USA oder zu Stalingrad.

---

[50] ebd., S. 628.
[51] Hierzu Kessemeier, Carin: Der Leitartikler Goebbels in den NS-Organen »Der Angriff« und »Das Reich«, Studien zur Publizistik, Münstersche Reihe, Band 5, Münster 1967.
[52] Martens, Das Reich, S. 59.
[53] Helmut Heiber wird hier drastisch: »Liest man [...] einige dieser Artikel *hintereinander*, meint man hier hätte ein Irrer für Irre geschrieben.«, zitiert in Brechtken, Goebbels, S. 70.
[54] Ab 7. November 1941.
[55] Kessemeier, Leitartikler, S. 142ff. nennt insgesamt neun aktuelle Ereignisse.

Unter Titeln wie »Über die geistige Kriegführung«[56], »Vom Vertrauen in die eigene Kraft«[57], »Das Gesetz der neuen Welt«[58] oder »Die sogenannte russische Seele«[59], um beispielhaft einige zu nennen, erscheinen seine Propagandaschriften. Er beschäftigt sich mit der Stimmung der Deutschen während des Krieges oder versucht, Regierungsmaßnahmen zu begründen, versucht ausufernd eine Kriegsideologie zu entwickeln, wobei er bemüht ist, diese auch in einen geschichtlichen Zusammenhang zu bringen. In dem überwiegenden Teil seiner Artikel setzt er sich mit den Kriegsgegnern auseinander, zunächst mit England, dann Amerika und Russland, mit Frankreich hingegen weniger. Nicht zuletzt aber hetzt Goebbels gegen die Juden. In ihnen sieht Goebbels den eigentlichen Feind des nationalsozialistischen Deutschlands. In dem Leitartikel »Die Juden sind schuld!«[60] gibt Goebbels ihnen die »historische Schuld [...] am Ausbruch und an der Ausweitung dieses Krieges«, dies sei »so hinreichend erwiesen, dass darüber keine Worte mehr« zu verlieren seien. Hitler habe prophezeit, dass es zur »Vernichtung der jüdischen Rasse« käme, wenn es dem »internationalen Finanzjudentum« noch einmal gelinge, die Welt in einen Krieg zu ziehen. »Wir erleben eben den Vollzug dieser Prophezeiung, und es erfüllt sich damit am Judentum ein Schicksal, das zwar hart, aber mehr als verdient ist«, begründet Goebbels im Folgenden den »allmählichen Vernichtungsprozeß« der Juden. Noch im Januar 1945, kurz vor der deutschen Kapitulation, bezeichnete er die Juden als »Die Urheber des Unglücks der Welt«[61].

Wie ernst auch das Ausland Goebbels Leitartikel im *Reich* als Mittel der deutschen Propaganda nahm, zeigt sich besonders in den deutschsprachigen (Gegen-) Propagandasendungen der BBC. Hier setzte man sich in Form einer Glosse oder Satire, in polemisch kritischen Kommentaren oder durch ernste Beiträge mit Goebbels Leitartikeln auseinander. Es wird deutlich, wie hoch offensichtlich auch das Ausland die Wirkung der Goebbelschen Artikel auf das deutsche Volk einschätzte.

Betrachtet man Goebbels Leitartikel im *Reich* im Zusammenhang mit der Gesamtkonzeption der Zeitung, dann müssen sie fast isoliert herausstechen. Weder intellektuell, noch sprachlich, geschweige denn informativ reichten sie an das Niveau der Zeitung heran. Sie wirken fast wie ein Fremdkörper – und so wurden sie von vielen *Reich*-Journalisten auch empfunden – in einem um Sachlichkeit und umfangreiche Berichterstattung bemühten Presseorgan. Aber sie erreichten ihre Leser und Hörer im In- und Ausland – und erfüllten damit ihren propagandistischen Zweck.

---

56 Das Reich, Nr. 9, 2. März 1941.
57 Das Reich, Nr. 6, 8. Februar 1942.
58 Das Reich, Nr. 28, 12. Juli 1942.
59 Das Reich, Nr. 29, 19. Juli 1942.
60 Das Reich, Nr. 46, 16. November 1941.
61 Das Reich, Nr. 3, 21. Januar 1945.

12. Zur Beurteilung der Wochenzeitung

Die Beurteilung der Wochenzeitung *Das Reich* fällt je nach Bewertungsmaßstab unterschiedlich aus. Geht man von den enorm hohen Auflagenzahlen aus, muss die Zeitung als Erfolg bezeichnet werden. Über die Grenzen Deutschlands hinaus fand sie große Beachtung und wurde zur bevorzugten Lektüre im Bürgertum, in gehobenen Parteikreisen und in Offizierskasinos.[62] Auch für Journalisten, die vor platter NS-Propaganda zurückschreckten und einen höheren intellektuellen Anspruch hegten, war das neue Blatt reizvoll: Es war ein unzweifelhafter Gewinn, sachlicher und informativer schreiben zu dürfen als es der übrigen Pressewelt genehmigt war. Damit war auch dem Leser eher die Chance geboten, sich ein eigenes Urteil zu bilden als nach der Lektüre des *Völkischen Beobachters*. Der Journalist konnte verschlüsselte Kritik in seine Artikel einfließen lassen, jedoch dabei nicht sicher sein, dass diese vom Leser auch entschlüsselt wurde. Offenen Widerstand leistete die Zeitung jedenfalls nicht. Dazu war sie nicht konzipiert worden und es hätte den Rahmen gesprengt.

Legt man das zugrunde liegende Konzept Rienhardts, das er im Redaktionsprogramm und seinen Denkschriften formuliert hatte, als Bewertungsmaßstab an, so muss der Erfolg der Zeitung in Frage gestellt werden. Rienhardt hatte die Schaffung eines von staatlichen Lenkungszwängen freien journalistischen Betätigungsfeldes angestrebt. Diese Forderung jedoch war unvereinbar mit der totalen Erfassung und Lenkung der Presse im Dritten Reich. Die nationalsozialistische Grundhaltung der Wochenzeitung war von Anfang an festgelegt. *Das Reich* war gegründet worden, weil die »braunen Herrscher« – und an ihre Spitze setzte sich hier ganz demonstrativ Goebbels – eine seriöse, im In- und Ausland repräsentative, informative und stilistisch anspruchsvolle Zeitung in ihrem Land vermissten. Der Wochenzeitung wurde damit eine propagandistische Aufgabe zugedacht – und diese erfüllte sie vorbildlich.

Das, was dem System kritisch gegenüberstehende Journalisten im *Reich* fanden, war also allenfalls eine verordnete Nische im System. Wer für *Das Reich* schrieb, entzog sich dadurch nicht der NS-Propaganda, sondern wurde ein Teil von ihr und diente damit letztendlich der Stabilität der gelenkten Presse. *Das Reich* fungierte damit als Feigenblatt der Diktatur: Es diente dem totalitären Anspruch, indem es ihn verbarg. Dies soll die Anerkennung des Bemühens der Journalisten um Information ihrer Leserschaft, um das Transportieren von Wahrheit in einer von Hetze und Polemik regierten Öffentlichkeit nicht mindern. Letztendlich lässt sich im Nachhinein nicht vollständig entschlüsseln, was sich zwischen den Zeilen, an den Grenzen von Kommunikation in einer derart verordneten Öffentlichkeit tatsächlich abgespielt hat. Aber in seiner Wirkung und Funktion blieb *Das Reich* Herrschaftsinstrument der totalitären Diktatur, in der und für die es erschien.

---

[62] Müller, Querschnitt, S. 7.

Verleger, Tradition und Konkurrenz: Lokalpresse und Nationalsozialismus in Bensheim*

von

MATHIAS FRIEDEL

1. Einleitung

Während zum Prozess der politischen Gleichschaltung nach 1933 eine Fülle von Lokal- und Regionalstudien vorliegt, nimmt sich die Beschäftigung mit der Lokalpresse, von einigen Ausnahmen abgesehen, nach wie vor gering aus.[1] Dieser Umstand ist nicht alleine darauf zurückzuführen, dass sich jenseits der Großstädte sowohl die politische »Machtergreifung« als auch die »Eroberung der Provinzpresse« (Frei) nach den jeweiligen sozialen, politischen, konfessionellen Ortsgegebenheiten höchst divergierend vollzog und sich solche auf Lokalebene gewonnenen Erkenntnisse schlechterdings aggregieren lassen. Denn den tieferen Zugang verwehrt vielfach die karge Quellenbasis über kleine Zeitungsverlage und Lokaljournalisten. Daher muss – im Gegensatz zu dem reicher bestellten Feld der großstädtischen Traditionsmedien[2] – die Beschäftigung mit der Lokalpresse oftmals am journalistischen Endprodukt, der überlieferten Berichterstattung, ansetzten. Notgedrungen wird somit die Machtergreifung und -konsolidierung vor allem im Spiegel der örtlichen Presse betrachtet. Ein solches Verfahren verwehrt den individuellen Zugang, den

---

* Erweiterte Fassung des 2008 in der Reihe »Blickpunkt Hessen« erschienen Heftes u.d.T. »Lokaljournalismus zwischen Weimarer Republik und NS-Zeit am Beispiel der Bensheimer Presse«.
[1] So verzeichnet Ruck, Michael, Bibliographie zum Nationalsozialismus, Bd. 1–2, Darmstadt, [2. Aufl.] 2000, 45 Regional- und Lokalstudien zur Pressegeschichte während der NS-Zeit (Nrr. 7100–7144), hingegen 181 (Nrr. 4499–4679) zur »Machtergreifung«, also das Vierfache. Grundlegend zur Provinzpresse in der NS-Zeit: Frei, Norbert, Nationalsozialistische Eroberung der Provinzpresse. Gleichschaltung, Selbstanpassung und Resistenz in Bayern, Stuttgart, 1980 = Studien zur Zeitgeschichte 17 u. ders., Nationalsozialistische Eroberung der Provinzzeitungen. Eine Studie zur Pressesituation in der Bayerischen Ostmark, in: Bayern in der NS-Zeit. Herrschaft und Gesellschaft im Konflikt, hg. v. Martin Broszat u. Elke Fröhlich, Bd. II, T. A, München/Wien, 1979, S. 1–89; übergreifend zum Komplex Nationalsozialismus und Region: Wirsching, Andreas, Nationalsozialismus in der Region. Tendenzen der Forschung und methodische Probleme, in: Nationalsozialismus in der Region. Beiträge zur regionalen und lokalen Forschung und zum internationalen Vergleich, hg. v. Horst Möller, Andreas Wirsching u. Walter Ziegler, München, 1996 = Schriftenreihe der Vierteljahrshefte für Zeitgeschichte, Sondernr., S. 25–46. Vgl. zur Geschichte Bensheims in der NS-Zeit v.a. Maaß, Rainer, »Gleichschaltung« auf kommunaler Ebene. Das Beispiel des Bensheimer Stadtrates 1933/35, in: Geschichtsblätter Kreis Bergstraße Bd. 38, 2005, S. 195–212; ders., Bensheim zur Zeit des Nationalsozialismus, in: Bensheim. Spuren der Geschichte, hg. v. Rainer Maaß u. Manfred Berg im Auftr. d. Magistrats d. Stadt Bensheim, Weinheim, 2006, S. 345–382 sowie Geschichte der Bensheimer Juden im 20. Jahrhundert. Mit Erinnerungen und Betrachtungen von Hans Sternheim, [Hg.:] Geschichtswerkstatt der Geschwister-Scholl-Schule, Bensheim, Weinheim, 2004.
[2] Vgl. den Beitrag von Günther Gillessen zur Frankfurter Zeitung in diesem Band.

Blick auf die lokalen Zeitungsmacher und ihre (Familien-)Verlage. Der hier unternommene Versuch, die Lokalpresse der Stadt Bensheim – bei nicht minder ausgedünnter Quellenlage[3] – zwischen Weimarer Republik und NS-Zeit bis zum Kriegsausbruch 1939 exemplarisch zu beleuchten, berücksichtigt daher vor allem Einflüsse der Verlegerpersönlichkeit, der journalistischen Tradition aber auch der lokalen Pressekonkurrenz auf die journalistische Haltung gegenüber der NS-Bewegung.

Die Presselandschaft der 1925 rund 10 000 Einwohner zählenden, katholisch geprägten Kreisstadt Bensheim an der Bergstraße war zwischen Weimarer und NS-Zeit im wesentlichen von zwei Zeitungen geprägt[4], die sich nach Typus und Tendenz entgegenstanden: Einerseits die älteste Bensheimer Zeitung, das Bergsträßer Anzeigeblatt (BA; heute: Bergsträßer Anzeiger), ein bürgerlich-konservatives, später dem rechten Lager zuneigendes Kreisblatt – und andererseits der bis 1936 erschienene Starkenburger Bote (StB), ein ausgesprochenes Zentrumsblatt. Beide standen 1933 in einer historisch gewachsenen Konkurrenzsituation, die aus den Zeiten des Kulturkampfes herrührte, wie der Blick zurück in das 19. Jahrhundert zeigt: Seit 1852 war das Bergsträßer Anzeigeblatt im Besitz der Verlegerfamilie Beger. Es erschien unter dem Leitsatz, man maße sich nicht an, »die biedern Bewohner der Bergstraße und des Odenwaldes in politischer und religiöser Beziehung erst zu erleuchten«.[5] Eine derart program-

---

[3] Unterlagen der Ortsgruppe Bensheim der NSDAP bzw. der hiesigen NS-Kreisleitung sind aufgrund schwerer Kriegsverluste im Stadtarchiv (StadtA Bensh.) kaum vorhanden und auch die im Staatsarchiv Darmstadt (StAD) verwahrte Überlieferung des Gaues (Bestand N 1) ist ebenso wie die des Kreisamtes Bensheim (G 15 Bensheim) stark dezimiert. Vgl. auch die folgende Anm. zur Quellenlage.

[4] Vgl. die Nachweise in Schäfer, Adelheid, Hessische Zeitungen. Bestandsnachweis für die bis 1950 im Gebiet des ehemaligen Großherzogtums und Volksstaats Hessen erschienenen Zeitungen, Darmstadt, 1978 = Darmstädter Archivschriften 4, S. 7f, Nrr. 22–24. Kurzzeitig erschien 1930/31 in Bensheim der »Beobachter an der Bergstraße« (ebd. S. 10, Nr. 30), der hier unberücksichtigt bleibt. Während die Ausgaben des BA vollständig erhalten sind, u.a. verwahrt im StadtA Bensh. und im heutigen BA-Zeitungsarchiv, liegt der Starkenburger Bote nur bruchstückhaft vor. Aus dem 19. Jahrhundert existieren nur wenige Jahrgangssplitter, und für die Weimarer und NS-Zeit sind lediglich die Ausgaben für die Jahre 1928/29 sowie 1931 bis 1934 überliefert. Die Verleger des StB hatten, so berichtet Blüm, Diether, Beiträge zur Geschichte der Bensheimer Juden, in: Bergsträßer Heimatblätter Nr. 45 (= BA v. 22.4.1987), nach dem Verlust der Zeitung (1936) das Archiv vernichtet; eine weitere vollständige Überlieferung ging verloren. – Weitere Beiträge zur Geschichte des BA und StB in der NS-Zeit sind in den Nrr. 45 bis 50 der »Bergsträßer Heimatblätter« (Blüm, Beiträge = Beilage zum BA v. 22.4.–13.6.1987) veröffentlicht sowie in einem digitalen Ausstellungskatalog (Friedel, Mathias, Zeitreise. 175 Jahre Demokratiegeschichte im Spiegel der Zeitung, CD-ROM, Bensheim [2007]) zu Ende 2007 durch den Verfasser im Auftrag des Bergsträßer Anzeigers, Bensheim, erarbeiteten Ausstellung »Demokratiegeschichte im Spiegel der Zeitung«. Eine Presseanalyse des BA und StB für 1933 liefert Jaehrling, Brigitte, Zwischen Reichstagswahl und Gleichschaltungsgesetz. Der März 1933 im Spiegel der Bensheimer Presse, in: Geschichtsblätter Kreis Bergstraße Bd. 24, 1991, S. 278–308. – Für wertvolle Hinweise zur Bensheimer Pressegeschichte sei an dieser Stelle Manfred Berg (StadtA Bensh.) sowie Karl-Heinz Schlitt (BA) und Thomas Dilo (BA) gedankt.

[5] BA v. 16.6.1869, S. 4. – (Peter Martin) Gotthard Beger (5.5.1820 – 26.2.1894), nach Buchdruckerlehre bei G. C. Heller in Bensheim u.a. an der Hofdruckerei in Wien tätig, 1852–94 Verleger des BA. Zunächst u.d.T. Allgemeines Bergsträßer Anzeigeblatt, dann 1855–1860 mit wechselnden Nebentiteln Verordnungs- und Anzeigeblatt, seit 1861 Bergsträßer Anzeigeblatt u. seit 1969 Bergsträßer Anzeiger.

matisch unpolitische Linie ist kennzeichnend für den Zeitungstypus des Anzeigeblattes, denn solche kleinformatigen, zumeist vierseitigen Zeitungen lebten von der Konzession, amtliche Bekanntmachungen der Bürgermeistereien abdrucken zu können. Freilich hatten Verleger wie Beger, der sein BA mitten in der Reaktionsära herausgab, ohnehin kaum journalistische Spielräume. Doch der Status als Anzeigeblatt verpflichtete das BA umso mehr zu politischer Abstinenz und erleichterte staatliche Einflussnahmen. Erst nach der Reichsgründung 1871 und dem auch in Bensheim schwelenden Kulturkampf lockerte das BA seine obligatorische Zurückhaltung und nahm für die Bismarcksche Politik Partei, was im katholisch geprägten Bensheim – auch die Verlegerfamilie des BA war katholisch – durchaus beachtlich war. BA-Herausgeber Gotthard Beger war am Ausgleich der Konfessionen gelegen, wohl nicht zuletzt, um seine protestantische Leserschaft zu mehren. Vor diesem Hintergrund begründete der katholische Stadtpfarrer Franz Sickinger 1868 den Starkenburger Boten, der später, 1901, in den Besitz der Verlegerfamilie Gmeiner überging. Selbstredend war der Bote ein katholisches Blatt, das seit 1870, der Gründung der Zentrumspartei, mit aller Schärfe die Interessen des politischen Katholizismus vertrat und – im Gegensatz zum überkonfessionellen BA – zudem stark antisemitisch ausgerichtet war.[6] Die wenigen erhaltenen Ausgaben zeigen einen stetigen Kampf gegen die Säkularisierungspolitik Bismarcks und die gleich gerichtete hessische Landespolitik[7] – derart lautstark vertrat das Zentrumsblatt seine Linie, dass ein Artikel des Boten im August 1871 auf der Titelseite der New York Times besprochen wurde[8]. Nicht minder streitfreudig berichtete Begers Anzeigblatt in die entgegengesetzte Richtung und wetterte, wo es konnte, gegen die ›Ultramontanen‹, die ihre »Heimath ›jenseits der Berge (Alpen)‹« hätten und »Feind und Verräther« des »Vaterlandes« seien.[9] Ihre

---

[6] Grundlegend zur jüdischen Geschichte Bensheims: Hellriegel, Ludwig, Geschichte der Bensheimer Juden, Bensheim, 1963. Zum Antisemitismus der katholischen Presse: Greive, Hermann, Geschichte des modernen Antisemitismus in Deutschland, Darmstadt, 1983 = Grundzüge 53, S. 50–57. – Im November 1871 wurde im BA eine von mehreren Bensheimer Juden gezeichnete Gegendarstellung veröffentlicht, die sich gegen im StB verbreitete antisemitische Vorurteile richtete. Vgl. Kaufmann, Uri, Die jüdische Geschichte Bensheims, in: Bensheim. Spuren der Geschichte (wie oben Anm. 1), S. 267–297, hier S. 278. Wie massiv die Vorwürfe des Boten waren, zeigt dass der Landesrabbiner der Provinz Starkenburg in Darmstadt, Julius Landsberger (10.8.1819 – 3.3.1890), eine umfassende Widerlegung (Landsberger, Julius, Zur Abwehr. Widerlegung der im Starkenburger Boten Nr. 92 [...] u[nd] 69 gegen das Judenthum erhobenen Beschuldigungen, Darmstadt, [Dezember] 1871) veröffentlichte, und 1873 stand der Bote wegen Verunglimpfung des Judentums vor Gericht. Vgl. StAD G 23 F / 232; ebd., 230–232 u. 235–238, sind aus den Jahren 1872 bis 1878 ganze sieben Strafprozesse gegen Redakteure des StB wegen Beleidigung überliefert

[7] Hier ging es v.a. um die seit 1874 in Hessen-Darmstadt eingeführte Simultanschule. Vgl. hierzu mit Auszügen aus dem StB: Gröbel, Matthias, Das Bensheimer Schulwesen im 19. Jahrhundert: Säkularisierungskonflikte am Beispiel der Höheren Bildung und der Fortbildung, in: Bensheim. Spuren der Geschichte (wie oben Anm. 1), S. 225–265, hier S. 263.

[8] Vgl. Daguet, Alexander, Papal Infallibility. Widening of the Schism in the Catholic Church Fresh. Recruits for Dr. Dollinger, in: New York Times v. 14.8.1871, S. 1; in deutscher Zusammenfassung (die StB-Ausgaben für 1871 sind nicht überliefert): Wöchentliche Anzeigen für das Fürstenthum Ratzeburg v. 1.8.1871, S. 1.

[9] BA v. 16.12.1874, S. 5; vgl. auch BA: v. 7.1.1874, S. 5.

schärfsten Pressefehden lieferten sich der Starkenburger Bote und das zu den Nationalliberalen tendierende BA im Reichstagswahlkampf 1874, aus dem das Zentrum mit starken Stimmengewinnen hervorging.[10] Dieser bis weit ins Persönliche gehende Konflikt – so ließen die Begers ihren jüngsten Spross Eduard 1878 altkatholisch taufen – spielte in den politischen Kämpfen der Weimarer Republik und dann in der NS-Zeit nochmals eine Rolle.

2. Journalistische Modernisierung nach 1918/19

Unter den freiheitlichen Bedingungen der Weimarer Reichsverfassung von 1919 konnte sich das Bergsträßer Anzeigeblatt journalistisch modernisieren. Denn Aufmachung und Inhalt der BA mussten unweigerlich dem wachsenden Informationsbedürfnis der Öffentlichkeit angepasst werden. Heute sei die »Welt kleiner geworden«, heißt es in einer der wenigen Selbstdarstellungen des BA (1926).[11] Die »Anforderungen«, hieß es weiter, »die man heutzutage an eine Zeitung« stelle, seien völlig anders als früher, als der »kleine Mann fast keinen Anteil an der Politik« nahm. Unter diesen Voraussetzungen, die eine größere inhaltliche Vielfalt erforderten, konnte das noch immer im Gewand der Anzeigeblätter des 19. Jahrhunderts gedruckte BA im Laufe der 1920er Jahre sein überkommenes Schema aufgeben. Bald umfasste es acht Druckseiten, erschien täglich, der Lesestoff wurde in redaktionellen Teilen organisiert, und die überregionalen Ereignisse verdrängten auf der Titelseite die streng lokalbezogene Berichterstattung der Vorjahre. Dies steigerte auch die Anforderungen an den Journalistenberuf. Während Altverleger Gotthard Beger in erster Linie Drucker und Handwerker war, mussten dessen Nachfahren mehr journalistische Eigenverantwortung an den Tag legen. Inzwischen hatten die beiden Söhne Gotthard Begers, Heinrich und Eduard, gemeinschaftlich die Geschäfte übernommen. Nachdem Eduard Beger im Juli 1925 aus dem Verlag ausgeschieden war, führte Heinrich bis 1944 als Alleininhaber das Unternehmen fort. Heinrich Beger besorgte zusammen mit seinem Sohn Richard die verschiedenen redaktionellen Teile und Beilagen des BA.[12] Neben der immerhin etwa fünfzehnköpfigen Belegschaft halfen mehrere freie Mitarbeiter, den wachsenden Stoff zu bewältigen.

Auch der katholische Starkenburger Bote hielt mit dem Medienwandel nach 1918 Schritt und profilierte sich weiterhin als journalistische Konkurrenz zum BA. Unterdessen war, wie in der Verlegerfamilie Beger, auch beim Starkenburger Boten eine jüngere Generation ans Ruder gelangt. 1901 war der Bote auf die – freilich katholische – Verlegerfamilie Gmeiner übergegangen, deren

---

[10] Vgl. BA v. 7.11.1874, S. 4 u. v. 10.1.1874, S. 3. Vgl. zu Eduard Beger unten Anm. 12.

[11] Auch im folgenden BA v. 15.3.1926 (Beilage).

[12] Nach dem Tod Gotthard Begers im Jahr 1894 hatte zunächst dessen Ehefrau Berta (1837–1915) das BA weitergeführt. – Heinrich Beger (22.12.1868 – 4.9.1944), 1903 Teilhaber u. 1925 Alleininhaber des BA. – Eduard Beger (*20.1.1878), 1903–25 BA-Teilhaber. – Nach Heinrich Begers Tod im Jahr 1944 übernahm dessen Schwiegersohn Wilhelm Heß (9.1.1891 – 1.1.1957) die Geschäfte und erneut 1949–57. – Richard Beger (*27.10.1902), 1925–38 Redakteur des BA. Vgl. StadtA Bensh., Meldekartei.

jüngste Nachfahren seit 1919 die Geschäfte führten: Anton Gmeiner fungierte – mit kurzer Unterbrechung zwischen 1927 und 1930 – bis zum Ende des Boten im Jahr 1936 als verantwortlicher Herausgeber, während sein Bruder Joseph Gmeiner jun. den Druckbetrieb leitete.[13] Unterdessen bot auch das Bensheimer Zentrumsblatt seinen Lesern umfassende Lokalberichte, verschiedene Rubriken und Beilagen und verstand sich – wie das BA – als Heimatzeitung. Darüber hinaus unterhielt der Bote sogar einen kostenlos nutzbaren Lesesaal, in dem verschiedene Publikationen auslagen.

3. Weimar: Zwischen Meinungsjournalismus und Parteipresse

Der Starkenburger Bote blieb unmissverständlich ein Zentrumsblatt. Mit dieser Grundhaltung zeichnete sich die Zeitung – im Gegensatz zum BA – durch freimütige, oft bissige Kommentare zum politischen und gesellschaftlichen Geschehen aus. Es hatte schon Tradition, dass der Bote seinem Konkurrenzblatt genüsslich vorhielt, als »farbloses« Amtsblatt »unter der Firma Unparteilichkeit« zu segeln.[14] Dem BA, mit dem sich der Bote auch in der Weimarer Zeit auseinander setzte, wurde indirekt angelastet, »Gesinnungslump« zu sein:

> »Es ist nicht schwer, nach allen Seiten hin Komplimente zu machen, das Gute herauszustreichen und das weniger Gute einfach totzuschweigen. Weit schwerer ist es, jederzeit und allerorts einzustehen für die Wahrheit [...]. Es ist nicht schwer, zu loben. Weit schwerer ist es zu tadeln. Es ist nicht schwer Gesinnungslump zu sein. Weit schwerer ist es, in allem ein ehrlicher Kerl zu sein, der eine eigene Meinung hat [...].«

Diese Vorwürfe der Konkurrenz waren nicht ganz zutreffend, denn der journalistische Wandel des BA weg vom Typus des tendenzlosen Anzeigeblattes war längst im Gange und bewirkte Ansätze eines Meinungsjournalismus. Hiermit kollidierte jedoch immer wieder der überkommene überparteilich-unpolitische Anspruch der Zeitung.

Ganz im Gegensatz zur politischen Berichterstattung blieb das BA seiner schon im Kulturkampf praktizierten überkonfessionellen Grundhaltung treu. Folglich enthielt es sich, selbst in der Endphase der Weimarer Republik, – wie unterdessen auch der Starkenburger Bote – antisemitischer Tendenzen[15], die in Bensheim seit 1918/19 erneut aufflammten. Diese Haltung hatte offenbar viel mit dem persönlichen Umfeld der Beger-Familie zu tun, denn Heinrich

---

[13] Josef Gmeiner sen. (31.3.1863 – 28.10.1919), Buchdrucker zunächst in Mainz u. seit 1895 in Bensheim, 1901–1919 Herausgeber des StB; Söhne: Anton Gmeiner (*19.4.1889 Mainz), 1919–1936 Herausgeber des Boten; Joseph Gmeiner jun. (*12.10.1891 Mainz), Leiter des Druckereibetriebes der Familie. Vgl. Einwohner Adreßbuch für die Stadt und den Kreis Bensheim, Bensheim, 1928, S. 69; StadtA Bensh., Meldekartei. – Zwischen 1927 und 1930 war Dr. Anton Verhoeven (*16.11.1901) aus Neuß Chefredakteur des Boten. Vgl. ebd. u. im Folgenden StB v. 3.1.1928, S. 8 u. 26.7.1928, S. 3.

[14] StB v. 22.9.1908, S. 1. Die folgenden Zitate aus der Jubiläumsausgabe des StB v. [28].10.1928, S. 1. Vgl. zu Auseinandersetzungen mit dem BA: StB v. 4.10.1928, S. 3.

[15] Vgl. die in Geschichte der Bensheimer Juden S. 185 u. 193 abgedr. BA-Berichte v. 27.11.1926 u. 30.12.1930.

Beger war mit einer der größten jüdischen Familien Bensheims, den Thalheimers, gut bekannt, und mit Max Thalheimer[16], seinem ehemaligen Schulkameraden, befreundet. Thalheimers Neffe, Hans Sternheim, war wiederum seit 1915 mit Begers Sohn Richard freundschaftlich verbunden, deren beidseitige Leidenschaft für Musik die beiden Bensheimer Familien oft zusammenführte: »da ging es bei den Begers und den Sternheims ein und aus«, erinnerte sich Sternheim Jahrzehnte später, der überdies um 1922/23 seine ersten journalistischen Erfahrungen als freier Mitarbeiter des BA sammelte.[17] – Und Eduard Beger, Heinrich Begers Bruder, lieferte sich sogar einen öffentlichen Schlagabtausch mit dem stadtbekannten Antisemiten und Verleger Heinrich Schönbohm. Dieser hatte mehrere antisemitische Schriften verbreitet und erstmals im November 1919, wie Eduard Beger im Februar 1920 empört dem Bensheimer Stadtrat meldete, das BA »um Aufnahme einer stark judenfeindlichen Erklärung als bezahltes Inserat« ersucht.[18] Die BA-Redaktion hatte Schönbohm daraufhin mitgeteilt:

> »Wir sind gewohnt, unseren Lesern, zu denen alle Konfessionen zählen, durch Kundgabe von Ansichten eines Einzelnen nicht unnütz aufzuregen.«

Gänzlich anders verhielt es sich mit der politischen Linie des BA. Noch zu Beginn der 20er Jahre blieb das BA seinem überparteilichen Anspruch treu. Wahlversammlungen der Demokratischen Partei wurden ebenso günstig besprochen wie die des Zentrums[19], zu dem das BA nach den Anfeindungen des Kulturkampfes offenbar einen Ausgleich fand – sicher auch, weil Bensheim stets eine Zentrumshochburg blieb. Doch bis Mitte der 1920er Jahre wurde diese überparteiliche Haltung zusehends aufgeweicht. Als Ausdruck dessen betätigte sich BA-Chef Heinrich Beger seit November 1925 nun selbst politisch und zog für die Bürgerliche Vereinigung (BV) in den Bensheimer Stadtrat ein. Dieses konservative kommunale Wahlbündnis wurde vor allem von Bensheimer Geschäftsleuten getragen und zielte somit auf die wirtschaftlichen Krisenerscheinungen ab, was die ausgedehnte Berichterstattung des BA hierüber

---

[16] Vgl. zu Max Thalheimer (*16.7.1866), Kaufmann in Bensheim, 1939 Emigration nach Ecuador, StadtA Bensh., Lehsten, Lupold v., Zur Geschichte der Juden an der Bergstraße, [Manuskript, Bensheim, 2002], S. 46.

[17] Sternheim, Hans, Erinnerungen und Betrachtungen, in: Geschichte der Bensheimer Juden, S. 235–[337] [zuerst als Artikelfolge im Bergsträßer Anzeiger 1972/73 und 1976/77 veröffentlicht; bibliographiert in: ebd. S. 218, Anm. 595], S. 261; vgl. ebd. S. 262. Hans Sternheim (22.11.1900 – 18.12.1983), Schriftsteller u. Journalist, nach Abitur in Bensheim bis 1923 freier BA-Mitarbeiter, 1924–26 Studium, 1926 Mitarbeiter der Weinheimer Nachrichten, 1927–38 in Stuttgart Leitung des Verlages seines Schwiegervaters Max Osterberg (7.6.1865 – 20.3.1938), 1938 KZ-Haft in Dachau, 1939 Emigration (USA). Vgl. ebd. u. Geschichte der Bensheimer Juden S. 191; Zelzer, Maria, Weg und Schicksal der Stuttgarter Juden. Ein Gedenkbuch, hg. v. d. Stadt Stuttgart, Stuttgart, [1964] = Veröffentlichungen des Archivs der Stadt Stuttgart, Sonderbd. [1], S. 96f., 187f. – Zu Richard Beger: oben Anm. 12.

[18] Vgl. die leidenschaftliche Erklärung Begers gegen Schönbohm in BA Nr. 21 v. 26.1.1920, S. 2 u. StadtA Bensh. 529/3, Flugblatt Schönbohms gegen Beger [Januar 1920]. – Die Zitate: ebd., Eduard Beger an Stadtverordnetenversammlung, 4.2.1920. Begers Ansinnen lief allerdings ins Leere. Die Stadtväter meinten, sie seien »nicht in der Lage«, in dieser »privaten Angelegenheit etwas zu unternehmen.« Ebd., Vermerk über die Sitzung der Stadtverordneten v. 4.3.1920.

[19] Vgl. BA v. 8.1.1919, S. 2.

zu erklären vermag. Denn in diesem Prozess der Politisierung des Blattes kam den Folgen des Versailler Vertrages eine zentrale Rolle zu: Während die Redaktion zum Jahreswechsel 1918/19 noch der Hoffnung Ausdruck verlieh, das kommende Jahr solle ein »Jahrhundert des Fortschritts und der Menschheitsideale« einleiten, könnte der Kontrast zu den Neujahrswünschen des Jahres 1929, nach beinahe 10 Jahren Versailles, kaum größer sein. Zwar krampfhaft mutmachend, sah das Blatt nun Deutschland im unerbittlichen »Daseinskampf« und vor der düsteren Zukunft, dass »wir Jahrzehnte hindurch, ein Menschenleben lang, noch Frondienst leisten sollen.«[20] Regelmäßig erschienen Artikel über die Gebietsabtretungen, die Behandlung der deutschen Minderheiten, die Reparationslasten als Ursache der Wirtschaftskrise, die Arbeitslosigkeit und die Deutschland »aufgezwungene Kriegsschuldlüge«, Themen also, die ein wachsendes Misstrauen in die republiktreue Mitte Weimars aus SPD, Zentrum und DDP offenbarten. Freilich galt auch dem Starkenburger Boten die Weimarer Republik als postrevolutionärer ›Notbehelf‹. Trotz Räterepublik, Spartakusaufstand, Versailler »Schmachfrieden«, Hitler-Putsch, Rheinlandbesetzung, rekapitulierte das Blatt im November 1928 die Geschehnisse, blicke man doch hoffnungsvoll auf die »Renaissance eines freien Volkes im freien Staat«.[21] Diese im Grunde staatsbejahende Haltung behielt der Bote, bei aller Kritik der Weimarer Zustände, letztlich bei.

Mitte der 1920er Jahre rühmte sich das BA damit, nicht in die »Abhängigkeit einer politischen Partei« geraten zu sein – man wolle überparteilich »in rein vaterländisch deutschem Sinne über alles berichten und es dem Leser überlassen, sich selbst seine eigene Meinung zu bilden.«[22] Doch ein ebenfalls im BA veröffentlichter Artikel Sven Hedins über die Rolle der Presse an der »Wiederaufrichtung der deutschen Nation« klärte, was das Blatt nunmehr unter vaterländischer Berichterstattung verstand. Denn der berühmte schwedische Forschungsreisende Hedin gehörte zu den wichtigsten ausländischen Aktivisten gegen Versailles – nach 1933 war er bei Hitler gern gesehener Gast. Die Presse, so Hedin, solle »Erzieherisch, veredelnd, stärkend« wirken, aber vor allem »das Wohl des gemeinsamen Vaterlandes« fördern:

> »Es ist offenbar, daß nach einem großen Krieg und einem schändlichen Frieden das Volk in seiner Entwicklung große Veränderungen durchgehen muß. Deshalb braucht das Volk gerade jetzt gute, edle Führer, die ihm den rechten Weg zeigen können.«

Diese Bemühungen, mit publizistischen Mitteln den »rechten Weg« zu zeigen, hatten im Oktober 1924 zu einer geharnischten Beschwerde über die Rechts-

---

[20] BA v. 31.12.1918, S. 2 u. 2.1.1929, S. 2 u. 4. – Vgl. zum Folgenden BA v. 27.6.1929, S. 8; 7.1.1929, S. 6; 7.6.1930, S. 5; das Zitat (»aufgezwungene«): BA v. 28.6.1929, S. 2. Grundlegend zum Komplex Revision von Versailles/Kriegsschuldfrage: Heinemann, Ulrich, Die verdrängte Niederlage. Politische Öffentlichkeit und Kriegsschuldfrage in der Weimarer Republik, Göttingen, 1983 = Kritische Studien zur Geschichtswissenschaft 59.
[21] StB v. 9.11.1928, S. 1.
[22] BA v. 15.3.1926 (Beilage). Die folgenden Zitate: Hedin, Sven, Die sittliche Pflicht der deutschen Presse, in: ebd.; vgl. zu diesem (19.2.1865 – 26.11.1952) auch die Charakterisierung in: Gärtner, Margarete, Botschafterin des guten Willens. Außenpolitische Arbeit 1914–1950, Bonn, 1955, S. 508–511.

tendenz des BA geführt. Der Kreisvorsitzende der Bensheimer DDP, Wilhelm Flegler, ereiferte sich gegenüber dem Kreisamt über die mangelnde Überparteilichkeit des BA, zu der es als Amtsblatt verpflichtet sei. Man glaube, meinte Flegler, »ein Oppositionsblatt der Rechten vor sich zu haben, statt eines amtlichen Organs«. Das BA solle sich, wenn es wolle, »den Charakter eines wirklichen Parteiblatts geben«, aber es tunlichst unterlassen, »unter dem Deckmantel vorgegebener Unpartelichkeit« seine »Pfeile nach einer ganz bestimmten Richtung hin immer und immer wieder abzuschießen«.[23] Die Eingabe blieb nicht folgenlos. Mehrfach wurde die Chefredaktion des BA von dem zuständigen Darmstädter Ministerium verwarnt, zuletzt mit der Drohung, der Zeitung die Funktion eines Amtsblattes zu entziehen.

4. Am Vorabend der »Machtergreifung«

Um nicht durch seine politische Linie wirtschaftlichen Schaden zu erleiden, lavierte das BA immer wieder zwischen Neutralität und Rechtstendenz.[24] Zwischen 1930 und 1932 mehrten sich – anfangs noch untendenziöse – BA-Berichte über Veranstaltungen und Aktivitäten der äußersten Rechten DNVP, Stahlhelm und NSDAP.[25] Erst im Laufe des Jahres 1932 und im unmittelbaren Vorfeld der »Machtergreifung« traten eindeutig positive Meldungen über die NSDAP, die seit 1929 mit zwei Mandaten im Bensheimer Stadtrat vertreten war, in den Vordergrund, und bald druckte das BA Anzeigen von NSDAP und SA mit dem Hakenkreuz ab. Im Juli 1932 schließlich erschien eine Fotografie Hitlers im Innenteil mit der Bildunterschrift »Adolf Hitler nimmt eine Parade der SA ab«.

Anders der Starkenburger Bote, der sich in der Endphase der Weimarer Republik nach Kräften für das Zentrum einsetzte. Zur Reichspräsidentenwahl im März 1932, als Hitler gegen Hindenburg kandidierte, brachte der Bote eine regelrechte Wahlausgabe für Hindenburg, gespickt mit Angriffen auf Hitler.[26] Hindenburgs Gegenkandidaten seien, versicherte das Blatt unterstützt durch eine Karikatur, »radikale Elemente, die das bestehende Staatsgebäude von Grund aus vernichten und die rohe Diktatur an seine Stelle setzen wollen.« Nach Hindenburgs Wahlsieg freute sich die Redaktion, dass sich »Adolf Hitler und seine Anbeter« eine »sehr schwere Niederlage« eingehandelt hätten

---

[23] StAD G 15 Bensheim / S 5, Flegler an Kreisamt Bensheim, 25.10.1924. Vgl. ebd., Verwarnungen des BA, 29.10.1924 u. 7.11.1924.

[24] Vgl. die positiven Stellungnahmen über die Feierlichkeiten zum Verfassungstag 1929 in BA v. 12.8.1929, S. 4 sowie die günstigen Berichte über gemeinsame Veranstaltungen von SPD, Zentrum und DDP gegen das von den Rechtsparteien initiierte Volksbegehren gegen den Young-Plan in: BA v. 21.10.1929, S. 5 u. 24.10.1929, S. 4.

[25] Vgl. BA v. 26.6.1929, S. 8; 10.9.1930, S. 4; 6.2.1932, S. 4; 13.2.1932, S. 4; 11.4.1932, S. 4 sowie die positiven BA-Berichte (8.3.1932, S. 4) über eine NS-Versammlung in Auerbach, die sich »äußerst zahlreichen Besuches« erfreut habe (mit Hinweis auf die Rede von »Pg. Ortsgruppenleiter G[eor]g Brückmann«) und über den NSDAP-Theaterabend (BA v. 19.1.1933, S. 4), der »vollen Erfolg« und »Beifallsstürme« erbracht habe; Anzeigen mit Hakenkreuz: BA v. 21.6.1932, S. 8; 21.1.1933, S. 8. Das folgende Zitat (»Adolf Hitler«): BA v. 6.7.1932, S. 6.

[26] Vgl. StB v. 12.3.1932, S. 4 u. das folgende Zitat (»radikale Elemente«) ebd. S. 8.

und folgerte, das deutsche Volk lehne »das Experiment Hitler und das dritte Reich mit seinen verheerenden Folgen« ab.[27] Für die politische Einstellung des BA und des Boten ist die Berichterstattung über eine Durchfahrt Hitlers durch Bensheim im März 1932 charakteristisch, über die das Bergsträßer Anzeigeblatt knapp meldete: »Eine zahlreiche Zuschauermenge begrüßte ihn in fast allen Ortschaften durch Heilrufe und Ueberreichung von Blumensträußen.«[28] Im Starkenburger Boten stellte sich das mit Häme geschilderte Ereignis gänzlich anders dar:

> »Hitler fuhr durch Bensheim. [...] Da diese Tatsache vorher bekannt geworden war, hatten sich neben vielen Neugierigen auch zahlreiche seiner Parteianhänger – auch einige Damen mit Blumensträußen – eingefunden, in der stillen Hoffnung, ihr angebeteter Parteihäuptling würde hier stillhalten, was Gelegenheit zu einer Huldigung gegeben hätte. Aber Hitler fuhr, ohne von der Ansammlung die geringste Notiz zu nehmen, vorbei. Wie wir hören, sollen die dem Parteihäuptling zugedachten Blumenspenden am 1. April meistbietend versteigert werden.«

5. 1933: Anpassung und Opposition

Während der Weimarer Republik hatte sich die Berichterstattung des BA hin zur politischen Rechten bewegt. Am 30./31. Januar 1933 ließ das BA die letzte Zurückhaltung fallen, nahm offen Partei und unterstützte fortan den Prozess der NS-Machtübernahme in Bensheim: »Reichskanzler Adolf Hitler – Die nationale Einigung vollzogen!«, titelte das Blatt am 31. Januar mit Hitlers Konterfei.[29]

Während sich der Starkenburger Bote zum 30. Januar 1933 noch vorsichtig äußerte, rührte er im Februar – nach der Reichstagsauflösung waren zum 5. März Neuwahlen angesetzt – letztmals die Wahltrommel für das Zentrum.[30] Unterdessen war aufgrund der »Pressenotverordnung« vom 4. Februar 1933 die Pressefreiheit in Deutschland faktisch ausgehebelt worden und durch die »Reichstagsbrandverordnung« vom 28. Februar die Grundrechte insgesamt.[31] Somit war jede oppositionelle Betätigung zum Scheitern verurteilt, so dass der Bote den »Terror gegen das Zentrum« hilflos beklagte.[32] Resigniert berichtete er am 4. März über die Ausschaltung der Zentrumspresse: Über frühere Reden

---

[27] StB v. 16.3.1932, S. 1. Vgl. StB v. 30.7.1932, S. 1 über »Wahlschwindeleien« der NSDAP.
[28] BA v. 10.3.1932, S. 4 u. im Folgenden StB v. 11.3.1932, S. 3. Vgl. zum Hitler-Besuch Schäfer, Franz Josef, Das Gerücht von einem Hitler-Besuch Bensheims im April 1932, in: Mitteilungen des Museumsvereins Bensheim Bd. 51, 1. Hj. 2005, S. 46–49.
[29] BA v. 31.1.1933, S. 1; vgl. auch BA v. 30.1.1933, S. 1.
[30] Vgl. StB v. 31.1.1933, S. 1 sowie den Spendenaufruf für den »Wahlfonds der Zentrumspartei« in StB v. 23.2.1933, S. 3.
[31] Die Notverordnung zum »Schutze des Deutschen Volkes« vom 4. Februar (in: Reichsgesetzblatt [RGBl] Teil I, Jahrgang 1933, hg. v. Reichsministerium des Innern, Berlin, 1933, Nr. 8, S. 35–40, hier S. 37) gestattete das Verbot von Zeitungen, wenn, so die dehnbare Formulierung, »Organe, Einrichtungen, Behörden oder leitende Beamte des Staates beschimpft oder böswillig verächtlich gemacht werden« (§ 9,1,5). Die Notverordnung »zum Schutz von Volk und Staat« vom 28. Februar in: ebd. Nr. 17, S. 83.
[32] StB v. 23.2.1933, S. 2. Die folgenden Zitate: StB v. 4.3.1933, S. 1.

1 | Titelseite des BA zur nationalsozialistischen Machtergreifung
Bergsträßer Anzeigeblatt, 31. Januar 1933; Fotograf: Dietmar Funck

Hitlers und sonstige Entgleisungen »müssen wir wegen der Notverordnung schweigen«. So mahnte der Bote seine Leserschaft, dass »Herr[n] Hitler« die »demokratischen Tugenden« im »Blute zuwider« seien und hoffte, dass bei den Wahlen »mehr als einer ›wach‹« werde.

Demgegenüber kommentierte das Bergsträßer Anzeigeblatt nach dem Wahlsieg der NSDAP am 5. März unter der Überschrift »Der Sieg der erwachenden Nation!« unmissverständlich, dass »nunmehr unser Vaterland mit starker Hand aus dem Elend der schwarz-roten Koalition herausgesteuert wird.«[33] Wie umfassend und rasch sich das BA zu einem Quasi-Parteiblatt entwickelte, verdeutlicht, dass auf einer einzigen Zeitungsseite Mitte März 1933 bereits rund drei Viertel positive Lokalnachrichten über die NSDAP und ihre Gliederungen erschienen. Zudem räumte das BA der NSDAP im Kreis Bensheim bald eigene Rubriken wie »Parteiamtliche Nachrichten der NSDAP«, »Aus der P[olitischen] O[rganisation]« oder »Aus der HJ« ein. Freilich zelebrierte das BA fortan jedes lokale Parteiereignis. Diese Nazifizierung des BA gipfelte zu Weihnachten 1933 in einer außergewöhnlichen pseudoreligiösen Verklärung der Machtergreifung im Konnex mit der Weihnachtsbotschaft, die auf den in Bensheim nach wie vor starken politischen Katholizismus gemünzt war.[34]

Denn bei den Reichstagswahlen am 5. März waren in Bensheim 2235 Stimmen auf die NSDAP entfallen – knapp gefolgt, trotz aller Drangsalierungen, vom Zentrum mit 2138 Stimmen. Dieser faktische Erfolg mag den Starkenburger Boten dazu veranlasst haben, fortgesetzt gegen die Bensheimer NS-Bewegung zu sticheln. Wie subtil hier zwischen den Zeilen formuliert wurde, zeigt eine Meldung des Boten über das Hissen der Hakenkreuzfahne auf dem Bensheimer Postamt. Der Bote hatte berichtet, dass die Postbeamten hierzu »antreten mußten«. Dieses, einen Zwang suggerierende, »mußten« wurde prompt mit einer Gegendarstellung des Postamtes quittiert, in der darauf hingewiesen wurde, dass die Anwesenheit der Beamten (natürlich) freiwillig erfolgt sei.[35] Einen Warnschuss kassierte das Zentrumsblatt am Morgen des 16. März 1933, als ein »Trupp von etwa 20 Nationalsozialisten« die Verlagsräume des Boten für 24 Stunden besetzte. Vorausgegangen sei – so meinte das BA – ein mit »Unwahrheiten« gespickter Bericht des Boten über einen Kirchgang der Bensheimer SA. Da die Redaktion sich weigerte, eine NS-Gegendarstellung abzudrucken, griff die Bensheimer NSDAP zu diesem Mittel. Der Redaktion des Starkenburger Boten blieb nichts anderes übrig, als zu protestieren, nachzugeben und die besagte Gegendarstellung abzudrucken: »Wir bitten unsere Leser um Verständnis für unsere Lage.«, bedauerte man. BA-Verleger Heinrich Beger hingegen war in den Prozess der Gleichschaltung des Bensheimer Stadtrates unmittelbar eingebunden. Nach der »Machtergreifung« war der bisherige Zentrumsbürgermeister Dr. Rudolf Angermeier einstweilen im Amt verblieben,

---

[33] BA v. 6.3.1933, S. 1. Vgl. zum Folgenden BA v. 13.3.1933, S. 4.
[34] BA v. 23.12.1933, S. 1.
[35] StB v. 17.3.1933, S. 3. Die folgenden Zitate zur Schließung des StB: ebd. S. 3; die Berichtigung: ebd.; das Zitat aus dem BA (»Unwahrheiten«): BA v. 17.3.1933, S. 4. Die Besetzung des StB war offenbar durch den nationalsozialistischen Stadtrat Johann Martin Schöpp veranlasst worden. – Die Wahlergebnisse vom 5. März in: Maaß, Gleichschaltung, S. 198.

2 | Besetzung des Starkenburger Boten durch die Bensheimer NSDAP am 16./17. März 1933
Starkenburger Bote, 17. März 1933 (Stadtarchiv Bensheim)

bis er am 24. April überfallartig mithilfe der Bensheimer SA durch den Nationalsozialisten Heinrich Nachtigall ersetzt wurde. Nunmehr sei, berichtete das BA, »die Gleichschaltung vollzogen« und sichergestellt, dass auch in Bensheim »im Geiste Adolf Hitlers regiert« werde.[36] Heinrich Beger, bislang Stadtrat für die Bürgerliche Vereinigung (BV), trat schließlich am 24. April 1933 offiziell zur NSDAP-Fraktion über, allerdings war es der BV nach dem »Vorläufigen Gesetz zur Gleichschaltung der Länder« vom 31. März 1933 nicht mehr möglich, eigene Kandidaten aufzustellen.[37] Erst als im Juni 1933 verordnet wurde, dass Stadträte nicht mit öffentlichen Aufträgen bedacht werden dürften, gefährdete dies eine gewichtige Einnahmequelle des BA, so dass Beger am 11. Oktober 1933 notgedrungen sein Mandat niederlegte.[38]

6. Das »Aus« für den Starkenburger Boten

Nach der Besetzung der Besetzung des Boten am 16./17. März 1933 musste das Blatt seine Abwehrhaltung aufgeben.[39] Sowohl über Reichsereignisse als auch über die Etappen der lokalen Gleichschaltung in Bensheim berichtete der Bote zwar deutlich teilnahmslos, jedoch auch unverfänglich. Dies blieb auch 1934, dem letzten überlieferten Jahrgang der Zeitung, so. Freilich hatte der Verlust des zentralen politischen Bezugspunktes des Starkenburger Boten, der am 5. Juli 1933 aufgelösten Zentrumspartei, seine Auswirkungen. Bis 1934 stellte der Bote seine langjährige Beilage »Die katholische Welt« ein und tilgte auch die Bezeichnung »Zentrums-Organ« aus dem Zeitungskopf. Anton Gmeiner, der bis dato die antinazistische Tendenz seines Blattes verantwortet hatte, blieb jedoch Herausgeber des Boten. Aufgrund des im Januar 1934 in Kraft getretenen Schriftleitergesetzes, das die Handhabe bot, politisch Unzuverlässige aus dem Journalistenberuf zu entfernen, firmierte Gmeiner bis zuletzt als »verantwortlicher Schriftleiter«.[40] Dies wurde, so scheint es, durch einen außergewöhnlichen Entschluss ermöglicht: Die beiden Gmeiner-Brüder Anton und Joseph hatten sich, so erinnerte sich ein ehemaliger Angestellter des

---

[36] BA v. 25.4.1933, S. 4. – Vgl. zu Angermeier (1876–1952) u. Nachtigall (1902–1943) Maaß, Bensheim, S. 348–354.

[37] Danach durften nur solche Parteien Wahlvorschläge unterbreiten, die am 5. März 1933 in den Reichstag eingezogen waren. Vgl. Maaß, Gleichschaltung, S. 199f. Eine gewisse Nähe der BV zur NSDAP mag bestanden haben, bedenkt man, dass der BV-Stadtrat Richard Frankenstein sen. (*22.1.1860) schon 1929 zur NSDAP übertrat. Zu Begers Wechsel in die NSDAP-Fraktion: StadtA Bensh. 3830/1, Vorschlagsliste der NSDAP v. 19.4.1933. Beger wurde Mitglied verschiedener Ausschüsse und Vorstände: vgl. BA v. 29.4.1933, S. 6; v. 20.5.1933, S. 5.

[38] Beger hatte offenbar vergeblich versucht, für sich eine Ausnahmeregelung zu erlagen, so dass er »im Interesse der Aufrechterhaltung meines Betriebes« mit der Bitte zurücktrat, seine Firma – »wie früher« – bei Druck- und Bindearbeiten der Stadt »wieder berücksichtigen zu wollen.« StadtA Bensh. 3830/1, Heinrich Beger an Bürgermeister Nachtigall, 11.10.1933.

[39] Letzte Aufmüpfigkeiten ›zwischen den Zeilen‹ dokumentiert Blüm, Beiträge (Nr. 48 = BA v. 30.5.1987).

[40] § 5,7 regelte, dass nur derjenige Schriftleiter sein könne, der »die Eigenschaften hat, die die Aufgabe der geistigen Einwirkung auf die Öffentlichkeit erfordert.« Schriftleitergesetz v. 4.10.1933 in: RGBl T. 1, 1933, Nr. 111, S. 713–717, hier S. 713.

Verlages, »hin und her beraten«, was getan werden könnte, um den Betrieb zu erhalten; man sei übereingekommen, dass »einer Mitglied würde« in einer NS-Organisation. Und in der Tat trat Joseph Gmeiner im November 1933 der SA-Reserve bei, zuletzt als Rottenführer (1935). Für einen Geisteswandel hin zur NS-Ideologie gibt es keine Belege – es soll jedoch nicht unerwähnt bleiben, dass Gmeiner als SA-Mitglied bei der Zerstörung der Bensheimer Synagoge im November 1938 anwesend war, wenn auch daran nicht mitwirkte, ja den Tatort fluchtartig verließ, als er begriff, was geschah.[41] Der Starkenburger Bote erschien noch bis Anfang 1936. Warum er eingestellt wurde, lässt sich nicht präzisieren, doch Anton Gmeiner gab nach dem Krieg einerseits wirtschaftliche Gründe an – die Behörden hätten ihn »boykottiert« –, und schließlich sei die Zeitung »widerrechtlich geschlossen« worden. Ursache könnte die NS-Pressepolitik des Jahres 1935 gewesen sein, die nun verstärkt die bürgerliche Presse ins Visier nahm, vor allem um die Konkurrenz der eintönigen, oft unrentablen NSDAP-Parteipresse auszuschalten. Hierauf zielten drei Anordnungen des mächtigen Chefs der NS-Parteiverlage Max Amann vom 24. April 1935 ab.[42] Diese vereinfachten die Schließung oder Übernahme konkurrierender Presseorgane, darunter wegen Auflagenschwäche – sogenannte mangelnde Wettbewerbsfähigkeit – und wegen einseitiger inhaltlicher Ausrichtung. Letzteres betraf auch die konfessionellen Medien. Die letzte Ausgabe des ehemaligen Zentrumsblattes erschien am 31. Januar 1936: In einer Anzeige im BA, gezeichnet von den Verlegern Anton Gmeiner und Heinrich Beger, wurde die Leserschaft dazu aufgefordert, das bisher »entgegengebrachte Vertrauen« nun auf das Bergsträßer Anzeigeblatt zu übertragen.

7. Das BA und die Expansion der Parteipresse

Auch das linientreue Bergsträßer Anzeigeblatt, obschon es bis Kriegsende erscheinen konnte, bekam die wirtschaftliche Expansion der Parteipresse zu spüren. Die Gauleitung Hessen-Nassau hatte zur finanziellen Stärkung der NSDAP-Presse im Dezember 1936 verfügt, dass die Bekanntmachungen des Kreises Bensheim »in einer nationalsozialistischen Zeitung erscheinen«[43] müssten, woraufhin das Kreisamt Bensheim dem BA den Amtsblattvertrag kündigte. BA-Chef Heinrich Beger setzte sich daraufhin in einem erbitterten Beschwerdebrief gegen dieses Vorhaben erfolgreich zur Wehr. Er pochte darauf, dass seine Zeitung sich »vor und nach der Machtergreifung« doch »nachweis-

---

[41] Hauptstaatsarchiv Wiesbaden [HHStAW] 520 Be / 130, Spruchkammerakte Josef Gmeiner, Verhandlungsprotokoll v. 13.5.1948, S. 9. Das folgende Zitat Anton Gmeiners: HHStAW 520 Be / Meldebogen v. 2.5.1946.

[42] Teildrucke: NS-Presseanweisungen der Vorkriegszeit. Edition und Dokumentation, hg. v. Hans Bohrmann [...], bearb. v. Gabriele Toepser-Ziegert, Bd. 3,1, München [u.a.], 1987, S. 23*–27*. Die folgende Anzeige in: BA v. 31.1.1936, S. 4.

[43] StAD G15 Bensheim / S 5, NSDAP Hessen-Nassau an Kreisamt Bensheim, 31.12.1936. Im Folgenden: ebd., Heinrich Beger an Kreisamt Bensheim, 6.1.1937. Beigegeben war eine Bestätigung des Kreisdirektors Reinhart v. 27.5.1933 (ebd.) darüber, dass das BA in den 20er Jahren wegen »bewiesener Rechtseinstellung« mehrfach verwarnt worden sei.

bar an der Aufrichtung des Dritten Reiches« beteiligt und »in den Dienst der Bewegung gestellt« habe:

> »In der Judenfrage, in der sozialen Gestaltung des Betriebes [...] sowie in seinem Opfergeist, steht das Kreisblatt mit in der ersten Reihe der nationalsozialistisch geleiteten Wirtschaftsbetriebe des Gaues.«

Die Eingabe Begers war einstweilen erfolgreich. Dazu mochte auch beigetragen haben, dass sich das BA frühzeitig durch den regelmäßigen Abdruck von Bekanntmachungen der NSDAP den Anstrich eines Parteiblattes verliehen hatte. Doch im Oktober 1938 unterlag auch das BA, denn unterdessen war eine neue Situation entstanden: Die hessische Staatsregierung unter Reichsstatthalter und Gauleiter Jakob Sprenger hatte die Auflösung des Kreises Bensheim und die Schaffung eines erweiterten Kreises Bergstraße mit Sitz in Heppenheim verfügt. Durch die am 1. November 1938 in Kraft getretene Regelung[44] – lediglich die NSDAP-Kreisleitung verblieb in Bensheim – wurde der Status des BA als Amtsblatt erneut in Frage gestellt. Diesmal wurde aus Darmstadt endgültig verfügt, dass nur ein »parteiamtliches Blatt« für den Abdruck der Amtsverkündigungen in Betracht komme, am besten der zu Heppenheim seit 1932 erscheinende »Volksgenosse«, der sich selbst als »ältestes nationalsozialistisches Kampfblatt in der Provinz Starkenburg« betitelte.[45] Heinrich Begers erneute Bemühungen, den Amtsblattstatus zu verteidigen, scheiterten. Dem BA verblieb seit November 1938 lediglich die Option, Amtsbekanntmachungen unentgeltlich abzudrucken.

8. Presse als Instrument der Verfolgung

In der Folgezeit nach 1933 wird deutlich, dass sich das Bergsträßer Anzeigeblatt vor allem durch Antisemitismus zu profilieren suchte. Darauf zielte auch die Argumentation des BA-Verlegers Beger gegenüber dem Kreisamt Bensheim Ende 1936 ab, als es um den Amtsblattstatus ging. Doch die Funktionalität des Antisemitismus – es sei auch an die freundschaftlichen Beziehungen der Familien Beger und Thalheimer erinnert – wird gerade in der Auseinandersetzung mit dem katholischen Konkurrenzblatt augenfällig. Denn im Juli 1933 initiierte das BA scharfe Angriffe auf den Starkenburger Boten – dem Blatt wurde vorgeworfen, wegen »einiger Judenpfennige«, Inserate jüdischer Geschäftsleute weiterhin abzudrucken; es habe einen gänzlich »verjudelten

---

[44] Ursprünglich sollte das Gesetz über die Kreisauflösung vom 7. April 1938 bereits am 1. Oktober in Kraft treten. Vgl. zur Bildung des Kreises Bergstraße Franz, Eckard G., Von der Schwierigkeit, eine richtige Kreiseinteilung zu finden. Verwaltungsbehörden an der hessischen Bergstraße zwischen 1803 und 1938, in: Kreis Bergstraße. Geschichte, Wirtschaft und Kultur in zwölf Jahrhunderten. Festbuch zum Jubiläumsjahr 1988, hg. v. Kreisausschuß des Kreises Bergstraße in Heppenheim, Red.: Michael Becker, Heppenheim, 1988, S. 36–57, hier S. 53–57.
[45] StAD G15 Bensheim / S 5, Reichsstatthalter an Kreisamt Heppenheim, 11.10.1938. Vgl. ebd., Kreisamt Heppenheim an Heinrich Beger, 19.10.1938. Seit der BA-Ausgabe v. 1.11.1938 hieß es im Zeitungskopf: »Amtsverkündigungen des Kreisamts im Nachdruck«.

Feiert Deutsche Weihnacht

Im letzten Jahre um die Weihnachtszeit: Verbitterung, Verzweiflung der Massen, ein Kampf aller gegen alle! Heraufziehender Bolschewismus! Gotteshaß, Gottesferne! Christushaß! Wir standen am Abgrund! Es bedurfte nur noch eines kleinen Anstoßes und das Ende war da! Nacht! Dunkel! Finsternis!

Wir wußten damals nicht, ob es uns vergönnt sein sollte, Weihnachten 1933 zu feiern! Ob es uns erlaubt sein würde, 1933 unsre Weihnachtsbäume anzuzünden, unsre Weihnachtslieder zu singen, unser Weihnachtsevangelium zu hören, unsre Weihnachtsgottesdienste zu besuchen, unsre Krippenspiele aufzuführen! Im aufbrechenden Bolschewismus schien alles zu versinken! Bis Gott sein Wunder tat! Wie damals im Stalle zu Bethlehem! Als es Licht wurde auf der dunklen Erde! Als jetzt durch Adolf Hitler das Abendland vor dem Chaos errettet wurde.

Nun feiern wir Weihnachten im dritten Reich! Zum ersten Mal! Als Volksgenossen und Volksgenossinnen, als eine große deutsche Gemeinde, als deutsche Schicksalsgemeinschaft!

Gott hat sein Wunder an unserem Volk getan! An Volk und Kirche! Weihnachten soll in diesem Jahr zu dem Fest werden, an dem wir dem Herrgott in besonderem Maße für die Gnade danken, die er uns werden ließ dadurch, daß er die Deutsche Auferstehung aus dunkler Nacht schenkte!

Weihnachten werde mit seinem Lichterglanz und seiner Freude das Fest der christlichen Deutschen! Drum auf:

    Feiert Deutsche Weihnacht!

3a/b | Weihnachten 1933 im Bergsträßer Anzeigeblatt. Rechts: Die antisemitische Artikelserie »Judenpranger« (1935)
Bergsträßer Anzeigeblatt, 23. Dezember 1933 (links) und 4. September 1935 (rechts); Fotograf: Dietmar Funck

Judenpranger

Ein deutsches Lehrmädchen als Ausbeutungsobjekt. — Der Bensheimer Jude Bach verwendet sein Lehrmädchen zum Kohlenschippen.

Bensheim, 3. Sept. In der Bensheimer Hauptstraße betreibt der Jude Bach ein Schuhgeschäft unter dem Namen „Schuhhaus Marx". Wie hoch der Jude Bach sein deutsches Lehrmädchen einschätzt, beweist folgender Fall, der sich am Montag, den 2. September nach Geschäftsschluß kurz nach 7 Uhr ereignete. Der Jude Bach bekam um die genannte Zeit eine Ladung Koks, die nun das Lehrmädchen in den Keller zu schaufeln hatte mit der Erklärung sich noch zu beeilen. Ein deutscher Mann, der das bedauernswerte Mädchen beim Kohlenschaufeln erblickte, ließ das Mädchen diese schwere Arbeit nicht mehr weiter leisten. Er gab dem Juden selbst die Schaufel in die Hand. Schon nach 5 Minuten konnte der gutgenährt aussehende Jude Bach die Arbeit infolge „Uebermüdung" nicht mehr weiter erledigen. Das Mädchen aber, sollte die ganze Ladung einschaufeln. Eine große Erregung herrschte über diese Handlungsweise des Juden bei den die Hauptstraße passierenden Volksgenossen. Der Fall zeigt erneut, wie der Jude die deutschen Mädchen einschätzt und für was er sie betrachtet.

[sic!] Anzeigenteil«.⁴⁶ Diese Vorwürfe ergaben sich nicht zufällig, denn kurz zuvor, im Juni 1933, hatten die Bensheimer Stadtverordneten entschieden, dass sowohl dem BA als auch dem Boten städtische Bekanntmachungen nur dann kostenlos zum Abdruck übergeben würden, wenn die Aufnahme jüdischer Inserate unterbleibe. Der Herausgeber des Boten, Anton Gmeiner, erwiderte: »Herr Beger! Wenn Sie finanziell so gut gestellt sind, das Sie auf die Inserate jüdischer Firmen verzichten können, so beneiden wir Sie darum.«⁴⁷ Die ausdrücklich mit »Heil Hitler!« gezeichnete Entgegnung der BA-Schriftleitung machte klar: »Wir vertreten nach wie vor unseren kompromißlosen nationalsozialistischen Standpunkt«.

Dementsprechend früh verlieh sich das BA eine antisemitische Tendenz, die sich nicht alleine auf den Wiederabdruck der allgemeinen antisemitischen Auswürfe aus Berlin beschränkte, sondern das Blatt produzierte auch Eigenmeldungen im Lokalteil, die Bensheimer Juden persönlich diffamierten und namentlich benannten. Zuerst im Umfeld der ersten reichsweiten Boykotte jüdischer Geschäfte zum 1. April 1933, zu dem das BA exponierte Aufrufe abdruckte⁴⁸, wurden kleine Meldungen aus der weiteren Region über jüdische »Greuelmärchen« und Betrügereien jüdischer Händler gebracht, die in erster Linie klassische antisemitische Vorurteile bedienten. Mit den ersten Schutzhaftnahmen politisch Verfolgter, die nach Osthofen – das zentrale hessische KZ für politische Häftlinge – verbracht wurden, erschien eine für spätere Jahre typische Meldung, die personalisierte und das Gewaltregime rechtfertigte⁴⁹:

> »Nach Osthofen verbracht wurde am vergangenen Samstag [26.8.1933] der hiesige Jude Ludwig Guthorn, wohnhaft Sprengerstraße 6, der es fertig brachte, den Hitlergruß durch eine infame Glossierung herabzuwürdigen. Das der jüdischen Rasse eigentümliche Charaktermerkmal, alles nationale Denken und Empfinden lächerlich zu machen [...], kam auch bei diesem Verhafteten deutlich zum Vorschein. Der übrigen Bensheimer Judensippschaft sei die gerechte Abwehrmaßnahme des nationalsozialistischen Deutschlands [sic!] eine Verwarnung.«

1935, im Umfeld der Nürnberger Gesetze, zielten die antisemitischen BA-Artikeln nun auf eine stärkere Ausgrenzung der deutschen Juden ab. Augenfällig wird die eingetretene Zuspitzung dadurch, dass die Druckerei des BA nun bereits Schilder mit der Aufschrift »Juden sind hier nicht er-

---

⁴⁶ BA v. 22.7.1933, abgedr. in: Blüm, Beiträge (Nr. 47 = BA v. 12.5.1987). Vgl. zu der im Folgenden genannten Stadtverordnetenversammlung v. 16.6.1933 Maaß, Bensheim, S. 353.
⁴⁷ StB v. 24.7.1933 in: Blüm, Beiträge (Nr. 47 = BA v. 12.5.1987); das folgende Zitat aus dem BA v. 25.7.1933: ebd. (Nr. 48 = BA v. 30.5.1987).
⁴⁸ Einerseits eine Großanzeige der NSDAP-Kreisleitung Benshein (BA v. 31.3.1933, S. 8) und ein Aufruf des hiesigen Handels- sowie des Gewerbevereins (ebd.). Die im Folgenden genannten Meldungen: BA v. 28.3.1933, S. 3 u. v. 21.4.1933, S. 4.
⁴⁹ BA v. 28.8.1933, S. 4. Ludwig Guthorn (*30.7.1869), Kaufmann, wohnhaft Casinostraße 6 (= Sprengerstraße), 1942 Deportation, 16.10.1942 verstorben im KZ Theresienstadt. Vgl. StadtA Bensh., Lehsten (wie oben Anm. 16), Anhang S. 98 u. Gedenkbuch. Opfer der Verfolgung der Juden unter der nationalsozialistischen Gewaltherrschaft in Deutschland 1933–1945, bearb. u. hg. v. Bundesarchiv Koblenz, Bd. II, Koblenz, 2. Aufl., 2006, S. 1127. Zu Guthorns Verhaftung im August 1933: StAD G 15 Bensheim / Q 266, SA Standarte 221 Bensheim, Eichel, an Kreisamt Bensheim, 26.8.1933.

wünscht« feilbot.⁵⁰ Ebenfalls 1935 startete die Zeitung eine eigene Artikelserie unter dem Titel »Judenpranger«, die die schon eingeschlagene Personalisierung mit weiteren gezielten Angriffen auf Bensheimer Juden fortsetzte. In dieser Serie wurde auch die jüdische Familie Marx, eine alteingesessene Bensheimer Unternehmerfamilie, im September 1935 diffamiert, indem der Geschäftsführer des Schuhhauses Marx in der Hauptstraße, Max Bach, in typischer Weise als Ausbeuter »deutscher Lehrmädchen« charakterisiert wurde.

Eine weitere Verschärfung der antisemitischen Angriffe trat freilich aufgrund der Novemberpogrome 1938 ein. Auch die BA-Artikel trugen nun deutlich eliminatorische Züge und wirkten stärker als zuvor auf eine Entmenschlichung der Juden hin. Ein Jahr zuvor, 1937, waren schon vergleichbare Artikel erschienen, die sich noch auf den jüdischen Einfluss in Handel und Gewerbe bezogen, aber bereits auf die Entmenschlichung des Judentums als Krankheitserreger abzielten: »Wie ein Bazillus, so steckte er alles an«, hieß es Ende 1937 im BA.⁵¹ – Als in den frühen Morgenstunden des 10. November 1938 auch die Bensheimer Synagoge von SA-Leuten niedergebrannt wurde, hielt sich das BA, wie viele andere Presseorgane auch, an die Anweisungen des Propagandaministeriums, die die organisierten Pogrome als spontane Äußerung des Volkszorns umdeuteten und somit jede offizielle Beteiligung verschleiern sollten.⁵² Zwei Wochen später legte das BA eine antisemitische Artikelserie »Der Feind im eigenen Land« auf.

Welch drastische Züge in der Folge die personalisierenden antisemitischen Lokalmeldungen des BA annahmen, zeigt ein unter der Überschrift »Freches Judenpack« kurz vor Kriegsausbruch wegen einer angeblich beleidigenden Äußerung veröffentlichter Angriff auf eine jüdische Bensheimerin namens Wolf⁵³. Anhand dieser konkret genannten Person wurde ein grundsätzlicher Angriff auf das sogenannte »ganze Judengeschmeiß« initiiert und mit der allgemeinen politischen Stoßrichtung gegen das »verjudete England«, das einen »Weltkonflikt« heraufbeschwöre, verknüpft. Die an der Bensheimer Jüdin Wolf aufgezogene Argumentation gipfelte in der Drohung, dass »eine Herausforderung Deutschlands die restlose Austilgung des verbrecherischen Hebräertums nach sich ziehen würde.« Mit letzterem Passus wurde die Quintessenz

---

50   BA v. 15.8.1935, abgedr. in: Blüm, Beiträge (Nr. 48 = BA v. 30.5.1987). Im folgenden: BA v. 4.9.1935, in: ebd. – Max Bach (*4.7.1883), verheiratet mit Bela (*11.12.1880), geb. Marx, wurde zusammen mit seiner Frau und seinem Vater deportiert und ermordet. Vgl. StadtA Bensh., Lehsten (wie oben Anm. 16), S. 47 u. Gedenkbuch Bd. I, Koblenz, 2. Aufl., 2006, S. 113, 115.
51   BA v. 13.12.1937, S. 4 u.d.T. »Die Judenfrage im Odenwald«.
52   Vgl. die knappe BA-Meldung v. 11.11.1938, S. 4, u.d.T. »Empörung schafft sich Luft« gegenüber der analogen Presseanweisung v. 10. November in: NS-Presseanweisungen Bd. 6,3, München [u.a.], 1999, S. 1060f. Ebenfalls verordnet waren (vgl. ebd. S. 1085) die im Folgenden genannten Artikelserien (BA v. 22.11.1938, S. 3). Vgl. zur Pogromnacht in Bensheim v.a.: Geschichte der Bensheimer Juden.
53   Vermutlich Hannchen Wolf (11.6.1860 – 10.9.1942 KZ Theresienstadt), die 1886 bis 1941 in der Hauptstraße zu Bensheim lebte. Vgl. StadtA Bensh., Lehsten (wie oben Anm. 16), Anhang S. 136 u. Gedenkbuch Bd. IV, Koblenz, 2. Aufl., 2006, S. 3717. – Die Zitate: BA v. 28.8.1939, abgedr. in: Blüm, Beiträge (Nr. 48 = BA v. 30.5.1987).

von Hitlers Reichstagsrede aus dem Januar 1939 aufgenommen, in der dieser erstmals unumwunden angekündigt hatte[54]:

> »Wenn es dem internationalen Finanzjudentum [...] gelingen sollte, die Völker noch einmal in einen Weltkrieg zu stürzen, dann wird das Ergebnis nicht die Bolschewisierung der Erde und damit der Sieg des Judentums sein, sondern die Vernichtung der jüdischen Rasse in Europa!«

Im Jahr der »Machtergreifung« lebten in Bensheim rund 160 Juden; 1939 waren es nur noch 28 – insgesamt überlebten mindestens 40 den NS-Terror nicht.

---

[54] Verhandlungen des Reichstags. Stenographische Berichte. 4. Wahlperiode 1939, Bd. 460, Berlin, 1939, 1. Sitzung v. 30.1.1939, S. 16. Die folgenden Angaben nach Arnsberg, Paul, Die jüdischen Gemeinden in Hessen. Anfang, Untergang, Neubeginn, Bd. 1, Frankfurt a.M., 1971, S. 63f.

V.

AUSBLICK

Kontinuitäten und Diskontinuitäten – Medien im Nachkriegsdeutschland

von

Wolfgang Mühl-Benninghaus

1. Vorbemerkungen

Mit Errichtung der nationalsozialistischen Diktatur endeten die in der Weimarer Republik zum Teil sehr grundsätzlich geführten öffentlichen Debatten über die inhaltliche, dramaturgische, ästhetische und formale Gestaltung der verschiedenen Medien. Die Diskussionen endeten relativ abrupt mit der Verordnung des Reichspräsidenten »Zum Schutz des deutschen Volkes« am 4. Februar 1933. Die Notverordnung bildete die rechtliche Basis für die ersten Presseverbote nach Hitlers Ernennung zum Reichskanzler. In den folgenden Wochen verließen einige Medienkritiker Deutschland. Andere passten sich dagegen den neuen politischen Gegebenheiten in unterschiedlicher Form an. In der zweiten Hälfte der 1930er Jahre verschwand unter dem Einfluss des Propagandaministeriums die Medienkritik schließlich völlig aus den öffentlichen Debatten, und damit jegliche demokratische Verständigung über Medieninhalte und -strukturen.

Die nach 1933 einsetzenden inhaltlichen Medienveränderungen zeigten strukturell unterschiedliche Auswirkungen: Die Zahl und die Auflagenhöhe der Zeitungen und Zeitschriften gingen infolge der Verbote und später auch infolge der den Vorgaben geschuldeten inhaltlichen Monotonie deutlich zurück.[1] Im Krieg mussten schließlich viele Zeitungen und Zeitschriften auch wegen Papiermangel ihr Erscheinen einstellen. Signifikant sank ebenfalls der Schallplattenabsatz.[2] Diese Entwicklung ist jedoch nicht der deutschen Diktatur anzulasten. Vielmehr spiegelte diese Tendenz die mangelnde Innovationsbereitschaft der nationalen und internationalen Tonträgerwirtschaft. Deren Produkte zeigten sich schon zu Beginn der Weltwirtschaftskrise preislich und qualitätsmäßig kaum noch konkurrenzfähig zum permanent steigenden Musikangebot im Rundfunk.

Nachdem die Kinobesucherzahlen vor allem aufgrund der Weltwirtschaftskrise ihren Tiefpunkt im Winter 1932/33 erreicht hatten, stiegen sie in den

---

[1] Zwischen 1932 und 1937 sank die Zahl der Zeitungen von etwa 4700 Titeln auf rund 2500. 1932 wurden in Deutschland 10300 Zeitschriften herausgegeben. Am Kriegsbeginn waren es nur noch etwa 2500 Titel. Abel, Karl Dietrich: Presselenkung im NS-Staat: eine Studie zur Geschichte der Publizistik in der nationalsozialistischen Zeit, Berlin 1968, S. 62.

[2] Die Eigenproduktion an Tonträgern sank von 30 Mio. Stück im Jahr 1929 auf 12 Mio. im Jahr 1938. Gleichzeitig fiel die Zahl der importierten Platten im gleichen Zeitraum von knapp 800000 auf 11600 Stück. Schulz-Köhn, Dietrich: Die Schallplatte auf dem Weltmarkt, Berlin 1940, S. 113.

folgenden Jahren mit der wachsenden Kaufkraft wieder erheblich an. Diese Tendenz wurde seit der zweiten Hälfte der 1930er Jahre befördert durch die permanente Zunahme der deutschen Bevölkerung nach der Saarabstimmung, dem Einmarsch der Wehrmacht in Österreich[3] und dem Münchner Abkommen, das die Besetzung des Sudetengebietes möglich machte. Ebenso permanent stieg auch die Zahl der angemeldeten Rundfunkgeräte.[4] Beide Entwicklungen lassen den Schluss zu, dass sich NS-Rundfunk und NS-Spielfilm in ihrer Gesamtheit zum überwiegenden Teil großer Beliebtheit bei den Rezipienten erfreuten.

Den Mediengebrauch der deutschen Bevölkerung während der Zeit des Nationalsozialismus kennzeichnen also sehr grob zwei divergierende Entwicklungen: Auf der einen Seite zeigen die Entwicklungen auf dem Printmarkt ein abnehmendes Rezipienteninteresse an politischer Berichterstattung infolge der thematischen und inhaltlichen Gleichschaltung. Auf der anderen Seite erfreuten sich jene Medien besonderer Beliebtheit bei der Bevölkerungsmehrheit, die ein relativ breit gefächertes, sich am gesellschaftlichen Mainstream orientierendes Unterhaltungsangebot versprachen.

Vor allem im Hinblick auf die Rundfunkprogramme setzte Goebbels jenen scheinbaren Tabubruch konsequent fort, der sich bereits während der Weltwirtschaftskrise abgezeichnet hatte. Bis zu diesem Zeitpunkt hatten sowohl die Verantwortlichen in den halbstaatlichen Sendern als auch die politisch Verantwortlichen den seit Ende der 1920er Jahre immer deutlicher artikulierten Wunsch der Hörermehrheit[5] nach einer höheren Zahl an Unterhaltungssendungen ignoriert. Dem entgegen stand der parteiübergreifende Konsens vom Rundfunk als wichtigem Kulturfaktor. Er verweist auf die bestimmende Rolle von Kunst, Kultur und Bildung für das politische und intellektuelle Selbstverständnis in Deutschland.

Bildung und Kunst galten als entscheidende Grundlage für die sittliche Erziehung, die ihrerseits – so etwa die Intentionen des Reichsjugendwohlfahrtsgesetzes von 1922 – die Voraussetzung für die »soziale Brauchbarkeit« bildeten. Kunst, Bildung bzw. Kultur dienten demnach der »inneren Sammlung« und galten als Sinn- und ideeller Ordnungsstifter. Unterhaltung verkörperte dagegen die Sucht nach Zerstreuung. Die Akzeptanz und die inhaltliche Ausrichtung der Unterhaltungsangebote am sogenannten Massengeschmack sowie die damit einhergehende Orientierung vor allem der Rundfunkprogramme an Marktwert und Publikumserfolg galt für die Verantwortlichen in der Weimarer Republik als ausgeschlossen.

Die besondere Betonung der Hochkultur in allen Rundfunkprogrammen erklärt sich aus den geringen Möglichkeiten des Staates, auf die Presse, den

---

[3] Die Zahl der Besucher stieg von 238,44 Mio. Besucher im Geschäftsjahr 1932/33 auf 396,4 Mio. Besucher 1937/38. Licht-Bild-Bühne Nr. 91/92 / 1939.

[4] Die Rundfunkgebühren erhöhten sich von 101 Mio. im Jahr 1933/34 auf 284,5 Mio. im Jahr 1939/40. Diller, Ansgar: Rundfunkpolitik im Dritten Reich, in: Rundfunk in Deutschland, hg. v. Hans Bausch, Bd. 2, S. 167.

[5] Scharnke, Reinhold: Was wollen Sie hören? Das Ergebnis unserer Hörer-Rundfrage, in: Funk-Woche Nr. 35/ 1930, 5. Jg.; vgl. auch von Benda, Hans: Rundfunkprogramm und Rundfunkhörer, in: Melos 1/ 1931, 10. Jg., S. 1 ff.

Film oder die Tonträger inhaltlich Einfluss zu nehmen. Dagegen hatten die Reichs- und Landesregierungen auf den Rundfunk indirekte Zugriffsmöglichkeiten über die Überwachungsausschüsse und die über die RGG abgesicherte Kapitalbeteiligung des Reichspostministeriums. Die Absicht, über den Rundfunk vor allem die herrschenden normativen Kultur- und Bildungsvorstellungen zu verbreiten, blieb auch von Rezipientenseite bis Ende der 1920er Jahre unbestritten. Der Grund lag in der sozialen Zusammensetzung der ersten Hörer. Sie wurde dominiert von vor allem an Technik interessierten Angehörigen bürgerlicher Schichten und am Medium interessierten Amateuren. Schließlich stimmten auch die für die Akzeptanz im linken Parteienspektrum wichtigen Radiovereinigungen in Bezug auf die vermittelten Kultur- und Bildungsangebote dem Programmangebot zu. In dem Maße, wie sich aber die Rezipientenstruktur dem Durchschnitt vor allem der (groß-) städtischen Bevölkerung annäherte, opponierten die Hörer zunehmend gegen die sich an hochkulturellen Vorstellungen orientierenden Sendeinhalte.[6] Diese Kritik und das Interesse der Reichspost an steigenden Rundfunkgebühren führten am Ende der Weimarer Republik zu einer deutlichen Zunahme an Unterhaltungssendungen, die bis 1931 noch mit einer generellen Erhöhung des Programmvolumens einherging.[7] Insofern fanden die bildungsbürgerlich orientierten Hörer nach wie vor ihr Angebot und gleichzeitig trugen die Verantwortlichen dem Interesse der Mehrheit Rechnung.

Goebbels setzte verstärkt im Hörfunk auf Unterhaltungsprogramme, nachdem im Spätwinter und Frühjahr 1933 deutlich geworden war, dass die Hörer an permanenten Übertragungen von politischen Ereignissen wenig Interesse zeigten. Das bedeutete: Goebbels akzeptierte weitgehend die Wünsche der Hörer, um die durch Unterhaltung erzeugte Rezipientenbindung auch für die Verbreitung von NS-Gedankengut nutzen zu können. Ähnlich war die Filmpolitik des Propagandaministeriums ausgerichtet. Auch hier versuchte das Regime offensichtlich, die nationalsozialistische Propaganda vor allem im Spielfilm nur partiell deutlich werden zu lassen.

2. 1945 – der Bruch mit der Vergangenheit – neue Medienstrukturen

Schon lange vor der bedingungslosen Kapitulation am 8. Mai 1945 bereiteten sich amerikanische, englische und sowjetische Stellen – ohne sich in Einzelheiten untereinander abzustimmen – auf die politischen, wirtschaftlichen und kulturellen Aufgaben ihrer Militäradministrationen in den jeweiligen Besatzungszonen vor. Zwischen den Alliierten und allen deutschen Nachkriegspolitikern herrschte Einigkeit darüber, dass die Deutschen einen staatspolitischen

---

[6] Tonfilm-Lieder, die der Rundfunk boykottiert, in: Film und Ton 30.8.1930, Nr. 35.
[7] Mersmann, Hans: Was verbraucht Berlin an Musik?, in: Melos Nr. 1 / 1931, S. 12 ff. Zwischen dem 1.11. und dem 15. 11. 1932 sendete die Berliner Funkstunde insgesamt 136 Stunden Musik. Davon waren 110 Stunden den unterhaltenden Genres vorbehalten. Guttman, Hanns: Wege der Musik zum Mikrophon, in: Melos 2 / 1933, 12. Jg., S. 55.

und einen persönlichen Bruch mit der Vergangenheit vornehmen müssten, um Deutschland wieder in die internationale Völkerfamilie zu integrieren. Die grundlegenden Voraussetzungen hierfür sahen alle beteiligten Seiten in der Schaffung demokratischer Verhältnisse in Deutschland, in der Entnazifizierung und der Liquidierung aller nationalsozialistischen (Propaganda-) Organisationen. Um den bewusstseinsmäßigen Wandel anzuschieben, übernahmen die Alliierten im Zuge ihres Einmarsches in Deutschland auch die Verantwortung für die organisatorische und inhaltliche Mediengestaltung. Letzteres wurde von der Überzeugung aller Beteiligten bestimmt, dass Medien erzieherische Wirkungen auf die Rezipienten ausüben müssen und können. Unter dieser Prämisse schenkten alle alliierten Schutzmächte auch in den folgenden Jahren der erzieherischen Funktion öffentlicher Kommunikation ihre besondere Aufmerksamkeit.

Wenige Monate nach Kriegsende wurden die unterschiedlichen Medienkonzepte der Alliierten deutlich. Sie waren mit geprägt von den Einstellungen der jeweiligen Siegermacht zu den Ursachen der nationalsozialistischen Diktatur. Auf kommunistischer Seite gab es im Rahmen der III. Internationale bereits Ende der 1920er Jahre theoretische Bemühungen, das Wesen des Faschismus zu fassen. Im Anschluss an Lenins Imperialismustheorie definierte dann Georgi Dimitrov im Verlauf des Leipziger Reichstagsbrandprozess 1934 die nationalsozialistische Diktatur als letzte Stufe politischer Machtausübung des Monopol- und Finanzkapitals. Dieser manichäische Dualismus interpretierte die Handlungen und die Verantwortung nur in klassenmäßigen und damit jeweils bestimmte Interessen bedienenden Bezügen. Die Schuld an den Verbrechen und der deutschen Niederlage trugen demnach ausschließlich die Kapitalisten, Großgrundbesitzer und die mit ihnen verbündeten Kräfte. Die unterdrückten Klassen und Schichten wurden infolge dieses Ansatzes von vornherein von jeglicher Verantwortung für Kriegsverbrechen und andere Greueltaten freigesprochen. Diese Grundhaltung der sowjetisch / kommunistischen Politik schloss im Ansatz generalisierende Schuldzuweisungen wegen der NS-Verbrechen aus.

Die westlichen Siegermächte identifizierten in der unmittelbaren Nachkriegszeit – bei allen Differenzierungen im Einzelnen – Kriegsverbrechen, Terror und Vernichtung von Juden und Angehörigen anderer Ethnien sowie allen anderen Regimegegnern mit dem Dritten Reich als Ganzem. Infolge dieser »Kollektivschuldthese« musste sich in den westlichen Besatzungszonen jedermann im Rahmen der Entnazifizierung durch Entscheidungen von Spruchkammern für den Wiederaufbau legitimieren.

Die grundlegend differenten Sichtweisen zeitigten Folgen für den Aufbau der Nachkriegsmedien. Die klassenmäßige Zuordnung von Schuld führte in der SBZ in der unmittelbaren Nachkriegszeit zu einem relativ großzügigen Umgang mit ehemaligen Angehörigen der NSDAP und ihrer Gliederungen. Offensichtlich wollte die sowjetische Militäradministration zunächst erst einmal wieder das normale Leben in Gang setzen, bevor die Überprüfungen einsetzten. So konnte der Berliner Rundfunk innerhalb weniger Tage ein Tages- und Abendprogramm senden, weil er viele Mitarbeiter des Reichsrundfunks

1 | Erster deutscher Filmautorenkongress in Ostberlin am 6. Juni 1947
Bundesarchiv, Bild 183-1989-0417-502, Fotograf unbekannt

sofort wieder einstellte. Erste Entlassungen wegen Verstrickungen in die nationalsozialistische Diktatur wurden in der Masurenallee ab Juni 1945 ausgesprochen. Da in der SBZ keine einheitlichen Entnazifizierungsrichtlinien existierten,[8] reichten die Gründe für eine Entlassung beim Rundfunk oder in anderen Medienunternehmen bzw. -organisationen von nationalsozialistischer Gesinnung über Mitgliedschaften in NS-Verbänden, wie HJ, BDM, NSKK, SA und SS bis zur NSDAP-Zugehörigkeit.[9]

Die relative Kulanz in den ersten Monaten nach Kriegsende gegenüber ehemaligen Nazis korrespondierte mit der sehr frühen Übernahme von verantwortlichen Positionen im Medienbereich durch Deutsche – führende Positionen wurden zumeist durch Kommunisten besetzt. Der ausgewählte Personenkreis stimmte grundsätzlich mit den politischen Auffassungen der östlichen Besatzungsmacht überein. Von daher beeinflusste er die mediale Nachkriegsentwicklung entscheidend mit. Die bekanntesten Beispiele für die aktive Beteiligung Deutscher am medialen Neuaufbau sind im Jahr 1945 die Einsetzung von Hans Mahle als Intendant des Berliner Rundfunks und von Rudolf Herrnstadt als Chefredakteur der Berliner Zeitung. Im Mai 1946 erfolgte die Gründung der DEFA. Das unter deutscher Leitung stehende Unternehmen hatte zu diesem Zeitpunkt bereits die ersten Wochenschauen mit ausschließlich deutschem Personal gedreht.

Trotz der Übergabe von Führungspositionen an deutsche Persönlichkeiten, behielt sich die sowjetische Besatzungsmacht bis 1949 die Zensurkompetenz aller Medieninhalte vor. Zugleich scheute sie sich auch nicht, Druck in unterschiedlicher Form auf jene in der Regel nachgeordnete Mitarbeiter auszuüben, die die sowjetische Deutschlandpolitik im Allgemeinen und die Medienpolitik im Besonderen nicht mittrugen. Die Entscheidungsprozesse zeigen, dass nicht davon auszugehen ist, dass sich in diesem Geflecht unterschiedlicher Verantwortlichkeiten in Streitfällen nur eine Seite durchsetzte. Vielmehr hingen konkrete Inhalte oft von der Durchsetzungskraft der an der Auseinandersetzung Beteiligten und der sie stützenden Personen ab.

Im Fall der DEFA war die östliche Besatzungsmacht auch an den Unternehmensgewinnen beteiligt, die als Reparationen abgerechnet wurden. Die Einnahmen resultierten vor allem aus den Überläuferfilmen, die in Babelsberg nach 1945 fertiggestellt und anschließend in den Kinos ausgestrahlt wurden.

Entsprechend der Faschismusdefinition von Dimitrov wandelte sich in der SBZ die Eigentümerstruktur im Medienbereich grundlegend. Die neuen Eigentümer aller Medienunternehmen waren Parteien und gesellschaftliche Organisationen, allen voran die SED. Die neuen wirtschaftlichen Verhältnisse wurden in der unmittelbaren Nachkriegszeit nicht immer deutlich, weil die Vermögensanteile etwa in Form von Aktien von ausgewählten Privatpersonen

---

[8] Vollnhals, Clemens: Entnazifizierung. Politische Säuberung unter alliierter Herrschaft, in: Volkmann, Hans-Erich (Hrsg.): Ende des Dritten Reiches – Ende des Zweiten Weltkriegs. Eine Perspektivische Rückschau, München 1995, S. 383 ff.

[9] Insgesamt wurden zwischen dem 1.6.1945 und dem 22.2.1946 132 Mitarbeiter auf Grund ihrer Vergangenheit bzw. ihrer nicht geänderten Auffassung entlassen. DRA Potsdam Bestand 45–49: Liste der entlassenen PG.

2 | Das erste in Ostberlin eröffnete DEFA-Zeitkino (Aufnahme vom 6. Juli 1950)
Bundesarchiv, Bild 183-S97337, Fotograf: Rudolph

gehalten wurden. Sie agierten jeweils als Treuhänder der neu gegründeten Parteien bzw. Massenorganisationen.

Zum Zeitpunkt der DDR-Gründung 1949 entsprach die Medienlandschaft weitgehend den im sozialdemokratisch/kommunistischen Milieu des Kaiserreiches und der Weimarer Republik entwickelten Vorstellungen. Die Medien in ihrer Gesamtheit waren inhaltlich und ökonomisch eindeutig parteipolitisch ausgerichtet. Sie verstanden sich als Machtinstrumente der führenden Partei sowie der sie unterstützenden Parteien und Organisationen. Die Verantwortung des einzelnen Medienmitarbeiters bezog sich damit sowohl auf seinen Beitrag zur Förderung der Umsetzung der Parteibeschlüsse und den daraus abgeleiteten inhaltlichen Vorgaben als auch gegenüber den Rezipienten. Ihnen sollten Inhalte angeboten werden, die sie auch interessierten bzw. annahmen.

Die Überprüfung der politischen Unbedenklichkeit bildete in den Westzonen die Grundvoraussetzung für eine Tätigkeit im Mediensektor. Deshalb verbot im Unterschied zur russischen die amerikanische Militäradministration in Berlin sofort allen ehemaligen Angehörigen der NSDAP auch das Betreiben von Lichtspielhäusern. Die betroffenen Personen, die unter russischer Verantwortung ihrer Tätigkeit weiter nachgehen konnten, wurden nach dem Einmarsch der Amerikaner in Berlin sofort entlassen. Die entsprechenden Kinos wurden im Süden Berlins unter treuhänderische Verwaltung gestellt.[10]

---

[10] Chamberlin, Brewster S.: Kultur auf Trümmern. Berliner Berichte der amerikanischen Information Control Section Juli – Dezember 1945, Stuttgart 1979, S. 219.

Der Zwang zum Erwerb einer Lizenz für eine in den Westzonen bzw. in den Westsektoren Berlins angesiedelte Unternehmensgründung war immer an Einzelpersonen geknüpft und führte zu überwiegend neuen, meist kleinteiligen Strukturen mit gegenüber der Zeit der NS-Herrschaft stark veränderten Eigentumsverhältnissen. Politisch war es neben einer strikten Entnazifizierung offensichtlich auch das Ziel der Alliierten, durch Verhinderung von Oligopol- oder gar Monopolstrukturen eine breite inhaltliche Medienvielfalt sicherzustellen. Im Printsektor war die Mehrheit der durchgehend neuen Zeitungsgründungen überlebensfähig. Sie knüpften an jene regionalen Strukturen an, die sich im Kaiserreich herausgebildet hatten und dann weitgehend bruchlos in die Weimarer Republik überführt wurden. Allerdings war ihre Zahl wesentlich geringer als früher. Ein wesentlicher Grund hierfür lag im Rückgang von Parteizeitungen. Erfolgreich agierten vor allem politisch unabhängige Blätter auf dem deutschen Zeitungsmarkt, weil sich die alten politischen Milieus zum Teil aufgelöst hatten.

Für Hollywood bedeutete die Beschlagnahme sämtlicher Konten der ehemaligen reichsmittelbaren Filmbetriebe und die Lizenzvergabe an viele Einzelunternehmer in Deutschland das Ende einer bis dahin spürbaren europäisch-deutschen Konkurrenz auf den internationalen Märkten. Zugleich sicherte die amerikanische Filmwirtschaft ihren Einfluss auf die Distribution innerhalb des deutschen Marktes. Die kleinteilige Wirtschafts- und Unternehmensstruktur ähnelte in diesem Wirtschaftszweig nun wieder der in der Weimarer Republik. Da die neuen Unternehmen nicht in der Lage waren, mehrere Filme gleichzeitig zu produzieren, konnten sie eventuelle Defizite mit anfallenden Gewinnen nicht verrechnen. Zugleich waren die Einwohner- und damit die zu erwartenden Kinobesucherzahlen in den Westzonen gesunken. Da insbesondere Hollywoodproduktionen nicht auf dem Gesetzes- und Verordnungsweg vom Markt ferngehalten werden konnten, konkurrierten sie stets mit deutschen Produktionen. Gleichzeitig fehlte in Deutschland ein kräftiger Auslandsverleih, der für zusätzliche Absatzgebiete nationaler Produktionen sorgte. Deshalb konnte sich nur ein Teil der in der Bundesrepublik produzierten Spielfilme amortisieren. Die deutsche Filmwirtschaft wurde so wieder wie vor 1933 zu einem hoch riskanten Geschäft.

In Bezug auf den Rundfunk drangen die Alliierten darauf, dass vor einer Übergabe der Rundfunkanstalten im Rahmen von Gesetzgebungsverfahren der Länder eine gewisse Staatsferne und parteipolitische Unabhängigkeit sichergestellt waren. Grundlage hierfür bildete das Ende der bisherigen direkten Verbindung zwischen Regierung und Rundfunk. Sie wurde ersetzt durch Aufsichtsgremien, die sich aus vielen interessierten Gruppen der Gesellschaft, die Parteien eingeschlossen, zusammensetzte. Organisatorisch bildete sich eine föderale Rundfunkstruktur heraus, die sich zum einen an den Traditionen der Weimarer Republik orientierte und zum anderen zugleich den Vorstellungen der Alliierten entsprach. Bis zur Sicherstellung der neuen Strukturen übten die westlichen Besatzungsmächte den inhaltlich und organisatorisch entscheidenden Einfluss auf den Rundfunk aus.

Insgesamt entstand in beiden deutschen Nachkriegsstaaten je ein neues Mediensystem, das sich zu großen Teilen auf die jeweils vorgefundene Infrastruktur stützte. In Bezug auf die Verantwortlichen erfolgte personell eine völlige Neubesetzung. Die Aufgaben der beiden neu errichteten Systeme divergierten offensichtlich von Beginn an. Das Ostdeutsche verstand sich in seiner Gesamtheit als aktiver Mittler beim Aufbau der neuen Gesellschaft. Im Verständnis der ostdeutschen Machthaber konnte das Neue nur gegen den Widerstand der bisher herrschenden Klasse errichtet werden. Insofern sollten die Medien Diener einer wie auch immer angenommenen Bevölkerungsmehrheit in ihrem Kampf gegen eine verbrecherische Minderheit sein.

In der Bundesrepublik hatten die Medien zunächst die Ziele und Interessen der Alliierten im Westen Deutschlands informationspolitisch abzusichern. Das Ziel der alliierten Medienpolitik bestand darüber hinaus darin, den Rundfunk gegen den Willen vieler westdeutscher Politiker als eine der Allgemeinheit dienende Einrichtung sowie die Presse und den Film als staatsferne Mittel zur Beeinflussung der öffentlichen Meinung zu installieren. Vor dem Hintergrund des Kalten Krieges und des Mangels an Fachkräften fanden nach 1948 zunehmend auch ehemals belastete Medienmitarbeiter wieder eine Beschäftigung.

3. Aspekte medialer Auseinandersetzung mit der NS-Diktatur 1945 in Film und Fernsehen

Die neuen deutschen Verantwortungsträger in allen vier Besatzungszonen unterstützten die Alliierten in ihrem Bestreben, nationalsozialistisches Gedankengut aus den Medieninhalten zu verbannen. Auf den grundlegenden antifaschistischen Konsens verweisen beispielsweise die Hörspielgeschichte[11] und trotz aller Unterschiede auch die ersten Spielfilme über den Weltkrieg, wie die DEFA-Produktion *Die Mörder sind unter uns* und der in den Westzonen 1947 gedrehte *Und finden dereinst uns wieder* . Das Ziel aller über das jüngste Kapitel deutscher Vergangenheit erzählten Geschichten war die eindringliche Warnung, dass sich das Geschehene nie wiederholen dürfe. Die genannten Spielfilme stimmten zudem mit vielen Hörspielen darin überein, dass sie vor allem individualisierend und einfühlsam versuchten, Krieg und Nachkriegszeit zu bewältigen.

Viele frühe mediale Verarbeitungen der Zeit zwischen 1933 und 1945 in allen Zonen sowie in beiden deutschen Staaten verdeutlichen, dass die Beteiligten und Betroffenen lange über individuelle Verstrickungen in die Diktatur schwiegen. Diese Haltung ist auch vor dem Hintergrund zu sehen, dass die Deutschen in ihrer Mehrheit das Kriegsende nicht als Befreiung, sondern als Zusammenbruch erlebten. Insgesamt hatte die Einstellung zur Vergangenheit über alle Zonengrenzen hinweg jedoch mehrere Dimensionen. Zum Ersten blieb nach dem Schweigen der Waffen für viele Deutsche der tägliche Kampf um Essen und Trinken sowie auch die Sorge um das Schicksal von Verwandten und Freunden. Hinzu kam der ungeheure Kräfteverschleiß durch die ersten Auf-

---

[11] Ausführlich Wagner, Hans-Ulrich: Der gute Wille, etwas Neues zu schaffen. Das Hörspielprogramm in Deutschland von 1945 bis 1949, Berlin 1997.

räumarbeiten. Diese Problematiken führten teilweise zu gesundheitlichen und psychischen Deformierungen, hatten aber auch ästhetische Dimensionen infolge der bedrückenden alltäglichen Trümmerwelt. Zum Zweiten konnten die Betroffenen die von außen aufgezwungene Interpretation ihrer jüngsten Geschichte nur schwer verarbeiten[12], weil die offiziellen Ansichten von den subjektiven Erinnerungen an die Vergangenheit zum Teil beträchtlich differierten.[13] Zum Dritten beriefen sich viele Deutsche auf die Traditionen der deutschen Kulturnation, die der slawischen, aber auch der neuen Welt überlegen sei. Zum Vierten versuchten die Zeitgenossen durch eine Verdrängung der Geschehnisse des Dritten Reiches einer Entwertung der eigenen Biographien entgegenzuwirken. Diese Zurückhaltung ermöglichte ein temporäres Abarbeiten der Vergangenheit und damit eine Differenzierung der nach dem Krieg vorgelegten Komplexität der Problemstellungen. Vor dem Hintergrund wachsenden Wohlstandes und veränderter Wertvorstellungen war die Vergangenheit offensichtlich für den Einzelnen leichter zu bewältigen. Die Differenzen zwischen den eigenen Erfahrungen und den verbrecherischen Vorgängen im Dritten Reich, deren Ausmaß der Masse der Bevölkerung bedingt bekannt war, konnten letztlich jedoch nur biographisch gelöst werden. Da Biographien ihrerseits stets sequentiell aufgebaut sind und da auch das Bewusstsein entsprechend arbeitet, musste zwangsläufig ein gewisser Zeitraum verstreichen, um zu Problemlösungen zu kommen.

Die medialen Aufarbeitungen der Zeitgeschichte unterschieden sich in Ost und West deutlich. In den westlichen Besatzungszonen und in der Bundesrepublik entstanden in den 1950er Jahren regelmäßig Kriegsdarstellungen. Ihnen ist – soweit ich sehe – in allen Medien gemein, dass die moralische Bewährung der Helden im Krieg trotz aller Schwierigkeiten gelang. In der SBZ/DDR können im gleichen Zeitraum zwei Phasen der Auseinandersetzung mit NS-Diktatur und Krieg nachgewiesen werden. Die erste stellt lediglich die Leidtragenden des Krieges, also die unterdrückten Klassen und Schichten, aus. In der zweiten Phase, den 1950er Jahren, stehen zunehmend die Entscheidungssituationen der jeweiligen Helden im Zentrum der Handlungen.

Als ost- und westdeutsche Gemeinsamkeit kann pauschalisierend festgestellt werden, dass die medialen Interpretationen von Weltkrieg und NS-Herrschaft auch einer Beförderung der Integration in den jeweiligen Staat diente, weil dessen Grundlagen und Eigenschaften sich stets positiv von der Vergangenheit abhoben. Darüber hinaus standen alle deutschen Medien in historischen Erzähltraditionen, die Gewaltdarstellungen ablehnten. Deswegen fehlen in den

---

[12] Vgl. Brochhagen, Ulrich: Nach Nürnberg. Vergangenheitsbewältigung und Westintegration in der Ära Adenauer, Hamburg 1994.

[13] Auf die Anfang der 50er Jahre gestellte Frage »Wann in diesem Jahrhundert ist es – nach Ihrem Gefühl – Deutschland am schlechtesten gegangen?« erklärten nur 8 % der Befragten, es sei die Zeit während des Zweiten Weltkrieges gewesen. 44 % der Befragten gaben an, dass es Deutschland zwischen 1933 und 1945 im 20. Jahrhundert am besten gegangen sei. Schildt, Axel: Moderne Zeiten. Freizeit, Massenmedien und 'Zeitgeist' in der Bundesrepublik der 50er Jahre, Hamburg 1995, S. 306 f.

Filmen und auch in den Hörspielen derartige Szenen in den 1950ern völlig. Hier wurde – wenn überhaupt – nur auf die Folgen von Gewalt und Zerstörung verwiesen. Die ARD verstieß diesbezüglich erstmals Ende der 1950er Jahre gegen diese ungeschriebenen Konventionen, als sie in dem Mehrteiler *Am grünen Strand der Spree* eine Massenerschießung von Juden in Osteuropa und deren Folgen in langen Einstellungen zeigte.

4. Kontinuitätslinien

Die Einbeziehung der Medien in die Reeducation-Bemühungen der Alliierten und die Einstellung von Programmmachern und –verantwortlichen verhinderte bereits im Ansatz deutliche inhaltliche Kontinuitätslinien zwischen NS- und Nachkriegsmedien. Sie beschränkten sich zunächst vordergründig auf formale Elemente, so etwa wenn im Berliner Rundfunk in dramaturgischer Anlehnung an das *Wunschkonzert* ab Sommer 1945 wöchentlich live vor 1500 Zuschauern *Die Sorgenpause* produziert wurde oder ehemals beliebte Sendeplätze mit gleichen Inhalten beibehalten wurden usw.[14]

Natürlich fehlten 1945 in Ost und West neue mediale Inhalte. So griffen die Programm- und Sendungsverantwortlichen zwangsläufig sowohl im Segment der sogenannten Hochkultur als auch in der Unterhaltung auf das vorhandene Archivgut, soweit es von den jeweiligen Alliierten freigegeben wurde, zurück. In der unmittelbaren Nachkriegszeit setzten Rundfunk und Film ebenso wie alle anderen Anbieter kultureller Produktionen also zwangsläufig auf Anschlusskommunikation, soweit sie die nichtpublizistischen Inhalte betraf.

Schon während der letzten Kriegsjahre gehörten die Darbietungen im Rundfunk, in Theatern, Kinos und Varietés zu den einzigen Ablenkungsmöglichkeiten, die sich die vom totalen Krieg gebeutelten Bewohner in den von alliierten Luftangriffen zerberstenden Städten noch für Geld leisten konnten. In offensichtlicher Kontinuität wurden die vorhandenen Unterhaltungs- und hochkulturellen Angebote auch nach der Waffenruhe von der Bevölkerungsmehrheit begierig aufgegriffen, um den Alltagssorgen zumindest stundenweise zu entkommen. Die Besonderheit entsprechender Angebote war, dass sie weder in der Kriegs- noch in der Nachkriegszeit der Bewirtschaftung und damit nicht den Gesetzen des Schwarzen Marktes unterlagen. Deshalb behielt die Reichsmark im medialen und kulturellen Bereich auch scheinbar ihren Wert. Hier liegt der Grund für die Scheinblüte aller Formen kultureller Aktivitäten. Die Gewichtung der Nachfrage folgte weitgehend dem Bildungsniveau der Bevölkerung. So stellte der Literaturwissenschaftler Jost Hermand fest, dass etwa vier Prozent potenzieller Rezipienten, dies entsprach in etwa dem Anteil der Bevölkerung mit Abitur, hochkulturelle Angebote nutzten, wäh-

---

[14] Galle, Petra: RIAS Berlin und Berliner Rundfunk 1945–1949. Die Entwicklung ihrer Profile in Programm, Personal und Organisation vor dem Hintergrund des beginnenden Kalten Krieges. Münster/Hamburg/London 2003, S. 338.

3 | Kino im ausgebombten Frankfurt am Main: Das Lichtspieltheater »Scala« in der Schäfergasse (Aufnahme vom 28. September 1947)
Institut für Stadtgeschichte Frankfurt a.M., Zeitbilder, S7Ko / 2020, Fotograf: Fred Kochmann

rend 82 Prozent der Bevölkerung vor allem die traditionellen Unterhaltungsangebote von Theater und Medien nutzten.[15]

Für die Hochschätzung von Unterhaltungsangeboten unter Berücksichtigung tradierter Angebote durch die Zeitgenossen stehen im Folgenden der Film im amerikanischen Sektor Berlins und das frühe Programm des Berliner Rundfunks. Beide Beispiele verdeutlichen, dass den medialen Reeducationbemühungen der Alliierten enge Grenzen gesetzt waren.

In Berlin begannen alle Alliierten nach ihrem Einmarsch in die Stadt, ihre Filmproduktionen vorzuführen. Unter dem sowjetischen Oberkommando der gesamten Stadt wurden bereits die ersten deutschen Reprisen in den neu eröffneten Lichtspielhäusern angeboten. Diese Entscheidung konnte nicht mehr rückgängig gemacht werden. Die Amerikaner begannen am 30. Juli 1945 eigene Filme in ihrem Sektor in Berlin zu zeigen. Um bei eventuellen Störungen sofort eingreifen zu können, wurden anfänglich vor den Lichtspielhäusern Wachtposten aufgestellt. Die ersten amerikanischen Programme, die in vier Kinos gezeigt wurden, bestanden aus einer Wochenschau und zwei Kurzfilmen.[16] In ihrer Filmauswahl setzte die Besatzungsmacht vor allem darauf, dass die Bilder bei den Zuschauern eigene Vorstellungen und Schlussfolgerungen

---

[15] Hermand, Jost: Kultur im Wiederaufbau. Die Bundesrepublik Deutschland 1945–1965, Frankfurt a. M./Berlin 1989, S. 315.
[16] RG 260 OMGBS 4 / 8–2/8 3 of 3; Die ersten amerikanischen Filme in Berlin, in: Berliner Zeitung 1.8.1945, Nr. 67.

provozierten. Der Besucherschwund von etwa 40 Prozent innerhalb weniger Tage in allen mit diesem Programm bespielten Kinos[17] verdeutlichte sehr schnell, dass die Berliner nicht gewillt waren, sich auf längere Zeit im Kino die »Lektionen« des Reeducation-Programms anzusehen.

Nach dem Scheitern des ersten Ansatzes, wandten ab Mitte August 1945 die Amerikaner das gleiche Prinzip an, das sich Goebbels in den zwölf Jahren Nazidiktatur zu Eigen gemacht hatte. Die verantwortlichen Stellen versuchten mit Spielfilmen von hoher »ästhetischer und technischer Qualität« die Zuschauer ins Kino zu locken und ihnen nebenbei auch die für die Reeducation vorgesehenen Filme anzubieten.[18] Allerdings zeigt beispielhaft die mangelnde Bereitschaft der Deutschen, sich den 1946 aufgeführten KZ-Film *Die Todesmühlen* anzusehen[19], dass auch das neue Konzept nur sehr beschränkte Wirkungen zeigte. Unter diesen Umständen wurden andere von den zuständigen amerikanischen Stellen für die Deutschen geeignet gehaltene Filme, wie *The Gerat Dictator* nur in geschlossenen Veranstaltungen aufgeführt.[20]

Die Menschen im Nachkriegsdeutschland betrachteten offensichtlich das Kino als Freizeiteinrichtung und wollten dort unterhalten werden. Alle Bemühungen der Alliierten, über die Filmauswahl im Sinne der Reeducation Einfluss auf die Bewusstseinsbildung der Deutschen zu nehmen, zeigten keinen erkennbaren Erfolg. Diese These unterstreichen nicht nur die amerikanischen Umfrageergebnisse, sondern auch die Tatsache, dass die Deutschen bevorzugt deutsche Reprisen im Kino wählten, wenn sie in einem erreichbaren Kino vorgeführt wurden. Dies bestätigte 1946 nicht nur der Rekordbesuch des deutschen Spielfilms *Die Frau meiner Träume*, sondern auch eine Umfrage des *Kurier* im Sommer 1946. Sie kam zu dem Ergebnis, dass in der ehemaligen Reichshauptstadt die Kinobesucher »einen starken Hang zum optisch Schönen« haben. Dementsprechend stand der Revue-Film in der Gunst des Publikums an erster Stelle und Marika Röck war für die Berliner und Berlinerinnen nach wie vor die populärste Schauspielerin.[21]

Das sich Entziehen gegenüber den Reeducation-Vorstellungen der amerikanischen Besatzungsmacht »von der Freiheit und Würde der Persönlichkeit, von Zivilcourage, von den allgemeinen demokratischen Prinzipien, von der Verantwortung für ein individuelles Denken im Rahmen gesellschaftlich akzeptierter Wertvorstellungen, von Antimilitarismus und Antipreußentum, von der Verantwortung des Bürgers für die Politik und die Handlungen seiner Regierung, von der Freiheit der Familie und einem partnerschaftlichen

---

[17] Chamberlin, Brewster S.: Kultur auf Trümmern. Berliner Berichte der amerikanischen Information Control Section Juli – Dezember 1945, Stuttgart 1979, S. 82.
[18] Fehrenbach, Heide: Cinema in democratizing Germany. Reconstructing national identity after Hitler, Chapet Hill & London 1995, S. 55.
[19] RG 260 OMGBS 4 / 8–2/8 3 of 3.
[20] Luft, Friedrich: »Der Diktator« – probeweise. Zu Charlie Chaplins letztem Film, in: Der Tagesspiegel 10.8.1946, Nr. 185.
[21] Das Publikum ließ sich ins Herz blicken. Rauhbein spielt die zweite Geige – Über den heutigen Kinogeschmack, in: Der Kurier 25.5.1946, Nr. 86.

Verhältnis in der Eltern-Kind-Beziehung usw.«[22] bedeutete jedoch nicht, dass die Besiegten sie inhaltlich prinzipiell in Frage stellten. Lediglich die Kontextualisierung und die Aufbereitung der Inhalte stießen auf Ablehnung.

In der Folgezeit wurde immer deutlicher, dass die restriktive Politik der Amerikaner auch im Hinblick auf das Verbot einer eigenständigen deutschen Filmproduktion nicht durchsetzbar war. Zugleich erkannten die zuständigen Offiziere bereits im Mai 1946, dass die Hollywood-Produktionen kein effektives Mittel waren, um den Berlinern demokratische Wertvorstellungen zu vermitteln.[23] Im Sommer 1946 wurden in verschiedenen Diskussionsrunden vorwiegend unter Beteiligung deutscher Emigranten die Einsatzmöglichkeiten des Films im Rahmen der Reeducationpolitik ergebnislos problematisiert.[24] Anfang 1947 fasste der ehemalige Produzent der UFA, Erich Pommer, der in amerikanischer Uniform nach Berlin zurückgekehrt war, seine Erfahrungen zusammen: »As experience in the last 18 months has proven, feeding the German people with foreign produced pictures alone would produce results exactly opposite to the intended purposes."[25]

1945 bestand das Gesamtprogramm des Berliner Rundfunks zu etwa 55 Prozent aus Musik, zu 26 Prozent im weitesten Sinn aus Informations-, zu 15 Prozent aus Kultur- und zu vier Prozent aus Unterhaltungssendungen im Wortbereich.[26] Die ersten sowjetischen Kontrolloffiziere waren überzeugt, dass vor allem die Musik und insbesondere die Unterhaltungsmusik die Zuhörer an die Apparate binden würden. Sie sollte Vertrauen zu dem neuen Sender erzeugen. Gute Musik sei die Voraussetzung, so Major Wladimir Mulin von der Propagandaabteilung der SMAD, um später mit dem Wortprogramm den notwendigen ideologischen Umerziehungsprozess einzuleiten.[27] Für den Hörfunkbetrieb hatte der insgesamt hohe Anteil an unterhaltender Musik gleichzeitig den Vorteil, dass sich der Mangel an qualifizierten und politischen Mit-

---

[22] Fehrenbach, Heide: Cinema in democratizing Germany. Reconstructing national identity after Hitler, Chapet Hill & London 1995, S. 58.
[23] Ebd., S. 58.
[24] L.R.: Kann der Film das überhaupt?, in: Der Tagesspiegel 29.9.1946, Nr. 192.
[25] Zitiert nach Fehrenbach, Heide: Cinema in democratizing Germany. Reconstructing national identity after Hitler, Chapet Hill & London 1995, S. 64.
[26] Fischer, Jörg-Uwe/Pietzynski, Ingrid: Der Neubeginn des Rundfunks in Berlin 1945 und seine Überlieferung im Deutschen Rundfunkarchiv, Standort Berlin. Eine Dokumentation, DRA (Hrsg.), Frankfurt – Berlin 1995, S. 65.
[27] Koch, Helmut: Neue Lieder – Neue Klangkörper, in: Lektorat Rundfunkgeschichte (Hrsg.): Erinnerungen sozialistischer Rundfunkpioniere. Ausgewählte Erlebnisberichte Bd. 1 (im Folgenden: Erinnerungen sozialistischer Rundfunkpioniere), Berlin 1985, S. 59. Eine ähnliche Auffassung vertrat auch der im Juli 1945 gegründete Kulturbund zur demokratischen Erneuerung Deutschlands. In der im Februar 1946 erstmals erschienenen Rundfunkzeitschrift heißt es zum Thema Musik, sie solle »nicht nur dem einfachen Unterhaltungsbedürfnis der Müden und Verzagten genügen, sondern [müsse] über die gehobene Unterhaltung zum Wecker schlummernder Werte, zum Künder der so lange verschütteten Kräfte des Fortschritts der zivilisierten Welt, zum Rufer und Mahner unserer geistigen Erneuerung werden.« Mießner, Rudolf: Politischer Rundfunk?, in: Der Rundfunk 1 (1946) 1, S. 3.

arbeitern für Wortbeiträge unterschiedlicher Provenienz auf die inhaltliche Programmgestaltung kaum auswirkte.[28]

Das Musikrepertoire setzte sich zunächst überwiegend aus überkommenen Musikstücken zusammen. Das galt auch für die unter dem NS-Regime ideologisch aufgeladene Volksmusik, auf deren Pflege die Besatzungsmacht besonderen Wert legte. Die deutschen Lieder wurden durch internationale Musikstücke ergänzt, die früher nicht zu hören waren. Das Beispiel Volksmusik verdeutlicht die frühe Programmpolitik der SMAD. Auf der einen Seite versuchte sie an Bekanntes anzuknüpfen, auf der anderen wurden vermehrt Musikbeiträge in das Repertoire aufgenommen, die während der braunen Diktatur verboten waren. Zu Letzteren zählten neben Kompositionen jüdischer und anderer verbotener Musiker auch die in den Anfangsjahren regelmäßig ausgestrahlten Jazz-Sendungen.[29] Dies stieß ebenso wie auch andere Richtungen der englischen und amerikanischen Unterhaltungsmusik offensichtlich bei Teilen der Hörerschaft auf wenig Verständnis. Nur so ist zu erklären, dass die Zeitschrift »Der Rundfunk« sich bemühte, einerseits um Toleranz gegenüber den unterhaltenden Musikrichtungen zu werben und andererseits über die Besonderheiten des Jazz aufzuklären.[30]

Mit dem Befehl Nr. 51 der SMAD vom 4. September 1945 erfolgte im Anschluss an das Potsdamer Abkommen die Festlegung der Richtlinien für den Umgang mit Informationen, Kunst und Unterhaltung. Im Einzelnen forderte die sowjetische Seite von der inhaltlichen Mediengestaltung:

»a) Völlige Befreiung der Kunst von allen nationalsozialistischen, rassistischen, militaristischen und anderen reaktionären Ideen und Traditionen;

b) aktive Ausnutzung der Mittel der Kunst im Kampfe mit dem Faschismus und in der Umschulung des deutschen Volkes im Sinne der Demokratie;

c) weiteste Bekanntmachung mit den Werten der russischen und der Weltkunst.«[31]

Insgesamt überwogen im Rundfunk über einen längeren Zeitraum in der Unterhaltung tradierte Inhalte. Die bewusst auf Anschlusskommunikation setzende Programmpolitik mit ihrem starken Unterhaltungsanteil fand über die Grenzen der Stadt hinaus ein hohes Maß an Zustimmung, die bis zur Berliner Blockade anhielt.[32]

---

28 1. Workshop 17.12.1991: Rundfunkneubeginn 1945, in: Riedel, Heide (Hrsg.): Mit uns zieht die neue Zeit... 40 Jahre DDR-Medien, Berlin 1993, S. 27.
29 Sie wurde offensichtlich gespielt, weil sie in der Zeit des Nationalsozialismus verboten war und deshalb zu jenem Teil der Weltkultur zählte, der von der sowjetischen Kulturkonzeption besonders gefördert wurde. Vgl. Weiss, Grigorij: Am Morgen nach dem Krieg. Erinnerungen eines sowjetischen Kulturoffiziers, Berlin 1981, S. 72.
30 Vgl. u.a. Keine Angst vor Hotmusik, in: Der Rundfunk 2 (1947) 1, S. 8; Neger-Jazz stillos?, in: Ebd. 2 (1947) 16, S. 20; vgl. auch Wir empfehlen zu hören, in: Ebd. 3 (1948) 2, S. 20.
31 Wilkening, Albert: Geschichte der DEFA von 1945–1950, in: VEB DEFA-Studio für Spielfilme (Hrsg.): Betriebsgeschichte des VEB Studio für Spielfilme, Teil 1, Potsdam Babelsberg 1981, S. 15.
32 Eine von den Amerikanern durchgeführte Umfrage im November 1945 ergab im November 1945: 65 Prozent der Berliner hören Radio, 70 Prozent von ihnen sind Hörer des Berliner Rundfunks, 90 Prozent sind mit dem Programm zufrieden, 41 Prozent wissen, dass der Sender unter sowjetischer Kontrolle steht. Fischer, Jörg-Uwe/Pietzynski, Ingrid: Der Neubeginn des

Über die inhaltliche Programmgestaltung im Hörfunk brachen vor dem Hintergrund der frühen Nachkriegsprogramme sowohl in West als auch in Ost erneut Diskussionen aus. Unbestritten blieb über die Zonengrenzen hinweg, dass die Sender Informationen ausstrahlen sollten. Wie in der Zeit vor 1933 diskutierten die Programmkritiker mit den Programmverantwortlichen über den Umgang mit Unterhaltung und künstlerisch hochwertigeren Sendungen. In Abgrenzung zum Nationalsozialismus, der – so der Vorwurf – davon ausging, »dass das Billigste am beliebtesten sei«, mit der Folge einer »beispiellosen Verwässerung der Programme«, sollte der Berliner Rundfunk im Verständnis des im Juli 1945 gegründeten Kulturbundes zur demokratischen Erneuerung Deutschlands »nicht nur dem einfachen Unterhaltungsbedürfnis der Müden und Verzagten genügen, sondern (müsse) über die gehobene Unterhaltung zum Wecker schlummernder Werte, zum Künder der so lange verschütteten Kräfte des Fortschritts der zivilisierten Welt, zum Rufer und Mahner unserer geistigen Erneuerung werden«.[33] Fritz Erpenbeck, der damals bekannteste kommunistische Kunstkritiker forderte, dass »Unterhaltung Kunst und Kunst Unterhaltung« sein müsse.[34]

Wassili D. Sokolowski, Oberkommandierender der Sowjetischen Streitkräfte in Deutschland, forderte Anfang 1946 von den Intellektuellen, »die besten Errungenschaften der führenden menschlichen Kultur zum Allgemeingut des gesamten Volkes, zum Besitz der einfachen Menschen – Arbeiter, Bauern, Handwerker und kleinen Angestellten – zu machen, damit diese einfachen Menschen nicht mehr mit kitschiger Hintertreppenliteratur abgespeist werden, die die niedrigen Instinkte des Raubes, der Ausplünderung anderer Völker, des Antisemitismus usw. hervorlocken«.

Der frühe SBZ-Rundfunk sollte in den Augen der Kritiker also drei Aspekte miteinander verbinden: Zum Ersten sollten die ausgestrahlten Unterhaltungssendungen der Reproduktion der Arbeitskraft dienen, zum Zweiten sollten sie, wie über alle Milieugrenzen hinweg schon in der Weimarer Republik gefordert, als Transportmittel für Bildung und Kultur fungieren und drittens der Umerziehung im Sinne der *vospitanie v kultury* (Erziehung zur Kultur)[35], wie sie von der Sowjetunion bzw. in den Nachfolgeorganisationen der Komintern für das zukünftige Deutschland definiert wurde, dienen. Die Trennung von Unterhaltung und Kunst sollte in diesem Sinn zunehmend im dialektischen Verständnis verschwinden.

Darüber hinaus sollten für alle nichtpublizistischen Sendungen folgende Ziele miteinander verwoben werden: In Kontinuität zu den Forderungen der

---

Rundfunks in Berlin 1945 und seine Überlieferung im Deutschen Rundfunkarchiv, Standort Berlin. Eine Dokumentation, DRA (Hrsg.), Frankfurt – Berlin 1995, S. 28. Gesamtauswertung der alliierten Umfrageergebnisse in der Nachkriegszeit zur Akzeptanz des Berliner Rundfunks, in: Galle, Petra: RIAS Berlin und Berliner Rundfunk 1945–1949. Die Entwicklung ihrer Profile in Programm, Personal und Organisation vor dem Hintergrund des beginnenden Kalten Krieges, Münster/Hamburg/London 2003, S. 242.

[33] Mießner, Rudolf: Politischer Rundfunk?, in: Der Rundfunk Nr. 1, 1946, 1. Jg., S. 3.

[34] Künstlerische Probleme im Funk, in: dionysos. Almanach, Bühne Film Funk Musik 19.12.1947, Nr. 6, 1. Jg., S. 47.

[35] *vospitanie v kultury* bildete das Gegenstück zur Politik der reeducation-Politik der Amerikaner und Briten.

Sozialdemokratie im Kaiserreich und in der Weimarer Republik sollten sie das »Kulturniveau der Volksmassen« heben, zur Entnazifizierung beitragen und die grundlegenden sozialen, politischen, kulturellen und ökonomischen Veränderungen in der SBZ dauerhaft ideologisch absichern.

Nach dem »Spektakel der Spaltung«[36] im Zuge des Ausbruchs des Kalten Krieges im Sommer 1947 veränderte sich die bisherige Politik der SMAD und der SED in der SBZ grundlegend. Die Verantwortungsträger im Osten Deutschlands fühlten sich von dem beginnenden Einfluss der USA auf die Wirtschaft in den Westzonen im engeren Sinn und der internationalen Politik der Westmächte im Weiteren zunehmend bedroht. Infolgedessen kam es, wie schon so oft in der Geschichte der organisierten Arbeiterbewegung und dann auch später in der DDR, zu teilweise aggressiv anmutenden Überreaktionen. Dazu zählten nach außen vor allem die permanenten verbalen Attacken insbesondere auf die Politik der USA und zunehmend auch gegen die Führungselite der Westzonen bzw. der späteren Bundesrepublik. Nach innen ist zur gleichen Zeit – wie in den Westzonen auch – in der SBZ ein grundlegender Wandel in der Kulturpolitik und damit zur Unterhaltung festzustellen. Die im Osten verantwortlichen Politiker forderten nun eine völlige Neuausrichtung von Kunst und Kultur. Im zeitlichen Umkreis der Konzeptionierung und Durchführung des Zweijahrplanes verlangten sie einen radikalen Bruch mit den existierenden spätbürgerlichen Einflüssen der Vergangenheit.

Das theoretische Fundament für diese Forderungen bildete die Lehre von Basis und Überbau. Sie bedeutete, dass sich mit dem angestrebten ökonomischen und sozialen Wandel, umgehend auch die ästhetischen Anschauungen verändern sollten.[37] Die Rezipienten waren vielfach nicht bereit, diesen Wandel im Programm mitzugehen. Stattdessen wandten sie sich vor allem dem RIAS zu, der mit Beginn des Kalten Krieges sein Profil ebenfalls völlig veränderte. Statt der vielen Reeducationsendungen sendete er seit Beginn der Berliner Blockade vor allem Unterhaltung. Nachdem bis zur Blockade der Berliner Rundfunk der meistgehörte Sender der Region war, wurde es nun der RIAS, der mit seinen Unterhaltungsprogrammen auch in den folgenden Jahrzehnten sich besonderer Beliebtheit bei den Rezipienten diesseits und jenseits der Grenze erfreute.

Im Westen wurde in der Traditionslinie des politischen Katholizismus und des evangelisch konservativ geprägten Milieus im Unterschied zur SBZ ein Gegensatz zwischen Unterhaltung und Kunst/Bildung gesetzt. Letzteren wurde in der Traditionslinie des Kaiserreichs eine die einzelne Persönlichkeit und die Gesellschaft strukturierende Wirkung unterstellt. Diese sei durch den Rundfunk zu entfalten, weil er ein Instrument für das gesamte Volk sei.

Sowohl während der Weimarer Republik als auch in der Zeit des Nationalsozialismus waren Hörfunk und Fernsehen signifikanter Ausdruck des Modernisierungsprozesses gewesen. Dessen Ambivalenz betonte Adolf Grimme

---

36 Barner, Wilfried (Hrsg.): Geschichte der deutschen Literatur von 1945 bis zur Gegenwart. München 1994, S. 121.
37 Lissa, Zofia: Fragen der Musikästhetik. Einige Probleme der Musikästhetik im Lichte der Arbeit J.W: Stalins »Der Marxismus und die Frage der Sprachwissenschaft«, Berlin 1954, S. 19.

1948, als er seinen Ausführungen zum *Ethos des Rundfunks* die Feststellung voranstellte: »Vielleicht ist der Rundfunk das größte Geschenk der technischen Intelligenz an die Menschheit. Und das kann wie alle Technik als Werkzeug dem Guten ebenso dienen, wie es von dämonischen Gewalten missbraucht zu werden vermag.«[38] Hier wird mit Blick auf den Nationalsozialismus offensichtlich auch der Aspekt der sogenannten Vermassung als Kehrseite der Modernisierung angesprochen. Deshalb dürfe das Medium, so Grimme, »nicht der verführerischen Jagd nach Popularität verfallen«, sondern müsse »den Mut zur Unpopularität besitzen«.[39] In diesem zentralen Punkt sollte sich der Nachkriegsrundfunk der Bundesrepublik vom großdeutschen Rundfunk unterscheiden. Die Zuhörer, sollten sich in ihrer Persönlichkeit entwickeln und nicht, wie im Dritten Reich, in der Masse untergehen. Ähnlich argumentierte der Intendant des NWDR, Ernst Schnabel. Auch er sah im Rundfunk ein Bewältigungsmittel für die Gefahren einer sich modernisierenden Gesellschaft.[40] Das euphorische Gedankengut korrespondierte mit apokalyptischen Warnungen. So klagte Schnabel über den »Verlust der Erlebnisfähigkeit«[41], der durch Dauerberieselung eintreten könne. Wie auch andere Zeitgenossen zielten Grimme und Schnabel mit ihren Äußerungen auf das Problem der »Vermassung«. Darunter verstand man vor allem einen deformierten Prozess der Persönlichkeitsbildung, der aus einer Situation der Entfremdung erwachse und sich im Schwinden der Wertorientierung und Bildung und im allgemeinen Verlust einer »geistigen Mitte« ausdrücke. Insbesondere die Medien schienen durch ihr stereotypes Angebot und ihren wahllosen Konsum dieser Entwicklung Vorschub zu leisten.[42]

Über die Presseinhalte fanden weder in der Ostzone noch in den Westzonen kontroverse inhaltliche Diskussionen statt. Vielmehr waren sich alle Beteiligten einig, dass die Presse einen wichtigen Beitrag für die Reeducation leisten müsse. Im Osten war sie fest in der Hand der Parteien und Massenorganisationen. Von daher verbot sich eine öffentliche Auseinandersetzung mit der Presse bereits

---

[38] Grimme, Adolf: Das Ethos des Rundfunks. Ansprache am 15. November 1948 im Rundfunkhaus Hamburg, in: Rundfunk und Fernsehen 1948–1989. Ausgewählte Beiträge der medien- und Kommunikationswissenschaft aus 40 Jahrgängen der Zeitschrift »Rundfunk und Fernsehen«, Hans-Bredow-Institut (Hrsg.), München 1990, S. 157.

[39] Grimme, Adolf: Das Ethos des Rundfunks. Ansprache am 15. November 1948 im Rundfunkhaus Hamburg, in: Rundfunk und Fernsehen 1948–1989. Ausgewählte Beiträge der medien- und Kommunikationswissenschaft aus 40 Jahrgängen der Zeitschrift »Rundfunk und Fernsehen«, Hans-Bredow-Institut (Hrsg.), München 1990, S. 158.

[40] Schnabel, Ernst: Der Rundfunk und die Krisis des modernen Menschen, in: Rundfunk und Fernsehen 1948–1989. Ausgewählte Beiträge der medien- und Kommunikationswissenschaft aus 40 Jahrgängen der Zeitschrift »Rundfunk und Fernsehen«, Hans-Bredow-Institut (Hrsg.), München 1990, S. 170 ff.

[41] Schnabel, Ernst: Der Rundfunk und die Krisis des modernen Menschen, in: Rundfunk und Fernsehen 1948–1989. Ausgewählte Beiträge der medien- und Kommunikationswissenschaft aus 40 Jahrgängen der Zeitschrift »Rundfunk und Fernsehen«, Hans-Bredow-Institut (Hrsg.), München 1990, S. 173.

[42] Der spätere Intendant des ZDF, Karl Holzhammer, verglich dieses Rezeptionsverhalten mit einem »ziellosen Schwimmen in einer unüberschaubar vielfältigen und widersprüchlichen Welt«. Holzhammer, Karl: Fesselung und Freiheit. Ein psychologischer Ansatz, in: Rundfunk und Fernsehen Nr. 2/ 1953, 1. Jg. S. 39.

im Ansatz. In den westlichen Besatzungszonen galt die Presse wie bereits vor 1933 als Produkt, das der ökonomischen Verwertung unterlag und sich damit der öffentlichen Kritik weitgehend entzog. Insbesondere ab der Währungsreform 1948 orientierten sich vor allem die Tageszeitungen inhaltlich vor allem an aktuellen Themen, während die Rückblicke auf die Vergangenheit sich in der Regel auf besondere Anlässe beschränkten. Gleichzeitig endeten viele frühe intellektuelle Zeitschriftenprojekte, die unmittelbar nach der deutschen Niederlage die Auseinandersetzung mit der Vergangenheit und die Suche nach der Zukunft in ihr inhaltliches Zentrum gerückt hatten. Zu ihnen zählten etwa die von Axel Eggebrecht und Peter von Zahn im Auftrag des Nordwestdeutschen Rundfunks herausgegebenen »Nordwestdeutschen Hefte« (1946/47) oder die von Karl Ludwig Schneider, Hans-Joachim Lang u. a. als Zeitschrift der Universität Hamburg betreute »Hamburger Akademische Rundschau« (1946–1950). Offensichtlich wandten sich Letztere an einen Markt, der nur unter den Besonderheiten einer Währung existierte, die es nicht erlaubte, materielle Bedürfnisse in ausreichendem Maße zu befriedigen. Vor allem der Erfolg der »Hör zu« in den Westzonen, aber auch die schnell wieder abgedruckten Fortsetzungsromane in den Tageszeitungen verweisen darauf, dass die Leser auch die Printmedien gerne nutzten, um ihr starkes Interesse an Unterhaltungsangeboten zu befriedigen.

5. Zusammenfassung

1945 gab es keine gewichtige Stimme in Deutschland oder bei den Alliierten, die nicht einen völligen organisatorischen und inhaltlichen Neubeginn der deutschen Medienlandschaft forderte. Von deutscher Seite wurden die Vorstellungen über die zukünftige Medienstruktur wesentlich von den Auffassungen geprägt, die sich in den politischen Milieus des Kaiserreiches und der Weimarer Republik entwickelt hatten. Die in dieser Zeit entwickelten Ideen bildeten zusammen mit denen der Alliierten die Grundlage für die Inhalte und die Strukturen des jeweiligen Mediensystems in beiden deutschen Staaten. Die überwiegende Mehrheit der Rezipienten, so scheint es, verlangte von den Medien Unterhaltungsangebote. Dies zeigen alle angeführten Beispiele. Dieses einseitige Nachfrageprofil kann vor dem Hintergrund des geringen politischen Interesses im Nachkriegsdeutschland nicht verwundern. So gaben in der Bundesrepublik 1953 nur neun Prozent der Befragten an, sich häufiger über Politik zu unterhalten. 61 Prozent übten zur gleichen Zeit eine völlige kommunikative Abstinenz in politischen Fragen.[43] Es gibt keinen Anhaltspunkt, der erlaubt, für die DDR zur gleichen Zeit diesbezüglich wesentlich andere Verhältnisse anzunehmen.

Infolge der Monopolstrukturen im Nachkriegsrundfunk konnten die frühen Rundfunkverantwortlichen publizistische sowie Kultur- und Bildungssendun-

---

[43] Noelle-Neumann, Elisabeth/Piel, Edgar (Hrsg.): Eine Generation später. Bundesrepublik Deutschland 1953-1979, München 1983, S. 124 ff.

gen in einem stärkeren Umfang senden, als es wahrscheinlich von der Mehrheit der Bevölkerung gewünscht wurde. Ab Beginn der 1950er Jahre stieg die Nachfrage nach Vinylplatten sprunghaft. Bereits 1955 wurden in der Bundesrepublik mehr Platten verkauft als zum Höhepunkt der Weimarer Republik 1928/29. Wahrscheinlich versuchten Teile der Bevölkerung im Westen wie schon am Ende der 1920er Jahre ihre Musikauswahl vom Rundfunk unabhängig zu gestalten. Mit Sicherheit gilt diese Einschätzung für jene Minderheit an städtischen Jugendlichen, die auch die englischen und amerikanischen Soldatensender hörten. Im Osten versuchte die Bevölkerung mit einem Mix an westlicher und östlicher Unterhaltung ihre entsprechenden Bedürfnisse zu befriedigen. Die wichtige Rolle, die Unterhaltung auch beim ostdeutschen Publikum einnahm, verdeutlichen die Programmreformen nach dem 17. Juni 1953 im Rundfunk und die Tatsache, dass 1953/54 mit dem Magazin und dem Satiremagazin »Eulenspiegel« gleich zwei neue Unterhaltungsblätter auf den Markt kamen.

Verzeichnis der Autorinnen und Autoren

DR. ULRIKE BARTELS, geb. 1960, ist im Kunst- und Kulturbereich der Volkshochschule Hannover-Land in Neustadt am Rübenberge sowie als Gedenkstättenpädagogin bei der Stiftung niedersächsische Gedenkstätten (Gedenkstätte Bergen-Belsen) tätig. 1988 Magister (Kunstgeschichte), 1996 Promotion (Kulturanthropologie), 2008 Zertifizierung zum Kulturmanager. Zuletzt publizierte sie: Die Wochenschau im Dritten Reich. Entwicklung und Funktion eines Massenmediums unter besonderer Berücksichtigung völkisch-nationaler Inhalte, Frankfurt/M. 2004.

FRANK ECKHARDT, geb. 1958, ist freier Wissenschaftsjournalist in Wiesbaden. Er studierte Romanistik und Wissenschaftsjournalismus und war mehrere Jahre in der Öffentlichkeitsarbeit tätig, zuletzt als Leiter einer Pressestelle. Seit 2002 arbeitet er vor allem als Hörfunkautor für den Westdeutschen und den Hessischen Rundfunk.

DR. KURT FRICKE, geb. 1967, Lektor im Mitteldeutschen Verlag Halle, 2000 Promotion über Heinrich George. Zuletzt erschienen von ihm zwei Aufsätze in »Geschichte der Stadt Halle«, hg. von W. Freitag, K. Minner und A. Ranft, 2 Bde., Halle 2006.

MATHIAS FRIEDEL, M.A., geb. 1973, studierte Publizistik, Mittlere und Neuere Geschichte und Politikwissenschaft an der Johannes Gutenberg-Universität Mainz. Er arbeitet als freier Autor und Redakteur. Zuletzt erschien von ihm: Von der Teilung zur Wiedervereinigung. Dokumente zur deutschen Frage in der Zeit des Kalten Krieges 1945 – 1989/90, Wiesbaden 2006.

PROF. DR. DR. GÜNTHER GILLESSEN, geb. 1928, Studium der Geschichte und des Öffentlichen Rechts. Promotionen Freiburg (1955) und Oxford (1958). Redakteur der »Frankfurter Allgemeinen Zeitung« (1958-1995), o. Prof. der Universität Mainz (1978-1994), Mitglied des internationalen Beirates des Internationalen Komitees vom Roten Kreuz, Genf (1995-1999). Er veröffentlichte u.a.: Auf verlorenem Posten. Die »Frankfurter Zeitung« im Dritten Reich, Berlin 1984.

DR. BERND HEIDENREICH, geb. 1955, Promotion 1985, seit 2003 Direktor der Hessischen Landeszentrale für Politische Bildung. Zahlreiche Publikationen zur Politik- und Geistesgeschichte des 19. und 20. Jahrhunderts.

DR. JÖRG KOCH, geb. 1968, Gymnasiallehrer in Frankenthal/Pfalz. Zuletzt veröffentlichte er: Wunschkonzert. Unterhaltungsmusik und Propaganda im Rundfunk des Dritten Reichs, Graz 2006.

Dr. Torsten Körner, geb. 1965, studierte Theaterwissenschaft und Germanistik. Nach dem Studium promovierte er mit einer Arbeit über Heinz Rühmanns Filme der fünfziger Jahre und arbeitet seither als freiberuflicher Autor und Journalist. Autor zahlreicher Künstlerbiographien, u.a. Ein guter Freund – Heinz Rühmann, Berlin 2001.

Prof. Dr. Joachim-Felix Leonhard, geb. 1946, Präsident der von Behring-Röntgen-Stiftung in Marburg/Lahn. 1975 Promotion, 1987-1991 Direktor der Universitätsbibliothek Tübingen; 1991-2001 Vorstand und Direktor der Stiftung Deutsches Rundfunkarchiv in Frankfurt und Potsdam – Babelsberg; 2003-2007 Staatssekretär im Hessischen Ministerium für Wissenschaft und Kunst. Seit 1997 Honorarprofessor an der Humboldt-Universität Berlin.

Prof. Dr. Wolfgang Mühl-Benninghaus, geb. 1953, Professor für Theorie und Geschichte des Films an der Humboldt-Universität Berlin, 1981 Promotion, 1988 Habilitation, Gastdozent und Lehrstuhlvertretungen an der HdK Berlin, den Universitäten Koblenz/Landau, Istanbul, Wien und Moskau. Zuletzt publizierte er: Zwei Mal zur Wende: Fernsehunterhaltung in Deutschland, Berlin 2008.

Prof. Dr. Sönke Neitzel, geb. 1968, lehrt Neuere und Neueste Geschichte an der Universität Mainz. 1994 Promotion, 1998 Habilitation, Gastdozenturen und Lehrstuhlvertretungen an den Universitäten Glasgow (2001), Karlsruhe (2006/07) und Bern (2008). Zuletzt veröffentlichte er: Weltkrieg und Revolution, 1914–1918/19, Berlin 2008.

Prof. Dr. Gerhard Paul geb. 1951, Professor für Geschichte und ihre Didaktik an der Universität Flensburg; 1984 Promotion, 1990 Habilitation. Zuletzt veröffentlichte er: Das Jahrhundert der Bilder, 2 Bde., Göttingen 2008/2009.

Victoria Plank, M.A., geb. 1972, studierte Geschichte und Germanistik an den Universitäten Bonn, Southampton und München, absolvierte studienbegleitend eine journalistische Ausbildung, war anschließend als freie Journalistin tätig und lehrt derzeit Geschichte an einer Privatschule im Chiemgau.

Dr. Rainer Rother, geb. 1956, Künstlerischer Direktor der Deutschen Kinemathek – Museum für Film und Fernsehen, 1988 Promotion, Dozent an der Universität Hannover, Lehraufträge an den Universitäten Hildesheim und Saarbrücken, 1991 bis 2006 Leiter der Kinemathek des Deutschen Historischen Museums, dort auch Ausstellungskurator (zuletzt: Der Weltkrieg. Ereignis und Erzählung, 2004). Zuletzt publizierte er: »Hitler darstellen. Zur Entwicklung und Bedeutung einer filmischen Figur«, Berlin 2008 (hg. zusammen mit Karin Herbst Meßlinger).

Hans Sarkowicz, geb. 1955, Studium der Germanistik und Geschichte, seit 1979 beim Hessischen Rundfunk, leitet das hr2-Wellenteam Kultur, Bildung und künstlerisches Wort und ist Geschäftsführer der hr media GmbH, seit 2003 Lehrbeauftragter der Universität Frankfurt/Main. Zuletzt publizierte er: hr – Hier kommt Hessen. 60 Jahre Radio und Fernsehen (zusammen mit Michael Crone), Frankfurt am Main 2008.

Rudolf Stöber, geb. 1959, Lehrstuhl für Kommunikationswissenschaft an der Universität Bamberg. Promotion 1990, Heinz-Maier-Leibnitz-Preis 1991, Habilitation 1996. Gastdozent und Lehrstuhlvertretungen an den Universitäten von Dresden (1996/97 und 1999), Leipzig (1997/98) und Zürich (2000/01). Zuletzt publizierte er: Kommunikations- und Medienwissenschaften. Eine Einführung, München 2008.

Dr. rer. nat., Dr. phil. Karl-Günter Zelle, geb. 1936. 1964 Promotion in Reiner Mathematik. Verschiedene Leitungsfunktionen in der Wirtschaft, zuletzt als Partner einer großen Unternehmensberatung. Nach der Pensionierung Zweitstudium der Mittleren und Neueren Geschichte an der Universität Mainz. 2009 Promotion mit dem Thema: Hitlers zwiespältige Elite: Goebbels – Göring – Himmler – Speer.